U0937140

广西经济普查年鉴 2008

Guangxi Economic Census Yearbook

综 合 卷（上）

广西壮族自治区人民政府第二次经济普查领导小组办公室 编

中国统计出版社
China Statistics Press

（京）新登字041号

图书在版编目（CIP）数据

广西经济普查年鉴. 2008/广西壮族自治区人民政府第二次经济普查领导小组办公室编. —北京：中国统计出版社，2010. 12

ISBN 978-7-5037-6171-3

Ⅰ. ①广… Ⅱ. ①广… Ⅲ. ①经济—普查—广西—2008—年鉴 Ⅳ. ①F127. 67-54

中国版本图书馆CIP数据核字（2010）第242476号

广西经济普查年鉴 — 2008 / 综合卷（上）

作　　者/广西壮族自治区人民政府第二次经济普查领导小组办公室
责任编辑/王振宇
封面设计/黄俊杰　张慕秋　黄小纯
出版发行/中国统计出版社
通信地址/北京市西城区月坛南街57号
邮政编码/100826
办公地址/北京市丰台区西三环南路甲6号
邮政编码/100073
网　　址/www.stats.gov.cn/tjshujia
电　　话/邮购（010）63376907　书店（010）68783172
印　　刷/广西民族印刷厂
经　　销/新华书店
开　　本/880×1230毫米　1/16
字　　数/1830千字
印　　张/48.75
版　　别/2011年3月第1版
版　　次/2011年3月第1次印刷
书　　号/ISBN　978-7-5037-6171-3/F·2990
定　　价/980.00元（全五册附光盘）

本书附同版本CD-ROM一张，光盘内容以书面文字为准。

广西经济普查年鉴—2008 / 综合卷（上）

主　　编：郑贵敏

副 主 编：李子明　莫可扬　陈竞成

编辑人员：（以姓氏笔画为序）

邓彦秋　吕　琪　闭小燕　李　华　李继彪

陈玉娟　罗小彬　赵开莉　赵桂军　钟　俊

数据处理：李　军　邓彦秋

责任校对：莫可扬　陈玉娟

编者说明

《广西经济普查年鉴——2008》是根据全国第二次经济普查结果，按现行国家统计分类标准对普查基础数据进行加工整理汇编而成，全面反映广西第二、第三产业发展基本情况的大型综合性资料。本书通过大量的数据，诠释了广西社会经济发展的基本情况，内容系统全面，资料丰富，是各级党政领导、政府管理部门、科研机构和社会各界全面了解和认识广西的重要参考资料。同时，也为广西宏观经济政策的制定和社会经济发展规划编制提供科学依据，为社会各方面应用提供翔实数据。

为方便读者使用，对本年鉴有关情况说明如下：

一、本年鉴资料的调查年度为2008年，调查时点为2008年12月31日。

二、本年鉴资料的汇总范围为广西壮族自治区辖区内从事第二产业和第三产业的全部法人单位、产业活动单位和个体经营户。

三、本年鉴资料共分三卷出版，即综合卷、第二产业卷和第三产业卷。

四、本年鉴资料按在地原则即按单位实际所在地进行汇总，按地区分组的产业活动单位按归属法人所在地区进行汇总。

五、由于《第二次全国经济普查部门实施普查的办法》规定铁路运输业的普查由铁道部统一组织实施；银行及其他金融业、证券业、保险业的财务状况普查分别由中国人民银行、中国银行业监督管理委员会、中国证券监督管理委员会、中国保险监督管理委员会组织实施；因此，铁路运输业的全部数据和银行业、证券业、保险业的财务数据未参加全区汇总，本年鉴资料不包括其数据。

六、本年鉴资料对由于四舍五入产生的差异未作机械调整。

七、本年鉴资料中空格表示该项指标无数据，“#”表示其中项。

《广西经济普查年鉴——2008》是全区普查工作者共同辛勤工作的结晶，也是广大普查对象积极支持配合的结果。在此，谨向全区普查工作者、普查对象和所有参与和支持经济普查工作的人员表示衷心的感谢！

年鉴编辑如有疏漏，敬请读者提出宝贵意见。

二〇一〇年十二月

综合卷（上）目　录

综合篇

1–01　按市县、行业（门类）分组的法人单位数 2
1–02　按机构类型、人员组距、开业（成立）时间分组的法人单位数、产业活动单位数及就业人数 8
1–03　按市县分组的法人单位数、产业活动单位数及就业人数 10
1–04　按行业（门类、大类、中类）分组的法人单位数、产业活动单位数及就业人数 16
1–05　按登记注册类型分组的法人单位数、产业活动单位数及就业人数 40
1–06　按市县、机构类型分组的法人单位数 42
1–07　按市县、机构类型分组的法人单位就业人数 48
1–08　按行业（门类、大类、中类）、地区分组的法人单位数 54
1–09　按行业（门类、大类、中类）、地区分组的法人单位就业人数 362
1–10　按行业（门类、大类、中类）、开业（成立）时间分组的法人单位数 670
1–11　按市县、开业（成立）时间分组的法人单位数 694
1–12　按市县、学历分组的法人单位就业人数 700
1–13　按行业（门类、大类、中类）、学历分组的法人单位就业人数 703
1–14　按登记注册类型、学历分组的法人单位就业人数 715
1–15　按市县、专业技术职称分组的法人单位就业人数 716
1–16　按行业（门类、大类、中类）、专业技术职称分组的法人单位就业人数 719
1–17　按登记注册类型、专业技术职称分组的法人单位就业人数 731
1–18　按市县、技术等级分组的法人单位就业人数 732
1–19　按行业（门类、大类、中类）、技术等级分组的法人单位就业人数 735
1–20　按登记注册类型分组、技术等级分组的法人单位就业人数 747
1–21　按行业（门类、大类、中类）、经营性质分组的产业活动单位数及就业人数 748
1–22　按市县、经营性质分组的产业活动单位数及就业人数 760
1–23　按行业分组的个体经营户经营情况 766
1–24　按市分组的个体经营户经营情况 769

综合篇

1-01 按市县、行业（门类）

地区	法人单位数	农、林、牧、渔业	采矿业	制造业	电力、燃气及水的生产和供应业	建筑业	交通运输、仓储和邮政业	信息传输、计算机服务和软件业
总　计	**154748**	**210**	**2258**	**19683**	**2271**	**2329**	**3178**	**5040**
南宁市	**31130**	**25**	**179**	**3455**	**154**	**774**	**642**	**1310**
兴宁区	2906	2	12	310	5	88	70	85
青秀区	9468	1	1	134	6	427	117	477
江南区	2154	6	6	519	8	76	84	100
西乡塘区	5317	3	22	829	7	104	188	256
良庆区	927	1		221	9	14	41	51
邕宁区	616	1	10	74	5	7	21	16
武鸣县	1663	4	43	381	18	12	24	44
隆安县	889	1	8	94	34	8	10	30
马山县	879		18	40	9	7	10	33
上林县	876	1	21	70	28	9	17	48
宾阳县	2159		22	391	13	7	18	92
横　县	3276	5	16	392	12	15	42	78
柳州市	**14062**	**10**	**169**	**2549**	**130**	**177**	**344**	**464**
城中区	1398		5	135		35	35	51
鱼峰区	1706		4	457	3	27	47	60
柳南区	2244		3	448	3	31	95	78
柳北区	2391	1	18	403	9	43	55	68
柳江县	1723		40	535	6	8	63	52
柳城县	927	1	10	95	22	4	10	34
鹿寨县	1193	4	31	281	11	14	12	34
融安县	816	1	16	77	15	7	14	32
融水苗族自治县	940		28	77	43	2	10	42
三江侗族自治县	724	3	14	41	18	6	3	13
桂林市	**20653**	**64**	**346**	**3211**	**709**	**397**	**299**	**542**
秀峰区	1921		1	177	2	30	42	32
叠彩区	1620	9	1	179	2	67	52	24
象山区	2488		6	303	6	117	45	66
七星区	1678		3	408	3	70	13	89
雁山区	314	6	8	37		4	3	12
阳朔县	997	10	4	52	22	10	32	48
临桂县	1259		25	308	30	24	17	25
灵川县	1184		34	263	32	8	4	27
全州县	1525		27	213	161	9	20	53
兴安县	1247		27	238	78	6	18	22
永福县	1202		63	330	37	6	15	19
灌阳县	637	33	4	60	104	3	3	31
龙胜各族自治县	793		27	75	66	10	7	13
资源县	501		28	54	104	4	3	19
平乐县	920	5	72	110	23	8	14	25

分组的法人单位数

批发和零售业	住宿和餐饮业	金融业	房地产业	租赁和商务服务业	科学研究、技术服务和地质勘查业	水利、环境和公共设施管理业	居民服务和其他服务业	教育	卫生、社会保障和社会福利业	文化、体育和娱乐业	公共管理和社会组织
21560	**2152**	**636**	**5628**	**10535**	**7141**	**2081**	**1607**	**16435**	**6207**	**2600**	**43197**
7081	**455**	**124**	**1590**	**3813**	**1376**	**290**	**477**	**2703**	**934**	**563**	**5185**
1035	82	13	147	337	90	21	97	146	52	48	266
2802	221	94	876	1579	483	52	204	301	140	254	1299
506	20	3	104	124	82	19	34	168	35	36	224
2094	83	5	186	295	219	31	85	358	74	47	431
58	6		45	28	25	6	11	162	39	13	197
81	10	1	14	19	29	7	2	101	29	16	173
108	5	1	50	59	80	30	18	268	73	26	419
17	3	1	11	13	67	12	4	189	45	20	322
39	2	2	28	26	38	27	2	185	50	22	341
48	3	1	23	16	55	17	1	155	55	20	288
163	12	1	66	48	94	31	13	295	265	31	597
130	8	2	40	1269	114	37	6	375	77	30	628
2610	**141**	**66**	**666**	**840**	**473**	**173**	**168**	**986**	**481**	**218**	**3397**
291	33	21	142	173	41	16	24	75	17	52	252
424	27	7	128	108	31	25	22	108	53	8	167
860	33	7	106	136	40	10	33	106	51	18	186
701	21	18	137	221	70	24	54	136	65	18	329
159	7	3	26	44	54	23	15	134	50	23	481
41	2	1	23	35	62	28	3	78	51	20	407
77	4	1	25	30	21	11	7	158	66	17	389
25	6	1	41	30	58	12	4	60	57	24	336
17	4	6	29	33	28	13	3	77	33	12	483
15	4	1	9	30	68	11	3	54	38	26	367
2853	**535**	**83**	**687**	**1179**	**879**	**319**	**356**	**1298**	**614**	**345**	**5937**
459	89	25	101	259	103	33	123	91	33	95	226
599	53	14	92	118	52	22	47	52	28	11	198
673	166	20	148	329	55	40	73	98	42	40	261
327	61	10	101	174	71	16	61	104	25	21	121
12	4		3	11	18	4	1	26	5	10	150
49	46	1	22	38	67	41	1	146	43	24	341
58	14	1	64	43	79	24	6	113	31	24	373
115	10	1	39	20	43	22	5	103	65	23	370
132	7	1	12	21	81	10	7	87	66	6	612
87	21	2	33	37	95	23	7	54	51	24	424
99	23	1	18	30	58	39	8	44	28	13	371
18	2	1	5	15	24	2		28	21	6	277
63	11	2	4	16	69	19	4	33	31	13	330
25	2	1	5	13	19	2	2	26	15	6	173
40	4	1	20	26	26	10	6	121	35	11	363

1-01 续表1

地区	法人单位数	农、林、牧、渔业	采矿业	制造业	电力、燃气及水的生产和供应业	建筑业	交通运输、仓储和邮政业	信息传输、计算机服务和软件业
荔浦县	1057		4	341	14	13	7	21
恭城县	1310	1	12	63	25	8	4	16
梧州市	**8588**	**1**	**189**	**1100**	**152**	**146**	**157**	**219**
万秀区	819		7	180	3	9	51	17
蝶山区	1151		2	227	9	56	16	34
长洲区	975		7	114	4	51	31	29
苍梧县	1421	1	40	162	41	9	21	41
藤　县	1855		72	160	26	12	23	31
蒙山县	724		13	66	17	3	9	18
岑溪市	1643		48	191	52	6	6	49
北海市	**6843**	**52**	**38**	**885**	**27**	**144**	**202**	**239**
海城区	3422	1		318	10	123	148	103
银海区	621	1	9	125	2	7	10	19
铁山港区	401		5	58	3	1	11	16
合浦县	2399	50	24	384	12	13	33	101
防城港市	**3976**	**6**	**43**	**318**	**45**	**99**	**235**	**88**
港口区	1403		12	73	8	36	170	26
防城区	1088	1	28	119	25	30	23	28
上思县	631	5	2	66	6	4	16	8
东兴市	854		1	60	6	29	26	26
钦州市	**6422**	**1**	**93**	**866**	**63**	**89**	**214**	**156**
钦南区	2416		31	320	14	67	147	36
钦北区	808	1	42	137	13	4	21	46
灵山县	2125		14	205	12	11	33	53
浦北县	1073		6	204	24	7	13	21
贵港市	**8858**	**1**	**146**	**1230**	**64**	**70**	**255**	**391**
港北区	1748	1	17	145	6	43	98	68
港南区	1093		1	170	12	10	17	65
覃塘区	829		8	81	2	2	24	3
平南县	2416		61	470	30	8	57	121
桂平市	2772		59	364	14	7	59	134
玉林市	**14790**	**15**	**194**	**3026**	**253**	**99**	**333**	**316**
玉州区	4157	4	18	724	11	41	129	121
容县	2017	2	25	486	109	11	19	38
陆川县	1455	1	32	242	29	6	44	40
博白县	2864	1	20	513	30	9	56	61
兴业县	1338		10	203	2	4	46	18
北流市	2959	7	89	858	72	28	39	38
百色市	**9440**	**11**	**172**	**725**	**146**	**106**	**162**	**230**
右江区	1883	5	11	181	25	50	56	70
田阳县	863		28	106	6	4	16	
田东县	791		24	72	13	10	23	23

批发和零售业	住宿和餐饮业	金融业	房地产业	租赁和商务服务业	科学研究、技术服务和地质勘查业	水利、环境和公共设施管理业	居民服务和其他服务业	教　育	卫生、社会保障和社会福利业	文化、体育和娱乐业	公共管理和社会组织
67	16	1	14	29	15	7	3	140	50	16	299
30	6	1	6		4	5	2	32	45	2	1048
966	**124**	**32**	**292**	**327**	**335**	**93**	**80**	**1272**	**223**	**124**	**2756**
170	37	3	33	64	15	5	25	51	15	27	107
200	21	8	80	78	72	16	22	75	19	26	190
186	36	17	65	44	41	11	16	63	20	17	223
156	9	1	33	63	78	11	1	241	46	29	438
136	6	1	29	17	37	18	8	349	41	7	882
34	2	1	26	20	37	11	6	102	31	13	315
84	13	1	26	41	55	21	2	391	51	5	601
1103	**179**	**52**	**633**	**377**	**287**	**73**	**80**	**790**	**225**	**105**	**1352**
754	109	33	536	290	140	32	61	212	72	57	423
70	42	3	46	25	21	7	1	57	16	15	145
28	2	2		15	23	4	1	81	9	5	137
251	26	14	51	47	103	30	17	440	128	28	647
596	**56**	**37**	**245**	**168**	**157**	**90**	**31**	**185**	**158**	**56**	**1363**
238	22	23	100	61	60	26	12	35	49	16	436
135	19	2	60	29	44	38	10	62	47	23	365
36	2	4	8	24	30	13	2	49	39	7	310
187	13	8	77	54	23	13	7	39	23	10	252
668	**69**	**26**	**206**	**177**	**332**	**111**	**44**	**711**	**179**	**69**	**2348**
359	53	22	153	111	150	43	33	151	53	30	643
69	7		8	11	46	2	2	45	26	3	325
144	7	3	31	40	48	30	5	455	55	16	963
96	2	1	14	15	88	36	4	60	45	20	417
719	**109**	**28**	**154**	**298**	**313**	**70**	**62**	**1623**	**688**	**105**	**2532**
327	39	23	87	123	81	16	26	184	37	13	414
67	2	1	13	21	34	2	5	283	20	7	363
34			1	42	43	13		170	52	14	340
122	38	2	19	44	113	11	18	405	354	32	511
169	30	2	34	68	42	28	13	581	225	39	904
1839	**170**	**55**	**326**	**550**	**705**	**174**	**111**	**2229**	**626**	**292**	**3477**
664	87	32	199	272	187	32	67	465	115	99	890
145	17	2	19	39	99	45	4	333	56	33	535
105	14	2	24	59	101	23	2	254	95	22	360
598	13	1	33	50	95	31	9	485	135	53	671
42	2	16	11	58	78	22	6	260	62	20	478
285	37	2	40	72	145	21	23	432	163	65	543
846	**129**	**41**	**203**	**229**	**476**	**171**	**57**	**955**	**657**	**168**	**3956**
351	56	25	92	106	160	34	35	94	52	36	444
58	8	1	11	20	58	22	2	79	37	25	382
113	9	2	23	19	24	8	3	66	27	10	322

1-01 续表2

地　区	法人单位数	农、林、牧、渔业	采矿业	制造业	电力、燃气及水的生产和供应业	建筑业	交通运输、仓储和邮政业	信息传输、计算机服务和软件业
平果县	698		9	100	15	9	14	8
德保县	615		6	36	20	3	6	30
靖西县	1567		56	54	4	7	19	32
那坡县	545	2	2	21	9	2	5	3
凌云县	350		8	25	11	6	2	6
乐业县	490	3	6	14	5	1	5	15
田林县	547	1	2	49	15	2	5	18
西林县	407		2	29	9	1	4	24
隆林各族自治县	684		18	38	14	11	7	1
贺州市	**5511**		**62**	**403**	**191**	**38**	**58**	**192**
平桂管理区	748		30	105	26	1	4	37
八步区	1936		11	113	69	23	19	90
昭平县	1026		5	100	28	4	13	25
钟山县	928		8	59	45	5	15	30
富川瑶族自治县	873		8	26	23	5	7	10
河池市	**9849**	**4**	**273**	**795**	**131**	**68**	**88**	**320**
金城江区	1744		44	144	12	24	31	25
南丹县	1173		83	93	12	2	13	36
天峨县	506	1	6	23	5	3	4	12
凤山县	489		15	11	5	2		6
东兰县	691	1	3	17	6	4	4	22
罗城仫佬族自治县	841		39	83	21	2	6	24
环江毛南族自治县	663	1	36	75	14	4	5	18
巴马瑶族自治县	672		27	55	12	3	3	14
都安瑶族自治县	759		2	58	8	5	6	46
大化瑶族自治县	738		1	44	10	7	2	27
宜州市	1573	1	17	192	26	12	19	90
来宾市	**6523**	**7**	**243**	**641**	**120**	**58**	**82**	**282**
兴宾区	2472	5	39	236	31	32	23	158
忻城县	679	1	21	51	12	4	9	27
象州县	1039		37	130	43	9	12	40
武宣县	1125		84	100	3	3	24	31
金秀瑶族自治县	674	1	29	60	24	4	4	19
合山市	534		33	64	7	6	10	7
崇左市	**8103**	**13**	**111**	**479**	**86**	**64**	**107**	**291**
江州区	1939	2	21	98	17	25	27	61
扶绥县	1101	7	13	87	10	11	37	52
宁明县	1495	3	8	84	14	5	8	40
龙州县	917		23	54	7	5	8	42
大新县	976	1	28	80	24	7	6	43
天等县	799		11	43	9	7	4	35
凭祥市	876		7	33	5	4	17	18

批发和零售业	住宿和餐饮业	金融业	房地产业	租赁和商务服务业	科学研究、技术服务和地质勘查业	水利、环境和公共设施管理业	居民服务和其他服务业	教　育	卫生、社会保障和社会福利业	文化、体育和娱乐业	公共管理和社会组织
59	8	4	28	13	10	5	4	68	38	4	302
29	6	1	7	6	29	9	3	47	40	4	333
74	20	1	11	20	85	34	4	360	236	28	522
27	2	1	2	13	42	35		34	42	16	287
13	2	2	4		2	2	3	36	32	1	195
24	2	1	9	13	26	13		33	47	17	256
27	1	1	8	7	5	2		56	31	5	312
21	5	1		3	21	4	1	31	28	6	217
50	10	1	8	9	14	3	2	51	47	16	384
399	**25**	**19**	**101**	**215**	**357**	**100**	**16**	**990**	**223**	**118**	**2004**
40	2	1	6	21	20	9	3	175	32	4	232
219	12	15	60	89	125	32	7	298	58	42	654
39	3	1	12	45	92	14	4	194	52	29	366
68	4	1	16	44	58	15	1	179	43	23	314
33	4	1	7	16	62	30	1	144	38	20	438
882	**66**	**30**	**212**	**358**	**739**	**182**	**59**	**914**	**578**	**235**	**3915**
297	20	20	82	98	152	31	26	115	115	38	470
79	6	1	14	58	94	31	6	208	46	25	366
15	4	1	4	19	78	10	1	28	30	26	236
14	4	1	2	12	52	13	2	38	27	15	270
20	3	1	13	31	72	25	1	35	42	13	378
99	4	1	4	27	62	18	5	47	39	23	337
44	4	1	6	21	21	5	2	45	43	20	303
53	9	1	4	12	73	24	1	49	41	11	280
62	4	1	14	7	7	2	2	72	52	10	401
52	1	1	12	6	26	5	4	54	60	24	402
147	7	1	57	67	102	18	9	223	83	30	472
490	**40**	**23**	**134**	**188**	**396**	**85**	**41**	**836**	**335**	**81**	**2441**
210	12	16	57	61	173	16	12	466	129	16	780
47	3	1	10	23	54	20	3	42	56	20	275
85	8	2	33	25	47	7	5	70	39	7	440
66	4	1	13	31	70	22	7	170	50	17	429
41	4	2	9	28	33	10	2	29	32	7	336
41	9	1	12	20	19	10	12	59	29	14	181
508	**54**	**20**	**179**	**1816**	**316**	**150**	**25**	**943**	**286**	**121**	**2534**
92	6	11	46	891	63	23	6	67	51	31	401
84	8	1	29	24	62	32	5	141	33	13	452
50	5	1	23	581	31	15	6	183	40	9	389
67	11	2	18	23	44	10	3	163	35	10	392
47	12	2	20	24	41	28	2	176	37	26	372
37	3	1	12	16	42	21	2	157	57	12	330
131	9	2	31	257	33	21	1	56	33	20	198

1-02 按机构类型、人员组距、开业（成立）时间

分组	法人		
	单位数（个）	单产业法人	多产业法人
总　计	**154748**	**140684**	**14064**
按机构类型分组			
企业	74120	69151	4969
事业	37611	34976	2635
机关	9803	8122	1681
社团	7379	7288	91
民办非企业单位	3874	3844	30
基金会	11	11	
居委会	1660	1444	216
村委会	14525	10104	4421
其他组织机构	5765	5744	21
按就业人员分组			
7人及以下	73474	69827	3647
8-19人	41204	37441	3763
20-49人	22669	20051	2618
50-99人	9207	7535	1672
100-299人	6077	4509	1568
300-499人	1040	729	311
500-999人	674	396	278
1000-4999人	375	187	188
5000-9999人	20	7	13
10000人及以上	8	2	6
按开业（成立）年份分组			
1950-1977年	20906	17193	3713
1978-1991年	23820	20689	3131
1992-1995年	12056	10307	1749
1996年	4529	3861	668
1997年	3244	2909	335
1998年	3252	2992	260
1999年	3126	2843	283
2000年	4377	4143	234
2001年	5193	4839	354
2002年	8881	8311	570
2003年	8789	8321	468
2004年	7895	7530	365
2005年	10401	9911	490
2006年	10854	10487	367
2007年	12007	11610	397
2008年	11841	11619	222
时间不详	3550	3119	458

分组的法人单位数、产业活动单位数及就业人数

单 位		产业活动单位		
就业人数（人）	女性	单位数（个）	#多产业法人所属的产业活动单位数	就业人数（人）
4885707	**1755439**	**219143**	**78459**	**5163976**
3289493	1117401	110048	40897	3531401
1065900	486320	52210	17234	1083475
276832	69705	15328	7206	282601
60295	14631	8096	808	67273
53815	33496	3844		52119
72	38	16	5	150
18956	9940	1659	215	16990
89575	15750	14843	4739	77332
30769	8158	13099	7355	52635
296189	85522	121325	51498	442187
484961	164880	53598	16157	626011
685713	259258	26431	6380	793097
627911	251271	9768	2233	661372
979219	394249	5980	1471	957622
390639	151983	1006	277	377930
460906	179811	658	262	450813
674749	216854	355	168	626900
131848	23704	16	9	103912
153572	27907	6	4	124132
991877	344740	29882	12689	939089
616787	215137	35183	14494	723024
405462	121931	16802	6495	432866
146411	41800	5902	2041	142047
118624	49379	4881	1972	128534
124823	47278	6036	3044	136880
112316	42887	5224	2381	114482
150210	61862	6437	2294	156033
218341	81731	7632	2793	234594
244426	89710	12036	3725	258095
297072	108405	12929	4608	319526
315059	98220	11457	3927	288314
265577	101027	13579	3668	304144
246369	92099	14282	3795	281586
257338	98294	16292	4682	297488
185841	70126	15592	3973	217406
189174	90813	4997	1878	189868

1-03 按市县分组的法人单位数、

分组	法人			
	单位数（个）			就业人数（人）
		单产业法人	多产业法人	
总　计	**154748**	**140684**	**14064**	**4885707**
南宁市	**31130**	**28928**	**2202**	**1128936**
兴宁区	2906	2730	176	128224
青秀区	9468	8864	604	399662
江南区	2154	1980	174	121672
西乡塘区	5317	5078	239	216222
良庆区	927	885	42	32601
邕宁区	616	487	129	17222
武鸣县	1663	1375	288	47493
隆安县	889	745	144	20770
马山县	879	858	21	16376
上林县	876	810	66	19154
宾阳县	2159	2080	79	54420
横　县	3276	3036	240	55120
柳州市	**14062**	**13201**	**861**	**574437**
城中区	1398	1261	137	92238
鱼峰区	1706	1574	132	73040
柳南区	2244	2099	145	115503
柳北区	2391	2238	153	120346
柳江县	1723	1681	42	56166
柳城县	927	866	61	23544
鹿寨县	1193	1124	69	42154
融安县	816	775	41	17605
融水苗族自治县	940	888	52	21597
三江侗族自治县	724	695	29	12244
桂林市	**20653**	**19139**	**1514**	**610684**
秀峰区	1921	1833	88	63279
叠彩区	1620	1500	120	45727
象山区	2488	2339	149	111434
七星区	1678	1603	75	82313
雁山区	314	276	38	9050
阳朔县	997	953	44	23113
临桂县	1259	1053	206	40728
灵川县	1184	1127	57	27755
全州县	1525	1423	102	33111
兴安县	1247	1210	37	31549
永福县	1202	1115	87	27170
灌阳县	637	574	63	13838
龙胜各族自治县	793	639	154	13733
资源县	501	358	143	11420
平乐县	920	867	53	20517

产业活动单位数及就业人数

单 位	产业活动单位				
女性	单位数（个）	多产业法人所属的产业活动单位数	就业人数（人）	单产业法人所属的就业人数	多产业法人所属的就业人数
1755439	**217813**	**77129**	**5112165**	**3463699**	**1648466**
374035	**41329**	**12401**	**1176572**	**713822**	**462750**
38419	3741	1011	134796	67795	67001
133021	13574	4710	431580	202706	228874
35007	2622	642	124160	87852	36308
69293	6651	1573	219668	144576	75092
12096	1234	349	32899	29615	3284
5648	1040	553	17333	10912	6421
18522	2480	1105	49014	39013	10001
7271	1187	442	23565	15506	8059
5473	1090	232	16862	14672	2190
7706	1072	262	18086	14774	3312
20679	2611	531	54669	45131	9538
20900	4027	991	53940	41270	12670
198839	**18785**	**5584**	**653283**	**372395**	**280888**
35314	2153	892	135503	32616	102887
24908	2230	656	79593	52878	26715
33743	2836	737	129437	80217	49220
41571	3352	1114	129916	65962	63954
19616	2005	324	56788	49196	7592
9580	1258	392	24304	17556	6748
15900	1477	353	44465	33693	10772
6813	1122	347	18357	13844	4513
7299	1457	569	22628	16147	6481
4095	895	200	12292	10286	2006
225992	**27607**	**8468**	**645209**	**455758**	**189451**
23855	2242	409	67428	47835	19593
14128	2339	839	51039	34235	16804
39141	3110	771	122442	60363	62079
35156	2142	539	93473	61888	31585
2777	393	117	8110	6609	1501
9186	1165	212	23045	21065	1980
14882	1966	913	41132	33666	7466
10171	1430	303	28264	23906	4358
10727	2173	750	33329	25216	8113
13339	1463	253	31687	28212	3475
10008	1690	575	27817	22670	5147
4307	1043	469	13875	10596	3279
5000	1209	570	15494	7917	7577
3614	935	577	11861	6931	4930
7180	1314	447	19904	16317	3587

1-03 续表1

分 组	法 人			
	单位数（个）	单产业法人	多产业法人	就业人数（人）
荔浦县	1057	1010	47	35533
恭城县	1310	1259	51	20414
梧州市	**8588**	**7507**	**1081**	**265186**
万秀区	819	727	92	34370
蝶山区	1151	1065	86	43029
长洲区	975	894	81	45264
苍梧县	1421	1049	372	32936
藤 县	1855	1591	264	43125
蒙山县	724	677	47	13186
岑溪市	1643	1504	139	53276
北海市	**6843**	**6192**	**651**	**190572**
海城区	3422	3272	150	93033
银海区	621	567	54	18164
铁山港区	401	357	44	14406
合浦县	2399	1996	403	64969
防城港市	**3976**	**3604**	**372**	**101940**
港口区	1403	1312	91	35761
防城区	1088	955	133	34172
上思县	631	501	130	15298
东兴市	854	836	18	16709
钦州市	**6422**	**5570**	**852**	**223893**
钦南区	2416	2085	331	93998
钦北区	808	556	252	26923
灵山县	2125	1933	192	50621
浦北县	1073	996	77	52351
贵港市	**8858**	**8345**	**513**	**275062**
港北区	1748	1672	76	76024
港南区	1093	897	196	32870
覃塘区	829	807	22	19210
平南县	2416	2377	39	69775
桂平市	2772	2592	180	77183
玉林市	**14790**	**13378**	**1412**	**547148**
玉州区	4157	3773	384	167904
容 县	2017	1824	193	56792
陆川县	1455	1393	62	53494
博白县	2864	2796	68	92455
兴业县	1338	1186	152	30780
北流市	2959	2406	553	145723
百色市	**9440**	**8451**	**989**	**270613**
右江区	1883	1699	184	76659
田阳县	863	796	67	20160
田东县	791	689	102	28647
平果县	698	624	74	32523

单　位	产业活动单位				
女性	单位数（个）	多产业法人所属的产业活动单位数	就业人数（人）	单产业法人所属的就业人数	多产业法人所属的就业人数
17161	1346	336	35779	31841	3938
5360	1647	388	20530	16491	4039
96511	**12392**	**4885**	**275796**	**198476**	**77320**
13975	1126	399	35244	22910	12334
16046	1605	540	43797	33508	10289
16058	1771	877	48826	31631	17195
11153	2457	1408	34123	23377	10746
12993	2547	956	43402	36571	6831
5187	843	166	13346	10532	2814
21099	2043	539	57058	39947	17111
77622	**8892**	**2700**	**193935**	**153106**	**40829**
39364	4139	867	95416	76808	18608
7243	758	191	18709	16368	2341
5485	468	111	14619	7782	6837
25530	3527	1531	65191	52148	13043
32659	**5358**	**1754**	**105914**	**76864**	**29050**
10302	1711	399	37098	25141	11957
11221	1767	812	35621	26166	9455
5301	941	440	16219	9657	6562
5835	939	103	16976	15900	1076
86814	**9638**	**4068**	**230901**	**173423**	**57478**
32390	3604	1519	99381	69494	29887
8831	1582	1026	28045	17233	10812
21049	2750	817	50751	44623	6128
24544	1702	706	52724	42073	10651
111707	**11707**	**3362**	**279774**	**234280**	**45494**
29670	2557	885	77601	57256	20345
15065	1478	581	32927	30087	2840
6446	985	178	19259	17875	1384
29432	3023	646	71746	64347	7399
31094	3664	1072	78241	64715	13526
217429	**22093**	**8715**	**564666**	**439581**	**125085**
60716	6320	2547	178955	127855	51100
24180	2884	1060	56898	45217	11681
17737	2102	709	53928	44315	9613
36720	3390	594	93451	84655	8796
12010	1985	799	33823	23311	10512
66066	5412	3006	147611	114228	33383
90170	**15346**	**6895**	**279622**	**165096**	**114526**
27477	3426	1727	81059	42157	38902
7268	1238	442	20238	16022	4216
9427	1392	703	30698	13693	17005
10826	1167	543	33204	17653	15551

1-03 续表2

分组	法人 单位数（个）	单产业法人	多产业法人	就业人数（人）
德保县	615	574	41	18712
靖西县	1567	1521	46	30104
那坡县	545	382	163	9704
凌云县	350	289	61	9087
乐业县	490	467	23	8266
田林县	547	474	73	12770
西林县	407	337	70	7721
隆林各族自治县	684	599	85	16260
贺州市	**5511**	**5304**	**207**	**116579**
平桂管理区	748	729	19	18323
八步区	1936	1832	104	48069
昭平县	1026	999	27	19554
钟山县	928	901	27	17067
富川瑶族自治县	873	843	30	13566
河池市	**9849**	**7981**	**1868**	**248567**
金城江区	1744	1590	154	63851
南丹县	1173	1055	118	23504
天峨县	506	470	36	9578
凤山县	489	359	130	9132
东兰县	691	613	78	9953
罗城仫佬族自治县	841	729	112	18527
环江毛南族自治县	663	464	199	18654
巴马瑶族自治县	672	521	151	12975
都安瑶族自治县	759	444	315	23539
大化瑶族自治县	738	511	227	16629
宜州市	1573	1225	348	42225
来宾市	**6523**	**5736**	**787**	**161609**
兴宾区	2472	2197	275	72831
忻城县	679	540	139	15384
象州县	1039	936	103	21957
武宣县	1125	999	126	24914
金秀瑶族自治县	674	577	97	10691
合山市	534	487	47	15832
崇左市	**8103**	**7348**	**755**	**170481**
江州区	1939	1843	96	34825
扶绥县	1101	1038	63	30571
宁明县	1495	1456	39	23831
龙州县	917	760	157	25010
大新县	976	766	210	25381
天等县	799	655	144	16348
凭祥市	876	830	46	14515

注：本表的多产业法人所属的产业活动单位数及就业人数按法人属地原则汇总

单 位 女性	产业活动单位 单位数（个）	多产业法人所属的产业活动单位数	就业人数（人）	单产业法人所属的就业人数	多产业法人所属的就业人数
5647	956	382	19495	9975	9520
9308	1886	365	31010	26108	4902
2864	944	562	9363	5667	3696
2770	710	421	9764	5268	4496
2681	633	166	7671	5658	2013
4093	975	501	12796	8191	4605
2470	761	424	7875	4349	3526
5339	1258	659	16449	10355	6094
42557	**6796**	**1492**	**120431**	**97161**	**23270**
6914	851	122	19026	15846	3180
18063	2734	902	50748	36623	14125
6940	1140	141	19733	17482	2251
5975	1075	174	17231	15284	1947
4665	996	153	13693	11926	1767
86864	**16948**	**8967**	**253540**	**151408**	**102132**
23591	3343	1753	67216	34605	32611
7277	1459	404	24000	18514	5486
3366	754	284	9240	6946	2294
3085	827	468	9184	5502	3682
3333	1033	420	10120	6181	3939
6020	1230	501	18724	13757	4967
5806	1215	751	18855	13070	5785
4188	1141	620	13193	8105	5088
8260	1917	1473	23579	13275	10304
5756	1339	828	16703	9721	6982
16182	2690	1465	42726	21732	20994
56584	**10047**	**4311**	**169779**	**113434**	**56345**
26005	4074	1877	76761	51451	25310
5549	1245	705	15427	8858	6569
8317	1466	530	22608	16500	6108
8365	1447	448	25740	19308	6432
3515	1074	497	11040	6629	4411
4833	741	254	18203	10688	7515
57656	**10875**	**3527**	**162743**	**118895**	**43848**
11495	2907	1064	37015	23900	13115
10884	1339	301	28233	22238	5995
6686	1697	241	21151	17673	3478
10156	1324	564	19932	12305	7627
8695	1420	654	25430	19222	6208
5103	1218	563	16432	12262	4170
4637	970	140	14550	11295	3255

1-04 按行业（门类、大类、中类）分组的

行业分组	代码	法人		
		单位数（个）	单产业法人	多产业法人
总计		**154748**	**140684**	**14064**
农、林、牧、渔业	**A**	**210**	**123**	**87**
农业	01	66	41	25
谷物及其他作物的种植	011	18	4	14
蔬菜、园艺作物的种植	012	12	11	1
水果、坚果、饮料和香料作物的种植	013	33	23	10
中药材的种植	014	3	3	
林业	02	56	21	35
林木的培育和种植	021	53	20	33
木材和竹材的采运	022	3	1	2
林产品的采集	023			
畜牧业	03	51	40	11
牲畜的饲养	031	7	6	1
猪的饲养	032	21	19	2
家禽的饲养	033	19	12	7
狩猎和捕捉动物	034			
其他畜牧业	039	4	3	1
渔业	04	17	15	2
海洋渔业	041	7	7	
内陆渔业	042	10	8	2
农、林、牧、渔服务业	05	20	6	14
农业服务业	051	16	3	13
林业服务业	052			
畜牧服务业	053	3	3	
渔业服务业	054	1		1
采矿业	**B**	**2258**	**2185**	**73**
煤炭开采和洗选业	06	49	40	9
烟煤和无烟煤的开采洗选	061	28	21	7
褐煤的开采洗选	062	17	15	2
其他煤炭采选	069	4	4	
石油和天然气开采业	07	2	2	
天然原油和天然气开采	071	1	1	
与石油和天然气开采有关的服务活动	079	1	1	
黑色金属矿采选业	08	517	506	11
铁矿采选	081	145	140	5
其他黑色金属矿采选	089	372	366	6
有色金属矿采选业	09	552	519	33
常用有色金属矿采选	091	479	448	31
贵金属矿采选	092	55	54	1
稀有稀土金属矿采选	093	18	17	1
非金属矿采选业	10	1114	1094	20

法人单位数、产业活动单位数及就业人数

单　位		产业活动单位		
就业人数（人）	女性	单位数（个）	多产业法人所属的产业活动单位数	就业人数（人）
4885707	**1755439**	**219143**	**78459**	**5163976**
38508	**13439**	**753**	**630**	**10365**
21114	7912	58	17	1153
16377	6772	7	3	167
119	39	17	6	147
4600	1100	31	8	821
18	1	3		18
13004	4236	183	162	4305
12780	4186	178	158	4268
224	50	4	3	34
		1	1	3
3144	1010	75	35	2408
235	102	13	7	520
507	91	36	17	1169
2326	787	20	8	616
76	30	6	3	103
247	45	20	5	142
51	2	8	1	57
196	43	12	4	85
999	236	417	411	2357
453	155	132	129	483
		97	97	673
420	9	179	176	1165
126	72	9	9	36
97288	**16869**	**2665**	**480**	**118266**
17120	2504	149	109	22245
10600	1356	117	96	15077
6363	1135	26	11	6779
157	13	6	2	389
30	11	9	7	1545
7		5	4	975
23	11	4	3	570
19228	4127	685	179	22103
4428	699	153	13	4654
14800	3428	532	166	17449
29861	5221	605	86	40601
25864	4426	531	83	36632
2703	551	57	3	2791
1294	244	17		1178
30538	4924	1193	99	31261

1-04 续表1

行业分组	代 码	法人		
		单位数（个）		
			单产业法人	多产业法人
土砂石开采	101	849	842	7
化学矿采选	102	38	36	2
采盐	103	4	2	2
石棉及其他非金属矿采选	109	223	214	9
其他采矿业	11	24	24	
其他采矿业	110	24	24	
制造业	**C**	**19683**	**19115**	**568**
农副食品加工业	13	1486	1394	92
谷物磨制	131	227	222	5
饲料加工	132	250	243	7
植物油加工	133	126	119	7
制糖	134	107	94	13
屠宰及肉类加工	135	297	243	54
水产品加工	136	101	100	1
蔬菜、水果和坚果加工	137	109	108	1
其他农副食品加工	139	269	265	4
食品制造业	14	876	844	32
焙烤食品制造	141	263	244	19
糖果、巧克力及蜜饯制造	142	84	83	1
方便食品制造	143	149	149	
液体乳及乳制品制造	144	17	14	3
罐头制造	145	86	84	2
调味品、发酵制品制造	146	111	108	3
其他食品制造	149	166	162	4
饮料制造业	15	796	769	27
酒精制造	151	43	42	1
酒的制造	152	183	174	9
软饮料制造	153	293	279	14
精制茶加工	154	277	274	3
烟草制品业	16	5	5	
烟叶复烤	161	1	1	
卷烟制造	162	4	4	
其他烟草制品加工	169			
纺织业	17	661	613	48
棉、化纤纺织及印染精加工	171	93	91	2
毛纺织和染整精加工	172	88	85	3
麻纺织	173	11	11	
丝绢纺织及精加工	174	102	69	33
纺织制成品制造	175	83	81	2
针织品、编织品及其制品制造	176	284	276	8
纺织服装、鞋、帽制造业	18	338	332	6
纺织服装制造	181	324	319	5
纺织面料鞋的制造	182	11	10	1

单　位		产业活动单位		
就业人数（人）	女性	单位数（个）	多产业法人所属的产业活动单位数	就业人数（人）
19457	2343	912	70	20115
1687	276	39	3	1687
1416	224	4	2	1413
7978	2081	238	24	8046
511	82	24		511
511	82	24		511
1377307	**559481**	**21153**	**2038**	**1414436**
139046	53654	2071	677	138621
4612	1143	246	24	4842
14717	4588	277	34	15756
3632	895	137	18	3728
79341	31142	126	32	75914
9355	3234	755	512	9766
7236	3422	108	8	7204
3907	2186	109	1	3905
16246	7044	313	48	17506
37056	18887	914	70	38813
7223	3609	284	40	7081
1865	959	84	1	1863
4955	2244	155	6	5749
2991	1060	17	3	2958
7981	5283	87	3	8112
2626	1096	115	7	2424
9415	4636	172	10	10626
36286	13949	841	72	36173
3936	1308	44	2	4148
12755	4571	188	14	12749
14148	5534	305	26	13554
5447	2536	304	30	5722
4315	1956	5		4315
515	337	1		515
3800	1619	4		3800
69393	49970	806	193	76360
18434	11426	97	6	24317
4512	3395	89	4	4873
1312	847	11		1312
19769	16073	219	150	19849
5096	3243	89	8	5548
20270	14986	301	25	20461
21831	16023	348	16	22176
21326	15855	334	15	21638
357	107	11	1	390

1-04 续表2

行业分组	代码	法人		
		单位数（个）	单产业法人	多产业法人
制帽	183	3	3	
皮革、毛皮、羽毛（绒）及其制品业	19	281	272	9
皮革鞣制加工	191	41	41	
皮革制品制造	192	193	185	8
毛皮鞣制及制品加工	193	5	5	
羽毛（绒）加工及制品制造	194	42	41	1
木材加工及木、竹、藤、棕、草制品业	20	1880	1852	28
锯材、木片加工	201	765	758	7
人造板制造	202	508	492	16
木制品制造	203	288	286	2
竹、藤、棕、草制品制造	204	319	316	3
家具制造业	21	337	328	9
木质家具制造	211	270	263	7
竹、藤家具制造	212	18	18	
金属家具制造	213	13	13	
塑料家具制造	214	5	5	
其他家具制造	219	31	29	2
造纸及纸制品业	22	783	775	8
纸浆制造	221	43	43	
造纸	222	380	375	5
纸制品制造	223	360	357	3
印刷业和记录媒介的复制	23	779	763	16
印刷	231	701	687	14
装订及其他印刷服务活动	232	75	73	2
记录媒介的复制	233	3	3	
文教体育用品制造业	24	92	91	1
文化用品制造	241	24	23	1
体育用品制造	242	14	14	
乐器制造	243	1	1	
玩具制造	244	50	50	
游艺器材及娱乐用品制造	245	3	3	
石油加工、炼焦及核燃料加工业	25	42	38	4
精炼石油产品的制造	251	38	34	4
炼焦	252	4	4	
核燃料加工	253			
化学原料及化学制品制造业	26	1494	1450	44
基础化学原料制造	261	196	192	4
肥料制造	262	298	290	8
农药制造	263	77	69	8
涂料、油墨、颜料及类似产品制造	264	142	137	5
合成材料制造	265	21	20	1
专用化学产品制造	266	613	598	15
日用化学产品制造	267	147	144	3

单　位		产业活动单位		
就业人数（人）	女性	单位数（个）	多产业法人所属的产业活动单位数	就业人数（人）
148	61	3		148
30570	20362	287	15	30829
4591	2174	41		4591
22289	15879	198	13	22516
236	169	5		236
3454	2140	43	2	3486
102422	45823	1957	105	103568
20868	6673	809	51	21536
35685	13879	529	37	35885
23965	11585	298	12	24232
21904	13686	321	5	21915
11154	4142	342	14	11051
7944	2390	273	10	7844
1607	985	18		1607
182	68	13		182
426	266	5		426
995	433	33	4	992
46989	18198	797	22	50395
6323	2025	46	3	7924
25536	9127	387	12	27411
15130	7046	364	7	15060
20703	9008	810	47	21261
18279	7916	727	40	18824
1197	602	80	7	1210
1227	490	3		1227
7672	5271	95	4	7774
853	400	27	4	955
541	315	14		541
25	24	1		25
6090	4497	50		6090
163	35	3		163
2975	687	48	10	2873
2843	668	41	7	2594
132	19	6	2	227
		1	1	52
106808	40109	1564	114	110229
16506	4150	205	13	17544
24164	6898	319	29	25299
6507	1938	79	10	6762
6725	2050	146	9	7218
2687	709	21	1	2371
39883	19718	646	48	40698
10336	4646	148	4	10337

1-04 续表3

行业分组	代码	法人		
		单位数（个）	单产业法人	多产业法人
医药制造业	27	353	340	13
化学药品原药制造	271	32	29	3
化学药品制剂制造	272	39	39	
中药饮片加工	273	53	51	2
中成药制造	274	118	110	8
兽用药品制造	275	58	58	
生物、生化制品的制造	276	34	34	
卫生材料及医药用品制造	277	19	19	
化学纤维制造业	28	9	9	
纤维素纤维原料及纤维制造	281	1	1	
合成纤维制造	282	8	8	
橡胶制品业	29	139	134	5
轮胎制造	291	26	24	2
橡胶板、管、带的制造	292	30	29	1
橡胶零件制造	293	17	17	
再生橡胶制造	294	9	8	1
日用及医用橡胶制品制造	295	12	11	1
橡胶靴鞋制造	296	6	6	
其他橡胶制品制造	299	39	39	
塑料制品业	30	736	727	9
塑料薄膜制造	301	96	94	2
塑料板、管、型材的制造	302	109	107	2
塑料丝、绳及编织品的制造	303	145	144	1
泡沫塑料制造	304	35	35	
塑料人造革、合成革制造	305	4	4	
塑料包装箱及容器制造	306	85	85	
塑料零件制造	307	22	22	
日用塑料制造	308	108	105	3
其他塑料制品制造	309	132	131	1
非金属矿物制品业	31	3197	3151	46
水泥、石灰和石膏的制造	311	482	465	17
水泥及石膏制品制造	312	312	306	6
砖瓦、石材及其他建筑材料制造	313	1946	1933	13
玻璃及玻璃制品制造	314	81	78	3
陶瓷制品制造	315	156	154	2
耐火材料制品制造	316	35	35	
石墨及其他非金属矿物制品制造	319	185	180	5
黑色金属冶炼及压延加工业	32	425	411	14
炼铁	321	67	64	3
炼钢	322	12	11	1
钢压延加工	323	118	114	4
铁合金冶炼	324	228	222	6
有色金属冶炼及压延加工业	33	326	314	12

单　位		产业活动单位		
就业人数（人）	女性	单位数（个）	多产业法人所属的产业活动单位数	就业人数（人）
35814	17564	362	22	35759
1573	570	34	5	1591
6957	3258	39		6957
2133	895	55	4	2163
18808	9840	122	12	18693
3419	1765	59	1	3431
2163	888	34		2163
761	348	19		761
577	179	9		577
16	5	1		16
561	174	8		561
8323	3674	141	7	11054
2537	709	26	2	5235
1435	570	30	1	1435
526	259	18	1	544
325	62	9	1	325
1756	1183	12	1	1756
209	123	6		209
1535	768	40	1	1550
29374	14668	754	27	29621
2770	1052	101	7	2777
3688	1256	110	3	3706
12078	7386	149	5	12125
650	225	39	4	786
96	25	4		96
3067	1641	86	1	3102
558	172	22		558
2903	1399	110	5	2905
3564	1512	133	2	3566
206772	72380	3307	156	209779
55704	17352	498	33	56462
13049	2206	332	26	13748
76113	22343	1994	61	77217
9124	3529	81	3	9118
44212	24625	167	13	43939
1524	507	35		1524
7046	1818	200	20	7771
58957	14618	444	33	55613
3019	763	68	4	3147
3419	722	13	2	3415
25975	5552	127	13	22947
26544	7581	236	14	26104
63865	21476	349	35	66720

1-04 续表4

行业分组	代 码	法 人		
		单位数（个）	单产业法人	多产业法人
常用有色金属冶炼	331	216	209	7
贵金属冶炼	332	11	10	1
稀有稀土金属冶炼	333	16	15	1
有色金属合金制造	334	13	13	
有色金属压延加工	335	70	67	3
金属制品业	34	703	681	22
结构性金属制品制造	341	254	243	11
金属工具制造	342	105	102	3
集装箱及金属包装容器制造	343	35	34	1
金属丝绳及其制品的制造	344	21	20	1
建筑、安全用金属制品制造	345	62	60	2
金属表面处理及热处理加工	346	38	37	1
搪瓷制品制造	347	4	4	
不锈钢及类似日用金属制品制造	348	100	97	3
其他金属制品制造	349	84	84	
通用设备制造业	35	914	884	30
锅炉及原动机制造	351	58	56	2
金属加工机械制造	352	104	98	6
起重运输设备制造	353	29	27	2
泵、阀门、压缩机及类似机械的制造	354	62	56	6
轴承、齿轮、传动和驱动部件的制造	355	40	39	1
烘炉、熔炉及电炉制造	356	5	5	
风机、衡器、包装设备等通用设备制造	357	83	82	1
通用零部件制造及机械修理	358	246	238	8
金属铸、锻加工	359	287	283	4
专用设备制造业	36	676	654	22
矿山、冶金、建筑专用设备制造	361	140	134	6
化工、木材、非金属加工专用设备制造	362	120	115	5
食品、饮料、烟草及饲料生产专用设备制造	363	61	57	4
印刷、制药、日化生产专用设备制造	364	41	40	1
纺织、服装和皮革工业专用设备制造	365	7	7	
电子和电工机械专用设备制造	366	21	20	1
农、林、牧、渔专用机械制造	367	181	177	4
医疗仪器设备及器械制造	368	47	47	
环保、社会公共安全及其他专用设备制造	369	58	57	1
交通运输设备制造业	37	1013	980	33
铁路运输设备制造	371	21	20	1
汽车制造	372	855	828	27
摩托车制造	373	4	4	
自行车制造	374	21	20	1
船舶及浮动装置制造	375	99	95	4
航空航天器制造	376	5	5	
交通器材及其他交通运输设备制造	379	8	8	

单 位		产业活动单位		
就业人数（人）	女性	单位数（个）	多产业法人所属的产业活动单位数	就业人数（人）
53566	18978	233	24	57001
679	114	12	2	679
1868	407	17	2	1869
353	63	14	1	432
7399	1914	73	6	6739
24817	7818	739	58	25924
8354	1699	270	27	9054
2335	650	112	10	2433
1264	413	38	4	1649
692	208	20		516
1382	385	67	7	1438
995	286	40	3	1002
193	54	4		193
6928	3243	102	5	6934
2674	880	86	2	2705
46883	10740	947	63	48022
7814	2122	57	1	7750
11183	2574	107	9	11023
3131	497	32	5	2637
3248	786	63	7	3331
2569	693	42	3	2710
138	36	5		138
3179	616	89	7	3529
6352	1557	258	20	7165
9269	1859	294	11	9739
42616	9732	704	50	43220
17485	3793	148	14	17649
5749	1122	125	10	5917
3145	611	62	5	3235
1706	524	43	3	1711
82	17	7		82
791	307	22	2	743
8879	1958	189	12	8965
2303	892	48	1	2310
2476	508	60	3	2608
101744	24271	1100	120	108726
6267	1170	24	4	9225
86855	21276	927	99	90146
210	63	4		210
585	179	21	1	583
6647	1199	110	15	7365
917	259	5		917
263	125	9	1	280

1-04 续表5

行业分组	代 码	法 人		
		单位数（个）	单产业法人	多产业法人
电气机械及器材制造业	39	454	435	19
电机制造	391	58	57	1
输配电及控制设备制造	392	169	161	8
电线、电缆、光缆及电工器材制造	393	80	74	6
电池制造	394	22	21	1
家用电力器具制造	395	42	39	3
非电力家用器具制造	396	23	23	
照明器具制造	397	32	32	
其他电气机械及器材制造	399	28	28	
通信设备、计算机及其他电子设备制造业	40	225	221	4
通信设备制造	401	43	41	2
雷达及配套设备制造	402	2	1	1
广播电视设备制造	403	10	10	
电子计算机制造	404	18	18	
电子器件制造	405	20	20	
电子元件制造	406	93	93	
家用视听设备制造	407	14	14	
其他电子设备制造	409	25	24	1
仪器仪表及文化、办公用机械制造业	41	94	92	2
通用仪器仪表制造	411	37	36	1
专用仪器仪表制造	412	16	16	
钟表与计时仪器制造	413	10	10	
光学仪器及眼镜制造	414	17	16	1
文化、办公用机械制造	415	6	6	
其他仪器仪表的制造及修理	419	8	8	
工艺品及其他制造业	42	495	483	12
工艺美术品制造	421	397	388	9
日用杂品制造	422	49	48	1
煤制品制造	423	17	16	1
核辐射加工	424	1	1	
其他未列明的制造业	429	31	30	1
废弃资源和废旧材料回收加工业	43	74	73	1
金属废料和碎屑的加工处理	431	42	42	
非金属废料和碎屑的加工处理	432	32	31	1
电力、燃气及水的生产和供应业	**D**	**2271**	**2043**	**228**
电力、热力的生产和供应业	44	1694	1523	171
电力生产	441	1561	1471	90
电力供应	442	127	48	79
热力生产和供应	443	6	4	2
燃气生产和供应业	45	38	30	8
燃气生产和供应业	450	38	30	8
水的生产和供应业	46	539	490	49
自来水的生产和供应	461	518	469	49

单 位		产业活动单位		
就业人数（人）	女性	单位数（个）	多产业法人所属的产业活动单位数	就业人数（人）
33441	13656	475	40	35880
2925	713	60	3	4067
14763	4922	174	13	14924
6285	3100	87	13	7111
4102	2253	22	1	4099
2232	1037	43	4	2298
461	170	24	1	462
1610	1101	37	5	1856
1063	360	28		1063
35067	21718	235	14	35499
6739	4706	46	5	6658
946	238	2	1	807
517	297	10		517
4733	2157	19	1	4813
1058	451	20		1058
15026	9661	96	3	15515
4289	3177	14		4289
1759	1031	28	4	1842
6151	2781	102	10	6865
2846	1110	41	5	3005
547	231	16		547
968	663	11	1	970
1548	704	19	3	2029
139	41	7	1	211
103	32	8		103
43408	25307	518	35	44423
38075	22732	409	21	38894
3794	2342	49	1	3792
145	31	23	7	254
32	9	2	1	96
1362	193	35	5	1387
2278	860	82	9	2316
1589	629	45	3	1613
689	231	37	6	703
165716	**44019**	**4347**	**2304**	**123661**
146330	37014	3214	1691	101632
46403	13468	1931	460	47422
98664	23205	1272	1224	52306
1263	341	11	7	1904
1476	463	46	16	2037
1476	463	46	16	2037
17910	6542	1087	597	19992
17435	6395	1065	596	19515

1–04 续表6

行业分组	代码	法人		
		单位数（个）	单产业法人	多产业法人
污水处理及其再生利用	462	16	16	
其他水的处理、利用与分配	469	5	5	
建筑业	**E**	**2329**	**2158**	**171**
房屋和土木工程建筑业	47	1087	964	123
房屋工程建筑	471	746	665	81
土木工程建筑	472	341	299	42
建筑安装业	48	315	290	25
建筑安装业	480	315	290	25
建筑装饰业	49	680	666	14
建筑装饰业	490	680	666	14
其他建筑业	50	247	238	9
工程准备	501	81	79	2
提供施工设备服务	502	64	61	3
其他未列明的建筑活动	509	102	98	4
交通运输、仓储和邮政业	**F**	**3178**	**2855**	**323**
铁路运输业	51	17	15	2
铁路旅客运输	511	2	2	
铁路货物运输	512	6	5	1
铁路运输辅助活动	513	9	8	1
道路运输业	52	1629	1442	187
公路旅客运输	521	231	177	54
道路货物运输	522	910	856	54
道路运输辅助活动	523	488	409	79
城市公共交通业	53	197	182	15
公共电汽车客运	531	70	60	10
轨道交通	532			
出租车客运	533	108	104	4
城市轮渡	534			
其他城市公共交通	539	19	18	1
水上运输业	54	351	336	15
水上旅客运输	541	46	46	
水上货物运输	542	220	210	10
水上运输辅助活动	543	85	80	5
航空运输业	55	37	32	5
航空客货运输	551	13	11	2
通用航空服务	552	6	5	1
航空运输辅助活动	553	18	16	2
管道运输业	56			
管道运输业	560			
装卸搬运和其他运输服务业	57	466	433	33
装卸搬运	571	156	147	9
运输代理服务	572	310	286	24
仓储业	58	419	376	43

单　位		产业活动单位		
就业人数（人）	女性	单位数（个）	多产业法人所属的产业活动单位数	就业人数（人）
440	137	16		440
35	10	6	1	37
544190	**61790**	**2812**	**654**	**577803**
440787	52753	1414	450	464193
349235	39825	995	330	371256
91552	12928	419	120	92937
36567	4465	377	87	41245
36567	4465	377	87	41245
10801	2120	743	77	15663
10801	2120	743	77	15663
56035	2452	278	40	56702
3173	348	91	12	3586
49379	1542	69	8	49410
3483	562	118	20	3706
195608	**52762**	**6519**	**3664**	**245555**
1214	326	49	34	17939
31	14	8	6	7961
244	52	17	12	4387
939	260	24	16	5591
97709	24983	3064	1622	117672
36607	12949	397	220	37853
38580	5406	1073	217	42302
22522	6628	1594	1185	37517
24776	5977	237	55	26652
19057	4806	95	35	19990
5071	994	121	17	5926
648	177	21	3	736
18628	5006	442	106	19212
2669	969	65	19	2982
12353	3341	244	34	12544
3606	696	133	53	3686
2712	913	52	20	3245
1626	531	20	9	2041
319	116	7	2	356
767	266	25	9	848
		1	1	13
		1	1	13
24199	6115	579	146	26117
16504	3820	181	34	17696
7695	2295	398	112	8421
9105	2494	599	223	9981

1-04 续表7

行业分组	代码	法人		
		单位数（个）	单产业法人	多产业法人
谷物、棉花等农产品仓储	581	242	215	27
其他仓储	589	177	161	16
邮政业	59	62	39	23
国家邮政	591	23	5	18
其他寄递服务	599	39	34	5
信息传输、计算机服务和软件业	**G**	**5040**	**4938**	**102**
电信和其他信息传输服务业	60	919	839	80
电信	601	179	116	63
互联网信息服务	602	469	460	9
广播电视传输服务	603	263	255	8
卫星传输服务	604	8	8	
计算机服务业	61	3785	3770	15
计算机系统服务	611	224	220	4
数据处理	612	27	27	
计算机维修	613	39	39	
其他计算机服务	619	3495	3484	11
软件业	62	336	329	7
公共软件服务	621	247	244	3
其他软件服务	629	89	85	4
批发和零售业	**H**	**21560**	**19256**	**2304**
批发业	63	12548	11395	1153
农畜产品批发	631	694	588	106
食品、饮料及烟草制品批发	632	1073	975	98
纺织、服装及日用品批发	633	669	620	49
文化、体育用品及器材批发	634	350	317	33
医药及医疗器材批发	635	479	424	55
矿产品、建材及化工产品批发	636	4719	4160	559
机械设备、五金交电及电子产品批发	637	2859	2683	176
贸易经纪与代理	638	750	744	6
其他批发	639	955	884	71
零售业	65	9012	7861	1151
综合零售	651	1171	839	332
食品、饮料及烟草制品专门零售	652	919	809	110
纺织、服装及日用品专门零售	653	670	591	79
文化、体育用品及器材专门零售	654	505	442	63
医药及医疗器材专门零售	655	623	503	120
汽车、摩托车、燃料及零配件专门零售	656	1496	1373	123
家用电器及电子产品专门零售	657	1683	1532	151
五金、家具及室内装修材料专门零售	658	1042	965	77
无店铺及其他零售	659	903	807	96
住宿和餐饮业	**I**	**2152**	**2008**	**144**
住宿业	66	1310	1237	73
旅游饭店	661	521	496	25

单　位		产业活动单位		
就业人数（人）	女性	单位数（个）	多产业法人所属的产业活动单位数	就业人数（人）
3903	1075	377	162	4069
5202	1419	222	61	5912
17265	6948	1496	1457	24724
15966	6600	1432	1427	22915
1299	348	64	30	1809
68070	**25220**	**9025**	**4087**	**87133**
43237	16908	4838	3999	61450
28898	13877	3861	3745	45567
8687	1863	512	52	8762
5597	1144	456	201	7051
55	24	9	1	70
21548	7343	3819	49	22064
2226	748	234	14	2241
369	156	27		369
313	80	42	3	334
18640	6359	3516	32	19120
3285	969	368	39	3619
2469	711	265	21	2648
816	258	103	18	971
308143	**133138**	**37290**	**18034**	**336903**
163985	60202	20552	9157	177631
9905	3143	1339	751	12437
22426	8096	1483	508	24408
7233	3680	774	154	7610
4204	1839	415	98	4218
9963	4943	607	183	9487
62226	21937	10322	6162	64759
30361	11300	3287	604	35626
7503	2002	768	24	7444
10164	3262	1557	673	11642
144158	72936	16738	8877	159272
44824	27354	3023	2184	45424
13090	7394	1795	986	15482
8610	4972	1387	796	10707
6495	3624	903	461	8444
11407	7262	2312	1809	14772
21263	7156	2177	804	23551
20368	8584	2106	574	20594
8121	3214	1422	457	9436
9980	3376	1613	806	10862
98329	**58183**	**2861**	**853**	**108003**
62050	37291	1671	434	67962
44956	26253	572	76	47028

1-04 续表8

行业分组	代码	法人		
		单位数（个）	单产业法人	多产业法人
一般旅馆	662	715	670	45
其他住宿服务	669	74	71	3
餐饮业	67	842	771	71
正餐服务	671	674	622	52
快餐服务	672	59	46	13
饮料及冷饮服务	673	22	20	2
其他餐饮服务	679	87	83	4
金融业	**J**	**636**	**277**	**359**
银行业	68	279	48	231
中央银行	681	21	7	14
商业银行	682	238	32	206
其他银行	689	20	9	11
证券业	69	12	9	3
证券市场管理	691	1	1	
证券经纪与交易	692	8	6	2
证券投资	693	1	1	
证券分析与咨询	694	2	1	1
保险业	70	178	65	113
人寿保险	701	50	13	37
非人寿保险	702	104	31	73
保险辅助服务	703	24	21	3
其他金融活动	71	167	155	12
金融信托与管理	711	16	15	1
金融租赁	712	2	2	
财务公司	713	9	9	
邮政储蓄	714	9	1	8
典当	715	52	51	1
其他未列明的金融活动	719	79	77	2
房地产业	**K**	**5628**	**5423**	**205**
房地产业	72	5628	5423	205
房地产开发经营	721	3134	3094	40
物业管理	722	1020	931	89
房地产中介服务	723	729	683	46
其他房地产活动	729	745	715	30
租赁和商务服务业	**L**	**10535**	**10132**	**403**
租赁业	73	263	257	6
机械设备租赁	731	250	246	4
文化及日用品出租	732	13	11	2
商务服务业	74	10272	9875	397
企业管理服务	741	4932	4792	140
法律服务	742	503	498	5
咨询与调查	743	1089	1064	25
广告业	744	1371	1348	23

单　位		产业活动单位		
就业人数（人）	女性	单位数（个）	多产业法人所属的产业活动单位数	就业人数（人）
15844	10239	999	329	19305
1250	799	100	29	1629
36279	20892	1190	419	40041
29407	16952	822	200	31042
4318	2385	177	131	5427
446	301	40	20	574
2108	1254	151	68	2998
112287	**52873**	**6562**	**6285**	**144022**
65646	28046	4492	4444	79777
2828	890	99	92	3701
61073	26455	4268	4236	73686
1745	701	125	116	2390
899	387	63	54	1890
34	13	3	2	38
846	369	50	44	1739
4		5	4	80
15	5	5	4	33
42293	22597	1406	1341	56666
31890	17331	571	558	39896
10018	5056	788	757	16163
385	210	47	26	607
3449	1843	601	446	5689
231	62	23	8	367
18	4	3	1	19
54	13	11	2	66
1895	1425	423	422	4049
362	123	54	3	368
889	216	87	10	820
118213	**41769**	**6249**	**826**	**124586**
118213	41769	6249	826	124586
59730	21343	3177	83	60411
40344	13306	1345	414	44895
7740	3436	870	187	8714
10399	3684	857	142	10566
142800	**44746**	**12995**	**2863**	**211981**
2865	692	284	27	3382
2711	649	269	23	3224
154	43	15	4	158
139935	44054	12711	2836	208599
52613	15518	5800	1008	114036
4379	1110	657	159	4685
11128	4360	1196	132	12164
10561	3706	1462	114	11261

1-04 续表9

行业分组	代码	法人		
		单位数（个）	单产业法人	多产业法人
知识产权服务	745	36	36	
职业中介服务	746	405	391	14
市场管理	747	461	370	91
旅行社	748	504	435	69
其他商务服务	749	971	941	30
科学研究、技术服务和地质勘查业	**M**	**7141**	**6688**	**453**
研究与试验发展	75	451	428	23
自然科学研究与试验发展	751	62	60	2
工程和技术研究与试验发展	752	86	82	4
农业科学研究与试验发展	753	182	172	10
医学研究与试验发展	754	42	38	4
社会人文科学研究与试验发展	755	79	76	3
专业技术服务业	76	2899	2736	163
气象服务	761	172	156	16
地震服务	762	68	68	
海洋服务	763	3	2	1
测绘服务	764	139	135	4
技术检测	765	569	543	26
环境监测	766	112	108	4
工程技术与规划管理	767	1442	1354	88
其他专业技术服务	769	394	370	24
科技交流和推广服务业	77	3696	3438	258
技术推广服务	771	3350	3099	251
科技中介服务	772	167	163	4
其他科技服务	779	179	176	3
地质勘查业	78	95	86	9
矿产地质勘查	781	50	46	4
基础地质勘查	782	15	11	4
地质勘查技术服务	783	30	29	1
水利、环境和公共设施管理业	**N**	**2081**	**1961**	**120**
水利管理业	79	1130	1061	69
防洪管理	791	84	82	2
水资源管理	792	562	504	58
其他水利管理	799	484	475	9
环境管理业	80	380	362	18
自然保护	801	83	75	8
环境治理	802	297	287	10
公共设施管理业	81	571	538	33
市政公共设施管理	811	132	124	8
城市绿化管理	812	191	188	3
游览景区管理	813	248	226	22
居民服务和其他服务业	**O**	**1607**	**1540**	**67**
居民服务业	82	677	646	31

单　位		产业活动单位		
就业人数（人）	女性	单位数（个）	多产业法人所属的产业活动单位数	就业人数（人）
275	83	38	2	287
6346	2569	437	46	6481
17703	6678	1214	844	20074
9793	5375	753	318	10775
27137	4655	1154	213	28836
105742	**29265**	**8466**	**1778**	**113547**
13710	4634	475	47	12460
1045	400	62	2	1043
1680	560	92	10	1657
7078	2084	197	25	6568
1935	1007	40	2	1171
1972	583	84	8	2021
54982	14738	3445	709	60582
2525	869	203	47	2774
497	117	70	2	501
30	12	4	2	34
3571	849	154	19	3661
8179	2582	653	110	8649
1903	657	152	44	2027
30947	7574	1727	373	33016
7330	2078	482	112	9920
31507	8652	4429	991	34581
28466	7750	4008	909	31210
1361	410	193	30	1433
1680	492	228	52	1938
5543	1241	117	31	5924
1866	362	54	8	1612
1922	508	24	13	2080
1755	371	39	10	2232
69807	**33127**	**2604**	**643**	**70720**
13959	3167	1480	419	14169
717	192	98	16	748
10035	2243	715	211	9536
3207	732	667	192	3885
33355	20100	484	122	34670
1823	568	112	37	2670
31532	19532	372	85	32000
22493	9860	640	102	21881
4552	1465	152	28	4691
4850	2112	197	9	4919
13091	6283	291	65	12271
25878	**10124**	**2088**	**548**	**32323**
10484	4739	891	245	11947

1–04 续表10

行业分组	代码	法人		
		单位数（个）	单产业法人	多产业法人
家庭服务	821	44	44	
托儿所	822	19	19	
洗染服务	823	20	18	2
理发及美容保健服务	824	164	154	10
洗浴服务	825	44	43	1
婚姻服务	826	37	37	
殡葬服务	827	61	59	2
摄影扩印服务	828	84	77	7
其他居民服务	829	204	195	9
其他服务业	83	930	894	36
修理与维护	831	554	536	18
清洁服务	832	187	184	3
其他未列明的服务	839	189	174	15
教育	**P**	**16435**	**15222**	**1213**
教育	84	16435	15222	1213
学前教育	841	2412	2396	16
初等教育	842	9726	8755	971
中等教育	843	2844	2686	158
高等教育	844	131	112	19
其他教育	849	1322	1273	49
卫生、社会保障和社会福利业	**Q**	**6207**	**5817**	**390**
卫生	85	4332	3967	365
医院	851	462	352	110
卫生院及社区医疗活动	852	1490	1296	194
门诊部医疗活动	853	1049	1043	6
计划生育技术服务活动	854	829	821	8
妇幼保健活动	855	113	99	14
专科疾病防治活动	856	70	61	9
疾病预防控制及防疫活动	857	154	134	20
其他卫生活动	859	165	161	4
社会保障业	86	1227	1211	16
社会保障业	860	1227	1211	16
社会福利业	87	648	639	9
提供住宿的社会福利	871	440	438	2
不提供住宿的社会福利	872	208	201	7
文化、体育和娱乐业	**R**	**2600**	**2504**	**96**
新闻出版业	88	158	144	14
新闻业	881	25	24	1
出版业	882	133	120	13
广播、电视、电影和音像业	89	871	827	44
广播	891	488	481	7
电视	892	210	203	7
电影	893	145	115	30

单 位		产业活动单位		
就业人数（人）	女性	单位数（个）	多产业法人所属的产业活动单位数	就业人数（人）
868	322	49	5	913
167	157	27	8	302
281	139	27	9	308
2031	1155	216	62	2516
1072	764	49	6	1113
153	79	41	4	168
1239	325	68	9	1344
1484	888	147	70	1673
3189	910	267	72	3610
15394	5385	1197	303	20376
7114	1427	711	175	9964
4557	2704	201	17	4867
3723	1254	285	111	5545
591688	**287699**	**22818**	**7596**	**599499**
591688	287699	22818	7596	599499
29633	25992	2697	301	31804
269344	134307	15579	6824	273007
229220	99059	2895	209	228881
40258	18943	151	39	40094
23233	9398	1496	223	25713
211752	**128300**	**14519**	**8702**	**231128**
198969	121763	11504	7537	216253
111332	70399	548	196	110804
49969	30022	3069	1773	53952
4710	2188	6268	5225	16980
9938	4749	903	82	10816
11346	8672	126	27	11223
1447	734	78	17	1426
6966	3314	185	51	6908
3261	1685	327	166	4144
6333	3027	1588	377	6954
6333	3027	1588	377	6954
6450	3510	1427	788	7921
4889	2872	1170	732	6361
1561	638	257	56	1560
43497	**18343**	**3030**	**526**	**45360**
5962	2475	191	47	5908
229	75	38	14	313
5733	2400	153	33	5595
11015	3674	1057	230	11656
2966	1003	556	75	3203
4546	1568	259	56	4873
3313	1010	211	96	3367

1-04 续表11

行业分组	代码	法人		
		单位数（个）	单产业法人	多产业法人
音像制作	894	28	28	
文化艺术业	90	960	941	19
文艺创作与表演	901	174	173	1
艺术表演场馆	902	23	22	1
图书馆与档案馆	903	195	191	4
文物及文化保护	904	74	71	3
博物馆	905	47	45	2
烈士陵园、纪念馆	906	22	22	
群众文化活动	907	295	290	5
文化艺术经纪代理	908	37	36	1
其他文化艺术	909	93	91	2
体育	91	189	183	6
体育组织	911	105	102	3
体育场馆	912	39	36	3
其他体育	919	45	45	
娱乐业	92	422	409	13
室内娱乐活动	921	275	270	5
游乐园	922	13	13	
休闲健身娱乐活动	923	83	79	4
其他娱乐活动	929	51	47	4
公共管理和社会组织	**S**	**43197**	**36439**	**6758**
中国共产党机关	93	2275	2218	57
中国共产党机关	930	2275	2218	57
国家机构	94	16342	14364	1978
国家权力机构	941	268	254	14
国家行政机构	942	15610	13764	1846
人民法院和人民检察院	943	280	171	109
其他国家机构	949	184	175	9
人民政协和民主党派	95	247	244	3
人民政协	951	153	150	3
民主党派	952	94	94	
群众团体、社会团体和宗教组织	96	8302	8215	87
群众团体	961	949	912	37
社会团体	962	7143	7099	44
宗教组织	963	210	204	6
基层群众自治组织	97	16031	11398	4633
社区自治组织	971	1621	1408	213
村民自治组织	972	14410	9990	4420

注：本表的多产业法人所属的产业活动单位数及就业人数按在地原则汇总

单位		产业活动单位		
就业人数（人）	女性	单位数（个）	多产业法人所属的产业活动单位数	就业人数（人）
190	93	31	3	213
13130	6005	1079	138	13914
4417	1941	185	12	4815
1330	641	27	5	1423
2308	1328	221	30	2390
473	159	86	15	520
852	370	55	10	883
285	106	27	5	296
2248	959	345	55	2422
367	175	39	3	305
850	326	94	3	860
3233	1252	241	58	3300
2305	908	147	45	2333
570	219	43	7	578
358	125	51	6	389
10157	4937	462	53	10582
5915	2925	301	31	6022
1189	699	16	3	1256
1739	771	92	13	1933
1314	542	53	6	1371
570884	**144292**	**52387**	**15948**	**568685**
22466	4917	2321	103	22402
22466	4917	2321	103	22402
372979	99450	24727	10363	377481
5451	1361	285	31	6422
343961	91935	23683	9919	347178
17925	4346	556	385	18382
5642	1808	203	28	5499
3181	861	257	13	3190
2591	641	163	13	2600
590	220	94		590
66824	15113	9007	792	73886
6796	2755	1038	126	8950
58446	11517	7739	640	63180
1582	841	230	26	1756
105434	23951	16075	4677	91726
16656	8611	1611	203	15887
88778	15340	14464	4474	75839

1-05　按登记注册类型分组的法人单位数、

分　组	代　码	法　人		
		单位数（个）	单产业法人	多产业法人
总　计		**154748**	**140684**	**14064**
按登记注册类型分组				
#内资	**100**	**153281**	**139317**	**13964**
国有	110	53272	48029	5243
集体	120	6225	5231	994
股份合作	130	1203	1081	122
国有联营	141	41	39	2
集体联营	142	135	129	6
国有与集体联营	143	22	21	1
其他联营	149	90	86	4
国有独资公司	151	260	207	53
其他有限责任公司	159	7162	6604	558
股份有限公司	160	2644	2299	345
私营独资	171	19686	19348	338
私营合伙	172	5265	5165	100
私营有限责任公司	173	23578	22264	1314
私营股份有限公司	174	1990	1866	124
其他内资企业	190	31708	26948	4760
#港澳台商投资	**200**	**753**	**709**	**44**
与港澳台合资经营	210	273	250	23
与港澳台合作经营	220	55	53	2
港澳台商独资	230	398	382	16
港澳台商投资股份有限公司	240	27	24	3
#外商投资	**300**	**714**	**658**	**56**
中外合资经营	310	317	304	13
中外合作经营	320	63	57	6
外资企业	330	289	259	30
外商投资股份有限公司	340	45	38	7

产业活动单位数及就业人数

单 位		产业活动单位		
就业人数（人）	女性	单位数（个）	多产业法人所属的产业活动单位数	就业人数（人）
4885707	**1755439**	**219143**	**78459**	**5163976**
4620705	**1635682**	**215968**	**76651**	**4884728**
1834168	704652	81377	33348	1999680
224982	70114	14900	9669	238277
51603	17451	2821	1740	58792
1916	797	86	47	2952
2008	656	192	63	2282
1049	191	33	12	881
2970	945	143	57	3813
165681	25456	618	411	121047
474717	159366	10039	3435	492050
284291	113671	8173	5874	306540
375223	150945	22279	2931	390168
117411	38376	5766	601	121402
765777	253795	27517	5253	795935
62808	22543	2480	614	69459
256101	76724	39544	12596	281450
121554	**62771**	**1037**	**328**	**121845**
49554	20409	359	109	48944
7336	3037	74	21	7478
62021	37973	455	73	62129
2643	1352	149	125	3294
143448	**56986**	**2138**	**1480**	**157403**
74210	27308	484	180	76885
7132	3465	71	14	6951
49119	22680	1169	910	56648
12987	3533	414	376	16919

1-06 按市县、机构类型

地 区	法人单位数（个）		
		企业法人	事业法人
总 计	**154748**	**74120**	**37611**
南宁市	**31130**	**19258**	**5065**
兴宁区	2906	2343	239
青秀区	9468	7216	879
江南区	2154	1632	247
西乡塘区	5317	4296	451
良庆区	927	480	211
邕宁区	616	247	220
武鸣县	1663	744	465
隆安县	889	219	398
马山县	879	195	392
上林县	876	277	333
宾阳县	2159	842	560
横 县	3276	767	670
柳州市	**14062**	**8343**	**2224**
城中区	1398	976	133
鱼峰区	1706	1353	110
柳南区	2244	1849	112
柳北区	2391	1737	189
柳江县	1723	978	315
柳城县	927	255	275
鹿寨县	1193	523	277
融安县	816	267	232
融水苗族自治县	940	245	320
三江侗族自治县	724	160	261
桂林市	**20653**	**11451**	**3747**
秀峰区	1921	1443	163
叠彩区	1620	1280	147
象山区	2488	2007	203
七星区	1678	1354	151
雁山区	314	117	98
阳朔县	997	337	348
临桂县	1259	616	321
灵川县	1184	569	319
全州县	1525	667	415
兴安县	1247	578	310
永福县	1202	641	208
灌阳县	637	231	142
龙胜各族自治县	793	310	240
资源县	501	255	98
平乐县	920	350	260

分组的法人单位数

机关法人	社会团体	民办非企业单位	基金会	居委会	村委会	其他组织结构
9803	**7379**	**3874**	**11**	**1660**	**14525**	**5765**
1066	**1591**	**806**	**8**	**350**	**1446**	**1540**
59	96	75		36	40	18
293	707	152	8	65	53	95
57	52	65		26	69	6
73	137	180		77	81	22
57	14	89		12	57	7
46	16	6		5	69	7
85	64	24		23	200	58
77	24	35		13	118	5
64	67	4		8	145	4
80	26	12		16	115	17
84	216	137		41	221	58
91	172	27		28	278	1243
850	**605**	**523**		**262**	**950**	**305**
111	60	61		21	7	29
63	22	88		54	5	11
58	37	71		59	20	38
109	70	83		59	40	104
87	69	67		20	130	57
80	118	31		19	122	27
76	105	61		9	126	16
79	55	24		9	139	11
100	37	24		7	198	9
87	32	13		5	163	3
1261	**890**	**375**	**2**	**200**	**1665**	**1062**
77	72	69		19	10	68
87	31	28		15	17	15
90	72	58		30	8	20
38	14	63	2	28	9	19
46	9	2		2	38	2
77	95	24		14	100	2
71	36	44		6	162	3
79	31	30		10	130	16
98	46	8		11	273	7
70	134	14		8	117	16
81	122	21		7	94	28
85	14	1		3	138	23
76	26	3		6	119	13
56	9	5		1	74	3
77	74	1		13	135	10

1-06 续表1

地 区	法人单位数（个）	企业法人	事业法人
荔浦县	1057	519	251
恭城县	1310	177	73
梧州市	**8588**	**3761**	**2388**
万秀区	819	608	95
蝶山区	1151	788	159
长洲区	975	618	178
苍梧县	1421	549	501
藤　县	1855	522	599
蒙山县	724	199	311
岑溪市	1643	477	545
北海市	**6843**	**4012**	**1377**
海城区	3422	2523	364
银海区	621	361	143
铁山港区	401	130	147
合浦县	2399	998	723
防城港市	**3976**	**1986**	**956**
港口区	1403	777	297
防城区	1088	523	252
上思县	631	181	246
东兴市	854	505	161
钦州市	**6422**	**2626**	**1705**
钦南区	2416	1362	564
钦北区	808	350	157
灵山县	2125	520	731
浦北县	1073	394	253
贵港市	**8858**	**3468**	**2808**
港北区	1748	984	441
港南区	1093	386	313
覃塘区	829	158	350
平南县	2416	942	708
桂平市	2772	998	996
玉林市	**14790**	**7133**	**4279**
玉州区	4157	2326	846
容　县	2017	897	653
陆川县	1455	580	600
博白县	2864	1337	898
兴业县	1338	367	564
北流市	2959	1626	718
百色市	**9440**	**3039**	**2830**
右江区	1883	1067	454
田阳县	863	264	302
田东县	791	350	130

机关法人	社会团体	民办非企业单位	基金会	居委会	村委会	其他组织结构
79	43	4		21	123	17
74	62			6	118	800
502	**716**	**180**		**133**	**863**	**45**
43	19	11		23	16	4
76	42	29		27	26	4
86	36	17		9	29	2
64	79	15		18	193	2
76	325	29		24	265	15
70	29	17		6	78	14
87	186	62		26	256	4
316	**319**	**280**		**81**	**345**	**113**
129	123	186		41	21	35
46	18	5		7	40	1
57	7	18		4	38	
84	171	71		29	246	77
406	**218**	**52**		**36**	**296**	**26**
180	91	15		10	27	6
72	53	9		13	153	13
83	27	1		4	84	5
71	47	27		9	32	2
479	**477**	**74**	**1**	**69**	**964**	**27**
203	52	40		24	151	20
82	41	3		12	163	
100	348	10	1	20	389	6
94	36	21		13	261	1
448	**293**	**213**		**52**	**1101**	**475**
122	22	32		14	105	28
57	70	80		6	162	19
71	78			7	139	26
99	44	28		9	274	312
99	79	73		16	421	90
749	**599**	**346**		**83**	**1372**	**229**
237	268	113		27	196	144
104	41	68		11	218	25
83	18	5		10	154	5
112	140	47		10	316	4
94	68	14		4	210	17
119	64	99		21	278	34
1003	**282**	**320**		**68**	**1806**	**92**
147	47	26		12	110	20
79	54	6		4	152	2
82	47	3		6	161	12

1-06 续表2

地　区	法人单位数（个）		
		企业法人	事业法人
平果县	698	270	129
德保县	615	150	185
靖西县	1567	298	651
那坡县	545	79	206
凌云县	350	75	74
乐业县	490	93	230
田林县	547	133	127
西林县	407	95	130
隆林各族自治县	684	165	212
贺州市	**5511**	**1628**	**2282**
平桂管理区	748	266	269
八步区	1936	716	707
昭平县	1026	255	474
钟山县	928	267	411
富川瑶族自治县	873	124	421
河池市	**9849**	**3161**	**3336**
金城江区	1744	808	487
南丹县	1173	366	508
天峨县	506	100	218
凤山县	489	74	213
东兰县	691	85	351
罗城仫佬族自治县	841	307	289
环江毛南族自治县	663	212	179
巴马瑶族自治县	672	194	254
都安瑶族自治县	759	217	148
大化瑶族自治县	738	173	280
宜州市	1573	625	409
来宾市	6523	2211	2166
兴宾区	2472	866	827
忻城县	679	189	231
象州县	1039	407	247
武宣县	1125	337	417
金秀瑶族自治县	674	211	252
合山市	534	201	192
崇左市	**8103**	**2043**	**2448**
江州区	1939	446	294
扶绥县	1101	342	377
宁明县	1495	262	406
龙州县	917	247	376
大新县	976	292	401
天等县	799	161	363
凭祥市	876	293	231

机关法人	社会团体	民办非企业单位	基金会	居委会	村委会	其他组织结构
75	11	30		10	171	2
79	11	3		5	180	2
108	27	186		9	283	5
81	8	37		3	127	4
52	7	8		5	105	24
55	20	1		4	84	3
82	23	13		3	165	1
71	11	3		3	93	1
92	16	4		4	175	16
450	**240**	**129**		**46**	**711**	**25**
52	7	27		2	123	2
150	95	56		16	185	11
76	40	19		7	152	3
82	27	19		3	114	5
90	71	8		18	137	4
1045	**342**	**251**		**146**	**1497**	**71**
156	72	42		32	111	36
106	31	6		23	125	8
77	17			3	91	
76	25			2	96	3
89	17			2	147	
80	9	10		16	125	5
78	38	6		22	127	1
89	17	10		4	103	1
94	29	22		9	239	1
104	22	1		3	153	2
96	65	154		30	180	14
585	417	248		48	729	119
173	131	146		18	242	69
89	19	7		7	123	14
83	92	58		10	116	26
95	104	19		6	142	5
79	47	2		4	77	2
66	24	16		3	29	3
643	**390**	**77**		**86**	**780**	**1636**
145	65	18		16	98	857
85	158	5		12	119	3
81	14	6		17	146	563
88	41	29		10	117	9
92	42	2		18	129	
83	54	12		6	118	2
69	16	5		7	53	202

1-07 按市县、机构类型

地 区	就业人数（人）		
		企业法人	事业法人
总 计	**4885707**	**3289493**	**1065900**
南宁市	**1128936**	**843486**	**202651**
兴宁区	128224	106050	17062
青秀区	399662	316704	54767
江南区	121672	103447	14384
西乡塘区	216222	169550	38497
良庆区	32601	24632	4763
邕宁区	17222	9521	6027
武鸣县	47493	28750	13035
隆安县	20770	10246	7207
马山县	16376	4915	7901
上林县	19154	8684	7020
宾阳县	54420	29267	16015
横县	55120	31720	15973
柳州市	**574437**	**433228**	**87822**
城中区	92238	71254	12862
鱼峰区	73040	58180	11246
柳南区	115503	100002	8431
柳北区	120346	101271	11629
柳江县	56166	38790	10317
柳城县	23544	11976	7491
鹿寨县	42154	29338	6851
融安县	17605	8527	5803
融水苗族自治县	21597	9277	8287
三江侗族自治县	12244	4613	4905
桂林市	**610684**	**429693**	**114679**
秀峰区	63279	47966	8164
叠彩区	45727	37203	5883
象山区	111434	93614	12330
七星区	82313	63641	13793
雁山区	9050	5230	2672
阳朔县	23113	14691	5625
临桂县	40728	27739	8223
灵川县	27755	17810	6509
全州县	33111	17717	10668
兴安县	31549	20274	7688
永福县	27170	19684	4453
灌阳县	13838	5790	4475
龙胜各族自治县	13733	7938	3927
资源县	11420	5913	3514
平乐县	20517	10476	6324

分组的法人单位就业人数

机关法人	社会团体	民办非企业单位	基金会	居委会	村委会	其他组织结构
276832	**60295**	**53815**	**72**	**18956**	**89575**	**30769**
43001	**6911**	**13185**	**57**	**4410**	**10385**	**4850**
2323	410	1392		482	342	163
19226	2945	3318	57	933	582	1130
1428	277	1175		327	607	27
2610	372	3333		1134	558	168
1193	46	1474		173	301	19
799	41	90		48	647	49
2764	389	341		288	1398	528
1623	104	568		110	895	17
1683	420	90		334	983	50
2062	153	88		134	888	125
4499	1340	982		280	1744	293
2791	414	334		167	1440	2281
28222	**5361**	**5949**		**4750**	**4955**	**4150**
5514	998	949		265	55	341
1204	77	1234		789	63	247
2710	429	1063		2411	151	306
3029	809	897		804	219	1688
3908	554	609		111	701	1176
1977	833	189		214	740	124
4090	717	462		52	545	99
2127	269	194		41	611	33
2159	414	194		41	1102	123
1504	261	158		22	768	13
35960	**6382**	**6308**	**12**	**1287**	**8520**	**7843**
3498	1226	1251		115	70	989
1572	249	365		155	138	162
3430	653	834		268	63	242
2903	157	1310	12	251	90	156
647	191	167		5	128	10
1516	369	380		60	465	7
2202	324	869		32	1306	33
2196	153	509		43	479	56
3150	230	144		52	1115	35
1683	927	250		39	592	96
1679	709	110		31	388	116
1805	106	13		12	962	675
1168	76	47		24	499	54
1409	36	10		6	520	12
2510	458	1		70	634	44

1-07 续表1

地　区	就业人数（人）	企业法人	事业法人
荔浦县	35533	26148	6107
恭城县	20414	7859	4324
梧州市	**265186**	**172466**	**60766**
万秀区	34370	25102	5671
蝶山区	43029	31849	8110
长洲区	45264	37036	4593
苍梧县	32936	17550	10036
藤　县	43125	21729	14497
蒙山县	13186	7450	3891
岑溪市	53276	31750	13968
北海市	**190572**	**130347**	**39719**
海城区	93033	69774	14054
银海区	18164	12663	3490
铁山港区	14406	10412	3053
合浦县	64969	37498	19122
防城港市	**101940**	**70084**	**20339**
港口区	35761	27193	4468
防城区	34172	23370	7775
上思县	15298	8596	4606
东兴市	16709	10925	3490
钦州市	**223893**	**135029**	**59745**
钦南区	93998	64110	20048
钦北区	26923	14242	8426
灵山县	50621	22885	19184
浦北县	52351	33792	12087
贵港市	**275062**	**161728**	**79520**
港北区	76024	50387	16734
港南区	32870	20212	7878
覃塘区	19210	9041	7619
平南县	69775	41255	20740
桂平市	77183	40833	26549
玉林市	**547148**	**383561**	**112418**
玉州区	167904	119149	27672
容　县	56792	38866	12948
陆川县	53494	34879	14911
博白县	92455	59233	25480
兴业县	30780	17205	9879
北流市	145723	114229	21528
百色市	**270613**	**156499**	**71918**
右江区	76659	55158	15028
田阳县	20160	11348	5928
田东县	28647	17807	5970

机关法人	社会团体	民办非企业单位	基金会	居委会	村委会	其他组织结构
2207	228	48		97	532	166
2385	290			27	539	4990
15813	**6012**	**3187**		**818**	**5779**	**345**
2360	437	483		153	82	82
1504	559	678		169	104	56
2378	537	422		69	198	31
1919	1274	370		93	1689	5
3090	1722	327		106	1560	94
1170	180	144		18	278	55
3392	1303	763		210	1868	22
10345	**2859**	**3393**		**568**	**2405**	**936**
5354	1185	2106		209	105	246
1065	222	416		47	253	8
573	25	138		28	177	
3353	1427	733		284	1870	682
7778	**1466**	**523**		**183**	**1350**	**217**
3263	420	125		49	136	107
1726	342	152		68	657	82
1444	181	2		20	428	21
1345	523	244		46	129	7
15049	**6891**	**1580**	**3**	**410**	**5008**	**178**
6369	894	1171		186	1059	161
2672	208	109		85	1181	
2888	3728	136	3	81	1704	12
3120	2061	164		58	1064	5
13535	**3247**	**5152**		**2695**	**6231**	**2954**
4449	125	834		2498	744	253
1172	806	1349		43	1178	232
953	841			38	634	84
3355	396	1405		52	1486	1086
3606	1079	1564		64	2189	1299
20229	**9103**	**5459**		**1182**	**11849**	**3347**
7113	5835	2655		916	1964	2600
2363	325	645		32	1436	177
2514	72	73		37	969	39
2971	1196	1019		61	2453	42
1688	559	139		19	1207	84
3580	1116	928		117	3820	405
25638	**3187**	**2041**		**470**	**10268**	**592**
4869	253	490		86	575	200
1664	312	132		22	714	40
2516	1136	38		43	1011	126

1-07 续表2

地区	就业人数（人）		
		企业法人	事业法人
平果县	32523	21957	6390
德保县	18712	10580	5199
靖西县	30104	16890	8466
那坡县	9704	3196	4108
凌云县	9087	3217	3576
乐业县	8266	2386	4440
田林县	12770	4634	4172
西林县	7721	2838	2630
隆林各族自治县	16260	6488	6011
贺州市	116579	58613	40823
平桂管理区	18323	10519	5214
八步区	48069	27385	14338
昭平县	19554	9420	7383
钟山县	17067	7081	7239
富川瑶族自治县	13566	4208	6649
河池市	**248567**	**134986**	**75362**
金城江区	63851	45926	11872
南丹县	23504	13597	6317
天峨县	9578	3460	4278
凤山县	9132	3274	3884
东兰县	9953	2810	5161
罗城仫佬族自治县	18527	9225	6027
环江毛南族自治县	18654	9105	6185
巴马瑶族自治县	12975	5743	5045
都安瑶族自治县	23539	9576	8325
大化瑶族自治县	16629	6771	6696
宜州市	42225	25499	11572
来宾市	161609	88952	48534
兴宾区	72831	41654	19830
忻城县	15384	6617	6173
象州县	21957	12262	6397
武宣县	24914	12425	9171
金秀瑶族自治县	10691	4690	3875
合山市	15832	11304	3088
崇左市	**170481**	**90821**	**51604**
江州区	34825	19349	8209
扶绥县	30571	15550	9884
宁明县	23831	11186	8345
龙州县	25010	14952	6704
大新县	25381	16141	6458
天等县	16348	7033	6308
凭祥市	14515	6610	5696

机关法人	社会团体	民办非企业单位	基金会	居委会	村委会	其他组织结构
2735	56	508		82	780	15
1773	57	24		31	1039	9
2099	476	444		63	1641	25
1243	46	165		27	898	21
1470	81	24		30	606	83
836	79	2		30	481	12
2280	415	99		10	1158	2
1634	55	68		14	481	1
2519	221	47		32	884	58
10144	1038	2162		194	3387	218
1146	34	733		10	647	20
4093	373	912		61	771	136
1754	153	221		27	585	11
1642	273	183		9	598	42
1509	205	113		87	786	9
24135	**2903**	**1776**		**948**	**7842**	**615**
4436	493	476		151	353	144
1937	264	117		143	796	333
1428	63			15	334	
1225	86			13	644	6
1370	69			14	529	
2564	50	63		77	501	20
2071	337	65		140	748	3
1444	95	47		23	577	1
3346	727	136		108	1314	7
2021	119	3		27	977	15
2293	600	869		237	1069	86
12750	2384	1381		506	6525	577
4937	771	647		294	4283	415
1651	44	144		115	607	33
1806	514	236		47	613	82
1975	366	283		24	646	24
1222	607	8		10	264	15
1159	82	63		16	112	8
14233	**2551**	**1719**		**535**	**5071**	**3947**
4053	286	190		94	577	2067
2382	1084	1014		62	579	16
1796	95	88		100	845	1376
1587	540	210		55	929	33
1524	253	34		127	844	
1596	230	117		53	1008	3
1295	63	66		44	289	452

1-08 按行业（门类、大类、中类）、

行业分组	代 码	法人单位数（个）	南宁市	兴宁区
总 计		**154748**	**31130**	**2906**
农、林、牧、渔业	**A**	**210**	**25**	**2**
农业	01	66	8	1
谷物及其他作物的种植	011	18	4	1
蔬菜、园艺作物的种植	012	12		
水果、坚果、饮料和香料作物的种植	013	33	4	
中药材的种植	014	3		
林业	02	56	10	1
林木的培育和种植	021	53	8	1
木材和竹材的采运	022	3	2	
林产品的采集	023			
畜牧业	03	51	3	
牲畜的饲养	031	7		
猪的饲养	032	21		
家禽的饲养	033	19	2	
狩猎和捕捉动物	034			
其他畜牧业	039	4	1	
渔业	04	17	2	
海洋渔业	041	7		
内陆渔业	042	10	2	
农、林、牧、渔服务业	05	20	2	
农业服务业	051	16	1	
林业服务业	052			
畜牧服务业	053	3		
渔业服务业	054	1	1	
采矿业	**B**	**2258**	**179**	**12**
煤炭开采和洗选业	06	49	3	
烟煤和无烟煤的开采洗选	061	28	1	
褐煤的开采洗选	062	17		
其他煤炭采选	069	4	2	
石油和天然气开采业	07	2		
天然原油和天然气开采	071	1		
与石油和天然气开采有关的服务活动	079	1		
黑色金属矿采选业	08	517	50	9
铁矿采选	081	145	7	
其他黑色金属矿采选	089	372	43	9
有色金属矿采选业	09	552	39	2
常用有色金属矿采选	091	479	31	1
贵金属矿采选	092	55	6	
稀有稀土金属矿采选	093	18	2	1
非金属矿采选业	10	1114	83	1
土砂石开采	101	849	55	1
化学矿采选	102	38	1	
采盐	103	4		
石棉及其他非金属矿采选	109	223	27	

地区分组的法人单位数

青秀区	江南区	西乡塘区	良庆区	邕宁区	武鸣县	隆安县
9468	**2154**	**5317**	**927**	**616**	**1663**	**889**
1	**6**	**3**	**1**	**1**	**4**	**1**
1	1	1			2	
	1	1				
1					2	
	2		1		2	1
	2				2	
			1			1
	1			1		
	1			1		
	1	1				
	1	1				
	1	1				
	1					
		1				
1	**6**	**22**		**10**	**43**	**8**
	1	1				1
	1					
		1				1
	2	2			19	
	1					
	1	2			19	
				1	16	5
				1	13	2
					2	3
					1	
1	3	19		9	8	2
1	3	18		9	7	
		1			1	2

1-08 续表1

行业分组	代 码	法人单位数（个）	南宁市	兴宁区
其他采矿业	11	24	4	
其他采矿业	110	24	4	
制造业	**C**	**19683**	**3455**	**310**
农副食品加工业	13	1486	371	24
谷物磨制	131	227	62	1
饲料加工	132	250	117	19
植物油加工	133	126	15	
制糖	134	107	11	
屠宰及肉类加工	135	297	55	4
水产品加工	136	101	6	
蔬菜、水果和坚果加工	137	109	17	
其他农副食品加工	139	269	88	
食品制造业	14	876	177	10
焙烤食品制造	141	263	48	3
糖果、巧克力及蜜饯制造	142	84	20	2
方便食品制造	143	149	29	
液体乳及乳制品制造	144	17	6	1
罐头制造	145	86	17	1
调味品、发酵制品制造	146	111	18	1
其他食品制造	149	166	39	2
饮料制造业	15	796	219	2
酒精制造	151	43	7	
酒的制造	152	183	15	
软饮料制造	153	293	54	2
精制茶加工	154	277	143	
烟草制品业	16	5	3	
烟叶复烤	161	1	1	
卷烟制造	162	4	2	
其他烟草制品加工	169			
纺织业	17	661	47	
棉、化纤纺织及印染精加工	171	93	7	
毛纺织和染整精加工	172	88	1	
麻纺织	173	11	1	
丝绢纺织及精加工	174	102	17	
纺织制成品制造	175	83	11	
针织品、编织品及其制品制造	176	284	10	
纺织服装、鞋、帽制造业	18	338	47	3
纺织服装制造	181	324	47	3
纺织面料鞋的制造	182	11		
制帽	183	3		
皮革、毛皮、羽毛（绒）及其制品业	19	281	48	
皮革鞣制加工	191	41	20	
皮革制品制造	192	193	21	
毛皮鞣制及制品加工	193	5	3	
羽毛（绒）加工及制品制造	194	42	4	
木材加工及木、竹、藤、棕、草制品业	20	1880	248	11
锯材、木片加工	201	765	142	7

青秀区	江南区	西乡塘区	良庆区	邕宁区	武鸣县	隆安县
134	**519**	**829**	**221**	**74**	**381**	**94**
6	56	62	30	9	61	26
	4	8	3	2	3	
	38	24	15		13	4
	3	6	1		1	
	1	1	1			1
5	2	5	5	6	1	6
1		4				
	4	1	4	1	3	2
	4	13	1		40	13
8	31	47	17	9	30	3
2	13	15	3	4	4	
2	1	4	4		4	
1	7	5	4	4	6	
		4	1			
	1	1	3		4	1
	1	4			4	2
3	8	14	2	1	8	
	11	24	2	6	24	1
	1		1		1	1
		2	1	1	7	
	8	21			10	
	2	1		5	6	
		2			1	
					1	
		2				
6	8	4	3	1	5	1
2	1	2			2	
	1					
1			2		1	1
2	4	1	1		2	
1	2	1		1		
4	11	15	8	1	2	
4	11	15	8	1	2	
	5	4	7	3	9	
	2			2		
	3	1	4	1	9	
		1	1			
		2	2			
3	42	24	9	4	75	9
1	25	13	6	3	56	4

1-08 续表2

行业分组	代 码	法人单位数（个）	南宁市	兴宁区
人造板制造	202	508	63	2
木制品制造	203	288	17	1
竹、藤、棕、草制品制造	204	319	26	1
家具制造业	21	337	63	15
木质家具制造	211	270	41	9
竹、藤家具制造	212	18	3	
金属家具制造	213	13	10	4
塑料家具制造	214	5	1	
其他家具制造	219	31	8	2
造纸及纸制品业	22	783	233	16
纸浆制造	221	43	12	1
造纸	222	380	145	5
纸制品制造	223	360	76	10
印刷业和记录媒介的复制	23	779	235	44
印刷	231	701	206	33
装订及其他印刷服务活动	232	75	27	10
记录媒介的复制	233	3	2	1
文教体育用品制造业	24	92	16	4
文化用品制造	241	24	5	1
体育用品制造	242	14	5	2
乐器制造	243	1		
玩具制造	244	50	5	1
游艺器材及娱乐用品制造	245	3	1	
石油加工、炼焦及核燃料加工业	25	42	7	
精炼石油产品的制造	251	38	7	
炼焦	252	4		
核燃料加工	253			
化学原料及化学制品制造业	26	1494	256	15
基础化学原料制造	261	196	30	4
肥料制造	262	298	83	6
农药制造	263	77	16	
涂料、油墨、颜料及类似产品制造	264	142	30	3
合成材料制造	265	21	2	
专用化学产品制造	266	613	67	2
日用化学产品制造	267	147	28	
医药制造业	27	353	99	5
化学药品原药制造	271	32	7	
化学药品制剂制造	272	39	18	
中药饮片加工	273	53	15	2
中成药制造	274	118	26	2
兽用药品制造	275	58	18	1
生物、生化制品的制造	276	34	9	
卫生材料及医药用品制造	277	19	6	
化学纤维制造业	28	9	2	1
纤维素纤维原料及纤维制造	281	1		
合成纤维制造	282	8	2	1
橡胶制品业	29	139	11	1

青秀区	江南区	西乡塘区	良庆区	邕宁区	武鸣县	隆安县
1	11	8	3	1	17	4
	4	3			1	1
1	2				1	
2	17	20	1	1	1	
1	9	15	1	1		
1	1					
	2	3			1	
	1					
	4	2				
3	29	26	6	6	16	
	2			1		
1	4	5	4	4	5	
2	23	21	2	1	11	
45	22	92	10	3	4	2
45	20	77	9	3	4	2
	2	14	1			
		1				
		4	1		2	1
		2				1
					2	
		1	1			
		1				
	2	3	1			
	2	3	1			
10	54	66	21	6	29	9
	6	4	2	2	4	2
2	18	19	3	3	10	5
4	2	6			3	
	7	11	4		3	
	1	1				
2	17	13	11	1	7	2
2	3	12	1		2	
4	11	39	18	1	16	3
	2	1	1	1	2	
1	4	7	3		1	1
1	1	7	2			2
1	3	7	8		4	
	1	7	3		6	
		8			1	
1		2	1		2	
	1					
	1					
1	2		2	1	3	

1-08 续表3

行业分组	代 码	法人单位数（个）	南宁市	兴宁区
轮胎制造	291	26	1	
橡胶板、管、带的制造	292	30	3	
橡胶零件制造	293	17	1	1
再生橡胶制造	294	9	1	
日用及医用橡胶制品制造	295	12	3	
橡胶靴鞋制造	296	6		
其他橡胶制品制造	299	39	2	
塑料制品业	30	736	156	16
塑料薄膜制造	301	96	21	3
塑料板、管、型材的制造	302	109	21	2
塑料丝、绳及编织品的制造	303	145	40	2
泡沫塑料制造	304	35	5	1
塑料人造革、合成革制造	305	4		
塑料包装箱及容器制造	306	85	21	
塑料零件制造	307	22		
日用塑料制造	308	108	16	3
其他塑料制品制造	309	132	32	5
非金属矿物制品业	31	3197	445	75
水泥、石灰和石膏的制造	311	482	72	
水泥及石膏制品制造	312	312	78	8
砖瓦、石材及其他建筑材料制造	313	1946	259	60
玻璃及玻璃制品制造	314	81	16	4
陶瓷制品制造	315	156	6	1
耐火材料制品制造	316	35	8	1
石墨及其他非金属矿物制品制造	319	185	6	1
黑色金属冶炼及压延加工业	32	425	37	6
炼铁	321	67	11	
炼钢	322	12		
钢压延加工	323	118	22	6
铁合金冶炼	324	228	4	
有色金属冶炼及压延加工业	33	326	35	2
常用有色金属冶炼	331	216	17	
贵金属冶炼	332	11	2	
稀有稀土金属冶炼	333	16	3	
有色金属合金制造	334	13	4	1
有色金属压延加工	335	70	9	1
金属制品业	34	703	179	16
结构性金属制品制造	341	254	81	8
金属工具制造	342	105	20	1
集装箱及金属包装容器制造	343	35	7	2
金属丝绳及其制品的制造	344	21	2	
建筑、安全用金属制品制造	345	62	28	2
金属表面处理及热处理加工	346	38	7	
搪瓷制品制造	347	4	1	1
不锈钢及类似日用金属制品制造	348	100	15	
其他金属制品制造	349	84	18	2
通用设备制造业	35	914	87	10

青秀区	江南区	西乡塘区	良庆区	邕宁区	武鸣县	隆安县
1						
	1				2	
			2	1		
	1				1	
4	35	48	13	2	15	3
		13	4			
1	9	5			2	2
	14	5	2		8	1
	1	1	1		1	
2	4	11	1	1	1	
	4	4	1			
1	3	9	4	1	3	
10	54	59	19	14	45	18
1	6	5	4	4	13	2
5	25	18	3	4	4	1
2	11	32	8	6	27	15
1	7	3	1			
1	1					
	1		2		1	
	3	1	1			
1	3	7	2			2
	1	3				2
1	2	4	2			
	7	7	3	1	2	4
	1	4	2	1	1	3
						1
	1	1	1			
	5	2			1	
5	24	79	20	2	10	4
2	10	35	12	1	5	2
2	1	13				
	1	2	2			
	5	15	3		1	
	3		2	1	1	
1	1	9	1		2	
	3	5			1	2
1	17	39	4		3	2

1-08 续表4

行业分组	代码	法人单位数（个）	南宁市	兴宁区
锅炉及原动机制造	351	58	10	2
金属加工机械制造	352	104	13	1
起重运输设备制造	353	29	4	1
泵、阀门、压缩机及类似机械的制造	354	62	5	1
轴承、齿轮、传动和驱动部件的制造	355	40	3	1
烘炉、熔炉及电炉制造	356	5		
风机、衡器、包装设备等通用设备制造	357	83	15	1
通用零部件制造及机械修理	358	246	20	1
金属铸、锻加工	359	287	17	2
专用设备制造业	36	676	141	9
矿山、冶金、建筑专用设备制造	361	140	22	1
化工、木材、非金属加工专用设备制造	362	120	8	2
食品、饮料、烟草及饲料生产专用设备制造	363	61	19	
印刷、制药、日化生产专用设备制造	364	41	14	3
纺织、服装和皮革工业专用设备制造	365	7	1	
电子和电工机械专用设备制造	366	21	1	1
农、林、牧、渔专用机械制造	367	181	47	2
医疗仪器设备及器械制造	368	47	14	
环保、社会公共安全及其他专用设备制造	369	58	15	
交通运输设备制造业	37	1013	90	13
铁路运输设备制造	371	21		
汽车制造	372	855	72	12
摩托车制造	373	4	1	
自行车制造	374	21	7	
船舶及浮动装置制造	375	99	7	
航空航天器制造	376	5		
交通器材及其他交通运输设备制造	379	8	3	1
电气机械及器材制造业	39	454	94	6
电机制造	391	58	7	
输配电及控制设备制造	392	169	37	
电线、电缆、光缆及电工器材制造	393	80	25	2
电池制造	394	22	2	
家用电力器具制造	395	42	6	3
非电力家用器具制造	396	23	3	
照明器具制造	397	32	6	
其他电气机械及器材制造	399	28	8	1
通信设备、计算机及其他电子设备制造业	40	225	33	2
通信设备制造	401	43	4	1
雷达及配套设备制造	402	2	1	1
广播电视设备制造	403	10	3	
电子计算机制造	404	18	3	
电子器件制造	405	20	5	
电子元件制造	406	93	8	
家用视听设备制造	407	14	2	
其他电子设备制造	409	25	7	
仪器仪表及文化、办公用机械制造业	41	94	17	2
通用仪器仪表制造	411	37	10	2

青秀区	江南区	西乡塘区	良庆区	邕宁区	武鸣县	隆安县
1	1	2	2			
	1	5			1	2
	1	2				
	2	1			1	
	1	1				
	1	13				
	7	7			1	
	3	8	2			
7	19	37	13		13	2
1	3	11	1		2	
	2	1	1		1	
1	3	6	4		2	
1	2	3	4			
					1	
	3	3	1		4	2
2	5	5	1		1	
2	1	8	1		2	
7	17	30	1	3	5	
6	14	25	1	2	3	
					1	
	2	3		1	1	
	1	1				
1		1				
1	28	49	2		4	1
	3	3			1	
	12	23	1		1	
	9	12	1		1	
		1				
	1	1				
	1	1			1	
1	1	3				1
	1	5				
	5	17	5		1	1
		3				
	1	1	1			
	1		1			1
	1	4				
	1	2	3			
		2				
	1	5			1	
2	1	10			1	
		8				

1-08 续表5

行业分组	代 码	法人单位数（个）		
			南宁市	兴宁区
专用仪器仪表制造	412	16	4	
钟表与计时仪器制造	413	10	2	
光学仪器及眼镜制造	414	17		
文化、办公用机械制造	415	6		
其他仪器仪表的制造及修理	419	8	1	
工艺品及其他制造业	42	495	58	2
工艺美术品制造	421	397	30	2
日用杂品制造	422	49	16	
煤制品制造	423	17	1	
核辐射加工	424	1	1	
其他未列明的制造业	429	31	10	
废弃资源和废旧材料回收加工业	43	74	1	
金属废料和碎屑的加工处理	431	42		
非金属废料和碎屑的加工处理	432	32	1	
电力、燃气及水的生产和供应业	**D**	**2271**	**154**	**5**
电力、热力的生产和供应业	44	1694	70	2
电力生产	441	1561	60	2
电力供应	442	127	10	
热力生产和供应	443	6		
燃气生产和供应业	45	38	5	
燃气生产和供应业	450	38	5	
水的生产和供应业	46	539	79	3
自来水的生产和供应	461	518	77	3
污水处理及其再生利用	462	16	2	
其他水的处理、利用与分配	469	5		
建筑业	**E**	**2329**	**774**	**88**
房屋和土木工程建筑业	47	1087	278	35
房屋工程建筑	471	746	173	17
土木工程建筑	472	341	105	18
建筑安装业	48	315	130	15
建筑安装业	480	315	130	15
建筑装饰业	49	680	246	23
建筑装饰业	490	680	246	23
其他建筑业	50	247	120	15
工程准备	501	81	37	4
提供施工设备服务	502	64	55	10
其他未列明的建筑活动	509	102	28	1
交通运输、仓储和邮政业	**F**	**3178**	**642**	**70**
铁路运输业	51	17	2	
铁路旅客运输	511	2		
铁路货物运输	512	6	1	
铁路运输辅助活动	513	9	1	
道路运输业	52	1629	363	39
公路旅客运输	521	231	30	8
道路货物运输	522	910	230	20
道路运输辅助活动	523	488	103	11

青秀区	江南区	西乡塘区	良庆区	邕宁区	武鸣县	隆安县
1		2				
1	1					
					1	
4	7	15	3	1	4	1
4	3	4	1	1	2	1
	2	4	2			
		1				
	2	6			2	
						1
						1
6	**8**	**7**	**9**	**5**	**18**	**34**
1	2	2	3	2	15	10
	1	2	2	1	14	9
1	1		1	1	1	1
1		1	1		1	
1		1	1		1	
4	6	4	5	3	2	24
4	6	4	5	2	2	24
				1		
427	**76**	**104**	**14**	**7**	**12**	**8**
117	26	46	5	6	8	5
73	12	26	3	4	6	5
44	14	20	2	2	2	
66	24	11	5	1	2	
66	24	11	5	1	2	
191	9	18	2			1
191	9	18	2			1
53	17	29	2		2	2
13	7	10			1	2
19	10	14	2			
21		5			1	
117	**84**	**188**	**41**	**21**	**24**	**10**
1		1				
1						
		1				
44	48	134	29	9	21	5
1	2	8			3	
19	39	108	24	3	7	1
24	7	18	5	6	11	4

1-08 续表6

行业分组	代码	法人单位数（个）		
			南宁市	兴宁区
城市公共交通业	53	197	25	4
公共电汽车客运	531	70	12	1
轨道交通	532			
出租车客运	533	108	13	3
城市轮渡	534			
其他城市公共交通	539	19		
水上运输业	54	351	35	1
水上旅客运输	541	46	1	
水上货物运输	542	220	26	1
水上运输辅助活动	543	85	8	
航空运输业	55	37	13	2
航空客货运输	551	13	5	1
通用航空服务	552	6	1	
航空运输辅助活动	553	18	7	1
管道运输业	56			
管道运输业	560			
装卸搬运和其他运输服务业	57	466	93	11
装卸搬运	571	156	29	
运输代理服务	572	310	64	11
仓储业	58	419	91	10
谷物、棉花等农产品仓储	581	242	38	1
其他仓储	589	177	53	9
邮政业	59	62	20	3
国家邮政	591	23	4	1
其他寄递服务	599	39	16	2
信息传输、计算机服务和软件业	**G**	**5040**	**1310**	**85**
电信和其他信息传输服务业	60	919	142	13
电信	601	179	68	6
互联网信息服务	602	469	55	4
广播电视传输服务	603	263	17	3
卫星传输服务	604	8	2	
计算机服务业	61	3785	951	61
计算机系统服务	611	224	98	4
数据处理	612	27	21	2
计算机维修	613	39	18	1
其他计算机服务	619	3495	814	54
软件业	62	336	217	11
公共软件服务	621	247	165	3
其他软件服务	629	89	52	8
批发和零售业	**H**	**21560**	**7081**	**1035**
批发业	63	12548	4533	437
农畜产品批发	631	694	186	8
食品、饮料及烟草制品批发	632	1073	438	18
纺织、服装及日用品批发	633	669	351	98
文化、体育用品及器材批发	634	350	165	14
医药及医疗器材批发	635	479	233	11

青秀区	江南区	西乡塘区	良庆区	邕宁区	武鸣县	隆安县
2		8	2	1	2	
2		1	2	1	2	
		7				
7	2	3	3	2		1
1						
5		2	1	1		
1	2	1	2	1		1
4	6	1				
1	2	1				
	1					
3	3					
33	12	16	5	1		1
1	5	6	3	1		1
32	7	10	2			
17	11	22	2	8	1	3
3	4	5	1	7		2
14	7	17	1	1	1	1
9	5	3				
3						
6	5	3				
477	**100**	**256**	**51**	**16**	**44**	**30**
88	8	23	1	1	1	2
40	5	16	1			
41	3	5		1		
7		2			1	2
253	86	169	50	15	43	28
67	3	24				
17	1					1
13	2	1				
156	80	144	50	15	43	27
136	6	64				
107	5	50				
29	1	14				
2802	**506**	**2094**	**58**	**81**	**108**	**17**
1721	361	1629	32	46	52	5
31	11	93	3	4	8	
209	30	163	4	1	5	
111	31	100	3	2		1
116	6	25			1	
142	20	56		1		1

1-08 续表7

行业分组	代码	法人单位数（个）	南宁市	兴宁区
矿产品、建材及化工产品批发	636	4719	1406	122
机械设备、五金交电及电子产品批发	637	2859	1369	130
贸易经纪与代理	638	750	55	2
其他批发	639	955	330	34
零售业	65	9012	2548	598
综合零售	651	1171	127	16
食品、饮料及烟草制品专门零售	652	919	185	30
纺织、服装及日用品专门零售	653	670	247	86
文化、体育用品及器材专门零售	654	505	156	34
医药及医疗器材专门零售	655	623	179	19
汽车、摩托车、燃料及零配件专门零售	656	1496	398	121
家用电器及电子产品专门零售	657	1683	609	64
五金、家具及室内装修材料专门零售	658	1042	398	153
无店铺及其他零售	659	903	249	75
住宿和餐饮业	**I**	**2152**	**455**	**82**
住宿业	66	1310	268	55
旅游饭店	661	521	83	24
一般旅馆	662	715	170	26
其他住宿服务	669	74	15	5
餐饮业	67	842	187	27
正餐服务	671	674	145	16
快餐服务	672	59	17	6
饮料及冷饮服务	673	22	7	1
其他餐饮服务	679	87	18	4
金融业	**J**	**636**	**124**	**13**
银行业	68	279	32	2
中央银行	681	21	1	
商业银行	682	238	30	2
其他银行	689	20	1	
证券业	69	12	5	1
证券市场管理	691	1	1	
证券经纪与交易	692	8	3	
证券投资	693	1	1	1
证券分析与咨询	694	2		
保险业	70	178	43	1
人寿保险	701	50	12	
非人寿保险	702	104	16	
保险辅助服务	703	24	15	1
其他金融活动	71	167	44	9
金融信托与管理	711	16	6	
金融租赁	712	2		
财务公司	713	9	4	
邮政储蓄	714	9		
典当	715	52	8	
其他未列明的金融活动	719	79	26	9
房地产业	**K**	**5628**	**1590**	**147**

青秀区	江南区	西乡塘区	良庆区	邕宁区	武鸣县	隆安县
371	93	611	15	33	29	3
558	137	523	6	2	4	
49	4					
134	29	58	1	3	5	
1081	145	465	26	35	56	12
36	13	20	2	15	4	
83	13	39	4	2	6	1
107	11	30		1	4	
92	3	17	1	2	2	1
75	5	48	2	2	7	
14	64	137	5	6	13	5
439	16	40	6	1	12	3
129	9	92	5	2	4	1
106	11	42	1	4	4	1
221	**20**	**83**	**6**	**10**	**5**	**3**
114	18	54	3	6	3	1
39	3	15	2			
70	12	37	1	6	3	1
5	3	2				
107	2	29	3	4	2	2
82	1	27	3	3	2	2
9	1	1				
5						
11		1		1		
94	**3**	**5**		**1**	**1**	**1**
21	1			1	1	1
1						
20				1	1	1
	1					
4						
1						
3						
40	1	1				
12						
16						
12	1	1				
29	1	4				
5	1					
3						
8						
13		4				
876	**104**	**186**	**45**	**14**	**50**	**11**

1-08 续表8

行业分组	代码	法人单位数（个）	南宁市	兴宁区
房地产业	72	5628	1590	147
房地产开发经营	721	3134	735	68
物业管理	722	1020	311	41
房地产中介服务	723	729	249	11
其他房地产活动	729	745	295	27
租赁和商务服务业	**L**	**10535**	**3813**	**337**
租赁业	73	263	90	15
机械设备租赁	731	250	85	14
文化及日用品出租	732	13	5	1
商务服务业	74	10272	3723	322
企业管理服务	741	4932	1901	62
法律服务	742	503	130	10
咨询与调查	743	1089	516	79
广告业	744	1371	524	74
知识产权服务	745	36	19	2
职业中介服务	746	405	93	21
市场管理	747	461	122	20
旅行社	748	504	86	20
其他商务服务	749	971	332	34
科学研究、技术服务和地质勘查业	**M**	**7141**	**1376**	**90**
研究与试验发展	75	451	158	12
自然科学研究与试验发展	751	62	12	
工程和技术研究与试验发展	752	86	33	3
农业科学研究与试验发展	753	182	56	5
医学研究与试验发展	754	42	26	2
社会人文科学研究与试验发展	755	79	31	2
专业技术服务业	76	2899	708	57
气象服务	761	172	25	
地震服务	762	68	10	
海洋服务	763	3	1	
测绘服务	764	139	35	4
技术检测	765	569	116	5
环境监测	766	112	21	2
工程技术与规划管理	767	1442	348	33
其他专业技术服务	769	394	152	13
科技交流和推广服务业	77	3696	471	19
技术推广服务	771	3350	382	14
科技中介服务	772	167	47	1
其他科技服务	779	179	42	4
地质勘查业	78	95	39	2
矿产地质勘查	781	50	20	1
基础地质勘查	782	15	4	
地质勘查技术服务	783	30	15	1
水利、环境和公共设施管理业	**N**	**2081**	**290**	**21**
水利管理业	79	1130	133	3
防洪管理	791	84	11	

青秀区	江南区	西乡塘区	良庆区	邕宁区	武鸣县	隆安县
876	104	186	45	14	50	11
406	36	77	28	4	39	8
170	27	44	9	2	6	2
194	12	18	7	2		
106	29	47	1	6	5	1
1579	**124**	**295**	**28**	**19**	**59**	**13**
37	9	22		1	2	
35	9	20		1	2	
2		2				
1542	115	273	28	18	57	13
422	35	46	14	9	24	5
88	4	11	1	4	1	1
341	24	59	2		5	
346	19	62	1		8	2
15	1	1				
34	2	13	2	1	5	2
19	15	40	6	1	2	3
52	1	7			2	
225	14	34	2	3	10	
483	**82**	**219**	**25**	**29**	**80**	**67**
64	13	38	4			2
2	1	7	1			1
15	5	9				
12	5	8	3			1
10	1	13				
25	1	1				
296	40	92	12	10	63	29
9				2	1	3
2	1			1	1	1
1						
19	1	4		1	2	1
30	9	22	2		6	13
10		3			2	1
156	20	44	10	6	12	10
69	9	19			39	
92	26	87	9	19	17	36
54	22	66	7	19	10	33
19	4	10	2		2	3
19		11			5	
31	3	2				
15	2	2				
2	1					
14						
52	**19**	**31**	**6**	**7**	**30**	**12**
9	6	11	2	4	15	7
			1		2	1

1-08 续表9

行业分组	代 码	法人单位数（个）	南宁市	兴宁区
水资源管理	792	562	78	3
其他水利管理	799	484	44	
环境管理业	80	380	71	8
自然保护	801	83	10	1
环境治理	802	297	61	7
公共设施管理业	81	571	86	10
市政公共设施管理	811	132	21	4
城市绿化管理	812	191	31	3
游览景区管理	813	248	34	3
居民服务和其他服务业	**O**	**1607**	**477**	**97**
居民服务业	82	677	182	37
家庭服务	821	44	10	2
托儿所	822	19	2	
洗染服务	823	20	7	1
理发及美容保健服务	824	164	65	12
洗浴服务	825	44	5	
婚姻服务	826	37	7	4
殡葬服务	827	61	7	2
摄影扩印服务	828	84	28	11
其他居民服务	829	204	51	5
其他服务业	83	930	295	60
修理与维护	831	554	193	50
清洁服务	832	187	48	6
其他未列明的服务	839	189	54	4
教育	**P**	**16435**	**2703**	**146**
教育	84	16435	2703	146
学前教育	841	2412	360	24
初等教育	842	9726	1557	49
中等教育	843	2844	423	34
高等教育	844	131	45	6
其他教育	849	1322	318	33
卫生、社会保障和社会福利业	**Q**	**6207**	**934**	**52**
卫生	85	4332	651	32
医院	851	462	68	9
卫生院及社区医疗活动	852	1490	184	7
门诊部医疗活动	853	1049	243	8
计划生育技术服务活动	854	829	105	4
妇幼保健活动	855	113	12	1
专科疾病防治活动	856	70	5	
疾病预防控制及防疫活动	857	154	17	1
其他卫生活动	859	165	17	2
社会保障业	86	1227	178	8
社会保障业	860	1227	178	8
社会福利业	87	648	105	12
提供住宿的社会福利	871	440	66	6
不提供住宿的社会福利	872	208	39	6

青秀区	江南区	西乡塘区	良庆区	邕宁区	武鸣县	隆安县
5	6	9	1	3	10	3
4		2		1	3	3
20	2	10	2	1	4	2
4		1			2	1
16	2	9	2	1	2	1
23	11	10	2	2	11	3
6	3	4	1		1	
12	4	3		1	2	1
5	4	3	1	1	8	2
204	**34**	**85**	**11**	**2**	**18**	**4**
97	5	21	5	1	6	
4			2		1	
2						
1		3	1			
40	3	5		1	1	
4		1				
1		1	1			
1			1		1	
8	1	4			2	
36	1	7			1	
107	29	64	6	1	12	4
64	19	43	3	1	6	1
17	7	9	3		2	
26	3	12			4	3
301	**168**	**358**	**162**	**101**	**268**	**189**
301	168	358	162	101	268	189
39	29	79	63	6	51	35
78	83	121	73	72	167	128
37	34	75	16	18	38	20
12	2	18	1		3	
135	20	65	9	5	9	6
140	**35**	**74**	**39**	**29**	**73**	**45**
94	22	46	26	18	41	29
14	4	13	6	2	4	2
34	10	11	7	7	15	12
29	3	6	6	1	1	
9	3	9	6	6	16	11
2		1		1	1	1
1		1		1	1	1
3	1	2			1	1
2	1	3	1		2	1
24	6	15	9	7	20	14
24	6	15	9	7	20	14
22	7	13	4	4	12	2
10	6	6	3	3	11	1
12	1	7	1	1	1	1

1–08 续表10

行业分组	代 码	法人单位数（个）	南宁市	兴宁区
文化、体育和娱乐业	**R**	**2600**	**563**	**48**
新闻出版业	88	158	94	4
新闻业	881	25	10	2
出版业	882	133	84	2
广播、电视、电影和音像业	89	871	147	7
广播	891	488	104	4
电视	892	210	8	
电影	893	145	22	2
音像制作	894	28	13	1
文化艺术业	90	960	154	15
文艺创作与表演	901	174	35	3
艺术表演场馆	902	23		
图书馆与档案馆	903	195	36	4
文物及文化保护	904	74	11	
博物馆	905	47	6	2
烈士陵园、纪念馆	906	22	2	1
群众文化活动	907	295	29	1
文化艺术经纪代理	908	37	20	1
其他文化艺术	909	93	15	3
体育	91	189	72	5
体育组织	911	105	54	3
体育场馆	912	39	15	2
其他体育	919	45	3	
娱乐业	92	422	96	17
室内娱乐活动	921	275	66	10
游乐园	922	13		
休闲健身娱乐活动	923	83	25	6
其他娱乐活动	929	51	5	1
公共管理和社会组织	**S**	**43197**	**5185**	**266**
中国共产党机关	93	2275	225	17
中国共产党机关	930	2275	225	17
国家机构	94	16342	1618	78
国家权力机构	941	268	30	2
国家行政机构	942	15610	1544	74
人民法院和人民检察院	943	280	38	2
其他国家机构	949	184	6	
人民政协和民主党派	95	247	40	1
人民政协	951	153	26	1
民主党派	952	94	14	
群众团体、社会团体和宗教组织	96	8302	1567	94
群众团体	961	949	124	12
社会团体	962	7143	1414	78
宗教组织	963	210	29	4
基层群众自治组织	97	16031	1735	76
社区自治组织	971	1621	336	36
村民自治组织	972	14410	1399	40

青秀区	江南区	西乡塘区	良庆区	邕宁区	武鸣县	隆安县
254	**36**	**47**	**13**	**16**	**26**	**20**
78		7			1	1
7					1	
71		7				1
28	8	10	5	7	13	10
6	5	3	5	6	12	9
6	1					
10	1	2		1	1	1
6	1	5				
63	7	10	6	8	9	8
19		1	1	1	2	1
7	2	3	3	3	3	2
4				1	1	1
4						
1						
6	4	2	1	3	3	3
15	1	3				
7		1	1			1
29	17	9			2	
23	16	3			1	
4	1	6			1	
2						
56	4	11	2	1	1	1
40	1	9	1	1	1	1
14	2	2	1			
2	1					
1299	**224**	**431**	**197**	**173**	**419**	**322**
35	10	11	12	11	21	21
35	10	11	12	11	21	21
426	79	130	102	71	114	146
13	1	6	1	1	1	1
396	76	119	99	68	111	142
16	2	2	2	2	2	2
1		3				1
24	3	3	1	2	1	1
10	3	3	1	2	1	1
14						
701	38	135	14	15	64	23
39	8	10	6	7	10	6
653	29	125	8	7	53	17
9	1			1	1	
113	94	152	68	74	219	131
64	26	73	11	5	21	13
49	68	79	57	69	198	118

1-08 续表11

行业分组	代 码	法人单位数（个）	马山县	上林县
总 计		**154748**	**879**	**876**
农、林、牧、渔业	**A**	**210**		**1**
农业	01	66		1
谷物及其他作物的种植	011	18		
蔬菜、园艺作物的种植	012	12		
水果、坚果、饮料和香料作物的种植	013	33		1
中药材的种植	014	3		
林业	02	56		
林木的培育和种植	021	53		
木材和竹材的采运	022	3		
林产品的采集	023			
畜牧业	03	51		
牲畜的饲养	031	7		
猪的饲养	032	21		
家禽的饲养	033	19		
狩猎和捕捉动物	034			
其他畜牧业	039	4		
渔业	04	17		
海洋渔业	041	7		
内陆渔业	042	10		
农、林、牧、渔服务业	05	20		
农业服务业	051	16		
林业服务业	052			
畜牧服务业	053	3		
渔业服务业	054	1		
采矿业	**B**	**2258**	**18**	**21**
煤炭开采和洗选业	06	49		
烟煤和无烟煤的开采洗选	061	28		
褐煤的开采洗选	062	17		
其他煤炭采选	069	4		
石油和天然气开采业	07	2		
天然原油和天然气开采	071	1		
与石油和天然气开采有关的服务活动	079	1		
黑色金属矿采选业	08	517	12	
铁矿采选	081	145		
其他黑色金属矿采选	089	372	12	
有色金属矿采选业	09	552		1
常用有色金属矿采选	091	479		1
贵金属矿采选	092	55		
稀有稀土金属矿采选	093	18		
非金属矿采选业	10	1114	4	20
土砂石开采	101	849	2	2
化学矿采选	102	38		
采盐	103	4		
石棉及其他非金属矿采选	109	223	2	18
其他采矿业	11	24	2	

宾阳县	横　县	柳州市	城中区	鱼峰区	柳南区	柳北区
2159	**3276**	**14062**	**1398**	**1706**	**2244**	**2391**
	5	**10**				**1**
	1	3				1
	1	1				
		2				1
	3	5				
	3	5				
	1	2				
		1				
	1	1				
22	**16**	**169**	**5**	**4**	**3**	**18**
		1	1			
		1	1			
		1				1
		1				1
	6	41	1	2	1	10
	6	25		1		8
		16	1	1	1	2
11	3	30				3
11	2	29				3
	1	1				
10	6	96	3	2	2	4
7	5	65	3	2	1	4
	1	3				
3		28			1	
1	1					

1-08 续表12

行业分组	代 码	法人单位数（个）	马山县	上林县
其他采矿业	110	24	2	
制造业	**C**	**19683**	**40**	**70**
农副食品加工业	13	1486	7	6
谷物磨制	131	227	1	3
饲料加工	132	250		
植物油加工	133	126		1
制糖	134	107	1	1
屠宰及肉类加工	135	297	1	1
水产品加工	136	101		
蔬菜、水果和坚果加工	137	109		
其他农副食品加工	139	269	4	
食品制造业	14	876	1	1
焙烤食品制造	141	263		
糖果、巧克力及蜜饯制造	142	84		1
方便食品制造	143	149		
液体乳及乳制品制造	144	17		
罐头制造	145	86	1	
调味品、发酵制品制造	146	111		
其他食品制造	149	166		
饮料制造业	15	796	3	3
酒精制造	151	43	1	1
酒的制造	152	183	1	
软饮料制造	153	293	1	1
精制茶加工	154	277		1
烟草制品业	16	5		
烟叶复烤	161	1		
卷烟制造	162	4		
其他烟草制品加工	169			
纺织业	17	661		6
棉、化纤纺织及印染精加工	171	93		
毛纺织和染整精加工	172	88		
麻纺织	173	11		
丝绢纺织及精加工	174	102		5
纺织制成品制造	175	83		1
针织品、编织品及其制品制造	176	284		
纺织服装、鞋、帽制造业	18	338		1
纺织服装制造	181	324		1
纺织面料鞋的制造	182	11		
制帽	183	3		
皮革、毛皮、羽毛（绒）及其制品业	19	281		1
皮革鞣制加工	191	41		
皮革制品制造	192	193		
毛皮鞣制及制品加工	193	5		1
羽毛（绒）加工及制品制造	194	42		
木材加工及木、竹、藤、棕、草制品业	20	1880	8	11
锯材、木片加工	201	765	4	5
人造板制造	202	508	1	1

宾阳县	横　县	柳州市	城中区	鱼峰区	柳南区	柳北区
1	1					
391	**392**	**2549**	**135**	**457**	**448**	**403**
38	46	96	2	3	10	9
35	2	11			1	1
	4	17	1	1	5	4
	3	11	1	1	1	1
2	3	17				
	19	19			1	1
	1	2				
	2	9		1	1	
1	12	10			1	2
10	10	95	2	18	10	11
3	1	39		7	3	5
1	1	9				1
2		11		1	2	
		3		1	1	1
	5	1				
3	3	15		5	3	1
1		17	2	4	1	3
7	136	53	3	2	3	7
	1	1				
1	2	16				4
3	8	24	3	2	3	3
3	125	12				
		1	1			
		1	1			
6	7	70	1	12	5	20
		21		6		13
1		8		2		1
		1				
2	5	21			1	1
		7			3	1
3	2	12	1	4	1	4
	2	40	4	6	6	14
	2	35	3	6	6	11
		5	1			3
14	5	5	1	1		2
14	2	1	1			
	3	3		1		2
		1				
26	26	152		2	4	12
11	7	57				3
5	9	49				6

1-08 续表13

行业分组	代码	法人单位数（个）	马山县	上林县
木制品制造	203	288		5
竹、藤、棕、草制品制造	204	319	3	
家具制造业	21	337		1
木质家具制造	211	270		1
竹、藤家具制造	212	18		
金属家具制造	213	13		
塑料家具制造	214	5		
其他家具制造	219	31		
造纸及纸制品业	22	783	3	
纸浆制造	221	43	3	
造纸	222	380		
纸制品制造	223	360		
印刷业和记录媒介的复制	23	779	1	1
印刷	231	701	1	1
装订及其他印刷服务活动	232	75		
记录媒介的复制	233	3		
文教体育用品制造业	24	92	1	
文化用品制造	241	24		
体育用品制造	242	14		
乐器制造	243	1		
玩具制造	244	50	1	
游艺器材及娱乐用品制造	245	3		
石油加工、炼焦及核燃料加工业	25	42		
精炼石油产品的制造	251	38		
炼焦	252	4		
核燃料加工	253			
化学原料及化学制品制造业	26	1494	2	5
基础化学原料制造	261	196		1
肥料制造	262	298		2
农药制造	263	77		
涂料、油墨、颜料及类似产品制造	264	142		
合成材料制造	265	21		
专用化学产品制造	266	613	2	2
日用化学产品制造	267	147		
医药制造业	27	353		
化学药品原药制造	271	32		
化学药品制剂制造	272	39		
中药饮片加工	273	53		
中成药制造	274	118		
兽用药品制造	275	58		
生物、生化制品的制造	276	34		
卫生材料及医药用品制造	277	19		
化学纤维制造业	28	9		
纤维素纤维原料及纤维制造	281	1		
合成纤维制造	282	8		
橡胶制品业	29	139		
轮胎制造	291	26		

宾阳县	横　县	柳州市	城中区	鱼峰区	柳南区	柳北区
	2	30		1	4	3
10	8	16		1		
2	3	32	1	10	4	3
1	3	23	1	6	2	2
1		1				
		1			1	
		7		4	1	1
110	18	62	1	6	6	18
2	3	3				1
105	12	22		4	1	4
3	3	37	1	2	5	13
9	2	84	6	20	8	31
9	2	81	6	19	8	29
		3		1		2
2	1	7		3	1	1
1		1				1
1		3		1	1	
	1	2		1		
		1		1		
	1	10		2	1	4
	1	10		2	1	4
17	22	150	8	16	11	26
4	1	42	2	5	2	9
5	10	23	1	2		3
1		5		1		
	2	26	1	5	3	1
		3	1		1	
4	4	30	2	1	2	6
3	5	21	1	2	3	7
	2	20	2	3	2	4
		2				2
	1	2	1	1		
		2		1		1
	1	9			1	1
		1			1	
		2	1	1		
		2				
		1		1		
		1		1		
1		27	2	12	5	1
		1	1			

1-08 续表14

行业分组	代 码	法人单位数（个）	
		马山县	上林县
橡胶板、管、带的制造	292	30		
橡胶零件制造	293	17		
再生橡胶制造	294	9		
日用及医用橡胶制品制造	295	12		
橡胶靴鞋制造	296	6		
其他橡胶制品制造	299	39		
塑料制品业	30	736	2	
塑料薄膜制造	301	96		
塑料板、管、型材的制造	302	109		
塑料丝、绳及编织品的制造	303	145		
泡沫塑料制造	304	35		
塑料人造革、合成革制造	305	4		
塑料包装箱及容器制造	306	85		
塑料零件制造	307	22		
日用塑料制造	308	108		
其他塑料制品制造	309	132	2	
非金属矿物制品业	31	3197	6	23
水泥、石灰和石膏的制造	311	482	2	3
水泥及石膏制品制造	312	312	3	
砖瓦、石材及其他建筑材料制造	313	1946	1	19
玻璃及玻璃制品制造	314	81		
陶瓷制品制造	315	156		1
耐火材料制品制造	316	35		
石墨及其他非金属矿物制品制造	319	185		
黑色金属冶炼及压延加工业	32	425	2	1
炼铁	321	67	1	
炼钢	322	12		
钢压延加工	323	118		
铁合金冶炼	324	228	1	1
有色金属冶炼及压延加工业	33	326		4
常用有色金属冶炼	331	216		1
贵金属冶炼	332	11		
稀有稀土金属冶炼	333	16		3
有色金属合金制造	334	13		
有色金属压延加工	335	70		
金属制品业	34	703	1	
结构性金属制品制造	341	254	1	
金属工具制造	342	105		
集装箱及金属包装容器制造	343	35		
金属丝绳及其制品的制造	344	21		
建筑、安全用金属制品制造	345	62		
金属表面处理及热处理加工	346	38		
搪瓷制品制造	347	4		
不锈钢及类似日用金属制品制造	348	100		
其他金属制品制造	349	84		
通用设备制造业	35	914	1	
锅炉及原动机制造	351	58		

宾阳县	横　县	柳州市	城中区	鱼峰区	柳南区	柳北区
		12		4	3	
		7		5	1	
1		2	1		1	
		1				
		4		3		1
17	1	97	2	21	22	13
1		13		2	7	2
		28	1	6	6	2
7	1	18			5	5
		4		2	1	
1		5				2
		10		6	1	1
4		6		1	1	
4		13	1	4	1	1
44	78	278	16	18	38	55
8	24	48	1	2	4	3
3	4	27	5	7	2	3
28	50	167	10	4	23	43
		11		1	5	1
2		3				
3		4			2	1
		18		4	2	4
6	7	41	1	2	6	20
2	2	4		1	1	
		3				
3	4	32		1	5	20
1	1	2	1			
4	1	64	7	8	5	10
4		47	2	6	2	7
	1					
		3	2			
		3	1	1		
		11	2	1	3	3
12	6	132	5	24	16	28
1	4	51	2	8	4	9
3		16		1	4	1
		5		2	2	1
2		6		1	1	1
1	1	6	1	1	3	1
		20	1	10	2	3
		2				1
1		7		1		3
4	1	19	1			8
8	2	282	13	65	110	34
	2	9		7	1	

1-08 续表15

行业分组	代码	法人单位数（个）	马山县	上林县
金属加工机械制造	352	104	1	
起重运输设备制造	353	29		
泵、阀门、压缩机及类似机械的制造	354	62		
轴承、齿轮、传动和驱动部件的制造	355	40		
烘炉、熔炉及电炉制造	356	5		
风机、衡器、包装设备等通用设备制造	357	83		
通用零部件制造及机械修理	358	246		
金属铸、锻加工	359	287		
专用设备制造业	36	676	2	3
矿山、冶金、建筑专用设备制造	361	140		
化工、木材、非金属加工专用设备制造	362	120		
食品、饮料、烟草及饲料生产专用设备制造	363	61	2	
印刷、制药、日化生产专用设备制造	364	41		
纺织、服装和皮革工业专用设备制造	365	7		
电子和电工机械专用设备制造	366	21		
农、林、牧、渔专用机械制造	367	181		2
医疗仪器设备及器械制造	368	47		
环保、社会公共安全及其他专用设备制造	369	58		1
交通运输设备制造业	37	1013		1
铁路运输设备制造	371	21		
汽车制造	372	855		1
摩托车制造	373	4		
自行车制造	374	21		
船舶及浮动装置制造	375	99		
航空航天器制造	376	5		
交通器材及其他交通运输设备制造	379	8		
电气机械及器材制造业	39	454		
电机制造	391	58		
输配电及控制设备制造	392	169		
电线、电缆、光缆及电工器材制造	393	80		
电池制造	394	22		
家用电力器具制造	395	42		
非电力家用器具制造	396	23		
照明器具制造	397	32		
其他电气机械及器材制造	399	28		
通信设备、计算机及其他电子设备制造业	40	225		1
通信设备制造	401	43		
雷达及配套设备制造	402	2		
广播电视设备制造	403	10		
电子计算机制造	404	18		
电子器件制造	405	20		
电子元件制造	406	93		1
家用视听设备制造	407	14		
其他电子设备制造	409	25		
仪器仪表及文化、办公用机械制造业	41	94		
通用仪器仪表制造	411	37		
专用仪器仪表制造	412	16		

宾阳县	横　县	柳州市	城中区	鱼峰区	柳南区	柳北区
2		30	2	8	5	2
		15	3	6		2
		27	3	5	4	7
		8		4	2	1
		2			2	
		25	1	5	7	6
4		118	3	26	67	8
2		48	1	4	22	8
33	3	135	8	34	34	21
3		42	1	10	20	3
	1	29	3	14	5	1
	1	8		1		2
1		8		2	2	2
		3				3
		4	1		1	2
29	1	16		2	1	1
		9		3		4
		16	3	2	5	3
1	12	464	29	122	118	36
		14			13	
1	7	436	26	120	101	34
		1			1	
	5	9	1	1	2	2
		1		1		
		3	2		1	
3		96	9	37	17	6
		7		3	3	
		48	2	27	8	3
		17		5		1
1		4			2	1
1		6	2	1	2	
		7	4	1		1
		4	1		1	
1		3			1	
1		11	4	1	1	1
		2	1		1	
		1	1			
		1				1
1		6	2			
		1		1		
	1	15	5	4	3	1
		6	2	2	1	
	1	4	2	1		

1-08 续表16

行业分组	代 码	法人单位数（个）		
			马山县	上林县
钟表与计时仪器制造	413	10		
光学仪器及眼镜制造	414	17		
文化、办公用机械制造	415	6		
其他仪器仪表的制造及修理	419	8		
工艺品及其他制造业	42	495		1
工艺美术品制造	421	397		
日用杂品制造	422	49		
煤制品制造	423	17		1
核辐射加工	424	1		
其他未列明的制造业	429	31		
废弃资源和废旧材料回收加工业	43	74		
金属废料和碎屑的加工处理	431	42		
非金属废料和碎屑的加工处理	432	32		
电力、燃气及水的生产和供应业	**D**	**2271**	**9**	**28**
电力、热力的生产和供应业	44	1694	6	21
电力生产	441	1561	5	20
电力供应	442	127	1	1
热力生产和供应	443	6		
燃气生产和供应业	45	38		
燃气生产和供应业	450	38		
水的生产和供应业	46	539	3	7
自来水的生产和供应	461	518	3	7
污水处理及其再生利用	462	16		
其他水的处理、利用与分配	469	5		
建筑业	**E**	**2329**	**7**	**9**
房屋和土木工程建筑业	47	1087	6	8
房屋工程建筑	471	746	6	8
土木工程建筑	472	341		
建筑安装业	48	315	1	1
建筑安装业	480	315	1	1
建筑装饰业	49	680		
建筑装饰业	490	680		
其他建筑业	50	247		
工程准备	501	81		
提供施工设备服务	502	64		
其他未列明的建筑活动	509	102		
交通运输、仓储和邮政业	**F**	**3178**	**10**	**17**
铁路运输业	51	17		
铁路旅客运输	511	2		
铁路货物运输	512	6		
铁路运输辅助活动	513	9		
道路运输业	52	1629	7	6
公路旅客运输	521	231	1	
道路货物运输	522	910		
道路运输辅助活动	523	488	6	6
城市公共交通业	53	197		

宾阳县	横　县	柳州市	城中区	鱼峰区	柳南区	柳北区
		1		1		
		2	1		1	
		2			1	1
20		14	2	4	2	1
12		9	2	4	1	
8		1			1	
		1				
		3				1
		15				14
		9				9
		6				5
13	**12**	**130**		**3**	**3**	**9**
1	5	88		2	2	6
	4	78		1	1	4
1	1	7		1		
		3			1	2
1		6			1	3
1		6			1	3
11	7	36		1		
10	7	35		1		
1						
		1				
7	**15**	**177**	**35**	**27**	**31**	**43**
5	11	88	14	14	13	20
5	8	67	11	10	9	19
	3	21	3	4	4	1
	4	24	5	2	5	9
	4	24	5	2	5	9
2		50	12	5	11	13
2		50	12	5	11	13
		15	4	6	2	1
		4		2	1	
		1				1
		10	4	4	1	
18	**42**	**344**	**35**	**47**	**95**	**55**
		1			1	
		1			1	
9	12	216	18	35	72	28
5	2	9			5	1
4	5	183	18	32	63	25
	5	24		3	4	2
5	1	20	1	5	4	3

1-08 续表17

行业分组	代 码	法人单位数（个）	
		马山县	上林县
公共电汽车客运	531	70		
轨道交通	532			
出租车客运	533	108		
城市轮渡	534			
其他城市公共交通	539	19		
水上运输业	54	351		
水上旅客运输	541	46		
水上货物运输	542	220		
水上运输辅助活动	543	85		
航空运输业	55	37		
航空客货运输	551	13		
通用航空服务	552	6		
航空运输辅助活动	553	18		
管道运输业	56			
管道运输业	560			
装卸搬运和其他运输服务业	57	466	2	
装卸搬运	571	156	2	
运输代理服务	572	310		
仓储业	58	419	1	11
谷物、棉花等农产品仓储	581	242	1	11
其他仓储	589	177		
邮政业	59	62		
国家邮政	591	23		
其他寄递服务	599	39		
信息传输、计算机服务和软件业	**G**	**5040**	**33**	**48**
电信和其他信息传输服务业	60	919	2	2
电信	601	179		
互联网信息服务	602	469	1	
广播电视传输服务	603	263		1
卫星传输服务	604	8	1	1
计算机服务业	61	3785	31	46
计算机系统服务	611	224		
数据处理	612	27		
计算机维修	613	39		1
其他计算机服务	619	3495	31	45
软件业	62	336		
公共软件服务	621	247		
其他软件服务	629	89		
批发和零售业	**H**	**21560**	**39**	**48**
批发业	63	12548	24	33
农畜产品批发	631	694	3	
食品、饮料及烟草制品批发	632	1073		
纺织、服装及日用品批发	633	669	2	1
文化、体育用品及器材批发	634	350		
医药及医疗器材批发	635	479		1
矿产品、建材及化工产品批发	636	4719	17	16

宾阳县	横　县	柳州市	城中区	鱼峰区	柳南区	柳北区
3		11	1	5	1	1
2	1	9			3	2
	16	24	6	1	1	11
		3	1			1
	16	15	5	1		8
		6			1	2
		4	1		2	1
		1	1			
		1				1
		2			2	
3	9	12	5	2	1	
3	7	5			1	
	2	7	5	2		
1	4	60	4	3	11	10
1	2	27	2		3	1
	2	33	2	3	8	9
		7		1	3	2
		1				1
		6		1	3	1
92	**78**	**464**	**51**	**60**	**78**	**68**
1		110	3	5	13	14
		12	2	2	2	3
		71	1	1	10	11
1		27		2	1	
91	78	322	22	51	65	52
		30	5	1	1	10
		1				1
		4			2	2
91	78	287	17	50	62	39
		32	26	4		2
		26	21	4		1
		6	5			1
163	**130**	**2610**	**291**	**424**	**860**	**701**
98	95	1914	170	300	738	497
20	5	32	2	3	7	
3	5	112	19	28	42	14
1	1	83	7	14	41	17
2	1	30	4	10	5	11
1	1	39	3	14	7	9
52	44	853	67	94	210	353

1-08 续表18

行业分组	代 码	法人单位数（个）		
			马山县	上林县
机械设备、五金交电及电子产品批发	637	2859		1
贸易经纪与代理	638	750		
其他批发	639	955	2	14
零售业	65	9012	15	15
综合零售	651	1171		2
食品、饮料及烟草制品专门零售	652	919	1	2
纺织、服装及日用品专门零售	653	670	1	
文化、体育用品及器材专门零售	654	505	1	1
医药及医疗器材专门零售	655	623	4	3
汽车、摩托车、燃料及零配件专门零售	656	1496	7	3
家用电器及电子产品专门零售	657	1683	1	3
五金、家具及室内装修材料专门零售	658	1042		
无店铺及其他零售	659	903		1
住宿和餐饮业	**I**	**2152**	**2**	**3**
住宿业	66	1310	1	2
旅游饭店	661	521		
一般旅馆	662	715	1	2
其他住宿服务	669	74		
餐饮业	67	842	1	1
正餐服务	671	674	1	1
快餐服务	672	59		
饮料及冷饮服务	673	22		
其他餐饮服务	679	87		
金融业	**J**	**636**	**2**	**1**
银行业	68	279	1	1
中央银行	681	21		
商业银行	682	238	1	1
其他银行	689	20		
证券业	69	12		
证券市场管理	691	1		
证券经纪与交易	692	8		
证券投资	693	1		
证券分析与咨询	694	2		
保险业	70	178		
人寿保险	701	50		
非人寿保险	702	104		
保险辅助服务	703	24		
其他金融活动	71	167	1	
金融信托与管理	711	16		
金融租赁	712	2		
财务公司	713	9	1	
邮政储蓄	714	9		
典当	715	52		
其他未列明的金融活动	719	79		
房地产业	**K**	**5628**	**28**	**23**
房地产业	72	5628	28	23

宾阳县	横　县	柳州市	城中区	鱼峰区	柳南区	柳北区
8		662	51	116	396	88
		23	9	3	1	1
11	39	80	8	18	29	4
65	35	696	121	124	122	204
12	7	51	13	8	9	7
1	3	70	15	16	11	14
6	1	62	27	7	14	10
1	1	30	7	5	2	7
8	6	33	4	5	5	11
20	3	125	9	34	43	6
16	8	175	25	25	14	91
1	2	74	12	10	15	27
	4	76	9	14	9	31
12	**8**	**141**	**33**	**27**	**33**	**21**
7	4	81	15	10	28	10
		26	4		8	5
7	4	52	11	8	19	5
		3		2	1	
5	4	60	18	17	5	11
4	3	47	9	16	5	9
		8	4	1		2
1		1	1			
	1	4	4			
1	**2**	**66**	**21**	**7**	**7**	**18**
1	2	17	6	1		5
		2	1			1
1	2	13	3	1		4
		2	2			
		1	1			
		1	1			
		23	6	4		8
		6	2			2
		13	3	2		5
		4	1	2		1
		25	8	2	7	5
		3			2	1
		2				1
		1				1
		5	1	2		2
		14	7		5	
66	**40**	**666**	**142**	**128**	**106**	**137**
66	40	666	142	128	106	137

1–08 续表19

行业分组	代码	法人单位数（个）	马山县	上林县
房地产开发经营	721	3134	7	13
物业管理	722	1020		
房地产中介服务	723	729	1	
其他房地产活动	729	745	20	10
租赁和商务服务业	**L**	**10535**	**26**	**16**
租赁业	73	263	1	
机械设备租赁	731	250	1	
文化及日用品出租	732	13		
商务服务业	74	10272	25	16
企业管理服务	741	4932	13	7
法律服务	742	503	2	3
咨询与调查	743	1089	1	
广告业	744	1371		
知识产权服务	745	36		
职业中介服务	746	405	3	3
市场管理	747	461	2	1
旅行社	748	504	1	2
其他商务服务	749	971	3	
科学研究、技术服务和地质勘查业	**M**	**7141**	**38**	**55**
研究与试验发展	75	451	1	3
自然科学研究与试验发展	751	62		
工程和技术研究与试验发展	752	86		
农业科学研究与试验发展	753	182		3
医学研究与试验发展	754	42		
社会人文科学研究与试验发展	755	79	1	
专业技术服务业	76	2899	11	23
气象服务	761	172	2	3
地震服务	762	68	1	1
海洋服务	763	3		
测绘服务	764	139	1	
技术检测	765	569	3	5
环境监测	766	112		1
工程技术与规划管理	767	1442	4	13
其他专业技术服务	769	394		
科技交流和推广服务业	77	3696	26	28
技术推广服务	771	3350	24	26
科技中介服务	772	167	1	1
其他科技服务	779	179	1	1
地质勘查业	78	95		1
矿产地质勘查	781	50		
基础地质勘查	782	15		1
地质勘查技术服务	783	30		
水利、环境和公共设施管理业	**N**	**2081**	**27**	**17**
水利管理业	79	1130	14	12
防洪管理	791	84		
水资源管理	792	562	12	1

宾阳县	横　县	柳州市	城中区	鱼峰区	柳南区	柳北区
34	15	321	72	57	53	58
4	6	151	34	34	30	42
4		88	18	24	15	25
24	19	106	18	13	8	12
48	**1269**	**840**	**173**	**108**	**136**	**221**
2	1	38	6	9	10	9
2	1	38	6	9	10	9
46	1268	802	167	99	126	212
15	1249	185	18	20	26	21
2	3	67	10	7	6	17
4	1	125	53	11	13	41
9	3	136	36	16	20	58
		5	2		1	2
3	4	70	9	8	12	20
10	3	94	2	23	28	24
	1	39	13		10	5
3	4	81	24	14	10	24
94	**114**	**473**	**41**	**31**	**40**	**70**
	21	38	7	5	2	11
		1				
	1	19	5	4	2	6
	19	13	2	1		3
		1				1
	1	4				1
36	39	192	25	21	22	45
2	3	12				4
1	1	3				
	2	13	5	3		2
9	12	39	3	4	6	7
1	1	6				3
21	19	90	9	12	12	18
2	1	29	8	2	4	11
58	54	234	9	1	14	14
57	50	204	3	1	12	9
	4	11	2			2
1		19	4		2	3
		9		4	2	
		5		2	1	
		2		1		
		2		1	1	
31	**37**	**173**	**16**	**25**	**10**	**24**
19	31	49			1	2
	7	6				1
17	8	18				

1-08 续表20

行业分组	代 码	法人单位数（个）	马山县	上林县
其他水利管理	799	484	2	11
环境管理业	80	380	12	3
自然保护	801	83		1
环境治理	802	297	12	2
公共设施管理业	81	571	1	2
市政公共设施管理	811	132		
城市绿化管理	812	191	1	1
游览景区管理	813	248		1
居民服务和其他服务业	**O**	**1607**	**2**	**1**
居民服务业	82	677	1	
家庭服务	821	44		
托儿所	822	19		
洗染服务	823	20		
理发及美容保健服务	824	164		
洗浴服务	825	44		
婚姻服务	826	37		
殡葬服务	827	61		
摄影扩印服务	828	84		
其他居民服务	829	204	1	
其他服务业	83	930	1	1
修理与维护	831	554		
清洁服务	832	187		
其他未列明的服务	839	189	1	1
教育	**P**	**16435**	**185**	**155**
教育	84	16435	185	155
学前教育	841	2412	2	10
初等教育	842	9726	150	115
中等教育	843	2844	28	27
高等教育	844	131		1
其他教育	849	1322	5	2
卫生、社会保障和社会福利业	**Q**	**6207**	**50**	**55**
卫生	85	4332	28	26
医院	851	462	3	2
卫生院及社区医疗活动	852	1490	13	11
门诊部医疗活动	853	1049		
计划生育技术服务活动	854	829	7	9
妇幼保健活动	855	113	1	1
专科疾病防治活动	856	70		
疾病预防控制及防疫活动	857	154	2	1
其他卫生活动	859	165	2	2
社会保障业	86	1227	17	15
社会保障业	860	1227	17	15
社会福利业	87	648	5	14
提供住宿的社会福利	871	440	3	12
不提供住宿的社会福利	872	208	2	2
文化、体育和娱乐业	**R**	**2600**	**22**	**20**

宾阳县	横　县	柳州市	城中区	鱼峰区	柳南区	柳北区
2	16	25			1	1
6	1	54	3	5	4	8
		7			1	
6	1	47	3	5	3	8
6	5	70	13	20	5	14
1	1	11		4	1	
2	1	42	11	10	3	12
3	3	17	2	6	1	2
13	**6**	**168**	**24**	**22**	**33**	**54**
5	4	61	17	7	10	14
1		6	2	1	1	1
1		5	1		2	2
1	2	11	4		1	2
		3	1		2	
		2	1		1	
1	1	7		3		1
1	1	7	6			
		20	2	3	3	8
8	2	107	7	15	23	40
5	1	61	2	6	18	18
3	1	21	1	7	2	9
		25	4	2	3	13
295	**375**	**986**	**75**	**108**	**106**	**136**
295	375	986	75	108	106	136
4	18	289	10	40	27	36
229	292	310	10	38	31	35
49	47	223	13	17	29	23
1	1	20	4	2	1	9
12	17	144	38	11	18	33
265	**77**	**481**	**17**	**53**	**51**	**65**
240	49	350	10	47	38	55
6	3	55	3	17	8	8
34	23	154	3	26	20	24
189		25	1	1	4	18
8	17	74		2	2	2
2	1	7	1		1	
		3				
1	4	14			2	
	1	18	2	1	1	3
21	22	55			8	4
21	22	55			8	4
4	6	76	7	6	5	6
3	2	59	5	6	4	4
1	4	17	2		1	2
31	**30**	**218**	**52**	**8**	**18**	**18**

1-08 续表21

行业分组	代 码	法人单位数（个）	马山县	上林县
新闻出版业	88	158	2	1
新闻业	881	25		
出版业	882	133	2	1
广播、电视、电影和音像业	89	871	12	11
广播	891	488	12	10
电视	892	210		
电影	893	145		1
音像制作	894	28		
文化艺术业	90	960	6	7
文艺创作与表演	901	174	1	1
艺术表演场馆	902	23		
图书馆与档案馆	903	195	2	2
文物及文化保护	904	74	1	1
博物馆	905	47		
烈士陵园、纪念馆	906	22		
群众文化活动	907	295	2	2
文化艺术经纪代理	908	37		
其他文化艺术	909	93		1
体育	91	189	2	1
体育组织	911	105	2	1
体育场馆	912	39		
其他体育	919	45		
娱乐业	92	422		
室内娱乐活动	921	275		
游乐园	922	13		
休闲健身娱乐活动	923	83		
其他娱乐活动	929	51		
公共管理和社会组织	**S**	**43197**	**341**	**288**
中国共产党机关	93	2275	10	23
中国共产党机关	930	2275	10	23
国家机构	94	16342	113	103
国家权力机构	941	268	1	1
国家行政机构	942	15610	109	100
人民法院和人民检察院	943	280	2	2
其他国家机构	949	184	1	
人民政协和民主党派	95	247	1	1
人民政协	951	153	1	1
民主党派	952	94		
群众团体、社会团体和宗教组织	96	8302	66	30
群众团体	961	949	5	6
社会团体	962	7143	58	21
宗教组织	963	210	3	3
基层群众自治组织	97	16031	151	131
社区自治组织	971	1621	6	16
村民自治组织	972	14410	145	115

宾阳县	横　县	柳州市	城中区	鱼峰区	柳南区	柳北区
		10	3			3
		2				1
		8	3			2
18	18	76	6		2	2
15	17	47	3			
1		16	1		1	
2	1	10	1			2
		3	1		1	
6	9	60	9	3	8	5
1	4	8	1			1
		3	2			1
3	2	16	1	1	2	2
1	1	7			1	1
		4	2	1		
		2			1	
1	1	17	3	1	1	
		1			1	
	1	2			2	
5	2	17	10		2	
4	1	10	7		2	
	1	3	2			
1		4	1			
2	1	55	24	5	6	8
1	1	34	20	1	3	3
		1	1			
		15	2	3	3	5
1		5	1	1		
597	**628**	**3397**	**252**	**167**	**186**	**329**
26	28	155	10	7	9	14
26	28	155	10	7	9	14
127	129	1357	148	79	64	149
1	1	27	7	1	1	5
124	126	1224	135	76	55	142
2	2	25	3	2	6	2
		81	3		2	
1	1	18	9	1	1	1
1	1	11	2	1	1	1
		7	7			
214	173	672	59	22	37	70
8	7	90	12	10	13	8
201	164	548	45	10	24	59
5	2	34	2	2		3
229	297	1195	26	58	75	95
40	25	250	20	53	55	58
189	272	945	6	5	20	37

1–08 续表22

行业分组	代 码	法人单位数（个）	柳江县	柳城县
总 计		**154748**	**1723**	**927**
农、林、牧、渔业	**A**	**210**		**1**
农业	01	66		1
谷物及其他作物的种植	011	18		
蔬菜、园艺作物的种植	012	12		1
水果、坚果、饮料和香料作物的种植	013	33		
中药材的种植	014	3		
林业	02	56		
林木的培育和种植	021	53		
木材和竹材的采运	022	3		
林产品的采集	023			
畜牧业	03	51		
牲畜的饲养	031	7		
猪的饲养	032	21		
家禽的饲养	033	19		
狩猎和捕捉动物	034			
其他畜牧业	039	4		
渔业	04	17		
海洋渔业	041	7		
内陆渔业	042	10		
农、林、牧、渔服务业	05	20		
农业服务业	051	16		
林业服务业	052			
畜牧服务业	053	3		
渔业服务业	054	1		
采矿业	**B**	**2258**	**40**	**10**
煤炭开采和洗选业	06	49		
烟煤和无烟煤的开采洗选	061	28		
褐煤的开采洗选	062	17		
其他煤炭采选	069	4		
石油和天然气开采业	07	2		
天然原油和天然气开采	071	1		
与石油和天然气开采有关的服务活动	079	1		
黑色金属矿采选业	08	517	8	1
铁矿采选	081	145	1	
其他黑色金属矿采选	089	372	7	1
有色金属矿采选业	09	552		
常用有色金属矿采选	091	479		
贵金属矿采选	092	55		
稀有稀土金属矿采选	093	18		
非金属矿采选业	10	1114	32	9
土砂石开采	101	849	32	9
化学矿采选	102	38		
采盐	103	4		
石棉及其他非金属矿采选	109	223		
其他采矿业	11	24		

鹿寨县	融安县	融水苗族自治县	三江侗族自治县	桂林市	秀峰区	叠彩区
1193	**816**	**940**	**724**	**20653**	**1921**	**1620**
4	**1**		**3**	**64**		**9**
1				33		5
1				3		
				7		5
				20		
				3		
3	1		1	9		1
3	1		1	9		1
			2	13		
				2		
			1	9		
				1		
			1	1		
				4		3
				4		3
				5		
				2		
				3		
31	**16**	**28**	**14**	**346**	**1**	**1**
				1		
				1		
				1		
				1		
11	5		2	64		
10	5			7		
1			2	57		
	4	21	2	69		
	4	21	1	56		
			1	6		
				7		
20	7	7	10	208	1	
9	2	3		114	1	
	3			9		
11	2	4	10	85		
				3		1

1-08 续表23

行业分组	代码	法人单位数（个）	柳江县	柳城县
其他采矿业	110	24		
制造业	**C**	**19683**	**535**	**95**
农副食品加工业	13	1486	28	9
谷物磨制	131	227	5	
饲料加工	132	250	2	2
植物油加工	133	126	4	
制糖	134	107	5	2
屠宰及肉类加工	135	297	4	3
水产品加工	136	101	2	
蔬菜、水果和坚果加工	137	109	4	
其他农副食品加工	139	269	2	2
食品制造业	14	876	40	2
焙烤食品制造	141	263	16	2
糖果、巧克力及蜜饯制造	142	84	6	
方便食品制造	143	149	8	
液体乳及乳制品制造	144	17		
罐头制造	145	86		
调味品、发酵制品制造	146	111	5	
其他食品制造	149	166	5	
饮料制造业	15	796	9	5
酒精制造	151	43		
酒的制造	152	183	5	
软饮料制造	153	293	4	3
精制茶加工	154	277		2
烟草制品业	16	5		
烟叶复烤	161	1		
卷烟制造	162	4		
其他烟草制品加工	169			
纺织业	17	661	6	6
棉、化纤纺织及印染精加工	171	93	1	
毛纺织和染整精加工	172	88	3	
麻纺织	173	11		1
丝绢纺织及精加工	174	102	1	5
纺织制成品制造	175	83	1	
针织品、编织品及其制品制造	176	284		
纺织服装、鞋、帽制造业	18	338	4	1
纺织服装制造	181	324	4	1
纺织面料鞋的制造	182	11		
制帽	183	3		
皮革、毛皮、羽毛（绒）及其制品业	19	281	1	
皮革鞣制加工	191	41		
皮革制品制造	192	193		
毛皮鞣制及制品加工	193	5		
羽毛（绒）加工及制品制造	194	42	1	
木材加工及木、竹、藤、棕、草制品业	20	1880	17	3
锯材、木片加工	201	765	9	2
人造板制造	202	508	3	1

鹿寨县	融安县	融水苗族自治县	三江侗族自治县	桂林市	秀峰区	叠彩区
				3		1
281	**77**	**77**	**41**	**3211**	**177**	**179**
24	5	1	5	171	2	9
2	1		1	47		
2				14		3
1	1		1	3		1
7	1	1	1	2		
7	1		2	42	1	2
2	1			33	1	
3				30		3
10		2		193	10	6
6				48	8	1
1		1		22		
				44		1
		1		13		
1				18	1	1
2				48	1	3
15	1	2	6	115	2	2
1						
7				42	1	2
4	1	1		64		
3		1	6	9	1	
15	2	3		34	1	4
1				8		1
2						
10	2	1		6		
2				13		3
		2		7	1	
5				51	8	4
4				47	7	3
1				3		1
				1	1	
				14		2
				3		
				10		1
				1		1
18	31	46	19	460	3	7
6	14	12	11	73		3
9	14	16		92	1	1

1-08 续表24

行业分组	代 码	法人单位数（个）	柳江县	柳城县
木制品制造	203	288	4	
竹、藤、棕、草制品制造	204	319	1	
家具制造业	21	337		2
木质家具制造	211	270		2
竹、藤家具制造	212	18		
金属家具制造	213	13		
塑料家具制造	214	5		
其他家具制造	219	31		
造纸及纸制品业	22	783	14	3
纸浆制造	221	43	1	
造纸	222	380	2	3
纸制品制造	223	360	11	
印刷业和记录媒介的复制	23	779	9	2
印刷	231	701	9	2
装订及其他印刷服务活动	232	75		
记录媒介的复制	233	3		
文教体育用品制造业	24	92	2	
文化用品制造	241	24		
体育用品制造	242	14	1	
乐器制造	243	1		
玩具制造	244	50	1	
游艺器材及娱乐用品制造	245	3		
石油加工、炼焦及核燃料加工业	25	42	1	
精炼石油产品的制造	251	38	1	
炼焦	252	4		
核燃料加工	253			
化学原料及化学制品制造业	26	1494	38	15
基础化学原料制造	261	196	5	10
肥料制造	262	298	9	3
农药制造	263	77		
涂料、油墨、颜料及类似产品制造	264	142	11	
合成材料制造	265	21	1	
专用化学产品制造	266	613	7	2
日用化学产品制造	267	147	5	
医药制造业	27	353	4	2
化学药品原药制造	271	32		
化学药品制剂制造	272	39		
中药饮片加工	273	53		
中成药制造	274	118	2	2
兽用药品制造	275	58		
生物、生化制品的制造	276	34		
卫生材料及医药用品制造	277	19	2	
化学纤维制造业	28	9		
纤维素纤维原料及纤维制造	281	1		
合成纤维制造	282	8		
橡胶制品业	29	139	7	
轮胎制造	291	26		

鹿寨县	融安县	融水苗族自治县	三江侗族自治县	桂林市	秀峰区	叠彩区
1	2	13	2	143		1
2	1	5	6	152	2	2
3	2	6	1	52	2	6
2	2	6		39	1	4
			1	7	1	
				1		1
1				5		1
14				117	8	2
1				3		
8				46	4	1
5				68	4	1
4	2	1	1	140	13	16
4	2	1	1	129	13	15
				10		1
				1		
				8	1	1
				7	1	1
				1		
2				1		
2				1		
27	3	5	1	198	10	5
8		1		18	1	
4		1		23		1
4				13		1
5				23	1	2
				4		
4	3	3		92	4	
2			1	25	4	1
1	2			61	5	4
				6		
				11		
				10		1
1	2			17	3	2
				2		
				10	1	
				5	1	1
				2		
				1		
				1		
				50	11	8
				16		2

1-08 续表25

行业分组	代 码	法人单位数（个）	柳江县	柳城县
橡胶板、管、带的制造	292	30	5	
橡胶零件制造	293	17	1	
再生橡胶制造	294	9		
日用及医用橡胶制品制造	295	12	1	
橡胶靴鞋制造	296	6		
其他橡胶制品制造	299	39		
塑料制品业	30	736	27	1
塑料薄膜制造	301	96	2	
塑料板、管、型材的制造	302	109	12	
塑料丝、绳及编织品的制造	303	145	1	1
泡沫塑料制造	304	35	1	
塑料人造革、合成革制造	305	4		
塑料包装箱及容器制造	306	85	2	
塑料零件制造	307	22	2	
日用塑料制造	308	108	3	
其他塑料制品制造	309	132	4	
非金属矿物制品业	31	3197	53	27
水泥、石灰和石膏的制造	311	482	18	8
水泥及石膏制品制造	312	312	6	
砖瓦、石材及其他建筑材料制造	313	1946	25	18
玻璃及玻璃制品制造	314	81	1	
陶瓷制品制造	315	156	2	
耐火材料制品制造	316	35		1
石墨及其他非金属矿物制品制造	319	185	1	
黑色金属冶炼及压延加工业	32	425	3	3
炼铁	321	67		
炼钢	322	12		3
钢压延加工	323	118	3	
铁合金冶炼	324	228		
有色金属冶炼及压延加工业	33	326	11	5
常用有色金属冶炼	331	216	8	4
贵金属冶炼	332	11		
稀有稀土金属冶炼	333	16		1
有色金属合金制造	334	13	1	
有色金属压延加工	335	70	2	
金属制品业	34	703	45	2
结构性金属制品制造	341	254	22	1
金属工具制造	342	105	6	
集装箱及金属包装容器制造	343	35		
金属丝绳及其制品的制造	344	21	1	1
建筑、安全用金属制品制造	345	62		
金属表面处理及热处理加工	346	38	4	
搪瓷制品制造	347	4	1	
不锈钢及类似日用金属制品制造	348	100	2	
其他金属制品制造	349	84	9	
通用设备制造业	35	914	40	4
锅炉及原动机制造	351	58	1	

鹿寨县	融安县	融水苗族自治县	三江侗族自治县	桂林市	秀峰区	叠彩区
				9	3	1
				5	1	2
				3		
				4	2	1
				1		
				12	5	2
11				126	8	7
				23	2	2
1				16	2	1
6				8		
				12		
				2		
1				16		1
				5	2	
1				21	1	1
2				23	1	2
42	18	8	3	471	4	7
7	3	1	1	43		
3		1		41		2
27	13	3	1	298	2	2
3				14	1	
1				3		1
				1		
1	2	3	1	71	1	2
5	1			91	1	2
2				4		
3				12	1	2
	1			75		
5	7	1	5	31	1	1
5	7	1	5	16		
				1		
				2		
				12	1	1
11		1		118	14	10
5				42	3	4
3		1		13	2	3
				8		
1				5	2	
				11	3	
				4		
1				15	1	1
1				20	3	2
15		1		179	22	26
				6		2

1-08 续表26

行业分组	代 码	法人单位数（个）	柳江县	柳城县
金属加工机械制造	352	104	9	
起重运输设备制造	353	29	3	
泵、阀门、压缩机及类似机械的制造	354	62	3	
轴承、齿轮、传动和驱动部件的制造	355	40	1	
烘炉、熔炉及电炉制造	356	5		
风机、衡器、包装设备等通用设备制造	357	83	4	
通用零部件制造及机械修理	358	246	7	4
金属铸、锻加工	359	287	12	
专用设备制造业	36	676	22	
矿山、冶金、建筑专用设备制造	361	140	6	
化工、木材、非金属加工专用设备制造	362	120	3	
食品、饮料、烟草及饲料生产专用设备制造	363	61	3	
印刷、制药、日化生产专用设备制造	364	41		
纺织、服装和皮革工业专用设备制造	365	7		
电子和电工机械专用设备制造	366	21		
农、林、牧、渔专用机械制造	367	181	6	
医疗仪器设备及器械制造	368	47	2	
环保、社会公共安全及其他专用设备制造	369	58	2	
交通运输设备制造业	37	1013	130	3
铁路运输设备制造	371	21		
汽车制造	372	855	130	1
摩托车制造	373	4		
自行车制造	374	21		
船舶及浮动装置制造	375	99		2
航空航天器制造	376	5		
交通器材及其他交通运输设备制造	379	8		
电气机械及器材制造业	39	454	18	
电机制造	391	58	1	
输配电及控制设备制造	392	169	3	
电线、电缆、光缆及电工器材制造	393	80	10	
电池制造	394	22		
家用电力器具制造	395	42	1	
非电力家用器具制造	396	23	1	
照明器具制造	397	32	1	
其他电气机械及器材制造	399	28	1	
通信设备、计算机及其他电子设备制造业	40	225	1	
通信设备制造	401	43		
雷达及配套设备制造	402	2		
广播电视设备制造	403	10		
电子计算机制造	404	18		
电子器件制造	405	20		
电子元件制造	406	93	1	
家用视听设备制造	407	14		
其他电子设备制造	409	25		
仪器仪表及文化、办公用机械制造业	41	94	2	
通用仪器仪表制造	411	37	1	
专用仪器仪表制造	412	16	1	

鹿寨县	融安县	融水苗族自治县	三江侗族自治县	桂林市	秀峰区	叠彩区
4				28	2	7
1				3	1	
5				15	1	5
				14	2	
				1		
2				20	3	2
2		1		47	9	8
1				45	4	2
15	1			161	18	23
2				26	3	6
3				50		9
2				3		
2				5		1
				1		
				8	5	
5	1			34	2	1
				21	4	2
1				13	4	4
26				85	7	7
1				2		2
24				73	6	5
				5		
1				3		
				1		
				1	1	
9				91	15	14
				18	3	4
5				34	6	5
1				13	1	
1				1		
				11	1	3
				1		1
1				4	1	
1				9	3	1
1	2			75	3	1
				30		
				1	1	
				6	1	
				2		
				9		
1	2			18		1
				3	1	
				6		
				32	3	
				16		
				7		

1-08 续表27

行业分组	代码	法人单位数（个）	柳江县	柳城县
钟表与计时仪器制造	413	10		
光学仪器及眼镜制造	414	17		
文化、办公用机械制造	415	6		
其他仪器仪表的制造及修理	419	8		
工艺品及其他制造业	42	495	3	
工艺美术品制造	421	397	1	
日用杂品制造	422	49		
煤制品制造	423	17	1	
核辐射加工	424	1		
其他未列明的制造业	429	31	1	
废弃资源和废旧材料回收加工业	43	74		
金属废料和碎屑的加工处理	431	42		
非金属废料和碎屑的加工处理	432	32		
电力、燃气及水的生产和供应业	**D**	**2271**	**6**	**22**
电力、热力的生产和供应业	44	1694	5	4
电力生产	441	1561	4	3
电力供应	442	127	1	1
热力生产和供应	443	6		
燃气生产和供应业	45	38		1
燃气生产和供应业	450	38		1
水的生产和供应业	46	539	1	17
自来水的生产和供应	461	518	1	17
污水处理及其再生利用	462	16		
其他水的处理、利用与分配	469	5		
建筑业	**E**	**2329**	**8**	**4**
房屋和土木工程建筑业	47	1087	7	1
房屋工程建筑	471	746	2	1
土木工程建筑	472	341	5	
建筑安装业	48	315		2
建筑安装业	480	315		2
建筑装饰业	49	680		1
建筑装饰业	490	680		1
其他建筑业	50	247	1	
工程准备	501	81	1	
提供施工设备服务	502	64		
其他未列明的建筑活动	509	102		
交通运输、仓储和邮政业	**F**	**3178**	**63**	**10**
铁路运输业	51	17		
铁路旅客运输	511	2		
铁路货物运输	512	6		
铁路运输辅助活动	513	9		
道路运输业	52	1629	42	5
公路旅客运输	521	231	1	
道路货物运输	522	910	39	3
道路运输辅助活动	523	488	2	2
城市公共交通业	53	197		1

鹿寨县	融安县	融水苗族自治县	三江侗族自治县	桂林市	秀峰区	叠彩区
				5	1	
				1		
				3	2	
2				73	2	5
1				51	2	2
				5		2
				7		1
1				10		
1				11	3	
				5	1	
1				6	2	
11	**15**	**43**	**18**	**709**	**2**	**2**
6	7	41	15	653		1
5	6	40	14	629		
1	1	1	1	22		
				2		1
			1	6	1	
			1	6	1	
5	8	2	2	50	1	1
5	7	2	2	43		
				7	1	1
	1					
14	**7**	**2**	**6**	**397**	**30**	**67**
9	2	2	6	143	13	18
7	2	2	4	97	11	11
2			2	46	2	7
1				57	2	13
1				57	2	13
3	5			155	8	24
3	5			155	8	24
1				42	7	12
				19		9
				2		
1				21	7	3
12	**14**	**10**	**3**	**299**	**42**	**52**
				11		9
				1		
				2		1
				8		8
4	9	3		166	28	20
1	1			45	6	1
	3			78	21	18
3	5	3		43	1	1
3	1	2		18	4	

1-08 续表28

行业分组	代码	法人单位数（个）	柳江县	柳城县
公共电汽车客运	531	70		
轨道交通	532			
出租车客运	533	108		1
城市轮渡	534			
其他城市公共交通	539	19		
水上运输业	54	351		2
水上旅客运输	541	46		1
水上货物运输	542	220		
水上运输辅助活动	543	85		1
航空运输业	55	37		
航空客货运输	551	13		
通用航空服务	552	6		
航空运输辅助活动	553	18		
管道运输业	56			
管道运输业	560			
装卸搬运和其他运输服务业	57	466	1	
装卸搬运	571	156	1	
运输代理服务	572	310		
仓储业	58	419	19	2
谷物、棉花等农产品仓储	581	242	14	2
其他仓储	589	177	5	
邮政业	59	62	1	
国家邮政	591	23		
其他寄递服务	599	39	1	
信息传输、计算机服务和软件业	**G**	**5040**	**52**	**34**
电信和其他信息传输服务业	60	919	48	3
电信	601	179	2	
互联网信息服务	602	469	45	1
广播电视传输服务	603	263	1	2
卫星传输服务	604	8		
计算机服务业	61	3785	4	31
计算机系统服务	611	224	1	
数据处理	612	27		
计算机维修	613	39		
其他计算机服务	619	3495	3	31
软件业	62	336		
公共软件服务	621	247		
其他软件服务	629	89		
批发和零售业	**H**	**21560**	**159**	**41**
批发业	63	12548	94	28
农畜产品批发	631	694	1	7
食品、饮料及烟草制品批发	632	1073	2	1
纺织、服装及日用品批发	633	669		
文化、体育用品及器材批发	634	350		
医药及医疗器材批发	635	479	1	1
矿产品、建材及化工产品批发	636	4719	69	14

鹿寨县	融安县	融水苗族自治县	三江侗族自治县	桂林市	秀峰区	叠彩区
1		2		5	1	
2	1			9	1	
				4	2	
1	1	1		25	1	
				23	1	
1				2		
	1	1				
				17	2	
				7	1	
				4	1	
				6		
2		1		28		18
2		1		12		8
				16		10
2	3	3	3	29	4	4
1	2	1	1	15		
1	1	2	2	14	4	4
				5	3	1
				1		1
				4	3	
34	**32**	**42**	**13**	**542**	**32**	**24**
2	3	19		186	9	2
1				27	6	2
1	1			132	3	
	2	19		26		
				1		
32	29	23	13	307	12	20
			12	58	7	2
				6	1	
32	29	23	1	243	4	18
				49	11	2
				35	11	
				14		2
77	**25**	**17**	**15**	**2853**	**459**	**599**
53	12	12	10	1103	134	219
10	1		1	86	2	13
5			1	99	15	21
4				69	19	10
				42	12	5
1	2		1	53	13	6
28	7	9	2	431	25	85

1–08 续表29

行业分组	代　码	法人单位数（个）	柳江县	柳城县
机械设备、五金交电及电子产品批发	637	2859	8	1
贸易经纪与代理	638	750	6	
其他批发	639	955	7	4
零售业	65	9012	65	13
综合零售	651	1171	7	1
食品、饮料及烟草制品专门零售	652	919	10	2
纺织、服装及日用品专门零售	653	670	1	
文化、体育用品及器材专门零售	654	505	1	1
医药及医疗器材专门零售	655	623	7	
汽车、摩托车、燃料及零配件专门零售	656	1496	14	5
家用电器及电子产品专门零售	657	1683	6	4
五金、家具及室内装修材料专门零售	658	1042	7	
无店铺及其他零售	659	903	12	
住宿和餐饮业	**I**	**2152**	**7**	**2**
住宿业	66	1310	2	2
旅游饭店	661	521		2
一般旅馆	662	715	2	
其他住宿服务	669	74		
餐饮业	67	842	5	
正餐服务	671	674	4	
快餐服务	672	59	1	
饮料及冷饮服务	673	22		
其他餐饮服务	679	87		
金融业	**J**	**636**	**3**	**1**
银行业	68	279	1	1
中央银行	681	21		
商业银行	682	238	1	1
其他银行	689	20		
证券业	69	12		
证券市场管理	691	1		
证券经纪与交易	692	8		
证券投资	693	1		
证券分析与咨询	694	2		
保险业	70	178		
人寿保险	701	50		
非人寿保险	702	104		
保险辅助服务	703	24		
其他金融活动	71	167	2	
金融信托与管理	711	16		
金融租赁	712	2		
财务公司	713	9	1	
邮政储蓄	714	9		
典当	715	52		
其他未列明的金融活动	719	79	1	
房地产业	**K**	**5628**	**26**	**23**
房地产业	72	5628	26	23

鹿寨县	融安县	融水苗族自治县	三江侗族自治县	桂林市	秀峰区	叠彩区
	1		1	183	34	49
2		1		49	4	1
3	1	2	4	91	10	29
24	13	5	5	1750	325	380
4	2			188	17	10
1	1			246	39	59
3				157	52	25
2	3	1	1	121	45	24
1				132	26	17
6	4	2	2	178	4	18
5	3	1	1	284	98	41
1		1	1	201	25	77
1				243	19	109
4	**6**	**4**	**4**	**535**	**89**	**53**
2	6	4	2	323	37	37
1	3	2	1	178	23	8
1	3	2	1	127	13	17
				18	1	12
2			2	212	52	16
2			2	164	38	11
				23	5	3
				5	3	
				20	6	2
1	**1**	**6**	**1**	**83**	**25**	**14**
1	1	1		36	10	4
				1		
1	1	1		28	6	2
				7	4	2
				4	2	
				3	1	
				1	1	
		5		18	3	5
		2		8	2	1
		3		8	1	2
				2		2
			1	25	10	5
				1	1	
				1	1	
				1	1	
				13	4	5
			1	9	3	
25	**41**	**29**	**9**	**687**	**101**	**92**
25	41	29	9	687	101	92

1-08 续表30

行业分组	代码	法人单位数（个）	柳江县	柳城县
房地产开发经营	721	3134	18	13
物业管理	722	1020	5	
房地产中介服务	723	729	3	
其他房地产活动	729	745		10
租赁和商务服务业	**L**	**10535**	**44**	**35**
租赁业	73	263	4	
机械设备租赁	731	250	4	
文化及日用品出租	732	13		
商务服务业	74	10272	40	35
企业管理服务	741	4932	26	16
法律服务	742	503	4	1
咨询与调查	743	1089	1	3
广告业	744	1371		1
知识产权服务	745	36		
职业中介服务	746	405	1	9
市场管理	747	461	1	3
旅行社	748	504	2	
其他商务服务	749	971	5	2
科学研究、技术服务和地质勘查业	**M**	**7141**	**54**	**62**
研究与试验发展	75	451	4	3
自然科学研究与试验发展	751	62	1	
工程和技术研究与试验发展	752	86	1	1
农业科学研究与试验发展	753	182	2	1
医学研究与试验发展	754	42		
社会人文科学研究与试验发展	755	79		1
专业技术服务业	76	2899	19	17
气象服务	761	172	3	1
地震服务	762	68		
海洋服务	763	3		
测绘服务	764	139	1	1
技术检测	765	569	3	5
环境监测	766	112		2
工程技术与规划管理	767	1442	8	8
其他专业技术服务	769	394	4	
科技交流和推广服务业	77	3696	30	42
技术推广服务	771	3350	21	37
科技中介服务	772	167	1	4
其他科技服务	779	179	8	1
地质勘查业	78	95	1	
矿产地质勘查	781	50		
基础地质勘查	782	15	1	
地质勘查技术服务	783	30		
水利、环境和公共设施管理业	**N**	**2081**	**23**	**28**
水利管理业	79	1130	4	17
防洪管理	791	84	1	1
水资源管理	792	562	1	2

鹿寨县	融安县	融水苗族自治县	三江侗族自治县	桂林市	秀峰区	叠彩区
22	10	10	8	411	47	53
1	3	1	1	169	30	34
	2	1		88	22	5
2	26	17		19	2	
30	**30**	**33**	**30**	**1179**	**259**	**118**
				48	11	9
				47	10	9
				1	1	
30	30	33	30	1131	248	109
3	20	11	24	240	33	23
8	1	11	2	67	18	8
2	1			171	63	14
3	2			217	41	34
				2		1
4	3	2	2	36	4	4
7	2	4		50	6	5
2	1	4	2	161	38	10
1		1		187	45	10
21	**58**	**28**	**68**	**879**	**103**	**52**
	2	3	1	58	7	5
				19	1	2
				5	3	
	1	2	1	24		3
				4	1	
	1	1		6	2	
10	17	9	7	428	80	31
1	1	1	1	22		3
	2	1		6		
	1			9		
1	6	3	1	56	1	2
1				16		3
7	7	4	5	196	14	12
				123	65	11
11	39	14	60	378	15	14
11	37	13	60	328	5	10
	1	1		24	3	
	1			26	7	4
		2		15	1	2
		2		5		
				2		
				8	1	2
11	**12**	**13**	**11**	**319**	**33**	**22**
7	8	3	7	106	7	1
1		1	1	6		
6	4	2	3	71	4	1

1-08 续表31

行业分组	代 码	法人单位数（个）	柳江县	柳城县
其他水利管理	799	484	2	14
环境管理业	80	380	14	10
自然保护	801	83	1	
环境治理	802	297	13	10
公共设施管理业	81	571	5	1
市政公共设施管理	811	132	2	
城市绿化管理	812	191	2	1
游览景区管理	813	248	1	
居民服务和其他服务业	**O**	**1607**	**15**	**3**
居民服务业	82	677	5	
家庭服务	821	44		
托儿所	822	19		
洗染服务	823	20		
理发及美容保健服务	824	164		
洗浴服务	825	44		
婚姻服务	826	37		
殡葬服务	827	61	1	
摄影扩印服务	828	84		
其他居民服务	829	204	4	
其他服务业	83	930	10	3
修理与维护	831	554	8	3
清洁服务	832	187		
其他未列明的服务	839	189	2	
教育	**P**	**16435**	**134**	**78**
教育	84	16435	134	78
学前教育	841	2412	62	32
初等教育	842	9726	26	19
中等教育	843	2844	32	22
高等教育	844	131	2	1
其他教育	849	1322	12	4
卫生、社会保障和社会福利业	**Q**	**6207**	**50**	**51**
卫生	85	4332	35	31
医院	851	462	4	4
卫生院及社区医疗活动	852	1490	11	12
门诊部医疗活动	853	1049		
计划生育技术服务活动	854	829	13	12
妇幼保健活动	855	113		2
专科疾病防治活动	856	70		1
疾病预防控制及防疫活动	857	154	2	
其他卫生活动	859	165	5	
社会保障业	86	1227	10	11
社会保障业	860	1227	10	11
社会福利业	87	648	5	9
提供住宿的社会福利	871	440	3	6
不提供住宿的社会福利	872	208	2	3
文化、体育和娱乐业	**R**	**2600**	**23**	**20**

鹿寨县	融安县	融水苗族自治县	三江侗族自治县	桂林市	秀峰区	叠彩区
	4		3	29	3	
2	1	6	1	68	6	10
		5		15	1	5
2	1	1	1	53	5	5
2	3	4	3	145	20	11
1	1	1	1	33	8	2
1	1	1		38	6	6
	1	2	2	74	6	3
7	**4**	**3**	**3**	**356**	**123**	**47**
5	2		1	178	77	21
	1			14	3	2
				2	1	
				6		1
3	1			33	20	1
				23	9	3
				6	3	
2				10		3
			1	24	14	
				60	27	11
2	2	3	2	178	46	26
1	2	2	1	100	16	15
1		1		30	3	10
			1	48	27	1
158	**60**	**77**	**54**	**1298**	**91**	**52**
158	60	77	54	1298	91	52
31	14	25	12	202	17	17
100	14	21	16	574	15	12
19	21	25	22	312	17	12
		1		20	1	1
8	11	5	4	190	41	10
66	**57**	**33**	**38**	**614**	**33**	**28**
29	41	30	34	391	16	26
2	5	2	2	75	6	7
12	12	20	14	154	4	7
1				30	1	3
10	13	5	15	63	1	4
	1	1	1	30		
1		1		1		1
	8	1	1	18	1	1
3	2		1	20	3	3
14	4	2	2	124	9	
14	4	2	2	124	9	
23	12	1	2	99	8	2
20	9	1	1	84	7	2
3	3		1	15	1	
17	**24**	**12**	**26**	**345**	**95**	**11**

1-08 续表32

行业分组	代 码	法人单位数（个）	柳江县	柳城县
新闻出版业	88	158	3	
新闻业	881	25		
出版业	882	133	3	
广播、电视、电影和音像业	89	871	11	10
广播	891	488	4	1
电视	892	210	5	8
电影	893	145	2	1
音像制作	894	28		
文化艺术业	90	960	6	7
文艺创作与表演	901	174	1	1
艺术表演场馆	902	23		
图书馆与档案馆	903	195	2	2
文物及文化保护	904	74	1	2
博物馆	905	47		
烈士陵园、纪念馆	906	22		
群众文化活动	907	295	2	2
文化艺术经纪代理	908	37		
其他文化艺术	909	93		
体育	91	189		2
体育组织	911	105		1
体育场馆	912	39		
其他体育	919	45		1
娱乐业	92	422	3	1
室内娱乐活动	921	275	2	
游乐园	922	13		
休闲健身娱乐活动	923	83		1
其他娱乐活动	929	51	1	
公共管理和社会组织	**S**	**43197**	**481**	**407**
中国共产党机关	93	2275	10	22
中国共产党机关	930	2275	10	22
国家机构	94	16342	207	116
国家权力机构	941	268	3	2
国家行政机构	942	15610	130	111
人民法院和人民检察院	943	280	2	2
其他国家机构	949	184	72	1
人民政协和民主党派	95	247	1	1
人民政协	951	153	1	1
民主党派	952	94		
群众团体、社会团体和宗教组织	96	8302	113	131
群众团体	961	949	8	6
社会团体	962	7143	102	111
宗教组织	963	210	3	14
基层群众自治组织	97	16031	150	137
社区自治组织	971	1621	20	16
村民自治组织	972	14410	130	121

鹿寨县	融安县	融水苗族自治县	三江侗族自治县	桂林市	秀峰区	叠彩区
1				21	9	1
1				3	1	1
				18	8	
11	15	3	16	62	3	1
11	12	1	15	30		1
	1			14		
	1	2	1	14		
	1			4	3	
2	5	8	7	145	26	5
		2	2	25	8	
				10	7	
1	2	2	1	23	3	
	1		1	12	1	1
		1		8	2	
		1		3		1
1	2	2	3	32		2
				7	1	1
				25	4	
	2		1	14	1	1
				6		
	1			2	1	1
	1		1	6		
3	2	1	2	103	56	3
1	2	1	1	71	50	1
				2		
			1	18	1	2
2				12	5	
389	**336**	**483**	**367**	**5937**	**226**	**198**
7	19	30	27	258	4	23
7	19	30	27	258	4	23
132	114	210	138	2102	113	110
1	3	3	1	50	4	4
129	108	203	135	1993	103	103
2	2	3	1	40	3	3
	1	1	1	19	3	
1	1	1	1	28	9	4
1	1	1	1	21	2	4
				7	7	
114	55	37	34	1701	77	31
4	8	7	14	141	11	16
107	44	28	18	1520	61	13
3	3	2	2	40	5	2
135	147	205	167	1848	23	30
9	8	7	4	193	16	15
126	139	198	163	1655	7	15

1-08 续表33

行业分组	代码	法人单位数（个）	象山区	七星区
总　计		**154748**	**2488**	**1678**
农、林、牧、渔业	**A**	**210**		
农业	01	66		
谷物及其他作物的种植	011	18		
蔬菜、园艺作物的种植	012	12		
水果、坚果、饮料和香料作物的种植	013	33		
中药材的种植	014	3		
林业	02	56		
林木的培育和种植	021	53		
木材和竹材的采运	022	3		
林产品的采集	023			
畜牧业	03	51		
牲畜的饲养	031	7		
猪的饲养	032	21		
家禽的饲养	033	19		
狩猎和捕捉动物	034			
其他畜牧业	039	4		
渔业	04	17		
海洋渔业	041	7		
内陆渔业	042	10		
农、林、牧、渔服务业	05	20		
农业服务业	051	16		
林业服务业	052			
畜牧服务业	053	3		
渔业服务业	054	1		
采矿业	**B**	**2258**	**6**	**3**
煤炭开采和洗选业	06	49		
烟煤和无烟煤的开采洗选	061	28		
褐煤的开采洗选	062	17		
其他煤炭采选	069	4		
石油和天然气开采业	07	2		
天然原油和天然气开采	071	1		
与石油和天然气开采有关的服务活动	079	1		
黑色金属矿采选业	08	517		1
铁矿采选	081	145		1
其他黑色金属矿采选	089	372		
有色金属矿采选业	09	552		1
常用有色金属矿采选	091	479		1
贵金属矿采选	092	55		
稀有稀土金属矿采选	093	18		
非金属矿采选业	10	1114	6	1
土砂石开采	101	849	5	1
化学矿采选	102	38		
采盐	103	4		
石棉及其他非金属矿采选	109	223	1	
其他采矿业	11	24		

雁山区	阳朔县	临桂县	灵川县	全州县	兴安县	永福县
314	**997**	**1259**	**1184**	**1525**	**1247**	**1202**
6	**10**					
3	5					
1						
2	5					
	4					
	4					
3	1					
	1					
1						
1						
1						
8	**4**	**25**	**34**	**27**	**27**	**63**
				1		
				1		
					1	
					1	
		1		11	3	
		1		1	3	
				10		
	2	3	13	10	12	7
	2	3	13	10	7	7
					2	
					3	
8	2	21	21	5	10	55
8	2	14	12	5	6	22
		1	3			5
		6	6		4	28
					1	1

1–08 续表34

行业分组	代 码	法人单位数（个）		
			象山区	七星区
其他采矿业	110	24		
制造业	**C**	**19683**	**303**	**408**
农副食品加工业	13	1486	8	3
谷物磨制	131	227	1	
饲料加工	132	250	3	
植物油加工	133	126		
制糖	134	107		
屠宰及肉类加工	135	297	2	1
水产品加工	136	101		
蔬菜、水果和坚果加工	137	109	1	1
其他农副食品加工	139	269	1	1
食品制造业	14	876	16	14
焙烤食品制造	141	263	6	7
糖果、巧克力及蜜饯制造	142	84	2	2
方便食品制造	143	149	4	1
液体乳及乳制品制造	144	17		
罐头制造	145	86		
调味品、发酵制品制造	146	111	1	3
其他食品制造	149	166	3	1
饮料制造业	15	796	6	6
酒精制造	151	43		
酒的制造	152	183	5	3
软饮料制造	153	293	1	3
精制茶加工	154	277		
烟草制品业	16	5		
烟叶复烤	161	1		
卷烟制造	162	4		
其他烟草制品加工	169			
纺织业	17	661	11	5
棉、化纤纺织及印染精加工	171	93	6	
毛纺织和染整精加工	172	88		
麻纺织	173	11		
丝绢纺织及精加工	174	102		1
纺织制成品制造	175	83	3	3
针织品、编织品及其制品制造	176	284	2	1
纺织服装、鞋、帽制造业	18	338	20	11
纺织服装制造	181	324	19	11
纺织面料鞋的制造	182	11	1	
制帽	183	3		
皮革、毛皮、羽毛（绒）及其制品业	19	281	3	2
皮革鞣制加工	191	41		
皮革制品制造	192	193	3	2
毛皮鞣制及制品加工	193	5		
羽毛（绒）加工及制品制造	194	42		
木材加工及木、竹、藤、棕、草制品业	20	1880	6	4
锯材、木片加工	201	765	2	
人造板制造	202	508	2	1

雁山区	阳朔县	临桂县	灵川县	全州县	兴安县	永福县
					1	1
37	**52**	**308**	**263**	**213**	**238**	**330**
3	4	14	15	40	1	21
		3	5	30	1	6
2		1	3	2		
						2
1	1	3	4	4		5
	1	2	2	2		7
	2	5	1	2		1
4	1	22	18	18	8	30
		4	6	1		2
1	1	4	1		1	10
1		3	2	16		9
		1			6	
		2	4			1
2		8	5	1	1	8
	5	17	5	4	8	13
	2	6	1	2	7	8
	2	10	4	2	1	3
	1	1				2
		1	1			4
						3
		1	1			
						1
		1	2			4
		1	1			4
			1			
		3		1		1
		1		1		
		2				1
2	12	47	32	15	78	104
1		1	6	7	5	21
1	3	10	9	7	4	30

1-08 续表35

行业分组	代 码	法人单位数（个）	象山区	七星区
木制品制造	203	288	1	1
竹、藤、棕、草制品制造	204	319	1	2
家具制造业	21	337	7	1
木质家具制造	211	270	6	
竹、藤家具制造	212	18		
金属家具制造	213	13		
塑料家具制造	214	5		
其他家具制造	219	31	1	1
造纸及纸制品业	22	783	9	9
纸浆制造	221	43		
造纸	222	380	2	1
纸制品制造	223	360	7	8
印刷业和记录媒介的复制	23	779	21	29
印刷	231	701	18	27
装订及其他印刷服务活动	232	75	3	1
记录媒介的复制	233	3		1
文教体育用品制造业	24	92	2	1
文化用品制造	241	24	2	1
体育用品制造	242	14		
乐器制造	243	1		
玩具制造	244	50		
游艺器材及娱乐用品制造	245	3		
石油加工、炼焦及核燃料加工业	25	42		
精炼石油产品的制造	251	38		
炼焦	252	4		
核燃料加工	253			
化学原料及化学制品制造业	26	1494	15	18
基础化学原料制造	261	196	2	1
肥料制造	262	298		4
农药制造	263	77		
涂料、油墨、颜料及类似产品制造	264	142	3	1
合成材料制造	265	21	1	
专用化学产品制造	266	613	4	7
日用化学产品制造	267	147	5	5
医药制造业	27	353	2	15
化学药品原药制造	271	32	1	2
化学药品制剂制造	272	39		6
中药饮片加工	273	53		
中成药制造	274	118	1	3
兽用药品制造	275	58		
生物、生化制品的制造	276	34		3
卫生材料及医药用品制造	277	19		1
化学纤维制造业	28	9	1	1
纤维素纤维原料及纤维制造	281	1		1
合成纤维制造	282	8	1	
橡胶制品业	29	139	7	8
轮胎制造	291	26	2	6

雁山区	阳朔县	临桂县	灵川县	全州县	兴安县	永福县
	7	13	6	1		27
	2	23	11		69	26
	2	1	5	1	1	8
		1	4	1	1	4
	2		1			3
						1
2		7	3	13	20	17
				1	1	1
		1		9	14	8
2		6	3	3	5	8
	1	16	8	6	2	3
	1	16	7	6	2	2
			1			1
		1				1
		1				
						1
		1				
		1				
6	2	19	24	13	21	18
1		2	6			3
1		3	5	1	4	2
			4	1	1	1
		4	2	2		
		1	1			
2	1	9	5	9	16	10
2	1		1			2
		8	7	2	6	4
			2	1		
		1	3		1	
		2	2		2	
		2		1	1	1
		1				
		2			1	3
					1	
1		5	6	1	2	
		1	4		1	

1-08 续表36

行业分组	代码	法人单位数（个）	象山区	七星区
橡胶板、管、带的制造	292	30	3	
橡胶零件制造	293	17	1	
再生橡胶制造	294	9	1	
日用及医用橡胶制品制造	295	12		1
橡胶靴鞋制造	296	6		
其他橡胶制品制造	299	39		1
塑料制品业	30	736	28	15
塑料薄膜制造	301	96	5	3
塑料板、管、型材的制造	302	109	7	1
塑料丝、绳及编织品的制造	303	145	1	
泡沫塑料制造	304	35	1	2
塑料人造革、合成革制造	305	4	2	
塑料包装箱及容器制造	306	85	4	2
塑料零件制造	307	22	1	1
日用塑料制造	308	108	4	4
其他塑料制品制造	309	132	3	2
非金属矿物制品业	31	3197	24	19
水泥、石灰和石膏的制造	311	482	1	1
水泥及石膏制品制造	312	312	2	
砖瓦、石材及其他建筑材料制造	313	1946	15	11
玻璃及玻璃制品制造	314	81	3	1
陶瓷制品制造	315	156		
耐火材料制品制造	316	35		
石墨及其他非金属矿物制品制造	319	185	3	6
黑色金属冶炼及压延加工业	32	425	6	
炼铁	321	67		
炼钢	322	12		
钢压延加工	323	118	5	
铁合金冶炼	324	228	1	
有色金属冶炼及压延加工业	33	326	3	2
常用有色金属冶炼	331	216		
贵金属冶炼	332	11		
稀有稀土金属冶炼	333	16		
有色金属合金制造	334	13		1
有色金属压延加工	335	70	3	1
金属制品业	34	703	29	17
结构性金属制品制造	341	254	19	7
金属工具制造	342	105	1	2
集装箱及金属包装容器制造	343	35		1
金属丝绳及其制品的制造	344	21		
建筑、安全用金属制品制造	345	62	4	1
金属表面处理及热处理加工	346	38		3
搪瓷制品制造	347	4		
不锈钢及类似日用金属制品制造	348	100	1	1
其他金属制品制造	349	84	4	2
通用设备制造业	35	914	25	41
锅炉及原动机制造	351	58	2	1

雁山区	阳朔县	临桂县	灵川县	全州县	兴安县	永福县
		1	1			
				1		
		1			1	
		1				
1		1	1			
	1	16	12	4	4	4
		5	1	1		
			2			2
		2	3	1	1	
		1	1		1	
	1	1	3	1		1
		1				
		1	1			1
		5	1	1	2	
10	16	51	62	44	53	48
	1	6	9	3	4	4
4	3	3	5	5	3	7
6	11	22	40	33	45	29
		5	2	1		1
	1			1		
		1				
		14	6	1	1	7
		1	6	25	8	11
			1		1	2
						1
		1	5	25	7	8
		7	1	2	3	1
		3		2	3	1
		1				
		3	1			
2		7	4	6	4	7
		2	2	1		2
			1	1	1	
		1	1	1	2	
		1				1
2		1				
		1				
		1				
				3	1	4
1		18	22	5	5	7
				1		

1-08 续表37

行业分组	代 码	法人单位数（个）	象山区	七星区
金属加工机械制造	352	104	5	9
起重运输设备制造	353	29		1
泵、阀门、压缩机及类似机械的制造	354	62	1	2
轴承、齿轮、传动和驱动部件的制造	355	40	6	3
烘炉、熔炉及电炉制造	356	5		
风机、衡器、包装设备等通用设备制造	357	83	7	5
通用零部件制造及机械修理	358	246	2	19
金属铸、锻加工	359	287	2	1
专用设备制造业	36	676	9	53
矿山、冶金、建筑专用设备制造	361	140		3
化工、木材、非金属加工专用设备制造	362	120	5	24
食品、饮料、烟草及饲料生产专用设备制造	363	61	1	
印刷、制药、日化生产专用设备制造	364	41		2
纺织、服装和皮革工业专用设备制造	365	7	1	
电子和电工机械专用设备制造	366	21		3
农、林、牧、渔专用机械制造	367	181	1	3
医疗仪器设备及器械制造	368	47		15
环保、社会公共安全及其他专用设备制造	369	58	1	3
交通运输设备制造业	37	1013	18	15
铁路运输设备制造	371	21		
汽车制造	372	855	13	14
摩托车制造	373	4		
自行车制造	374	21	2	1
船舶及浮动装置制造	375	99	2	
航空航天器制造	376	5	1	
交通器材及其他交通运输设备制造	379	8		
电气机械及器材制造业	39	454	6	33
电机制造	391	58	2	4
输配电及控制设备制造	392	169	1	16
电线、电缆、光缆及电工器材制造	393	80		7
电池制造	394	22		
家用电力器具制造	395	42	2	4
非电力家用器具制造	396	23		
照明器具制造	397	32	1	1
其他电气机械及器材制造	399	28		1
通信设备、计算机及其他电子设备制造业	40	225	6	52
通信设备制造	401	43	3	25
雷达及配套设备制造	402	2		
广播电视设备制造	403	10		3
电子计算机制造	404	18		2
电子器件制造	405	20	1	6
电子元件制造	406	93	2	10
家用视听设备制造	407	14		
其他电子设备制造	409	25		6
仪器仪表及文化、办公用机械制造业	41	94	4	22
通用仪器仪表制造	411	37	3	11
专用仪器仪表制造	412	16		7

雁山区	阳朔县	临桂县	灵川县	全州县	兴安县	永福县
1		2	1			1
					1	
		2	1		1	
		2				1
		1				
			2	1		
		2	4	1	1	
		9	14	2	2	5
1	3	13	15	1	3	7
		5	4			3
		4	2			2
	1		1			
			1		1	
1	2	4	7	1	2	1
						1
3	1	13	3	5	2	5
3		12	3	5	2	4
		1				1
	1					
1	1	8	5	3	3	1
	1	1	2			1
1		1	3		1	
		4		1		
				1		
				1		
		1				
		1			2	
1		2	3	1	2	1
			2			
		1			1	
1			1			
				1	1	1
		1				
		2				1
		2				

1-08 续表38

行业分组	代 码	法人单位数（个）	象山区	七星区
钟表与计时仪器制造	413	10		
光学仪器及眼镜制造	414	17	1	3
文化、办公用机械制造	415	6		
其他仪器仪表的制造及修理	419	8		1
工艺品及其他制造业	42	495	11	12
工艺美术品制造	421	397	9	7
日用杂品制造	422	49	1	1
煤制品制造	423	17	1	
核辐射加工	424	1		
其他未列明的制造业	429	31		4
废弃资源和废旧材料回收加工业	43	74		
金属废料和碎屑的加工处理	431	42		
非金属废料和碎屑的加工处理	432	32		
电力、燃气及水的生产和供应业	**D**	**2271**	**6**	**3**
电力、热力的生产和供应业	44	1694	3	2
电力生产	441	1561	1	
电力供应	442	127	2	2
热力生产和供应	443	6		
燃气生产和供应业	45	38	1	
燃气生产和供应业	450	38	1	
水的生产和供应业	46	539	2	1
自来水的生产和供应	461	518	2	
污水处理及其再生利用	462	16		1
其他水的处理、利用与分配	469	5		
建筑业	**E**	**2329**	**117**	**70**
房屋和土木工程建筑业	47	1087	21	15
房屋工程建筑	471	746	15	5
土木工程建筑	472	341	6	10
建筑安装业	48	315	26	12
建筑安装业	480	315	26	12
建筑装饰业	49	680	60	35
建筑装饰业	490	680	60	35
其他建筑业	50	247	10	8
工程准备	501	81	6	3
提供施工设备服务	502	64		1
其他未列明的建筑活动	509	102	4	4
交通运输、仓储和邮政业	**F**	**3178**	**45**	**13**
铁路运输业	51	17	1	
铁路旅客运输	511	2	1	
铁路货物运输	512	6		
铁路运输辅助活动	513	9		
道路运输业	52	1629	22	6
公路旅客运输	521	231	5	3
道路货物运输	522	910	10	1
道路运输辅助活动	523	488	7	2
城市公共交通业	53	197	1	1

雁山区	阳朔县	临桂县	灵川县	全州县	兴安县	永福县
						1
	2	7	3	2	1	8
	2	5	2	2		1
					1	
		2				2
			1			5
	1		1	1	3	1
	1		1		2	
				1	1	1
	22	**30**	**32**	**161**	**78**	**37**
	13	23	27	152	74	33
	11	22	23	150	72	31
	2	1	4	2	2	1
						1
		2			1	
		2			1	
	9	5	5	9	3	4
	8	4	5	9	1	4
	1	1			2	
4	**10**	**24**	**8**	**9**	**6**	**6**
3	8	9	7	8	4	6
2	4	5	6	7	3	3
1	4	4	1	1	1	3
		2		1		
		2		1		
	2	11			2	
	2	11			2	
1		2	1			
1						
		2	1			
3	**32**	**17**	**4**	**20**	**18**	**15**
1						
1						
1	14	10	2	10	14	14
	8	3		2	4	1
1	2	4		4	8	5
	4	3	2	4	2	8
	2			2	2	

1–08 续表39

行业分组	代 码	法人单位数（个）	象山区	七星区
公共电汽车客运	531	70	1	1
轨道交通	532			
出租车客运	533	108		
城市轮渡	534			
其他城市公共交通	539	19		
水上运输业	54	351	3	
水上旅客运输	541	46	3	
水上货物运输	542	220		
水上运输辅助活动	543	85		
航空运输业	55	37	9	2
航空客货运输	551	13	4	1
通用航空服务	552	6	3	
航空运输辅助活动	553	18	2	1
管道运输业	56			
管道运输业	560			
装卸搬运和其他运输服务业	57	466	2	3
装卸搬运	571	156	1	
运输代理服务	572	310	1	3
仓储业	58	419	7	
谷物、棉花等农产品仓储	581	242	3	
其他仓储	589	177	4	
邮政业	59	62		1
国家邮政	591	23		
其他寄递服务	599	39		1
信息传输、计算机服务和软件业	**G**	**5040**	**66**	**89**
电信和其他信息传输服务业	60	919	49	5
电信	601	179	3	3
互联网信息服务	602	469	45	1
广播电视传输服务	603	263	1	
卫星传输服务	604	8		1
计算机服务业	61	3785	6	59
计算机系统服务	611	224	4	44
数据处理	612	27		
计算机维修	613	39		5
其他计算机服务	619	3495	2	10
软件业	62	336	11	25
公共软件服务	621	247	10	14
其他软件服务	629	89	1	11
批发和零售业	**H**	**21560**	**673**	**327**
批发业	63	12548	273	140
农畜产品批发	631	694		6
食品、饮料及烟草制品批发	632	1073	15	18
纺织、服装及日用品批发	633	669	19	9
文化、体育用品及器材批发	634	350	3	11
医药及医疗器材批发	635	479	11	8
矿产品、建材及化工产品批发	636	4719	137	34

雁山区	阳朔县	临桂县	灵川县	全州县	兴安县	永福县
	1				1	
				2	1	
	1					
1	16					
1	16					
		4				
		1				
		3				
		1		2	1	
				2		
		1			1	
		2	2	6	1	1
		2	2	4	1	1
				2		
12	**48**	**25**	**27**	**53**	**22**	**19**
	1	10	26		1	12
		1			1	11
		9	26			
	1					1
12	47	15	1	53	21	7
1						
11	47	15	1	53	21	7
12	**49**	**58**	**115**	**132**	**87**	**99**
9	29	31	46	21	44	51
1	9	2	3	10	17	13
		4	1		2	11
		2	2		3	
	3	2	1		1	
	1	1	1		2	1
6	12	14	20	11	17	16

1-08 续表40

行业分组	代 码	法人单位数（个）	象山区	七星区
机械设备、五金交电及电子产品批发	637	2859	38	40
贸易经纪与代理	638	750	37	5
其他批发	639	955	13	9
零售业	65	9012	400	187
综合零售	651	1171	33	16
食品、饮料及烟草制品专门零售	652	919	54	24
纺织、服装及日用品专门零售	653	670	36	22
文化、体育用品及器材专门零售	654	505	26	10
医药及医疗器材专门零售	655	623	38	18
汽车、摩托车、燃料及零配件专门零售	656	1496	49	18
家用电器及电子产品专门零售	657	1683	78	31
五金、家具及室内装修材料专门零售	658	1042	55	22
无店铺及其他零售	659	903	31	26
住宿和餐饮业	**I**	**2152**	**166**	**61**
住宿业	66	1310	98	29
旅游饭店	661	521	64	19
一般旅馆	662	715	34	7
其他住宿服务	669	74		3
餐饮业	67	842	68	32
正餐服务	671	674	56	24
快餐服务	672	59	8	2
饮料及冷饮服务	673	22	1	1
其他餐饮服务	679	87	3	5
金融业	**J**	**636**	**20**	**10**
银行业	68	279	4	5
中央银行	681	21		1
商业银行	682	238	4	4
其他银行	689	20		
证券业	69	12	2	
证券市场管理	691	1		
证券经纪与交易	692	8	2	
证券投资	693	1		
证券分析与咨询	694	2		
保险业	70	178	8	1
人寿保险	701	50	4	1
非人寿保险	702	104	4	
保险辅助服务	703	24		
其他金融活动	71	167	6	4
金融信托与管理	711	16		
金融租赁	712	2		
财务公司	713	9		
邮政储蓄	714	9		
典当	715	52	4	
其他未列明的金融活动	719	79	2	4
房地产业	**K**	**5628**	**148**	**101**
房地产业	72	5628	148	101

雁山区	阳朔县	临桂县	灵川县	全州县	兴安县	永福县
2	3		8		1	1
	1	6	10		1	9
3	20	27	69	111	43	48
3	3	2	6	37	3	16
	2	4	4	23	4	14
	2		2	7	3	1
	3	1	2	2	3	1
	3	6	5	8	4	
	3	5	40	5	5	4
	2	2	3	2	11	3
	1	4	5	2	1	5
	1	3	2	25	9	4
4	**46**	**14**	**10**	**7**	**21**	**23**
2	43	4	5	4	15	15
	35	2			7	
2	8	2	3	4	8	15
			2			
2	3	10	5	3	6	8
1	3	8	1	2	5	8
1		2		1	1	
			4			
	1	**1**	**1**	**1**	**2**	**1**
	1	1	1	1	2	1
	1	1	1	1	1	1
					1	
3	**22**	**64**	**39**	**12**	**33**	**18**
3	22	64	39	12	33	18

1-08 续表41

行业分组	代 码	法人单位数（个）		
			象山区	七星区
房地产开发经营	721	3134	65	63
物业管理	722	1020	46	28
房地产中介服务	723	729	32	6
其他房地产活动	729	745	5	4
租赁和商务服务业	**L**	**10535**	**329**	**174**
租赁业	73	263	16	8
机械设备租赁	731	250	16	8
文化及日用品出租	732	13		
商务服务业	74	10272	313	166
企业管理服务	741	4932	52	10
法律服务	742	503	12	8
咨询与调查	743	1089	43	33
广告业	744	1371	87	34
知识产权服务	745	36	1	
职业中介服务	746	405	10	2
市场管理	747	461	9	7
旅行社	748	504	54	18
其他商务服务	749	971	45	54
科学研究、技术服务和地质勘查业	**M**	**7141**	**55**	**71**
研究与试验发展	75	451	3	25
自然科学研究与试验发展	751	62		14
工程和技术研究与试验发展	752	86		1
农业科学研究与试验发展	753	182	1	7
医学研究与试验发展	754	42	1	1
社会人文科学研究与试验发展	755	79	1	2
专业技术服务业	76	2899	35	34
气象服务	761	172		
地震服务	762	68	1	1
海洋服务	763	3		
测绘服务	764	139	1	1
技术检测	765	569	5	4
环境监测	766	112	1	2
工程技术与规划管理	767	1442	22	9
其他专业技术服务	769	394	5	17
科技交流和推广服务业	77	3696	13	10
技术推广服务	771	3350	10	6
科技中介服务	772	167	2	1
其他科技服务	779	179	1	3
地质勘查业	78	95	4	2
矿产地质勘查	781	50		1
基础地质勘查	782	15	1	1
地质勘查技术服务	783	30	3	
水利、环境和公共设施管理业	**N**	**2081**	**40**	**16**
水利管理业	79	1130	3	2
防洪管理	791	84	1	
水资源管理	792	562	2	

雁山区	阳朔县	临桂县	灵川县	全州县	兴安县	永福县
2	10	42	32	7	30	14
	3	11	7	3	3	
1	5	10		1		3
	4	1		1		1
11	**38**	**43**	**20**	**21**	**37**	**30**
		3	1			
		3	1			
11	38	40	19	21	37	30
2	14	23	13	1	12	14
1	1	2	1	6	3	1
3		1		1	4	4
	3	5		1	4	3
1	3	1		1	1	2
	1	2	3	1	5	3
3	12	2	1	1	2	
1	4	4	1	9	6	3
18	**67**	**79**	**43**	**81**	**95**	**58**
6		2		1	1	1
1						
1						
3		2		1	1	1
1						
2	40	32	14	52	45	13
	2	2		3	1	3
	1				1	1
	1	2			1	
1	2	5	1	19	5	2
	1	2	1		4	
1	31	19	10	23	25	6
	2	2	2	7	8	1
10	27	43	28	26	49	43
7	25	41	26	23	44	43
3		1		2	4	
	2	1	2	1	1	
		2	1	2		1
		2		1		1
			1	1		
4	**41**	**24**	**22**	**10**	**23**	**39**
2	6	11	16	4	9	30
	1	1	1			
2	3	4	8		7	27

1-08 续表42

行业分组	代码	法人单位数（个）	象山区	七星区
其他水利管理	799	484		2
环境管理业	80	380	7	4
自然保护	801	83	2	
环境治理	802	297	5	4
公共设施管理业	81	571	30	10
市政公共设施管理	811	132	9	4
城市绿化管理	812	191	14	4
游览景区管理	813	248	7	2
居民服务和其他服务业	**O**	**1607**	**73**	**61**
居民服务业	82	677	36	26
家庭服务	821	44	3	4
托儿所	822	19		
洗染服务	823	20	3	1
理发及美容保健服务	824	164	6	4
洗浴服务	825	44	5	5
婚姻服务	826	37	2	1
殡葬服务	827	61		1
摄影扩印服务	828	84	8	2
其他居民服务	829	204	9	8
其他服务业	83	930	37	35
修理与维护	831	554	28	27
清洁服务	832	187	4	2
其他未列明的服务	839	189	5	6
教育	**P**	**16435**	**98**	**104**
教育	84	16435	98	104
学前教育	841	2412	22	37
初等教育	842	9726	22	22
中等教育	843	2844	19	20
高等教育	844	131	4	8
其他教育	849	1322	31	17
卫生、社会保障和社会福利业	**Q**	**6207**	**42**	**25**
卫生	85	4332	30	19
医院	851	462	13	5
卫生院及社区医疗活动	852	1490	5	5
门诊部医疗活动	853	1049	11	5
计划生育技术服务活动	854	829		2
妇幼保健活动	855	113		
专科疾病防治活动	856	70		
疾病预防控制及防疫活动	857	154		
其他卫生活动	859	165	1	2
社会保障业	86	1227	5	
社会保障业	860	1227	5	
社会福利业	87	648	7	6
提供住宿的社会福利	871	440	5	5
不提供住宿的社会福利	872	208	2	1
文化、体育和娱乐业	**R**	**2600**	**40**	**21**

雁山区	阳朔县	临桂县	灵川县	全州县	兴安县	永福县
	2	6	7	4	2	3
1	12	4	4	2	4	4
		3				3
1	12	1	4	2	4	1
1	23	9	2	4	10	5
	1	2	1	1	2	1
1	1	1		1	1	1
	21	6	1	2	7	3
1	**1**	**6**	**5**	**7**	**7**	**8**
1			3	2	3	4
						2
			1			
					1	
			2	1	1	
1				1	1	2
	1	6	2	5	4	4
		1	2	3	1	1
		3		2	2	
	1	2			1	3
26	**146**	**113**	**103**	**87**	**54**	**44**
26	146	113	103	87	54	44
	10	30	26	5	9	12
14	100	39	46	22	17	12
8	18	33	19	48	20	14
2			1		1	
2	18	11	11	12	7	6
5	**43**	**31**	**65**	**66**	**51**	**28**
4	25	25	36	46	28	15
1	2	4	6	8	2	5
3	8	13	16	15	12	6
		5	1	1		
	11	1	9		12	3
	2		1	19	1	
	1	1	1	1	1	1
	1	1	2	2		
1	17	3	15	17	10	9
1	17	3	15	17	10	9
	1	3	14	3	13	4
	1	1	13	3	12	4
		2	1		1	
10	**24**	**24**	**23**	**6**	**24**	**13**

1–08 续表43

行业分组	代　码	法人单位数（个）	象山区	七星区
新闻出版业	88	158	2	3
新闻业	881	25		
出版业	882	133	2	3
广播、电视、电影和音像业	89	871	6	1
广播	891	488	1	1
电视	892	210	2	
电影	893	145	2	
音像制作	894	28	1	
文化艺术业	90	960	19	11
文艺创作与表演	901	174	2	3
艺术表演场馆	902	23		1
图书馆与档案馆	903	195	2	
文物及文化保护	904	74		1
博物馆	905	47	1	2
烈士陵园、纪念馆	906	22	1	
群众文化活动	907	295	3	1
文化艺术经纪代理	908	37	5	
其他文化艺术	909	93	5	3
体育	91	189		1
体育组织	911	105		1
体育场馆	912	39		
其他体育	919	45		
娱乐业	92	422	13	5
室内娱乐活动	921	275	8	1
游乐园	922	13		1
休闲健身娱乐活动	923	83	3	3
其他娱乐活动	929	51	2	
公共管理和社会组织	**S**	**43197**	**261**	**121**
中国共产党机关	93	2275	6	
中国共产党机关	930	2275	6	
国家机构	94	16342	145	65
国家权力机构	941	268	1	1
国家行政机构	942	15610	140	56
人民法院和人民检察院	943	280	3	4
其他国家机构	949	184	1	4
人民政协和民主党派	95	247	1	
人民政协	951	153	1	
民主党派	952	94		
群众团体、社会团体和宗教组织	96	8302	73	19
群众团体	961	949	24	5
社会团体	962	7143	45	13
宗教组织	963	210	4	1
基层群众自治组织	97	16031	36	37
社区自治组织	971	1621	29	28
村民自治组织	972	14410	7	9

雁山区	阳朔县	临桂县	灵川县	全州县	兴安县	永福县
1	1	1		1	1	
				1		
1	1	1			1	
1	8	1	10	1	13	2
1	7		4		10	1
			5		2	
	1	1	1	1	1	1
3	12	20	8	4	5	7
	2	1	1	1	1	1
	1		1			
	3	3	1	1	1	1
	1	1	1	1		
			1		2	
					1	
	1	12	3			4
3	4	3		1		1
	1	1	2		1	2
	1		2			1
		1			1	1
5	2	1	3		4	2
	2		2		1	1
					1	
4		1			2	1
1			1			
150	**341**	**373**	**370**	**612**	**424**	**371**
11	20	19	15	28	5	20
11	20	19	15	28	5	20
89	111	150	180	250	158	126
2	1		1	14	3	6
85	108	143	177	232	153	116
2	2	2	2	2	2	2
		5		2		2
1	1		1	2		2
1	1		1	2		2
9	95	37	34	48	136	124
7	6	5	8	5	10	11
2	87	32	23	41	126	106
	2		3	2		7
40	114	167	140	284	125	99
2	14	6	10	11	8	6
38	100	161	130	273	117	93

1-08 续表44

行业分组	代 码	法人单位数（个）	灌阳县	龙胜各族自治县
总 计		**154748**	**637**	**793**
农、林、牧、渔业	**A**	**210**	**33**	
农业	01	66	19	
谷物及其他作物的种植	011	18	3	
蔬菜、园艺作物的种植	012	12	1	
水果、坚果、饮料和香料作物的种植	013	33	12	
中药材的种植	014	3	3	
林业	02	56	1	
林木的培育和种植	021	53	1	
木材和竹材的采运	022	3		
林产品的采集	023			
畜牧业	03	51	7	
牲畜的饲养	031	7		
猪的饲养	032	21	7	
家禽的饲养	033	19		
狩猎和捕捉动物	034			
其他畜牧业	039	4		
渔业	04	17	1	
海洋渔业	041	7		
内陆渔业	042	10	1	
农、林、牧、渔服务业	05	20	5	
农业服务业	051	16	2	
林业服务业	052			
畜牧服务业	053	3	3	
渔业服务业	054	1		
采矿业	**B**	**2258**	**4**	**27**
煤炭开采和洗选业	06	49		
烟煤和无烟煤的开采洗选	061	28		
褐煤的开采洗选	062	17		
其他煤炭采选	069	4		
石油和天然气开采业	07	2		
天然原油和天然气开采	071	1		
与石油和天然气开采有关的服务活动	079	1		
黑色金属矿采选业	08	517		
铁矿采选	081	145		
其他黑色金属矿采选	089	372		
有色金属矿采选业	09	552	2	7
常用有色金属矿采选	091	479		3
贵金属矿采选	092	55		4
稀有稀土金属矿采选	093	18	2	
非金属矿采选业	10	1114	2	20
土砂石开采	101	849	1	3
化学矿采选	102	38		
采盐	103	4		
石棉及其他非金属矿采选	109	223	1	17
其他采矿业	11	24		

资源县	平乐县	荔浦县	恭城县	梧州市	万秀区	蝶山区
501	**920**	**1057**	**1310**	**8588**	**819**	**1151**
	5		**1**	**1**		
	1					
	1					
	2		1	1		
	2		1	1		
	2					
	1					
	1					
28	**72**	**4**	**12**	**189**	**7**	**2**
	45		3	7	1	
			1	5		
	45		2	2	1	
2		2	8	76		
		2	8	74		
				1		
2				1		
26	27	2	1	106	6	2
4	27	2	1	101	5	2
				1		
22				4	1	

1–08 续表45

行业分组	代码	法人单位数（个）	灌阳县	龙胜各族自治县
其他采矿业	110	24		
制造业	**C**	**19683**	**60**	**75**
农副食品加工业	13	1486	7	4
谷物磨制	131	227	1	
饲料加工	132	250		
植物油加工	133	126	1	
制糖	134	107		
屠宰及肉类加工	135	297	1	1
水产品加工	136	101		
蔬菜、水果和坚果加工	137	109	1	2
其他农副食品加工	139	269	3	1
食品制造业	14	876	2	
焙烤食品制造	141	263		
糖果、巧克力及蜜饯制造	142	84		
方便食品制造	143	149	1	
液体乳及乳制品制造	144	17		
罐头制造	145	86		
调味品、发酵制品制造	146	111		
其他食品制造	149	166	1	
饮料制造业	15	796	4	3
酒精制造	151	43		
酒的制造	152	183	1	
软饮料制造	153	293	3	1
精制茶加工	154	277		2
烟草制品业	16	5		
烟叶复烤	161	1		
卷烟制造	162	4		
其他烟草制品加工	169			
纺织业	17	661		
棉、化纤纺织及印染精加工	171	93		
毛纺织和染整精加工	172	88		
麻纺织	173	11		
丝绢纺织及精加工	174	102		
纺织制成品制造	175	83		
针织品、编织品及其制品制造	176	284		
纺织服装、鞋、帽制造业	18	338		
纺织服装制造	181	324		
纺织面料鞋的制造	182	11		
制帽	183	3		
皮革、毛皮、羽毛（绒）及其制品业	19	281		
皮革鞣制加工	191	41		
皮革制品制造	192	193		
毛皮鞣制及制品加工	193	5		
羽毛（绒）加工及制品制造	194	42		
木材加工及木、竹、藤、棕、草制品业	20	1880	7	18
锯材、木片加工	201	765	2	10
人造板制造	202	508	5	5

资源县	平乐县	荔浦县	恭城县	梧州市	万秀区	蝶山区
54	**110**	**341**	**63**	**1100**	**180**	**227**
1	13	22	4	45	5	6
				6		1
				4		
			1	7	1	
				1		
1	1	14		9	3	2
	11		2	7		1
	1	8	1	11	1	2
1	4	32	7	47	16	12
	1	9	3	12	1	6
				6	3	1
	2	4		4	1	1
1		5		10	4	2
		4	1	5		1
	1	10	3	10	7	1
4	3	31	2	36	8	14
	1	3		12	3	5
3	1	28	2	13	1	4
1	1			11	4	5
	3	4		33	6	5
		1		4	1	
				3	2	
	1	1		3		1
	1	1		6	3	3
	1	1		17		1
	1			12	2	3
	1			11	2	2
				1		1
	1		1	14	1	2
	1			3		
			1	11	1	2
17	9	94	5	106	13	5
4	2	7	2	42	5	
3	4	5	1	25	2	3

1-08 续表46

行业分组	代 码	法人单位数（个）	灌阳县	龙胜各族自治县
木制品制造	203	288		2
竹、藤、棕、草制品制造	204	319		1
家具制造业	21	337		
木质家具制造	211	270		
竹、藤家具制造	212	18		
金属家具制造	213	13		
塑料家具制造	214	5		
其他家具制造	219	31		
造纸及纸制品业	22	783		2
纸浆制造	221	43		
造纸	222	380		1
纸制品制造	223	360		1
印刷业和记录媒介的复制	23	779	1	1
印刷	231	701	1	1
装订及其他印刷服务活动	232	75		
记录媒介的复制	233	3		
文教体育用品制造业	24	92		1
文化用品制造	241	24		1
体育用品制造	242	14		
乐器制造	243	1		
玩具制造	244	50		
游艺器材及娱乐用品制造	245	3		
石油加工、炼焦及核燃料加工业	25	42		
精炼石油产品的制造	251	38		
炼焦	252	4		
核燃料加工	253			
化学原料及化学制品制造业	26	1494	4	2
基础化学原料制造	261	196		
肥料制造	262	298		
农药制造	263	77		
涂料、油墨、颜料及类似产品制造	264	142		
合成材料制造	265	21		
专用化学产品制造	266	613	4	1
日用化学产品制造	267	147		1
医药制造业	27	353		
化学药品原药制造	271	32		
化学药品制剂制造	272	39		
中药饮片加工	273	53		
中成药制造	274	118		
兽用药品制造	275	58		
生物、生化制品的制造	276	34		
卫生材料及医药用品制造	277	19		
化学纤维制造业	28	9		
纤维素纤维原料及纤维制造	281	1		
合成纤维制造	282	8		
橡胶制品业	29	139		
轮胎制造	291	26		

资源县	平乐县	荔浦县	恭城县	梧州市	万秀区	蝶山区
2	2	79	1	24	5	2
8	1	3	1	15	1	
	2	15	1	13	3	3
	1	15	1	11	3	2
				1		1
	1			1		
1	6	14	4	30	9	2
1	2	1	1	10	3	
	4	13	3	20	6	2
2	4	16	1	41	6	19
	4	16		34	5	13
2			1	7	1	6
				9	1	1
				6	1	
				2		1
				1		
				3	2	1
				3	2	1
7	16	14	4	113	6	19
	1		1	18	1	6
		1	1	7	1	1
	4	1				
	5	3		14		3
1				1		
6	4	9	1	59	3	4
	2		1	14	1	5
2	1	5		15	4	4
				4	2	1
2		1		4	1	1
	1	2		6	1	2
		1		1		
		1				
				1		
				1		
		1		5	1	2

1-08 续表47

行业分组	代码	法人单位数（个）	灌阳县	龙胜各族自治县
橡胶板、管、带的制造	292	30		
橡胶零件制造	293	17		
再生橡胶制造	294	9		
日用及医用橡胶制品制造	295	12		
橡胶靴鞋制造	296	6		
其他橡胶制品制造	299	39		
塑料制品业	30	736	1	
塑料薄膜制造	301	96		
塑料板、管、型材的制造	302	109		
塑料丝、绳及编织品的制造	303	145		
泡沫塑料制造	304	35		
塑料人造革、合成革制造	305	4		
塑料包装箱及容器制造	306	85		
塑料零件制造	307	22		
日用塑料制造	308	108		
其他塑料制品制造	309	132	1	
非金属矿物制品业	31	3197	20	34
水泥、石灰和石膏的制造	311	482	3	1
水泥及石膏制品制造	312	312	1	2
砖瓦、石材及其他建筑材料制造	313	1946	16	5
玻璃及玻璃制品制造	314	81		
陶瓷制品制造	315	156		
耐火材料制品制造	316	35		
石墨及其他非金属矿物制品制造	319	185		26
黑色金属冶炼及压延加工业	32	425	8	5
炼铁	321	67		
炼钢	322	12		
钢压延加工	323	118		
铁合金冶炼	324	228	8	5
有色金属冶炼及压延加工业	33	326	3	1
常用有色金属冶炼	331	216	2	1
贵金属冶炼	332	11		
稀有稀土金属冶炼	333	16		
有色金属合金制造	334	13		
有色金属压延加工	335	70	1	
金属制品业	34	703		
结构性金属制品制造	341	254		
金属工具制造	342	105		
集装箱及金属包装容器制造	343	35		
金属丝绳及其制品的制造	344	21		
建筑、安全用金属制品制造	345	62		
金属表面处理及热处理加工	346	38		
搪瓷制品制造	347	4		
不锈钢及类似日用金属制品制造	348	100		
其他金属制品制造	349	84		
通用设备制造业	35	914	1	
锅炉及原动机制造	351	58		

资源县	平乐县	荔浦县	恭城县	梧州市	万秀区	蝶山区
				1		
				1		
				1		1
		1		2	1	1
	4	18	4	46	13	9
			4	6	3	1
		1		4	1	
				4	2	1
		6		1		1
				1		
	2			4	2	
				2		1
	2	6		12	2	3
		5		12	3	2
6	30	32	11	144	14	11
1	5	2	2	11	1	
	1	2	1	9		1
4	22	28	7	112	11	8
				6	2	2
				2		
				1		
1	2		1	3		
12	2	1	3	23	1	1
				4		
	2		1	15		1
12		1	2	4	1	
	1		5	27	2	5
			4	10		1
			1			
				1		
	1			16	2	4
	1	15	2	52	11	19
	1		1	21	2	11
		1	1	8	3	2
		2		3		2
		1		3		1
				5	1	1
				1		
		10		4	3	
		1		7	2	2
1	5			69	21	21
				12	4	2

1-08 续表48

行业分组	代码	法人单位数（个）	灌阳县	龙胜各族自治县
金属加工机械制造	352	104		
起重运输设备制造	353	29		
泵、阀门、压缩机及类似机械的制造	354	62	1	
轴承、齿轮、传动和驱动部件的制造	355	40		
烘炉、熔炉及电炉制造	356	5		
风机、衡器、包装设备等通用设备制造	357	83		
通用零部件制造及机械修理	358	246		
金属铸、锻加工	359	287		
专用设备制造业	36	676	2	2
矿山、冶金、建筑专用设备制造	361	140	2	
化工、木材、非金属加工专用设备制造	362	120		1
食品、饮料、烟草及饲料生产专用设备制造	363	61		
印刷、制药、日化生产专用设备制造	364	41		
纺织、服装和皮革工业专用设备制造	365	7		
电子和电工机械专用设备制造	366	21		
农、林、牧、渔专用机械制造	367	181		1
医疗仪器设备及器械制造	368	47		
环保、社会公共安全及其他专用设备制造	369	58		
交通运输设备制造业	37	1013		
铁路运输设备制造	371	21		
汽车制造	372	855		
摩托车制造	373	4		
自行车制造	374	21		
船舶及浮动装置制造	375	99		
航空航天器制造	376	5		
交通器材及其他交通运输设备制造	379	8		
电气机械及器材制造业	39	454		1
电机制造	391	58		
输配电及控制设备制造	392	169		
电线、电缆、光缆及电工器材制造	393	80		
电池制造	394	22		
家用电力器具制造	395	42		
非电力家用器具制造	396	23		
照明器具制造	397	32		
其他电气机械及器材制造	399	28		1
通信设备、计算机及其他电子设备制造业	40	225		
通信设备制造	401	43		
雷达及配套设备制造	402	2		
广播电视设备制造	403	10		
电子计算机制造	404	18		
电子器件制造	405	20		
电子元件制造	406	93		
家用视听设备制造	407	14		
其他电子设备制造	409	25		
仪器仪表及文化、办公用机械制造业	41	94		
通用仪器仪表制造	411	37		
专用仪器仪表制造	412	16		

资源县	平乐县	荔浦县	恭城县	梧州市	万秀区	蝶山区
				6	3	3
				6	2	4
	1			2		1
				4	1	3
	1			10	2	6
1	3			29	9	2
	1	5	5	32	4	8
				7	2	3
	1	2		10		3
				2		1
				1		
				3	1	1
		3	5	5	1	
				4		
	1	4	1	38	12	8
	1	4	1	14		6
				24	12	2
				43	3	12
				4	1	3
				9		2
				8	1	1
				4	1	2
				11		
				4		2
				3		2
	1	1	1	20	3	4
				1	1	
	1		1	15	1	2
		1				
				4	1	2
				15	3	8
				1		1
				1	1	

1-08 续表49

行业分组	代 码	法人单位数（个）	灌阳县	龙胜各族自治县
钟表与计时仪器制造	413	10		
光学仪器及眼镜制造	414	17		
文化、办公用机械制造	415	6		
其他仪器仪表的制造及修理	419	8		
工艺品及其他制造业	42	495		1
工艺美术品制造	421	397		1
日用杂品制造	422	49		
煤制品制造	423	17		
核辐射加工	424	1		
其他未列明的制造业	429	31		
废弃资源和废旧材料回收加工业	43	74		
金属废料和碎屑的加工处理	431	42		
非金属废料和碎屑的加工处理	432	32		
电力、燃气及水的生产和供应业	**D**	**2271**	**104**	**66**
电力、热力的生产和供应业	44	1694	103	65
电力生产	441	1561	102	64
电力供应	442	127	1	1
热力生产和供应	443	6		
燃气生产和供应业	45	38		
燃气生产和供应业	450	38		
水的生产和供应业	46	539	1	1
自来水的生产和供应	461	518	1	1
污水处理及其再生利用	462	16		
其他水的处理、利用与分配	469	5		
建筑业	**E**	**2329**	**3**	**10**
房屋和土木工程建筑业	47	1087	3	8
房屋工程建筑	471	746	3	4
土木工程建筑	472	341		4
建筑安装业	48	315		
建筑安装业	480	315		
建筑装饰业	49	680		2
建筑装饰业	490	680		2
其他建筑业	50	247		
工程准备	501	81		
提供施工设备服务	502	64		
其他未列明的建筑活动	509	102		
交通运输、仓储和邮政业	**F**	**3178**	**3**	**7**
铁路运输业	51	17		
铁路旅客运输	511	2		
铁路货物运输	512	6		
铁路运输辅助活动	513	9		
道路运输业	52	1629	2	5
公路旅客运输	521	231	2	
道路货物运输	522	910		1
道路运输辅助活动	523	488		4
城市公共交通业	53	197	1	1

资源县	平乐县	荔浦县	恭城县	梧州市	万秀区	蝶山区
				1		
				11	1	7
				1	1	
	1	16	2	55	10	22
	1	15	2	40	7	19
				12	3	2
		1		2		1
				1		
		1		13		1
				12		1
		1		1		
104	**23**	**14**	**25**	**152**	**3**	**9**
103	19	11	24	110		6
102	18	10	23	97		1
1	1	1	1	12		5
				1		
	1			4	2	1
	1			4	2	1
1	3	3	1	38	1	2
1	3	3	1	38	1	2
4	**8**	**13**	**8**	**146**	**9**	**56**
3	8	4	5	73	3	30
3	6	4	5	49	3	12
	2			24		18
1				23	1	8
1				23	1	8
		8	3	43	5	18
		8	3	43	5	18
		1		7		
				3		
		1		1		
				3		
3	**14**	**7**	**4**	**157**	**51**	**16**
2	8	5	3	70	21	8
2	5	1	2	13	4	
		3		25	8	7
	3	1	1	32	9	1
1		2	1	8	3	1

1-08 续表50

行业分组	代 码	法人单位数（个）	灌阳县	龙胜各族自治县
公共电汽车客运	531	70		
轨道交通	532			
出租车客运	533	108	1	
城市轮渡	534			
其他城市公共交通	539	19		1
水上运输业	54	351		
水上旅客运输	541	46		
水上货物运输	542	220		
水上运输辅助活动	543	85		
航空运输业	55	37		
航空客货运输	551	13		
通用航空服务	552	6		
航空运输辅助活动	553	18		
管道运输业	56			
管道运输业	560			
装卸搬运和其他运输服务业	57	466		
装卸搬运	571	156		
运输代理服务	572	310		
仓储业	58	419		1
谷物、棉花等农产品仓储	581	242		1
其他仓储	589	177		
邮政业	59	62		
国家邮政	591	23		
其他寄递服务	599	39		
信息传输、计算机服务和软件业	**G**	**5040**	**31**	**13**
电信和其他信息传输服务业	60	919	10	6
电信	601	179		
互联网信息服务	602	469		6
广播电视传输服务	603	263	10	
卫星传输服务	604	8		
计算机服务业	61	3785	21	7
计算机系统服务	611	224		
数据处理	612	27		
计算机维修	613	39		
其他计算机服务	619	3495	21	7
软件业	62	336		
公共软件服务	621	247		
其他软件服务	629	89		
批发和零售业	**H**	**21560**	**18**	**63**
批发业	63	12548	15	26
农畜产品批发	631	694	2	1
食品、饮料及烟草制品批发	632	1073	2	1
纺织、服装及日用品批发	633	669		
文化、体育用品及器材批发	634	350	1	
医药及医疗器材批发	635	479	2	1
矿产品、建材及化工产品批发	636	4719	6	19

资源县	平乐县	荔浦县	恭城县	梧州市	万秀区	蝶山区
				3		1
1		2	1	5	3	
	4			36	8	3
	2			4		
	2			19	3	1
				13	5	2
				1		
				1		
	1			33	16	3
	1			10	1	3
				23	15	
	1			4	2	
	1			1		
				3	2	
				5	1	1
				1		
				4	1	1
19	**25**	**21**	**16**	**219**	**17**	**34**
16	25	14		39	5	1
				7	2	
10	24	8		6	2	1
6	1	6		25	1	
				1		
3		7	16	174	12	29
				8	1	3
				6		2
3		7	16	160	11	24
				6		4
				4		2
				2		2
25	**40**	**67**	**30**	**966**	**170**	**200**
12	23	13	17	584	127	133
3	1	1	2	44	2	4
1	5	1	2	60	23	11
1		1	3	31	9	5
1	1	1		48	5	31
1	1	2	2	21	3	7
5	12	4	8	187	31	32

1–08 续表51

行业分组	代 码	法人单位数（个）	灌阳县	龙胜各族自治县
机械设备、五金交电及电子产品批发	637	2859	1	4
贸易经纪与代理	638	750		
其他批发	639	955	1	
零售业	65	9012	3	37
综合零售	651	1171		14
食品、饮料及烟草制品专门零售	652	919		10
纺织、服装及日用品专门零售	653	670		
文化、体育用品及器材专门零售	654	505		1
医药及医疗器材专门零售	655	623		5
汽车、摩托车、燃料及零配件专门零售	656	1496	2	3
家用电器及电子产品专门零售	657	1683		2
五金、家具及室内装修材料专门零售	658	1042		
无店铺及其他零售	659	903	1	2
住宿和餐饮业	**I**	**2152**	**2**	**11**
住宿业	66	1310	2	9
旅游饭店	661	521	2	4
一般旅馆	662	715		5
其他住宿服务	669	74		
餐饮业	67	842		2
正餐服务	671	674		2
快餐服务	672	59		
饮料及冷饮服务	673	22		
其他餐饮服务	679	87		
金融业	**J**	**636**	**1**	**2**
银行业	68	279	1	1
中央银行	681	21		
商业银行	682	238	1	1
其他银行	689	20		
证券业	69	12		
证券市场管理	691	1		
证券经纪与交易	692	8		
证券投资	693	1		
证券分析与咨询	694	2		
保险业	70	178		1
人寿保险	701	50		
非人寿保险	702	104		1
保险辅助服务	703	24		
其他金融活动	71	167		
金融信托与管理	711	16		
金融租赁	712	2		
财务公司	713	9		
邮政储蓄	714	9		
典当	715	52		
其他未列明的金融活动	719	79		
房地产业	**K**	**5628**	**5**	**4**
房地产业	72	5628	5	4

资源县	平乐县	荔浦县	恭城县	梧州市	万秀区	蝶山区
		2		103	35	30
	2			35	6	1
	1	1		55	13	12
13	17	54	13	382	43	67
11	5	4	8	66	2	1
1		7	1	39	6	4
	1	6		16	9	3
		2	1	20	7	4
	1	1		34		6
1	7	13	1	87	3	10
	2	9		51	6	20
		4		41	4	15
	1	8	2	28	6	4
2	**4**	**16**	**6**	**124**	**37**	**21**
2	4	13	4	62	18	7
1	2	9	2	15	6	1
1	2	4	2	40	7	4
				7	5	2
		3	2	62	19	14
		3	2	51	11	12
				1		1
				1		1
				9	8	
1	**1**	**1**	**1**	**32**	**3**	**8**
1	1	1	1	12	1	5
				1		1
1	1	1	1	11	1	4
				13	2	2
				5	1	1
				8	1	1
				7		1
				1		
				1		
				1		
				4		1
5	**20**	**14**	**6**	**292**	**33**	**80**
5	20	14	6	292	33	80

1-08 续表52

行业分组	代码	法人单位数（个）	灌阳县	龙胜各族自治县
房地产开发经营	721	3134	5	2
物业管理	722	1020		
房地产中介服务	723	729		1
其他房地产活动	729	745		1
租赁和商务服务业	**L**	**10535**	**15**	**16**
租赁业	73	263		
机械设备租赁	731	250		
文化及日用品出租	732	13		
商务服务业	74	10272	15	16
企业管理服务	741	4932	10	5
法律服务	742	503		1
咨询与调查	743	1089		1
广告业	744	1371		
知识产权服务	745	36		
职业中介服务	746	405	1	3
市场管理	747	461	1	1
旅行社	748	504	3	3
其他商务服务	749	971		2
科学研究、技术服务和地质勘查业	**M**	**7141**	**24**	**69**
研究与试验发展	75	451		2
自然科学研究与试验发展	751	62		1
工程和技术研究与试验发展	752	86		
农业科学研究与试验发展	753	182		
医学研究与试验发展	754	42		
社会人文科学研究与试验发展	755	79		1
专业技术服务业	76	2899	6	26
气象服务	761	172	1	2
地震服务	762	68		1
海洋服务	763	3		
测绘服务	764	139		2
技术检测	765	569	1	4
环境监测	766	112		1
工程技术与规划管理	767	1442	4	15
其他专业技术服务	769	394		1
科技交流和推广服务业	77	3696	18	41
技术推广服务	771	3350	18	34
科技中介服务	772	167		7
其他科技服务	779	179		
地质勘查业	78	95		
矿产地质勘查	781	50		
基础地质勘查	782	15		
地质勘查技术服务	783	30		
水利、环境和公共设施管理业	**N**	**2081**	**2**	**19**
水利管理业	79	1130	1	3
防洪管理	791	84		2
水资源管理	792	562	1	1

资源县	平乐县	荔浦县	恭城县	梧州市	万秀区	蝶山区
4	17	13	5	169	19	41
1	1	1	1	70	12	19
	2			22	2	5
				31		15
13	**26**	**29**		**327**	**64**	**78**
				10	2	3
				8		3
				2	2	
13	26	29		317	62	75
1	15	12		92	11	10
1	2	2		34	6	4
	2	2		30	8	12
1	1	3		47	4	22
				2	1	1
	1	2		27	1	10
2	4			12	1	
7	1	6		20	12	4
1		2		53	18	12
19	**26**	**15**	**4**	**335**	**15**	**72**
	1	4		30	1	13
				4		2
				8	1	3
	1	4		11		2
				4		4
				3		2
4	9	2	3	143	10	42
1	2	1	1	6		3
				3		
	1			11		1
	3		1	40	1	6
			1	9		4
2	2	1		66	5	27
1	1			8	4	1
15	16	9	1	161	4	17
14	14	8		137	1	12
	1			12	1	5
1	1	1	1	12	2	
				1		
				1		
2	**10**	**7**	**5**	**93**	**5**	**16**
	7	1	3	54		6
				9		4
	7	1	3	26		1

1-08 续表53

行业分组	代　码	法人单位数（个）	灌阳县	龙胜各族自治县
其他水利管理	799	484		
环境管理业	80	380	1	3
自然保护	801	83		
环境治理	802	297	1	3
公共设施管理业	81	571		13
市政公共设施管理	811	132		1
城市绿化管理	812	191		
游览景区管理	813	248		12
居民服务和其他服务业	**O**	**1607**		**4**
居民服务业	82	677		1
家庭服务	821	44		
托儿所	822	19		1
洗染服务	823	20		
理发及美容保健服务	824	164		
洗浴服务	825	44		
婚姻服务	826	37		
殡葬服务	827	61		
摄影扩印服务	828	84		
其他居民服务	829	204		
其他服务业	83	930		3
修理与维护	831	554		1
清洁服务	832	187		1
其他未列明的服务	839	189		1
教育	**P**	**16435**	**28**	**33**
教育	84	16435	28	33
学前教育	841	2412	1	4
初等教育	842	9726	12	10
中等教育	843	2844	12	11
高等教育	844	131		
其他教育	849	1322	3	8
卫生、社会保障和社会福利业	**Q**	**6207**	**21**	**31**
卫生	85	4332	16	23
医院	851	462	3	2
卫生院及社区医疗活动	852	1490	10	10
门诊部医疗活动	853	1049		
计划生育技术服务活动	854	829		7
妇幼保健活动	855	113	1	2
专科疾病防治活动	856	70		
疾病预防控制及防疫活动	857	154	2	2
其他卫生活动	859	165		
社会保障业	86	1227	5	5
社会保障业	860	1227	5	5
社会福利业	87	648		3
提供住宿的社会福利	871	440		
不提供住宿的社会福利	872	208		3
文化、体育和娱乐业	**R**	**2600**	**6**	**13**

资源县	平乐县	荔浦县	恭城县	梧州市	万秀区	蝶山区
				19		1
1	1	2	2	15	3	3
		1		4		
1	1	1	2	11	3	3
1	2	4		24	2	7
	1			4		1
	1	1		7		2
1		3		13	2	4
2	**6**	**3**	**2**	**80**	**25**	**22**
1	3			44	14	13
				3	1	2
				1		
1				11	2	3
	1			4		
				2		
	2			6		4
				4	1	2
				13	10	2
1	3	3	2	36	11	9
1	2	1	1	22	8	6
	1	2		9	1	3
			1	5	2	
26	**121**	**140**	**32**	**1272**	**51**	**75**
26	121	140	32	1272	51	75
4	5	2	1	130	7	16
8	91	117	15	907	27	30
11	22	17	11	179	13	18
			2	5		4
3	3	4	3	51	4	7
15	**35**	**50**	**45**	**223**	**15**	**19**
15	23	29	15	146	14	11
1	6	2	2	32	5	8
7	10	13	10	63	2	1
	1	2		9	3	
3		10		24	1	1
1	1	1	1	3		
				2		
1	3	1	1	6		
2	2		1	7	3	1
	5	13	10	44		
	5	13	10	44		
	7	8	20	33	1	8
	5	6	20	23	1	7
	2	2		10		1
6	**11**	**16**	**2**	**124**	**27**	**26**

1-08 续表54

行业分组	代码	法人单位数（个）	灌阳县	龙胜各族自治县
新闻出版业	88	158		
新闻业	881	25		
出版业	882	133		
广播、电视、电影和音像业	89	871	1	1
广播	891	488		
电视	892	210		
电影	893	145	1	1
音像制作	894	28		
文化艺术业	90	960	5	7
文艺创作与表演	901	174	1	2
艺术表演场馆	902	23		
图书馆与档案馆	903	195	1	3
文物及文化保护	904	74	1	1
博物馆	905	47		
烈士陵园、纪念馆	906	22		
群众文化活动	907	295	1	1
文化艺术经纪代理	908	37		
其他文化艺术	909	93	1	
体育	91	189		1
体育组织	911	105		
体育场馆	912	39		
其他体育	919	45		1
娱乐业	92	422		4
室内娱乐活动	921	275		1
游乐园	922	13		
休闲健身娱乐活动	923	83		
其他娱乐活动	929	51		3
公共管理和社会组织	**S**	**43197**	**277**	**330**
中国共产党机关	93	2275	19	18
中国共产党机关	930	2275	19	18
国家机构	94	16342	99	155
国家权力机构	941	268	3	1
国家行政机构	942	15610	94	151
人民法院和人民检察院	943	280	2	3
其他国家机构	949	184		
人民政协和民主党派	95	247	3	1
人民政协	951	153	3	1
民主党派	952	94		
群众团体、社会团体和宗教组织	96	8302	15	31
群众团体	961	949	6	7
社会团体	962	7143	6	17
宗教组织	963	210	3	7
基层群众自治组织	97	16031	141	125
社区自治组织	971	1621	3	6
村民自治组织	972	14410	138	119

资源县	平乐县	荔浦县	恭城县	梧州市	万秀区	蝶山区
			1	5	1	
				1		
			1	4	1	
4	3	5	1	32	3	2
2	1	1		5		1
1	1	3		16		
1	1	1	1	10	3	1
				1		
1	7	5		48	13	6
	1	1		6	3	1
				1		
	2	2		8	1	1
	1	2		3	1	
				3	1	1
1	3			18	2	2
				3	3	
				6	2	1
1	1	1		12	3	5
		1		4	2	1
				4		4
1	1			4	1	
		5		27	7	13
		4		21	4	11
				1		1
		1		2	1	
				3	2	1
173	**363**	**299**	**1048**	**2756**	**107**	**190**
16	19	17	18	92	1	11
16	19	17	18	92	1	11
73	117	89	72	932	49	74
4	1	3	1	14		3
67	112	84	69	885	43	70
2	2	2	2	16	3	1
	2			17	3	
1	1	1		17		9
1	1	1		8		2
				9		7
9	80	48	835	721	19	43
3	7	7	3	53	3	9
6	70	40	832	661	9	34
	3	1		7	7	
74	146	144	123	994	38	53
1	11	21	6	132	22	27
73	135	123	117	862	16	26

1–08 续表55

行业分组	代码	法人单位数（个）	长洲区	苍梧县
总　计		**154748**	**975**	**1421**
农、林、牧、渔业	**A**	**210**		**1**
农业	01	66		
谷物及其他作物的种植	011	18		
蔬菜、园艺作物的种植	012	12		
水果、坚果、饮料和香料作物的种植	013	33		
中药材的种植	014	3		
林业	02	56		1
林木的培育和种植	021	53		1
木材和竹材的采运	022	3		
林产品的采集	023			
畜牧业	03	51		
牲畜的饲养	031	7		
猪的饲养	032	21		
家禽的饲养	033	19		
狩猎和捕捉动物	034			
其他畜牧业	039	4		
渔业	04	17		
海洋渔业	041	7		
内陆渔业	042	10		
农、林、牧、渔服务业	05	20		
农业服务业	051	16		
林业服务业	052			
畜牧服务业	053	3		
渔业服务业	054	1		
采矿业	**B**	**2258**	**7**	**40**
煤炭开采和洗选业	06	49		
烟煤和无烟煤的开采洗选	061	28		
褐煤的开采洗选	062	17		
其他煤炭采选	069	4		
石油和天然气开采业	07	2		
天然原油和天然气开采	071	1		
与石油和天然气开采有关的服务活动	079	1		
黑色金属矿采选业	08	517		5
铁矿采选	081	145		5
其他黑色金属矿采选	089	372		
有色金属矿采选业	09	552		20
常用有色金属矿采选	091	479		20
贵金属矿采选	092	55		
稀有稀土金属矿采选	093	18		
非金属矿采选业	10	1114	7	15
土砂石开采	101	849	7	14
化学矿采选	102	38		1
采盐	103	4		
石棉及其他非金属矿采选	109	223		
其他采矿业	11	24		

藤　县	蒙山县	岑溪市	北海市	海城区	银海区	铁山港区
1855	**724**	**1643**	**6843**	**3422**	**621**	**401**
			52	**1**	**1**	
			10		1	
			2		1	
			3			
			5			
			5			
			4			
			1			
			26			
			4			
			10			
			11			
			1			
			11	1		
			7			
			4	1		
72	**13**	**48**	**38**		**9**	**5**
1			4			
			3			
1			1			
36	12	8				
34	12	8				
1						
1						
35	1	40	32		9	4
33		40	27		8	2
			2			1
2	1		3		1	1
			2			1

1–08 续表56

行业分组	代　码	法人单位数（个）	长洲区	苍梧县
其他采矿业	110	24		
制造业	**C**	**19683**	**114**	**162**
农副食品加工业	13	1486	2	5
谷物磨制	131	227		
饲料加工	132	250	1	1
植物油加工	133	126		
制糖	134	107		
屠宰及肉类加工	135	297	1	1
水产品加工	136	101		
蔬菜、水果和坚果加工	137	109		
其他农副食品加工	139	269		3
食品制造业	14	876	5	3
焙烤食品制造	141	263	1	2
糖果、巧克力及蜜饯制造	142	84	1	
方便食品制造	143	149		1
液体乳及乳制品制造	144	17		
罐头制造	145	86	3	
调味品、发酵制品制造	146	111		
其他食品制造	149	166		
饮料制造业	15	796	6	4
酒精制造	151	43		
酒的制造	152	183	2	1
软饮料制造	153	293	3	3
精制茶加工	154	277	1	
烟草制品业	16	5		
烟叶复烤	161	1		
卷烟制造	162	4		
其他烟草制品加工	169			
纺织业	17	661	5	
棉、化纤纺织及印染精加工	171	93	2	
毛纺织和染整精加工	172	88		
麻纺织	173	11		
丝绢纺织及精加工	174	102		
纺织制成品制造	175	83		
针织品、编织品及其制品制造	176	284	3	
纺织服装、鞋、帽制造业	18	338	1	2
纺织服装制造	181	324	1	2
纺织面料鞋的制造	182	11		
制帽	183	3		
皮革、毛皮、羽毛（绒）及其制品业	19	281	3	4
皮革鞣制加工	191	41		1
皮革制品制造	192	193	3	3
毛皮鞣制及制品加工	193	5		
羽毛（绒）加工及制品制造	194	42		
木材加工及木、竹、藤、棕、草制品业	20	1880	7	15
锯材、木片加工	201	765	5	6
人造板制造	202	508		

藤　县	蒙山县	岑溪市	北海市	海城区	银海区	铁山港区
			2			1
160	**66**	**191**	**885**	**318**	**125**	**58**
11	12	4	148	52	28	7
1	3	1	3			
1		1	17	3		1
3	2	1	6			
	1		4		1	1
	2		31	5	4	
			76	41	22	4
4	2		1			
2	2	1	10	3	1	1
5	4	2	60	27	9	6
1	1		15	4	2	5
1			5	2		
	1		11	7	1	1
			2	1	1	
		1	5	1	1	
2	1	1	8	5		
1	1		14	7	4	
2	2		26	3	4	2
			4			2
	1		6	1		
1	1		16	2	4	
1						
			1	1		
			1	1		
4	6	7	25	11	4	1
		1	7	3	1	
1			1			1
			1			
	2		2			
			8	4	2	
3	4	6	6	4	1	
3		1	8	7		
3		1	8	7		
2		2	13	1		2
		2	2			
2			7	1		2
			1			
			3			
25	16	25	30	2	5	3
10	10	6	19		1	2
11	4	5	6	1	2	

1-08 续表57

行业分组	代 码	法人单位数（个）	长洲区	苍梧县
木制品制造	203	288	2	6
竹、藤、棕、草制品制造	204	319		3
家具制造业	21	337	1	
木质家具制造	211	270	1	
竹、藤家具制造	212	18		
金属家具制造	213	13		
塑料家具制造	214	5		
其他家具制造	219	31		
造纸及纸制品业	22	783	3	4
纸浆制造	221	43		
造纸	222	380		1
纸制品制造	223	360	3	3
印刷业和记录媒介的复制	23	779	4	5
印刷	231	701	4	5
装订及其他印刷服务活动	232	75		
记录媒介的复制	233	3		
文教体育用品制造业	24	92	4	1
文化用品制造	241	24	3	1
体育用品制造	242	14		
乐器制造	243	1		
玩具制造	244	50		
游艺器材及娱乐用品制造	245	3	1	
石油加工、炼焦及核燃料加工业	25	42		
精炼石油产品的制造	251	38		
炼焦	252	4		
核燃料加工	253			
化学原料及化学制品制造业	26	1494	12	14
基础化学原料制造	261	196		2
肥料制造	262	298		1
农药制造	263	77		
涂料、油墨、颜料及类似产品制造	264	142		4
合成材料制造	265	21		
专用化学产品制造	266	613	8	6
日用化学产品制造	267	147	4	1
医药制造业	27	353	1	2
化学药品原药制造	271	32		
化学药品制剂制造	272	39		
中药饮片加工	273	53		1
中成药制造	274	118	1	1
兽用药品制造	275	58		
生物、生化制品的制造	276	34		
卫生材料及医药用品制造	277	19		
化学纤维制造业	28	9	1	
纤维素纤维原料及纤维制造	281	1		
合成纤维制造	282	8	1	
橡胶制品业	29	139	1	1
轮胎制造	291	26		

藤　县	蒙山县	岑溪市	北海市	海城区	银海区	铁山港区
2	1	6	4	1	2	1
2	1	8	1			
1		5	13	4	3	
1		4	12	4	3	
		1	1			
1	2	9	27	9		
			1			
1	2	3	15	6		
		6	11	3		
4	2	1	39	17	2	2
4	2	1	37	16	1	2
			2	1	1	
1		1	6	2	2	1
		1	2		1	
			2	1	1	
1			2	1		1
			7	6		
			7	6		
28	2	32	113	23	14	17
8		1	6	2		1
		4	20	8	5	
			9	3	3	
5		2	5	3	1	
1			2	2		
12	2	24	60	2	5	10
2		1	11	3		6
1	2	1	33	19	6	1
1			5	2	1	
		1	5	4		
	1		7	5	1	
	1		6	3		
			10	5	4	1
			4			
			1			

1-08 续表58

行业分组	代码	法人单位数（个）	长洲区	苍梧县
橡胶板、管、带的制造	292	30	1	
橡胶零件制造	293	17		1
再生橡胶制造	294	9		
日用及医用橡胶制品制造	295	12		
橡胶靴鞋制造	296	6		
其他橡胶制品制造	299	39		
塑料制品业	30	736	6	12
塑料薄膜制造	301	96		2
塑料板、管、型材的制造	302	109		1
塑料丝、绳及编织品的制造	303	145		
泡沫塑料制造	304	35		
塑料人造革、合成革制造	305	4		
塑料包装箱及容器制造	306	85		1
塑料零件制造	307	22		
日用塑料制造	308	108	4	3
其他塑料制品制造	309	132	2	5
非金属矿物制品业	31	3197	9	19
水泥、石灰和石膏的制造	311	482		5
水泥及石膏制品制造	312	312	2	3
砖瓦、石材及其他建筑材料制造	313	1946	6	8
玻璃及玻璃制品制造	314	81		1
陶瓷制品制造	315	156		1
耐火材料制品制造	316	35		1
石墨及其他非金属矿物制品制造	319	185	1	
黑色金属冶炼及压延加工业	32	425	5	5
炼铁	321	67		
炼钢	322	12		2
钢压延加工	323	118	5	3
铁合金冶炼	324	228		
有色金属冶炼及压延加工业	33	326	2	4
常用有色金属冶炼	331	216	1	3
贵金属冶炼	332	11		
稀有稀土金属冶炼	333	16		
有色金属合金制造	334	13	1	
有色金属压延加工	335	70		1
金属制品业	34	703	4	7
结构性金属制品制造	341	254	2	2
金属工具制造	342	105		
集装箱及金属包装容器制造	343	35	1	
金属丝绳及其制品的制造	344	21		2
建筑、安全用金属制品制造	345	62		1
金属表面处理及热处理加工	346	38		1
搪瓷制品制造	347	4		
不锈钢及类似日用金属制品制造	348	100		1
其他金属制品制造	349	84	1	
通用设备制造业	35	914	6	20
锅炉及原动机制造	351	58	3	2

藤　县	蒙山县	岑溪市	北海市	海城区	银海区	铁山港区
			3			
		6	27	5	5	
			3	2	1	
		2				
		1	5			
			3			
		1				
		1	7	1	1	
		1				
			2			
			7	2	3	
34	10	47	124	16	29	14
2	1	2	11	1		
1		2	13	5	2	
29	9	41	69	2	24	6
		1	5	4	1	
1			23	2	1	8
1		1	3	2	1	
5	1	5	2	2		
2						
3		3	1	1		
	1	2	1	1		
10		4	6	3	1	
1		4	2	2		
			1		1	
9			3	1		
4		7	18	6	3	
		4	3	1	1	
1		2	3	1	1	
			2	1		
1		1	2	1		
			1	1		
			3			
2			4	1	1	
1			17	10	3	
1			2			

1-08 续表59

行业分组	代码	法人单位数（个）	长洲区	苍梧县
金属加工机械制造	352	104		
起重运输设备制造	353	29		
泵、阀门、压缩机及类似机械的制造	354	62		1
轴承、齿轮、传动和驱动部件的制造	355	40		
烘炉、熔炉及电炉制造	356	5		
风机、衡器、包装设备等通用设备制造	357	83		
通用零部件制造及机械修理	358	246	2	
金属铸、锻加工	359	287	1	17
专用设备制造业	36	676	5	8
矿山、冶金、建筑专用设备制造	361	140	1	
化工、木材、非金属加工专用设备制造	362	120	1	3
食品、饮料、烟草及饲料生产专用设备制造	363	61	1	
印刷、制药、日化生产专用设备制造	364	41		
纺织、服装和皮革工业专用设备制造	365	7		
电子和电工机械专用设备制造	366	21		
农、林、牧、渔专用机械制造	367	181		3
医疗仪器设备及器械制造	368	47		
环保、社会公共安全及其他专用设备制造	369	58	2	2
交通运输设备制造业	37	1013	9	1
铁路运输设备制造	371	21		
汽车制造	372	855	5	1
摩托车制造	373	4		
自行车制造	374	21		
船舶及浮动装置制造	375	99	4	
航空航天器制造	376	5		
交通器材及其他交通运输设备制造	379	8		
电气机械及器材制造业	39	454	3	6
电机制造	391	58		
输配电及控制设备制造	392	169		3
电线、电缆、光缆及电工器材制造	393	80	2	2
电池制造	394	22		
家用电力器具制造	395	42	1	1
非电力家用器具制造	396	23		
照明器具制造	397	32		
其他电气机械及器材制造	399	28		
通信设备、计算机及其他电子设备制造业	40	225	3	4
通信设备制造	401	43		
雷达及配套设备制造	402	2		
广播电视设备制造	403	10		
电子计算机制造	404	18		
电子器件制造	405	20		
电子元件制造	406	93	2	4
家用视听设备制造	407	14		
其他电子设备制造	409	25	1	
仪器仪表及文化、办公用机械制造业	41	94	3	1
通用仪器仪表制造	411	37		
专用仪器仪表制造	412	16		

藤　县	蒙山县	岑溪市	北海市	海城区	银海区	铁山港区
			1	1		
			1	1		
			7	5	2	
			2	2		
			4	1	1	
	2	5	22	10	1	
	1		5	3		
		3	3	2		
			4			
		1	2	1	1	
		1	2	1		
	1		4	1		
			2	2		
7	1		47	29	1	2
1	1		19	11		
6			27	17	1	2
			1	1		
4		15	25	23	1	
1		3	17	16		
		2	4	3	1	
		1				
1		8	1	1		
			1	1		
2			1	1		
		1	1	1		
3		3	21	19	1	
			6	5		
			4	4		
			1	1		
3		3	1		1	
			8	8		
			1	1		
			2	2		

1-08 续表60

行业分组	代 码	法人单位数（个）	长洲区	苍梧县
钟表与计时仪器制造	413	10		1
光学仪器及眼镜制造	414	17	3	
文化、办公用机械制造	415	6		
其他仪器仪表的制造及修理	419	8		
工艺品及其他制造业	42	495	3	6
工艺美术品制造	421	397	3	5
日用杂品制造	422	49		
煤制品制造	423	17		1
核辐射加工	424	1		
其他未列明的制造业	429	31		
废弃资源和废旧材料回收加工业	43	74		9
金属废料和碎屑的加工处理	431	42		8
非金属废料和碎屑的加工处理	432	32		1
电力、燃气及水的生产和供应业	**D**	**2271**	**4**	**41**
电力、热力的生产和供应业	44	1694	2	32
电力生产	441	1561		30
电力供应	442	127	2	1
热力生产和供应	443	6		1
燃气生产和供应业	45	38		
燃气生产和供应业	450	38		
水的生产和供应业	46	539	2	9
自来水的生产和供应	461	518	2	9
污水处理及其再生利用	462	16		
其他水的处理、利用与分配	469	5		
建筑业	**E**	**2329**	**51**	**9**
房屋和土木工程建筑业	47	1087	18	5
房屋工程建筑	471	746	14	4
土木工程建筑	472	341	4	1
建筑安装业	48	315	12	2
建筑安装业	480	315	12	2
建筑装饰业	49	680	15	2
建筑装饰业	490	680	15	2
其他建筑业	50	247	6	
工程准备	501	81	2	
提供施工设备服务	502	64	1	
其他未列明的建筑活动	509	102	3	
交通运输、仓储和邮政业	**F**	**3178**	**31**	**21**
铁路运输业	51	17		
铁路旅客运输	511	2		
铁路货物运输	512	6		
铁路运输辅助活动	513	9		
道路运输业	52	1629	11	10
公路旅客运输	521	231	1	3
道路货物运输	522	910	4	1
道路运输辅助活动	523	488	6	6
城市公共交通业	53	197	1	

藤　县	蒙山县	岑溪市	北海市	海城区	银海区	铁山港区
			2	2		
2	4	8	16	8	2	
1	4	1	14	7	2	
		7				
1			2	1		
2		1	5	1	1	
2		1	2	1		
			3		1	
26	**17**	**52**	**27**	**10**	**2**	**3**
19	15	36	6	4		1
18	13	35	3	2		1
1	2	1	3	2		
		1	3	3		
		1	3	3		
7	2	15	18	3	2	2
7	2	15	17	2	2	2
			1	1		
12	**3**	**6**	**144**	**123**	**7**	**1**
9	2	6	41	25	6	1
8	2	6	35	21	6	1
1			6	4		
			25	24		
			25	24		
2	1		61	60	1	
2	1		61	60	1	
1			17	14		
1			3			
			1	1		
			13	13		
23	**9**	**6**	**202**	**148**	**10**	**11**
8	9	3	78	48	5	5
3	2		18	8	1	2
1	3	1	42	36	2	
4	4	2	18	4	2	3
1		2	18	13	1	

1–08 续表61

行业分组	代码	法人单位数（个）	长洲区	苍梧县
公共电汽车客运	531	70		
轨道交通	532			
出租车客运	533	108	1	
城市轮渡	534			
其他城市公共交通	539	19		
水上运输业	54	351	6	6
水上旅客运输	541	46	2	1
水上货物运输	542	220	2	3
水上运输辅助活动	543	85	2	2
航空运输业	55	37	1	
航空客货运输	551	13		
通用航空服务	552	6		
航空运输辅助活动	553	18	1	
管道运输业	56			
管道运输业	560			
装卸搬运和其他运输服务业	57	466	8	4
装卸搬运	571	156		4
运输代理服务	572	310	8	
仓储业	58	419	1	1
谷物、棉花等农产品仓储	581	242		1
其他仓储	589	177	1	
邮政业	59	62	3	
国家邮政	591	23	1	
其他寄递服务	599	39	2	
信息传输、计算机服务和软件业	**G**	**5040**	**29**	**41**
电信和其他信息传输服务业	60	919	9	3
电信	601	179	4	
互联网信息服务	602	469	2	1
广播电视传输服务	603	263	2	2
卫星传输服务	604	8	1	
计算机服务业	61	3785	19	38
计算机系统服务	611	224	2	2
数据处理	612	27		
计算机维修	613	39	3	1
其他计算机服务	619	3495	14	35
软件业	62	336	1	
公共软件服务	621	247	1	
其他软件服务	629	89		
批发和零售业	**H**	**21560**	**186**	**156**
批发业	63	12548	120	100
农畜产品批发	631	694	3	11
食品、饮料及烟草制品批发	632	1073	13	3
纺织、服装及日用品批发	633	669	14	1
文化、体育用品及器材批发	634	350	7	2
医药及医疗器材批发	635	479	8	
矿产品、建材及化工产品批发	636	4719	37	41

藤　县	蒙山县	岑溪市	北海市	海城区	银海区	铁山港区
1		1	5	4		
		1	11	8	1	
			2	1		
12		1	35	26	2	1
1			5	4	1	
9		1	18	16		1
2			12	6	1	
			1	1		
			1	1		
2			53	47	1	4
2			9	5		4
			44	42	1	
			15	11	1	1
			7	4	1	
			8	7		1
			2	2		
			2	2		
31	**18**	**49**	**239**	**103**	**19**	**16**
1	9	11	23	21		1
	1		6	6		
			14	13		1
1	8	11	3	2		
29	9	38	209	75	19	15
			9	6	3	
			1	1		
29	9	38	199	68	16	15
1			7	7		
1			3	3		
			4	4		
136	**34**	**84**	**1103**	**754**	**70**	**28**
57	20	27	489	310	25	5
17	2	5	19	13	2	
7	1	2	66	38	3	1
1	1		19	15		
	1	2	19	17		
	1	2	15	15		
21	13	12	203	93	13	3

1-08 续表62

行业分组	代码	法人单位数（个）	长洲区	苍梧县
机械设备、五金交电及电子产品批发	637	2859	26	7
贸易经纪与代理	638	750	2	23
其他批发	639	955	10	12
零售业	65	9012	66	56
综合零售	651	1171	1	14
食品、饮料及烟草制品专门零售	652	919	13	3
纺织、服装及日用品专门零售	653	670		
文化、体育用品及器材专门零售	654	505	4	2
医药及医疗器材专门零售	655	623	6	7
汽车、摩托车、燃料及零配件专门零售	656	1496	15	15
家用电器及电子产品专门零售	657	1683	11	4
五金、家具及室内装修材料专门零售	658	1042	10	4
无店铺及其他零售	659	903	6	7
住宿和餐饮业	**I**	**2152**	**36**	**9**
住宿业	66	1310	18	6
旅游饭店	661	521	4	
一般旅馆	662	715	14	6
其他住宿服务	669	74		
餐饮业	67	842	18	3
正餐服务	671	674	17	3
快餐服务	672	59		
饮料及冷饮服务	673	22		
其他餐饮服务	679	87	1	
金融业	**J**	**636**	**17**	**1**
银行业	68	279	2	1
中央银行	681	21		
商业银行	682	238	2	1
其他银行	689	20		
证券业	69	12		
证券市场管理	691	1		
证券经纪与交易	692	8		
证券投资	693	1		
证券分析与咨询	694	2		
保险业	70	178	9	
人寿保险	701	50	3	
非人寿保险	702	104	6	
保险辅助服务	703	24		
其他金融活动	71	167	6	
金融信托与管理	711	16	1	
金融租赁	712	2		
财务公司	713	9		
邮政储蓄	714	9	1	
典当	715	52	1	
其他未列明的金融活动	719	79	3	
房地产业	**K**	**5628**	**65**	**33**
房地产业	72	5628	65	33

藤　县	蒙山县	岑溪市	北海市	海城区	银海区	铁山港区
3	1	1	43	36		
2		1	48	37	2	
6		2	57	46	5	1
79	14	57	614	444	45	23
21	2	25	74	53	4	4
11	1	1	69	42	7	4
2	2		33	27		
2		1	41	35	4	
9	3	3	59	30	11	4
18	2	24	71	40	12	7
8	2		88	68		1
6	2		84	69	2	
2		3	95	80	5	3
6	**2**	**13**	**179**	**109**	**42**	**2**
3	1	9	136	86	38	1
	1	3	68	38	28	
3		6	59	40	10	1
			9	8		
3	1	4	43	23	4	1
3	1	4	27	13	4	1
			1	1		
			4	4		
			11	5		
1	**1**	**1**	**52**	**33**	**3**	**2**
1	1	1	34	15	3	2
			2	2		
1	1	1	31	12	3	2
			1	1		
			11	11		
			11	11		
			7	7		
			1	1		
			5	5		
			1	1		
29	**26**	**26**	**633**	**536**	**46**	
29	26	26	633	536	46	

1-08 续表63

行业分组	代码	法人单位数（个）	长洲区	苍梧县
房地产开发经营	721	3134	32	24
物业管理	722	1020	24	6
房地产中介服务	723	729	8	3
其他房地产活动	729	745	1	
租赁和商务服务业	**L**	**10535**	**44**	**63**
租赁业	73	263	2	2
机械设备租赁	731	250	2	2
文化及日用品出租	732	13		
商务服务业	74	10272	42	61
企业管理服务	741	4932	7	34
法律服务	742	503	4	3
咨询与调查	743	1089	8	2
广告业	744	1371	10	6
知识产权服务	745	36		
职业中介服务	746	405	8	4
市场管理	747	461	3	2
旅行社	748	504	1	
其他商务服务	749	971	1	10
科学研究、技术服务和地质勘查业	**M**	**7141**	**41**	**78**
研究与试验发展	75	451	11	3
自然科学研究与试验发展	751	62	1	
工程和技术研究与试验发展	752	86	3	
农业科学研究与试验发展	753	182	7	2
医学研究与试验发展	754	42		
社会人文科学研究与试验发展	755	79		1
专业技术服务业	76	2899	18	34
气象服务	761	172		1
地震服务	762	68	2	
海洋服务	763	3		
测绘服务	764	139	5	2
技术检测	765	569	3	20
环境监测	766	112	1	1
工程技术与规划管理	767	1442	6	10
其他专业技术服务	769	394	1	
科技交流和推广服务业	77	3696	12	41
技术推广服务	771	3350	10	39
科技中介服务	772	167	2	2
其他科技服务	779	179		
地质勘查业	78	95		
矿产地质勘查	781	50		
基础地质勘查	782	15		
地质勘查技术服务	783	30		
水利、环境和公共设施管理业	**N**	**2081**	**11**	**11**
水利管理业	79	1130	3	9
防洪管理	791	84		2
水资源管理	792	562	3	3

藤　县	蒙山县	岑溪市	北海市	海城区	银海区	铁山港区
23	10	20	392	309	40	
5	1	3	95	89	4	
1	1	2	143	135	2	
	14	1	3	3		
17	**20**	**41**	**377**	**290**	**25**	**15**
	1		8	7	1	
	1		7	6	1	
			1	1		
17	19	41	369	283	24	15
4	2	24	69	40	7	4
6	5	6	22	17		1
			37	34		1
2	2	1	70	60	2	
	4		17	9	2	3
2	2	2	14	5	1	1
	1	2	53	47	5	
3	3	6	87	71	7	5
37	**37**	**55**	**287**	**140**	**21**	**23**
1		1	36	28	4	1
		1	14	14		
1			8	6	1	
			10	5	3	
			3	2		1
			1	1		
18	9	12	105	73	3	5
1		1	5	4		
1			4	3		
			1			1
2	1		14	8	1	2
5	4	1	19	10	1	1
3			7	4		
6	3	9	48	37	1	1
	1	1	7	7		
18	27	42	145	38	14	17
17	18	40	140	34	14	17
	2		5	4		
1	7	2				
	1		1	1		
	1					
			1	1		
18	**11**	**21**	**73**	**32**	**7**	**4**
11	9	16	29	4	1	2
3			1			1
4	9	6	28	4	1	1

1-08 续表64

行业分组	代码	法人单位数（个）	长洲区	苍梧县
其他水利管理	799	484		4
环境管理业	80	380	4	1
自然保护	801	83	3	
环境治理	802	297	1	1
公共设施管理业	81	571	4	1
市政公共设施管理	811	132	2	
城市绿化管理	812	191	2	
游览景区管理	813	248		1
居民服务和其他服务业	**O**	**1607**	**16**	**1**
居民服务业	82	677	9	1
家庭服务	821	44		
托儿所	822	19		
洗染服务	823	20		
理发及美容保健服务	824	164	4	1
洗浴服务	825	44	4	
婚姻服务	826	37		
殡葬服务	827	61		
摄影扩印服务	828	84	1	
其他居民服务	829	204		
其他服务业	83	930	7	
修理与维护	831	554	4	
清洁服务	832	187	3	
其他未列明的服务	839	189		
教育	**P**	**16435**	**63**	**241**
教育	84	16435	63	241
学前教育	841	2412	12	7
初等教育	842	9726	29	189
中等教育	843	2844	12	40
高等教育	844	131		
其他教育	849	1322	10	5
卫生、社会保障和社会福利业	**Q**	**6207**	**20**	**46**
卫生	85	4332	12	22
医院	851	462	2	4
卫生院及社区医疗活动	852	1490	4	14
门诊部医疗活动	853	1049	1	
计划生育技术服务活动	854	829	3	1
妇幼保健活动	855	113		1
专科疾病防治活动	856	70		1
疾病预防控制及防疫活动	857	154	1	1
其他卫生活动	859	165	1	
社会保障业	86	1227	5	17
社会保障业	860	1227	5	17
社会福利业	87	648	3	7
提供住宿的社会福利	871	440	2	4
不提供住宿的社会福利	872	208	1	3
文化、体育和娱乐业	**R**	**2600**	**17**	**29**

藤　县	蒙山县	岑溪市	北海市	海城区	银海区	铁山港区
4		10				
2		2	18	11	2	2
1			6	4		
1		2	12	7	2	2
5	2	3	26	17	4	
		1	8	6		
1	1	1	5	4		
4	1	1	13	7	4	
8	**6**	**2**	**80**	**61**	**1**	**1**
5	1	1	29	21	1	1
			3	3		
	1		2	2		
			1	1		
1			5	4		
			4	4		
2			2	1		
1		1	4	1	1	
			3	3		
1			5	2		1
3	5	1	51	40		
2	1	1	29	21		
1	1		16	14		
	3		6	5		
349	**102**	**391**	**790**	**212**	**57**	**81**
349	102	391	790	212	57	81
26	6	56	206	90	1	19
270	75	287	419	38	41	53
42	13	41	98	32	9	8
1			5	4	1	
10	8	7	62	48	5	1
41	**31**	**51**	**225**	**72**	**16**	**9**
31	16	40	126	67	8	6
6	4	3	19	12		1
19	7	16	46	23	4	1
3		2	20	20		
	3	15	26	3	4	3
1	1		4	1		1
		1	1			
1	1	2	7	5		
1		1	3	3		
6	8	8	23	1	6	3
6	8	8	23	1	6	3
4	7	3	76	4	2	
2	4	3	36	3	2	
2	3		40	1		
7	**13**	**5**	**105**	**57**	**15**	**5**

1-08 续表65

行业分组	代 码	法人单位数（个）	长洲区	苍梧县
新闻出版业	88	158	4	
新闻业	881	25	1	
出版业	882	133	3	
广播、电视、电影和音像业	89	871	5	17
广播	891	488	3	1
电视	892	210	1	13
电影	893	145		3
音像制作	894	28	1	
文化艺术业	90	960	3	9
文艺创作与表演	901	174		
艺术表演场馆	902	23	1	
图书馆与档案馆	903	195		2
文物及文化保护	904	74		1
博物馆	905	47		
烈士陵园、纪念馆	906	22		
群众文化活动	907	295	1	5
文化艺术经纪代理	908	37		
其他文化艺术	909	93	1	1
体育	91	189		2
体育组织	911	105		1
体育场馆	912	39		
其他体育	919	45		1
娱乐业	92	422	5	1
室内娱乐活动	921	275	5	
游乐园	922	13		
休闲健身娱乐活动	923	83		1
其他娱乐活动	929	51		
公共管理和社会组织	**S**	**43197**	**223**	**438**
中国共产党机关	93	2275	21	8
中国共产党机关	930	2275	21	8
国家机构	94	16342	127	141
国家权力机构	941	268	3	2
国家行政机构	942	15610	120	136
人民法院和人民检察院	943	280	4	2
其他国家机构	949	184		1
人民政协和民主党派	95	247	2	2
人民政协	951	153	2	1
民主党派	952	94		1
群众团体、社会团体和宗教组织	96	8302	36	76
群众团体	961	949	13	9
社会团体	962	7143	23	67
宗教组织	963	210		
基层群众自治组织	97	16031	37	211
社区自治组织	971	1621	9	18
村民自治组织	972	14410	28	193

藤　县	蒙山县	岑溪市	北海市	海城区	银海区	铁山港区
			4	4		
			1	1		
			3	3		
2	2	1	40	13	6	4
			27	3	5	3
1	1		6	4	1	1
1	1	1	7	6		
4	9	4	39	27	2	1
	1	1	12	10		1
			1			
1	2	1	8	5	1	
	1		1	1		
1			1			
2	4	2	13	9	1	
			1	1		
	1		2	1		
1	1		5	2	2	
			3	1	1	
			2	1	1	
1	1					
	1		17	11	5	
	1		6	5	1	
			1		1	
			3	2	1	
			7	4	2	
882	**315**	**601**	**1352**	**423**	**145**	**137**
11	18	22	69	16	7	20
11	18	22	69	16	7	20
257	175	109	513	213	72	67
1	4	1	17	11	3	2
241	169	106	484	197	67	62
2	2	2	10	4	2	2
13			2	1		1
1	1	2	19	9	1	1
1	1	1	5	2	1	1
		1	14	7		
324	37	186	325	123	18	7
9	5	5	67	14	4	3
315	32	181	246	104	14	4
			12	5		
289	84	282	426	62	47	42
24	6	26	81	41	7	4
265	78	256	345	21	40	38

1-08 续表66

行业分组	代 码	法人单位数（个）	合浦县	防城港市
总 计		**154748**	**2399**	**3976**
农、林、牧、渔业	**A**	**210**	**50**	**6**
农业	01	66	9	1
谷物及其他作物的种植	011	18	1	1
蔬菜、园艺作物的种植	012	12	3	
水果、坚果、饮料和香料作物的种植	013	33	5	
中药材的种植	014	3		
林业	02	56	5	5
林木的培育和种植	021	53	4	5
木材和竹材的采运	022	3	1	
林产品的采集	023			
畜牧业	03	51	26	
牲畜的饲养	031	7	4	
猪的饲养	032	21	10	
家禽的饲养	033	19	11	
狩猎和捕捉动物	034			
其他畜牧业	039	4	1	
渔业	04	17	10	
海洋渔业	041	7	7	
内陆渔业	042	10	3	
农、林、牧、渔服务业	05	20		
农业服务业	051	16		
林业服务业	052			
畜牧服务业	053	3		
渔业服务业	054	1		
采矿业	**B**	**2258**	**24**	**43**
煤炭开采和洗选业	06	49		1
烟煤和无烟煤的开采洗选	061	28		
褐煤的开采洗选	062	17		1
其他煤炭采选	069	4		
石油和天然气开采业	07	2		
天然原油和天然气开采	071	1		
与石油和天然气开采有关的服务活动	079	1		
黑色金属矿采选业	08	517	4	9
铁矿采选	081	145	3	3
其他黑色金属矿采选	089	372	1	6
有色金属矿采选业	09	552		12
常用有色金属矿采选	091	479		12
贵金属矿采选	092	55		
稀有稀土金属矿采选	093	18		
非金属矿采选业	10	1114	19	20
土砂石开采	101	849	17	14
化学矿采选	102	38		
采盐	103	4	1	1
石棉及其他非金属矿采选	109	223	1	5
其他采矿业	11	24	1	1

港口区	防城区	上思县	东兴市	钦州市	钦南区	钦北区
1403	**1088**	**631**	**854**	**6422**	**2416**	**808**
	1	**5**		**1**		**1**
	1					
	1					
		5		1		1
		5		1		1
12	**28**	**2**	**1**	**93**	**31**	**42**
		1		1		1
				1		1
		1				
4	5			51	10	33
3				7	2	
1	5			44	8	33
6	6			19	14	4
6	6			16	11	4
				3	3	
2	16	1	1	22	7	4
	12	1	1	17	6	2
1				1	1	
1	4			4		2
	1					

1–08 续表67

行业分组	代 码	法人单位数（个）	合浦县	防城港市
其他采矿业	110	24	1	1
制造业	**C**	**19683**	**384**	**318**
农副食品加工业	13	1486	61	39
谷物磨制	131	227	3	
饲料加工	132	250	13	8
植物油加工	133	126	6	6
制糖	134	107	2	4
屠宰及肉类加工	135	297	22	5
水产品加工	136	101	9	10
蔬菜、水果和坚果加工	137	109	1	1
其他农副食品加工	139	269	5	5
食品制造业	14	876	18	16
焙烤食品制造	141	263	4	7
糖果、巧克力及蜜饯制造	142	84	3	
方便食品制造	143	149	2	1
液体乳及乳制品制造	144	17		1
罐头制造	145	86	3	
调味品、发酵制品制造	146	111	3	1
其他食品制造	149	166	3	6
饮料制造业	15	796	17	24
酒精制造	151	43	2	2
酒的制造	152	183	5	7
软饮料制造	153	293	10	12
精制茶加工	154	277		3
烟草制品业	16	5		
烟叶复烤	161	1		
卷烟制造	162	4		
其他烟草制品加工	169			
纺织业	17	661	9	
棉、化纤纺织及印染精加工	171	93	3	
毛纺织和染整精加工	172	88		
麻纺织	173	11	1	
丝绢纺织及精加工	174	102	2	
纺织制成品制造	175	83	2	
针织品、编织品及其制品制造	176	284	1	
纺织服装、鞋、帽制造业	18	338	1	3
纺织服装制造	181	324	1	3
纺织面料鞋的制造	182	11		
制帽	183	3		
皮革、毛皮、羽毛（绒）及其制品业	19	281	10	2
皮革鞣制加工	191	41	2	1
皮革制品制造	192	193	4	1
毛皮鞣制及制品加工	193	5	1	
羽毛（绒）加工及制品制造	194	42	3	
木材加工及木、竹、藤、棕、草制品业	20	1880	20	44
锯材、木片加工	201	765	16	24
人造板制造	202	508	3	9

港口区	防城区	上思县	东兴市	钦州市	钦南区	钦北区
	1					
73	**119**	**66**	**60**	**866**	**320**	**137**
20	8	4	7	56	35	4
				4		1
6	1	1		7	6	
3	1		2	8	6	1
	2	2		9	3	2
2	1		2	6	2	
6	1	1	2	6	6	
	1			9	7	
3	1		1	7	5	
1	9		6	33	17	1
	4		3	5	2	1
				5	3	
			1	4	3	
			1	1		
				7	1	
	1			4	2	
1	4		1	7	6	
3	13	3	5	33	11	1
1		1		5	1	1
1	2	1	3	5	3	
1	9	1	1	15	7	
	2		1	8		
				21	2	1
				4	1	
				1		
				3		
				5		1
				8	1	
	1		2	10	3	1
	1		2	10	3	1
			2	24	10	5
			1	6	3	
			1	13	7	1
				5		4
2	12	23	7	70	8	6
1	6	13	4	20	6	3
	2	7		12	1	2

1–08 续表68

行业分组	代 码	法人单位数（个）	合浦县	防城港市
木制品制造	203	288		6
竹、藤、棕、草制品制造	204	319	1	5
家具制造业	21	337	6	3
木质家具制造	211	270	5	3
竹、藤家具制造	212	18		
金属家具制造	213	13		
塑料家具制造	214	5		
其他家具制造	219	31	1	
造纸及纸制品业	22	783	18	4
纸浆制造	221	43	1	1
造纸	222	380	9	2
纸制品制造	223	360	8	1
印刷业和记录媒介的复制	23	779	18	10
印刷	231	701	18	6
装订及其他印刷服务活动	232	75		4
记录媒介的复制	233	3		
文教体育用品制造业	24	92	1	
文化用品制造	241	24	1	
体育用品制造	242	14		
乐器制造	243	1		
玩具制造	244	50		
游艺器材及娱乐用品制造	245	3		
石油加工、炼焦及核燃料加工业	25	42	1	
精炼石油产品的制造	251	38	1	
炼焦	252	4		
核燃料加工	253			
化学原料及化学制品制造业	26	1494	59	52
基础化学原料制造	261	196	3	10
肥料制造	262	298	7	8
农药制造	263	77	3	1
涂料、油墨、颜料及类似产品制造	264	142	1	1
合成材料制造	265	21		
专用化学产品制造	266	613	43	18
日用化学产品制造	267	147	2	14
医药制造业	27	353	7	4
化学药品原药制造	271	32	2	
化学药品制剂制造	272	39		
中药饮片加工	273	53	1	
中成药制造	274	118	1	4
兽用药品制造	275	58	3	
生物、生化制品的制造	276	34		
卫生材料及医药用品制造	277	19		
化学纤维制造业	28	9		
纤维素纤维原料及纤维制造	281	1		
合成纤维制造	282	8		
橡胶制品业	29	139	4	4
轮胎制造	291	26	1	1

港口区	防城区	上思县	东兴市	钦州市	钦南区	钦北区
1	1	3	1	7	1	1
	3		2	31		
			3	12	1	3
			3	6	1	2
				5		
				1		1
	3		1	34	10	3
	1			2	2	
	1		1	8	1	
	1			24	7	3
3	3	2	2	28	15	1
2	3	1		24	14	1
1		1	2	4	1	
				4	2	1
				4	2	1
				4	4	
				2	2	
				2	2	
12	23	12	5	113	24	18
8	1	1		13	7	6
1	2	4	1	15	7	1
		1		2	1	
		1		12	3	2
2	9	4	3	67	4	9
1	11	1	1	4	2	
	2	2		17	7	3
				1		
				3	1	
	2	2		12	6	3
				1		
1	2		1	3	2	1
1				1	1	

1-08 续表69

行业分组	代 码	法人单位数（个）	合浦县	防城港市
橡胶板、管、带的制造	292	30	3	
橡胶零件制造	293	17		
再生橡胶制造	294	9		1
日用及医用橡胶制品制造	295	12		
橡胶靴鞋制造	296	6		
其他橡胶制品制造	299	39		2
塑料制品业	30	736	17	11
塑料薄膜制造	301	96		1
塑料板、管、型材的制造	302	109		1
塑料丝、绳及编织品的制造	303	145	5	
泡沫塑料制造	304	35	3	1
塑料人造革、合成革制造	305	4		
塑料包装箱及容器制造	306	85	5	7
塑料零件制造	307	22		
日用塑料制造	308	108	2	
其他塑料制品制造	309	132	2	1
非金属矿物制品业	31	3197	65	51
水泥、石灰和石膏的制造	311	482	10	7
水泥及石膏制品制造	312	312	6	9
砖瓦、石材及其他建筑材料制造	313	1946	37	33
玻璃及玻璃制品制造	314	81		1
陶瓷制品制造	315	156	12	1
耐火材料制品制造	316	35		
石墨及其他非金属矿物制品制造	319	185		
黑色金属冶炼及压延加工业	32	425		13
炼铁	321	67		2
炼钢	322	12		1
钢压延加工	323	118		3
铁合金冶炼	324	228		7
有色金属冶炼及压延加工业	33	326	2	1
常用有色金属冶炼	331	216		
贵金属冶炼	332	11		1
稀有稀土金属冶炼	333	16		
有色金属合金制造	334	13		
有色金属压延加工	335	70	2	
金属制品业	34	703	9	4
结构性金属制品制造	341	254	1	1
金属工具制造	342	105	1	3
集装箱及金属包装容器制造	343	35	1	
金属丝绳及其制品的制造	344	21		
建筑、安全用金属制品制造	345	62	1	
金属表面处理及热处理加工	346	38		
搪瓷制品制造	347	4		
不锈钢及类似日用金属制品制造	348	100	3	
其他金属制品制造	349	84	2	
通用设备制造业	35	914	4	3
锅炉及原动机制造	351	58	2	

港口区	防城区	上思县	东兴市	钦州市	钦南区	钦北区
	1					
	1		1	2	1	1
6	3		2	43	11	4
	1			3	1	1
1				17	2	
				6	3	1
	1			3	2	
5	1		1	3	1	
				2	1	1
			1	9	1	1
13	20	16	2	156	53	50
	1	6		21	4	7
8	1			20	12	3
4	18	10	1	91	24	39
1				2	1	
			1	18	11	
				3		1
				1	1	
2	9	2		40	20	15
	1	1		25	14	11
1						
1	2			5	2	2
	6	1		10	4	2
1				5	3	1
				4	3	1
1						
				1		
1	1		2	23	14	6
1				5	4	
	1		2	5	2	3
				4	2	2
				4	3	1
				1	1	
				4	2	
	3			10	6	1

1-08 续表70

行业分组	代 码	法人单位数（个）		
			合浦县	防城港市
金属加工机械制造	352	104		1
起重运输设备制造	353	29		
泵、阀门、压缩机及类似机械的制造	354	62		1
轴承、齿轮、传动和驱动部件的制造	355	40		
烘炉、熔炉及电炉制造	356	5		
风机、衡器、包装设备等通用设备制造	357	83		1
通用零部件制造及机械修理	358	246		
金属铸、锻加工	359	287	2	
专用设备制造业	36	676	11	1
矿山、冶金、建筑专用设备制造	361	140	2	
化工、木材、非金属加工专用设备制造	362	120	1	
食品、饮料、烟草及饲料生产专用设备制造	363	61	4	
印刷、制药、日化生产专用设备制造	364	41		
纺织、服装和皮革工业专用设备制造	365	7		
电子和电工机械专用设备制造	366	21	1	
农、林、牧、渔专用机械制造	367	181	3	
医疗仪器设备及器械制造	368	47		1
环保、社会公共安全及其他专用设备制造	369	58		
交通运输设备制造业	37	1013	15	7
铁路运输设备制造	371	21		
汽车制造	372	855	8	4
摩托车制造	373	4		
自行车制造	374	21		
船舶及浮动装置制造	375	99	7	3
航空航天器制造	376	5		
交通器材及其他交通运输设备制造	379	8		
电气机械及器材制造业	39	454	1	1
电机制造	391	58		
输配电及控制设备制造	392	169	1	
电线、电缆、光缆及电工器材制造	393	80		
电池制造	394	22		
家用电力器具制造	395	42		1
非电力家用器具制造	396	23		
照明器具制造	397	32		
其他电气机械及器材制造	399	28		
通信设备、计算机及其他电子设备制造业	40	225	1	1
通信设备制造	401	43	1	
雷达及配套设备制造	402	2		
广播电视设备制造	403	10		
电子计算机制造	404	18		
电子器件制造	405	20		1
电子元件制造	406	93		
家用视听设备制造	407	14		
其他电子设备制造	409	25		
仪器仪表及文化、办公用机械制造业	41	94		1
通用仪器仪表制造	411	37		
专用仪器仪表制造	412	16		

港口区	防城区	上思县	东兴市	钦州市	钦南区	钦北区
	1					
	1					
				2		
	1			1	1	
				2	1	
				5	4	1
			1	19	11	5
				3	2	1
				9	4	3
				7	5	1
			1			
3	4			39	32	2
	4			34	27	2
3				5	5	
			1	7	6	
				3	3	
				3	2	
			1			
				1	1	
			1	7	3	
				1	1	
			1	1		
				5	2	
			1	2	2	
				2	2	

1-08 续表71

行业分组	代码	法人单位数（个）	合浦县	防城港市
钟表与计时仪器制造	413	10		
光学仪器及眼镜制造	414	17		1
文化、办公用机械制造	415	6		
其他仪器仪表的制造及修理	419	8		
工艺品及其他制造业	42	495	6	7
工艺美术品制造	421	397	5	6
日用杂品制造	422	49		1
煤制品制造	423	17		
核辐射加工	424	1		
其他未列明的制造业	429	31	1	
废弃资源和废旧材料回收加工业	43	74	3	12
金属废料和碎屑的加工处理	431	42	1	5
非金属废料和碎屑的加工处理	432	32	2	7
电力、燃气及水的生产和供应业	**D**	**2271**	**12**	**45**
电力、热力的生产和供应业	44	1694	1	29
电力生产	441	1561		23
电力供应	442	127	1	6
热力生产和供应	443	6		
燃气生产和供应业	45	38		3
燃气生产和供应业	450	38		3
水的生产和供应业	46	539	11	13
自来水的生产和供应	461	518	11	12
污水处理及其再生利用	462	16		1
其他水的处理、利用与分配	469	5		
建筑业	**E**	**2329**	**13**	**99**
房屋和土木工程建筑业	47	1087	9	68
房屋工程建筑	471	746	7	53
土木工程建筑	472	341	2	15
建筑安装业	48	315	1	3
建筑安装业	480	315	1	3
建筑装饰业	49	680		22
建筑装饰业	490	680		22
其他建筑业	50	247	3	6
工程准备	501	81	3	
提供施工设备服务	502	64		
其他未列明的建筑活动	509	102		6
交通运输、仓储和邮政业	**F**	**3178**	**33**	**235**
铁路运输业	51	17		1
铁路旅客运输	511	2		
铁路货物运输	512	6		1
铁路运输辅助活动	513	9		
道路运输业	52	1629	20	80
公路旅客运输	521	231	7	12
道路货物运输	522	910	4	50
道路运输辅助活动	523	488	9	18
城市公共交通业	53	197	4	8

港口区	防城区	上思县	东兴市	钦州市	钦南区	钦北区
			1			
3	1	1	2	49	6	2
3		1	2	46	3	2
	1					
				2	2	
				1	1	
2	2	1	7	4	2	2
1			4	1		1
1	2	1	3	3	2	1
8	**25**	**6**	**6**	**63**	**14**	**13**
3	19	5	2	32	6	5
2	16	4	1	26	3	4
1	3	1	1	6	3	1
2	1			2	2	
2	1			2	2	
3	5	1	4	29	6	8
2	5	1	4	28	6	8
1				1		
36	**30**	**4**	**29**	**89**	**67**	**4**
19	25	4	20	49	29	4
13	24	1	15	36	17	4
6	1	3	5	13	12	
3				7	6	
3				7	6	
8	5		9	25	24	
8	5		9	25	24	
6				8	8	
				4	4	
				1	1	
6				3	3	
170	**23**	**16**	**26**	**214**	**147**	**21**
1				1	1	
1				1	1	
46	13	9	12	95	56	19
	8	1	3	9	4	2
38	2	3	7	60	37	15
8	3	5	2	26	15	2
1	3		4	7	4	

1-08 续表72

行业分组	代 码	法人单位数（个）	合浦县	防城港市
公共电汽车客运	531	70	1	1
轨道交通	532			
出租车客运	533	108	2	4
城市轮渡	534			
其他城市公共交通	539	19	1	3
水上运输业	54	351	6	38
水上旅客运输	541	46		2
水上货物运输	542	220	1	27
水上运输辅助活动	543	85	5	9
航空运输业	55	37		
航空客货运输	551	13		
通用航空服务	552	6		
航空运输辅助活动	553	18		
管道运输业	56			
管道运输业	560			
装卸搬运和其他运输服务业	57	466	1	83
装卸搬运	571	156		24
运输代理服务	572	310	1	59
仓储业	58	419	2	24
谷物、棉花等农产品仓储	581	242	2	10
其他仓储	589	177		14
邮政业	59	62		1
国家邮政	591	23		1
其他寄递服务	599	39		
信息传输、计算机服务和软件业	**G**	**5040**	**101**	**88**
电信和其他信息传输服务业	60	919	1	14
电信	601	179		5
互联网信息服务	602	469		6
广播电视传输服务	603	263	1	3
卫星传输服务	604	8		
计算机服务业	61	3785	100	70
计算机系统服务	611	224		
数据处理	612	27		
计算机维修	613	39		
其他计算机服务	619	3495	100	70
软件业	62	336		4
公共软件服务	621	247		1
其他软件服务	629	89		3
批发和零售业	**H**	**21560**	**251**	**596**
批发业	63	12548	149	413
农畜产品批发	631	694	4	23
食品、饮料及烟草制品批发	632	1073	24	36
纺织、服装及日用品批发	633	669	4	19
文化、体育用品及器材批发	634	350	2	1
医药及医疗器材批发	635	479		5
矿产品、建材及化工产品批发	636	4719	94	198

港口区	防城区	上思县	东兴市	钦州市	钦南区	钦北区
			1	3	1	
1			3	4	3	
	3					
32	2	1	3	16	15	
	2					
25			2	12	11	
7		1	1	4	4	
75	4		4	47	45	1
21	2		1	7	7	
54	2		3	40	38	1
15		6	3	47	25	1
4		6		30	8	1
11			3	17	17	
	1			1	1	
	1			1	1	
26	**28**	**8**	**26**	**156**	**36**	**46**
5	5	1	3	31	8	
3	1		1	4	4	
2	4			2	2	
		1	2	25	2	
19	23	7	21	124	27	46
				3	1	
19	23	7	21	121	26	46
2			2	1	1	
1				1	1	
1			2			
238	**135**	**36**	**187**	**668**	**359**	**69**
187	75	17	134	291	173	27
12	6		5	20	8	4
13	9	1	13	27	19	
4	1	1	13	8	4	
	1			5	3	1
2		1	2	6	3	
101	41	8	48	145	81	18

1-08 续表73

行业分组	代码	法人单位数（个）	合浦县	防城港市
机械设备、五金交电及电子产品批发	637	2859	7	63
贸易经纪与代理	638	750	9	17
其他批发	639	955	5	51
零售业	65	9012	102	183
综合零售	651	1171	13	19
食品、饮料及烟草制品专门零售	652	919	16	22
纺织、服装及日用品专门零售	653	670	6	12
文化、体育用品及器材专门零售	654	505	2	9
医药及医疗器材专门零售	655	623	14	13
汽车、摩托车、燃料及零配件专门零售	656	1496	12	26
家用电器及电子产品专门零售	657	1683	19	37
五金、家具及室内装修材料专门零售	658	1042	13	19
无店铺及其他零售	659	903	7	26
住宿和餐饮业	**I**	**2152**	**26**	**56**
住宿业	66	1310	11	41
旅游饭店	661	521	2	13
一般旅馆	662	715	8	28
其他住宿服务	669	74	1	
餐饮业	67	842	15	15
正餐服务	671	674	9	13
快餐服务	672	59		
饮料及冷饮服务	673	22		1
其他餐饮服务	679	87	6	1
金融业	**J**	**636**	**14**	**37**
银行业	68	279	14	21
中央银行	681	21		3
商业银行	682	238	14	16
其他银行	689	20		2
证券业	69	12		1
证券市场管理	691	1		
证券经纪与交易	692	8		
证券投资	693	1		
证券分析与咨询	694	2		1
保险业	70	178		5
人寿保险	701	50		1
非人寿保险	702	104		4
保险辅助服务	703	24		
其他金融活动	71	167		10
金融信托与管理	711	16		
金融租赁	712	2		
财务公司	713	9		2
邮政储蓄	714	9		
典当	715	52		4
其他未列明的金融活动	719	79		4
房地产业	**K**	**5628**	**51**	**245**
房地产业	72	5628	51	245

港口区	防城区	上思县	东兴市	钦州市	钦南区	钦北区
26	5	1	31	42	34	2
12			5	23	14	
17	12	5	17	15	7	2
51	60	19	53	377	186	42
3	3	5	8	77	30	11
4	4	3	11	45	12	5
1	6	2	3	13	8	5
2		1	6	12	8	1
3	8		2	24	15	2
7	13	3	3	115	46	14
16	10	2	9	48	38	1
5	8		6	34	28	2
10	8	3	5	9	1	1
22	**19**	**2**	**13**	**69**	**53**	**7**
15	11	2	13	38	32	2
3	3	1	6	18	17	1
12	8	1	7	19	14	1
				1	1	
7	8			31	21	5
7	6			23	15	3
				1		1
	1			1	1	
	1			6	5	1
23	**2**	**4**	**8**	**26**	**22**	
12	2	4	3	12	9	
2		1		1	1	
10	1	2	3	10	7	
	1	1		1	1	
1						
1						
5				10	10	
1				3	3	
4				7	7	
5			5	4	3	
				1	1	
			2			
1			3	2	1	
4				1	1	
100	**60**	**8**	**77**	**206**	**153**	**8**
100	60	8	77	206	153	8

1-08 续表74

行业分组	代码	法人单位数（个）	合浦县	防城港市
房地产开发经营	721	3134	43	178
物业管理	722	1020	2	28
房地产中介服务	723	729	6	16
其他房地产活动	729	745		23
租赁和商务服务业	**L**	**10535**	**47**	**168**
租赁业	73	263		4
机械设备租赁	731	250		2
文化及日用品出租	732	13		2
商务服务业	74	10272	47	164
企业管理服务	741	4932	18	33
法律服务	742	503	4	12
咨询与调查	743	1089	2	20
广告业	744	1371	8	32
知识产权服务	745	36		
职业中介服务	746	405	3	17
市场管理	747	461	7	16
旅行社	748	504	1	10
其他商务服务	749	971	4	24
科学研究、技术服务和地质勘查业	**M**	**7141**	**103**	**157**
研究与试验发展	75	451	3	1
自然科学研究与试验发展	751	62		
工程和技术研究与试验发展	752	86	1	
农业科学研究与试验发展	753	182	2	1
医学研究与试验发展	754	42		
社会人文科学研究与试验发展	755	79		
专业技术服务业	76	2899	24	81
气象服务	761	172	1	9
地震服务	762	68	1	2
海洋服务	763	3		1
测绘服务	764	139	3	6
技术检测	765	569	7	14
环境监测	766	112	3	6
工程技术与规划管理	767	1442	9	34
其他专业技术服务	769	394		9
科技交流和推广服务业	77	3696	76	73
技术推广服务	771	3350	75	64
科技中介服务	772	167	1	3
其他科技服务	779	179		6
地质勘查业	78	95		2
矿产地质勘查	781	50		2
基础地质勘查	782	15		
地质勘查技术服务	783	30		
水利、环境和公共设施管理业	**N**	**2081**	**30**	**90**
水利管理业	79	1130	22	54
防洪管理	791	84		7
水资源管理	792	562	22	18

港口区	防城区	上思县	东兴市	钦州市	钦南区	钦北区
74	44	4	56	158	117	6
12	6		10	25	20	1
7	3	1	5	14	11	
7	7	3	6	9	5	1
61	**29**	**24**	**54**	**177**	**111**	**11**
	1	1	2	2	1	1
	1	1		2	1	1
			2			
61	28	23	52	175	110	10
8	9	11	5	79	42	4
5	1	1	5	10	4	3
12	2	1	5	21	16	2
8	9	1	14	25	20	
				1	1	
9	5		3	10	8	1
3		7	6	9	2	
1			9	8	7	
15	2	2	5	12	10	
60	**44**	**30**	**23**	**332**	**150**	**46**
1				14	8	
				1	1	
				3	3	
1				7	1	
				1	1	
				2	2	
35	20	10	16	116	56	15
2	2	3	2	9	4	
1		1		5	2	1
			1			
4	1	1		8	6	
6	6		2	14	5	2
6				4	3	
13	7	4	10	72	32	12
3	4	1	1	4	4	
24	22	20	7	197	81	31
21	18	20	5	191	76	30
	2		1	3	2	1
3	2		1	3	3	
	2			5	5	
	2			1	1	
				4	4	
26	**38**	**13**	**13**	**111**	**43**	**2**
10	30	9	5	81	21	1
1	3	1	2	4	2	
2	9	5	2	25	7	1

1-08 续表75

行业分组	代码	法人单位数（个）	合浦县	防城港市
其他水利管理	799	484		29
环境管理业	80	380	3	17
自然保护	801	83	2	8
环境治理	802	297	1	9
公共设施管理业	81	571	5	19
市政公共设施管理	811	132	2	4
城市绿化管理	812	191	1	6
游览景区管理	813	248	2	9
居民服务和其他服务业	**O**	**1607**	**17**	**31**
居民服务业	82	677	6	11
家庭服务	821	44		
托儿所	822	19		1
洗染服务	823	20		
理发及美容保健服务	824	164	1	1
洗浴服务	825	44		1
婚姻服务	826	37	1	
殡葬服务	827	61	2	2
摄影扩印服务	828	84		2
其他居民服务	829	204	2	4
其他服务业	83	930	11	20
修理与维护	831	554	8	10
清洁服务	832	187	2	7
其他未列明的服务	839	189	1	3
教育	**P**	**16435**	**440**	**185**
教育	84	16435	440	185
学前教育	841	2412	96	57
初等教育	842	9726	287	68
中等教育	843	2844	49	39
高等教育	844	131		2
其他教育	849	1322	8	19
卫生、社会保障和社会福利业	**Q**	**6207**	**128**	**158**
卫生	85	4332	45	97
医院	851	462	6	13
卫生院及社区医疗活动	852	1490	18	33
门诊部医疗活动	853	1049		2
计划生育技术服务活动	854	829	16	27
妇幼保健活动	855	113	2	4
专科疾病防治活动	856	70	1	1
疾病预防控制及防疫活动	857	154	2	8
其他卫生活动	859	165		9
社会保障业	86	1227	13	38
社会保障业	860	1227	13	38
社会福利业	87	648	70	23
提供住宿的社会福利	871	440	31	6
不提供住宿的社会福利	872	208	39	17
文化、体育和娱乐业	**R**	**2600**	**28**	**56**

港口区	防城区	上思县	东兴市	钦州市	钦南区	钦北区
7	18	3	1	52	12	
8	5	2	2	7	4	
3	5			2	2	
5		2	2	5	2	
8	3	2	6	23	18	1
1			3	9	7	
2	1	1	2	6	5	
5	2	1	1	8	6	1
12	**10**	**2**	**7**	**44**	**33**	**2**
4	4		3	20	15	
				2		
			1			
1				9	8	
	1			1	1	
				2	1	
	2			2	1	
	1		1	1	1	
3			1	3	3	
8	6	2	4	24	18	2
3	4	1	2	8	7	1
5	1	1		6	6	
	1		2	10	5	1
35	**62**	**49**	**39**	**711**	**151**	**45**
35	62	49	39	711	151	45
12	20	2	23	43	25	1
9	21	33	5	502	73	17
4	18	9	8	139	36	25
2				3	3	
8	3	5	3	24	14	2
49	**47**	**39**	**23**	**179**	**53**	**26**
16	39	25	17	120	38	18
3	3	3	4	18	9	1
2	16	14	1	60	13	14
			2	7	6	
7	11	5	4	21	3	1
1	1	1	1	4	2	
	1			2	1	
2	1	2	3	6	2	2
1	6		2	2	2	
21	2	11	4	36	7	6
21	2	11	4	36	7	6
12	6	3	2	23	8	2
2	3		1	14	4	
10	3	3	1	9	4	2
16	**23**	**7**	**10**	**69**	**30**	**3**

1–08 续表76

行业分组	代 码	法人单位数（个）	合浦县	防城港市
新闻出版业	88	158		2
新闻业	881	25		1
出版业	882	133		1
广播、电视、电影和音像业	89	871	17	25
广播	891	488	16	11
电视	892	210		7
电影	893	145	1	5
音像制作	894	28		2
文化艺术业	90	960	9	17
文艺创作与表演	901	174	1	3
艺术表演场馆	902	23	1	
图书馆与档案馆	903	195	2	6
文物及文化保护	904	74		
博物馆	905	47	1	1
烈士陵园、纪念馆	906	22		1
群众文化活动	907	295	3	4
文化艺术经纪代理	908	37		
其他文化艺术	909	93	1	2
体育	91	189	1	2
体育组织	911	105	1	1
体育场馆	912	39		
其他体育	919	45		1
娱乐业	92	422	1	10
室内娱乐活动	921	275		5
游乐园	922	13		1
休闲健身娱乐活动	923	83		3
其他娱乐活动	929	51	1	1
公共管理和社会组织	**S**	**43197**	**647**	**1363**
中国共产党机关	93	2275	26	64
中国共产党机关	930	2275	26	64
国家机构	94	16342	161	747
国家权力机构	941	268	1	10
国家行政机构	942	15610	158	721
人民法院和人民检察院	943	280	2	12
其他国家机构	949	184		4
人民政协和民主党派	95	247	8	16
人民政协	951	153	1	6
民主党派	952	94	7	10
群众团体、社会团体和宗教组织	96	8302	177	216
群众团体	961	949	46	40
社会团体	962	7143	124	174
宗教组织	963	210	7	2
基层群众自治组织	97	16031	275	320
社区自治组织	971	1621	29	36
村民自治组织	972	14410	246	284

港口区	防城区	上思县	东兴市	钦州市	钦南区	钦北区
1	1			3	2	
	1			1		
1				2	2	
5	13	2	5	26	10	1
4	5	1	1	9	5	1
	7			11	1	
1	1	1	2	5	3	
			2	1	1	
6	5	3	3	27	12	2
1	1	1		7	5	
				2	1	
2	1	1	2	5		1
	1			3	1	
	1					
3		1		8	4	1
	1		1	2	1	
1		1		6	3	
		1		4	3	
1				2		
3	4	1	2	7	3	
	3		2	4	2	
		1				
3						
	1			3	1	
436	**365**	**310**	**252**	**2348**	**643**	**325**
28	7	19	10	111	42	13
28	7	19	10	111	42	13
269	152	172	154	720	369	95
4	4	1	1	6	3	1
258	144	168	151	704	362	92
6	2	2	2	10	4	2
1	2	1				
14		2		9	6	1
5		1		5	2	1
9		1		4	4	
88	52	29	47	477	52	41
17	7	6	10	34	15	4
71	45	22	36	434	30	36
		1	1	9	7	1
37	154	88	41	1031	174	175
10	13	4	9	69	24	12
27	141	84	32	962	150	163

1–08 续表77

行业分组	代　码	法人单位数（个）	灵山县	浦北县
总　计		**154748**	**2125**	**1073**
农、林、牧、渔业	**A**	**210**		
农业	01	66		
谷物及其他作物的种植	011	18		
蔬菜、园艺作物的种植	012	12		
水果、坚果、饮料和香料作物的种植	013	33		
中药材的种植	014	3		
林业	02	56		
林木的培育和种植	021	53		
木材和竹材的采运	022	3		
林产品的采集	023			
畜牧业	03	51		
牲畜的饲养	031	7		
猪的饲养	032	21		
家禽的饲养	033	19		
狩猎和捕捉动物	034			
其他畜牧业	039	4		
渔业	04	17		
海洋渔业	041	7		
内陆渔业	042	10		
农、林、牧、渔服务业	05	20		
农业服务业	051	16		
林业服务业	052			
畜牧服务业	053	3		
渔业服务业	054	1		
采矿业	**B**	**2258**	**14**	**6**
煤炭开采和洗选业	06	49		
烟煤和无烟煤的开采洗选	061	28		
褐煤的开采洗选	062	17		
其他煤炭采选	069	4		
石油和天然气开采业	07	2		
天然原油和天然气开采	071	1		
与石油和天然气开采有关的服务活动	079	1		
黑色金属矿采选业	08	517	5	3
铁矿采选	081	145	3	2
其他黑色金属矿采选	089	372	2	1
有色金属矿采选业	09	552		1
常用有色金属矿采选	091	479		1
贵金属矿采选	092	55		
稀有稀土金属矿采选	093	18		
非金属矿采选业	10	1114	9	2
土砂石开采	101	849	8	1
化学矿采选	102	38		
采盐	103	4		
石棉及其他非金属矿采选	109	223	1	1
其他采矿业	11	24		

贵港市	港北区	港南区	覃塘区	平南县	桂平市	玉林市
8858	**1748**	**1093**	**829**	**2416**	**2772**	**14790**
1	**1**					**15**
1	1					3
1	1					1
						2
						4
						4
						5
						1
						4
						3
						3
146	**17**	**1**	**8**	**61**	**59**	**194**
						1
						1
44	7	1	1	1	34	23
6	4	1	1			17
38	3			1	34	6
23	7		1	2	13	10
18	2		1	2	13	7
5	5					2
						1
78	2		6	58	12	155
76	2		6	58	10	145
2					2	10
1	1					5

1-08 续表78

行业分组	代 码	法人单位数（个）	灵山县	浦北县
其他采矿业	110	24		
制造业	**C**	**19683**	**205**	**204**
农副食品加工业	13	1486	13	4
谷物磨制	131	227	1	2
饲料加工	132	250	1	
植物油加工	133	126	1	
制糖	134	107	2	2
屠宰及肉类加工	135	297	4	
水产品加工	136	101		
蔬菜、水果和坚果加工	137	109	2	
其他农副食品加工	139	269	2	
食品制造业	14	876	12	3
焙烤食品制造	141	263		2
糖果、巧克力及蜜饯制造	142	84	1	1
方便食品制造	143	149	1	
液体乳及乳制品制造	144	17	1	
罐头制造	145	86	6	
调味品、发酵制品制造	146	111	2	
其他食品制造	149	166	1	
饮料制造业	15	796	14	7
酒精制造	151	43	1	2
酒的制造	152	183	1	1
软饮料制造	153	293	4	4
精制茶加工	154	277	8	
烟草制品业	16	5		
烟叶复烤	161	1		
卷烟制造	162	4		
其他烟草制品加工	169			
纺织业	17	661	6	12
棉、化纤纺织及印染精加工	171	93	3	
毛纺织和染整精加工	172	88	1	
麻纺织	173	11		3
丝绢纺织及精加工	174	102	1	3
纺织制成品制造	175	83		
针织品、编织品及其制品制造	176	284	1	6
纺织服装、鞋、帽制造业	18	338	3	3
纺织服装制造	181	324	3	3
纺织面料鞋的制造	182	11		
制帽	183	3		
皮革、毛皮、羽毛（绒）及其制品业	19	281	4	5
皮革鞣制加工	191	41	2	1
皮革制品制造	192	193	1	4
毛皮鞣制及制品加工	193	5		
羽毛（绒）加工及制品制造	194	42	1	
木材加工及木、竹、藤、棕、草制品业	20	1880	12	44
锯材、木片加工	201	765	7	4
人造板制造	202	508	2	7

贵港市	港北区	港南区	覃塘区	平南县	桂平市	玉林市
1	1					5
1230	**145**	**170**	**81**	**470**	**364**	**3026**
111	15	10	4	40	42	134
31	4	5	1	5	16	26
12	6	3		1	2	48
3				2	1	14
4	2		1		1	4
24	1	2		20	1	17
						1
3				3		11
34	2		2	9	21	13
48	6	3		10	29	124
16	2			2	12	49
3	1			1	1	8
12		1		2	9	17
1	1					2
2				1	1	20
5				3	2	22
9	2	2		1	4	6
45	5	2	1	11	26	63
2					2	1
8				4	4	28
12	4	2			6	27
23	1		1	7	14	7
86	6	3	1	44	32	251
13				5	8	17
5				4	1	67
2					2	
5	2	1		2		1
6	1			2	3	12
55	3	2	1	31	18	154
75	1	1	1	51	21	68
73	1	1	1	51	19	66
2					2	
						2
38	3	25		7	3	114
						5
12	2	1		6	3	107
1				1		
25	1	24				2
108	11	14	24	50	9	249
22	4	2	3	11	2	99
49	6	12	19	9	3	108

1–08 续表79

行业分组	代 码	法人单位数（个）	灵山县	浦北县
木制品制造	203	288	1	4
竹、藤、棕、草制品制造	204	319	2	29
家具制造业	21	337	7	1
木质家具制造	211	270	2	1
竹、藤家具制造	212	18	5	
金属家具制造	213	13		
塑料家具制造	214	5		
其他家具制造	219	31		
造纸及纸制品业	22	783	9	12
纸浆制造	221	43		
造纸	222	380	2	5
纸制品制造	223	360	7	7
印刷业和记录媒介的复制	23	779	6	6
印刷	231	701	4	5
装订及其他印刷服务活动	232	75	2	1
记录媒介的复制	233	3		
文教体育用品制造业	24	92		1
文化用品制造	241	24		
体育用品制造	242	14		
乐器制造	243	1		
玩具制造	244	50		1
游艺器材及娱乐用品制造	245	3		
石油加工、炼焦及核燃料加工业	25	42		
精炼石油产品的制造	251	38		
炼焦	252	4		
核燃料加工	253			
化学原料及化学制品制造业	26	1494	33	38
基础化学原料制造	261	196		
肥料制造	262	298	5	2
农药制造	263	77	1	
涂料、油墨、颜料及类似产品制造	264	142		7
合成材料制造	265	21		
专用化学产品制造	266	613	26	28
日用化学产品制造	267	147	1	1
医药制造业	27	353	3	4
化学药品原药制造	271	32		1
化学药品制剂制造	272	39		2
中药饮片加工	273	53		
中成药制造	274	118	2	1
兽用药品制造	275	58	1	
生物、生化制品的制造	276	34		
卫生材料及医药用品制造	277	19		
化学纤维制造业	28	9		
纤维素纤维原料及纤维制造	281	1		
合成纤维制造	282	8		
橡胶制品业	29	139		
轮胎制造	291	26		

贵港市	港北区	港南区	覃塘区	平南县	桂平市	玉林市
7	1		1	5		12
30			1	25	4	30
14	1	1	1	9	2	95
11		1	1	9		86
1					1	1
1					1	
						1
1	1					7
44	13	8	3	11	9	151
3				1	2	2
23	8	3	3	4	5	70
18	5	5		6	2	79
37	10	6		4	17	81
34	9	6		3	16	80
3	1			1	1	1
8	1	1	2	3	1	30
						2
3			1	2		1
						1
5	1	1	1	1	1	26
2				2		2
2				2		1
						1
77	10	14	12	30	11	189
5	1	3			1	3
27	7	7	6	6	1	31
7	1		3	3		16
3				2	1	18
2		1		1		2
29		3	2	18	6	102
4	1		1		2	17
20	6	2		4	8	45
1					1	3
4	2	1			1	8
5	2			1	2	10
7	2			2	3	21
2		1			1	
1				1		3
1			1			
1			1			
23	2	2	1	18		10
4	1	1	1	1		1

1–08 续表80

行业分组	代 码	法人单位数（个）	灵山县	浦北县
橡胶板、管、带的制造	292	30		
橡胶零件制造	293	17		
再生橡胶制造	294	9		
日用及医用橡胶制品制造	295	12		
橡胶靴鞋制造	296	6		
其他橡胶制品制造	299	39		
塑料制品业	30	736	2	26
塑料薄膜制造	301	96	1	
塑料板、管、型材的制造	302	109		15
塑料丝、绳及编织品的制造	303	145		2
泡沫塑料制造	304	35	1	
塑料人造革、合成革制造	305	4		
塑料包装箱及容器制造	306	85		2
塑料零件制造	307	22		
日用塑料制造	308	108		
其他塑料制品制造	309	132		7
非金属矿物制品业	31	3197	27	26
水泥、石灰和石膏的制造	311	482	4	6
水泥及石膏制品制造	312	312	3	2
砖瓦、石材及其他建筑材料制造	313	1946	17	11
玻璃及玻璃制品制造	314	81		1
陶瓷制品制造	315	156	1	6
耐火材料制品制造	316	35	2	
石墨及其他非金属矿物制品制造	319	185		
黑色金属冶炼及压延加工业	32	425	5	
炼铁	321	67		
炼钢	322	12		
钢压延加工	323	118	1	
铁合金冶炼	324	228	4	
有色金属冶炼及压延加工业	33	326	1	
常用有色金属冶炼	331	216		
贵金属冶炼	332	11		
稀有稀土金属冶炼	333	16		
有色金属合金制造	334	13	1	
有色金属压延加工	335	70		
金属制品业	34	703	1	2
结构性金属制品制造	341	254	1	
金属工具制造	342	105		
集装箱及金属包装容器制造	343	35		
金属丝绳及其制品的制造	344	21		
建筑、安全用金属制品制造	345	62		
金属表面处理及热处理加工	346	38		
搪瓷制品制造	347	4		
不锈钢及类似日用金属制品制造	348	100		
其他金属制品制造	349	84		2
通用设备制造业	35	914	3	
锅炉及原动机制造	351	58		

贵港市	港北区	港南区	覃塘区	平南县	桂平市	玉林市
						2
3	1	1		1		
						1
3				3		1
3				3		1
10				10		4
46	8	15	1	12	10	138
5		2			3	16
7		2		3	2	11
14	4	10				31
1	1					5
						1
1					1	14
1					1	3
10	2			6	2	33
7	1	1	1	3	1	24
230	21	37	21	107	44	553
66	4	1	12	44	5	83
8	2	2	2	2		51
146	13	34	6	57	36	279
3	1			1	1	16
3				3		89
						16
4	1		1		2	19
8	1	1	2	1	3	9
						2
1	1					
3		1			2	7
4			2	1	1	
15	4	1	1	1	8	10
13	4	1	1	1	6	7
						1
2					2	2
20		2	3	8	7	91
5		1			4	15
2			1	1		15
						4
2				2		2
3				1	2	1
						4
						1
4		1		3		46
4			2	1	1	3
52	4	4		5	39	148
3	1	1		1		12

1-08 续表81

行业分组	代　码	法人单位数（个）	灵山县	浦北县
金属加工机械制造	352	104		
起重运输设备制造	353	29		
泵、阀门、压缩机及类似机械的制造	354	62		
轴承、齿轮、传动和驱动部件的制造	355	40	2	
烘炉、熔炉及电炉制造	356	5		
风机、衡器、包装设备等通用设备制造	357	83		
通用零部件制造及机械修理	358	246	1	
金属铸、锻加工	359	287		
专用设备制造业	36	676	2	1
矿山、冶金、建筑专用设备制造	361	140		
化工、木材、非金属加工专用设备制造	362	120		
食品、饮料、烟草及饲料生产专用设备制造	363	61	2	
印刷、制药、日化生产专用设备制造	364	41		
纺织、服装和皮革工业专用设备制造	365	7		
电子和电工机械专用设备制造	366	21		
农、林、牧、渔专用机械制造	367	181		1
医疗仪器设备及器械制造	368	47		
环保、社会公共安全及其他专用设备制造	369	58		
交通运输设备制造业	37	1013		5
铁路运输设备制造	371	21		
汽车制造	372	855		5
摩托车制造	373	4		
自行车制造	374	21		
船舶及浮动装置制造	375	99		
航空航天器制造	376	5		
交通器材及其他交通运输设备制造	379	8		
电气机械及器材制造业	39	454	1	
电机制造	391	58		
输配电及控制设备制造	392	169		
电线、电缆、光缆及电工器材制造	393	80	1	
电池制造	394	22		
家用电力器具制造	395	42		
非电力家用器具制造	396	23		
照明器具制造	397	32		
其他电气机械及器材制造	399	28		
通信设备、计算机及其他电子设备制造业	40	225	2	2
通信设备制造	401	43		
雷达及配套设备制造	402	2		
广播电视设备制造	403	10		
电子计算机制造	404	18		
电子器件制造	405	20	1	
电子元件制造	406	93	1	2
家用视听设备制造	407	14		
其他电子设备制造	409	25		
仪器仪表及文化、办公用机械制造业	41	94		
通用仪器仪表制造	411	37		
专用仪器仪表制造	412	16		

贵港市	港北区	港南区	覃塘区	平南县	桂平市	玉林市
5				1	4	11
1		1				7
1					1	6
1	1					5
7	1	1		3	2	31
34	1	1			32	76
13	3	3	1	1	5	91
3	1	1	1			9
2	1	1				11
1					1	13
2					2	8
1		1				
1				1		
3	1				2	44
						2
						4
52	11	5		18	18	119
31	10	1		13	7	108
2		2				
						9
19	1	2		5	11	
						2
28	3	5		11	9	51
5				4	1	15
5	1	4				10
1	1					6
3	1	1			1	4
3				2	1	3
2				1	1	6
5				2	3	7
4				2	2	
8		3		1	4	41
4		3			1	3
2				1	1	
						34
						1
2					2	3
3				1	2	3
1					1	1

1-08 续表82

行业分组	代码	法人单位数（个）	灵山县	浦北县
钟表与计时仪器制造	413	10		
光学仪器及眼镜制造	414	17		
文化、办公用机械制造	415	6		
其他仪器仪表的制造及修理	419	8		
工艺品及其他制造业	42	495	39	2
工艺美术品制造	421	397	39	2
日用杂品制造	422	49		
煤制品制造	423	17		
核辐射加工	424	1		
其他未列明的制造业	429	31		
废弃资源和废旧材料回收加工业	43	74		
金属废料和碎屑的加工处理	431	42		
非金属废料和碎屑的加工处理	432	32		
电力、燃气及水的生产和供应业	**D**	**2271**	**12**	**24**
电力、热力的生产和供应业	44	1694	4	17
电力生产	441	1561	3	16
电力供应	442	127	1	1
热力生产和供应	443	6		
燃气生产和供应业	45	38		
燃气生产和供应业	450	38		
水的生产和供应业	46	539	8	7
自来水的生产和供应	461	518	7	7
污水处理及其再生利用	462	16	1	
其他水的处理、利用与分配	469	5		
建筑业	**E**	**2329**	**11**	**7**
房屋和土木工程建筑业	47	1087	10	6
房屋工程建筑	471	746	9	6
土木工程建筑	472	341	1	
建筑安装业	48	315		1
建筑安装业	480	315		1
建筑装饰业	49	680	1	
建筑装饰业	490	680	1	
其他建筑业	50	247		
工程准备	501	81		
提供施工设备服务	502	64		
其他未列明的建筑活动	509	102		
交通运输、仓储和邮政业	**F**	**3178**	**33**	**13**
铁路运输业	51	17		
铁路旅客运输	511	2		
铁路货物运输	512	6		
铁路运输辅助活动	513	9		
道路运输业	52	1629	11	9
公路旅客运输	521	231	2	1
道路货物运输	522	910	4	4
道路运输辅助活动	523	488	5	4
城市公共交通业	53	197	2	1

贵港市	港北区	港南区	覃塘区	平南县	桂平市	玉林市
2				1	1	2
17		1	1	10	5	159
15		1	1	9	4	153
1				1		5
						1
1					1	
1		1				7
						3
1		1				4
64	**6**	**12**	**2**	**30**	**14**	**253**
31	4	4		17	6	205
26	3	4		14	5	196
5	1			3	1	9
1				1		3
1				1		3
32	2	8	2	12	8	45
32	2	8	2	12	8	41
						2
						2
70	**43**	**10**	**2**	**8**	**7**	**99**
40	21	5	2	7	5	70
30	14	5	2	6	3	52
10	7			1	2	18
5	2	3				10
5	2	3				10
16	14			1	1	17
16	14			1	1	17
9	6	2			1	2
5	4	1				1
1	1					1
3	1	1			1	
255	**98**	**17**	**24**	**57**	**59**	**333**
90	25	6	3	29	27	236
19	5	2	1	6	5	31
40	19	3	1	3	14	121
31	1	1	1	20	8	84
7	5				2	17

1-08 续表83

行业分组	代码	法人单位数（个）	灵山县	浦北县
公共电汽车客运	531	70	2	
轨道交通	532			
出租车客运	533	108		1
城市轮渡	534			
其他城市公共交通	539	19		
水上运输业	54	351	1	
水上旅客运输	541	46		
水上货物运输	542	220	1	
水上运输辅助活动	543	85		
航空运输业	55	37		
航空客货运输	551	13		
通用航空服务	552	6		
航空运输辅助活动	553	18		
管道运输业	56			
管道运输业	560			
装卸搬运和其他运输服务业	57	466		1
装卸搬运	571	156		
运输代理服务	572	310		1
仓储业	58	419	19	2
谷物、棉花等农产品仓储	581	242	19	2
其他仓储	589	177		
邮政业	59	62		
国家邮政	591	23		
其他寄递服务	599	39		
信息传输、计算机服务和软件业	**G**	**5040**	**53**	**21**
电信和其他信息传输服务业	60	919	15	8
电信	601	179		
互联网信息服务	602	469		
广播电视传输服务	603	263	15	8
卫星传输服务	604	8		
计算机服务业	61	3785	38	13
计算机系统服务	611	224		2
数据处理	612	27		
计算机维修	613	39		
其他计算机服务	619	3495	38	11
软件业	62	336		
公共软件服务	621	247		
其他软件服务	629	89		
批发和零售业	**H**	**21560**	**144**	**96**
批发业	63	12548	73	18
农畜产品批发	631	694	7	1
食品、饮料及烟草制品批发	632	1073	7	1
纺织、服装及日用品批发	633	669	3	1
文化、体育用品及器材批发	634	350		1
医药及医疗器材批发	635	479	2	1
矿产品、建材及化工产品批发	636	4719	40	6

贵港市	港北区	港南区	覃塘区	平南县	桂平市	玉林市
3	3					3
3	2				1	13
1					1	1
84	40		3	18	23	10
3					3	
74	39		3	14	18	4
7	1			4	2	6
41	19	6	9	4	3	22
25	12	6	1	4	2	17
16	7		8		1	5
32	8	5	9	6	4	45
20	2	4	5	5	4	39
12	6	1	4	1		6
1	1					3
1	1					1
						2
391	**68**	**65**	**3**	**121**	**134**	**316**
138	7		3		128	28
8	6				2	11
125	1		1		123	6
5			2		3	10
						1
250	58	65		121	6	279
2	1				1	7
248	57	65		121	5	272
3	3					9
1	1					4
2	2					5
719	**327**	**67**	**34**	**122**	**169**	**1839**
408	176	40	25	77	90	1031
23	8	9		2	4	63
29	13	3		3	10	82
8	6	1			1	25
12	8	2		1	1	9
20	8		1	5	6	28
196	82	13	18	35	48	233

1–08 续表84

行业分组	代码	法人单位数（个）	灵山县	浦北县
机械设备、五金交电及电子产品批发	637	2859	4	2
贸易经纪与代理	638	750	8	1
其他批发	639	955	2	4
零售业	65	9012	71	78
综合零售	651	1171	16	20
食品、饮料及烟草制品专门零售	652	919	24	4
纺织、服装及日用品专门零售	653	670		
文化、体育用品及器材专门零售	654	505	3	
医药及医疗器材专门零售	655	623	5	2
汽车、摩托车、燃料及零配件专门零售	656	1496	13	42
家用电器及电子产品专门零售	657	1683	4	5
五金、家具及室内装修材料专门零售	658	1042	2	2
无店铺及其他零售	659	903	4	3
住宿和餐饮业	**I**	**2152**	**7**	**2**
住宿业	66	1310	4	
旅游饭店	661	521		
一般旅馆	662	715	4	
其他住宿服务	669	74		
餐饮业	67	842	3	2
正餐服务	671	674	3	2
快餐服务	672	59		
饮料及冷饮服务	673	22		
其他餐饮服务	679	87		
金融业	**J**	**636**	**3**	**1**
银行业	68	279	2	1
中央银行	681	21		
商业银行	682	238	2	1
其他银行	689	20		
证券业	69	12		
证券市场管理	691	1		
证券经纪与交易	692	8		
证券投资	693	1		
证券分析与咨询	694	2		
保险业	70	178		
人寿保险	701	50		
非人寿保险	702	104		
保险辅助服务	703	24		
其他金融活动	71	167	1	
金融信托与管理	711	16		
金融租赁	712	2		
财务公司	713	9		
邮政储蓄	714	9		
典当	715	52	1	
其他未列明的金融活动	719	79		
房地产业	**K**	**5628**	**31**	**14**
房地产业	72	5628	31	14

贵港市	港北区	港南区	覃塘区	平南县	桂平市	玉林市
63	36	3	3	11	10	96
8	6				2	418
49	9	9	3	20	8	77
311	151	27	9	45	79	808
69	15	11	2	6	35	125
22	8	1		6	7	113
21	9		1	7	4	48
18	9		1	3	5	32
16	6	2		3	5	37
66	36	11	3	7	9	206
51	44			4	3	124
22	17			3	2	78
26	7	2	2	6	9	45
109	**39**	**2**		**38**	**30**	**170**
46	19			10	17	103
14	7			2	5	33
27	9			6	12	61
5	3			2		9
63	20	2		28	13	67
58	20	1		28	9	54
2		1			1	5
3					3	8
28	**23**	**1**		**2**	**2**	**55**
9	6			2	1	28
						2
8	5			2	1	26
1	1					
5	5					15
						5
5	5					8
						2
14	12	1			1	12
						1
						1
2	1				1	1
3	3					2
9	8	1				7
154	**87**	**13**	**1**	**19**	**34**	**326**
154	87	13	1	19	34	326

1–08 续表85

行业分组	代 码	法人单位数（个）	灵山县	浦北县
房地产开发经营	721	3134	22	13
物业管理	722	1020	4	
房地产中介服务	723	729	3	
其他房地产活动	729	745	2	1
租赁和商务服务业	**L**	**10535**	**40**	**15**
租赁业	73	263		
机械设备租赁	731	250		
文化及日用品出租	732	13		
商务服务业	74	10272	40	15
企业管理服务	741	4932	26	7
法律服务	742	503	2	1
咨询与调查	743	1089	2	1
广告业	744	1371	4	1
知识产权服务	745	36		
职业中介服务	746	405		1
市场管理	747	461	4	3
旅行社	748	504	1	
其他商务服务	749	971	1	1
科学研究、技术服务和地质勘查业	**M**	**7141**	**48**	**88**
研究与试验发展	75	451	1	5
自然科学研究与试验发展	751	62		
工程和技术研究与试验发展	752	86		
农业科学研究与试验发展	753	182	1	5
医学研究与试验发展	754	42		
社会人文科学研究与试验发展	755	79		
专业技术服务业	76	2899	15	30
气象服务	761	172	1	4
地震服务	762	68	1	1
海洋服务	763	3		
测绘服务	764	139	1	1
技术检测	765	569	5	2
环境监测	766	112		1
工程技术与规划管理	767	1442	7	21
其他专业技术服务	769	394		
科技交流和推广服务业	77	3696	32	53
技术推广服务	771	3350	32	53
科技中介服务	772	167		
其他科技服务	779	179		
地质勘查业	78	95		
矿产地质勘查	781	50		
基础地质勘查	782	15		
地质勘查技术服务	783	30		
水利、环境和公共设施管理业	**N**	**2081**	**30**	**36**
水利管理业	79	1130	27	32
防洪管理	791	84	2	
水资源管理	792	562	5	12

	贵港市	港北区	港南区	覃塘区	平南县	桂平市	玉林市
	107	55	10	1	15	26	209
	27	20	3		1	3	53
	12	6			3	3	27
	8	6				2	37
	298	**123**	**21**	**42**	**44**	**68**	**550**
	28	16	6	1		5	8
	28	16	6	1		5	6
							2
	270	107	15	41	44	63	542
	77	9	5	11	24	28	210
	22	9	1			12	31
	29	11	2	15	1		51
	53	39	1		2	11	132
							3
	19	16		1	2		19
	28	11	2	10	1	4	20
	14	7			1	6	32
	28	5	4	4	13	2	44
	313	**81**	**34**	**43**	**113**	**42**	**705**
	9	5		1	2	1	27
	2	1		1			4
							3
	4	2			1	1	10
	2	1			1		
	1	1					10
	120	39	17	11	35	18	281
	6	2			1	3	12
	3				1	2	8
	3	2			1		13
	21	15	1		2	3	44
	5	2	1			2	9
	66	16	7	11	29	3	187
	16	2	8		1	5	8
	180	36	16	31	75	22	394
	162	34	15	18	74	21	367
	4	1	1		1	1	11
	14	1		13			16
	4	1	1		1	1	3
	1	1					3
	1		1				
	2				1	1	
	70	**16**	**2**	**13**	**11**	**28**	**174**
	47	7		10	6	24	118
	5	2		1	1	1	6
	35	4		8	3	20	86

1-08 续表86

行业分组	代 码	法人单位数（个）	灵山县	浦北县
其他水利管理	799	484	20	20
环境管理业	80	380	1	2
自然保护	801	83		
环境治理	802	297	1	2
公共设施管理业	81	571	2	2
市政公共设施管理	811	132	1	1
城市绿化管理	812	191		1
游览景区管理	813	248	1	
居民服务和其他服务业	**O**	**1607**	**5**	**4**
居民服务业	82	677	5	
家庭服务	821	44	2	
托儿所	822	19		
洗染服务	823	20		
理发及美容保健服务	824	164	1	
洗浴服务	825	44		
婚姻服务	826	37	1	
殡葬服务	827	61	1	
摄影扩印服务	828	84		
其他居民服务	829	204		
其他服务业	83	930		4
修理与维护	831	554		
清洁服务	832	187		
其他未列明的服务	839	189		4
教育	**P**	**16435**	**455**	**60**
教育	84	16435	455	60
学前教育	841	2412	9	8
初等教育	842	9726	394	18
中等教育	843	2844	47	31
高等教育	844	131		
其他教育	849	1322	5	3
卫生、社会保障和社会福利业	**Q**	**6207**	**55**	**45**
卫生	85	4332	28	36
医院	851	462	4	4
卫生院及社区医疗活动	852	1490	19	14
门诊部医疗活动	853	1049	1	
计划生育技术服务活动	854	829	1	16
妇幼保健活动	855	113	1	1
专科疾病防治活动	856	70	1	
疾病预防控制及防疫活动	857	154	1	1
其他卫生活动	859	165		
社会保障业	86	1227	15	8
社会保障业	860	1227	15	8
社会福利业	87	648	12	1
提供住宿的社会福利	871	440	10	
不提供住宿的社会福利	872	208	2	1
文化、体育和娱乐业	**R**	**2600**	**16**	**20**

贵港市	港北区	港南区	覃塘区	平南县	桂平市	玉林市
7	1		1	2	3	26
10	3	1	2	3	1	22
1			1			2
9	3	1	1	3	1	20
13	6	1	1	2	3	34
5	2	1		1	1	11
5	3		1	1		9
3	1				2	14
62	**26**	**5**		**18**	**13**	**111**
28	12	1		13	2	56
2	2					1
7	6			1		17
						2
1				1		8
5		1		3	1	8
4	3				1	5
9	1			8		15
34	14	4		5	11	55
23	8	4		5	6	40
7	5				2	7
4	1				3	8
1623	**184**	**283**	**170**	**405**	**581**	**2229**
1623	184	283	170	405	581	2229
155	2	70	1	36	46	228
1154	133	168	138	285	430	1477
247	32	38	26	65	86	341
2	1				1	3
65	16	7	5	19	18	180
688	**37**	**20**	**52**	**354**	**225**	**626**
600	23	18	23	344	192	377
22	7	1	2	5	7	39
82	6	12	9	23	32	124
416				290	126	58
63	5	3	11	20	24	116
5	2	1		1	1	9
1					1	15
6	2		1	2	1	12
5	1	1		3		4
46	7	1	13	8	17	217
46	7	1	13	8	17	217
42	7	1	16	2	16	32
39	7	1	16	2	13	20
3					3	12
105	**13**	**7**	**14**	**32**	**39**	**292**

1-08 续表87

行业分组	代码	法人单位数（个）	灵山县	浦北县
新闻出版业	88	158	1	
新闻业	881	25	1	
出版业	882	133		
广播、电视、电影和音像业	89	871	4	11
广播	891	488	3	
电视	892	210		10
电影	893	145	1	1
音像制作	894	28		
文化艺术业	90	960	7	6
文艺创作与表演	901	174	1	1
艺术表演场馆	902	23		1
图书馆与档案馆	903	195	2	2
文物及文化保护	904	74		
博物馆	905	47	1	1
烈士陵园、纪念馆	906	22		
群众文化活动	907	295	2	1
文化艺术经纪代理	908	37		
其他文化艺术	909	93	1	
体育	91	189	2	1
体育组织	911	105		1
体育场馆	912	39		
其他体育	919	45	2	
娱乐业	92	422	2	2
室内娱乐活动	921	275	1	1
游乐园	922	13		
休闲健身娱乐活动	923	83		
其他娱乐活动	929	51	1	1
公共管理和社会组织	**S**	**43197**	**963**	**417**
中国共产党机关	93	2275	34	22
中国共产党机关	930	2275	34	22
国家机构	94	16342	170	86
国家权力机构	941	268	1	1
国家行政机构	942	15610	167	83
人民法院和人民检察院	943	280	2	2
其他国家机构	949	184		
人民政协和民主党派	95	247	1	1
人民政协	951	153	1	1
民主党派	952	94		
群众团体、社会团体和宗教组织	96	8302	349	35
群众团体	961	949	9	6
社会团体	962	7143	339	29
宗教组织	963	210	1	
基层群众自治组织	97	16031	409	273
社区自治组织	971	1621	20	13
村民自治组织	972	14410	389	260

贵港市	港北区	港南区	覃塘区	平南县	桂平市	玉林市
1	1					6
						1
1	1					5
60	1	5	11	23	20	93
39	1	3		21	14	55
13		1	10		2	13
7		1	1	2	3	24
1					1	1
24	7		2	4	11	122
6	2			1	3	21
1	1					
7	2		2	1	2	15
2					2	5
3	1			1	1	4
						1
3	1				2	67
1					1	
1				1		9
3				1	2	20
						7
3				1	2	6
						7
17	4	2	1	4	6	51
11	3	1		3	4	40
3		1		1	1	1
3	1		1		1	6
						4
2532	**414**	**363**	**340**	**511**	**904**	**3477**
121	30	12	21	31	27	206
121	30	12	21	31	27	206
953	236	108	94	150	365	1188
28	5	7	1	1	14	12
909	226	98	90	147	348	1134
13	4	3	2	2	2	19
3	1		1		1	23
15	10	2	1	1	1	20
10	5	2	1	1	1	9
5	5					11
298	22	73	78	46	79	608
31	15	3	5	3	5	64
257	7	66	73	42	69	531
10		4		1	5	13
1145	116	168	146	283	432	1455
50	13	6	7	9	15	83
1095	103	162	139	274	417	1372

1-08 续表88

行业分组	代码	法人单位数（个）	玉州区	容县
总计		**154748**	**4157**	**2017**
农、林、牧、渔业	**A**	**210**	**4**	**2**
农业	01	66		
谷物及其他作物的种植	011	18		
蔬菜、园艺作物的种植	012	12		
水果、坚果、饮料和香料作物的种植	013	33		
中药材的种植	014	3		
林业	02	56		
林木的培育和种植	021	53		
木材和竹材的采运	022	3		
林产品的采集	023			
畜牧业	03	51	3	1
牲畜的饲养	031	7	1	
猪的饲养	032	21		
家禽的饲养	033	19	2	1
狩猎和捕捉动物	034			
其他畜牧业	039	4		
渔业	04	17		
海洋渔业	041	7		
内陆渔业	042	10		
农、林、牧、渔服务业	05	20	1	1
农业服务业	051	16	1	1
林业服务业	052			
畜牧服务业	053	3		
渔业服务业	054	1		
采矿业	**B**	**2258**	**18**	**25**
煤炭开采和洗选业	06	49		
烟煤和无烟煤的开采洗选	061	28		
褐煤的开采洗选	062	17		
其他煤炭采选	069	4		
石油和天然气开采业	07	2		
天然原油和天然气开采	071	1		
与石油和天然气开采有关的服务活动	079	1		
黑色金属矿采选业	08	517		1
铁矿采选	081	145		
其他黑色金属矿采选	089	372		1
有色金属矿采选业	09	552		1
常用有色金属矿采选	091	479		1
贵金属矿采选	092	55		
稀有稀土金属矿采选	093	18		
非金属矿采选业	10	1114	17	22
土砂石开采	101	849	17	18
化学矿采选	102	38		
采盐	103	4		
石棉及其他非金属矿采选	109	223		4
其他采矿业	11	24	1	1

陆川县	博白县	兴业县	北流市	百色市	右江区	田阳县
1455	**2864**	**1338**	**2959**	**9440**	**1883**	**863**
1	**1**		**7**	**11**	**5**	
			3	3	1	
			1	1	1	
			2	2		
	1		3	6	3	
	1		3	6	3	
			1	1	1	
			1	1	1	
1				1		
1				1		
32	**20**	**10**	**89**	**172**	**11**	**28**
		1		14	1	12
		1		2	1	1
				12		11
17		3	2	78	7	
15			2	6		
2		3		72	7	
2	7			39	1	3
2	4			17		3
	2			22	1	
	1					
13	11	5	87	41	2	13
11	10	4	85	35	1	12
				1		
2	1	1	2	5	1	1
	2	1				

1-08 续表89

行业分组	代 码	法人单位数（个）	玉州区	容 县
其他采矿业	110	24	1	1
制造业	**C**	**19683**	**724**	**486**
农副食品加工业	13	1486	33	23
谷物磨制	131	227	1	7
饲料加工	132	250	10	10
植物油加工	133	126	2	4
制糖	134	107		
屠宰及肉类加工	135	297	9	1
水产品加工	136	101	1	
蔬菜、水果和坚果加工	137	109	7	
其他农副食品加工	139	269	3	1
食品制造业	14	876	65	13
焙烤食品制造	141	263	29	1
糖果、巧克力及蜜饯制造	142	84	8	
方便食品制造	143	149	5	5
液体乳及乳制品制造	144	17	1	
罐头制造	145	86	11	2
调味品、发酵制品制造	146	111	10	3
其他食品制造	149	166	1	2
饮料制造业	15	796	12	10
酒精制造	151	43	1	
酒的制造	152	183	3	8
软饮料制造	153	293	8	1
精制茶加工	154	277		1
烟草制品业	16	5		
烟叶复烤	161	1		
卷烟制造	162	4		
其他烟草制品加工	169			
纺织业	17	661	36	55
棉、化纤纺织及印染精加工	171	93	17	
毛纺织和染整精加工	172	88	2	
麻纺织	173	11		
丝绢纺织及精加工	174	102		
纺织制成品制造	175	83	10	
针织品、编织品及其制品制造	176	284	7	55
纺织服装、鞋、帽制造业	18	338	21	5
纺织服装制造	181	324	21	5
纺织面料鞋的制造	182	11		
制帽	183	3		
皮革、毛皮、羽毛（绒）及其制品业	19	281	14	5
皮革鞣制加工	191	41	4	
皮革制品制造	192	193	9	5
毛皮鞣制及制品加工	193	5		
羽毛（绒）加工及制品制造	194	42	1	
木材加工及木、竹、藤、棕、草制品业	20	1880	37	82
锯材、木片加工	201	765	19	8
人造板制造	202	508	7	65

陆川县	博白县	兴业县	北流市	百色市	右江区	田阳县
	2	1				
242	**513**	**203**	**858**	**725**	**181**	**106**
6	19	13	40	84	19	6
3	3	3	9	4		1
2	3	6	17	1	1	
	3		5	36	11	1
	2	2		8	2	1
1	2	1	3	11	2	
	2		2	3		
	4	1	4	21	3	3
7	19	3	17	21	6	6
3	4	1	11	9	3	
				3	1	2
1	5	1		7	2	4
			1			
	3	1	3			
3	6			1		
	1		2	1		
4	8	11	18	48	9	4
				3		
	5	3	9	12	3	3
4	2	4	8	17	6	1
	1	4	1	16		
5	3	13	139	14	3	2
				3		2
			65			
1				5		
2				3	2	
2	3	13	74	3	1	
2	5	5	30	6	2	1
2	5	5	28	6	2	1
			2			
1	5	2	87	3	2	
	1					
1	4	2	86	3	2	
			1			
10	70	6	44	43	7	8
7	36	4	25	26	2	5
2	29	2	3	13	3	3

1-08 续表90

行业分组	代 码	法人单位数（个）	玉州区	容 县
木制品制造	203	288	7	2
竹、藤、棕、草制品制造	204	319	4	7
家具制造业	21	337	10	23
木质家具制造	211	270	7	20
竹、藤家具制造	212	18		1
金属家具制造	213	13		
塑料家具制造	214	5	1	
其他家具制造	219	31	2	2
造纸及纸制品业	22	783	55	21
纸浆制造	221	43		
造纸	222	380	26	11
纸制品制造	223	360	29	10
印刷业和记录媒介的复制	23	779	34	13
印刷	231	701	33	13
装订及其他印刷服务活动	232	75	1	
记录媒介的复制	233	3		
文教体育用品制造业	24	92		3
文化用品制造	241	24		2
体育用品制造	242	14		
乐器制造	243	1		
玩具制造	244	50		1
游艺器材及娱乐用品制造	245	3		
石油加工、炼焦及核燃料加工业	25	42		
精炼石油产品的制造	251	38		
炼焦	252	4		
核燃料加工	253			
化学原料及化学制品制造业	26	1494	44	42
基础化学原料制造	261	196	2	
肥料制造	262	298	5	3
农药制造	263	77	3	1
涂料、油墨、颜料及类似产品制造	264	142	6	4
合成材料制造	265	21	2	
专用化学产品制造	266	613	21	26
日用化学产品制造	267	147	5	8
医药制造业	27	353	14	5
化学药品原药制造	271	32		
化学药品制剂制造	272	39	2	
中药饮片加工	273	53	4	2
中成药制造	274	118	4	2
兽用药品制造	275	58	2	1
生物、生化制品的制造	276	34		
卫生材料及医药用品制造	277	19	2	
化学纤维制造业	28	9		
纤维素纤维原料及纤维制造	281	1		
合成纤维制造	282	8		
橡胶制品业	29	139	2	3
轮胎制造	291	26		

陆川县	博白县	兴业县	北流市	百色市	右江区	田阳县
	3			4	2	
1	2		16			
4	7	2	49	7		
3	7	2	47	7		
1			2			
5	24	18	28	19	4	7
1	1			1		
1	9	16	7	13	3	6
3	14	2	21	5	1	1
2	14	1	17	25	11	1
2	14	1	17	21	9	1
				4	2	
	3	2	22	1		1
		1				
		1				
	3		22	1		1
			2	5		2
			1	4		2
			1	1		
24	38	14	27	49	23	4
		1		14	6	
7	6	2	8	9	3	2
2	9	1				
1	4		3	4	3	
14	19	9	13	19	10	2
		1	3	3	1	
3	3	2	18	12	4	
				2		
		1				
	1		1	1		
2		1	1	7	3	
	2		16	1	1	
1				1		
3			2			
1						

1–08 续表91

行业分组	代码	法人单位数（个）	玉州区	容县
橡胶板、管、带的制造	292	30	1	
橡胶零件制造	293	17		
再生橡胶制造	294	9		
日用及医用橡胶制品制造	295	12		
橡胶靴鞋制造	296	6		
其他橡胶制品制造	299	39	1	3
塑料制品业	30	736	36	19
塑料薄膜制造	301	96	1	1
塑料板、管、型材的制造	302	109	3	1
塑料丝、绳及编织品的制造	303	145	8	10
泡沫塑料制造	304	35	5	
塑料人造革、合成革制造	305	4		1
塑料包装箱及容器制造	306	85	5	1
塑料零件制造	307	22		2
日用塑料制造	308	108	12	1
其他塑料制品制造	309	132	2	2
非金属矿物制品业	31	3197	98	49
水泥、石灰和石膏的制造	311	482	6	6
水泥及石膏制品制造	312	312	24	6
砖瓦、石材及其他建筑材料制造	313	1946	57	29
玻璃及玻璃制品制造	314	81	5	
陶瓷制品制造	315	156	3	8
耐火材料制品制造	316	35	1	
石墨及其他非金属矿物制品制造	319	185	2	
黑色金属冶炼及压延加工业	32	425	1	
炼铁	321	67		
炼钢	322	12		
钢压延加工	323	118	1	
铁合金冶炼	324	228		
有色金属冶炼及压延加工业	33	326	2	
常用有色金属冶炼	331	216		
贵金属冶炼	332	11		
稀有稀土金属冶炼	333	16		
有色金属合金制造	334	13		
有色金属压延加工	335	70	2	
金属制品业	34	703	21	23
结构性金属制品制造	341	254	5	3
金属工具制造	342	105	2	5
集装箱及金属包装容器制造	343	35	2	
金属丝绳及其制品的制造	344	21	2	
建筑、安全用金属制品制造	345	62		
金属表面处理及热处理加工	346	38	3	
搪瓷制品制造	347	4		
不锈钢及类似日用金属制品制造	348	100	7	14
其他金属制品制造	349	84		1
通用设备制造业	35	914	75	17
锅炉及原动机制造	351	58	7	5

陆川县	博白县	兴业县	北流市	百色市	右江区	田阳县
1						
			1			
			1			
1						
17	18	7	41	14	5	3
1	12	1				
2	2		3			
1	1	2	9	5	1	2
2	2		4	3		
		1		1		
11	1	2	6	4	4	
		1	19	1		1
74	81	83	168	184	32	46
21	2	20	28	39	2	14
2	8	2	9	11	3	4
42	61	44	46	116	22	26
3	1	2	5			
6	9		63			
			15	2		1
		15	2	16	5	1
2		1	5	57	5	4
1		1		10		
1			5	2		
				45	5	4
1	6		1	36	6	1
	6		1	19	2	1
				3	1	
1				4		
				1		
				9	3	
24	8	5	10	23	8	3
1	3		3	14	5	1
3	2	2	1	5		1
1		1				
			1	2	2	
	1					
1						
18	2	2	3	2	1	1
			2			
4	20	4	28	20	12	1
				1		

1-08 续表92

行业分组	代 码	法人单位数（个）		
			玉州区	容 县
金属加工机械制造	352	104	3	4
起重运输设备制造	353	29		
泵、阀门、压缩机及类似机械的制造	354	62	5	2
轴承、齿轮、传动和驱动部件的制造	355	40	6	
烘炉、熔炉及电炉制造	356	5		
风机、衡器、包装设备等通用设备制造	357	83	4	
通用零部件制造及机械修理	358	246	20	2
金属铸、锻加工	359	287	30	4
专用设备制造业	36	676	21	13
矿山、冶金、建筑专用设备制造	361	140	2	1
化工、木材、非金属加工专用设备制造	362	120	3	3
食品、饮料、烟草及饲料生产专用设备制造	363	61	3	
印刷、制药、日化生产专用设备制造	364	41	1	1
纺织、服装和皮革工业专用设备制造	365	7		
电子和电工机械专用设备制造	366	21		
农、林、牧、渔专用机械制造	367	181	10	8
医疗仪器设备及器械制造	368	47	1	
环保、社会公共安全及其他专用设备制造	369	58	1	
交通运输设备制造业	37	1013	64	13
铁路运输设备制造	371	21		
汽车制造	372	855	56	12
摩托车制造	373	4		
自行车制造	374	21	8	
船舶及浮动装置制造	375	99		
航空航天器制造	376	5		1
交通器材及其他交通运输设备制造	379	8		
电气机械及器材制造业	39	454	14	6
电机制造	391	58	2	3
输配电及控制设备制造	392	169	6	1
电线、电缆、光缆及电工器材制造	393	80	1	1
电池制造	394	22	1	
家用电力器具制造	395	42	2	
非电力家用器具制造	396	23	1	1
照明器具制造	397	32	1	
其他电气机械及器材制造	399	28		
通信设备、计算机及其他电子设备制造业	40	225	2	25
通信设备制造	401	43		
雷达及配套设备制造	402	2		
广播电视设备制造	403	10		
电子计算机制造	404	18	1	
电子器件制造	405	20		
电子元件制造	406	93		25
家用视听设备制造	407	14		
其他电子设备制造	409	25	1	
仪器仪表及文化、办公用机械制造业	41	94		1
通用仪器仪表制造	411	37		
专用仪器仪表制造	412	16		

陆川县	博白县	兴业县	北流市	百色市	右江区	田阳县
	3		1			
				1	1	
				1		1
	1			2		
3		3	3	3	2	
1	16	1	24	12	9	
11	15	3	28	9	5	
3	1		2	2	2	
	3	1	1	4	1	
1	3	1	5	1		
	2		4			
7	5	1	13			
			1			
	1		2	2	2	
12	14	1	15	26	12	3
12	12	1	15	25	12	3
	1					
	1			1		
15	2	3	11	6	2	1
9		1		1	1	
1			2	1	1	
2	1		1	1		
2		1		1		
			1			
			4	1		1
1	1	1	3	1		
4		3	7	4		1
				1		
		2				
3		1	5	3		1
			1			
1			1			
1			1	1		
1						

1–08 续表93

行业分组	代 码	法人单位数（个）	玉州区	容 县
钟表与计时仪器制造	413	10		1
光学仪器及眼镜制造	414	17		
文化、办公用机械制造	415	6		
其他仪器仪表的制造及修理	419	8		
工艺品及其他制造业	42	495	9	17
工艺美术品制造	421	397	6	15
日用杂品制造	422	49	2	2
煤制品制造	423	17	1	
核辐射加工	424	1		
其他未列明的制造业	429	31		
废弃资源和废旧材料回收加工业	43	74	4	
金属废料和碎屑的加工处理	431	42	2	
非金属废料和碎屑的加工处理	432	32	2	
电力、燃气及水的生产和供应业	**D**	**2271**	**11**	**109**
电力、热力的生产和供应业	44	1694	6	100
电力生产	441	1561	4	99
电力供应	442	127	2	1
热力生产和供应	443	6		
燃气生产和供应业	45	38	1	
燃气生产和供应业	450	38	1	
水的生产和供应业	46	539	4	9
自来水的生产和供应	461	518	4	8
污水处理及其再生利用	462	16		
其他水的处理、利用与分配	469	5		1
建筑业	**E**	**2329**	**41**	**11**
房屋和土木工程建筑业	47	1087	20	10
房屋工程建筑	471	746	11	7
土木工程建筑	472	341	9	3
建筑安装业	48	315	6	
建筑安装业	480	315	6	
建筑装饰业	49	680	13	1
建筑装饰业	490	680	13	1
其他建筑业	50	247	2	
工程准备	501	81	1	
提供施工设备服务	502	64	1	
其他未列明的建筑活动	509	102		
交通运输、仓储和邮政业	**F**	**3178**	**129**	**19**
铁路运输业	51	17		
铁路旅客运输	511	2		
铁路货物运输	512	6		
铁路运输辅助活动	513	9		
道路运输业	52	1629	90	13
公路旅客运输	521	231	16	3
道路货物运输	522	910	55	8
道路运输辅助活动	523	488	19	2
城市公共交通业	53	197	9	3

陆川县	博白县	兴业县	北流市	百色市	右江区	田阳县
			1			
				1		
	129	1	3	7	3	1
	129	1	2	5	1	1
			1	1	1	
				1	1	
1	2			1	1	
1				1	1	
	2					
29	**30**	**2**	**72**	**146**	**25**	**6**
22	20		57	109	22	4
19	19		55	99	20	3
3	1		2	10	2	1
1			1	1	1	
1			1	1	1	
6	10	2	14	36	2	2
5	10	2	12	36	2	2
1			1			
			1			
6	**9**	**4**	**28**	**106**	**50**	**4**
5	8	4	23	66	22	4
5	7	3	19	41	13	3
	1	1	4	25	9	1
1	1		2	9	3	
1	1		2	9	3	
			3	23	19	
			3	23	19	
				8	6	
				2	2	
				6	4	
44	**56**	**46**	**39**	**162**	**56**	**16**
				1	1	
				1	1	
26	49	25	33	84	27	7
1	2	3	6	16	3	
18	7	8	25	26	14	1
7	40	14	2	42	10	6
	3		2	23	4	3

1–08 续表94

行业分组	代 码	法人单位数（个）		
			玉州区	容 县
公共电汽车客运	531	70	1	1
轨道交通	532			
出租车客运	533	108	7	2
城市轮渡	534			
其他城市公共交通	539	19	1	
水上运输业	54	351	3	3
水上旅客运输	541	46		
水上货物运输	542	220		2
水上运输辅助活动	543	85	3	1
航空运输业	55	37		
航空客货运输	551	13		
通用航空服务	552	6		
航空运输辅助活动	553	18		
管道运输业	56			
管道运输业	560			
装卸搬运和其他运输服务业	57	466	15	
装卸搬运	571	156	10	
运输代理服务	572	310	5	
仓储业	58	419	9	
谷物、棉花等农产品仓储	581	242	3	
其他仓储	589	177	6	
邮政业	59	62	3	
国家邮政	591	23	1	
其他寄递服务	599	39	2	
信息传输、计算机服务和软件业	**G**	**5040**	**121**	**38**
电信和其他信息传输服务业	60	919	18	4
电信	601	179	8	1
互联网信息服务	602	469	4	1
广播电视传输服务	603	263	5	2
卫星传输服务	604	8	1	
计算机服务业	61	3785	94	34
计算机系统服务	611	224	7	
数据处理	612	27		
计算机维修	613	39		
其他计算机服务	619	3495	87	34
软件业	62	336	9	
公共软件服务	621	247	4	
其他软件服务	629	89	5	
批发和零售业	**H**	**21560**	**664**	**145**
批发业	63	12548	326	58
农畜产品批发	631	694	20	18
食品、饮料及烟草制品批发	632	1073	47	5
纺织、服装及日用品批发	633	669	22	1
文化、体育用品及器材批发	634	350	4	
医药及医疗器材批发	635	479	23	2
矿产品、建材及化工产品批发	636	4719	103	18

陆川县	博白县	兴业县	北流市	百色市	右江区	田阳县
	1			10	1	2
	2		2	12	3	1
				1		
	1		3	12	3	2
			2	5	1	1
	1		1	7	2	1
				1		1
				1		1
1	1	4	1	15	9	
1	1	4	1	5	4	
				10	5	
17	2	17		20	9	2
17	2	17		13	4	1
				7	5	1
				6	3	1
				4	2	
				2	1	1
40	**61**	**18**	**38**	**230**	**70**	
2	3	1		68	41	
1	1			10	8	
		1		34	29	
1	2			21	4	
				3		
38	58	17	38	160	27	
				3	3	
				1	1	
				1		
38	58	17	38	155	23	
				2	2	
				2	2	
105	**598**	**42**	**285**	**846**	**351**	**58**
48	471	24	104	387	171	26
3	13	1	8	44	12	4
	28		2	25	18	2
1	1			9	4	1
2	1		2	4	2	
1		1	1	17	13	1
34	8	15	55	193	67	15

1-08 续表95

行业分组	代 码	法人单位数（个）	玉州区	容 县
机械设备、五金交电及电子产品批发	637	2859	74	4
贸易经纪与代理	638	750	10	
其他批发	639	955	23	10
零售业	65	9012	338	87
综合零售	651	1171	36	6
食品、饮料及烟草制品专门零售	652	919	31	20
纺织、服装及日用品专门零售	653	670	23	3
文化、体育用品及器材专门零售	654	505	17	3
医药及医疗器材专门零售	655	623	20	4
汽车、摩托车、燃料及零配件专门零售	656	1496	74	31
家用电器及电子产品专门零售	657	1683	83	9
五金、家具及室内装修材料专门零售	658	1042	38	4
无店铺及其他零售	659	903	16	7
住宿和餐饮业	**I**	**2152**	**87**	**17**
住宿业	66	1310	59	7
旅游饭店	661	521	24	
一般旅馆	662	715	31	6
其他住宿服务	669	74	4	1
餐饮业	67	842	28	10
正餐服务	671	674	21	10
快餐服务	672	59	2	
饮料及冷饮服务	673	22		
其他餐饮服务	679	87	5	
金融业	**J**	**636**	**32**	**2**
银行业	68	279	8	2
中央银行	681	21	2	
商业银行	682	238	6	2
其他银行	689	20		
证券业	69	12		
证券市场管理	691	1		
证券经纪与交易	692	8		
证券投资	693	1		
证券分析与咨询	694	2		
保险业	70	178	15	
人寿保险	701	50	5	
非人寿保险	702	104	8	
保险辅助服务	703	24	2	
其他金融活动	71	167	9	
金融信托与管理	711	16		
金融租赁	712	2		
财务公司	713	9	1	
邮政储蓄	714	9	1	
典当	715	52	1	
其他未列明的金融活动	719	79	6	
房地产业	**K**	**5628**	**199**	**19**
房地产业	72	5628	199	19

陆川县	博白县	兴业县	北流市	百色市	右江区	田阳县
3	5		10	69	47	2
	407		1	4	2	
4	8	7	25	22	6	1
57	127	18	181	459	180	32
8	40	11	24	153	18	11
15	21		26	41	14	7
	4	1	17	28	21	1
	2		10	26	9	3
1	3		9	23	10	2
21	32	4	44	48	21	5
6	6		20	73	54	
2	11	1	22	42	28	3
4	8	1	9	25	5	
14	**13**	**2**	**37**	**129**	**56**	**8**
7	8		22	84	38	6
2	3		4	27	15	3
5	3		16	54	22	3
	2		2	3	1	
7	5	2	15	45	18	2
5	5	2	11	41	15	2
1			2			
				1	1	
1			2	3	2	
2	**1**	**16**	**2**	**41**	**25**	**1**
1	1	15	1	21	8	1
				2	2	
1	1	15	1	17	5	1
				2	1	
				1	1	
				1	1	
				12	10	
				2	2	
				10	8	
1		1	1	7	6	
				3	2	
1						
				1	1	
			1	2	2	
		1		1	1	
24	**33**	**11**	**40**	**203**	**92**	**11**
24	33	11	40	203	92	11

1–08 续表96

行业分组	代码	法人单位数（个）	玉州区	容县
房地产开发经营	721	3134	123	13
物业管理	722	1020	31	4
房地产中介服务	723	729	20	1
其他房地产活动	729	745	25	1
租赁和商务服务业	**L**	**10535**	**272**	**39**
租赁业	73	263	7	
机械设备租赁	731	250	5	
文化及日用品出租	732	13	2	
商务服务业	74	10272	265	39
企业管理服务	741	4932	46	21
法律服务	742	503	15	2
咨询与调查	743	1089	36	1
广告业	744	1371	101	4
知识产权服务	745	36	2	
职业中介服务	746	405	10	2
市场管理	747	461	10	1
旅行社	748	504	23	3
其他商务服务	749	971	22	5
科学研究、技术服务和地质勘查业	**M**	**7141**	**187**	**99**
研究与试验发展	75	451	13	3
自然科学研究与试验发展	751	62	2	
工程和技术研究与试验发展	752	86	3	
农业科学研究与试验发展	753	182	3	2
医学研究与试验发展	754	42		
社会人文科学研究与试验发展	755	79	5	1
专业技术服务业	76	2899	94	24
气象服务	761	172	3	4
地震服务	762	68	5	
海洋服务	763	3		
测绘服务	764	139	4	2
技术检测	765	569	17	2
环境监测	766	112	5	
工程技术与规划管理	767	1442	59	16
其他专业技术服务	769	394	1	
科技交流和推广服务业	77	3696	80	70
技术推广服务	771	3350	70	59
科技中介服务	772	167	7	
其他科技服务	779	179	3	11
地质勘查业	78	95		2
矿产地质勘查	781	50		2
基础地质勘查	782	15		
地质勘查技术服务	783	30		
水利、环境和公共设施管理业	**N**	**2081**	**32**	**45**
水利管理业	79	1130	18	34
防洪管理	791	84	3	
水资源管理	792	562	10	20

陆川县	博白县	兴业县	北流市	百色市	右江区	田阳县
17	27	6	23	114	38	8
1	3	1	13	32	19	
1	2		3	22	14	1
5	1	4	1	35	21	2
59	**50**	**58**	**72**	**229**	**106**	**20**
		1		9	6	
		1		9	6	
59	50	57	72	220	100	20
39	36	42	26	48	15	8
4	1	4	5	28	10	3
2	1	1	10	24	19	3
8	3	5	11	44	26	3
			1	1	1	
2	2	1	2	24	9	1
1	3	1	4	16	4	
1	2		3	10	6	
2	2	3	10	25	10	2
101	**95**	**78**	**145**	**476**	**160**	**58**
2	4	2	3	15	6	6
			2			
				4	4	
1	2	2		8		5
				1	1	
1	2		1	2	1	1
38	52	25	48	159	57	14
2	2		1	13	3	1
1	1		1	9	1	1
	3	1	3	9	3	2
7	6	6	6	63	18	4
2		1	1	3	2	1
24	38	15	35	55	26	5
2	2	2	1	7	4	
61	39	51	93	300	96	38
60	38	49	91	282	86	35
	1	2	1	7	3	
1			1	11	7	3
			1	2	1	
			1	2	1	
23	**31**	**22**	**21**	**171**	**34**	**22**
16	25	16	9	112	20	18
	1	1	1	3		
14	22	13	7	49	1	8

1-08 续表97

行业分组	代 码	法人单位数（个）	玉州区	容 县
其他水利管理	799	484	5	14
环境管理业	80	380	5	5
自然保护	801	83	1	
环境治理	802	297	4	5
公共设施管理业	81	571	9	6
市政公共设施管理	811	132	6	1
城市绿化管理	812	191	1	1
游览景区管理	813	248	2	4
居民服务和其他服务业	**O**	**1607**	**67**	**4**
居民服务业	82	677	38	2
家庭服务	821	44	1	
托儿所	822	19		
洗染服务	823	20		
理发及美容保健服务	824	164	8	1
洗浴服务	825	44	2	
婚姻服务	826	37	8	
殡葬服务	827	61	5	
摄影扩印服务	828	84	2	1
其他居民服务	829	204	12	
其他服务业	83	930	29	2
修理与维护	831	554	23	
清洁服务	832	187	4	2
其他未列明的服务	839	189	2	
教育	**P**	**16435**	**465**	**333**
教育	84	16435	465	333
学前教育	841	2412	61	40
初等教育	842	9726	234	221
中等教育	843	2844	84	45
高等教育	844	131	2	1
其他教育	849	1322	84	26
卫生、社会保障和社会福利业	**Q**	**6207**	**115**	**56**
卫生	85	4332	66	53
医院	851	462	14	5
卫生院及社区医疗活动	852	1490	16	22
门诊部医疗活动	853	1049	9	2
计划生育技术服务活动	854	829	19	16
妇幼保健活动	855	113	3	1
专科疾病防治活动	856	70	2	2
疾病预防控制及防疫活动	857	154	1	5
其他卫生活动	859	165	2	
社会保障业	86	1227	38	1
社会保障业	860	1227	38	1
社会福利业	87	648	11	2
提供住宿的社会福利	871	440	7	1
不提供住宿的社会福利	872	208	4	1
文化、体育和娱乐业	**R**	**2600**	**99**	**33**

陆川县	博白县	兴业县	北流市	百色市	右江区	田阳县
2	2	2	1	60	19	10
2	4		6	22	4	2
			1	6	1	
2	4		5	16	3	2
5	2	6	6	37	10	2
1		1	2	7	1	1
2	1	2	2	9	3	
2	1	3	2	21	6	1
2	**9**	**6**	**23**	**57**	**35**	**2**
	2	3	11	19	11	1
			8	4	4	
				1	1	
				1	1	
	1	1	1	1	1	
		1	1	3	3	
	1	1	1	9	1	1
2	7	3	12	38	24	1
2	6	1	8	24	16	
			1	11	6	1
	1	2	3	3	2	
254	**485**	**260**	**432**	**955**	**94**	**79**
254	485	260	432	955	94	79
19	34	12	62	145	11	4
168	348	203	303	517	26	55
37	87	34	54	221	35	16
				11	5	
30	16	11	13	61	17	4
95	**135**	**62**	**163**	**657**	**52**	**37**
44	72	32	110	550	30	31
6	9		5	46	8	1
17	31	14	24	162	9	15
	1		46	170	3	
16	29	14	22	88	5	11
1	1	1	2	13	2	1
2	1		8	24		
1		3	2	16	2	1
1			1	31	1	2
46	57	27	48	67	10	3
46	57	27	48	67	10	3
5	6	3	5	40	12	3
3	5	1	3	24	4	1
2	1	2	2	16	8	2
22	**53**	**20**	**65**	**168**	**36**	**25**

1–08 续表98

行业分组	代码	法人单位数（个）	玉州区	容县
新闻出版业	88	158	6	
新闻业	881	25	1	
出版业	882	133	5	
广播、电视、电影和音像业	89	871	15	9
广播	891	488	2	6
电视	892	210	6	2
电影	893	145	7	1
音像制作	894	28		
文化艺术业	90	960	41	18
文艺创作与表演	901	174	13	2
艺术表演场馆	902	23		
图书馆与档案馆	903	195	4	4
文物及文化保护	904	74		2
博物馆	905	47	1	1
烈士陵园、纪念馆	906	22		1
群众文化活动	907	295	21	3
文化艺术经纪代理	908	37		
其他文化艺术	909	93	2	5
体育	91	189	17	1
体育组织	911	105	6	
体育场馆	912	39	6	
其他体育	919	45	5	1
娱乐业	92	422	20	5
室内娱乐活动	921	275	14	1
游乐园	922	13	1	
休闲健身娱乐活动	923	83	4	1
其他娱乐活动	929	51	1	3
公共管理和社会组织	**S**	**43197**	**890**	**535**
中国共产党机关	93	2275	49	26
中国共产党机关	930	2275	49	26
国家机构	94	16342	329	236
国家权力机构	941	268	4	2
国家行政机构	942	15610	316	221
人民法院和人民检察院	943	280	8	2
其他国家机构	949	184	1	11
人民政协和民主党派	95	247	10	4
人民政协	951	153	3	1
民主党派	952	94	7	3
群众团体、社会团体和宗教组织	96	8302	279	40
群众团体	961	949	24	9
社会团体	962	7143	245	31
宗教组织	963	210	10	
基层群众自治组织	97	16031	223	229
社区自治组织	971	1621	27	11
村民自治组织	972	14410	196	218

陆川县	博白县	兴业县	北流市	百色市	右江区	田阳县
				2	1	
				1		
				1	1	
11	11	17	30	57	9	7
10	1	13	23	29	4	3
	1	2	2	16	3	3
1	8	2	5	12	2	1
	1					
11	40	3	9	93	18	16
1	3		2	12	4	1
				1	1	
1	3	2	1	20	3	2
1	1	1		4	2	
	1		1	7	1	1
				6	2	1
8	31		4	36	5	9
				1		
	1		1	6		2
	2			6	3	1
	1			1		
				1	1	
	1			4	2	1
			26	10	5	1
			25	7	3	1
			1	2	2	
				1		
360	**671**	**478**	**543**	**3956**	**444**	**382**
25	39	26	41	265	28	28
25	39	26	41	265	28	28
152	165	169	137	1520	245	142
1	1	2	2	22	2	1
149	160	163	125	1467	238	139
2	2	3	2	28	4	2
	2	1	8	3	1	
1	1	1	3	18	6	1
1	1	1	2	15	3	1
			1	3	3	
18	140	68	63	282	45	55
6	9	7	9	81	16	3
12	131	61	51	192	26	51
			3	9	3	1
164	326	214	299	1871	120	156
10	10	4	21	68	12	4
154	316	210	278	1803	108	152

1-08 续表99

行业分组	代　码	法人单位数（个）	田东县	平果县
总　计		**154748**	**791**	**698**
农、林、牧、渔业	**A**	**210**		
农业	01	66		
谷物及其他作物的种植	011	18		
蔬菜、园艺作物的种植	012	12		
水果、坚果、饮料和香料作物的种植	013	33		
中药材的种植	014	3		
林业	02	56		
林木的培育和种植	021	53		
木材和竹材的采运	022	3		
林产品的采集	023			
畜牧业	03	51		
牲畜的饲养	031	7		
猪的饲养	032	21		
家禽的饲养	033	19		
狩猎和捕捉动物	034			
其他畜牧业	039	4		
渔业	04	17		
海洋渔业	041	7		
内陆渔业	042	10		
农、林、牧、渔服务业	05	20		
农业服务业	051	16		
林业服务业	052			
畜牧服务业	053	3		
渔业服务业	054	1		
采矿业	**B**	**2258**	**24**	**9**
煤炭开采和洗选业	06	49	1	
烟煤和无烟煤的开采洗选	061	28		
褐煤的开采洗选	062	17	1	
其他煤炭采选	069	4		
石油和天然气开采业	07	2		
天然原油和天然气开采	071	1		
与石油和天然气开采有关的服务活动	079	1		
黑色金属矿采选业	08	517	13	3
铁矿采选	081	145	1	1
其他黑色金属矿采选	089	372	12	2
有色金属矿采选业	09	552	5	1
常用有色金属矿采选	091	479	2	1
贵金属矿采选	092	55	3	
稀有稀土金属矿采选	093	18		
非金属矿采选业	10	1114	5	5
土砂石开采	101	849	4	4
化学矿采选	102	38		
采盐	103	4		
石棉及其他非金属矿采选	109	223	1	1
其他采矿业	11	24		

德保县	靖西县	那坡县	凌云县	乐业县	田林县	西林县
615	**1567**	**545**	**350**	**490**	**547**	**407**
		2		**3**	**1**	
		1		1		
		1		1		
		1		1	1	
		1		1	1	
				1		
				1		
6	**56**	**2**	**8**	**6**	**2**	**2**
2	52					
1	3					
1	49					
1		2	1	5	1	2
1		1				1
		1	1	5	1	1
3	4		7	1	1	
3	2		7	1	1	
	1					
	1					

1-08 续表100

行业分组	代 码	法人单位数（个）	田东县	平果县
其他采矿业	110	24		
制造业	**C**	**19683**	**72**	**100**
农副食品加工业	13	1486	4	4
谷物磨制	131	227		1
饲料加工	132	250		
植物油加工	133	126	2	
制糖	134	107	1	1
屠宰及肉类加工	135	297	1	
水产品加工	136	101		
蔬菜、水果和坚果加工	137	109		
其他农副食品加工	139	269		2
食品制造业	14	876	3	
焙烤食品制造	141	263	2	
糖果、巧克力及蜜饯制造	142	84		
方便食品制造	143	149	1	
液体乳及乳制品制造	144	17		
罐头制造	145	86		
调味品、发酵制品制造	146	111		
其他食品制造	149	166		
饮料制造业	15	796	1	2
酒精制造	151	43	1	1
酒的制造	152	183		
软饮料制造	153	293		
精制茶加工	154	277		1
烟草制品业	16	5		
烟叶复烤	161	1		
卷烟制造	162	4		
其他烟草制品加工	169			
纺织业	17	661	1	2
棉、化纤纺织及印染精加工	171	93		
毛纺织和染整精加工	172	88		
麻纺织	173	11		
丝绢纺织及精加工	174	102		2
纺织制成品制造	175	83		
针织品、编织品及其制品制造	176	284	1	
纺织服装、鞋、帽制造业	18	338		2
纺织服装制造	181	324		2
纺织面料鞋的制造	182	11		
制帽	183	3		
皮革、毛皮、羽毛（绒）及其制品业	19	281	1	
皮革鞣制加工	191	41		
皮革制品制造	192	193	1	
毛皮鞣制及制品加工	193	5		
羽毛（绒）加工及制品制造	194	42		
木材加工及木、竹、藤、棕、草制品业	20	1880		5
锯材、木片加工	201	765		3
人造板制造	202	508		1

德保县	靖西县	那坡县	凌云县	乐业县	田林县	西林县
36	**54**	**21**	**25**	**14**	**49**	**29**
3	5	3	2	4	20	10
	1					1
				4	15	2
1	1				1	
2		1	2			1
	3					
		2			4	6
	4				1	1
	3				1	
	1					
						1
6	2	3	8	2	1	6
1						
4		1				1
	2		1	1	1	2
1		2	7	1		3
	3	1	1			
	1					
	1	1	1			
	1					
		1				
		1				
		2	1	2	11	5
		2	1	2	5	5
					6	

1-08 续表101

行业分组	代 码	法人单位数（个）		
			田东县	平果县
木制品制造	203	288		1
竹、藤、棕、草制品制造	204	319		
家具制造业	21	337	1	
木质家具制造	211	270	1	
竹、藤家具制造	212	18		
金属家具制造	213	13		
塑料家具制造	214	5		
其他家具制造	219	31		
造纸及纸制品业	22	783	3	1
纸浆制造	221	43	1	
造纸	222	380	1	
纸制品制造	223	360	1	1
印刷业和记录媒介的复制	23	779	2	3
印刷	231	701	2	3
装订及其他印刷服务活动	232	75		
记录媒介的复制	233	3		
文教体育用品制造业	24	92		
文化用品制造	241	24		
体育用品制造	242	14		
乐器制造	243	1		
玩具制造	244	50		
游艺器材及娱乐用品制造	245	3		
石油加工、炼焦及核燃料加工业	25	42	2	
精炼石油产品的制造	251	38	2	
炼焦	252	4		
核燃料加工	253			
化学原料及化学制品制造业	26	1494	6	8
基础化学原料制造	261	196	3	2
肥料制造	262	298	2	1
农药制造	263	77		
涂料、油墨、颜料及类似产品制造	264	142		1
合成材料制造	265	21		
专用化学产品制造	266	613	1	3
日用化学产品制造	267	147		1
医药制造业	27	353	2	1
化学药品原药制造	271	32	1	1
化学药品制剂制造	272	39		
中药饮片加工	273	53		
中成药制造	274	118	1	
兽用药品制造	275	58		
生物、生化制品的制造	276	34		
卫生材料及医药用品制造	277	19		
化学纤维制造业	28	9		
纤维素纤维原料及纤维制造	281	1		
合成纤维制造	282	8		
橡胶制品业	29	139		
轮胎制造	291	26		

德保县	靖西县	那坡县	凌云县	乐业县	田林县	西林县
			5		1	
			5		1	
	1				2	
	1				2	
1	1	1		1	1	1
1	1	1		1		
					1	1
3	1	1		1	1	
1	1			1		
1						
1					1	
		1				
1		2	1		1	
		1				
		1	1		1	
1						

1-08 续表102

行业分组	代 码	法人单位数（个）	田东县	平果县
橡胶板、管、带的制造	292	30		
橡胶零件制造	293	17		
再生橡胶制造	294	9		
日用及医用橡胶制品制造	295	12		
橡胶靴鞋制造	296	6		
其他橡胶制品制造	299	39		
塑料制品业	30	736	3	1
塑料薄膜制造	301	96		
塑料板、管、型材的制造	302	109		
塑料丝、绳及编织品的制造	303	145	1	1
泡沫塑料制造	304	35		
塑料人造革、合成革制造	305	4		
塑料包装箱及容器制造	306	85	2	
塑料零件制造	307	22		
日用塑料制造	308	108		
其他塑料制品制造	309	132		
非金属矿物制品业	31	3197	28	30
水泥、石灰和石膏的制造	311	482	3	3
水泥及石膏制品制造	312	312	3	
砖瓦、石材及其他建筑材料制造	313	1946	21	18
玻璃及玻璃制品制造	314	81		
陶瓷制品制造	315	156		
耐火材料制品制造	316	35		1
石墨及其他非金属矿物制品制造	319	185	1	8
黑色金属冶炼及压延加工业	32	425	1	15
炼铁	321	67		8
炼钢	322	12		
钢压延加工	323	118		
铁合金冶炼	324	228	1	7
有色金属冶炼及压延加工业	33	326	2	13
常用有色金属冶炼	331	216	2	6
贵金属冶炼	332	11		
稀有稀土金属冶炼	333	16		
有色金属合金制造	334	13		1
有色金属压延加工	335	70		6
金属制品业	34	703	4	5
结构性金属制品制造	341	254	2	4
金属工具制造	342	105	2	1
集装箱及金属包装容器制造	343	35		
金属丝绳及其制品的制造	344	21		
建筑、安全用金属制品制造	345	62		
金属表面处理及热处理加工	346	38		
搪瓷制品制造	347	4		
不锈钢及类似日用金属制品制造	348	100		
其他金属制品制造	349	84		
通用设备制造业	35	914	1	3
锅炉及原动机制造	351	58		

德保县	靖西县	那坡县	凌云县	乐业县	田林县	西林县
1						
1						
10	11	3	4	2	8	5
5	1	1	4	1	1	1
5	10	2			7	4
				1		
8	15	4	2			1
	2					
2						
6	13	4	2			1
1	3		1	2	2	
1	2		1		1	
	1			1		
				1	1	
	2					
	2					

1-08 续表103

行业分组	代 码	法人单位数（个）	田东县	平果县
金属加工机械制造	352	104		
起重运输设备制造	353	29		
泵、阀门、压缩机及类似机械的制造	354	62		
轴承、齿轮、传动和驱动部件的制造	355	40		
烘炉、熔炉及电炉制造	356	5		
风机、衡器、包装设备等通用设备制造	357	83		
通用零部件制造及机械修理	358	246		1
金属铸、锻加工	359	287	1	2
专用设备制造业	36	676		1
矿山、冶金、建筑专用设备制造	361	140		
化工、木材、非金属加工专用设备制造	362	120		1
食品、饮料、烟草及饲料生产专用设备制造	363	61		
印刷、制药、日化生产专用设备制造	364	41		
纺织、服装和皮革工业专用设备制造	365	7		
电子和电工机械专用设备制造	366	21		
农、林、牧、渔专用机械制造	367	181		
医疗仪器设备及器械制造	368	47		
环保、社会公共安全及其他专用设备制造	369	58		
交通运输设备制造业	37	1013	4	
铁路运输设备制造	371	21		
汽车制造	372	855	4	
摩托车制造	373	4		
自行车制造	374	21		
船舶及浮动装置制造	375	99		
航空航天器制造	376	5		
交通器材及其他交通运输设备制造	379	8		
电气机械及器材制造业	39	454	2	1
电机制造	391	58		
输配电及控制设备制造	392	169		
电线、电缆、光缆及电工器材制造	393	80		1
电池制造	394	22	1	
家用电力器具制造	395	42		
非电力家用器具制造	396	23		
照明器具制造	397	32	1	
其他电气机械及器材制造	399	28		
通信设备、计算机及其他电子设备制造业	40	225	1	2
通信设备制造	401	43	1	
雷达及配套设备制造	402	2		
广播电视设备制造	403	10		
电子计算机制造	404	18		
电子器件制造	405	20		
电子元件制造	406	93		2
家用视听设备制造	407	14		
其他电子设备制造	409	25		
仪器仪表及文化、办公用机械制造业	41	94		
通用仪器仪表制造	411	37		
专用仪器仪表制造	412	16		

德保县	靖西县	那坡县	凌云县	乐业县	田林县	西林县
	3					
	2					
	1					
2	1					
2	1					

1-08 续表104

行业分组	代 码	法人单位数（个）	田东县	平果县
钟表与计时仪器制造	413	10		
光学仪器及眼镜制造	414	17		
文化、办公用机械制造	415	6		
其他仪器仪表的制造及修理	419	8		
工艺品及其他制造业	42	495		1
工艺美术品制造	421	397		1
日用杂品制造	422	49		
煤制品制造	423	17		
核辐射加工	424	1		
其他未列明的制造业	429	31		
废弃资源和废旧材料回收加工业	43	74		
金属废料和碎屑的加工处理	431	42		
非金属废料和碎屑的加工处理	432	32		
电力、燃气及水的生产和供应业	**D**	**2271**	**13**	**15**
电力、热力的生产和供应业	44	1694	6	7
电力生产	441	1561	6	6
电力供应	442	127		1
热力生产和供应	443	6		
燃气生产和供应业	45	38		
燃气生产和供应业	450	38		
水的生产和供应业	46	539	7	8
自来水的生产和供应	461	518	7	8
污水处理及其再生利用	462	16		
其他水的处理、利用与分配	469	5		
建筑业	**E**	**2329**	**10**	**9**
房屋和土木工程建筑业	47	1087	7	6
房屋工程建筑	471	746	3	6
土木工程建筑	472	341	4	
建筑安装业	48	315	3	
建筑安装业	480	315	3	
建筑装饰业	49	680		3
建筑装饰业	490	680		3
其他建筑业	50	247		
工程准备	501	81		
提供施工设备服务	502	64		
其他未列明的建筑活动	509	102		
交通运输、仓储和邮政业	**F**	**3178**	**23**	**14**
铁路运输业	51	17		
铁路旅客运输	511	2		
铁路货物运输	512	6		
铁路运输辅助活动	513	9		
道路运输业	52	1629	12	8
公路旅客运输	521	231	3	5
道路货物运输	522	910	7	1
道路运输辅助活动	523	488	2	2
城市公共交通业	53	197	3	3

德保县	靖西县	那坡县	凌云县	乐业县	田林县	西林县
	2					
	2					
20	**4**	**9**	**11**	**5**	**15**	**9**
18	1	8	9	3	13	6
17	1	7	9	2	12	5
1		1		1	1	1
2	3	1	2	2	2	3
2	3	1	2	2	2	3
3	**7**	**2**	**6**	**1**	**2**	**1**
3	7	2	4	1		1
2	5	2	3	1		1
1	2		1			
			1		2	
			1		2	
			1			
			1			
6	**19**	**5**	**2**	**5**	**5**	**4**
4	14	2	1	2	2	2
	4					
2	1					
2	9	2	1	2	2	2
1	2	1		2	1	

1-08 续表105

行业分组	代 码	法人单位数（个）	田东县	平果县
公共电汽车客运	531	70	1	
轨道交通	532			
出租车客运	533	108	2	3
城市轮渡	534			
其他城市公共交通	539	19		
水上运输业	54	351	4	1
水上旅客运输	541	46		
水上货物运输	542	220	2	1
水上运输辅助活动	543	85	2	
航空运输业	55	37		
航空客货运输	551	13		
通用航空服务	552	6		
航空运输辅助活动	553	18		
管道运输业	56			
管道运输业	560			
装卸搬运和其他运输服务业	57	466	2	
装卸搬运	571	156	1	
运输代理服务	572	310	1	
仓储业	58	419	2	2
谷物、棉花等农产品仓储	581	242	2	2
其他仓储	589	177		
邮政业	59	62		
国家邮政	591	23		
其他寄递服务	599	39		
信息传输、计算机服务和软件业	**G**	**5040**	**23**	**8**
电信和其他信息传输服务业	60	919	2	2
电信	601	179		1
互联网信息服务	602	469		
广播电视传输服务	603	263	2	1
卫星传输服务	604	8		
计算机服务业	61	3785	21	6
计算机系统服务	611	224		
数据处理	612	27		
计算机维修	613	39		1
其他计算机服务	619	3495	21	5
软件业	62	336		
公共软件服务	621	247		
其他软件服务	629	89		
批发和零售业	**H**	**21560**	**113**	**59**
批发业	63	12548	75	32
农畜产品批发	631	694	7	12
食品、饮料及烟草制品批发	632	1073	1	1
纺织、服装及日用品批发	633	669	1	
文化、体育用品及器材批发	634	350		
医药及医疗器材批发	635	479	1	
矿产品、建材及化工产品批发	636	4719	54	13

德保县	靖西县	那坡县	凌云县	乐业县	田林县	西林县
	2	1		1	1	
1				1		
						1
						1
1	1			1	1	
1	1			1	1	
	1	2			1	1
	1	2			1	
						1
	1		1			
	1		1			
30	**32**	**3**	**6**	**15**	**18**	**24**
1	2	3	6	1		9
			1			
			5			
1	2			1		9
		3				
29	30			14	18	15
29	30			14	18	15
29	**74**	**27**	**13**	**24**	**27**	**21**
8	29	6	1	7	9	3
	6			1	1	
	1				1	1
	2			1		
1						
					1	
7	17	3		3	4	1

1-08 续表106

行业分组	代 码	法人单位数（个）	田东县	平果县
机械设备、五金交电及电子产品批发	637	2859	9	3
贸易经纪与代理	638	750	1	
其他批发	639	955	1	3
零售业	65	9012	38	27
综合零售	651	1171	9	11
食品、饮料及烟草制品专门零售	652	919	1	1
纺织、服装及日用品专门零售	653	670	1	
文化、体育用品及器材专门零售	654	505	4	2
医药及医疗器材专门零售	655	623	1	2
汽车、摩托车、燃料及零配件专门零售	656	1496	9	1
家用电器及电子产品专门零售	657	1683	7	4
五金、家具及室内装修材料专门零售	658	1042	3	3
无店铺及其他零售	659	903	3	3
住宿和餐饮业	**I**	**2152**	**9**	**8**
住宿业	66	1310	4	4
旅游饭店	661	521		
一般旅馆	662	715	4	3
其他住宿服务	669	74		1
餐饮业	67	842	5	4
正餐服务	671	674	5	4
快餐服务	672	59		
饮料及冷饮服务	673	22		
其他餐饮服务	679	87		
金融业	**J**	**636**	**2**	**4**
银行业	68	279	1	3
中央银行	681	21		
商业银行	682	238	1	2
其他银行	689	20		1
证券业	69	12		
证券市场管理	691	1		
证券经纪与交易	692	8		
证券投资	693	1		
证券分析与咨询	694	2		
保险业	70	178	1	
人寿保险	701	50		
非人寿保险	702	104	1	
保险辅助服务	703	24		
其他金融活动	71	167		1
金融信托与管理	711	16		1
金融租赁	712	2		
财务公司	713	9		
邮政储蓄	714	9		
典当	715	52		
其他未列明的金融活动	719	79		
房地产业	**K**	**5628**	**23**	**28**
房地产业	72	5628	23	28

德保县	靖西县	那坡县	凌云县	乐业县	田林县	西林县
	1	1		1	1	
		1				
	2	1	1	1	1	1
21	45	21	12	17	18	18
10	19	12	10	9	15	11
4	4	2	1	1	1	1
	2			3		
	2	1	1	1	1	1
1	3	2		1		
2	3	3		1		
1	4					1
	4					
3	4	1		1	1	4
6	**20**	**2**	**2**	**2**	**1**	**5**
2	15	1	1	1		4
1	5		1	1		
1	9	1				4
	1					
4	5	1	1	1	1	1
4	5	1	1	1	1	
						1
1	**1**	**1**	**2**	**1**	**1**	**1**
1	1	1	1	1	1	1
1	1	1	1	1	1	1
			1			
			1			
7	**11**	**2**	**4**	**9**	**8**	
7	11	2	4	9	8	

1-08 续表107

行业分组	代 码	法人单位数（个）	田东县	平果县
房地产开发经营	721	3134	15	21
物业管理	722	1020	3	7
房地产中介服务	723	729	3	
其他房地产活动	729	745	2	
租赁和商务服务业	**L**	**10535**	**19**	**13**
租赁业	73	263		
机械设备租赁	731	250		
文化及日用品出租	732	13		
商务服务业	74	10272	19	13
企业管理服务	741	4932	3	5
法律服务	742	503	7	
咨询与调查	743	1089		
广告业	744	1371		2
知识产权服务	745	36		
职业中介服务	746	405	1	4
市场管理	747	461	3	
旅行社	748	504		
其他商务服务	749	971	5	2
科学研究、技术服务和地质勘查业	**M**	**7141**	**24**	**10**
研究与试验发展	75	451		
自然科学研究与试验发展	751	62		
工程和技术研究与试验发展	752	86		
农业科学研究与试验发展	753	182		
医学研究与试验发展	754	42		
社会人文科学研究与试验发展	755	79		
专业技术服务业	76	2899	16	9
气象服务	761	172	1	1
地震服务	762	68	1	1
海洋服务	763	3		
测绘服务	764	139	2	1
技术检测	765	569	5	2
环境监测	766	112		
工程技术与规划管理	767	1442	7	3
其他专业技术服务	769	394		1
科技交流和推广服务业	77	3696	7	1
技术推广服务	771	3350	7	1
科技中介服务	772	167		
其他科技服务	779	179		
地质勘查业	78	95	1	
矿产地质勘查	781	50	1	
基础地质勘查	782	15		
地质勘查技术服务	783	30		
水利、环境和公共设施管理业	**N**	**2081**	**8**	**5**
水利管理业	79	1130	6	1
防洪管理	791	84		
水资源管理	792	562	6	1

德保县	靖西县	那坡县	凌云县	乐业县	田林县	西林县
7	9	2	3	5	2	
	2			1		
				2	1	
			1	1	5	
6	**20**	**13**		**13**	**7**	**3**
1		1			1	
1		1			1	
5	20	12		13	6	3
1	3	2		7	1	
	2	2		1	1	1
	1	1				
1	7	3			1	1
1	1	2		3	1	
2	1	1		1	1	1
	2			1		
	3	1			1	
29	**85**	**42**	**2**	**26**	**5**	**21**
		1		2		
		1		2		
4	28	7	2	6	4	5
	1	1		2	1	1
1	1	1		1	1	
		1				
2	24	1	1	1	1	2
1	2	3	1	2	1	2
25	57	34		18	1	16
22	57	34		17	1	16
2				1		
1						
9	**34**	**35**	**2**	**13**	**2**	**4**
6	25	29	1	5	1	
1		1		1		
1	6	24		1	1	

1-08 续表108

行业分组	代码	法人单位数（个）	田东县	平果县
其他水利管理	799	484		
环境管理业	80	380	2	2
自然保护	801	83		
环境治理	802	297	2	2
公共设施管理业	81	571		2
市政公共设施管理	811	132		1
城市绿化管理	812	191		1
游览景区管理	813	248		
居民服务和其他服务业	**O**	**1607**	**3**	**4**
居民服务业	82	677	1	1
家庭服务	821	44		
托儿所	822	19		
洗染服务	823	20		
理发及美容保健服务	824	164		
洗浴服务	825	44		
婚姻服务	826	37		
殡葬服务	827	61		
摄影扩印服务	828	84		
其他居民服务	829	204	1	1
其他服务业	83	930	2	3
修理与维护	831	554		3
清洁服务	832	187	2	
其他未列明的服务	839	189		
教育	**P**	**16435**	**66**	**68**
教育	84	16435	66	68
学前教育	841	2412	20	16
初等教育	842	9726	18	22
中等教育	843	2844	20	24
高等教育	844	131	1	1
其他教育	849	1322	7	5
卫生、社会保障和社会福利业	**Q**	**6207**	**27**	**38**
卫生	85	4332	23	24
医院	851	462	2	3
卫生院及社区医疗活动	852	1490	14	14
门诊部医疗活动	853	1049	2	1
计划生育技术服务活动	854	829		1
妇幼保健活动	855	113	1	1
专科疾病防治活动	856	70		2
疾病预防控制及防疫活动	857	154	2	1
其他卫生活动	859	165	2	1
社会保障业	86	1227	2	3
社会保障业	860	1227	2	3
社会福利业	87	648	2	11
提供住宿的社会福利	871	440	2	11
不提供住宿的社会福利	872	208		
文化、体育和娱乐业	**R**	**2600**	**10**	**4**

德保县	靖西县	那坡县	凌云县	乐业县	田林县	西林县
4	19	4	1	3		
2	2	4		2		1
1	1	3				
1	1	1		2		1
1	7	2	1	6	1	3
				1		2
1				1	1	1
	7	2	1	4		
3	**4**		**3**			**1**
1			2			1
1			2			1
2	4		1			
1	3		1			
1	1					
47	**360**	**34**	**36**	**33**	**56**	**31**
47	360	34	36	33	56	31
5	41	8	12	1	15	7
22	285	10	10	12	21	14
16	29	11	12	14	17	7
1	1					2
3	4	5	2	6	3	1
40	**236**	**42**	**32**	**47**	**31**	**28**
38	216	37	29	25	28	25
2	3	1	13	2	2	5
17	24	14	7	9	20	6
	131	9	7	3	1	
13	19	10		9	2	8
1	1	1	1	1	1	1
2	18				1	1
1	1	2	1	1	1	1
2	19					3
1	13	4	3	20	3	3
1	13	4	3	20	3	3
1	7	1		2		
	5			1		
1	2	1		1		
4	**28**	**16**	**1**	**17**	**5**	**6**

1-08 续表109

行业分组	代码	法人单位数（个）	田东县	平果县
新闻出版业	88	158		
新闻业	881	25		
出版业	882	133		
广播、电视、电影和音像业	89	871	2	2
广播	891	488		1
电视	892	210	1	
电影	893	145	1	1
音像制作	894	28		
文化艺术业	90	960	8	2
文艺创作与表演	901	174	1	
艺术表演场馆	902	23		
图书馆与档案馆	903	195	2	
文物及文化保护	904	74		
博物馆	905	47	1	
烈士陵园、纪念馆	906	22	1	1
群众文化活动	907	295	3	
文化艺术经纪代理	908	37		
其他文化艺术	909	93		1
体育	91	189		
体育组织	911	105		
体育场馆	912	39		
其他体育	919	45		
娱乐业	92	422		
室内娱乐活动	921	275		
游乐园	922	13		
休闲健身娱乐活动	923	83		
其他娱乐活动	929	51		
公共管理和社会组织	**S**	**43197**	**322**	**302**
中国共产党机关	93	2275	21	21
中国共产党机关	930	2275	21	21
国家机构	94	16342	85	88
国家权力机构	941	268	2	1
国家行政机构	942	15610	81	85
人民法院和人民检察院	943	280	2	2
其他国家机构	949	184		
人民政协和民主党派	95	247	1	1
人民政协	951	153	1	1
民主党派	952	94		
群众团体、社会团体和宗教组织	96	8302	48	11
群众团体	961	949	7	6
社会团体	962	7143	40	5
宗教组织	963	210	1	
基层群众自治组织	97	16031	167	181
社区自治组织	971	1621	6	10
村民自治组织	972	14410	161	171

德保县	靖西县	那坡县	凌云县	乐业县	田林县	西林县
	1					
	1					
	19	2		10	1	1
	17	1		1		
				8		
	2	1		1	1	1
4	7	14	1	6	3	4
	1	1		1	1	1
2	1	1	1	2	2	1
				1		
	1	1		1		1
	1					
1	2	10		1		
1						
	1	1				1
	1				1	
					1	
	1					
				1		1
				1		
						1
333	**522**	**287**	**195**	**256**	**312**	**217**
22	28	18	13	19	21	18
22	28	18	13	19	21	18
112	176	130	64	128	100	90
1	1	1	7	1	1	3
109	170	127	54	125	97	85
2	4	2	2	2	2	2
	1		1			
1	1	1	1	1	1	2
1	1	1	1	1	1	2
13	26	8	7	20	22	11
8	6	6	4	6	7	6
4	18	2	3	14	15	5
1	2					
185	291	130	110	88	168	96
5	9	3	5	4	3	3
180	282	127	105	84	165	93

1-08 续表110

行业分组	代　码	法人单位数（个）		
			隆林各族自治县	贺州市
总　计		**154748**	**684**	**5511**
农、林、牧、渔业	**A**	**210**		
农业	01	66		
谷物及其他作物的种植	011	18		
蔬菜、园艺作物的种植	012	12		
水果、坚果、饮料和香料作物的种植	013	33		
中药材的种植	014	3		
林业	02	56		
林木的培育和种植	021	53		
木材和竹材的采运	022	3		
林产品的采集	023			
畜牧业	03	51		
牲畜的饲养	031	7		
猪的饲养	032	21		
家禽的饲养	033	19		
狩猎和捕捉动物	034			
其他畜牧业	039	4		
渔业	04	17		
海洋渔业	041	7		
内陆渔业	042	10		
农、林、牧、渔服务业	05	20		
农业服务业	051	16		
林业服务业	052			
畜牧服务业	053	3		
渔业服务业	054	1		
采矿业	**B**	**2258**	**18**	**62**
煤炭开采和洗选业	06	49		
烟煤和无烟煤的开采洗选	061	28		
褐煤的开采洗选	062	17		
其他煤炭采选	069	4		
石油和天然气开采业	07	2		
天然原油和天然气开采	071	1		
与石油和天然气开采有关的服务活动	079	1		
黑色金属矿采选业	08	517	1	17
铁矿采选	081	145		13
其他黑色金属矿采选	089	372	1	4
有色金属矿采选业	09	552	17	7
常用有色金属矿采选	091	479	8	4
贵金属矿采选	092	55	9	2
稀有稀土金属矿采选	093	18		1
非金属矿采选业	10	1114		34
土砂石开采	101	849		24
化学矿采选	102	38		
采盐	103	4		
石棉及其他非金属矿采选	109	223		10
其他采矿业	11	24		4

平桂管理区	八步区	昭平县	钟山县	富川瑶族自治县	河池市	金城江区
748	**1936**	**1026**	**928**	**873**	**9849**	**1744**
					4	
					4	
					4	
30	**11**	**5**	**8**	**8**	**273**	**44**
					16	1
					16	1
7	2		3	5	46	6
4	2		2	5	28	2
3			1		18	4
2	5				163	24
2	2				155	23
	2				7	1
	1				1	
20	4	5	2	3	48	13
15	1	4	1	3	29	12
					1	
5	3	1	1		18	1
1			3			

1-08 续表111

行业分组	代 码	法人单位数（个）	隆林各族自治县	贺州市
其他采矿业	110	24		4
制造业	**C**	**19683**	**38**	**403**
农副食品加工业	13	1486	4	23
谷物磨制	131	227		7
饲料加工	132	250		1
植物油加工	133	126	1	1
制糖	134	107		
屠宰及肉类加工	135	297	2	4
水产品加工	136	101		
蔬菜、水果和坚果加工	137	109		5
其他农副食品加工	139	269	1	5
食品制造业	14	876		11
焙烤食品制造	141	263		2
糖果、巧克力及蜜饯制造	142	84		
方便食品制造	143	149		3
液体乳及乳制品制造	144	17		
罐头制造	145	86		3
调味品、发酵制品制造	146	111		2
其他食品制造	149	166		1
饮料制造业	15	796	4	27
酒精制造	151	43		1
酒的制造	152	183		1
软饮料制造	153	293	3	8
精制茶加工	154	277	1	17
烟草制品业	16	5		
烟叶复烤	161	1		
卷烟制造	162	4		
其他烟草制品加工	169			
纺织业	17	661	1	12
棉、化纤纺织及印染精加工	171	93		3
毛纺织和染整精加工	172	88		1
麻纺织	173	11		
丝绢纺织及精加工	174	102		5
纺织制成品制造	175	83	1	1
针织品、编织品及其制品制造	176	284		2
纺织服装、鞋、帽制造业	18	338		4
纺织服装制造	181	324		4
纺织面料鞋的制造	182	11		
制帽	183	3		
皮革、毛皮、羽毛（绒）及其制品业	19	281		1
皮革鞣制加工	191	41		
皮革制品制造	192	193		1
毛皮鞣制及制品加工	193	5		
羽毛（绒）加工及制品制造	194	42		
木材加工及木、竹、藤、棕、草制品业	20	1880	2	59
锯材、木片加工	201	765	1	17
人造板制造	202	508		25

平桂管理区	八步区	昭平县	钟山县	富川瑶族自治县	河池市	金城江区
1			3			
105	**113**	**100**	**59**	**26**	**795**	**144**
3	7	2	8	3	78	17
	2		4	1		
	1					
1					14	
					8	1
	2	1	1		41	13
2	1			2	3	2
	1	1	3		12	1
5	4		1	1	18	4
	1			1	5	2
2	1				3	2
2	1				6	
1	1				3	
			1		1	
1	4	18	1	3	45	5
				1	2	
1					22	2
	3	2	1	2	19	3
	1	16			2	
1	2	4	3	2	34	5
			2	1	4	2
	1				1	
1		3	1		23	3
	1				1	
		1		1	5	
2		1	1		3	1
2		1	1		3	1
				1	2	
				1	2	
5	14	36	4		119	11
3	5	6	3		79	9
2	6	16	1		21	

1-08 续表112

行业分组	代 码	法人单位数（个）	隆林各族自治县	贺州市
木制品制造	203	288	1	7
竹、藤、棕、草制品制造	204	319		10
家具制造业	21	337		7
木质家具制造	211	270		6
竹、藤家具制造	212	18		
金属家具制造	213	13		
塑料家具制造	214	5		1
其他家具制造	219	31		
造纸及纸制品业	22	783	1	21
纸浆制造	221	43		5
造纸	222	380		8
纸制品制造	223	360	1	8
印刷业和记录媒介的复制	23	779	2	13
印刷	231	701	2	13
装订及其他印刷服务活动	232	75		
记录媒介的复制	233	3		
文教体育用品制造业	24	92		2
文化用品制造	241	24		
体育用品制造	242	14		
乐器制造	243	1		
玩具制造	244	50		2
游艺器材及娱乐用品制造	245	3		
石油加工、炼焦及核燃料加工业	25	42	1	
精炼石油产品的制造	251	38		
炼焦	252	4	1	
核燃料加工	253			
化学原料及化学制品制造业	26	1494	1	38
基础化学原料制造	261	196		4
肥料制造	262	298		6
农药制造	263	77		3
涂料、油墨、颜料及类似产品制造	264	142		1
合成材料制造	265	21		2
专用化学产品制造	266	613	1	20
日用化学产品制造	267	147		2
医药制造业	27	353		3
化学药品原药制造	271	32		
化学药品制剂制造	272	39		
中药饮片加工	273	53		
中成药制造	274	118		3
兽用药品制造	275	58		
生物、生化制品的制造	276	34		
卫生材料及医药用品制造	277	19		
化学纤维制造业	28	9		1
纤维素纤维原料及纤维制造	281	1		
合成纤维制造	282	8		1
橡胶制品业	29	139		1
轮胎制造	291	26		

平桂管理区	八步区	昭平县	钟山县	富川瑶族自治县	河池市	金城江区
	1	6			17	2
	2	8			2	
4	1	2			12	3
3	1	2			12	3
1						
2	5	8	6		10	1
1	1	3			2	
1		5	2		3	
	4		4		5	1
1	4	3	3	2	20	5
1	4	3	3	2	16	5
					4	
1			1			
1			1			
7	11	9	9	2	50	12
1	2	1			12	3
1	3	1	1		15	5
2			1			
	1					
	1		1		3	1
3	4	5	6	2	18	3
		2			2	
1	1			1	8	2
					1	1
					1	
					1	
1	1			1	5	1
				1	1	
				1	1	
			1			

1–08 续表113

行业分组	代码	法人单位数（个）		
			隆林各族自治县	贺州市
橡胶板、管、带的制造	292	30		
橡胶零件制造	293	17		
再生橡胶制造	294	9		1
日用及医用橡胶制品制造	295	12		
橡胶靴鞋制造	296	6		
其他橡胶制品制造	299	39		
塑料制品业	30	736	1	9
塑料薄膜制造	301	96		1
塑料板、管、型材的制造	302	109		2
塑料丝、绳及编织品的制造	303	145		3
泡沫塑料制造	304	35		
塑料人造革、合成革制造	305	4		
塑料包装箱及容器制造	306	85		
塑料零件制造	307	22	1	
日用塑料制造	308	108		1
其他塑料制品制造	309	132		2
非金属矿物制品业	31	3197	5	87
水泥、石灰和石膏的制造	311	482	3	11
水泥及石膏制品制造	312	312	1	5
砖瓦、石材及其他建筑材料制造	313	1946	1	46
玻璃及玻璃制品制造	314	81		
陶瓷制品制造	315	156		5
耐火材料制品制造	316	35		
石墨及其他非金属矿物制品制造	319	185		20
黑色金属冶炼及压延加工业	32	425	2	19
炼铁	321	67		3
炼钢	322	12		1
钢压延加工	323	118		13
铁合金冶炼	324	228	2	2
有色金属冶炼及压延加工业	33	326	5	15
常用有色金属冶炼	331	216	3	10
贵金属冶炼	332	11		1
稀有稀土金属冶炼	333	16	2	1
有色金属合金制造	334	13		
有色金属压延加工	335	70		3
金属制品业	34	703	1	12
结构性金属制品制造	341	254		7
金属工具制造	342	105	1	3
集装箱及金属包装容器制造	343	35		
金属丝绳及其制品的制造	344	21		
建筑、安全用金属制品制造	345	62		
金属表面处理及热处理加工	346	38		
搪瓷制品制造	347	4		
不锈钢及类似日用金属制品制造	348	100		1
其他金属制品制造	349	84		1
通用设备制造业	35	914	3	11
锅炉及原动机制造	351	58	1	1

平桂管理区	八步区	昭平县	钟山县	富川瑶族自治县	河池市	金城江区
			1			
6	3				9	2
	1					
1	1				1	
3					7	2
					1	
	1					
2						
48	8	13	13	5	189	32
3	1	1	4	2	26	7
3				2	16	4
27	4	9	5	1	127	21
					6	
1	1	1	2		3	
14	2	2	2		11	
3	16				16	1
1	2				4	
1						
	13				2	1
1	1				10	
6	3	1	4	1	65	11
4	2		3	1	58	10
		1			2	1
1					3	
1	1		1		2	
2	6	1	3		12	2
2	4		1		5	2
		1	2		4	
					1	
					1	
	1				1	
	1					
4	6	1			25	6
	1				2	

1-08 续表114

行业分组	代码	法人单位数（个）	隆林各族自治县	贺州市
金属加工机械制造	352	104		4
起重运输设备制造	353	29		
泵、阀门、压缩机及类似机械的制造	354	62		3
轴承、齿轮、传动和驱动部件的制造	355	40		
烘炉、熔炉及电炉制造	356	5		
风机、衡器、包装设备等通用设备制造	357	83	2	
通用零部件制造及机械修理	358	246		
金属铸、锻加工	359	287		3
专用设备制造业	36	676		7
矿山、冶金、建筑专用设备制造	361	140		1
化工、木材、非金属加工专用设备制造	362	120		2
食品、饮料、烟草及饲料生产专用设备制造	363	61		1
印刷、制药、日化生产专用设备制造	364	41		1
纺织、服装和皮革工业专用设备制造	365	7		
电子和电工机械专用设备制造	366	21		
农、林、牧、渔专用机械制造	367	181		2
医疗仪器设备及器械制造	368	47		
环保、社会公共安全及其他专用设备制造	369	58		
交通运输设备制造业	37	1013	4	7
铁路运输设备制造	371	21		
汽车制造	372	855	3	7
摩托车制造	373	4		
自行车制造	374	21		
船舶及浮动装置制造	375	99		
航空航天器制造	376	5	1	
交通器材及其他交通运输设备制造	379	8		
电气机械及器材制造业	39	454		6
电机制造	391	58		1
输配电及控制设备制造	392	169		2
电线、电缆、光缆及电工器材制造	393	80		1
电池制造	394	22		2
家用电力器具制造	395	42		
非电力家用器具制造	396	23		
照明器具制造	397	32		
其他电气机械及器材制造	399	28		
通信设备、计算机及其他电子设备制造业	40	225		
通信设备制造	401	43		
雷达及配套设备制造	402	2		
广播电视设备制造	403	10		
电子计算机制造	404	18		
电子器件制造	405	20		
电子元件制造	406	93		
家用视听设备制造	407	14		
其他电子设备制造	409	25		
仪器仪表及文化、办公用机械制造业	41	94	1	1
通用仪器仪表制造	411	37		
专用仪器仪表制造	412	16		

平桂管理区	八步区	昭平县	钟山县	富川瑶族自治县	河池市	金城江区
4					2	1
	3					
					4	
					2	
					4	
	2	1			11	5
1	3		1	2	29	17
1					12	9
				2	1	
	1					
	1					
					1	
	1		1		14	7
					1	1
	6			1	15	4
					5	
	6			1	10	4
1	5				5	1
	1					
	2				3	
	1				1	
1	1				1	1
					1	
					1	
1						

1–08 续表115

行业分组	代 码	法人单位数（个）	隆林各族自治县	贺州市
钟表与计时仪器制造	413	10		1
光学仪器及眼镜制造	414	17		
文化、办公用机械制造	415	6		
其他仪器仪表的制造及修理	419	8	1	
工艺品及其他制造业	42	495		6
工艺美术品制造	421	397		
日用杂品制造	422	49		6
煤制品制造	423	17		
核辐射加工	424	1		
其他未列明的制造业	429	31		
废弃资源和废旧材料回收加工业	43	74		
金属废料和碎屑的加工处理	431	42		
非金属废料和碎屑的加工处理	432	32		
电力、燃气及水的生产和供应业	**D**	**2271**	**14**	**191**
电力、热力的生产和供应业	44	1694	12	174
电力生产	441	1561	11	164
电力供应	442	127	1	10
热力生产和供应	443	6		
燃气生产和供应业	45	38		1
燃气生产和供应业	450	38		1
水的生产和供应业	46	539	2	16
自来水的生产和供应	461	518	2	15
污水处理及其再生利用	462	16		
其他水的处理、利用与分配	469	5		1
建筑业	**E**	**2329**	**11**	**38**
房屋和土木工程建筑业	47	1087	9	30
房屋工程建筑	471	746	2	21
土木工程建筑	472	341	7	9
建筑安装业	48	315		1
建筑安装业	480	315		1
建筑装饰业	49	680		4
建筑装饰业	490	680		4
其他建筑业	50	247	2	3
工程准备	501	81		2
提供施工设备服务	502	64		
其他未列明的建筑活动	509	102	2	1
交通运输、仓储和邮政业	**F**	**3178**	**7**	**58**
铁路运输业	51	17		
铁路旅客运输	511	2		
铁路货物运输	512	6		
铁路运输辅助活动	513	9		
道路运输业	52	1629	3	25
公路旅客运输	521	231	1	8
道路货物运输	522	910		6
道路运输辅助活动	523	488	2	11
城市公共交通业	53	197	3	13

平桂管理区	八步区	昭平县	钟山县	富川瑶族自治县	河池市	金城江区
1						
	4	1		1	26	1
					24	
	4	1		1		
					1	1
					1	
					3	1
					3	1
26	**69**	**28**	**45**	**23**	**131**	**12**
21	67	22	43	21	93	8
21	60	21	42	20	81	6
	7	1	1	1	12	2
1					2	
1					2	
4	2	6	2	2	36	4
4	2	6	1	2	34	3
					1	1
			1		1	
1	**23**	**4**	**5**	**5**	**68**	**24**
1	16	3	5	5	50	15
1	11	3	3	3	35	6
	5		2	2	15	9
	1				8	4
	1				8	4
	3	1			9	5
	3	1			9	5
	3				1	
	2					
	1				1	
4	**19**	**13**	**15**	**7**	**88**	**31**
1	7	4	8	5	38	14
	3	1	1	3	8	2
	3	1	2		11	9
1	1	2	5	2	19	3
	6	1	4	2	9	4

1–08 续表116

行业分组	代码	法人单位数（个）		
			隆林各族自治县	贺州市
公共电汽车客运	531	70	1	6
轨道交通	532			
出租车客运	533	108	1	6
城市轮渡	534			
其他城市公共交通	539	19	1	1
水上运输业	54	351	1	7
水上旅客运输	541	46		2
水上货物运输	542	220		4
水上运输辅助活动	543	85	1	1
航空运输业	55	37		
航空客货运输	551	13		
通用航空服务	552	6		
航空运输辅助活动	553	18		
管道运输业	56			
管道运输业	560			
装卸搬运和其他运输服务业	57	466		6
装卸搬运	571	156		2
运输代理服务	572	310		4
仓储业	58	419		5
谷物、棉花等农产品仓储	581	242		4
其他仓储	589	177		1
邮政业	59	62		2
国家邮政	591	23		2
其他寄递服务	599	39		
信息传输、计算机服务和软件业	**G**	**5040**	**1**	**192**
电信和其他信息传输服务业	60	919	1	8
电信	601	179		5
互联网信息服务	602	469		1
广播电视传输服务	603	263	1	2
卫星传输服务	604	8		
计算机服务业	61	3785		183
计算机系统服务	611	224		4
数据处理	612	27		
计算机维修	613	39		1
其他计算机服务	619	3495		178
软件业	62	336		1
公共软件服务	621	247		1
其他软件服务	629	89		
批发和零售业	**H**	**21560**	**50**	**39**
批发业	63	12548	20	24
农畜产品批发	631	694	1	12
食品、饮料及烟草制品批发	632	1073		20
纺织、服装及日用品批发	633	669		3
文化、体育用品及器材批发	634	350	1	7
医药及医疗器材批发	635	479	1	9
矿产品、建材及化工产品批发	636	4719	9	125

平桂管理区	八步区	昭平县	钟山县	富川瑶族自治县	河池市	金城江区
	2		3	1	2	1
	3	1	1	1	6	3
	1				1	
1	1	5			4	1
	1	1			2	
		4				
1					2	1
2		3	1		16	1
1			1		5	
1		3			11	1
	3		2		17	7
	2		2		12	5
	1				5	2
	2				4	4
	2				1	1
					3	3
37	**90**	**25**	**30**	**10**	**320**	**25**
	6	1		1	45	15
	5				11	7
		1			8	5
	1			1	26	3
37	83	24	30	9	273	8
	4				1	1
					1	1
	1				1	1
37	78	24	30	9	270	5
	1				2	2
	1				1	1
					1	1
40	**219**	**39**	**68**	**33**	**882**	**297**
19	138	31	36	19	536	213
	8	1	2	1	55	5
1	10	4	3	2	35	12
		2	1		17	7
	4	1	1	1	3	1
	7	1		1	16	11
12	57	18	26	12	282	99

1-08 续表117

行业分组	代码	法人单位数（个）	隆林各族自治县	贺州市
机械设备、五金交电及电子产品批发	637	2859	4	19
贸易经纪与代理	638	750		8
其他批发	639	955	4	40
零售业	65	9012	30	156
综合零售	651	1171	18	26
食品、饮料及烟草制品专门零售	652	919	4	8
纺织、服装及日用品专门零售	653	670		6
文化、体育用品及器材专门零售	654	505	1	3
医药及医疗器材专门零售	655	623	1	5
汽车、摩托车、燃料及零配件专门零售	656	1496	3	38
家用电器及电子产品专门零售	657	1683	2	37
五金、家具及室内装修材料专门零售	658	1042	1	7
无店铺及其他零售	659	903		26
住宿和餐饮业	**I**	**2152**	**10**	**25**
住宿业	66	1310	8	21
旅游饭店	661	521	1	13
一般旅馆	662	715	7	7
其他住宿服务	669	74		1
餐饮业	67	842	2	4
正餐服务	671	674	2	4
快餐服务	672	59		
饮料及冷饮服务	673	22		
其他餐饮服务	679	87		
金融业	**J**	**636**	**1**	**19**
银行业	68	279	1	11
中央银行	681	21		1
商业银行	682	238	1	9
其他银行	689	20		1
证券业	69	12		
证券市场管理	691	1		
证券经纪与交易	692	8		
证券投资	693	1		
证券分析与咨询	694	2		
保险业	70	178		3
人寿保险	701	50		1
非人寿保险	702	104		2
保险辅助服务	703	24		
其他金融活动	71	167		5
金融信托与管理	711	16		
金融租赁	712	2		
财务公司	713	9		
邮政储蓄	714	9		
典当	715	52		4
其他未列明的金融活动	719	79		1
房地产业	**K**	**5628**	**8**	**101**
房地产业	72	5628	8	101

平桂管理区	八步区	昭平县	钟山县	富川瑶族自治县	河池市	金城江区
1	14	3		1	78	59
	8				11	2
5	30	1	3	1	39	17
21	81	8	32	14	346	84
3	6	1	12	4	78	11
	1	3	3	1	24	4
	5		1		8	4
1	2				17	4
	4		1		29	8
14	15		3	6	86	13
	32	2	1	2	68	32
1	5		1		16	3
2	11	2	10	1	20	5
2	**12**	**3**	**4**	**4**	**66**	**20**
2	12	1	3	3	53	16
1	7		2	3	18	5
1	4	1	1		34	11
	1				1	
		2	1	1	13	4
		2	1	1	10	4
					1	
					2	
1	**15**	**1**	**1**	**1**	**30**	**20**
	8	1	1	1	17	7
	1				1	1
	6	1	1	1	15	5
	1				1	1
	3				10	10
	1				3	3
	2				6	6
					1	1
1	4				3	3
					1	1
	4				2	2
1						
6	**60**	**12**	**16**	**7**	**212**	**82**
6	60	12	16	7	212	82

1-08 续表118

行业分组	代码	法人单位数（个）	隆林各族自治县	贺州市
房地产开发经营	721	3134	4	72
物业管理	722	1020		14
房地产中介服务	723	729	1	13
其他房地产活动	729	745	3	2
租赁和商务服务业	**L**	**10535**	**9**	**215**
租赁业	73	263		4
机械设备租赁	731	250		4
文化及日用品出租	732	13		
商务服务业	74	10272	9	211
企业管理服务	741	4932	3	100
法律服务	742	503	1	13
咨询与调查	743	1089		19
广告业	744	1371		14
知识产权服务	745	36		
职业中介服务	746	405	1	12
市场管理	747	461	2	9
旅行社	748	504	1	14
其他商务服务	749	971	1	30
科学研究、技术服务和地质勘查业	**M**	**7141**	**14**	**357**
研究与试验发展	75	451		11
自然科学研究与试验发展	751	62		1
工程和技术研究与试验发展	752	86		
农业科学研究与试验发展	753	182		9
医学研究与试验发展	754	42		
社会人文科学研究与试验发展	755	79		1
专业技术服务业	76	2899	7	124
气象服务	761	172	1	8
地震服务	762	68		1
海洋服务	763	3		
测绘服务	764	139		3
技术检测	765	569	2	31
环境监测	766	112		7
工程技术与规划管理	767	1442	2	65
其他专业技术服务	769	394	2	9
科技交流和推广服务业	77	3696	7	216
技术推广服务	771	3350	6	203
科技中介服务	772	167	1	4
其他科技服务	779	179		9
地质勘查业	78	95		6
矿产地质勘查	781	50		5
基础地质勘查	782	15		
地质勘查技术服务	783	30		1
水利、环境和公共设施管理业	**N**	**2081**	**3**	**100**
水利管理业	79	1130		64
防洪管理	791	84		3
水资源管理	792	562		29

平桂管理区	八步区	昭平县	钟山县	富川瑶族自治县	河池市	金城江区
6	39	8	12	7	89	35
	13		1		25	10
	8	4	1		20	10
			2		78	27
21	**89**	**45**	**44**	**16**	**358**	**98**
	3	1			3	1
	3	1			3	1
21	86	44	44	16	355	97
13	21	23	29	14	138	25
1	8	1	2	1	38	11
1	16		2		21	8
	13	1			38	30
					2	2
	8	3	1		23	8
1	2	5	1		44	2
1	9	3		1	17	7
4	9	8	9		34	4
20	**125**	**92**	**58**	**62**	**739**	**152**
	6	1	3	1	29	8
	1					
					1	1
	4	1	3	1	19	4
	1				9	3
9	59	22	25	9	191	54
	3	2	2	1	21	3
			1		5	2
	3				5	1
	17	7	4	3	44	9
	3	1	2	1	12	5
9	29	9	15	3	98	32
	4	3	1	1	6	2
11	59	65	29	52	514	89
11	53	64	24	51	494	85
	3		1		7	1
	3	1	4	1	13	3
	1	4	1		5	1
		4	1		5	1
	1					
9	**32**	**14**	**15**	**30**	**182**	**31**
5	18	6	10	25	125	24
	2	1			12	1
3	7	5	4	10	39	7

1-08 续表119

行业分组	代码	法人单位数（个）	隆林各族自治县	贺州市
其他水利管理	799	484		32
环境管理业	80	380	1	17
自然保护	801	83		5
环境治理	802	297	1	12
公共设施管理业	81	571	2	19
市政公共设施管理	811	132	1	3
城市绿化管理	812	191	1	8
游览景区管理	813	248		8
居民服务和其他服务业	**O**	**1607**	**2**	**16**
居民服务业	82	677	1	7
家庭服务	821	44		
托儿所	822	19		
洗染服务	823	20		
理发及美容保健服务	824	164		
洗浴服务	825	44		
婚姻服务	826	37		
殡葬服务	827	61		3
摄影扩印服务	828	84		
其他居民服务	829	204	1	4
其他服务业	83	930	1	9
修理与维护	831	554		4
清洁服务	832	187		3
其他未列明的服务	839	189	1	2
教育	**P**	**16435**	**51**	**990**
教育	84	16435	51	990
学前教育	841	2412	5	98
初等教育	842	9726	22	719
中等教育	843	2844	20	125
高等教育	844	131		3
其他教育	849	1322	4	45
卫生、社会保障和社会福利业	**Q**	**6207**	**47**	**223**
卫生	85	4332	44	105
医院	851	462	4	13
卫生院及社区医疗活动	852	1490	13	66
门诊部医疗活动	853	1049	13	1
计划生育技术服务活动	854	829	10	6
妇幼保健活动	855	113	1	2
专科疾病防治活动	856	70		2
疾病预防控制及防疫活动	857	154	2	10
其他卫生活动	859	165	1	5
社会保障业	86	1227	2	109
社会保障业	860	1227	2	109
社会福利业	87	648	1	9
提供住宿的社会福利	871	440		4
不提供住宿的社会福利	872	208	1	5
文化、体育和娱乐业	**R**	**2600**	**16**	**118**

平桂管理区	八步区	昭平县	钟山县	富川瑶族自治县	河池市	金城江区
2	9		6	15	74	16
1	6	3	4	3	22	1
	2		1	2	6	
1	4	3	3	1	16	1
3	8	5	1	2	35	6
	3				9	1
	4	3		1	12	3
3	1	2	1	1	14	2
3	**7**	**4**	**1**	**1**	**59**	**26**
1	3	2	1		16	7
					1	1
					3	
					1	
					5	3
	2		1		2	1
					1	1
1	1	2			3	1
2	4	2		1	43	19
1	2	1			25	12
	1	1		1	10	3
1	1				8	4
175	**298**	**194**	**179**	**144**	**914**	**115**
175	298	194	179	144	914	115
21	38	13	19	7	233	29
127	197	152	130	113	355	27
25	39	22	21	18	248	35
	3				5	1
2	21	7	9	6	73	23
32	**58**	**52**	**43**	**38**	**578**	**115**
12	30	21	25	17	405	69
2	4	3	2	2	26	8
9	16	16	13	12	162	15
	1				30	22
1	3		1	1	131	16
			2		12	1
	1			1	5	1
	3	1	5	1	13	2
	2	1	2		26	4
19	24	31	16	19	133	35
19	24	31	16	19	133	35
1	4		2	2	40	11
1	3				30	8
	1		2	2	10	3
4	**42**	**29**	**23**	**20**	**235**	**38**

1-08 续表120

行业分组	代 码	法人单位数（个）	隆林各族自治县	贺州市
新闻出版业	88	158		3
新闻业	881	25		1
出版业	882	133		2
广播、电视、电影和音像业	89	871	4	57
广播	891	488	2	36
电视	892	210	1	17
电影	893	145	1	4
音像制作	894	28		
文化艺术业	90	960	10	38
文艺创作与表演	901	174	1	7
艺术表演场馆	902	23		2
图书馆与档案馆	903	195	3	9
文物及文化保护	904	74	1	4
博物馆	905	47		1
烈士陵园、纪念馆	906	22		
群众文化活动	907	295	5	7
文化艺术经纪代理	908	37		2
其他文化艺术	909	93		6
体育	91	189		13
体育组织	911	105		9
体育场馆	912	39		1
其他体育	919	45		3
娱乐业	92	422	2	7
室内娱乐活动	921	275	2	2
游乐园	922	13		
休闲健身娱乐活动	923	83		1
其他娱乐活动	929	51		4
公共管理和社会组织	**S**	**43197**	**384**	**2004**
中国共产党机关	93	2275	28	110
中国共产党机关	930	2275	28	110
国家机构	94	16342	160	889
国家权力机构	941	268	1	10
国家行政机构	942	15610	157	861
人民法院和人民检察院	943	280	2	12
其他国家机构	949	184		6
人民政协和民主党派	95	247	1	12
人民政协	951	153	1	6
民主党派	952	94		6
群众团体、社会团体和宗教组织	96	8302	16	238
群众团体	961	949	6	43
社会团体	962	7143	9	195
宗教组织	963	210	1	
基层群众自治组织	97	16031	179	755
社区自治组织	971	1621	4	46
村民自治组织	972	14410	175	709

平桂管理区	八步区	昭平县	钟山县	富川瑶族自治县	河池市	金城江区
	2		1		3	1
			1		1	
	2				2	1
	16	14	15	12	112	18
	14	12		10	50	13
	1	1	14	1	48	3
	1	1	1	1	12	2
					2	
1	13	10	7	7	102	15
	5			2	15	3
		1	1		2	1
1	3	2	2	1	23	3
		2	1	1	12	2
	1				1	
					4	1
	2	2	2	1	36	4
	1			1		
	1	3	1	1	9	1
	9	3		1	10	2
	6	3			5	
	1				1	1
	2			1	4	1
3	2	2			8	2
		2			4	1
					2	1
	1				2	
3	1					
232	**654**	**366**	**314**	**438**	**3915**	**470**
16	32	21	18	23	293	38
16	32	21	18	23	293	38
84	324	146	151	184	1618	213
2	2	1	4	1	20	2
82	318	141	140	180	1567	207
	4	2	3	3	26	4
		2	4		5	
1	7	1	2	1	16	3
1	2	1	1	1	13	2
	5		1		3	1
7	90	39	27	75	346	73
5	18	7	8	5	68	12
2	72	32	19	70	260	57
					18	4
124	201	159	116	155	1642	143
2	16	7	3	18	145	32
122	185	152	113	137	1497	111

1-08 续表121

行业分组	代 码	法人单位数（个）		
			南丹县	天峨县
总 计		**154748**	**1173**	**506**
农、林、牧、渔业	**A**	**210**		**1**
农业	01	66		
谷物及其他作物的种植	011	18		
蔬菜、园艺作物的种植	012	12		
水果、坚果、饮料和香料作物的种植	013	33		
中药材的种植	014	3		
林业	02	56		1
林木的培育和种植	021	53		1
木材和竹材的采运	022	3		
林产品的采集	023			
畜牧业	03	51		
牲畜的饲养	031	7		
猪的饲养	032	21		
家禽的饲养	033	19		
狩猎和捕捉动物	034			
其他畜牧业	039	4		
渔业	04	17		
海洋渔业	041	7		
内陆渔业	042	10		
农、林、牧、渔服务业	05	20		
农业服务业	051	16		
林业服务业	052			
畜牧服务业	053	3		
渔业服务业	054	1		
采矿业	**B**	**2258**	**83**	**6**
煤炭开采和洗选业	06	49		
烟煤和无烟煤的开采洗选	061	28		
褐煤的开采洗选	062	17		
其他煤炭采选	069	4		
石油和天然气开采业	07	2		
天然原油和天然气开采	071	1		
与石油和天然气开采有关的服务活动	079	1		
黑色金属矿采选业	08	517	1	6
铁矿采选	081	145		6
其他黑色金属矿采选	089	372	1	
有色金属矿采选业	09	552	75	
常用有色金属矿采选	091	479	75	
贵金属矿采选	092	55		
稀有稀土金属矿采选	093	18		
非金属矿采选业	10	1114	7	
土砂石开采	101	849	5	
化学矿采选	102	38	1	
采盐	103	4		
石棉及其他非金属矿采选	109	223	1	
其他采矿业	11	24		

凤山县	东兰县	罗城仫佬族自治县	环江毛南族自治县	巴马瑶族自治县	都安瑶族自治县	大化瑶族自治县
489	**691**	**841**	**663**	**672**	**759**	**738**
	1		**1**			
	1		1			
	1		1			
15	**3**	**39**	**36**	**27**	**2**	**1**
		7	6		1	
		7	6		1	
7	2	9	3			1
7	2	7	3			1
		2				
4		22	19	19		
		21	19	17		
4				2		
		1				
4	1	1	8	8	1	
	1		4	2	1	
4		1	4	6		

1–08 续表122

行业分组	代 码	法人单位数（个）	南丹县	天峨县
其他采矿业	110	24		
制造业	**C**	**19683**	**93**	**23**
农副食品加工业	13	1486	3	5
谷物磨制	131	227		
饲料加工	132	250		
植物油加工	133	126	1	3
制糖	134	107		
屠宰及肉类加工	135	297	1	2
水产品加工	136	101		
蔬菜、水果和坚果加工	137	109		
其他农副食品加工	139	269	1	
食品制造业	14	876	1	
焙烤食品制造	141	263	1	
糖果、巧克力及蜜饯制造	142	84		
方便食品制造	143	149		
液体乳及乳制品制造	144	17		
罐头制造	145	86		
调味品、发酵制品制造	146	111		
其他食品制造	149	166		
饮料制造业	15	796	6	3
酒精制造	151	43		
酒的制造	152	183	2	1
软饮料制造	153	293	2	2
精制茶加工	154	277	2	
烟草制品业	16	5		
烟叶复烤	161	1		
卷烟制造	162	4		
其他烟草制品加工	169			
纺织业	17	661		
棉、化纤纺织及印染精加工	171	93		
毛纺织和染整精加工	172	88		
麻纺织	173	11		
丝绢纺织及精加工	174	102		
纺织制成品制造	175	83		
针织品、编织品及其制品制造	176	284		
纺织服装、鞋、帽制造业	18	338		
纺织服装制造	181	324		
纺织面料鞋的制造	182	11		
制帽	183	3		
皮革、毛皮、羽毛（绒）及其制品业	19	281		
皮革鞣制加工	191	41		
皮革制品制造	192	193		
毛皮鞣制及制品加工	193	5		
羽毛（绒）加工及制品制造	194	42		
木材加工及木、竹、藤、棕、草制品业	20	1880	12	8
锯材、木片加工	201	765	2	4
人造板制造	202	508	2	2

凤山县	东兰县	罗城仫佬族自治县	环江毛南族自治县	巴马瑶族自治县	都安瑶族自治县	大化瑶族自治县
11	**17**	**83**	**75**	**55**	**58**	**44**
	3	11	13	11	3	4
	2	1		5		
		1	1	1	1	1
		7	11	3	1	1
	1	2	1	2	1	2
				2	1	1
				2		
					1	
						1
	2	6	3	10	2	3
				1		1
	2	4	1	6	2	
		2	2	3		2
1	1	2	2	1	2	1
					1	
1	1	1	2	1	1	
		1				1
		1				
		1				
5	1	21	9	8	1	6
4		19	4	7	1	3
1	1		1			3

1-08 续表123

行业分组	代码	法人单位数（个）	南丹县	天峨县
木制品制造	203	288	8	2
竹、藤、棕、草制品制造	204	319		
家具制造业	21	337	2	
木质家具制造	211	270	2	
竹、藤家具制造	212	18		
金属家具制造	213	13		
塑料家具制造	214	5		
其他家具制造	219	31		
造纸及纸制品业	22	783	2	
纸浆制造	221	43		
造纸	222	380	2	
纸制品制造	223	360		
印刷业和记录媒介的复制	23	779	1	1
印刷	231	701	1	1
装订及其他印刷服务活动	232	75		
记录媒介的复制	233	3		
文教体育用品制造业	24	92		
文化用品制造	241	24		
体育用品制造	242	14		
乐器制造	243	1		
玩具制造	244	50		
游艺器材及娱乐用品制造	245	3		
石油加工、炼焦及核燃料加工业	25	42		
精炼石油产品的制造	251	38		
炼焦	252	4		
核燃料加工	253			
化学原料及化学制品制造业	26	1494	2	2
基础化学原料制造	261	196	2	
肥料制造	262	298		
农药制造	263	77		
涂料、油墨、颜料及类似产品制造	264	142		
合成材料制造	265	21		
专用化学产品制造	266	613		2
日用化学产品制造	267	147		
医药制造业	27	353		
化学药品原药制造	271	32		
化学药品制剂制造	272	39		
中药饮片加工	273	53		
中成药制造	274	118		
兽用药品制造	275	58		
生物、生化制品的制造	276	34		
卫生材料及医药用品制造	277	19		
化学纤维制造业	28	9		
纤维素纤维原料及纤维制造	281	1		
合成纤维制造	282	8		
橡胶制品业	29	139		
轮胎制造	291	26		

凤山县	东兰县	罗城仫佬族自治县	环江毛南族自治县	巴马瑶族自治县	都安瑶族自治县	大化瑶族自治县
		1	4			
		1		1		
	1		3	1		
	1		3	1		
					3	
					1	
					2	
1	1	1		4	1	2
1	1			4	1	1
		1				1
		2	3	2	5	
			1		2	
		2	1		1	
			1			
				2		
					2	
1	1					1
	1					
1						1

1-08 续表124

行业分组	代码	法人单位数（个）	南丹县	天峨县
橡胶板、管、带的制造	292	30		
橡胶零件制造	293	17		
再生橡胶制造	294	9		
日用及医用橡胶制品制造	295	12		
橡胶靴鞋制造	296	6		
其他橡胶制品制造	299	39		
塑料制品业	30	736	2	
塑料薄膜制造	301	96		
塑料板、管、型材的制造	302	109		
塑料丝、绳及编织品的制造	303	145	2	
泡沫塑料制造	304	35		
塑料人造革、合成革制造	305	4		
塑料包装箱及容器制造	306	85		
塑料零件制造	307	22		
日用塑料制造	308	108		
其他塑料制品制造	309	132		
非金属矿物制品业	31	3197	22	2
水泥、石灰和石膏的制造	311	482	2	1
水泥及石膏制品制造	312	312	4	1
砖瓦、石材及其他建筑材料制造	313	1946	16	
玻璃及玻璃制品制造	314	81		
陶瓷制品制造	315	156		
耐火材料制品制造	316	35		
石墨及其他非金属矿物制品制造	319	185		
黑色金属冶炼及压延加工业	32	425	2	
炼铁	321	67	2	
炼钢	322	12		
钢压延加工	323	118		
铁合金冶炼	324	228		
有色金属冶炼及压延加工业	33	326	26	
常用有色金属冶炼	331	216	23	
贵金属冶炼	332	11		
稀有稀土金属冶炼	333	16	2	
有色金属合金制造	334	13		
有色金属压延加工	335	70	1	
金属制品业	34	703	1	1
结构性金属制品制造	341	254		
金属工具制造	342	105	1	1
集装箱及金属包装容器制造	343	35		
金属丝绳及其制品的制造	344	21		
建筑、安全用金属制品制造	345	62		
金属表面处理及热处理加工	346	38		
搪瓷制品制造	347	4		
不锈钢及类似日用金属制品制造	348	100		
其他金属制品制造	349	84		
通用设备制造业	35	914	4	
锅炉及原动机制造	351	58		

凤山县	东兰县	罗城仫佬族自治县	环江毛南族自治县	巴马瑶族自治县	都安瑶族自治县	大化瑶族自治县
	1	1		1		1
						1
		1		1		
	1					
	4	26	30	9	8	16
	1	4	2	1	3	2
				2	1	2
	2	21	27	5	3	3
		1		1	1	
	1		1			9
		1	2			5
		1	1			
			1			
						5
1		6	7	2		1
		6	7	1		
1						
				1		
						1
			1	1	1	2
						1
			1		1	
						1
				1		
		2			1	

1-08 续表125

行业分组	代　码	法人单位数（个）	南丹县	天峨县
金属加工机械制造	352	104		
起重运输设备制造	353	29		
泵、阀门、压缩机及类似机械的制造	354	62		
轴承、齿轮、传动和驱动部件的制造	355	40		
烘炉、熔炉及电炉制造	356	5		
风机、衡器、包装设备等通用设备制造	357	83		
通用零部件制造及机械修理	358	246		
金属铸、锻加工	359	287	4	
专用设备制造业	36	676		1
矿山、冶金、建筑专用设备制造	361	140		
化工、木材、非金属加工专用设备制造	362	120		1
食品、饮料、烟草及饲料生产专用设备制造	363	61		
印刷、制药、日化生产专用设备制造	364	41		
纺织、服装和皮革工业专用设备制造	365	7		
电子和电工机械专用设备制造	366	21		
农、林、牧、渔专用机械制造	367	181		
医疗仪器设备及器械制造	368	47		
环保、社会公共安全及其他专用设备制造	369	58		
交通运输设备制造业	37	1013	6	
铁路运输设备制造	371	21	4	
汽车制造	372	855	2	
摩托车制造	373	4		
自行车制造	374	21		
船舶及浮动装置制造	375	99		
航空航天器制造	376	5		
交通器材及其他交通运输设备制造	379	8		
电气机械及器材制造业	39	454		
电机制造	391	58		
输配电及控制设备制造	392	169		
电线、电缆、光缆及电工器材制造	393	80		
电池制造	394	22		
家用电力器具制造	395	42		
非电力家用器具制造	396	23		
照明器具制造	397	32		
其他电气机械及器材制造	399	28		
通信设备、计算机及其他电子设备制造业	40	225		
通信设备制造	401	43		
雷达及配套设备制造	402	2		
广播电视设备制造	403	10		
电子计算机制造	404	18		
电子器件制造	405	20		
电子元件制造	406	93		
家用视听设备制造	407	14		
其他电子设备制造	409	25		
仪器仪表及文化、办公用机械制造业	41	94		
通用仪器仪表制造	411	37		
专用仪器仪表制造	412	16		

凤山县	东兰县	罗城仫佬族自治县	环江毛南族自治县	巴马瑶族自治县	都安瑶族自治县	大化瑶族自治县
					1	
		2				
	2	1	1	1	6	
	2			1		
					1	
		1	1		5	
2			1		1	
			1			
2					1	
		1				1
						1
		1				
				1		
				1		

1-08 续表126

行业分组	代　码	法人单位数（个）	南丹县	天峨县
钟表与计时仪器制造	413	10		
光学仪器及眼镜制造	414	17		
文化、办公用机械制造	415	6		
其他仪器仪表的制造及修理	419	8		
工艺品及其他制造业	42	495		
工艺美术品制造	421	397		
日用杂品制造	422	49		
煤制品制造	423	17		
核辐射加工	424	1		
其他未列明的制造业	429	31		
废弃资源和废旧材料回收加工业	43	74	1	
金属废料和碎屑的加工处理	431	42	1	
非金属废料和碎屑的加工处理	432	32		
电力、燃气及水的生产和供应业	**D**	**2271**	**12**	**5**
电力、热力的生产和供应业	44	1694	10	4
电力生产	441	1561	10	4
电力供应	442	127		
热力生产和供应	443	6		
燃气生产和供应业	45	38		
燃气生产和供应业	450	38		
水的生产和供应业	46	539	2	1
自来水的生产和供应	461	518	2	1
污水处理及其再生利用	462	16		
其他水的处理、利用与分配	469	5		
建筑业	**E**	**2329**	**2**	**3**
房屋和土木工程建筑业	47	1087	2	2
房屋工程建筑	471	746	2	2
土木工程建筑	472	341		
建筑安装业	48	315		
建筑安装业	480	315		
建筑装饰业	49	680		1
建筑装饰业	490	680		1
其他建筑业	50	247		
工程准备	501	81		
提供施工设备服务	502	64		
其他未列明的建筑活动	509	102		
交通运输、仓储和邮政业	**F**	**3178**	**13**	**4**
铁路运输业	51	17		
铁路旅客运输	511	2		
铁路货物运输	512	6		
铁路运输辅助活动	513	9		
道路运输业	52	1629	7	2
公路旅客运输	521	231	1	
道路货物运输	522	910		1
道路运输辅助活动	523	488	6	1
城市公共交通业	53	197	1	

凤山县	东兰县	罗城仫佬族自治县	环江毛南族自治县	巴马瑶族自治县	都安瑶族自治县	大化瑶族自治县
		1			23	
					23	
		1				
				1		
				1		
5	**6**	**21**	**14**	**12**	**8**	**10**
3	5	17	12	9	2	7
2	4	14	10	9	1	6
1	1	3	2		1	1
					2	
					2	
2	1	4	2	3	4	3
2	1	4	2	2	4	3
				1		
2	**4**	**2**	**4**	**3**	**5**	**7**
2	4	1	4	3	5	6
2	3	1	4	3	4	3
	1				1	3
		1				1
		1				1
	4	**6**		**3**	**6**	**2**
	2	4		2	3	1
		3		1		
					1	
	2	1		1	2	1
				1	1	

1-08 续表127

行业分组	代 码	法人单位数（个）	南丹县	天峨县
公共电汽车客运	531	70		
轨道交通	532			
出租车客运	533	108		
城市轮渡	534			
其他城市公共交通	539	19	1	
水上运输业	54	351		1
水上旅客运输	541	46		1
水上货物运输	542	220		
水上运输辅助活动	543	85		
航空运输业	55	37		
航空客货运输	551	13		
通用航空服务	552	6		
航空运输辅助活动	553	18		
管道运输业	56			
管道运输业	560			
装卸搬运和其他运输服务业	57	466	3	
装卸搬运	571	156	1	
运输代理服务	572	310	2	
仓储业	58	419	2	1
谷物、棉花等农产品仓储	581	242	2	
其他仓储	589	177		1
邮政业	59	62		
国家邮政	591	23		
其他寄递服务	599	39		
信息传输、计算机服务和软件业	**G**	**5040**	**36**	**12**
电信和其他信息传输服务业	60	919	6	
电信	601	179		
互联网信息服务	602	469	1	
广播电视传输服务	603	263	5	
卫星传输服务	604	8		
计算机服务业	61	3785	30	12
计算机系统服务	611	224		
数据处理	612	27		
计算机维修	613	39		
其他计算机服务	619	3495	30	12
软件业	62	336		
公共软件服务	621	247		
其他软件服务	629	89		
批发和零售业	**H**	**21560**	**79**	**15**
批发业	63	12548	48	5
农畜产品批发	631	694	2	
食品、饮料及烟草制品批发	632	1073	4	
纺织、服装及日用品批发	633	669		
文化、体育用品及器材批发	634	350	1	
医药及医疗器材批发	635	479		
矿产品、建材及化工产品批发	636	4719	32	2

凤山县	东兰县	罗城仫佬族自治县	环江毛南族自治县	巴马瑶族自治县	都安瑶族自治县	大化瑶族自治县
				1	1	
	1					
	1					
	1	1				
		1				
	1					
		1			2	1
		1			2	1
6	**22**	**24**	**18**	**14**	**46**	**27**
	14	2	1	1		1
		1				1
		1	1			
	14			1		
6	8	22	17	13	46	26
6	8	22	17	13	46	26
14	**20**	**99**	**44**	**53**	**62**	**52**
7	11	81	20	22	31	14
	2	6	9	1	3	4
1	1	3	1	4	2	2
	2				2	
				1		
				1	3	
3	6	64	8	7	14	8

1-08 续表128

行业分组	代码	法人单位数（个）	南丹县	天峨县
机械设备、五金交电及电子产品批发	637	2859	6	1
贸易经纪与代理	638	750	2	
其他批发	639	955	1	2
零售业	65	9012	31	10
综合零售	651	1171	5	1
食品、饮料及烟草制品专门零售	652	919		1
纺织、服装及日用品专门零售	653	670	1	1
文化、体育用品及器材专门零售	654	505	2	1
医药及医疗器材专门零售	655	623	2	1
汽车、摩托车、燃料及零配件专门零售	656	1496	13	1
家用电器及电子产品专门零售	657	1683	3	
五金、家具及室内装修材料专门零售	658	1042	2	2
无店铺及其他零售	659	903	3	2
住宿和餐饮业	**I**	**2152**	**6**	**4**
住宿业	66	1310	5	3
旅游饭店	661	521	1	2
一般旅馆	662	715	3	1
其他住宿服务	669	74	1	
餐饮业	67	842	1	1
正餐服务	671	674		1
快餐服务	672	59		
饮料及冷饮服务	673	22		
其他餐饮服务	679	87	1	
金融业	**J**	**636**	**1**	**1**
银行业	68	279	1	1
中央银行	681	21		
商业银行	682	238	1	1
其他银行	689	20		
证券业	69	12		
证券市场管理	691	1		
证券经纪与交易	692	8		
证券投资	693	1		
证券分析与咨询	694	2		
保险业	70	178		
人寿保险	701	50		
非人寿保险	702	104		
保险辅助服务	703	24		
其他金融活动	71	167		
金融信托与管理	711	16		
金融租赁	712	2		
财务公司	713	9		
邮政储蓄	714	9		
典当	715	52		
其他未列明的金融活动	719	79		
房地产业	**K**	**5628**	**14**	**4**
房地产业	72	5628	14	4

凤山县	东兰县	罗城仫佬族自治县	环江毛南族自治县	巴马瑶族自治县	都安瑶族自治县	大化瑶族自治县
2		3		2		
		4		2	1	
1		1	2	4	6	
7	9	18	24	31	31	38
3	1	8	5	10	7	16
2		4	1	6	1	2
					2	
1	1	1	1	1	1	1
1	4	1	1	2	2	
	1	2	11	6	12	6
	2	1	5	2	3	8
		1		2	3	1
				2		4
4	**3**	**4**	**4**	**9**	**4**	**1**
4	2	3	3	7	4	1
			2	4		
4	2	3	1	3	4	1
	1	1	1	2		
		1	1	1		
				1		
	1					
1	**1**	**1**	**1**	**1**	**1**	**1**
1	1	1	1	1	1	1
1	1	1	1	1	1	1
2	**13**	**4**	**6**	**4**	**14**	**12**
2	13	4	6	4	14	12

1-08 续表129

行业分组	代 码	法人单位数（个）	南丹县	天峨县
房地产开发经营	721	3134	5	
物业管理	722	1020	2	1
房地产中介服务	723	729		1
其他房地产活动	729	745	7	2
租赁和商务服务业	**L**	**10535**	**58**	**19**
租赁业	73	263		
机械设备租赁	731	250		
文化及日用品出租	732	13		
商务服务业	74	10272	58	19
企业管理服务	741	4932	28	12
法律服务	742	503	6	1
咨询与调查	743	1089		
广告业	744	1371	3	2
知识产权服务	745	36		
职业中介服务	746	405	1	1
市场管理	747	461	14	3
旅行社	748	504	3	
其他商务服务	749	971	3	
科学研究、技术服务和地质勘查业	**M**	**7141**	**94**	**78**
研究与试验发展	75	451	2	2
自然科学研究与试验发展	751	62		
工程和技术研究与试验发展	752	86		
农业科学研究与试验发展	753	182	2	1
医学研究与试验发展	754	42		
社会人文科学研究与试验发展	755	79		1
专业技术服务业	76	2899	21	11
气象服务	761	172	1	2
地震服务	762	68	1	1
海洋服务	763	3		
测绘服务	764	139		
技术检测	765	569	8	3
环境监测	766	112	1	1
工程技术与规划管理	767	1442	10	4
其他专业技术服务	769	394		
科技交流和推广服务业	77	3696	68	65
技术推广服务	771	3350	64	64
科技中介服务	772	167	3	
其他科技服务	779	179	1	1
地质勘查业	78	95	3	
矿产地质勘查	781	50	3	
基础地质勘查	782	15		
地质勘查技术服务	783	30		
水利、环境和公共设施管理业	**N**	**2081**	**31**	**10**
水利管理业	79	1130	19	4
防洪管理	791	84	2	1
水资源管理	792	562	5	3

凤山县	东兰县	罗城仫佬族自治县	环江毛南族自治县	巴马瑶族自治县	都安瑶族自治县	大化瑶族自治县
2	1	4	6		7	3
					4	1
					3	1
	12			4		7
12	**31**	**27**	**21**	**12**	**7**	**6**
						1
						1
12	31	27	21	12	7	5
8	5	14	14	3	2	1
1	2	2	1	2	1	1
	3	2		1	1	
		1		1		
2	3	1	1	2	1	1
1	11	4	1	1	1	1
			1			1
	7	3	3	2	1	
52	**72**	**62**	**21**	**73**	**7**	**26**
1	5	2	1	5		
1	4	1	1	2		
	1	1		3		
13	14	13	2	14	4	6
2	3	4	1	3	1	
				1	1	
6	4	3		4	2	1
1	1	2				
3	6	4	1	5		4
1				1		1
38	53	46	18	54	3	20
37	53	44	17	50	3	18
1			1			1
		2		4		1
		1				
		1				
13	**25**	**18**	**5**	**24**	**2**	**5**
12	21	12	3	19	1	2
1	2	1		2		
1	3	10	1	6	1	

1-08 续表130

行业分组	代 码	法人单位数（个）	南丹县	天峨县
其他水利管理	799	484	12	
环境管理业	80	380	4	3
自然保护	801	83	1	1
环境治理	802	297	3	2
公共设施管理业	81	571	8	3
市政公共设施管理	811	132	3	1
城市绿化管理	812	191	3	1
游览景区管理	813	248	2	1
居民服务和其他服务业	**O**	**1607**	**6**	**1**
居民服务业	82	677		
家庭服务	821	44		
托儿所	822	19		
洗染服务	823	20		
理发及美容保健服务	824	164		
洗浴服务	825	44		
婚姻服务	826	37		
殡葬服务	827	61		
摄影扩印服务	828	84		
其他居民服务	829	204		
其他服务业	83	930	6	1
修理与维护	831	554	3	1
清洁服务	832	187		
其他未列明的服务	839	189	3	
教育	**P**	**16435**	**208**	**28**
教育	84	16435	208	28
学前教育	841	2412	6	1
初等教育	842	9726	175	12
中等教育	843	2844	20	12
高等教育	844	131	1	
其他教育	849	1322	6	3
卫生、社会保障和社会福利业	**Q**	**6207**	**46**	**30**
卫生	85	4332	39	27
医院	851	462	3	1
卫生院及社区医疗活动	852	1490	19	9
门诊部医疗活动	853	1049		1
计划生育技术服务活动	854	829	12	10
妇幼保健活动	855	113	2	1
专科疾病防治活动	856	70		
疾病预防控制及防疫活动	857	154	1	2
其他卫生活动	859	165	2	3
社会保障业	86	1227	5	3
社会保障业	860	1227	5	3
社会福利业	87	648	2	
提供住宿的社会福利	871	440	1	
不提供住宿的社会福利	872	208	1	
文化、体育和娱乐业	**R**	**2600**	**25**	**26**

凤山县	东兰县	罗城仫佬族自治县	环江毛南族自治县	巴马瑶族自治县	都安瑶族自治县	大化瑶族自治县
10	16	1	2	11		2
1	1	4	2	3		
		3	1			
1	1	1	1	3		
	3	2		2	1	3
		1				1
	2	1		1		1
	1			1	1	1
2	**1**	**5**	**2**	**1**	**2**	**4**
	1	2				2
	1					
		1				1
		1				1
2		3	2	1	2	2
1		3	1	1		
1			1		2	1
						1
38	**35**	**47**	**45**	**49**	**72**	**54**
38	35	47	45	49	72	54
3	1	7	5	10	19	1
14	15	15	15	16	20	23
17	15	20	22	19	33	24
		1				1
4	4	4	3	4		5
27	**42**	**39**	**43**	**41**	**52**	**60**
15	21	30	36	33	48	37
1	3	2	1	2	1	1
11	14	11	13	11	21	16
		1			2	
1	1	13	12	12	20	17
1	1	1	1	1	1	1
	1		1		1	
1	1	1	1	1	1	1
		1	7	6	1	1
10	19	6	5	5	1	16
10	19	6	5	5	1	16
2	2	3	2	3	3	7
1	1	3	1	1	3	7
1	1		1	2		
15	**13**	**23**	**20**	**11**	**10**	**24**

1–08 续表131

行业分组	代　码	法人单位数（个）	南丹县	天峨县
新闻出版业	88	158	1	1
新闻业	881	25		1
出版业	882	133	1	
广播、电视、电影和音像业	89	871	12	15
广播	891	488	11	13
电视	892	210		
电影	893	145	1	1
音像制作	894	28		1
文化艺术业	90	960	9	10
文艺创作与表演	901	174	4	1
艺术表演场馆	902	23		
图书馆与档案馆	903	195	1	2
文物及文化保护	904	74	2	1
博物馆	905	47	1	
烈士陵园、纪念馆	906	22		
群众文化活动	907	295	1	5
文化艺术经纪代理	908	37		
其他文化艺术	909	93		1
体育	91	189	1	
体育组织	911	105	1	
体育场馆	912	39		
其他体育	919	45		
娱乐业	92	422	2	
室内娱乐活动	921	275	1	
游乐园	922	13	1	
休闲健身娱乐活动	923	83		
其他娱乐活动	929	51		
公共管理和社会组织	**S**	**43197**	**366**	**236**
中国共产党机关	93	2275	22	25
中国共产党机关	930	2275	22	25
国家机构	94	16342	163	99
国家权力机构	941	268	7	1
国家行政机构	942	15610	153	95
人民法院和人民检察院	943	280	3	3
其他国家机构	949	184		
人民政协和民主党派	95	247	2	1
人民政协	951	153	2	1
民主党派	952	94		
群众团体、社会团体和宗教组织	96	8302	31	17
群众团体	961	949	8	5
社会团体	962	7143	23	12
宗教组织	963	210		
基层群众自治组织	97	16031	148	94
社区自治组织	971	1621	23	3
村民自治组织	972	14410	125	91

凤山县	东兰县	罗城仫佬族自治县	环江毛南族自治县	巴马瑶族自治县	都安瑶族自治县	大化瑶族自治县
11	3	14	14	2	1	3
9	1	1				1
	1	12	13	1	1	1
1	1	1	1	1		1
1						
4	9	5	6	8	8	21
1		1	1	1	1	1
	1					
2	2	2	2	3	2	2
		1	2	1	1	1
	2			1		
1	3	1		1	2	16
	1		1	1	2	1
	1	1		1	1	
		1			1	
	1			1		
		3				
		2				
		1				
270	**378**	**337**	**303**	**280**	**401**	**402**
21	29	23	25	21	30	32
21	29	23	25	21	30	32
126	182	159	91	134	93	190
1	1	2	1	2	1	1
123	179	155	86	127	90	187
2	2	2	2	2	2	2
			2	3		
1	1		1	2	1	1
1	1		1	2	1	1
24	17	14	38	16	29	23
6	8	1	4	6	6	5
18	9	7	33	10	21	15
		6	1		2	3
98	149	141	148	107	248	156
2	2	16	21	4	9	3
96	147	125	127	103	239	153

1-08 续表132

行业分组	代码	法人单位数（个）		
			宜州市	来宾市
总 计		**154748**	**1573**	**6523**
农、林、牧、渔业	**A**	**210**	**1**	**7**
农业	01	66		1
谷物及其他作物的种植	011	18		1
蔬菜、园艺作物的种植	012	12		
水果、坚果、饮料和香料作物的种植	013	33		
中药材的种植	014	3		
林业	02	56	1	1
林木的培育和种植	021	53	1	1
木材和竹材的采运	022	3		
林产品的采集	023			
畜牧业	03	51		
牲畜的饲养	031	7		
猪的饲养	032	21		
家禽的饲养	033	19		
狩猎和捕捉动物	034			
其他畜牧业	039	4		
渔业	04	17		
海洋渔业	041	7		
内陆渔业	042	10		
农、林、牧、渔服务业	05	20		5
农业服务业	051	16		5
林业服务业	052			
畜牧服务业	053	3		
渔业服务业	054	1		
采矿业	**B**	**2258**	**17**	**243**
煤炭开采和洗选业	06	49	1	5
烟煤和无烟煤的开采洗选	061	28	1	4
褐煤的开采洗选	062	17		
其他煤炭采选	069	4		1
石油和天然气开采业	07	2		
天然原油和天然气开采	071	1		
与石油和天然气开采有关的服务活动	079	1		
黑色金属矿采选业	08	517	11	23
铁矿采选	081	145		1
其他黑色金属矿采选	089	372	11	22
有色金属矿采选业	09	552		56
常用有色金属矿采选	091	479		55
贵金属矿采选	092	55		1
稀有稀土金属矿采选	093	18		
非金属矿采选业	10	1114	5	156
土砂石开采	101	849	4	115
化学矿采选	102	38		22
采盐	103	4		
石棉及其他非金属矿采选	109	223	1	19
其他采矿业	11	24		3

兴宾区	忻城县	象州县	武宣县	金秀瑶族自治县	合山市	崇左市
2472	**679**	**1039**	**1125**	**674**	**534**	**8103**
5	**1**			**1**		**13**
1						3
1						3
1						5
1						5
						1
						1
3	1			1		4
3	1			1		4
39	**21**	**37**	**84**	**29**	**33**	**111**
3					2	6
2					2	2
						4
1						
9	3	3	8			60
1						17
8	3	3	8			43
		1	39	16		9
		1	39	15		5
				1		2
						2
27	17	32	37	12	31	35
27	15	4	32	6	31	32
		18		4		
	2	10	5	2		3
	1	1		1		1

1-08 续表133

行业分组	代码	法人单位数（个）	宜州市	来宾市
其他采矿业	110	24		3
制造业	**C**	**19683**	**192**	**641**
农副食品加工业	13	1486	8	66
谷物磨制	131	227		24
饲料加工	132	250		2
植物油加工	133	126	2	1
制糖	134	107	2	14
屠宰及肉类加工	135	297	2	15
水产品加工	136	101		
蔬菜、水果和坚果加工	137	109	1	2
其他农副食品加工	139	269	1	8
食品制造业	14	876	9	18
焙烤食品制造	141	263		7
糖果、巧克力及蜜饯制造	142	84		
方便食品制造	143	149	1	3
液体乳及乳制品制造	144	17		1
罐头制造	145	86	6	
调味品、发酵制品制造	146	111	2	4
其他食品制造	149	166		3
饮料制造业	15	796	5	22
酒精制造	151	43		3
酒的制造	152	183	2	2
软饮料制造	153	293	3	4
精制茶加工	154	277		13
烟草制品业	16	5		
烟叶复烤	161	1		
卷烟制造	162	4		
其他烟草制品加工	169			
纺织业	17	661	19	20
棉、化纤纺织及印染精加工	171	93	2	2
毛纺织和染整精加工	172	88		
麻纺织	173	11		
丝绢纺织及精加工	174	102	13	8
纺织制成品制造	175	83	1	7
针织品、编织品及其制品制造	176	284	3	3
纺织服装、鞋、帽制造业	18	338	1	8
纺织服装制造	181	324	1	8
纺织面料鞋的制造	182	11		
制帽	183	3		
皮革、毛皮、羽毛（绒）及其制品业	19	281	2	1
皮革鞣制加工	191	41		
皮革制品制造	192	193	2	1
毛皮鞣制及制品加工	193	5		
羽毛（绒）加工及制品制造	194	42		
木材加工及木、竹、藤、棕、草制品业	20	1880	37	139
锯材、木片加工	201	765	26	125
人造板制造	202	508	11	13

兴宾区	忻城县	象州县	武宣县	金秀瑶族自治县	合山市	崇左市
	1	1		1		1
236	**51**	**130**	**100**	**60**	**64**	**479**
11	4	25	16	8	2	64
	1	18	1	4		2
1		1				2
		1				1
6	1	2	2	2	1	21
2	1	1	9	1	1	18
			1	1		5
2	1	2	3			15
4		4	9	1		15
		2	5			1
						3
2			1			
			1			
						2
2		1	1			5
		1	1	1		4
3	3	4	3	9		40
	1		2			12
	1	1				7
3		1				8
	1	2	1	9		13
1	3	12	2	1	1	14
			2			
						3
	2	6				1
	1	5			1	8
1		1		1		2
2	1	1	2		2	3
2	1	1	2		2	3
		1				2
		1				1
						1
89	4	16	8	9	13	53
84	3	11	8	6	13	20
5	1	4		3		23

1-08 续表134

行业分组	代 码	法人单位数（个）		
			宜州市	来宾市
木制品制造	203	288		1
竹、藤、棕、草制品制造	204	319		
家具制造业	21	337	2	7
木质家具制造	211	270	2	7
竹、藤家具制造	212	18		
金属家具制造	213	13		
塑料家具制造	214	5		
其他家具制造	219	31		
造纸及纸制品业	22	783	4	16
纸浆制造	221	43	2	5
造纸	222	380		9
纸制品制造	223	360	2	2
印刷业和记录媒介的复制	23	779	3	19
印刷	231	701	1	17
装订及其他印刷服务活动	232	75	2	2
记录媒介的复制	233	3		
文教体育用品制造业	24	92		1
文化用品制造	241	24		1
体育用品制造	242	14		
乐器制造	243	1		
玩具制造	244	50		
游艺器材及娱乐用品制造	245	3		
石油加工、炼焦及核燃料加工业	25	42		1
精炼石油产品的制造	251	38		1
炼焦	252	4		
核燃料加工	253			
化学原料及化学制品制造业	26	1494	22	40
基础化学原料制造	261	196	4	10
肥料制造	262	298	6	13
农药制造	263	77		
涂料、油墨、颜料及类似产品制造	264	142		1
合成材料制造	265	21	1	
专用化学产品制造	266	613	11	14
日用化学产品制造	267	147		2
医药制造业	27	353	3	6
化学药品原药制造	271	32		2
化学药品制剂制造	272	39		
中药饮片加工	273	53	1	1
中成药制造	274	118	2	3
兽用药品制造	275	58		
生物、生化制品的制造	276	34		
卫生材料及医药用品制造	277	19		
化学纤维制造业	28	9	1	
纤维素纤维原料及纤维制造	281	1		
合成纤维制造	282	8	1	
橡胶制品业	29	139		1
轮胎制造	291	26		

兴宾区	忻城县	象州县	武宣县	金秀瑶族自治县	合山市	崇左市
		1				9
						1
4			1	1	1	7
4			1	1	1	6
						1
3		7	2	3	1	15
		2	1	1	1	3
3		3	1	2		6
		2				6
6	2	3	5	2	1	7
5	2	3	5	2		3
1					1	4
1						
1						
		1				
		1				
11	2	12	6	6	3	56
2		5		1	2	11
7	1	2	3			18
						5
			1			4
2	1	5	1	4	1	18
			1	1		
3	1			2		10
1				1		2
1						2
1	1			1		4
						1
						1
		1				

1-08 续表135

行业分组	代码	法人单位数（个）		
			宜州市	来宾市
橡胶板、管、带的制造	292	30		
橡胶零件制造	293	17		
再生橡胶制造	294	9		
日用及医用橡胶制品制造	295	12		
橡胶靴鞋制造	296	6		
其他橡胶制品制造	299	39		1
塑料制品业	30	736	1	3
塑料薄膜制造	301	96		1
塑料板、管、型材的制造	302	109		
塑料丝、绳及编织品的制造	303	145	1	2
泡沫塑料制造	304	35		
塑料人造革、合成革制造	305	4		
塑料包装箱及容器制造	306	85		
塑料零件制造	307	22		
日用塑料制造	308	108		
其他塑料制品制造	309	132		
非金属矿物制品业	31	3197	40	194
水泥、石灰和石膏的制造	311	482	3	27
水泥及石膏制品制造	312	312	2	11
砖瓦、石材及其他建筑材料制造	313	1946	29	146
玻璃及玻璃制品制造	314	81	6	1
陶瓷制品制造	315	156		
耐火材料制品制造	316	35		
石墨及其他非金属矿物制品制造	319	185		9
黑色金属冶炼及压延加工业	32	425	5	16
炼铁	321	67		
炼钢	322	12		1
钢压延加工	323	118		
铁合金冶炼	324	228	5	15
有色金属冶炼及压延加工业	33	326	11	14
常用有色金属冶炼	331	216	11	12
贵金属冶炼	332	11		1
稀有稀土金属冶炼	333	16		
有色金属合金制造	334	13		
有色金属压延加工	335	70		1
金属制品业	34	703	3	10
结构性金属制品制造	341	254	2	2
金属工具制造	342	105		4
集装箱及金属包装容器制造	343	35		1
金属丝绳及其制品的制造	344	21	1	
建筑、安全用金属制品制造	345	62		
金属表面处理及热处理加工	346	38		
搪瓷制品制造	347	4		
不锈钢及类似日用金属制品制造	348	100		1
其他金属制品制造	349	84		2
通用设备制造业	35	914	12	6
锅炉及原动机制造	351	58	2	

兴宾区	忻城县	象州县	武宣县	金秀瑶族自治县	合山市	崇左市
		1				
			3			11
			1			3
						1
			2			2
						3
						1
						1
68	24	33	35	10	24	91
7	1	1	6	1	11	17
4		5	1	1		13
57	22	26	20	8	13	57
			1			
	1	1	7			4
5	3	3		1	4	53
						2
1						1
						1
4	3	3		1	4	49
4		3	5	1	1	2
4		2	5	1		1
		1				
						1
					1	
3	2	1	1	2	1	9
1		1				2
2	1			1		4
			1			1
				1		
	1				1	2
6						5

1–08 续表136

行业分组	代码	法人单位数（个）	宜州市	来宾市
金属加工机械制造	352	104	1	4
起重运输设备制造	353	29		
泵、阀门、压缩机及类似机械的制造	354	62		
轴承、齿轮、传动和驱动部件的制造	355	40	4	
烘炉、熔炉及电炉制造	356	5	2	
风机、衡器、包装设备等通用设备制造	357	83		
通用零部件制造及机械修理	358	246	3	
金属铸、锻加工	359	287		2
专用设备制造业	36	676		11
矿山、冶金、建筑专用设备制造	361	140		6
化工、木材、非金属加工专用设备制造	362	120		
食品、饮料、烟草及饲料生产专用设备制造	363	61		
印刷、制药、日化生产专用设备制造	364	41		
纺织、服装和皮革工业专用设备制造	365	7		
电子和电工机械专用设备制造	366	21		2
农、林、牧、渔专用机械制造	367	181		3
医疗仪器设备及器械制造	368	47		
环保、社会公共安全及其他专用设备制造	369	58		
交通运输设备制造业	37	1013	1	16
铁路运输设备制造	371	21		
汽车制造	372	855	1	14
摩托车制造	373	4		
自行车制造	374	21		
船舶及浮动装置制造	375	99		2
航空航天器制造	376	5		
交通器材及其他交通运输设备制造	379	8		
电气机械及器材制造业	39	454	2	1
电机制造	391	58		
输配电及控制设备制造	392	169	2	
电线、电缆、光缆及电工器材制造	393	80		
电池制造	394	22		
家用电力器具制造	395	42		
非电力家用器具制造	396	23		1
照明器具制造	397	32		
其他电气机械及器材制造	399	28		
通信设备、计算机及其他电子设备制造业	40	225		
通信设备制造	401	43		
雷达及配套设备制造	402	2		
广播电视设备制造	403	10		
电子计算机制造	404	18		
电子器件制造	405	20		
电子元件制造	406	93		
家用视听设备制造	407	14		
其他电子设备制造	409	25		
仪器仪表及文化、办公用机械制造业	41	94		1
通用仪器仪表制造	411	37		
专用仪器仪表制造	412	16		

兴宾区	忻城县	象州县	武宣县	金秀瑶族自治县	合山市	崇左市
4						
						2
						2
2						1
4	1			1	5	5
	1				5	2
2						
2				1		2
						1
5	1	1	2	2	5	8
4	1	1	1	2	5	8
1			1			
		1				
		1				
						3
						2
						1
1						1

1-08 续表137

行业分组	代　码	法人单位数（个）	宜州市	来宾市
钟表与计时仪器制造	413	10		1
光学仪器及眼镜制造	414	17		
文化、办公用机械制造	415	6		
其他仪器仪表的制造及修理	419	8		
工艺品及其他制造业	42	495	1	4
工艺美术品制造	421	397	1	2
日用杂品制造	422	49		1
煤制品制造	423	17		1
核辐射加工	424	1		
其他未列明的制造业	429	31		
废弃资源和废旧材料回收加工业	43	74		
金属废料和碎屑的加工处理	431	42		
非金属废料和碎屑的加工处理	432	32		
电力、燃气及水的生产和供应业	**D**	**2271**	**26**	**120**
电力、热力的生产和供应业	44	1694	16	48
电力生产	441	1561	15	42
电力供应	442	127	1	6
热力生产和供应	443	6		
燃气生产和供应业	45	38		1
燃气生产和供应业	450	38		1
水的生产和供应业	46	539	10	71
自来水的生产和供应	461	518	10	70
污水处理及其再生利用	462	16		1
其他水的处理、利用与分配	469	5		
建筑业	**E**	**2329**	**12**	**58**
房屋和土木工程建筑业	47	1087	6	42
房屋工程建筑	471	746	5	29
土木工程建筑	472	341	1	13
建筑安装业	48	315	4	8
建筑安装业	480	315	4	8
建筑装饰业	49	680	1	3
建筑装饰业	490	680	1	3
其他建筑业	50	247	1	5
工程准备	501	81		
提供施工设备服务	502	64		
其他未列明的建筑活动	509	102	1	5
交通运输、仓储和邮政业	**F**	**3178**	**19**	**82**
铁路运输业	51	17		
铁路旅客运输	511	2		
铁路货物运输	512	6		
铁路运输辅助活动	513	9		
道路运输业	52	1629	3	35
公路旅客运输	521	231	1	8
道路货物运输	522	910		11
道路运输辅助活动	523	488	2	16
城市公共交通业	53	197	2	11

兴宾区	忻城县	象州县	武宣县	金秀瑶族自治县	合山市	崇左市
1						
						1
2		1		1		4
2						2
				1		
		1				1
						1
						1
						1
31	**12**	**43**	**3**	**24**	**7**	**86**
14	5	5	1	19	4	46
12	4	4		19	3	37
2	1	1	1		1	9
1						
1						
16	7	38	2	5	3	40
15	7	38	2	5	3	40
1						
32	**4**	**9**	**3**	**4**	**6**	**64**
22	4	7	3	3	3	49
14	3	3	3	3	3	28
8	1	4				21
5		1		1	1	5
5		1		1	1	5
2		1				6
2		1				6
3					2	4
						1
						1
3					2	2
23	**9**	**12**	**24**	**4**	**10**	**107**
9	5	2	11	4	4	53
2	2	1	2		1	5
4			5	1	1	27
3	3	1	4	3	2	21
5		1	1		4	13

1-08 续表138

行业分组	代 码	法人单位数（个）	宜州市	来宾市
公共电汽车客运	531	70	1	3
轨道交通	532			
出租车客运	533	108	1	8
城市轮渡	534			
其他城市公共交通	539	19		
水上运输业	54	351	1	20
水上旅客运输	541	46	1	
水上货物运输	542	220		13
水上运输辅助活动	543	85		7
航空运输业	55	37		
航空客货运输	551	13		
通用航空服务	552	6		
航空运输辅助活动	553	18		
管道运输业	56			
管道运输业	560			
装卸搬运和其他运输服务业	57	466	10	6
装卸搬运	571	156	3	2
运输代理服务	572	310	7	4
仓储业	58	419	3	7
谷物、棉花等农产品仓储	581	242	1	4
其他仓储	589	177	2	3
邮政业	59	62		3
国家邮政	591	23		1
其他寄递服务	599	39		2
信息传输、计算机服务和软件业	**G**	**5040**	**90**	**282**
电信和其他信息传输服务业	60	919	5	38
电信	601	179	2	4
互联网信息服务	602	469		3
广播电视传输服务	603	263	3	31
卫星传输服务	604	8		
计算机服务业	61	3785	85	244
计算机系统服务	611	224		
数据处理	612	27		1
计算机维修	613	39		
其他计算机服务	619	3495	85	243
软件业	62	336		
公共软件服务	621	247		
其他软件服务	629	89		
批发和零售业	**H**	**21560**	**147**	**490**
批发业	63	12548	84	284
农畜产品批发	631	694	23	55
食品、饮料及烟草制品批发	632	1073	5	22
纺织、服装及日用品批发	633	669	6	8
文化、体育用品及器材批发	634	350		3
医药及医疗器材批发	635	479	1	12
矿产品、建材及化工产品批发	636	4719	39	150

兴宾区	忻城县	象州县	武宣县	金秀瑶族自治县	合山市	崇左市
1		1			1	3
4			1		3	5
						5
3	3	5	7		2	5
						1
1	2	4	5		1	1
2	1	1	2		1	3
2		1	3			11
1			1			4
1		1	2			7
3	1	1	2			23
1	1	1	1			22
2			1			1
1		2				2
1						2
		2				
158	**27**	**40**	**31**	**19**	**7**	**291**
24		11		2	1	49
4						1
		1		2		6
20		10			1	42
134	27	29	31	17	6	239
						1
1						1
						2
133	27	29	31	17	6	235
						3
						3
210	**47**	**85**	**66**	**41**	**41**	**508**
128	26	44	38	27	21	332
37	9	4	3		2	32
9	1	2	8	2		22
2		2		4		19
1		1		1		2
4	1	2		4	1	5
58	12	27	22	14	17	117

1-08 续表139

行业分组	代 码	法人单位数（个）	宜州市	来宾市
机械设备、五金交电及电子产品批发	637	2859	5	11
贸易经纪与代理	638	750		1
其他批发	639	955	5	22
零售业	65	9012	63	206
综合零售	651	1171	11	63
食品、饮料及烟草制品专门零售	652	919	3	15
纺织、服装及日用品专门零售	653	670		15
文化、体育用品及器材专门零售	654	505	3	11
医药及医疗器材专门零售	655	623	7	19
汽车、摩托车、燃料及零配件专门零售	656	1496	21	27
家用电器及电子产品专门零售	657	1683	12	16
五金、家具及室内装修材料专门零售	658	1042	2	16
无店铺及其他零售	659	903	4	24
住宿和餐饮业	**I**	**2152**	**7**	**40**
住宿业	66	1310	5	24
旅游饭店	661	521	4	6
一般旅馆	662	715	1	16
其他住宿服务	669	74		2
餐饮业	67	842	2	16
正餐服务	671	674	2	15
快餐服务	672	59		
饮料及冷饮服务	673	22		1
其他餐饮服务	679	87		
金融业	**J**	**636**	**1**	**23**
银行业	68	279	1	15
中央银行	681	21		2
商业银行	682	238	1	12
其他银行	689	20		1
证券业	69	12		
证券市场管理	691	1		
证券经纪与交易	692	8		
证券投资	693	1		
证券分析与咨询	694	2		
保险业	70	178		6
人寿保险	701	50		2
非人寿保险	702	104		4
保险辅助服务	703	24		
其他金融活动	71	167		2
金融信托与管理	711	16		
金融租赁	712	2		
财务公司	713	9		
邮政储蓄	714	9		
典当	715	52		
其他未列明的金融活动	719	79		2
房地产业	**K**	**5628**	**57**	**134**
房地产业	72	5628	57	134

兴宾区	忻城县	象州县	武宣县	金秀瑶族自治县	合山市	崇左市
8	1		2			58
			1			50
9	2	6	2	2	1	27
82	21	41	28	14	20	176
25	10	14	6	4	4	55
3	1	5		1	5	20
5		5	3	2		4
5	2	1	1		2	9
6	1	2	4	3	3	20
10	2	4	7	3	1	25
12		4				22
5	2	2	6		1	10
11	3	4	1	1	4	11
12	**3**	**8**	**4**	**4**	**9**	**54**
5	2	8	1	2	6	30
1		3			2	9
4	2	5	1	2	2	21
					2	
7	1		3	2	3	24
6	1		3	2	3	22
1						
						2
16	**1**	**2**	**1**	**2**	**1**	**20**
9	1	1	1	2	1	14
2						2
7	1	1	1	1	1	12
				1		
5		1				4
2						2
3		1				2
2						2
						1
						1
2						
57	**10**	**33**	**13**	**9**	**12**	**179**
57	10	33	13	9	12	179

1-08 续表140

行业分组	代 码	法人单位数（个）	宜州市	来宾市
房地产开发经营	721	3134	26	95
物业管理	722	1020	7	12
房地产中介服务	723	729	5	7
其他房地产活动	729	745	19	20
租赁和商务服务业	**L**	**10535**	**67**	**188**
租赁业	73	263	1	5
机械设备租赁	731	250	1	5
文化及日用品出租	732	13		
商务服务业	74	10272	66	183
企业管理服务	741	4932	26	80
法律服务	742	503	10	13
咨询与调查	743	1089	6	14
广告业	744	1371	1	10
知识产权服务	745	36		
职业中介服务	746	405	2	17
市场管理	747	461	5	11
旅行社	748	504	5	19
其他商务服务	749	971	11	19
科学研究、技术服务和地质勘查业	**M**	**7141**	**102**	**396**
研究与试验发展	75	451	3	6
自然科学研究与试验发展	751	62		2
工程和技术研究与试验发展	752	86		
农业科学研究与试验发展	753	182	3	1
医学研究与试验发展	754	42		
社会人文科学研究与试验发展	755	79		3
专业技术服务业	76	2899	39	125
气象服务	761	172	1	11
地震服务	762	68	1	2
海洋服务	763	3		
测绘服务	764	139	2	5
技术检测	765	569	4	29
环境监测	766	112	1	3
工程技术与规划管理	767	1442	29	67
其他专业技术服务	769	394	1	8
科技交流和推广服务业	77	3696	60	263
技术推广服务	771	3350	59	237
科技中介服务	772	167		20
其他科技服务	779	179	1	6
地质勘查业	78	95		2
矿产地质勘查	781	50		
基础地质勘查	782	15		1
地质勘查技术服务	783	30		1
水利、环境和公共设施管理业	**N**	**2081**	**18**	**85**
水利管理业	79	1130	8	62
防洪管理	791	84	2	6
水资源管理	792	562	2	29

兴宾区	忻城县	象州县	武宣县	金秀瑶族自治县	合山市	崇左市
45	6	16	10	8	10	84
8		1	1		2	8
3	2	1		1		8
1	2	15	2			79
61	**23**	**25**	**31**	**28**	**20**	**1816**
4	1					6
4	1					6
57	22	25	31	28	20	1810
12	17	13	19	15	4	1680
4	1	1	3	1	3	16
8		1	2	1	2	11
7		1			2	29
						1
7	1	2	1	2	4	21
5	1	1	1	1	2	16
7	1	2	1	7	1	21
7	1	4	4	1	2	15
173	**54**	**47**	**70**	**33**	**19**	**316**
2	1			3		19
1				1		2
						2
	1					9
1				2		6
57	7	14	24	9	14	126
5	1		2	2	1	13
1					1	7
		2	1		2	5
10	2	5	8	4		39
2					1	4
35	2	7	12	3	8	50
4	2		1		1	8
113	46	33	45	21	5	170
99	45	26	45	19	3	159
10	1	7		1	1	9
4				1	1	2
1			1			1
			1			1
1						
16	**20**	**7**	**22**	**10**	**10**	**150**
11	16	6	18	4	7	96
			4	1	1	5
7	3	4	12	1	2	31

1-08 续表141

行业分组	代 码	法人单位数（个）	宜州市	来宾市
其他水利管理	799	484	4	27
环境管理业	80	380	3	10
自然保护	801	83		2
环境治理	802	297	3	8
公共设施管理业	81	571	7	13
市政公共设施管理	811	132	2	3
城市绿化管理	812	191		5
游览景区管理	813	248	5	5
居民服务和其他服务业	**O**	**1607**	**9**	**41**
居民服务业	82	677	4	21
家庭服务	821	44		2
托儿所	822	19	2	8
洗染服务	823	20	1	
理发及美容保健服务	824	164		
洗浴服务	825	44		
婚姻服务	826	37		1
殡葬服务	827	61	1	3
摄影扩印服务	828	84		
其他居民服务	829	204		7
其他服务业	83	930	5	20
修理与维护	831	554	3	7
清洁服务	832	187	2	5
其他未列明的服务	839	189		8
教育	**P**	**16435**	**223**	**836**
教育	84	16435	223	836
学前教育	841	2412	151	183
初等教育	842	9726	23	478
中等教育	843	2844	31	118
高等教育	844	131	1	3
其他教育	849	1322	17	54
卫生、社会保障和社会福利业	**Q**	**6207**	**83**	**335**
卫生	85	4332	50	232
医院	851	462	3	17
卫生院及社区医疗活动	852	1490	22	107
门诊部医疗活动	853	1049	4	31
计划生育技术服务活动	854	829	17	48
妇幼保健活动	855	113	1	2
专科疾病防治活动	856	70	1	4
疾病预防控制及防疫活动	857	154	1	13
其他卫生活动	859	165	1	10
社会保障业	86	1227	28	73
社会保障业	860	1227	28	73
社会福利业	87	648	5	30
提供住宿的社会福利	871	440	4	22
不提供住宿的社会福利	872	208	1	8
文化、体育和娱乐业	**R**	**2600**	**30**	**81**

兴宾区	忻城县	象州县	武宣县	金秀瑶族自治县	合山市	崇左市
4	13	2	2	2	4	60
2	2		2	3	1	27
				2		9
2	2		2	1	1	18
3	2	1	2	3	2	27
1			1		1	4
1	1		1	2		8
1	1	1		1	1	15
12	**3**	**5**	**7**	**2**	**12**	**25**
7		1	7	1	5	5
1		1				
			7	1		
						1
1						
3						1
						2
2					5	1
5	3	4		1	7	20
3		3		1		8
1	2	1			1	7
1	1				6	5
466	**42**	**70**	**170**	**29**	**59**	**943**
466	42	70	170	29	59	943
126	5	32	7	2	11	83
268	13	13	137	13	34	689
47	19	18	18	9	7	131
1		1	1			4
24	5	6	7	5	7	36
129	**56**	**39**	**50**	**32**	**29**	**286**
87	35	31	32	26	21	182
4	3	2	3	2	3	19
51	12	16	12	11	5	93
22		9				7
4	15	2	13	10	4	37
		1		1		6
1	3					4
3	1	1	3	1	4	8
2	1		1	1	5	8
34	17		14	4	4	84
34	17		14	4	4	84
8	4	8	4	2	4	20
4	3	6	4	1	4	13
4	1	2		1		7
16	**20**	**7**	**17**	**7**	**14**	**121**

1-08 续表142

行业分组	代 码	法人单位数（个）	宜州市	来宾市
新闻出版业	88	158		1
新闻业	881	25		
出版业	882	133		1
广播、电视、电影和音像业	89	871	19	36
广播	891	488	1	16
电视	892	210	16	14
电影	893	145	2	6
音像制作	894	28		
文化艺术业	90	960	7	34
文艺创作与表演	901	174	1	10
艺术表演场馆	902	23		
图书馆与档案馆	903	195	2	10
文物及文化保护	904	74	1	4
博物馆	905	47		3
烈士陵园、纪念馆	906	22		
群众文化活动	907	295	2	6
文化艺术经纪代理	908	37		
其他文化艺术	909	93	1	1
体育	91	189	3	3
体育组织	911	105	2	1
体育场馆	912	39		1
其他体育	919	45	1	1
娱乐业	92	422	1	7
室内娱乐活动	921	275		4
游乐园	922	13		
休闲健身娱乐活动	923	83	1	2
其他娱乐活动	929	51		1
公共管理和社会组织	**S**	**43197**	**472**	**2441**
中国共产党机关	93	2275	27	138
中国共产党机关	930	2275	27	138
国家机构	94	16342	168	1062
国家权力机构	941	268	1	9
国家行政机构	942	15610	165	1033
人民法院和人民检察院	943	280	2	15
其他国家机构	949	184		5
人民政协和民主党派	95	247	3	9
人民政协	951	153	1	9
民主党派	952	94	2	
群众团体、社会团体和宗教组织	96	8302	64	461
群众团体	961	949	7	52
社会团体	962	7143	55	384
宗教组织	963	210	2	25
基层群众自治组织	97	16031	210	771
社区自治组织	971	1621	30	46
村民自治组织	972	14410	180	725

兴宾区	忻城县	象州县	武宣县	金秀瑶族自治县	合山市	崇左市
1						3
						2
1						1
3	15	1	11	2	4	48
1	12			1	2	30
1	1		10		2	11
1	2	1	1	1		7
9	4	4	5	5	7	57
4	1	1	1	2	1	7
4	1	1	1	1	2	9
1		1	1		1	9
	1		1	1		2
						3
	1	1	1	1	2	19
						1
					1	7
	1	1			1	6
	1					
		1				
					1	6
3		1	1		2	7
2		1			1	
						1
1					1	1
			1			5
780	**275**	**440**	**429**	**336**	**181**	**2534**
37	24	19	25	20	13	168
37	24	19	25	20	13	168
317	97	204	145	187	112	1123
2	2	1	2	1	1	13
307	92	201	140	184	109	1084
4	3	2	3	2	1	16
4					1	10
2	1	1	3	1	1	10
2	1	1	3	1	1	9
						1
165	23	94	108	47	24	390
19	5	5	16	2	5	61
144	12	79	87	43	19	327
2	6	10	5	2		2
259	130	122	148	81	31	843
17	7	9	6	4	3	86
242	123	113	142	77	28	757

1-08 续表143

行业分组	代码	法人单位数（个）	江州区	扶绥县
总　计		**154748**	**1939**	**1101**
农、林、牧、渔业	**A**	**210**	**2**	**7**
农业	01	66		1
谷物及其他作物的种植	011	18		1
蔬菜、园艺作物的种植	012	12		
水果、坚果、饮料和香料作物的种植	013	33		
中药材的种植	014	3		
林业	02	56		4
林木的培育和种植	021	53		4
木材和竹材的采运	022	3		
林产品的采集	023			
畜牧业	03	51		1
牲畜的饲养	031	7		
猪的饲养	032	21		1
家禽的饲养	033	19		
狩猎和捕捉动物	034			
其他畜牧业	039	4		
渔业	04	17		
海洋渔业	041	7		
内陆渔业	042	10		
农、林、牧、渔服务业	05	20	2	1
农业服务业	051	16	2	1
林业服务业	052			
畜牧服务业	053	3		
渔业服务业	054	1		
采矿业	**B**	**2258**	**21**	**13**
煤炭开采和洗选业	06	49		3
烟煤和无烟煤的开采洗选	061	28		2
褐煤的开采洗选	062	17		1
其他煤炭采选	069	4		
石油和天然气开采业	07	2		
天然原油和天然气开采	071	1		
与石油和天然气开采有关的服务活动	079	1		
黑色金属矿采选业	08	517	15	4
铁矿采选	081	145	6	3
其他黑色金属矿采选	089	372	9	1
有色金属矿采选业	09	552	3	2
常用有色金属矿采选	091	479		2
贵金属矿采选	092	55	1	
稀有稀土金属矿采选	093	18	2	
非金属矿采选业	10	1114	3	3
土砂石开采	101	849	2	3
化学矿采选	102	38		
采盐	103	4		
石棉及其他非金属矿采选	109	223	1	
其他采矿业	11	24		1

宁明县	龙州县	大新县	天等县	凭祥市
1495	**917**	**976**	**799**	**876**
3		**1**		
1		1		
1		1		
1				
1				
1				
1				
8	**23**	**28**	**11**	**7**
3				
3				
	5	23	10	3
	5			3
		23	10	
	1	2		1
	1	2		
				1
5	17	3	1	3
5	17	1	1	3
		2		

1-08 续表144

行业分组	代 码	法人单位数（个）	江州区	扶绥县
其他采矿业	110	24		1
制造业	**C**	**19683**	**98**	**87**
农副食品加工业	13	1486	13	9
谷物磨制	131	227		
饲料加工	132	250		2
植物油加工	133	126		
制糖	134	107	6	3
屠宰及肉类加工	135	297	1	1
水产品加工	136	101		
蔬菜、水果和坚果加工	137	109		1
其他农副食品加工	139	269	6	2
食品制造业	14	876	4	2
焙烤食品制造	141	263		
糖果、巧克力及蜜饯制造	142	84	1	
方便食品制造	143	149		
液体乳及乳制品制造	144	17		
罐头制造	145	86	1	
调味品、发酵制品制造	146	111	2	1
其他食品制造	149	166		1
饮料制造业	15	796	10	4
酒精制造	151	43	5	3
酒的制造	152	183	2	1
软饮料制造	153	293	2	
精制茶加工	154	277	1	
烟草制品业	16	5		
烟叶复烤	161	1		
卷烟制造	162	4		
其他烟草制品加工	169			
纺织业	17	661	4	5
棉、化纤纺织及印染精加工	171	93		
毛纺织和染整精加工	172	88		
麻纺织	173	11	3	
丝绢纺织及精加工	174	102		
纺织制成品制造	175	83	1	4
针织品、编织品及其制品制造	176	284		1
纺织服装、鞋、帽制造业	18	338	1	1
纺织服装制造	181	324	1	1
纺织面料鞋的制造	182	11		
制帽	183	3		
皮革、毛皮、羽毛（绒）及其制品业	19	281	1	
皮革鞣制加工	191	41		
皮革制品制造	192	193	1	
毛皮鞣制及制品加工	193	5		
羽毛（绒）加工及制品制造	194	42		
木材加工及木、竹、藤、棕、草制品业	20	1880	12	9
锯材、木片加工	201	765	4	4
人造板制造	202	508	6	5

宁明县	龙州县	大新县	天等县	凭祥市
84	**54**	**80**	**43**	**33**
16	6	15	2	3
2				
				1
5	1	4	1	1
6	2	7		1
2		2		
1	3	2	1	
2	4	2	1	
	1			
		2		
1				
1			1	
	3			
6	8	6	4	2
1	1			2
2	1	1		
3		2	1	
	6	3	3	
1	2	1	1	
1				
	2	1		
			1	
				1
				1
		1		
		1		
14	6	4	1	7
7	1	2		2
5	1	1	1	4

1-08 续表145

行业分组	代 码	法人单位数（个）	江州区	扶绥县
木制品制造	203	288	2	
竹、藤、棕、草制品制造	204	319		
家具制造业	21	337	1	
木质家具制造	211	270	1	
竹、藤家具制造	212	18		
金属家具制造	213	13		
塑料家具制造	214	5		
其他家具制造	219	31		
造纸及纸制品业	22	783	5	6
纸浆制造	221	43	1	1
造纸	222	380	2	2
纸制品制造	223	360	2	3
印刷业和记录媒介的复制	23	779	1	1
印刷	231	701	1	1
装订及其他印刷服务活动	232	75		
记录媒介的复制	233	3		
文教体育用品制造业	24	92		
文化用品制造	241	24		
体育用品制造	242	14		
乐器制造	243	1		
玩具制造	244	50		
游艺器材及娱乐用品制造	245	3		
石油加工、炼焦及核燃料加工业	25	42		
精炼石油产品的制造	251	38		
炼焦	252	4		
核燃料加工	253			
化学原料及化学制品制造业	26	1494	12	14
基础化学原料制造	261	196	1	2
肥料制造	262	298	6	6
农药制造	263	77		3
涂料、油墨、颜料及类似产品制造	264	142		1
合成材料制造	265	21		
专用化学产品制造	266	613	5	2
日用化学产品制造	267	147		
医药制造业	27	353	2	4
化学药品原药制造	271	32		2
化学药品制剂制造	272	39		
中药饮片加工	273	53		1
中成药制造	274	118	1	
兽用药品制造	275	58		
生物、生化制品的制造	276	34		1
卫生材料及医药用品制造	277	19	1	
化学纤维制造业	28	9		
纤维素纤维原料及纤维制造	281	1		
合成纤维制造	282	8		
橡胶制品业	29	139		
轮胎制造	291	26		

宁明县	龙州县	大新县	天等县	凭祥市
2	4	1		
				1
		1	1	4
		1	1	3
				1
	2	2		
	1			
	1	1		
		1		
2	3			
1				
1	3			
11	1	11	3	4
		7	1	
2	1	1	1	1
		1		1
1		1	1	
8		1		2
	1	1	1	1
				1
	1	1	1	

1-08 续表146

行业分组	代 码	法人单位数（个）	江州区	扶绥县
橡胶板、管、带的制造	292	30		
橡胶零件制造	293	17		
再生橡胶制造	294	9		
日用及医用橡胶制品制造	295	12		
橡胶靴鞋制造	296	6		
其他橡胶制品制造	299	39		
塑料制品业	30	736	3	4
塑料薄膜制造	301	96	2	1
塑料板、管、型材的制造	302	109		
塑料丝、绳及编织品的制造	303	145	1	
泡沫塑料制造	304	35		
塑料人造革、合成革制造	305	4		
塑料包装箱及容器制造	306	85		3
塑料零件制造	307	22		
日用塑料制造	308	108		
其他塑料制品制造	309	132		
非金属矿物制品业	31	3197	18	20
水泥、石灰和石膏的制造	311	482	4	6
水泥及石膏制品制造	312	312	4	1
砖瓦、石材及其他建筑材料制造	313	1946	9	13
玻璃及玻璃制品制造	314	81		
陶瓷制品制造	315	156		
耐火材料制品制造	316	35		
石墨及其他非金属矿物制品制造	319	185	1	
黑色金属冶炼及压延加工业	32	425	6	3
炼铁	321	67	1	1
炼钢	322	12	1	
钢压延加工	323	118	1	
铁合金冶炼	324	228	3	2
有色金属冶炼及压延加工业	33	326		
常用有色金属冶炼	331	216		
贵金属冶炼	332	11		
稀有稀土金属冶炼	333	16		
有色金属合金制造	334	13		
有色金属压延加工	335	70		
金属制品业	34	703	1	2
结构性金属制品制造	341	254		1
金属工具制造	342	105	1	
集装箱及金属包装容器制造	343	35		
金属丝绳及其制品的制造	344	21		
建筑、安全用金属制品制造	345	62		
金属表面处理及热处理加工	346	38		
搪瓷制品制造	347	4		
不锈钢及类似日用金属制品制造	348	100		
其他金属制品制造	349	84		1
通用设备制造业	35	914		2
锅炉及原动机制造	351	58		

宁明县	龙州县	大新县	天等县	凭祥市
	1	2	1	
		1		
	1			
		1		
			1	
22	11	6	5	9
2	1	2	1	1
2	3			3
18	6	3	3	5
	1	1	1	
	3	21	20	
	3	21	20	
		2		
		1		
		1		
1	2	3		
		1		
	2	1		
1				
		1		
1			1	1

1-08 续表147

行业分组	代 码	法人单位数（个）		
			江州区	扶绥县
金属加工机械制造	352	104		
起重运输设备制造	353	29		
泵、阀门、压缩机及类似机械的制造	354	62		
轴承、齿轮、传动和驱动部件的制造	355	40		
烘炉、熔炉及电炉制造	356	5		
风机、衡器、包装设备等通用设备制造	357	83		2
通用零部件制造及机械修理	358	246		
金属铸、锻加工	359	287		
专用设备制造业	36	676		
矿山、冶金、建筑专用设备制造	361	140		
化工、木材、非金属加工专用设备制造	362	120		
食品、饮料、烟草及饲料生产专用设备制造	363	61		
印刷、制药、日化生产专用设备制造	364	41		
纺织、服装和皮革工业专用设备制造	365	7		
电子和电工机械专用设备制造	366	21		
农、林、牧、渔专用机械制造	367	181		
医疗仪器设备及器械制造	368	47		
环保、社会公共安全及其他专用设备制造	369	58		
交通运输设备制造业	37	1013	3	
铁路运输设备制造	371	21		
汽车制造	372	855	3	
摩托车制造	373	4		
自行车制造	374	21		
船舶及浮动装置制造	375	99		
航空航天器制造	376	5		
交通器材及其他交通运输设备制造	379	8		
电气机械及器材制造业	39	454		
电机制造	391	58		
输配电及控制设备制造	392	169		
电线、电缆、光缆及电工器材制造	393	80		
电池制造	394	22		
家用电力器具制造	395	42		
非电力家用器具制造	396	23		
照明器具制造	397	32		
其他电气机械及器材制造	399	28		
通信设备、计算机及其他电子设备制造业	40	225		1
通信设备制造	401	43		
雷达及配套设备制造	402	2		
广播电视设备制造	403	10		
电子计算机制造	404	18		
电子器件制造	405	20		
电子元件制造	406	93		1
家用视听设备制造	407	14		
其他电子设备制造	409	25		
仪器仪表及文化、办公用机械制造业	41	94		
通用仪器仪表制造	411	37		
专用仪器仪表制造	412	16		

宁明县	龙州县	大新县	天等县	凭祥市
1			1	
				1
3			2	
			2	
2				
1				
2	2	1		
2	2	1		
1	1			
	1			
1				
				1

1-08 续表148

行业分组	代 码	法人单位数（个）	江州区	扶绥县
钟表与计时仪器制造	413	10		
光学仪器及眼镜制造	414	17		
文化、办公用机械制造	415	6		
其他仪器仪表的制造及修理	419	8		
工艺品及其他制造业	42	495		
工艺美术品制造	421	397		
日用杂品制造	422	49		
煤制品制造	423	17		
核辐射加工	424	1		
其他未列明的制造业	429	31		
废弃资源和废旧材料回收加工业	43	74	1	
金属废料和碎屑的加工处理	431	42	1	
非金属废料和碎屑的加工处理	432	32		
电力、燃气及水的生产和供应业	**D**	**2271**	**17**	**10**
电力、热力的生产和供应业	44	1694	8	3
电力生产	441	1561	6	1
电力供应	442	127	2	2
热力生产和供应	443	6		
燃气生产和供应业	45	38		
燃气生产和供应业	450	38		
水的生产和供应业	46	539	9	7
自来水的生产和供应	461	518	9	7
污水处理及其再生利用	462	16		
其他水的处理、利用与分配	469	5		
建筑业	**E**	**2329**	**25**	**11**
房屋和土木工程建筑业	47	1087	18	10
房屋工程建筑	471	746	11	4
土木工程建筑	472	341	7	6
建筑安装业	48	315		
建筑安装业	480	315		
建筑装饰业	49	680	5	
建筑装饰业	490	680	5	
其他建筑业	50	247	2	1
工程准备	501	81	1	
提供施工设备服务	502	64		1
其他未列明的建筑活动	509	102	1	
交通运输、仓储和邮政业	**F**	**3178**	**27**	**37**
铁路运输业	51	17		
铁路旅客运输	511	2		
铁路货物运输	512	6		
铁路运输辅助活动	513	9		
道路运输业	52	1629	17	17
公路旅客运输	521	231	2	1
道路货物运输	522	910	10	10
道路运输辅助活动	523	488	5	6
城市公共交通业	53	197	3	2

宁明县	龙州县	大新县	天等县	凭祥市
				1
2	1	1		
1	1			
1				
		1		
14	**7**	**24**	**9**	**5**
2	4	19	7	3
1	3	18	6	2
1	1	1	1	1
12	3	5	2	2
12	3	5	2	2
5	**5**	**7**	**7**	**4**
3	5	7	3	3
2	3	3	2	3
1	2	4	1	
2			3	
2			3	
				1
				1
			1	
			1	
8	**8**	**6**	**4**	**17**
5	5	5	2	2
	1	1		
3	2	1		1
2	2	3	2	1
3	1		1	3

1-08 续表149

行业分组	代码	法人单位数（个）	江州区	扶绥县
公共电汽车客运	531	70		1
轨道交通	532			
出租车客运	533	108		1
城市轮渡	534			
其他城市公共交通	539	19	3	
水上运输业	54	351	3	1
水上旅客运输	541	46	1	
水上货物运输	542	220		
水上运输辅助活动	543	85	2	1
航空运输业	55	37		
航空客货运输	551	13		
通用航空服务	552	6		
航空运输辅助活动	553	18		
管道运输业	56			
管道运输业	560			
装卸搬运和其他运输服务业	57	466		4
装卸搬运	571	156		4
运输代理服务	572	310		
仓储业	58	419	2	13
谷物、棉花等农产品仓储	581	242	2	13
其他仓储	589	177		
邮政业	59	62	2	
国家邮政	591	23	2	
其他寄递服务	599	39		
信息传输、计算机服务和软件业	**G**	**5040**	**61**	**52**
电信和其他信息传输服务业	60	919	5	14
电信	601	179	1	
互联网信息服务	602	469	2	1
广播电视传输服务	603	263	2	13
卫星传输服务	604	8		
计算机服务业	61	3785	53	38
计算机系统服务	611	224	1	
数据处理	612	27	1	
计算机维修	613	39	2	
其他计算机服务	619	3495	49	38
软件业	62	336	3	
公共软件服务	621	247	3	
其他软件服务	629	89		
批发和零售业	**H**	**21560**	**92**	**84**
批发业	63	12548	51	44
农畜产品批发	631	694	2	4
食品、饮料及烟草制品批发	632	1073	4	1
纺织、服装及日用品批发	633	669		3
文化、体育用品及器材批发	634	350		
医药及医疗器材批发	635	479	1	
矿产品、建材及化工产品批发	636	4719	26	22

宁明县	龙州县	大新县	天等县	凭祥市
				2
1	1		1	1
2				
	1			
	1			
			1	6
			1	6
	1	1		6
		1		6
	1			
40	**42**	**43**	**35**	**18**
1	12	1	13	3
				3
1	12	1	13	
39	30	42	22	15
39	30	42	22	15
50	**67**	**47**	**37**	**131**
39	34	22	17	125
2	4	10	2	8
3	2	3		9
1				15
1	1			
2	1			1
24	15	5	13	12

1-08 续表150

行业分组	代 码	法人单位数（个）	江州区	扶绥县
机械设备、五金交电及电子产品批发	637	2859	11	
贸易经纪与代理	638	750		13
其他批发	639	955	7	1
零售业	65	9012	41	40
综合零售	651	1171	6	11
食品、饮料及烟草制品专门零售	652	919	5	10
纺织、服装及日用品专门零售	653	670	1	1
文化、体育用品及器材专门零售	654	505	2	1
医药及医疗器材专门零售	655	623	3	5
汽车、摩托车、燃料及零配件专门零售	656	1496	5	6
家用电器及电子产品专门零售	657	1683	13	3
五金、家具及室内装修材料专门零售	658	1042	1	2
无店铺及其他零售	659	903	5	1
住宿和餐饮业	**I**	**2152**	**6**	**8**
住宿业	66	1310	2	2
旅游饭店	661	521	1	1
一般旅馆	662	715	1	1
其他住宿服务	669	74		
餐饮业	67	842	4	6
正餐服务	671	674	4	6
快餐服务	672	59		
饮料及冷饮服务	673	22		
其他餐饮服务	679	87		
金融业	**J**	**636**	**11**	**1**
银行业	68	279	6	1
中央银行	681	21	1	
商业银行	682	238	5	1
其他银行	689	20		
证券业	69	12		
证券市场管理	691	1		
证券经纪与交易	692	8		
证券投资	693	1		
证券分析与咨询	694	2		
保险业	70	178	4	
人寿保险	701	50	2	
非人寿保险	702	104	2	
保险辅助服务	703	24		
其他金融活动	71	167	1	
金融信托与管理	711	16		
金融租赁	712	2		
财务公司	713	9		
邮政储蓄	714	9	1	
典当	715	52		
其他未列明的金融活动	719	79		
房地产业	**K**	**5628**	**46**	**29**
房地产业	72	5628	46	29

宁明县	龙州县	大新县	天等县	凭祥市
2		1	1	43
2	9	1	1	24
2	2	2		13
11	33	25	20	6
3	11	12	10	2
	3	1		1
	1	1		
	2	2	1	1
	5	2	4	1
4	4	2	3	1
	2	3	1	
2	3	1	1	
2	2	1		
5	**11**	**12**	**3**	**9**
4	7	6	1	8
2		1		4
2	7	5	1	4
1	4	6	2	1
	4	5	2	1
1		1		
1	**2**	**2**	**1**	**2**
1	2	2	1	1
	1			
1	1	2	1	1
				1
				1
23	**18**	**20**	**12**	**31**
23	18	20	12	31

1–08 续表151

行业分组	代　码	法人单位数（个）	江州区	扶绥县
房地产开发经营	721	3134	20	14
物业管理	722	1020		3
房地产中介服务	723	729	3	1
其他房地产活动	729	745	23	11
租赁和商务服务业	**L**	**10535**	**891**	**24**
租赁业	73	263	1	3
机械设备租赁	731	250	1	3
文化及日用品出租	732	13		
商务服务业	74	10272	890	21
企业管理服务	741	4932	861	7
法律服务	742	503	2	2
咨询与调查	743	1089	4	2
广告业	744	1371	11	2
知识产权服务	745	36		
职业中介服务	746	405	4	2
市场管理	747	461	3	2
旅行社	748	504	3	1
其他商务服务	749	971	2	3
科学研究、技术服务和地质勘查业	**M**	**7141**	**63**	**62**
研究与试验发展	75	451	5	2
自然科学研究与试验发展	751	62	1	
工程和技术研究与试验发展	752	86		
农业科学研究与试验发展	753	182	2	1
医学研究与试验发展	754	42		
社会人文科学研究与试验发展	755	79	2	1
专业技术服务业	76	2899	30	20
气象服务	761	172	1	2
地震服务	762	68	1	1
海洋服务	763	3		
测绘服务	764	139		1
技术检测	765	569	11	8
环境监测	766	112		1
工程技术与规划管理	767	1442	15	6
其他专业技术服务	769	394	2	1
科技交流和推广服务业	77	3696	27	40
技术推广服务	771	3350	24	38
科技中介服务	772	167	2	2
其他科技服务	779	179	1	
地质勘查业	78	95	1	
矿产地质勘查	781	50		
基础地质勘查	782	15	1	
地质勘查技术服务	783	30		
水利、环境和公共设施管理业	**N**	**2081**	**23**	**32**
水利管理业	79	1130	11	26
防洪管理	791	84	1	2
水资源管理	792	562	5	9

宁明县	龙州县	大新县	天等县	凭祥市
7	12	4	4	23
	1	1		3
2		1	1	
14	5	14	7	5
581	**23**	**24**	**16**	**257**
		1		1
		1		1
581	23	23	16	256
565	5	4	8	230
5	1	1	2	3
1				4
3	2	7	1	3
	1			
3	5	4	2	1
2	2	1	1	5
1	5	5		6
1	2	1	2	4
31	**44**	**41**	**42**	**33**
2	3	2	1	4
	1			
1				1
1	1	1		3
	1	1	1	
9	17	16	14	20
1	4	1	2	2
	1	1	1	2
1	1		1	1
4	3	6	4	3
		1		2
3	8	5	6	7
		2		3
20	24	23	27	9
18	24	23	24	8
2			2	1
			1	
15	**10**	**28**	**21**	**21**
3	5	21	19	11
1			1	
2	3	3	3	6

1-08 续表152

行业分组	代码	法人单位数（个）	江州区	扶绥县
其他水利管理	799	484	5	15
环境管理业	80	380	8	4
自然保护	801	83	4	1
环境治理	802	297	4	3
公共设施管理业	81	571	4	2
市政公共设施管理	811	132	1	
城市绿化管理	812	191	1	1
游览景区管理	813	248	2	1
居民服务和其他服务业	**O**	**1607**	**6**	**5**
居民服务业	82	677	1	
家庭服务	821	44		
托儿所	822	19		
洗染服务	823	20		
理发及美容保健服务	824	164		
洗浴服务	825	44		
婚姻服务	826	37		
殡葬服务	827	61	1	
摄影扩印服务	828	84		
其他居民服务	829	204		
其他服务业	83	930	5	5
修理与维护	831	554	2	2
清洁服务	832	187	1	1
其他未列明的服务	839	189	2	2
教育	**P**	**16435**	**67**	**141**
教育	84	16435	67	141
学前教育	841	2412	20	4
初等教育	842	9726	16	109
中等教育	843	2844	16	23
高等教育	844	131	2	1
其他教育	849	1322	13	4
卫生、社会保障和社会福利业	**Q**	**6207**	**51**	**33**
卫生	85	4332	29	24
医院	851	462	4	3
卫生院及社区医疗活动	852	1490	11	14
门诊部医疗活动	853	1049		1
计划生育技术服务活动	854	829	10	1
妇幼保健活动	855	113		1
专科疾病防治活动	856	70	1	1
疾病预防控制及防疫活动	857	154	1	1
其他卫生活动	859	165	2	2
社会保障业	86	1227	17	7
社会保障业	860	1227	17	7
社会福利业	87	648	5	2
提供住宿的社会福利	871	440	5	1
不提供住宿的社会福利	872	208		1
文化、体育和娱乐业	**R**	**2600**	**31**	**13**

宁明县	龙州县	大新县	天等县	凭祥市
	2	18	15	5
7	3	2	1	2
	2	1		1
7	1	1	1	1
5	2	5	1	8
				3
1	1		1	3
4	1	5		2
6	**3**	**2**	**2**	**1**
1	1	2		
1				
	1	1		
		1		
5	2		2	1
1	1		2	
4	1			
				1
183	**163**	**176**	**157**	**56**
183	163	176	157	56
4	35	3	11	6
153	103	148	123	37
22	19	23	19	9
	1			
4	5	2	4	4
40	**35**	**37**	**57**	**33**
21	32	24	35	17
2	3	2	3	2
15	18	17	14	4
	2		1	3
1	7		14	4
1	1	1	1	1
		1	1	
2	1	1	1	1
		2		2
18	1	11	19	11
18	1	11	19	11
1	2	2	3	5
	1	1	2	3
1	1	1	1	2
9	**10**	**26**	**12**	**20**

1-08 续表153

行业分组	代 码	法人单位数（个）	江州区	扶绥县
新闻出版业	88	158	2	
新闻业	881	25	1	
出版业	882	133	1	
广播、电视、电影和音像业	89	871	13	3
广播	891	488	7	1
电视	892	210	4	1
电影	893	145	2	1
音像制作	894	28		
文化艺术业	90	960	14	7
文艺创作与表演	901	174	1	1
艺术表演场馆	902	23		
图书馆与档案馆	903	195	3	1
文物及文化保护	904	74	1	1
博物馆	905	47		
烈士陵园、纪念馆	906	22		
群众文化活动	907	295	6	3
文化艺术经纪代理	908	37	1	
其他文化艺术	909	93	2	1
体育	91	189	1	1
体育组织	911	105		
体育场馆	912	39		
其他体育	919	45	1	1
娱乐业	92	422	1	2
室内娱乐活动	921	275		
游乐园	922	13		1
休闲健身娱乐活动	923	83		
其他娱乐活动	929	51	1	1
公共管理和社会组织	**S**	**43197**	**401**	**452**
中国共产党机关	93	2275	30	21
中国共产党机关	930	2275	30	21
国家机构	94	16342	189	141
国家权力机构	941	268	3	1
国家行政机构	942	15610	176	138
人民法院和人民检察院	943	280	4	2
其他国家机构	949	184	6	
人民政协和民主党派	95	247	3	1
人民政协	951	153	2	1
民主党派	952	94	1	
群众团体、社会团体和宗教组织	96	8302	65	158
群众团体	961	949	16	8
社会团体	962	7143	49	150
宗教组织	963	210		
基层群众自治组织	97	16031	114	131
社区自治组织	971	1621	16	12
村民自治组织	972	14410	98	119

宁明县	龙州县	大新县	天等县	凭祥市
		1		
		1		
1	2	17	4	8
1	1	15	3	2
	1			5
		2	1	1
7	7	6	7	9
1	1	1	1	1
1	1	1	1	1
3			1	3
		2		
1	2			
1	2	1	3	3
	1	1	1	1
1	1	1		1
1	1	1		1
		1	1	2
				1
		1	1	1
389	**392**	**372**	**330**	**198**
24	23	29	25	16
24	23	29	25	16
189	200	153	126	125
4	1	1	1	2
182	197	150	121	120
2	2	2	2	2
1			2	1
1	1	1	1	2
1	1	1	1	2
14	41	42	54	16
7	6	8	8	8
7	33	34	46	8
	2			
161	127	147	124	39
17	10	18	6	7
144	117	129	118	32

1–09 按行业（门类、大类、中类）、

行业分组	代　码	就业人数（人）	南宁市	兴宁区
总　计		**4885707**	**1128936**	**128224**
农、林、牧、渔业	**A**	**38508**	**13354**	**2197**
农业	01	21114	8720	622
谷物及其他作物的种植	011	16377	7468	622
蔬菜、园艺作物的种植	012	119		
水果、坚果、饮料和香料作物的种植	013	4600	1252	
中药材的种植	014	18		
林业	02	13004	3798	1575
林木的培育和种植	021	12780	3585	1575
木材和竹材的采运	022	224	213	
林产品的采集	023			
畜牧业	03	3144	553	
牲畜的饲养	031	235		
猪的饲养	032	507		
家禽的饲养	033	2326	551	
狩猎和捕捉动物	034			
其他畜牧业	039	76	2	
渔业	04	247	143	
海洋渔业	041	51		
内陆渔业	042	196	143	
农、林、牧、渔服务业	05	999	140	
农业服务业	051	453	14	
林业服务业	052			
畜牧服务业	053	420		
渔业服务业	054	126	126	
采矿业	**B**	**97288**	**4740**	**171**
煤炭开采和洗选业	06	17120	282	
烟煤和无烟煤的开采洗选	061	10600	212	
褐煤的开采洗选	062	6363		
其他煤炭采选	069	157	70	
石油和天然气开采业	07	30		
天然原油和天然气开采	071	7		
与石油和天然气开采有关的服务活动	079	23		
黑色金属矿采选业	08	19228	928	33
铁矿采选	081	4428	196	
其他黑色金属矿采选	089	14800	732	33
有色金属矿采选业	09	29861	1392	119
常用有色金属矿采选	091	25864	998	3
贵金属矿采选	092	2703	243	
稀有稀土金属矿采选	093	1294	151	116
非金属矿采选业	10	30538	2045	19
土砂石开采	101	19457	913	19
化学矿采选	102	1687	540	
采盐	103	1416		
石棉及其他非金属矿采选	109	7978	592	

地区分组的法人单位就业人数

青秀区	江南区	西乡塘区	良庆区	邕宁区	武鸣县	隆安县
399662	**121672**	**216222**	**32601**	**17222**	**47493**	**20770**
8	**3309**	**3434**	**130**	**400**	**421**	**83**
8	1835	3197			55	
	1835	3197				
8					55	
	1277		130		366	83
	1277				366	
			130			83
	151			400		
	151			400		
	32	111				
	32	111				
	14	126				
	14					
		126				
43	**331**	**296**		**136**	**1101**	**363**
	212	28				42
	212					
		28				42
	60	57			361	
	7					
	53	57			361	
				50	445	284
				50	401	75
					9	209
					35	
43	59	211		86	295	37
43	59	210		86	219	
		1			76	37

1-09 续表1

行业分组	代码	就业人数（人）	南宁市	兴宁区
其他采矿业	11	511	93	
其他采矿业	110	511	93	
制造业	**C**	**1377307**	**208937**	**10724**
农副食品加工业	13	139046	34676	676
谷物磨制	131	4612	1501	15
饲料加工	132	14717	5477	635
植物油加工	133	3632	240	
制糖	134	79341	16586	
屠宰及肉类加工	135	9355	1677	26
水产品加工	136	7236	618	
蔬菜、水果和坚果加工	137	3907	524	
其他农副食品加工	139	16246	8053	
食品制造业	14	37056	9532	300
焙烤食品制造	141	7223	1287	107
糖果、巧克力及蜜饯制造	142	1865	541	27
方便食品制造	143	4955	1136	
液体乳及乳制品制造	144	2991	2202	77
罐头制造	145	7981	2208	50
调味品、发酵制品制造	146	2626	388	15
其他食品制造	149	9415	1770	24
饮料制造业	15	36286	7089	63
酒精制造	151	3936	501	
酒的制造	152	12755	560	
软饮料制造	153	14148	4568	63
精制茶加工	154	5447	1460	
烟草制品业	16	4315	3564	
烟叶复烤	161	515	515	
卷烟制造	162	3800	3049	
其他烟草制品加工	169			
纺织业	17	69393	7122	
棉、化纤纺织及印染精加工	171	18434	2428	
毛纺织和染整精加工	172	4512	12	
麻纺织	173	1312	140	
丝绢纺织及精加工	174	19769	4097	
纺织制成品制造	175	5096	296	
针织品、编织品及其制品制造	176	20270	149	
纺织服装、鞋、帽制造业	18	21831	2826	46
纺织服装制造	181	21326	2826	46
纺织面料鞋的制造	182	357		
制帽	183	148		
皮革、毛皮、羽毛(绒)及其制品业	19	30570	2458	
皮革鞣制加工	191	4591	950	
皮革制品制造	192	22289	1277	
毛皮鞣制及制品加工	193	236	112	
羽毛(绒)加工及制品制造	194	3454	119	
木材加工及木、竹、藤、棕、草制品业	20	102422	11496	654
锯材、木片加工	201	20868	4338	243

青秀区	江南区	西乡塘区	良庆区	邕宁区	武鸣县	隆安县
5709	**39868**	**61650**	**13823**	**3504**	**20551**	**7416**
75	10813	4664	2010	173	4624	2892
	137	548	23	12	73	
	2375	911	1019		248	84
	95	93	18		6	
	6723	830	824			1637
27	30	676	43	107	3	160
48		554				
	83	6	70	54	41	30
	1370	1046	13		4253	981
126	1494	3425	1020	102	1117	105
28	511	171	38	26	287	
4	8	212	91		146	
7	203	319	448	36	101	
		2013	112			
	15	8	316		194	30
	30	215			14	75
87	727	487	15	40	375	
	634	4421	29	109	309	133
	198		9		10	133
		401	20	7	78	
	263	3957			140	
	173	63		102	81	
		3049			515	
					515	
		3049				
144	268	2258	298	1	265	98
98	12	2237			81	
	140					
7			283		8	98
31	58	6	15		176	
8	58	15		1		
436	412	740	1117	5	53	
436	412	740	1117	5	53	
	191	76	274	3	173	
	96			2		
	95	17	174	1	173	
		5	35			
		54	65			
70	1935	723	1020	64	3024	557
10	1202	235	472	62	1359	60

1-09 续表2

行业分组	代码	就业人数（人）	南宁市	兴宁区
人造板制造	202	35685	5318	324
木制品制造	203	23965	887	49
竹、藤、棕、草制品制造	204	21904	953	38
家具制造业	21	11154	1439	249
木质家具制造	211	7944	938	191
竹、藤家具制造	212	1607	227	
金属家具制造	213	182	129	31
塑料家具制造	214	426	11	
其他家具制造	219	995	134	27
造纸及纸制品业	22	46989	13000	282
纸浆制造	221	6323	1701	30
造纸	222	25536	7958	63
纸制品制造	223	15130	3341	189
印刷业和记录媒介的复制	23	20703	7485	933
印刷	231	18279	5975	678
装订及其他印刷服务活动	232	1197	581	233
记录媒介的复制	233	1227	929	22
文教体育用品制造业	24	7672	730	57
文化用品制造	241	853	319	14
体育用品制造	242	541	195	28
乐器制造	243	25		
玩具制造	244	6090	211	15
游艺器材及娱乐用品制造	245	163	5	
石油加工、炼焦及核燃料加工业	25	2975	279	
精炼石油产品的制造	251	2843	279	
炼焦	252	132		
核燃料加工	253			
化学原料及化学制品制造业	26	106808	14881	454
基础化学原料制造	261	16506	5043	111
肥料制造	262	24164	3259	249
农药制造	263	6507	3086	
涂料、油墨、颜料及类似产品制造	264	6725	450	81
合成材料制造	265	2687	45	
专用化学产品制造	266	39883	1999	13
日用化学产品制造	267	10336	999	
医药制造业	27	35814	9863	562
化学药品原药制造	271	1573	385	
化学药品制剂制造	272	6957	2929	
中药饮片加工	273	2133	1018	16
中成药制造	274	18808	3812	533
兽用药品制造	275	3419	821	13
生物、生化制品的制造	276	2163	472	
卫生材料及医药用品制造	277	761	426	
化学纤维制造业	28	577	55	45
纤维素纤维原料及纤维制造	281	16		
合成纤维制造	282	561	55	45
橡胶制品业	29	8323	429	6

青秀区	江南区	西乡塘区	良庆区	邕宁区	武鸣县	隆安县
3	580	432	548	2	1469	387
	131	56			180	110
57	22				16	
20	466	293	30	13	8	
5	244	218	30	13		
15	89					
	59	31			8	
	11					
	63	44				
167	2963	696	1025	1282	1787	
	1107			143		
40	378	149	988	1127	994	
127	1478	547	37	12	793	
1530	560	3927	227	78	29	18
1530	523	2739	197	78	29	18
	37	281	30			
		907				
		33	41		165	60
		13				60
					165	
		15	41			
		5				
	68	198	8			
	68	198	8			
185	5008	4346	371	189	1729	988
	3724	334	100	153	360	162
22	385	319	46	30	708	776
64	467	2298			207	
	68	120	52		110	
	15	30				
52	310	672	165	6	337	50
47	39	573	8		7	
491	892	4809	1501	3	1355	52
	278	43	25	3	36	
68	159	2425	135		125	7
65	3	696	193			45
323	442	847	998		481	
	10	458	120		220	
		141			331	
35		199	30		162	
	10					
	10					
55	56		25	4	235	

1-09 续表3

行业分组	代 码	就业人数（人）	南宁市	兴宁区
轮胎制造	291	2537	55	
橡胶板、管、带的制造	292	1435	136	
橡胶零件制造	293	526	6	6
再生橡胶制造	294	325	48	
日用及医用橡胶制品制造	295	1756	29	
橡胶靴鞋制造	296	209		
其他橡胶制品制造	299	1535	155	
塑料制品业	30	29374	7051	292
塑料薄膜制造	301	2770	781	33
塑料板、管、型材的制造	302	3688	513	75
塑料丝、绳及编织品的制造	303	12078	4102	58
泡沫塑料制造	304	650	107	28
塑料人造革、合成革制造	305	96		
塑料包装箱及容器制造	306	3067	743	
塑料零件制造	307	558		
日用塑料制造	308	2903	324	21
其他塑料制品制造	309	3564	481	77
非金属矿物制品业	31	206772	29368	3966
水泥、石灰和石膏的制造	311	55704	8118	
水泥及石膏制品制造	312	13049	5080	695
砖瓦、石材及其他建筑材料制造	313	76113	11467	2815
玻璃及玻璃制品制造	314	9124	2248	150
陶瓷制品制造	315	44212	1923	293
耐火材料制品制造	316	1524	381	8
石墨及其他非金属矿物制品制造	319	7046	151	5
黑色金属冶炼及压延加工业	32	58957	2430	414
炼铁	321	3019	435	
炼钢	322	3419		
钢压延加工	323	25975	1758	414
铁合金冶炼	324	26544	237	
有色金属冶炼及压延加工业	33	63865	3559	25
常用有色金属冶炼	331	53566	728	
贵金属冶炼	332	679	424	
稀有稀土金属冶炼	333	1868	120	
有色金属合金制造	334	353	40	7
有色金属压延加工	335	7399	2247	18
金属制品业	34	24817	5127	395
结构性金属制品制造	341	8354	2982	232
金属工具制造	342	2335	285	20
集装箱及金属包装容器制造	343	1264	202	90
金属丝绳及其制品的制造	344	692	88	
建筑、安全用金属制品制造	345	1382	710	9
金属表面处理及热处理加工	346	995	113	
搪瓷制品制造	347	193	12	12
不锈钢及类似日用金属制品制造	348	6928	323	
其他金属制品制造	349	2674	412	32
通用设备制造业	35	46883	4195	458

青秀区	江南区	西乡塘区	良庆区	邕宁区	武鸣县	隆安县
55						
	41				95	
			25	4		
	15				140	
71	2741	2077	453	25	934	75
		563	167			
6	232	145			15	40
	2245	543	207		813	35
	30	11	12		26	
51	121	443	15	15	23	
	75	167	12			
14	38	205	40	10	57	
996	3845	3511	928	1376	3031	1486
63	556	1122	404	998	695	739
251	1701	1152	72	166	214	38
26	348	979	286	212	2103	709
645	1162	246	45			
11	10					
	6		49		19	
	62	12	72			
6	50	135	113			55
	8	99				55
6	42	36	113			
	1940	106	149	17	290	258
	8	28	137	17	50	87
						171
	18	3	12			
	1914	75			240	
72	739	1642	933	2	239	392
28	480	917	418	1	157	286
38	6	171				
	46	22	44			
	78	173	422		8	
	75		21	1	16	
6	1	248	28		30	
	53	111			28	106
56	413	2700	236		21	20

1-09 续表4

行业分组	代码	就业人数（人）	南宁市	兴宁区
锅炉及原动机制造	351	7814	1078	260
金属加工机械制造	352	11183	233	5
起重运输设备制造	353	3131	1277	86
泵、阀门、压缩机及类似机械的制造	354	3248	40	6
轴承、齿轮、传动和驱动部件的制造	355	2569	81	6
烘炉、熔炉及电炉制造	356	138		
风机、衡器、包装设备等通用设备制造	357	3179	532	4
通用零部件制造及机械修理	358	6352	387	15
金属铸、锻加工	359	9269	567	76
专用设备制造业	36	42616	8236	195
矿山、冶金、建筑专用设备制造	361	17485	2788	3
化工、木材、非金属加工专用设备制造	362	5749	154	20
食品、饮料、烟草及饲料生产专用设备制造	363	3145	1298	
印刷、制药、日化生产专用设备制造	364	1706	589	47
纺织、服装和皮革工业专用设备制造	365	82	4	
电子和电工机械专用设备制造	366	791	58	58
农、林、牧、渔专用机械制造	367	8879	2037	67
医疗仪器设备及器械制造	368	2303	761	
环保、社会公共安全及其他专用设备制造	369	2476	547	
交通运输设备制造业	37	101744	4565	420
铁路运输设备制造	371	6267		
汽车制造	372	86855	3834	272
摩托车制造	373	210	127	
自行车制造	374	585	124	
船舶及浮动装置制造	375	6647	276	
航空航天器制造	376	917		
交通器材及其他交通运输设备制造	379	263	204	148
电气机械及器材制造业	39	33441	5156	78
电机制造	391	2925	229	
输配电及控制设备制造	392	14763	1792	
电线、电缆、光缆及电工器材制造	393	6285	1806	26
电池制造	394	4102	80	
家用电力器具制造	395	2232	293	20
非电力家用器具制造	396	461	90	
照明器具制造	397	1610	138	
其他电气机械及器材制造	399	1063	728	32
通信设备、计算机及其他电子设备制造业	40	35067	7021	35
通信设备制造	401	6739	250	12
雷达及配套设备制造	402	946	23	23
广播电视设备制造	403	517	198	
电子计算机制造	404	4733	1621	
电子器件制造	405	1058	250	
电子元件制造	406	15026	1017	
家用视听设备制造	407	4289	3252	
其他电子设备制造	409	1759	410	
仪器仪表及文化、办公用机械制造业	41	6151	1059	84
通用仪器仪表制造	411	2846	322	84

青秀区	江南区	西乡塘区	良庆区	邕宁区	武鸣县	隆安县
56	15	484	206			
	12	129			8	20
	45	1146				
	18	9			7	
	10	65				
	40	488				
	127	111			6	
	146	268	30			
204	752	5463	747		290	45
58	49	2600	11		20	
	40	4	80		5	
11	108	550	510		83	
5	33	375	116			
					4	
	164	1192	7		138	45
67	348	300	15		31	
63	10	442	8		9	
240	623	2668	35	57	259	
214	488	2570	35	22	128	
					127	
	18	67		35	4	
	117	1				
26		30				
6	1031	3708	33		78	100
	22	184			23	
	199	1570	20		3	
	767	993	13		7	
		46				
	10	203				
	10	35			45	
6	12	20				100
	11	657				
	1562	4834	352		3	35
		238				
	15	180	3			
	1517		69			35
	8	242				
	7	530	280			
		3252				
	15	392			3	
624	2	343			2	
		238				

1-09 续表5

行业分组	代 码	就业人数（人）	南宁市	兴宁区
专用仪器仪表制造	412	547	112	
钟表与计时仪器制造	413	968	623	
光学仪器及眼镜制造	414	1548		
文化、办公用机械制造	415	139		
其他仪器仪表的制造及修理	419	103	2	
工艺品及其他制造业	42	43408	4235	35
工艺美术品制造	421	38075	2539	35
日用杂品制造	422	3794	1007	
煤制品制造	423	145	6	
核辐射加工	424	32	32	
其他未列明的制造业	429	1362	651	
废弃资源和废旧材料回收加工业	43	2278	11	
金属废料和碎屑的加工处理	431	1589		
非金属废料和碎屑的加工处理	432	689	11	
电力、燃气及水的生产和供应业	**D**	**165716**	**65500**	**58**
电力、热力的生产和供应业	44	146330	62430	16
电力生产	441	46403	2248	16
电力供应	442	98664	60182	
热力生产和供应	443	1263		
燃气生产和供应业	45	1476	351	
燃气生产和供应业	450	1476	351	
水的生产和供应业	46	17910	2719	42
自来水的生产和供应	461	17435	2570	42
污水处理及其再生利用	462	440	149	
其他水的处理、利用与分配	469	35		
建筑业	**E**	**544190**	**209794**	**51271**
房屋和土木工程建筑业	47	440787	130019	47449
房屋工程建筑	471	349235	79389	21280
土木工程建筑	472	91552	50630	26169
建筑安装业	48	36567	23116	726
建筑安装业	480	36567	23116	726
建筑装饰业	49	10801	5828	873
建筑装饰业	490	10801	5828	873
其他建筑业	50	56035	50831	2223
工程准备	501	3173	1581	417
提供施工设备服务	502	49379	48534	1697
其他未列明的建筑活动	509	3483	716	109
交通运输、仓储和邮政业	**F**	**195608**	**45189**	**6573**
铁路运输业	51	1214	8	
铁路旅客运输	511	31		
铁路货物运输	512	244	7	
铁路运输辅助活动	513	939	1	
道路运输业	52	97709	22129	4768
公路旅客运输	521	36607	7377	4337
道路货物运输	522	38580	9766	269
道路运输辅助活动	523	22522	4986	162

青秀区	江南区	西乡塘区	良庆区	邕宁区	武鸣县	隆安县
3		105				
621	2					
					2	
135	400	805	848	1	16	36
135	339	150	14	1	4	36
	21	24	834			
		32				
	40	599			12	
						11
						11
55651	**2992**	**98**	**528**	**804**	**835**	**764**
55327	1746	2	278	668	626	606
	40	2	177	1	197	169
55327	1706		101	667	429	437
269		30	28		15	
269		30	28		15	
55	1246	66	222	136	194	158
55	1246	66	222	10	194	158
				126		
59080	**36173**	**51662**	**835**	**2003**	**1361**	**536**
43639	9846	18301	255	1993	1300	442
35797	2679	9799	174	1491	1258	442
7842	7167	8502	81	502	42	
5878	4650	11190	535	10	59	
5878	4650	11190	535	10	59	
3883	566	481	7			7
3883	566	481	7			7
5680	21111	21690	38		2	87
381	333	362			1	87
4759	20778	21262	38			
540		66			1	
13594	**4015**	**9014**	**5547**	**935**	**1079**	**297**
7		1				
7						
		1				
2909	1686	5362	4606	481	1039	100
427	7	2262			127	
256	935	2631	4535	331	560	2
2226	744	469	71	150	352	98

1-09 续表6

行业分组	代码	就业人数（人）	南宁市	兴宁区
城市公共交通业	53	24776	8278	582
公共电汽车客运	531	19057	7642	508
轨道交通	532			
出租车客运	533	5071	636	74
城市轮渡	534			
其他城市公共交通	539	648		
水上运输业	54	18628	1601	4
水上旅客运输	541	2669	4	
水上货物运输	542	12353	1220	4
水上运输辅助活动	543	3606	377	
航空运输业	55	2712	964	65
航空客货运输	551	1626	297	50
通用航空服务	552	319	276	
航空运输辅助活动	553	767	391	15
管道运输业	56			
管道运输业	560			
装卸搬运和其他运输服务业	57	24199	5541	89
装卸搬运	571	16504	2161	
运输代理服务	572	7695	3380	89
仓储业	58	9105	2245	257
谷物、棉花等农产品仓储	581	3903	842	6
其他仓储	589	5202	1403	251
邮政业	59	17265	4423	808
国家邮政	591	15966	3373	164
其他寄递服务	599	1299	1050	644
信息传输、计算机服务和软件业	**G**	**68070**	**26992**	**1087**
电信和其他信息传输服务业	60	43237	17927	195
电信	601	28898	8694	50
互联网信息服务	602	8687	5356	71
广播电视传输服务	603	5597	3871	74
卫星传输服务	604	55	6	
计算机服务业	61	21548	6777	761
计算机系统服务	611	2226	1147	44
数据处理	612	369	342	32
计算机维修	613	313	159	8
其他计算机服务	619	18640	5129	677
软件业	62	3285	2288	131
公共软件服务	621	2469	1781	18
其他软件服务	629	816	507	113
批发和零售业	**H**	**308143**	**92189**	**13440**
批发业	63	163985	52606	4265
农畜产品批发	631	9905	1491	30
食品、饮料及烟草制品批发	632	22426	6595	213
纺织、服装及日用品批发	633	7233	3710	891
文化、体育用品及器材批发	634	4204	1875	115
医药及医疗器材批发	635	9963	3622	231

青秀区	江南区	西乡塘区	良庆区	邕宁区	武鸣县	隆安县
6421		227	249	343	35	
6421		59	249	343	35	
		168				
81	26	465	11	30		7
4						
68		139	5	27		
9	26	326	6	3		7
18	871	10				
9	228	10				
	276					
9	367					
361	882	2094	646	5		151
3	477	546	196	5		151
358	405	1548	450			
487	338	762	35	76	5	39
69	146	294	20	43		29
418	192	468	15	33	5	10
3310	212	93				
3209						
101	212	93				
20502	**744**	**3027**	**291**	**63**	**220**	**140**
16856	75	727	20	3	2	35
8272	60	292	20			
4844	15	422		3		
3740		13			2	35
2315	607	1536	271	60	218	105
630	27	446				
300	5					5
138	9	3				
1247	566	1087	271	60	218	100
1331	62	764				
1097	54	612				
234	8	152				
35092	**9450**	**26670**	**1218**	**845**	**1375**	**232**
21848	4639	17875	813	465	700	76
252	72	551	60	23	49	
3161	258	2679	90	2	142	
1370	201	1112	39	25		12
1408	42	227			12	
1258	456	1565		74		11

1-09 续表7

行业分组	代码	就业人数（人）	南宁市	兴宁区
矿产品、建材及化工产品批发	636	62226	16550	937
机械设备、五金交电及电子产品批发	637	30361	15549	1274
贸易经纪与代理	638	7503	390	10
其他批发	639	10164	2824	564
零售业	65	144158	39583	9175
综合零售	651	44824	7209	1903
食品、饮料及烟草制品专门零售	652	13090	2600	600
纺织、服装及日用品专门零售	653	8610	3207	1165
文化、体育用品及器材专门零售	654	6495	1982	620
医药及医疗器材专门零售	655	11407	4053	171
汽车、摩托车、燃料及零配件专门零售	656	21263	7253	1540
家用电器及电子产品专门零售	657	20368	7460	1408
五金、家具及室内装修材料专门零售	658	8121	2768	911
无店铺及其他零售	659	9980	3051	857
住宿和餐饮业	**I**	**98329**	**30398**	**6160**
住宿业	66	62050	17239	5416
旅游饭店	661	44956	11994	4953
一般旅馆	662	15844	4839	403
其他住宿服务	669	1250	406	60
餐饮业	67	36279	13159	744
正餐服务	671	29407	9204	547
快餐服务	672	4318	3410	111
饮料及冷饮服务	673	446	78	33
其他餐饮服务	679	2108	467	53
金融业	**J**	**112287**	**40019**	**1513**
银行业	68	65646	17018	1423
中央银行	681	2828	193	
商业银行	682	61073	16601	1423
其他银行	689	1745	224	
证券业	69	899	803	4
证券市场管理	691	34	34	
证券经纪与交易	692	846	765	
证券投资	693	4	4	4
证券分析与咨询	694	15		
保险业	70	42293	21758	23
人寿保险	701	31890	17378	
非人寿保险	702	10018	4131	
保险辅助服务	703	385	249	23
其他金融活动	71	3449	440	63
金融信托与管理	711	231	87	
金融租赁	712	18		
财务公司	713	54	27	
邮政储蓄	714	1895		
典当	715	362	51	
其他未列明的金融活动	719	889	275	63
房地产业	**K**	**118213**	**42726**	**5123**
房地产业	72	118213	42726	5123

青秀区	江南区	西乡塘区	良庆区	邕宁区	武鸣县	隆安县
5322	995	7113	522	275	415	53
7443	2332	4229	92	57	69	
335	45					
1299	238	399	10	9	13	
13244	4811	8795	405	380	675	156
1369	1130	1803	186	169	108	
592	151	1051	13	12	42	7
1561	86	268		11	27	
858	12	200	10	34	69	35
1568	594	1425	25	7	69	
344	2501	2416	40	45	108	36
4795	144	369	64	7	140	24
1045	79	570	24	17	27	30
1112	114	693	43	78	85	24
19502	**795**	**2683**	**165**	**116**	**139**	**46**
9049	715	1489	107	44	65	24
5438	515	985	103			
3367	106	496	4	44	65	24
244	94	8				
10453	80	1194	58	72	74	22
6759	60	1192	58	52	74	22
3278	20	1				
38						
378		1		20		
36337	**244**	**41**		**452**	**341**	**159**
13488	224			452	341	159
193						
13295				452	341	159
	224					
799						
34						
765						
21704	10	21				
17378						
4131						
195	10	21				
346	10	20				
77	10					
26						
51						
192		20				
26331	**2909**	**4155**	**1106**	**136**	**869**	**219**
26331	2909	4155	1106	136	869	219

1–09 续表8

行业分组	代 码	就业人数（人）	南宁市	兴宁区
房地产开发经营	721	59730	15173	1234
物业管理	722	40344	18624	2748
房地产中介服务	723	7740	4212	270
其他房地产活动	729	10399	4717	871
租赁和商务服务业	**L**	**142800**	**47827**	**4825**
租赁业	73	2865	1112	170
机械设备租赁	731	2711	1007	112
文化及日用品出租	732	154	105	58
商务服务业	74	139935	46715	4655
企业管理服务	741	52613	17953	1422
法律服务	742	4379	1843	131
咨询与调查	743	11128	5831	1127
广告业	744	10561	4256	467
知识产权服务	745	275	151	7
职业中介服务	746	6346	1236	204
市场管理	747	17703	3786	257
旅行社	748	9793	1312	395
其他商务服务	749	27137	10347	645
科学研究、技术服务和地质勘查业	**M**	**105742**	**35614**	**4196**
研究与试验发展	75	13710	5686	1319
自然科学研究与试验发展	751	1045	243	
工程和技术研究与试验发展	752	1680	756	98
农业科学研究与试验发展	753	7078	2249	779
医学研究与试验发展	754	1935	1825	388
社会人文科学研究与试验发展	755	1972	613	54
专业技术服务业	76	54982	22671	2656
气象服务	761	2525	503	
地震服务	762	497	198	
海洋服务	763	30	23	
测绘服务	764	3571	1351	44
技术检测	765	8179	2215	97
环境监测	766	1903	342	84
工程技术与规划管理	767	30947	15071	2318
其他专业技术服务	769	7330	2968	113
科技交流和推广服务业	77	31507	5137	206
技术推广服务	771	28466	4268	178
科技中介服务	772	1361	407	5
其他科技服务	779	1680	462	23
地质勘查业	78	5543	2120	15
矿产地质勘查	781	1866	653	12
基础地质勘查	782	1922	895	
地质勘查技术服务	783	1755	572	3
水利、环境和公共设施管理业	**N**	**69807**	**13719**	**3084**
水利管理业	79	13959	2444	131
防洪管理	791	717	177	

青秀区	江南区	西乡塘区	良庆区	邕宁区	武鸣县	隆安县
8708	1030	1602	743	65	674	135
12154	1268	1585	336	46	158	82
3622	95	156	26	16		
1847	516	812	1	9	37	2
32334	**1877**	**2863**	**829**	**242**	**653**	**113**
393	57	398		1	24	
362	57	382		1	24	
31		16				
31941	1820	2465	829	241	629	113
11720	925	518	107	86	285	27
1541	26	68	8	11	4	2
4091	186	365	23		24	
3253	123	259	7		37	22
124	6	14				
717	31	149	9	2	33	8
1443	308	708	55	128	126	54
771	14	95			8	
8281	201	289	620	14	112	
16812	**2977**	**6144**	**215**	**281**	**1634**	**493**
2333	386	1306	60			54
22	14	164	20			23
491	86	80				
287	268	698	40			31
1073	5	359				
460	13	5				
12048	1555	3498	77	66	1311	210
396				13	22	12
149	17			4	4	4
23						
1012	15	185		26	54	6
688	195	715	28		64	109
161		47			12	6
8791	1139	2282	49	23	101	73
828	189	269			1054	
1273	309	1124	78	215	323	229
827	272	935	66	215	231	211
217	37	78	12		6	18
229		111			86	
1158	727	216				
180	245	216				
409	482					
569						
3891	**1109**	**866**	**670**	**258**	**1189**	**371**
154	104	237	56	67	403	134
			6		22	10

1-09 续表9

行业分组	代 码	就业人数（人）	南宁市	兴宁区
水资源管理	792	10035	1675	131
其他水利管理	799	3207	592	
环境管理业	80	33355	6709	1442
自然保护	801	1823	338	13
环境治理	802	31532	6371	1429
公共设施管理业	81	22493	4566	1511
市政公共设施管理	811	4552	1261	688
城市绿化管理	812	4850	711	191
游览景区管理	813	13091	2594	632
居民服务和其他服务业	**O**	**25878**	**6958**	**1754**
居民服务业	82	10484	2647	1135
家庭服务	821	868	127	43
托儿所	822	167	14	
洗染服务	823	281	39	8
理发及美容保健服务	824	2031	792	210
洗浴服务	825	1072	97	
婚姻服务	826	153	40	23
殡葬服务	827	1239	338	166
摄影扩印服务	828	1484	762	645
其他居民服务	829	3189	438	40
其他服务业	83	15394	4311	619
修理与维护	831	7114	2441	544
清洁服务	832	4557	1064	43
其他未列明的服务	839	3723	806	32
教育	**P**	**591688**	**101869**	**5925**
教育	84	591688	101869	5925
学前教育	841	29633	4991	403
初等教育	842	269344	32016	1094
中等教育	843	229220	40058	2609
高等教育	844	40258	18267	1033
其他教育	849	23233	6537	786
卫生、社会保障和社会福利业	**Q**	**211752**	**42604**	**4494**
卫生	85	198969	39850	4249
医院	851	111332	25657	3049
卫生院及社区医疗活动	852	49969	6686	253
门诊部医疗活动	853	4710	1373	86
计划生育技术服务活动	854	9938	1451	50
妇幼保健活动	855	11346	2670	590
专科疾病防治活动	856	1447	254	
疾病预防控制及防疫活动	857	6966	1300	209
其他卫生活动	859	3261	459	12
社会保障业	86	6333	1291	56
社会保障业	860	6333	1291	56
社会福利业	87	6450	1463	189
提供住宿的社会福利	871	4889	990	90
不提供住宿的社会福利	872	1561	473	99

青秀区	江南区	西乡塘区	良庆区	邕宁区	武鸣县	隆安县
51	104	114	50	55	363	49
103		123		12	18	75
2182	827	310	488	170	170	158
48		209			13	12
2134	827	101	488	170	157	146
1555	178	319	126	21	616	79
233	42	254	12		11	
315	39	19		9	38	18
1007	97	46	114	12	567	61
2681	**817**	**998**	**171**	**21**	**197**	**53**
968	119	122	76	17	87	
27			21		18	
14						
16		12	2			
413	87	33		17	4	
90		7				
7		8	2			
24			51		30	
74	1	19			16	
303	31	43			19	
1713	698	876	95	4	110	53
843	257	592	56	4	47	14
554	236	127	39		33	
316	205	157			30	39
16226	**6912**	**26357**	**3143**	**3470**	**7609**	**4102**
16226	6912	26357	3143	3470	7609	4102
1290	446	1252	563	103	319	233
2485	2126	3894	1453	1466	3366	1768
5283	3759	7416	988	1808	3498	1977
4294	120	12578	41		126	
2874	461	1217	98	93	300	124
14103	**1889**	**6044**	**1115**	**1248**	**2250**	**1616**
13338	1768	5639	931	1179	2070	1536
11885	1152	3871	253	636	932	671
468	484	382	414	238	628	538
247	8	63	190	48	2	
103	61	73	72	71	162	126
11		913		129	172	99
12		109		57	50	26
586	56	51			10	40
26	7	177	2		114	36
356	35	73	27	34	130	73
356	35	73	27	34	130	73
409	86	332	157	35	50	7
170	84	286	137	34	44	5
239	2	46	20	1	6	2

1-09 续表10

行业分组	代 码	就业人数（人）	南宁市	兴宁区
文化、体育和娱乐业	**R**	**43497**	**14966**	**958**
新闻出版业	88	5962	3549	52
新闻业	881	229	164	16
出版业	882	5733	3385	36
广播、电视、电影和音像业	89	11015	3321	145
广播	891	2966	836	19
电视	892	4546	1521	
电影	893	3313	876	121
音像制作	894	190	88	5
文化艺术业	90	13130	3427	351
文艺创作与表演	901	4417	1317	81
艺术表演场馆	902	1330		
图书馆与档案馆	903	2308	677	59
文物及文化保护	904	473	92	
博物馆	905	852	366	75
烈士陵园、纪念馆	906	285	99	1
群众文化活动	907	2248	503	91
文化艺术经纪代理	908	367	256	29
其他文化艺术	909	850	117	15
体育	91	3233	1922	69
体育组织	911	2305	1538	17
体育场馆	912	570	330	52
其他体育	919	358	54	
娱乐业	92	10157	2747	341
室内娱乐活动	921	5915	1941	223
游乐园	922	1189		
休闲健身娱乐活动	923	1739	770	106
其他娱乐活动	929	1314	36	12
公共管理和社会组织	**S**	**570884**	**85541**	**4671**
中国共产党机关	93	22466	3285	424
中国共产党机关	930	22466	3285	424
国家机构	94	372979	60724	3033
国家权力机构	941	5451	532	3
国家行政机构	942	343961	57048	2864
人民法院和人民检察院	943	17925	3065	166
其他国家机构	949	5642	79	
人民政协和民主党派	95	3181	702	2
人民政协	951	2591	476	2
民主党派	952	590	226	
群众团体、社会团体和宗教组织	96	66824	6885	388
群众团体	961	6796	996	89
社会团体	962	58446	5682	258
宗教组织	963	1582	207	41
基层群众自治组织	97	105434	13945	824
社区自治组织	971	16656	3911	482
村民自治组织	972	88778	10034	342

青秀区	江南区	西乡塘区	良庆区	邕宁区	武鸣县	隆安县
10344	**1508**	**722**	**77**	**135**	**224**	**148**
3372		82			16	14
132					16	
3240		82				14
2267	44	269	10	62	70	56
518	19	9	10	25	31	20
1460	17					
257	1	216		37	39	36
32	7	44				
2111	254	138	55	61	113	63
970		60	3	29	42	19
338	65	14	43	16	39	18
65				2	3	3
291						
98						
159	85	52	6	14	29	17
116	104	7				
74		5	3			6
452	1169	83			21	
256	1138	32			5	
174	31	51			16	
22						
2142	41	150	12	12	4	15
1505	10	139	5	12	4	15
618	28	11	7			
19	3					
31422	**3753**	**9498**	**2738**	**2173**	**5445**	**3619**
1211	78	118	71	68	211	197
1211	78	118	71	68	211	197
25289	2535	7404	2145	1361	3231	2295
320	2	22	12	16	31	21
23548	2376	7116	2016	1246	3049	2145
1418	157	213	117	99	151	118
3		53				11
514	15	18	8	9	25	20
288	15	18	8	9	25	20
226						
2968	218	370	46	40	386	102
528	59	28	18	22	57	33
2372	156	342	28	14	327	69
68	3			4	2	
1440	907	1588	468	695	1592	1005
926	327	1050	167	48	208	110
514	580	538	301	647	1384	895

1–09 续表11

行业分组	代 码	就业人数（人）	马山县	上林县
总 计		**4885707**	**16376**	**19154**
农、林、牧、渔业	**A**	**38508**		**1189**
农业	01	21114		1189
谷物及其他作物的种植	011	16377		
蔬菜、园艺作物的种植	012	119		
水果、坚果、饮料和香料作物的种植	013	4600		1189
中药材的种植	014	18		
林业	02	13004		
林木的培育和种植	021	12780		
木材和竹材的采运	022	224		
林产品的采集	023			
畜牧业	03	3144		
牲畜的饲养	031	235		
猪的饲养	032	507		
家禽的饲养	033	2326		
狩猎和捕捉动物	034			
其他畜牧业	039	76		
渔业	04	247		
海洋渔业	041	51		
内陆渔业	042	196		
农、林、牧、渔服务业	05	999		
农业服务业	051	453		
林业服务业	052			
畜牧服务业	053	420		
渔业服务业	054	126		
采矿业	**B**	**97288**	**397**	**414**
煤炭开采和洗选业	06	17120		
烟煤和无烟煤的开采洗选	061	10600		
褐煤的开采洗选	062	6363		
其他煤炭采选	069	157		
石油和天然气开采业	07	30		
天然原油和天然气开采	071	7		
与石油和天然气开采有关的服务活动	079	23		
黑色金属矿采选业	08	19228	228	
铁矿采选	081	4428		
其他黑色金属矿采选	089	14800	228	
有色金属矿采选业	09	29861		25
常用有色金属矿采选	091	25864		25
贵金属矿采选	092	2703		
稀有稀土金属矿采选	093	1294		
非金属矿采选业	10	30538	109	389
土砂石开采	101	19457	33	29
化学矿采选	102	1687		
采盐	103	1416		
石棉及其他非金属矿采选	109	7978	76	360
其他采矿业	11	511	60	

宾阳县	横县	柳州市	城中区	鱼峰区	柳南区	柳北区
54420	**55120**	**574437**	**92238**	**73040**	**115503**	**120346**
	2183	**636**				**10**
	1814	148				10
	1814	108				
		40				10
	367	475				
	367	475				
	2	13				
		3				
	2	10				
581	**907**	**4541**	**148**	**72**	**83**	**588**
		20	20			
		20	20			
		7				7
		7				7
	189	1328	20	47	36	354
	189	927		19		318
		401	20	28	36	36
414	55	1067				64
414	30	1065				64
	25	2				
142	655	2119	108	25	47	163
100	115	1585	108	25	35	163
	540	72				
42		462			12	
25	8					

1-09 续表12

行业分组	代码	就业人数（人）	马山县	上林县
其他采矿业	110	511	60	
制造业	**C**	**1377307**	**1798**	**4288**
农副食品加工业	13	139046	374	787
谷物磨制	131	4612	7	36
饲料加工	132	14717		
植物油加工	133	3632		18
制糖	134	79341	188	623
屠宰及肉类加工	135	9355	79	110
水产品加工	136	7236		
蔬菜、水果和坚果加工	137	3907		
其他农副食品加工	139	16246	100	
食品制造业	14	37056	80	30
焙烤食品制造	141	7223		
糖果、巧克力及蜜饯制造	142	1865		30
方便食品制造	143	4955		
液体乳及乳制品制造	144	2991		
罐头制造	145	7981	80	
调味品、发酵制品制造	146	2626		
其他食品制造	149	9415		
饮料制造业	15	36286	91	120
酒精制造	151	3936	75	75
酒的制造	152	12755	10	
软饮料制造	153	14148	6	10
精制茶加工	154	5447		35
烟草制品业	16	4315		
烟叶复烤	161	515		
卷烟制造	162	3800		
其他烟草制品加工	169			
纺织业	17	69393		1119
棉、化纤纺织及印染精加工	171	18434		
毛纺织和染整精加工	172	4512		
麻纺织	173	1312		
丝绢纺织及精加工	174	19769		1109
纺织制成品制造	175	5096		10
针织品、编织品及其制品制造	176	20270		
纺织服装、鞋、帽制造业	18	21831		1
纺织服装制造	181	21326		1
纺织面料鞋的制造	182	357		
制帽	183	148		
皮革、毛皮、羽毛(绒)及其制品业	19	30570		72
皮革鞣制加工	191	4591		
皮革制品制造	192	22289		
毛皮鞣制及制品加工	193	236		72
羽毛(绒)加工及制品制造	194	3454		
木材加工及木、竹、藤、棕、草制品业	20	102422	102	469
锯材、木片加工	201	20868	53	129
人造板制造	202	35685	40	8

宾阳县	横县	柳州市	城中区	鱼峰区	柳南区	柳北区
25	8					
20842	**18764**	**217407**	**18727**	**35430**	**48769**	**43558**
3001	4587	12033	102	115	728	332
618	32	265			102	72
	205	811	20	96	331	212
	10	302	82	11	30	14
2311	3450	9363				
	416	476			133	6
	16	28				
	240	97		8	12	
72	218	691			120	28
158	1575	2570	60	544	363	520
96	23	918		224	29	225
15	8	323				147
22		323		8	197	
		332		190	60	82
	1515	60				
10	29	234		90	45	7
15		380	60	32	32	59
93	1087	1514	23	35	29	371
	1	115				
28	16	663				282
27	102	453	23	35	29	89
38	968	283				
		741	741			
		741	741			
560	2111	12228	15	1157	102	5940
		6616		847		5579
12		323		20		16
		53				
500	2092	4426			8	173
		346			91	32
48	19	464	15	290	3	140
	16	1496	163	110	103	552
	16	1251	31	110	103	449
		245	132			103
774	895	205	121	29		43
774	78	121	121			
	817	72		29		43
		12				
1701	1177	7329		69	66	271
337	176	1540				36
845	680	4209				172

1-09 续表13

行业分组	代 码	就业人数（人）		
			马山县	上林县
木制品制造	203	23965		332
竹、藤、棕、草制品制造	204	21904	9	
家具制造业	21	11154		40
木质家具制造	211	7944		40
竹、藤家具制造	212	1607		
金属家具制造	213	182		
塑料家具制造	214	426		
其他家具制造	219	995		
造纸及纸制品业	22	46989	297	
纸浆制造	221	6323	297	
造纸	222	25536		
纸制品制造	223	15130		
印刷业和记录媒介的复制	23	20703	6	6
印刷	231	18279	6	6
装订及其他印刷服务活动	232	1197		
记录媒介的复制	233	1227		
文教体育用品制造业	24	7672	120	
文化用品制造	241	853		
体育用品制造	242	541		
乐器制造	243	25		
玩具制造	244	6090	120	
游艺器材及娱乐用品制造	245	163		
石油加工、炼焦及核燃料加工业	25	2975		
精炼石油产品的制造	251	2843		
炼焦	252	132		
核燃料加工	253			
化学原料及化学制品制造业	26	106808	51	123
基础化学原料制造	261	16506		57
肥料制造	262	24164		27
农药制造	263	6507		
涂料、油墨、颜料及类似产品制造	264	6725		
合成材料制造	265	2687		
专用化学产品制造	266	39883	51	39
日用化学产品制造	267	10336		
医药制造业	27	35814		
化学药品原药制造	271	1573		
化学药品制剂制造	272	6957		
中药饮片加工	273	2133		
中成药制造	274	18808		
兽用药品制造	275	3419		
生物、生化制品的制造	276	2163		
卫生材料及医药用品制造	277	761		
化学纤维制造业	28	577		
纤维素纤维原料及纤维制造	281	16		
合成纤维制造	282	561		
橡胶制品业	29	8323		
轮胎制造	291	2537		

宾阳县	横县	柳州市	城中区	鱼峰区	柳南区	柳北区
	29	1224		54	66	63
519	292	356		15		
153	167	1972	3	790	156	60
30	167	1444	3	724	30	27
123		3				
		106			106	
		419		66	20	33
3653	848	3162	3	267	38	289
54	70	536				14
3479	740	1838		217	2	87
120	38	788	3	50	36	188
161	10	1519	244	294	150	537
161	10	1498	244	284	150	526
		21		10		11
234	20	295		166	80	3
232		3				3
2		99		8	80	
	20	43		8		
		150		150		
	5	208		42	6	110
	5	208		42	6	110
1115	322	16475	288	2326	124	7234
39	3	4313	33	1987	11	667
530	167	6336	15	21		2674
50		180		58		
	19	731	8	213	39	95
		52	10		15	
206	98	1653	219	7	17	902
290	35	3210	3	40	42	2896
	198	3777	154	154	109	1088
		42				42
	10	135	134	1		
		81		24		57
	188	3281			95	989
		14			14	
		149	20	129		
		75				
		8		8		
		8		8		
48		734	33	334	102	15
		20	20			

1–09 续表14

行业分组	代　码	就业人数（人）	马山县	上林县
橡胶板、管、带的制造	292	1435		
橡胶零件制造	293	526		
再生橡胶制造	294	325		
日用及医用橡胶制品制造	295	1756		
橡胶靴鞋制造	296	209		
其他橡胶制品制造	299	1535		
塑料制品业	30	29374	12	
塑料薄膜制造	301	2770		
塑料板、管、型材的制造	302	3688		
塑料丝、绳及编织品的制造	303	12078		
泡沫塑料制造	304	650		
塑料人造革、合成革制造	305	96		
塑料包装箱及容器制造	306	3067		
塑料零件制造	307	558		
日用塑料制造	308	2903		
其他塑料制品制造	309	3564	12	
非金属矿物制品业	31	206772	412	877
水泥、石灰和石膏的制造	311	55704	363	121
水泥及石膏制品制造	312	13049	26	
砖瓦、石材及其他建筑材料制造	313	76113	23	720
玻璃及玻璃制品制造	314	9124		
陶瓷制品制造	315	44212		36
耐火材料制品制造	316	1524		
石墨及其他非金属矿物制品制造	319	7046		
黑色金属冶炼及压延加工业	32	58957	186	90
炼铁	321	3019	90	
炼钢	322	3419		
钢压延加工	323	25975		
铁合金冶炼	324	26544	96	90
有色金属冶炼及压延加工业	33	63865		400
常用有色金属冶炼	331	53566		280
贵金属冶炼	332	679		
稀有稀土金属冶炼	333	1868		120
有色金属合金制造	334	353		
有色金属压延加工	335	7399		
金属制品业	34	24817	8	
结构性金属制品制造	341	8354	8	
金属工具制造	342	2335		
集装箱及金属包装容器制造	343	1264		
金属丝绳及其制品的制造	344	692		
建筑、安全用金属制品制造	345	1382		
金属表面处理及热处理加工	346	995		
搪瓷制品制造	347	193		
不锈钢及类似日用金属制品制造	348	6928		
其他金属制品制造	349	2674		
通用设备制造业	35	46883	28	
锅炉及原动机制造	351	7814		

宾阳县	横县	柳州市	城中区	鱼峰区	柳南区	柳北区
		487		216	84	
		130		93	11	
48		20	13		7	
		37				
		40		25		15
331	40	3853	58	292	870	656
18		299		19	212	31
		908	18	136	283	18
161	40	1729			309	570
		58		15	15	
75		70				25
		145		63	6	6
49		182		5	35	
28		462	40	54	10	6
4881	4059	12451	752	589	3052	1853
1283	1774	4440	6	83	1449	114
631	134	1163	440	374	61	83
1095	2151	5225	306	77	757	1380
		922		22	752	8
1573		63				
299		28			23	2
		610		33	10	266
626	755	16368	41	134	486	14924
149	34	87		24	50	
		56				
427	720	16082		110	436	14924
50	1	143	41			
121	253	16734	11310	2253	107	397
121		16244	11057	2235	67	324
	253					
		268	215			
		57	17	10		
		165	21	8	40	73
377	328	4843	402	470	443	846
170	285	2811	378	126	114	404
50		487		12	73	12
		236		26	46	164
88		96		15	7	15
15	5	98	7	48	33	10
		580	8	236	170	76
		61				10
10		64		7		21
44	38	410	9			134
206	57	16685	733	4518	4379	2801
	57	2961		2786	17	

1-09 续表15

行业分组	代 码	就业人数（人）	马山县	上林县
金属加工机械制造	352	11183	28	
起重运输设备制造	353	3131		
泵、阀门、压缩机及类似机械的制造	354	3248		
轴承、齿轮、传动和驱动部件的制造	355	2569		
烘炉、熔炉及电炉制造	356	138		
风机、衡器、包装设备等通用设备制造	357	3179		
通用零部件制造及机械修理	358	6352		
金属铸、锻加工	359	9269		
专用设备制造业	36	42616	31	28
矿山、冶金、建筑专用设备制造	361	17485		
化工、木材、非金属加工专用设备制造	362	5749		
食品、饮料、烟草及饲料生产专用设备制造	363	3145	31	
印刷、制药、日化生产专用设备制造	364	1706		
纺织、服装和皮革工业专用设备制造	365	82		
电子和电工机械专用设备制造	366	791		
农、林、牧、渔专用机械制造	367	8879		13
医疗仪器设备及器械制造	368	2303		
环保、社会公共安全及其他专用设备制造	369	2476		15
交通运输设备制造业	37	101744		20
铁路运输设备制造	371	6267		
汽车制造	372	86855		20
摩托车制造	373	210		
自行车制造	374	585		
船舶及浮动装置制造	375	6647		
航空航天器制造	376	917		
交通器材及其他交通运输设备制造	379	263		
电气机械及器材制造业	39	33441		
电机制造	391	2925		
输配电及控制设备制造	392	14763		
电线、电缆、光缆及电工器材制造	393	6285		
电池制造	394	4102		
家用电力器具制造	395	2232		
非电力家用器具制造	396	461		
照明器具制造	397	1610		
其他电气机械及器材制造	399	1063		
通信设备、计算机及其他电子设备制造业	40	35067		100
通信设备制造	401	6739		
雷达及配套设备制造	402	946		
广播电视设备制造	403	517		
电子计算机制造	404	4733		
电子器件制造	405	1058		
电子元件制造	406	15026		100
家用视听设备制造	407	4289		
其他电子设备制造	409	1759		
仪器仪表及文化、办公用机械制造业	41	6151		
通用仪器仪表制造	411	2846		
专用仪器仪表制造	412	547		

宾阳县	横县	柳州市	城中区	鱼峰区	柳南区	柳北区
31		4587	356	117	61	1637
		606	45	193		37
		1973	179	539	442	586
		542		161	325	30
		60			60	
		1013	79	198	445	140
128		3393	34	398	2230	177
47		1550	40	126	799	194
465	16	13798	381	3375	7696	656
47		9909	14	2141	6857	251
	5	1747	229	779	251	12
	5	143		12		9
13		619		86	311	207
		49				49
		297	99		173	25
405	6	479		135	6	10
		170		48		77
		385	39	174	98	16
9	234	59779	2322	14088	29113	3145
		5939			5929	
9	76	52462	2286	13218	23082	2891
		58			58	
	158	1253	15	855	13	254
		15		15		
		52	21		31	
122		4784	228	3159	327	165
		962		884	30	
		2738	76	2038	153	115
		449		63		40
34		52			32	5
60		365	102	149	84	
		82	37	25		5
		112	13		8	
28		24			20	
100		521	436	8	40	12
		112	72		40	
		85	85			
		12				12
100		304	279			
		8		8		
	4	309	103	75	75	23
		183	77	51	35	
	4	50	18	19		

1-09 续表16

行业分组	代 码	就业人数（人）	马山县	上林县
钟表与计时仪器制造	413	968		
光学仪器及眼镜制造	414	1548		
文化、办公用机械制造	415	139		
其他仪器仪表的制造及修理	419	103		
工艺品及其他制造业	42	43408		6
工艺美术品制造	421	38075		
日用杂品制造	422	3794		
煤制品制造	423	145		6
核辐射加工	424	32		
其他未列明的制造业	429	1362		
废弃资源和废旧材料回收加工业	43	2278		
金属废料和碎屑的加工处理	431	1589		
非金属废料和碎屑的加工处理	432	689		
电力、燃气及水的生产和供应业	**D**	**165716**	**588**	**1383**
电力、热力的生产和供应业	44	146330	496	1265
电力生产	441	46403	169	1070
电力供应	442	98664	327	195
热力生产和供应	443	1263		
燃气生产和供应业	45	1476		
燃气生产和供应业	450	1476		
水的生产和供应业	46	17910	92	118
自来水的生产和供应	461	17435	92	118
污水处理及其再生利用	462	440		
其他水的处理、利用与分配	469	35		
建筑业	**E**	**544190**	**1080**	**330**
房屋和土木工程建筑业	47	440787	1080	329
房屋工程建筑	471	349235	1080	329
土木工程建筑	472	91552		
建筑安装业	48	36567		1
建筑安装业	480	36567		1
建筑装饰业	49	10801		
建筑装饰业	490	10801		
其他建筑业	50	56035		
工程准备	501	3173		
提供施工设备服务	502	49379		
其他未列明的建筑活动	509	3483		
交通运输、仓储和邮政业	**F**	**195608**	**657**	**284**
铁路运输业	51	1214		
铁路旅客运输	511	31		
铁路货物运输	512	244		
铁路运输辅助活动	513	939		
道路运输业	52	97709	351	194
公路旅客运输	521	36607	106	
道路货物运输	522	38580		
道路运输辅助活动	523	22522	245	194
城市公共交通业	53	24776		

宾阳县	横县	柳州市	城中区	鱼峰区	柳南区	柳北区
		5		5		
		43	8		35	
		28			5	23
1953		651	11	29	25	358
1825		164	11	29	5	
128		20			20	
		20				
		447				358
		365				357
		293				293
		72				64
929	**870**	**8592**		**1418**	**515**	**2040**
631	769	7041		818	494	1829
	407	3108		17	20	1069
631	362	2699		801		
		1234			474	760
9		254			21	211
9		254			21	211
289	101	1297		600		
266	101	1283		600		
23						
		14				
2155	**3308**	**83943**	**29467**	**6073**	**21566**	**22842**
2144	3241	73965	23075	4803	21181	21139
2144	2916	68042	22881	3191	17435	21124
	325	5923	194	1612	3746	15
	67	6998	5799	167	226	784
	67	6998	5799	167	226	784
11		862	185	118	133	357
11		862	185	118	133	357
		2118	408	985	26	562
		848		823	18	
		562				562
		708	408	162	8	
552	**2642**	**19295**	**1236**	**810**	**5753**	**7129**
		44			44	
		44			44	
139	494	11101	1049	655	4808	1499
67	44	3228			2542	507
72	175	6925	1049	597	2129	867
	275	948		58	137	125
121	300	4242	7	78	102	3849

1-09 续表17

行业分组	代 码	就业人数（人）	马山县	上林县
公共电汽车客运	531	19057		
轨道交通	532			
出租车客运	533	5071		
城市轮渡	534			
其他城市公共交通	539	648		
水上运输业	54	18628		
水上旅客运输	541	2669		
水上货物运输	542	12353		
水上运输辅助活动	543	3606		
航空运输业	55	2712		
航空客货运输	551	1626		
通用航空服务	552	319		
航空运输辅助活动	553	767		
管道运输业	56			
管道运输业	560			
装卸搬运和其他运输服务业	57	24199	271	
装卸搬运	571	16504	271	
运输代理服务	572	7695		
仓储业	58	9105	35	90
谷物、棉花等农产品仓储	581	3903	35	90
其他仓储	589	5202		
邮政业	59	17265		
国家邮政	591	15966		
其他寄递服务	599	1299		
信息传输、计算机服务和软件业	**G**	**68070**	**123**	**169**
电信和其他信息传输服务业	60	43237	6	5
电信	601	28898		
互联网信息服务	602	8687	1	
广播电视传输服务	603	5597		4
卫星传输服务	604	55	5	1
计算机服务业	61	21548	117	164
计算机系统服务	611	2226		
数据处理	612	369		
计算机维修	613	313		1
其他计算机服务	619	18640	117	163
软件业	62	3285		
公共软件服务	621	2469		
其他软件服务	629	816		
批发和零售业	**H**	**308143**	**290**	**303**
批发业	63	163985	101	151
农畜产品批发	631	9905	16	
食品、饮料及烟草制品批发	632	22426		
纺织、服装及日用品批发	633	7233	3	1
文化、体育用品及器材批发	634	4204		
医药及医疗器材批发	635	9963		2
矿产品、建材及化工产品批发	636	62226	74	101

宾阳县	横县	柳州市	城中区	鱼峰区	柳南区	柳北区
27		3998	7	78	38	3820
94	300	244			64	29
	977	596	37	4	277	244
		25	7			14
	977	210	30	4		171
		361			277	59
		33	9		20	4
		9	9			
		4				4
		20			20	
238	804	682	67	18	117	
238	274	597			117	
	530	85	67	18		
54	67	1594	67	48	339	603
54	56	493	35		169	68
	11	1101	32	48	170	535
		1003		7	46	930
		927				927
		76		7	46	3
334	**292**	**4848**	**1376**	**890**	**928**	**585**
3		2252	895	408	402	127
		1582	885	306	329	39
		484	10	6	62	88
3		186		96	11	
331	292	2317	230	466	526	446
		216	47	11	39	60
		6				6
		42			34	8
331	292	2053	183	455	453	372
		279	251	16		12
		209	183	16		10
		70	68			2
1883	**1391**	**39151**	**8958**	**5111**	**11960**	**8351**
1110	563	22402	2385	2841	8472	5804
405	33	588	386	25	37	
8	42	2302	379	299	528	803
30	26	1038	94	105	415	122
60	11	261	93	70	36	62
25		1499	45	179	386	722
406	337	9637	675	830	3367	3268

1-09 续表18

行业分组	代 码	就业人数（人）	
		马山县	上林县
机械设备、五金交电及电子产品批发	637	30361		2
贸易经纪与代理	638	7503		
其他批发	639	10164	8	45
零售业	65	144158	189	152
综合零售	651	44824		43
食品、饮料及烟草制品专门零售	652	13090	35	5
纺织、服装及日用品专门零售	653	8610	46	
文化、体育用品及器材专门零售	654	6495	23	26
医药及医疗器材专门零售	655	11407	27	17
汽车、摩托车、燃料及零配件专门零售	656	21263	55	28
家用电器及电子产品专门零售	657	20368	3	22
五金、家具及室内装修材料专门零售	658	8121		
无店铺及其他零售	659	9980		11
住宿和餐饮业	**I**	**98329**	**69**	**18**
住宿业	66	62050	9	13
旅游饭店	661	44956		
一般旅馆	662	15844	9	13
其他住宿服务	669	1250		
餐饮业	67	36279	60	5
正餐服务	671	29407	60	5
快餐服务	672	4318		
饮料及冷饮服务	673	446		
其他餐饮服务	679	2108		
金融业	**J**	**112287**	**156**	**159**
银行业	68	65646	155	159
中央银行	681	2828		
商业银行	682	61073	155	159
其他银行	689	1745		
证券业	69	899		
证券市场管理	691	34		
证券经纪与交易	692	846		
证券投资	693	4		
证券分析与咨询	694	15		
保险业	70	42293		
人寿保险	701	31890		
非人寿保险	702	10018		
保险辅助服务	703	385		
其他金融活动	71	3449	1	
金融信托与管理	711	231		
金融租赁	712	18		
财务公司	713	54	1	
邮政储蓄	714	1895		
典当	715	362		
其他未列明的金融活动	719	889		
房地产业	**K**	**118213**	**316**	**138**
房地产业	72	118213	316	138

宾阳县	横县	柳州市	城中区	鱼峰区	柳南区	柳北区
51		5914	517	1129	3351	753
		266	93	16	13	35
125	114	897	103	188	339	39
773	828	16749	6573	2270	3488	2547
359	139	6566	4598	403	871	206
9	83	780	115	99	201	196
37	6	743	425	69	77	106
6	89	522	230	30	13	60
66	84	1264	34	405	131	565
96	44	2780	219	832	1385	40
173	311	2318	799	265	130	873
27	38	556	92	78	91	206
	34	1220	61	89	589	295
340	**365**	**7247**	**1910**	**988**	**1391**	**1958**
68	240	4213	447	218	1289	1500
		3293	292		1031	1362
68	240	866	155	168	254	138
		54		50	4	
272	125	3034	1463	770	102	458
265	110	2430	924	769	102	400
		256	191	1		58
7		44	44			
	15	304	304			
283	**334**	**11015**	**2642**	**520**	**49**	**6668**
283	334	6795	1623	448		3763
		376	84			292
283	334	5878	998	448		3471
		541	541			
		24	24			
		24	24			
		3672	888	65		2691
		2617	205			2402
		983	654	42		269
		72	29	23		20
		524	107	7	49	214
		42			10	32
		11				5
		157				157
		44	17	7		20
		270	90		39	
853	**571**	**13458**	**3293**	**2319**	**3301**	**2757**
853	571	13458	3293	2319	3301	2757

1-09 续表19

行业分组	代 码	就业人数（人）	马山县	上林县
房地产开发经营	721	59730	102	42
物业管理	722	40344		
房地产中介服务	723	7740	13	
其他房地产活动	729	10399	201	96
租赁和商务服务业	**L**	**142800**	**210**	**193**
租赁业	73	2865	19	
机械设备租赁	731	2711	19	
文化及日用品出租	732	154		
商务服务业	74	139935	191	193
企业管理服务	741	52613	52	81
法律服务	742	4379	5	13
咨询与调查	743	11128	1	
广告业	744	10561		
知识产权服务	745	275		
职业中介服务	746	6346	12	20
市场管理	747	17703	97	74
旅行社	748	9793	20	5
其他商务服务	749	27137	4	
科学研究、技术服务和地质勘查业	**M**	**105742**	**245**	**298**
研究与试验发展	75	13710	7	6
自然科学研究与试验发展	751	1045		
工程和技术研究与试验发展	752	1680		
农业科学研究与试验发展	753	7078		6
医学研究与试验发展	754	1935		
社会人文科学研究与试验发展	755	1972	7	
专业技术服务业	76	54982	56	113
气象服务	761	2525	12	13
地震服务	762	497	5	4
海洋服务	763	30		
测绘服务	764	3571	4	
技术检测	765	8179	18	64
环境监测	766	1903		1
工程技术与规划管理	767	30947	17	31
其他专业技术服务	769	7330		
科技交流和推广服务业	77	31507	182	175
技术推广服务	771	28466	177	168
科技中介服务	772	1361	1	3
其他科技服务	779	1680	4	4
地质勘查业	78	5543		4
矿产地质勘查	781	1866		
基础地质勘查	782	1922		4
地质勘查技术服务	783	1755		
水利、环境和公共设施管理业	**N**	**69807**	**270**	**403**
水利管理业	79	13959	110	230
防洪管理	791	717		
水资源管理	792	10035	95	48

宾阳县	横县	柳州市	城中区	鱼峰区	柳南区	柳北区
594	244	6084	1463	1016	1139	1102
34	213	5368	1162	949	1880	1236
14		867	301	181	114	239
211	114	1139	367	173	168	180
933	**2755**	**16352**	**2356**	**1493**	**4124**	**4190**
31	19	377	43	72	44	191
31	19	377	43	72	44	191
902	2736	15975	2313	1421	4080	3999
403	2327	4959	193	454	1183	384
10	24	548	99	100	64	181
8	6	1281	593	46	67	542
65	23	1052	255	69	166	525
		34	9		7	18
27	24	1743	91	143	345	791
346	190	2078	147	298	665	469
	4	566	261		120	74
43	138	3714	665	311	1463	1015
779	**1540**	**10752**	**1573**	**2799**	**1232**	**2224**
	215	1275	71	148	24	779
		16				
	1	539	48	82	24	374
	140	545	23	66		369
		3				3
	74	172				33
295	786	6077	1383	1764	845	1122
18	17	189				119
6	5	8				
	5	1042	144	853		22
78	159	798	71	49	216	233
14	17	101				73
176	71	2717	306	839	595	549
3	512	1222	862	23	34	126
484	539	1986	119	8	155	323
479	509	1550	37	8	104	140
	30	240	39			166
5		196	43		51	17
		1414		879	208	
		616		555	4	
		351		81		
		447		243	204	
963	**645**	**8679**	**529**	**2706**	**1159**	**2659**
401	417	507			2	109
	139	145				104
395	220	162				

1-09 续表20

行业分组	代 码	就业人数（人）	马山县	上林县
其他水利管理	799	3207	15	182
环境管理业	80	33355	149	143
自然保护	801	1823		43
环境治理	802	31532	149	100
公共设施管理业	81	22493	11	30
市政公共设施管理	811	4552		
城市绿化管理	812	4850	11	15
游览景区管理	813	13091		15
居民服务和其他服务业	**O**	**25878**	**20**	**9**
居民服务业	82	10484	2	
家庭服务	821	868		
托儿所	822	167		
洗染服务	823	281		
理发及美容保健服务	824	2031		
洗浴服务	825	1072		
婚姻服务	826	153		
殡葬服务	827	1239		
摄影扩印服务	828	1484		
其他居民服务	829	3189	2	
其他服务业	83	15394	18	9
修理与维护	831	7114		
清洁服务	832	4557		
其他未列明的服务	839	3723	18	9
教育	**P**	**591688**	**5015**	**4272**
教育	84	591688	5015	4272
学前教育	841	29633	55	117
初等教育	842	269344	2749	2147
中等教育	843	229220	2131	1957
高等教育	844	40258		20
其他教育	849	23233	80	31
卫生、社会保障和社会福利业	**Q**	**211752**	**1264**	**1456**
卫生	85	198969	1144	1314
医院	851	111332	330	410
卫生院及社区医疗活动	852	49969	479	558
门诊部医疗活动	853	4710		
计划生育技术服务活动	854	9938	89	114
妇幼保健活动	855	11346	140	148
专科疾病防治活动	856	1447		
疾病预防控制及防疫活动	857	6966	62	46
其他卫生活动	859	3261	44	38
社会保障业	86	6333	85	93
社会保障业	860	6333	85	93
社会福利业	87	6450	35	49
提供住宿的社会福利	871	4889	14	40
不提供住宿的社会福利	872	1561	21	9
文化、体育和娱乐业	**R**	**43497**	**171**	**137**
新闻出版业	88	5962	8	5

宾阳县	横县	柳州市	城中区	鱼峰区	柳南区	柳北区
6	58	200			2	5
487	183	5316	42	1435	775	2057
		53			2	
487	183	5263	42	1435	773	2057
75	45	2856	487	1271	382	493
11	10	757		479	240	
36	20	928	292	149	50	328
28	15	1171	195	643	92	165
185	**52**	**3244**	**441**	**414**	**579**	**544**
80	41	1337	329	97	167	104
18		47	18	5	10	8
1		31	7		8	16
21	7	202	62		93	6
		29	19		10	
		9	4		5	
39	28	140		79		16
1	6	206	204			
		673	15	13	41	58
105	11	1907	112	317	412	440
74	10	786	43	133	250	173
31	1	364	15	171	27	113
		757	54	13	135	154
9386	**9452**	**45702**	**4610**	**4711**	**5339**	**5842**
9386	9452	45702	4610	4711	5339	5842
68	142	3979	308	648	620	516
4762	4706	17133	804	999	1420	1603
4258	4374	18101	1822	1980	2316	1774
52	3	3956	1226	887	570	1201
246	227	2533	450	197	413	748
4160	**2965**	**21690**	**3971**	**4557**	**2792**	**1891**
3950	2732	20247	3879	4191	2484	1747
1379	1089	13216	3126	3769	1512	1124
1245	999	4068	21	401	624	431
729		255	24	5	55	157
190	340	726		10	5	20
311	157	1255	685		165	
		153				
96	144	328			43	
	3	246	23	6	80	15
172	157	393			92	28
172	157	393			92	28
38	76	1050	92	366	216	116
37	49	904	79	366	201	31
1	27	146	13		15	85
338	**204**	**3247**	**1550**	**124**	**232**	**377**
		238	177			37

1-09 续表21

行业分组	代码	就业人数（人）	马山县	上林县
新闻业	881	229		
出版业	882	5733	8	5
广播、电视、电影和音像业	89	11015	49	56
广播	891	2966	49	20
电视	892	4546		
电影	893	3313		36
音像制作	894	190		
文化艺术业	90	13130	70	66
文艺创作与表演	901	4417	24	21
艺术表演场馆	902	1330		
图书馆与档案馆	903	2308	17	17
文物及文化保护	904	473	4	3
博物馆	905	852		
烈士陵园、纪念馆	906	285		
群众文化活动	907	2248	25	18
文化艺术经纪代理	908	367		
其他文化艺术	909	850		7
体育	91	3233	44	10
体育组织	911	2305	44	10
体育场馆	912	570		
其他体育	919	358		
娱乐业	92	10157		
室内娱乐活动	921	5915		
游乐园	922	1189		
休闲健身娱乐活动	923	1739		
其他娱乐活动	929	1314		
公共管理和社会组织	**S**	**570884**	**3707**	**3711**
中国共产党机关	93	22466	122	232
中国共产党机关	930	22466	122	232
国家机构	94	372979	2141	2203
国家权力机构	941	5451	25	20
国家行政机构	942	343961	1966	2051
人民法院和人民检察院	943	17925	138	132
其他国家机构	949	5642	12	
人民政协和民主党派	95	3181	17	19
人民政协	951	2591	17	19
民主党派	952	590		
群众团体、社会团体和宗教组织	96	66824	402	235
群众团体	961	6796	31	39
社会团体	962	58446	331	172
宗教组织	963	1582	40	24
基层群众自治组织	97	105434	1025	1022
社区自治组织	971	16656	42	134
村民自治组织	972	88778	983	888

宾阳县	横县	柳州市	城中区	鱼峰区	柳南区	柳北区
		11				5
		227	177			32
208	85	1003	573		25	63
58	58	193	31			
44		553	478		5	
106	27	229	62			63
		28	2		20	
59	86	754	145	8	71	157
21	47	99	6			3
		72	32			40
27	24	236	4	4	6	111
6	6	47			23	3
		78	60	2		
		36			30	
5	2	177	43	2	3	
		2			2	
	7	7			7	
66	8	203	175		10	
34	2	144	131		10	
	6	39	38			
32		20	6			
5	25	1049	480	116	126	120
3	25	643	428	28	100	50
		34	34			
		203	8	81	26	70
2		169	10	7		
8924	**5880**	**54638**	**9451**	**2605**	**5731**	**6133**
281	272	1470	87	24	69	241
281	272	1470	87	24	69	241
5481	3606	38372	7967	1646	4237	4059
28	32	590	208	20	19	43
5276	3395	32964	7423	1507	3642	3903
177	179	1474	281	119	300	113
		3344	55		276	
25	30	254	112	10	6	12
25	30	211	69	10	6	12
		43	43			
1312	418	6599	999	77	429	809
48	44	978	405	22	205	94
1244	369	5321	568	33	224	644
20	5	300	26	22		71
1825	1554	7943	286	848	990	1012
272	145	3025	251	785	839	800
1553	1409	4918	35	63	151	212

1-09 续表22

行业分组	代 码	就业人数（人）	柳江县	柳城县
总 计		**4885707**	**56166**	**23544**
农、林、牧、渔业	**A**	**38508**		**30**
农业	01	21114		30
谷物及其他作物的种植	011	16377		
蔬菜、园艺作物的种植	012	119		30
水果、坚果、饮料和香料作物的种植	013	4600		
中药材的种植	014	18		
林业	02	13004		
林木的培育和种植	021	12780		
木材和竹材的采运	022	224		
林产品的采集	023			
畜牧业	03	3144		
牲畜的饲养	031	235		
猪的饲养	032	507		
家禽的饲养	033	2326		
狩猎和捕捉动物	034			
其他畜牧业	039	76		
渔业	04	247		
海洋渔业	041	51		
内陆渔业	042	196		
农、林、牧、渔服务业	05	999		
农业服务业	051	453		
林业服务业	052			
畜牧服务业	053	420		
渔业服务业	054	126		
采矿业	**B**	**97288**	**970**	**219**
煤炭开采和洗选业	06	17120		
烟煤和无烟煤的开采洗选	061	10600		
褐煤的开采洗选	062	6363		
其他煤炭采选	069	157		
石油和天然气开采业	07	30		
天然原油和天然气开采	071	7		
与石油和天然气开采有关的服务活动	079	23		
黑色金属矿采选业	08	19228	216	30
铁矿采选	081	4428	50	
其他黑色金属矿采选	089	14800	166	30
有色金属矿采选业	09	29861		
常用有色金属矿采选	091	25864		
贵金属矿采选	092	2703		
稀有稀土金属矿采选	093	1294		
非金属矿采选业	10	30538	754	189
土砂石开采	101	19457	754	189
化学矿采选	102	1687		
采盐	103	1416		
石棉及其他非金属矿采选	109	7978		
其他采矿业	11	511		

鹿寨县	融安县	融水苗族自治县	三江侗族自治县	桂林市	秀峰区	叠彩区
42154	**17605**	**21597**	**12244**	**610684**	**63279**	**45727**
514	**58**		**24**	**3850**		**73**
108				2666		48
108				33		
				62		48
				2553		
				18		
406	58		11	347		5
406	58		11	347		5
			13	376		
				41		
			3	131		
				200		
			10	4		
				25		20
				25		20
				436		
				16		
				420		
884	**565**	**920**	**92**	**12385**	**10**	**6**
				23		
				23		
				23		
				23		
507	113		5	1341		
427	113			240		
80			5	1101		
	326	673	4	4377		
	326	673	2	3331		
			2	253		
				793		
377	126	247	83	6591	10	
179	21	111		1836	10	
	72			206		
198	33	136	83	4549		
				30		6

1-09 续表23

行业分组	代码	就业人数（人）	柳江县	柳城县
其他采矿业	110	511		
制造业	**C**	**1377307**	**27011**	**8827**
农副食品加工业	13	139046	3363	3146
谷物磨制	131	4612	61	
饲料加工	132	14717	38	16
植物油加工	133	3632	105	
制糖	134	79341	2993	2980
屠宰及肉类加工	135	9355	47	112
水产品加工	136	7236	28	
蔬菜、水果和坚果加工	137	3907	61	
其他农副食品加工	139	16246	30	38
食品制造业	14	37056	803	21
焙烤食品制造	141	7223	343	21
糖果、巧克力及蜜饯制造	142	1865	120	
方便食品制造	143	4955	118	
液体乳及乳制品制造	144	2991		
罐头制造	145	7981		
调味品、发酵制品制造	146	2626	77	
其他食品制造	149	9415	145	
饮料制造业	15	36286	364	252
酒精制造	151	3936		
酒的制造	152	12755	301	
软饮料制造	153	14148	63	136
精制茶加工	154	5447		116
烟草制品业	16	4315		
烟叶复烤	161	515		
卷烟制造	162	3800		
其他烟草制品加工	169			
纺织业	17	69393	466	1714
棉、化纤纺织及印染精加工	171	18434	90	
毛纺织和染整精加工	172	4512	83	
麻纺织	173	1312		53
丝绢纺织及精加工	174	19769	280	1661
纺织制成品制造	175	5096	13	
针织品、编织品及其制品制造	176	20270		
纺织服装、鞋、帽制造业	18	21831	462	55
纺织服装制造	181	21326	462	55
纺织面料鞋的制造	182	357		
制帽	183	148		
皮革、毛皮、羽毛(绒)及其制品业	19	30570	12	
皮革鞣制加工	191	4591		
皮革制品制造	192	22289		
毛皮鞣制及制品加工	193	236		
羽毛(绒)加工及制品制造	194	3454	12	
木材加工及木、竹、藤、棕、草制品业	20	102422	424	68
锯材、木片加工	201	20868	127	54
人造板制造	202	35685	211	14

鹿寨县	融安县	融水苗族自治县	三江侗族自治县	桂林市	秀峰区	叠彩区
				30		6
22830	**5342**	**5088**	**1825**	**179015**	**8895**	**7937**
2848	504	788	107	5884	48	582
13	12		5	703		
98				913		302
20	3		37	169		5
2140	450	788	12	457		
94	31		53	1233	30	250
8	8			979	18	
475				1430		25
168		91		9679	586	49
76				1545	290	5
25		31		364		
				1073		10
		60		1561		
15				631	277	5
52				4505	19	29
318	11	26	85	11728	24	23
115						
80				6956	6	23
59	11	8		4371		
64		18	85	401	18	
2271	387	176		4864	70	101
100				3196		8
204						
1757	387	160		422		
210				660		93
		16		586	70	
51				2156	240	85
41				1992	172	77
10				96		8
				68	68	
				1503		81
				67		
				1360		5
				76		76
1181	1899	2485	866	26115	32	110
213	351	251	508	1587		25
897	1408	1507		4683	8	68

1-09 续表24

行业分组	代码	就业人数（人）	柳江县	柳城县
木制品制造	203	23965	74	
竹、藤、棕、草制品制造	204	21904	12	
家具制造业	21	11154		20
木质家具制造	211	7944		20
竹、藤家具制造	212	1607		
金属家具制造	213	182		
塑料家具制造	214	426		
其他家具制造	219	995		
造纸及纸制品业	22	46989	490	337
纸浆制造	221	6323	32	
造纸	222	25536	94	337
纸制品制造	223	15130	364	
印刷业和记录媒介的复制	23	20703	223	16
印刷	231	18279	223	16
装订及其他印刷服务活动	232	1197		
记录媒介的复制	233	1227		
文教体育用品制造业	24	7672	46	
文化用品制造	241	853		
体育用品制造	242	541	11	
乐器制造	243	25		
玩具制造	244	6090	35	
游艺器材及娱乐用品制造	245	163		
石油加工、炼焦及核燃料加工业	25	2975	10	
精炼石油产品的制造	251	2843	10	
炼焦	252	132		
核燃料加工	253			
化学原料及化学制品制造业	26	106808	1023	1127
基础化学原料制造	261	16506	173	843
肥料制造	262	24164	257	239
农药制造	263	6507		
涂料、油墨、颜料及类似产品制造	264	6725	287	
合成材料制造	265	2687	27	
专用化学产品制造	266	39883	180	45
日用化学产品制造	267	10336	99	
医药制造业	27	35814	1563	414
化学药品原药制造	271	1573		
化学药品制剂制造	272	6957		
中药饮片加工	273	2133		
中成药制造	274	18808	1488	414
兽用药品制造	275	3419		
生物、生化制品的制造	276	2163		
卫生材料及医药用品制造	277	761	75	
化学纤维制造业	28	577		
纤维素纤维原料及纤维制造	281	16		
合成纤维制造	282	561		
橡胶制品业	29	8323	250	
轮胎制造	291	2537		

鹿寨县	融安县	融水苗族自治县	三江侗族自治县	桂林市	秀峰区	叠彩区
14	110	623	220	12554		5
57	30	104	138	7291	24	12
366	161	413	3	2301	21	57
66	161	413		1186	12	47
			3	1038	9	
				5		5
300				72		5
1738				6474	636	29
490				107		
1101				3186	321	9
147				3181	315	20
27	8	10	10	3706	422	404
27	8	10	10	3308	422	396
				100		8
				298		
				199	7	6
				168	7	6
				31		
40				3		
40				3		
3907	55	384	7	10191	96	41
443		156		1044	3	
3064		66		1634		10
122				711		2
89				375	12	19
				51		
66	55	162		3620	51	
123			7	2756	30	10
119	176			7922	886	264
				212		
				2878		
				206		12
119	176			3922	862	246
				23		
				595	15	
				86	9	6
				36		
				16		
				20		
				4815	2042	128
				2354		66

1-09 续表25

行业分组	代 码	就业人数（人）	柳江县	柳城县
橡胶板、管、带的制造	292	1435	187	
橡胶零件制造	293	526	26	
再生橡胶制造	294	325		
日用及医用橡胶制品制造	295	1756	37	
橡胶靴鞋制造	296	209		
其他橡胶制品制造	299	1535		
塑料制品业	30	29374	960	65
塑料薄膜制造	301	2770	37	
塑料板、管、型材的制造	302	3688	440	
塑料丝、绳及编织品的制造	303	12078	18	65
泡沫塑料制造	304	650	28	
塑料人造革、合成革制造	305	96		
塑料包装箱及容器制造	306	3067	33	
塑料零件制造	307	558	70	
日用塑料制造	308	2903	139	
其他塑料制品制造	309	3564	195	
非金属矿物制品业	31	206772	1906	1015
水泥、石灰和石膏的制造	311	55704	1080	455
水泥及石膏制品制造	312	13049	124	
砖瓦、石材及其他建筑材料制造	313	76113	592	557
玻璃及玻璃制品制造	314	9124	20	
陶瓷制品制造	315	44212	44	
耐火材料制品制造	316	1524		3
石墨及其他非金属矿物制品制造	319	7046	46	
黑色金属冶炼及压延加工业	32	58957	71	56
炼铁	321	3019		
炼钢	322	3419		56
钢压延加工	323	25975	71	
铁合金冶炼	324	26544		
有色金属冶炼及压延加工业	33	63865	280	207
常用有色金属冶炼	331	53566	227	154
贵金属冶炼	332	679		
稀有稀土金属冶炼	333	1868		53
有色金属合金制造	334	353	30	
有色金属压延加工	335	7399	23	
金属制品业	34	24817	1443	57
结构性金属制品制造	341	8354	918	25
金属工具制造	342	2335	106	
集装箱及金属包装容器制造	343	1264		
金属丝绳及其制品的制造	344	692	8	32
建筑、安全用金属制品制造	345	1382		
金属表面处理及热处理加工	346	995	90	
搪瓷制品制造	347	193	51	
不锈钢及类似日用金属制品制造	348	6928	33	
其他金属制品制造	349	2674	237	
通用设备制造业	35	46883	1381	154
锅炉及原动机制造	351	7814	158	

鹿寨县	融安县	融水苗族自治县	三江侗族自治县	桂林市	秀峰区	叠彩区
				567	414	12
				63	20	9
				28		
				1582	1542	32
				50		
				171	66	9
952				3072	117	64
				643	20	21
13				226	30	16
767				318		
				190		
				44		
12				491		7
				90	28	
3				391	6	8
157				679	33	12
1889	730	590	75	20276	106	81
680	230	313	30	4260		
72		9		1524		20
982	461	81	32	9032	27	22
120				3459	76	
19				100		4
				10		
16	39	187	13	1891	3	35
554	102			5511	21	26
13				220		
541				467	21	26
	102			4824		
183	1259	66	672	2531	7	18
183	1259	66	672	1427		
				138		
				13		
				953	7	18
1157		25		5735	212	117
846				804	79	37
259		25		345	39	23
				131		
19				207	9	
				320	39	
				36		
3				3317	15	15
30				575	31	42
2685		34		8643	1358	2890
				694		288

1-09 续表26

行业分组	代 码	就业人数（人）		
			柳江县	柳城县
金属加工机械制造	352	11183	321	
起重运输设备制造	353	3131	51	
泵、阀门、压缩机及类似机械的制造	354	3248	54	
轴承、齿轮、传动和驱动部件的制造	355	2569	26	
烘炉、熔炉及电炉制造	356	138		
风机、衡器、包装设备等通用设备制造	357	3179	103	
通用零部件制造及机械修理	358	6352	304	154
金属铸、锻加工	359	9269	364	
专用设备制造业	36	42616	1032	
矿山、冶金、建筑专用设备制造	361	17485	613	
化工、木材、非金属加工专用设备制造	362	5749	84	
食品、饮料、烟草及饲料生产专用设备制造	363	3145	43	
印刷、制药、日化生产专用设备制造	364	1706		
纺织、服装和皮革工业专用设备制造	365	82		
电子和电工机械专用设备制造	366	791		
农、林、牧、渔专用机械制造	367	8879	219	
医疗仪器设备及器械制造	368	2303	45	
环保、社会公共安全及其他专用设备制造	369	2476	28	
交通运输设备制造业	37	101744	9889	103
铁路运输设备制造	371	6267		
汽车制造	372	86855	9889	8
摩托车制造	373	210		
自行车制造	374	585		
船舶及浮动装置制造	375	6647		95
航空航天器制造	376	917		
交通器材及其他交通运输设备制造	379	263		
电气机械及器材制造业	39	33441	464	
电机制造	391	2925	48	
输配电及控制设备制造	392	14763	68	
电线、电缆、光缆及电工器材制造	393	6285	286	
电池制造	394	4102		
家用电力器具制造	395	2232	30	
非电力家用器具制造	396	461	15	
照明器具制造	397	1610	15	
其他电气机械及器材制造	399	1063	2	
通信设备、计算机及其他电子设备制造业	40	35067	2	
通信设备制造	401	6739		
雷达及配套设备制造	402	946		
广播电视设备制造	403	517		
电子计算机制造	404	4733		
电子器件制造	405	1058		
电子元件制造	406	15026	2	
家用视听设备制造	407	4289		
其他电子设备制造	409	1759		
仪器仪表及文化、办公用机械制造业	41	6151	33	
通用仪器仪表制造	411	2846	20	
专用仪器仪表制造	412	547	13	

鹿寨县	融安县	融水苗族自治县	三江侗族自治县	桂林市	秀峰区	叠彩区
2095				3672	830	2077
280				85	42	
173				711	42	381
				387	62	
				60		
48				910	61	24
62		34		635	112	111
27				1489	209	9
629	29			8659	362	1557
33				1622	38	259
392				3170		309
79				28		
15				102		18
				8		
				163	78	
80	29			1397	40	31
				1062	53	183
30				1107	153	757
1119				9207	235	1002
10				275		275
1088				8023	231	727
				50		
21				94		
				761		
				4	4	
441				6549	290	153
				601	67	26
288				2668	128	94
60				2820	12	
15				5		
				185	14	17
				12		12
76				133	30	
2				125	39	4
2	21			5611	945	14
				1801		
				923	923	
				234	20	
				32		
				533		
2	21			1753		14
				187	2	
				148		
				3605	48	
				2231		
				340		

1-09 续表27

行业分组	代 码	就业人数（人）		
			柳江县	柳城县
钟表与计时仪器制造	413	968		
光学仪器及眼镜制造	414	1548		
文化、办公用机械制造	415	139		
其他仪器仪表的制造及修理	419	103		
工艺品及其他制造业	42	43408	51	
工艺美术品制造	421	38075	16	
日用杂品制造	422	3794		
煤制品制造	423	145	20	
核辐射加工	424	32		
其他未列明的制造业	429	1362	15	
废弃资源和废旧材料回收加工业	43	2278		
金属废料和碎屑的加工处理	431	1589		
非金属废料和碎屑的加工处理	432	689		
电力、燃气及水的生产和供应业	**D**	**165716**	**592**	**779**
电力、热力的生产和供应业	44	146330	582	556
电力生产	441	46403	166	215
电力供应	442	98664	416	341
热力生产和供应	443	1263		
燃气生产和供应业	45	1476		13
燃气生产和供应业	450	1476		13
水的生产和供应业	46	17910	10	210
自来水的生产和供应	461	17435	10	210
污水处理及其再生利用	462	440		
其他水的处理、利用与分配	469	35		
建筑业	**E**	**544190**	**985**	**279**
房屋和土木工程建筑业	47	440787	978	262
房屋工程建筑	471	349235	785	262
土木工程建筑	472	91552	193	
建筑安装业	48	36567		10
建筑安装业	480	36567		10
建筑装饰业	49	10801		7
建筑装饰业	490	10801		7
其他建筑业	50	56035	7	
工程准备	501	3173	7	
提供施工设备服务	502	49379		
其他未列明的建筑活动	509	3483		
交通运输、仓储和邮政业	**F**	**195608**	**2613**	**241**
铁路运输业	51	1214		
铁路旅客运输	511	31		
铁路货物运输	512	244		
铁路运输辅助活动	513	939		
道路运输业	52	97709	2315	172
公路旅客运输	521	36607	41	
道路货物运输	522	38580	2197	69
道路运输辅助活动	523	22522	77	103
城市公共交通业	53	24776		37

鹿寨县	融安县	融水苗族自治县	三江侗族自治县	桂林市	秀峰区	叠彩区
				972	15	
				20		
				42	33	
177				1811	31	55
103				1492	31	21
				81		19
				60		15
74				178		
8				229	53	
				101	15	
8				128	38	
604	**582**	**1471**	**591**	**17690**	**218**	**15**
441	466	1330	525	15821		5
226	195	1011	189	10582		
215	271	319	336	5223		
				16		5
			9	289	202	
			9	289	202	
163	116	141	57	1580	16	10
163	102	141	57	1490		
				90	16	10
	14					
1472	**478**	**311**	**470**	**59989**	**9800**	**8690**
1316	430	311	470	54488	8820	8238
1179	430	311	444	44821	7140	7517
137			26	9667	1680	721
12				2236	52	179
12				2236	52	179
14	48			1883	217	161
14	48			1883	217	161
130				1382	711	112
				280		63
				7		
130				1095	711	49
613	**279**	**530**	**91**	**21682**	**3054**	**4042**
				1030		943
				1		
				91		5
				938		938
188	213	202		10958	1884	514
93	45			6812	682	131
	17			2792	1192	377
95	151	202		1354	10	6
143	5	21		2760	238	

1-09 续表28

行业分组	代 码	就业人数（人）	柳江县	柳城县
公共电汽车客运	531	19057		
轨道交通	532			
出租车客运	533	5071		37
城市轮渡	534			
其他城市公共交通	539	648		
水上运输业	54	18628		13
水上旅客运输	541	2669		4
水上货物运输	542	12353		
水上运输辅助活动	543	3606		9
航空运输业	55	2712		
航空客货运输	551	1626		
通用航空服务	552	319		
航空运输辅助活动	553	767		
管道运输业	56			
管道运输业	560			
装卸搬运和其他运输服务业	57	24199	111	
装卸搬运	571	16504	111	
运输代理服务	572	7695		
仓储业	58	9105	167	19
谷物、棉花等农产品仓储	581	3903	70	19
其他仓储	589	5202	97	
邮政业	59	17265	20	
国家邮政	591	15966		
其他寄递服务	599	1299	20	
信息传输、计算机服务和软件业	**G**	**68070**	**371**	**145**
电信和其他信息传输服务业	60	43237	340	11
电信	601	28898	18	
互联网信息服务	602	8687	307	3
广播电视传输服务	603	5597	15	8
卫星传输服务	604	55		
计算机服务业	61	21548	31	134
计算机系统服务	611	2226	8	
数据处理	612	369		
计算机维修	613	313		
其他计算机服务	619	18640	23	134
软件业	62	3285		
公共软件服务	621	2469		
其他软件服务	629	816		
批发和零售业	**H**	**308143**	**2042**	**637**
批发业	63	163985	1027	391
农畜产品批发	631	9905	4	48
食品、饮料及烟草制品批发	632	22426	34	30
纺织、服装及日用品批发	633	7233		
文化、体育用品及器材批发	634	4204		
医药及医疗器材批发	635	9963	44	18
矿产品、建材及化工产品批发	636	62226	656	206

鹿寨县	融安县	融水苗族自治县	三江侗族自治县	桂林市	秀峰区	叠彩区
34		21		2223	182	
109	5			211	40	
				326	16	
5	6	10		1819	823	
				1764	823	
5				55		
	6	10				
				1574	10	
				1320	5	
				39	5	
				215		
240		129		977		603
240		129		759		470
				218		133
37	55	168	91	596	74	45
10	23	85	14	410		
27	32	83	77	186	74	45
				1968	25	1937
				1937		1937
				31	25	
161	**149**	**189**	**54**	**7327**	**589**	**1153**
10	22	37		4647	406	985
5				3188	373	985
5	3			1317	33	
	19	37		133		
				9		
151	127	152	54	2234	121	155
			51	618	82	7
				59	2	
151	127	152	3	1557	37	148
				446	62	13
				332	62	
				114		13
1226	**369**	**342**	**155**	**41851**	**6382**	**6564**
999	130	259	94	15647	1444	3878
79	5		4	1171	20	213
209			20	2200	211	447
302				805	164	210
				535	186	37
30	45		30	961	135	244
335	74	206	20	6323	268	1989

1-09 续表29

行业分组	代码	就业人数（人）	柳江县	柳城县
机械设备、五金交电及电子产品批发	637	30361	146	8
贸易经纪与代理	638	7503	81	
其他批发	639	10164	62	81
零售业	65	144158	1015	246
综合零售	651	44824	266	53
食品、饮料及烟草制品专门零售	652	13090	142	15
纺织、服装及日用品专门零售	653	8610	17	
文化、体育用品及器材专门零售	654	6495	43	40
医药及医疗器材专门零售	655	11407	118	
汽车、摩托车、燃料及零配件专门零售	656	21263	125	46
家用电器及电子产品专门零售	657	20368	58	92
五金、家具及室内装修材料专门零售	658	8121	68	
无店铺及其他零售	659	9980	178	
住宿和餐饮业	**I**	**98329**	**122**	**210**
住宿业	66	62050	11	210
旅游饭店	661	44956		210
一般旅馆	662	15844	11	
其他住宿服务	669	1250		
餐饮业	67	36279	111	
正餐服务	671	29407	105	
快餐服务	672	4318	6	
饮料及冷饮服务	673	446		
其他餐饮服务	679	2108		
金融业	**J**	**112287**	**198**	**175**
银行业	68	65646	188	175
中央银行	681	2828		
商业银行	682	61073	188	175
其他银行	689	1745		
证券业	69	899		
证券市场管理	691	34		
证券经纪与交易	692	846		
证券投资	693	4		
证券分析与咨询	694	15		
保险业	70	42293		
人寿保险	701	31890		
非人寿保险	702	10018		
保险辅助服务	703	385		
其他金融活动	71	3449	10	
金融信托与管理	711	231		
金融租赁	712	18		
财务公司	713	54	6	
邮政储蓄	714	1895		
典当	715	362		
其他未列明的金融活动	719	889	4	
房地产业	**K**	**118213**	**513**	**272**
房地产业	72	118213	513	272

鹿寨县	融安县	融水苗族自治县	三江侗族自治县	桂林市	秀峰区	叠彩区
	3		7	2055	312	429
14		14		577	51	3
30	3	39	13	1020	97	306
227	239	83	61	26204	4938	2686
41	128			6309	1415	51
6	6			5664	374	395
49				1758	593	279
34	30	26	16	1250	573	188
11				1647	379	164
38	41	27	27	2718	33	288
35	34	23	9	3432	1188	221
5		7	9	1551	205	482
8				1875	178	618
116	**162**	**134**	**256**	**21203**	**5498**	**1541**
83	162	134	159	14984	3267	1159
76	123	94	105	12359	2998	646
7	39	40	54	2291	209	301
				334	60	212
33			97	6219	2231	382
33			97	5291	1745	289
				423	172	77
				52	30	
				453	284	16
239	**172**	**215**	**137**	**11753**	**1984**	**2422**
239	172	187		8889	1112	2067
				194		
239	172	187		8579	1035	2045
				116	77	22
				51	16	
				45	10	
				6	6	
		28		2603	748	326
		10		2015	703	39
		18		572	45	271
				16		16
			137	210	108	29
				25	25	
				16	16	
				8	8	
				87	36	29
			137	74	23	
445	**255**	**173**	**130**	**15623**	**2985**	**2244**
445	255	173	130	15623	2985	2244

1-09 续表30

行业分组	代码	就业人数（人）	柳江县	柳城县
房地产开发经营	721	59730	445	216
物业管理	722	40344	51	
房地产中介服务	723	7740	17	
其他房地产活动	729	10399		56
租赁和商务服务业	**L**	**142800**	**2394**	**440**
租赁业	73	2865	27	
机械设备租赁	731	2711	27	
文化及日用品出租	732	154		
商务服务业	74	139935	2367	440
企业管理服务	741	52613	2185	89
法律服务	742	4379	17	4
咨询与调查	743	11128	3	9
广告业	744	10561		2
知识产权服务	745	275		
职业中介服务	746	6346	8	138
市场管理	747	17703	118	115
旅行社	748	9793	7	
其他商务服务	749	27137	29	83
科学研究、技术服务和地质勘查业	**M**	**105742**	**946**	**507**
研究与试验发展	75	13710	53	54
自然科学研究与试验发展	751	1045	16	
工程和技术研究与试验发展	752	1680	10	1
农业科学研究与试验发展	753	7078	27	7
医学研究与试验发展	754	1935		
社会人文科学研究与试验发展	755	1972		46
专业技术服务业	76	54982	390	130
气象服务	761	2525	27	10
地震服务	762	497		
海洋服务	763	30		
测绘服务	764	3571	11	7
技术检测	765	8179	34	56
环境监测	766	1903		17
工程技术与规划管理	767	30947	141	40
其他专业技术服务	769	7330	177	
科技交流和推广服务业	77	31507	233	323
技术推广服务	771	28466	167	300
科技中介服务	772	1361	10	17
其他科技服务	779	1680	56	6
地质勘查业	78	5543	270	
矿产地质勘查	781	1866		
基础地质勘查	782	1922	270	
地质勘查技术服务	783	1755		
水利、环境和公共设施管理业	**N**	**69807**	**158**	**301**
水利管理业	79	13959	59	111
防洪管理	791	717	24	2
水资源管理	792	10035	8	5

鹿寨县	融安县	融水苗族自治县	三江侗族自治县	桂林市	秀峰区	叠彩区
393	91	90	129	9366	1509	1303
30	30	29	1	5296	1195	894
	8	7		689	193	47
22	126	47		272	88	
480	**191**	**329**	**355**	**19694**	**4560**	**1278**
				396	71	47
				388	63	47
				8	8	
480	191	329	355	19298	4489	1231
20	126	44	281	4687	395	523
31	1	47	4	561	195	40
16	5			1855	888	173
26	9			1836	340	178
				15		2
168	31	15	13	475	51	24
203	14	49		1221	127	43
9	5	33	57	4335	747	191
7		141		4313	1746	57
327	**449**	**356**	**339**	**10924**	**1362**	**815**
	55	86	5	1163	150	99
				438	96	32
				39	36	
	1	47	5	631		67
				28	5	
	54	39		27	13	
142	193	65	43	5790	1009	550
11	11	7	4	267		129
	5	3		54		
	5			153		
9	97	29	4	732	16	12
11				325		58
111	75	26	35	2382	222	223
				1877	771	128
185	201	148	291	3021	173	124
185	174	144	291	2458	104	93
	4	4		279	16	
	23			284	53	31
		57		950	30	42
		57		228		
				247		
				475	30	42
417	**295**	**302**	**153**	**14033**	**1163**	**932**
103	79	11	33	1461	165	5
10		3	2	38		
93	35	8	13	1145	40	5

1–09 续表31

行业分组	代码	就业人数（人）	柳江县	柳城县
其他水利管理	799	3207	27	104
环境管理业	80	33355	78	171
自然保护	801	1823	6	
环境治理	802	31532	72	171
公共设施管理业	81	22493	21	19
市政公共设施管理	811	4552	6	
城市绿化管理	812	4850	13	19
游览景区管理	813	13091	2	
居民服务和其他服务业	**O**	**25878**	**655**	**38**
居民服务业	82	10484	554	
家庭服务	821	868		
托儿所	822	167		
洗染服务	823	281		
理发及美容保健服务	824	2031		
洗浴服务	825	1072		
婚姻服务	826	153		
殡葬服务	827	1239	8	
摄影扩印服务	828	1484		
其他居民服务	829	3189	546	
其他服务业	83	15394	101	38
修理与维护	831	7114	84	38
清洁服务	832	4557		
其他未列明的服务	839	3723	17	
教育	**P**	**591688**	**6527**	**4217**
教育	84	591688	6527	4217
学前教育	841	29633	757	262
初等教育	842	269344	2413	2227
中等教育	843	229220	2964	1660
高等教育	844	40258	67	3
其他教育	849	23233	326	65
卫生、社会保障和社会福利业	**Q**	**211752**	**1752**	**1278**
卫生	85	198969	1603	1188
医院	851	111332	812	516
卫生院及社区医疗活动	852	49969	471	365
门诊部医疗活动	853	4710		
计划生育技术服务活动	854	9938	157	128
妇幼保健活动	855	11346		130
专科疾病防治活动	856	1447		49
疾病预防控制及防疫活动	857	6966	148	
其他卫生活动	859	3261	15	
社会保障业	86	6333	99	60
社会保障业	860	6333	99	60
社会福利业	87	6450	50	30
提供住宿的社会福利	871	4889	35	27
不提供住宿的社会福利	872	1561	15	3
文化、体育和娱乐业	**R**	**43497**	**195**	**169**
新闻出版业	88	5962	18	

鹿寨县	融安县	融水苗族自治县	三江侗族自治县	桂林市	秀峰区	叠彩区
	44		18	278	125	
266	161	252	79	5039	616	380
		45		727	165	41
266	161	207	79	4312	451	339
48	55	39	41	7533	382	547
7	13	4	8	1196	207	105
41	23	13		772	77	87
	19	22	33	5565	98	355
103	**32**	**44**	**394**	**6937**	**1718**	**751**
77	7		2	3386	1127	257
	6			594	65	17
				31	9	
				186		50
40	1			450	321	3
				729	193	47
				37	18	
37				168		70
			2	264	143	
				927	378	70
26	25	44	392	3551	591	494
6	25	26	8	1278	202	137
20		18		1550	46	354
			384	723	343	3
3834	**3157**	**4462**	**3003**	**61266**	**3602**	**1872**
3834	3157	4462	3003	61266	3602	1872
381	160	209	118	2902	223	323
1718	1594	2695	1660	23569	766	445
1673	1304	1478	1130	22799	1223	869
		2		8873	745	4
62	99	78	95	3123	645	231
1622	**1498**	**1375**	**954**	**25220**	**2720**	**2492**
1431	1444	1349	931	23640	2333	2461
562	716	660	419	14994	1970	2065
645	345	456	309	5323	33	87
14				382	8	110
142	111	66	87	570	6	36
	119	87	69	1091		
41		63		18		18
	83	17	37	718	134	27
27	70		10	544	182	118
52	27	17	18	740	94	
52	27	17	18	740	94	
139	27	9	5	840	293	31
135	19	9	2	798	292	31
4	8		3	42	1	
223	**110**	**138**	**129**	**8435**	**2877**	**228**
6				844	620	4

1-09 续表32

行业分组	代码	就业人数（人）	柳江县	柳城县
新闻业	881	229		
出版业	882	5733	18	
广播、电视、电影和音像业	89	11015	79	69
广播	891	2966	13	2
电视	892	4546	19	49
电影	893	3313	47	18
音像制作	894	190		
文化艺术业	90	13130	62	81
文艺创作与表演	901	4417	5	24
艺术表演场馆	902	1330		
图书馆与档案馆	903	2308	41	25
文物及文化保护	904	473	9	6
博物馆	905	852		
烈士陵园、纪念馆	906	285		
群众文化活动	907	2248	7	26
文化艺术经纪代理	908	367		
其他文化艺术	909	850		
体育	91	3233		9
体育组织	911	2305		3
体育场馆	912	570		
其他体育	919	358		6
娱乐业	92	10157	36	10
室内娱乐活动	921	5915	16	
游乐园	922	1189		
休闲健身娱乐活动	923	1739		10
其他娱乐活动	929	1314	20	
公共管理和社会组织	**S**	**570884**	**8122**	**4780**
中国共产党机关	93	22466	91	200
中国共产党机关	930	22466	91	200
国家机构	94	372979	5537	2849
国家权力机构	941	5451	66	54
国家行政机构	942	343961	2345	2669
人民法院和人民检察院	943	17925	138	121
其他国家机构	949	5642	2988	5
人民政协和民主党派	95	3181	24	15
人民政协	951	2591	24	15
民主党派	952	590		
群众团体、社会团体和宗教组织	96	66824	1658	896
群众团体	961	6796	62	31
社会团体	962	58446	1526	799
宗教组织	963	1582	70	66
基层群众自治组织	97	105434	812	820
社区自治组织	971	16656	111	90
村民自治组织	972	88778	701	730

鹿寨县	融安县	融水苗族自治县	三江侗族自治县	桂林市	秀峰区	叠彩区
6				15	5	4
				829	615	
68	46	19	61	841	12	87
68	35	6	38	237		87
	2			283		
	3	13	23	300		
	6			21	12	
12	47	117	54	2952	721	42
		34	27	637	311	
				1098	270	
6	15	17	7	314	39	
	1		5	101	4	12
		16		151	72	
		6		33		15
6	31	44	15	195		12
				41	4	3
				382	21	
	5		4	199	30	8
				128		
	1			38	30	8
	4		4	33		
137	12	2	10	3599	1494	87
5	12	2	2	1605	1109	5
				1005		
			8	598	25	82
132				391	360	
6044	**3462**	**5218**	**3092**	**71807**	**5862**	**2672**
70	171	273	244	2447	23	316
70	171	273	244	2447	23	316
4584	2352	3365	1776	47862	4235	1858
25	46	86	23	1014	125	36
4411	2191	3158	1715	43365	3956	1750
148	103	116	35	2146	114	72
	12	5	3	1337	40	
15	19	23	18	345	135	27
15	19	23	18	282	72	27
				63	63	
778	270	414	269	11551	1319	249
25	45	50	39	1002	59	148
739	220	346	222	10259	1162	83
14	5	18	8	290	98	18
597	650	1143	785	9602	150	222
52	39	41	17	1228	96	155
545	611	1102	768	8374	54	67

1–09 续表33

行业分组	代 码	就业人数（人）		
			象山区	七星区
总 计		**4885707**	**111434**	**82313**
农、林、牧、渔业	**A**	**38508**		
农业	01	21114		
谷物及其他作物的种植	011	16377		
蔬菜、园艺作物的种植	012	119		
水果、坚果、饮料和香料作物的种植	013	4600		
中药材的种植	014	18		
林业	02	13004		
林木的培育和种植	021	12780		
木材和竹材的采运	022	224		
林产品的采集	023			
畜牧业	03	3144		
牲畜的饲养	031	235		
猪的饲养	032	507		
家禽的饲养	033	2326		
狩猎和捕捉动物	034			
其他畜牧业	039	76		
渔业	04	247		
海洋渔业	041	51		
内陆渔业	042	196		
农、林、牧、渔服务业	05	999		
农业服务业	051	453		
林业服务业	052			
畜牧服务业	053	420		
渔业服务业	054	126		
采矿业	**B**	**97288**	**86**	**56**
煤炭开采和洗选业	06	17120		
烟煤和无烟煤的开采洗选	061	10600		
褐煤的开采洗选	062	6363		
其他煤炭采选	069	157		
石油和天然气开采业	07	30		
天然原油和天然气开采	071	7		
与石油和天然气开采有关的服务活动	079	23		
黑色金属矿采选业	08	19228		16
铁矿采选	081	4428		16
其他黑色金属矿采选	089	14800		
有色金属矿采选业	09	29861		30
常用有色金属矿采选	091	25864		30
贵金属矿采选	092	2703		
稀有稀土金属矿采选	093	1294		
非金属矿采选业	10	30538	86	10
土砂石开采	101	19457	66	10
化学矿采选	102	1687		
采盐	103	1416		
石棉及其他非金属矿采选	109	7978	20	
其他采矿业	11	511		

雁山区	阳朔县	临桂县	灵川县	全州县	兴安县	永福县
9050	**23113**	**40728**	**27755**	**33111**	**31549**	**27170**
1391	**390**					
1149	175					
8						
1141	175					
	193					
	193					
242	22					
	22					
38						
200						
4						
68	**147**	**1829**	**453**	**1761**	**1276**	**1334**
				23		
				23		
					23	
					23	
		20		250	63	
		20		1	63	
				249		
	132	94	161	1426	968	168
	132	94	161	1426	295	168
					180	
					493	
68	15	1715	292	62	210	1154
68	15	533	142	62	138	272
		26	22			158
		1156	128		72	724
					12	12

1-09 续表34

行业分组	代码	就业人数（人）	象山区	七星区
其他采矿业	110	511		
制造业	**C**	**1377307**	**26450**	**32061**
农副食品加工业	13	139046	221	101
谷物磨制	131	4612	39	
饲料加工	132	14717	144	
植物油加工	133	3632		
制糖	134	79341		
屠宰及肉类加工	135	9355	14	73
水产品加工	136	7236		
蔬菜、水果和坚果加工	137	3907	6	8
其他农副食品加工	139	16246	18	20
食品制造业	14	37056	333	3749
焙烤食品制造	141	7223	104	282
糖果、巧克力及蜜饯制造	142	1865	42	35
方便食品制造	143	4955	137	40
液体乳及乳制品制造	144	2991		
罐头制造	145	7981		
调味品、发酵制品制造	146	2626	13	172
其他食品制造	149	9415	37	3220
饮料制造业	15	36286	6017	389
酒精制造	151	3936		
酒的制造	152	12755	5947	30
软饮料制造	153	14148	70	359
精制茶加工	154	5447		
烟草制品业	16	4315		
烟叶复烤	161	515		
卷烟制造	162	3800		
其他烟草制品加工	169			
纺织业	17	69393	3455	442
棉、化纤纺织及印染精加工	171	18434	3180	
毛纺织和染整精加工	172	4512		
麻纺织	173	1312		
丝绢纺织及精加工	174	19769		26
纺织制成品制造	175	5096	242	55
针织品、编织品及其制品制造	176	20270	33	361
纺织服装、鞋、帽制造业	18	21831	514	1218
纺织服装制造	181	21326	441	1218
纺织面料鞋的制造	182	357	73	
制帽	183	148		
皮革、毛皮、羽毛(绒)及其制品业	19	30570	805	41
皮革鞣制加工	191	4591		
皮革制品制造	192	22289	805	41
毛皮鞣制及制品加工	193	236		
羽毛(绒)加工及制品制造	194	3454		
木材加工及木、竹、藤、棕、草制品业	20	102422	189	95
锯材、木片加工	201	20868	36	
人造板制造	202	35685	28	25

雁山区	阳朔县	临桂县	灵川县	全州县	兴安县	永福县
					12	12
2746	**4120**	**18881**	**11158**	**6073**	**11822**	**13550**
198	140	928	302	554	13	975
		39	103	290	13	209
190		102	128	47		
						457
8	55	158	52	177		130
	40	90	16	18		119
	45	539	3	22		60
140	6	934	525	343	1426	560
		315	226	10		161
10	6	55	12		88	116
20		102	28	310		224
		40			1273	
		45	55			9
110		377	204	23	65	50
	148	922	105	392	237	354
	46	130	14	374	210	132
	22	771	91	18	27	43
	80	21				179
		118	7			169
						167
		118	7			
						2
		12	30			55
		12	15			55
			15			
		278		4		46
		35		4		
		243				46
40	1100	3489	751	449	4104	4336
8		33	75	71	240	704
32	265	823	254	318	139	1321

1-09 续表35

行业分组	代 码	就业人数（人）	象山区	七星区
木制品制造	203	23965	110	20
竹、藤、棕、草制品制造	204	21904	15	50
家具制造业	21	11154	314	8
木质家具制造	211	7944	297	
竹、藤家具制造	212	1607		
金属家具制造	213	182		
塑料家具制造	214	426		
其他家具制造	219	995	17	8
造纸及纸制品业	22	46989	1270	946
纸浆制造	221	6323		
造纸	222	25536	959	12
纸制品制造	223	15130	311	934
印刷业和记录媒介的复制	23	20703	344	1591
印刷	231	18279	318	1275
装订及其他印刷服务活动	232	1197	26	18
记录媒介的复制	233	1227		298
文教体育用品制造业	24	7672	110	2
文化用品制造	241	853	110	2
体育用品制造	242	541		
乐器制造	243	25		
玩具制造	244	6090		
游艺器材及娱乐用品制造	245	163		
石油加工、炼焦及核燃料加工业	25	2975		
精炼石油产品的制造	251	2843		
炼焦	252	132		
核燃料加工	253			
化学原料及化学制品制造业	26	106808	954	313
基础化学原料制造	261	16506	31	26
肥料制造	262	24164		57
农药制造	263	6507		
涂料、油墨、颜料及类似产品制造	264	6725	30	8
合成材料制造	265	2687	20	
专用化学产品制造	266	39883	72	128
日用化学产品制造	267	10336	801	94
医药制造业	27	35814	140	4061
化学药品原药制造	271	1573	29	135
化学药品制剂制造	272	6957		2480
中药饮片加工	273	2133		
中成药制造	274	18808	111	1370
兽用药品制造	275	3419		
生物、生化制品的制造	276	2163		48
卫生材料及医药用品制造	277	761		28
化学纤维制造业	28	577	20	16
纤维素纤维原料及纤维制造	281	16		16
合成纤维制造	282	561	20	
橡胶制品业	29	8323	157	2119
轮胎制造	291	2537	31	2105

雁山区	阳朔县	临桂县	灵川县	全州县	兴安县	永福县
	723	1084	137	60		1107
	112	1549	285		3725	1204
	921	29	70	5	10	334
		29	69	5	10	187
	921		1			107
						40
94		193	164	355	397	674
				20	22	65
		3		289	314	316
94		190	164	46	61	293
	16	461	97	27	31	57
	16	461	78	27	31	50
			19			7
		10				31
		10				
						31
		3				
		3				
82	575	1417	1883	189	998	1974
6		103	687			127
20		116	827	6	394	159
			231	20	30	100
		109	35	7		
		17	13			
20	65	1072	76	156	574	411
36	510		14			1177
		496	469	153	680	350
			45	3		
		44	331		23	
		24	93		40	
		301		150	211	322
		3				
		124			380	28
					26	
5		164	81	19	88	
		23	61		68	

1-09 续表36

行业分组	代 码	就业人数（人）	象山区	七星区
橡胶板、管、带的制造	292	1435	106	
橡胶零件制造	293	526	15	
再生橡胶制造	294	325	5	
日用及医用橡胶制品制造	295	1756		8
橡胶靴鞋制造	296	209		
其他橡胶制品制造	299	1535		6
塑料制品业	30	29374	811	423
塑料薄膜制造	301	2770	235	109
塑料板、管、型材的制造	302	3688	104	18
塑料丝、绳及编织品的制造	303	12078	28	
泡沫塑料制造	304	650	10	25
塑料人造革、合成革制造	305	96	44	
塑料包装箱及容器制造	306	3067	54	42
塑料零件制造	307	558	6	18
日用塑料制造	308	2903	57	188
其他塑料制品制造	309	3564	273	23
非金属矿物制品业	31	206772	1765	1468
水泥、石灰和石膏的制造	311	55704	6	52
水泥及石膏制品制造	312	13049	133	
砖瓦、石材及其他建筑材料制造	313	76113	448	254
玻璃及玻璃制品制造	314	9124	1134	585
陶瓷制品制造	315	44212		
耐火材料制品制造	316	1524		
石墨及其他非金属矿物制品制造	319	7046	44	577
黑色金属冶炼及压延加工业	32	58957	105	
炼铁	321	3019		
炼钢	322	3419		
钢压延加工	323	25975	96	
铁合金冶炼	324	26544	9	
有色金属冶炼及压延加工业	33	63865	182	644
常用有色金属冶炼	331	53566		
贵金属冶炼	332	679		
稀有稀土金属冶炼	333	1868		
有色金属合金制造	334	353		10
有色金属压延加工	335	7399	182	634
金属制品业	34	24817	644	297
结构性金属制品制造	341	8354	375	104
金属工具制造	342	2335	4	22
集装箱及金属包装容器制造	343	1264		20
金属丝绳及其制品的制造	344	692		
建筑、安全用金属制品制造	345	1382	55	52
金属表面处理及热处理加工	346	995		32
搪瓷制品制造	347	193		
不锈钢及类似日用金属制品制造	348	6928	30	23
其他金属制品制造	349	2674	180	44
通用设备制造业	35	46883	1283	958
锅炉及原动机制造	351	7814	14	42

雁山区	阳朔县	临桂县	灵川县	全州县	兴安县	永福县
		25	10			
				19		
		3			20	
		50				
5		63	10			
	90	455	440	49	90	67
		137	13	16		
			34			14
		52	195	8	35	
		12	8		22	
	90	40	155	12		38
		38				
		16	10			15
		160	25	13	33	
408	942	3296	3238	1375	1959	1414
	109	704	1137	453	854	79
258	82	292	382	59	89	126
150	661	1242	766	713	1004	1103
		702	825	132		5
	90			6		
		10				
		346	128	12	12	101
		135	1056	1274	584	544
			8		154	58
						2
		135	1048	1274	430	484
		131	21	22	614	60
		86		22	614	60
		3				
		42	21			
24		344	52	152	69	264
		92	19	17		13
			23	28	16	
		26	10	16	30	
		51				143
24		150				
		4				
		21				
				91	23	108
5		587	569	515	156	85
				350		

1-09 续表37

行业分组	代码	就业人数（人）		
			象山区	七星区
金属加工机械制造	352	11183	501	201
起重运输设备制造	353	3131		23
泵、阀门、压缩机及类似机械的制造	354	3248	112	60
轴承、齿轮、传动和驱动部件的制造	355	2569	224	31
烘炉、熔炉及电炉制造	356	138		
风机、衡器、包装设备等通用设备制造	357	3179	186	391
通用零部件制造及机械修理	358	6352	47	195
金属铸、锻加工	359	9269	199	15
专用设备制造业	36	42616	1609	2144
矿山、冶金、建筑专用设备制造	361	17485		40
化工、木材、非金属加工专用设备制造	362	5749	1560	920
食品、饮料、烟草及饲料生产专用设备制造	363	3145	10	
印刷、制药、日化生产专用设备制造	364	1706		36
纺织、服装和皮革工业专用设备制造	365	82	8	
电子和电工机械专用设备制造	366	791		85
农、林、牧、渔专用机械制造	367	8879	11	100
医疗仪器设备及器械制造	368	2303		826
环保、社会公共安全及其他专用设备制造	369	2476	20	137
交通运输设备制造业	37	101744	1559	1812
铁路运输设备制造	371	6267		
汽车制造	372	86855	710	1795
摩托车制造	373	210		
自行车制造	374	585	18	17
船舶及浮动装置制造	375	6647	70	
航空航天器制造	376	917	761	
交通器材及其他交通运输设备制造	379	263		
电气机械及器材制造业	39	33441	728	4490
电机制造	391	2925	160	255
输配电及控制设备制造	392	14763	508	1560
电线、电缆、光缆及电工器材制造	393	6285		2580
电池制造	394	4102		
家用电力器具制造	395	2232	20	84
非电力家用器具制造	396	461		
照明器具制造	397	1610	40	3
其他电气机械及器材制造	399	1063		8
通信设备、计算机及其他电子设备制造业	40	35067	1220	2556
通信设备制造	401	6739	80	1689
雷达及配套设备制造	402	946		
广播电视设备制造	403	517		151
电子计算机制造	404	4733		32
电子器件制造	405	1058	35	312
电子元件制造	406	15026	1105	224
家用视听设备制造	407	4289		
其他电子设备制造	409	1759		148
仪器仪表及文化、办公用机械制造业	41	6151	1575	1796
通用仪器仪表制造	411	2846	776	1289
专用仪器仪表制造	412	547		340

雁山区	阳朔县	临桂县	灵川县	全州县	兴安县	永福县
5		32	7			19
					20	
		52	35		8	
		68				2
		60				
			192	56		
		58	48	4	56	
		317	287	105	72	64
15	31	859	933	4	61	609
		416	440			386
		93	33			177
	10		8			
			18		30	
15	21	350	434	4	31	6
						40
1444	24	2781	34	63	34	86
1444		2767	34	63	34	85
		14				1
	24					
128	27	368	184	70	86	15
	27	13	38			15
128		70	146		34	
		213		15		
				5		
				50		
		60				
		12			52	
163		179	55	35	100	160
			32			
		3			60	
163			23			
				35	40	160
		176				
		166				20
		166				

1-09 续表38

行业分组	代码	就业人数（人）	象山区	七星区
钟表与计时仪器制造	413	968		
光学仪器及眼镜制造	414	1548	799	158
文化、办公用机械制造	415	139		
其他仪器仪表的制造及修理	419	103		9
工艺品及其他制造业	42	43408	126	382
工艺美术品制造	421	38075	116	300
日用杂品制造	422	3794	6	18
煤制品制造	423	145	4	
核辐射加工	424	32		
其他未列明的制造业	429	1362		64
废弃资源和废旧材料回收加工业	43	2278		
金属废料和碎屑的加工处理	431	1589		
非金属废料和碎屑的加工处理	432	689		
电力、燃气及水的生产和供应业	**D**	**165716**	**1648**	**224**
电力、热力的生产和供应业	44	146330	1038	202
电力生产	441	46403	37	
电力供应	442	98664	1001	202
热力生产和供应	443	1263		
燃气生产和供应业	45	1476	14	
燃气生产和供应业	450	1476	14	
水的生产和供应业	46	17910	596	22
自来水的生产和供应	461	17435	596	
污水处理及其再生利用	462	440		22
其他水的处理、利用与分配	469	35		
建筑业	**E**	**544190**	**22882**	**6798**
房屋和土木工程建筑业	47	440787	20111	5861
房屋工程建筑	471	349235	18691	659
土木工程建筑	472	91552	1420	5202
建筑安装业	48	36567	1429	462
建筑安装业	480	36567	1429	462
建筑装饰业	49	10801	876	398
建筑装饰业	490	10801	876	398
其他建筑业	50	56035	466	77
工程准备	501	3173	179	38
提供施工设备服务	502	49379		5
其他未列明的建筑活动	509	3483	287	34
交通运输、仓储和邮政业	**F**	**195608**	**7306**	**192**
铁路运输业	51	1214	1	
铁路旅客运输	511	31	1	
铁路货物运输	512	244		
铁路运输辅助活动	513	939		
道路运输业	52	97709	3930	153
公路旅客运输	521	36607	3148	74
道路货物运输	522	38580	583	27
道路运输辅助活动	523	22522	199	52
城市公共交通业	53	24776	1873	3

雁山区	阳朔县	临桂县	灵川县	全州县	兴安县	永福县
						20
	85	126	50	16	38	271
	85	102	45	16		153
					38	
		24				9
			5			109
	15		42	8	47	40
	15		42		29	
				8	18	40
	391	**664**	**884**	**3540**	**1628**	**1411**
	280	575	831	3403	1493	1333
	92	261	419	2675	1198	1000
	188	314	412	728	295	322
						11
		42			23	
		42			23	
	111	47	53	137	112	78
	94	45	53	137	89	78
	17	2			23	
140	**2120**	**894**	**1276**	**1963**	**539**	**746**
140	2115	788	1276	1878	508	746
125	1987	747	1224	1878	376	730
15	128	41	52		132	16
		27		85		
		27		85		
	5	65			31	
	5	65			31	
		14				
		14				
109	**1864**	**1566**	**157**	**887**	**469**	**237**
86						
86						
5	701	1108	22	614	365	234
	602	629		360	117	20
5	6	285		4	173	93
	93	194	22	250	75	121
	394			8	45	

1-09 续表39

行业分组	代 码	就业人数（人）	象山区	七星区
公共电汽车客运	531	19057	1873	3
轨道交通	532			
出租车客运	533	5071		
城市轮渡	534			
其他城市公共交通	539	648		
水上运输业	54	18628	60	
水上旅客运输	541	2669	60	
水上货物运输	542	12353		
水上运输辅助活动	543	3606		
航空运输业	55	2712	1170	19
航空客货运输	551	1626	1123	2
通用航空服务	552	319	34	
航空运输辅助活动	553	767	13	17
管道运输业	56			
管道运输业	560			
装卸搬运和其他运输服务业	57	24199	132	11
装卸搬运	571	16504	129	
运输代理服务	572	7695	3	11
仓储业	58	9105	140	
谷物、棉花等农产品仓储	581	3903	84	
其他仓储	589	5202	56	
邮政业	59	17265		6
国家邮政	591	15966		
其他寄递服务	599	1299		6
信息传输、计算机服务和软件业	**G**	**68070**	**939**	**2705**
电信和其他信息传输服务业	60	43237	804	1791
电信	601	28898	15	1769
互联网信息服务	602	8687	784	13
广播电视传输服务	603	5597	5	
卫星传输服务	604	55		9
计算机服务业	61	21548	52	626
计算机系统服务	611	2226	42	482
数据处理	612	369		
计算机维修	613	313		57
其他计算机服务	619	18640	10	87
软件业	62	3285	83	288
公共软件服务	621	2469	72	198
其他软件服务	629	816	11	90
批发和零售业	**H**	**308143**	**8783**	**9309**
批发业	63	163985	3661	2307
农畜产品批发	631	9905		42
食品、饮料及烟草制品批发	632	22426	930	269
纺织、服装及日用品批发	633	7233	182	81
文化、体育用品及器材批发	634	4204	23	168
医药及医疗器材批发	635	9963	94	206
矿产品、建材及化工产品批发	636	62226	1469	542

雁山区	阳朔县	临桂县	灵川县	全州县	兴安县	永福县
	124				41	
				8	4	
	270					
18	769					
18	769					
		375				
		190				
		185				
		14		159	57	
				159		
		14			57	
		69	135	106	2	3
		69	135	95	2	3
				11		
123	**197**	**236**	**176**	**215**	**174**	**113**
	4	30	173		3	55
		2			3	41
		28	173			
	4					14
123	193	206	3	215	171	58
5						
118	193	206	3	215	171	58
42	**681**	**712**	**1459**	**2289**	**1071**	**1219**
32	439	365	396	403	507	566
2	66	31	32	257	166	103
		69	3		52	80
		27	35		38	
	5	22	4		18	
	39	18	4		24	31
23	229	159	168	146	188	285

1–09 续表40

行业分组	代码	就业人数（人）	象山区	七星区
机械设备、五金交电及电子产品批发	637	30361	378	713
贸易经纪与代理	638	7503	432	63
其他批发	639	10164	153	223
零售业	65	144158	5122	7002
综合零售	651	44824	1621	1140
食品、饮料及烟草制品专门零售	652	13090	435	3707
纺织、服装及日用品专门零售	653	8610	339	195
文化、体育用品及器材专门零售	654	6495	185	72
医药及医疗器材专门零售	655	11407	230	393
汽车、摩托车、燃料及零配件专门零售	656	21263	560	734
家用电器及电子产品专门零售	657	20368	1130	339
五金、家具及室内装修材料专门零售	658	8121	439	166
无店铺及其他零售	659	9980	183	256
住宿和餐饮业	**I**	**98329**	**6619**	**2632**
住宿业	66	62050	4354	2008
旅游饭店	661	44956	3538	1877
一般旅馆	662	15844	816	88
其他住宿服务	669	1250		43
餐饮业	67	36279	2265	624
正餐服务	671	29407	2108	520
快餐服务	672	4318	125	20
饮料及冷饮服务	673	446	10	12
其他餐饮服务	679	2108	22	72
金融业	**J**	**112287**	**4521**	**669**
银行业	68	65646	2939	616
中央银行	681	2828		194
商业银行	682	61073	2939	422
其他银行	689	1745		
证券业	69	899	35	
证券市场管理	691	34		
证券经纪与交易	692	846	35	
证券投资	693	4		
证券分析与咨询	694	15		
保险业	70	42293	1501	26
人寿保险	701	31890	1247	26
非人寿保险	702	10018	254	
保险辅助服务	703	385		
其他金融活动	71	3449	46	27
金融信托与管理	711	231		
金融租赁	712	18		
财务公司	713	54		
邮政储蓄	714	1895		
典当	715	362	22	
其他未列明的金融活动	719	889	24	27
房地产业	**K**	**118213**	**3656**	**2183**
房地产业	72	118213	3656	2183

雁山区	阳朔县	临桂县	灵川县	全州县	兴安县	永福县
7	91		60		8	6
	9	39	90		13	61
10	242	347	1063	1886	564	653
10	48	9	207	655	71	299
	10	22	45	405	18	97
	12		4	247	22	55
	72	11	26	36	14	17
	15	73	81	110	37	
	19	157	605	39	36	49
	50	20	18	47	247	59
	7	25	59	25	26	40
	9	30	18	322	93	37
57	**2134**	**413**	**185**	**117**	**573**	**244**
26	2095	248	95	99	489	147
	2015	193			281	
26	80	55	76	99	208	147
			19			
31	39	165	90	18	84	97
30	39	147	31	16	76	97
1		18		2	8	
			59			
	140	**200**	**190**	**266**	**220**	**131**
	140	200	190	266	220	131
	140	200	190	266	203	131
					17	
33	**335**	**1157**	**940**	**292**	**590**	**251**
33	335	1157	940	292	590	251

1-09 续表41

行业分组	代 码	就业人数（人）	象山区	七星区
房地产开发经营	721	59730	1698	1236
物业管理	722	40344	1646	847
房地产中介服务	723	7740	254	33
其他房地产活动	729	10399	58	67
租赁和商务服务业	**L**	**142800**	**7323**	**2697**
租赁业	73	2865	176	66
机械设备租赁	731	2711	176	66
文化及日用品出租	732	154		
商务服务业	74	139935	7147	2631
企业管理服务	741	52613	1979	484
法律服务	742	4379	126	82
咨询与调查	743	11128	386	311
广告业	744	10561	900	307
知识产权服务	745	275	13	
职业中介服务	746	6346	160	133
市场管理	747	17703	205	141
旅行社	748	9793	1778	609
其他商务服务	749	27137	1600	564
科学研究、技术服务和地质勘查业	**M**	**105742**	**1701**	**1798**
研究与试验发展	75	13710	36	351
自然科学研究与试验发展	751	1045		17
工程和技术研究与试验发展	752	1680		1
农业科学研究与试验发展	753	7078	22	318
医学研究与试验发展	754	1935	4	13
社会人文科学研究与试验发展	755	1972	10	2
专业技术服务业	76	54982	962	1216
气象服务	761	2525		
地震服务	762	497	1	4
海洋服务	763	30		
测绘服务	764	3571	38	72
技术检测	765	8179	98	96
环境监测	766	1903	16	180
工程技术与规划管理	767	30947	776	226
其他专业技术服务	769	7330	33	638
科技交流和推广服务业	77	31507	148	177
技术推广服务	771	28466	100	69
科技中介服务	772	1361	45	92
其他科技服务	779	1680	3	16
地质勘查业	78	5543	555	54
矿产地质勘查	781	1866		10
基础地质勘查	782	1922	203	44
地质勘查技术服务	783	1755	352	
水利、环境和公共设施管理业	**N**	**69807**	**2197**	**3442**
水利管理业	79	13959	81	30
防洪管理	791	717	29	
水资源管理	792	10035	52	

雁山区	阳朔县	临桂县	灵川县	全州县	兴安县	永福县
24	253	763	719	232	563	207
	45	313	221	36	27	
9	23	69		12		38
	14	12		12		6
34	**656**	**536**	**423**	**108**	**492**	**294**
		30	6			
		30	6			
34	656	506	417	108	492	294
4	157	137	331	1	80	122
4	10	13	4	37	16	5
10		34		2	7	21
	22	23		2	28	18
1	21	14		1	15	15
	72	64	57	8	218	104
14	295	188	4	2	12	
1	79	33	21	55	116	9
594	**323**	**875**	**411**	**628**	**779**	**333**
451		20		2	3	3
292						
2						
151		20		2	3	3
6						
53	133	303	201	382	380	114
	12	18		21	12	23
	1				2	1
	3	13			18	
30	6	75	20	175	74	11
	6	23	2		28	
23	98	145	132	160	169	58
	7	29	47	26	77	21
90	190	345	160	238	396	210
42	183	331	150	218	336	210
48		5		15	22	
	7	9	10	5	38	
		207	50	6		6
		207		5		6
			50	1		
32	**1496**	**865**	**603**	**333**	**761**	**413**
5	83	147	241	5	199	223
	2	1	1			
5	73	127	232		171	168

1-09 续表42

行业分组	代码	就业人数（人）	象山区	七星区
其他水利管理	799	3207		30
环境管理业	80	33355	819	626
自然保护	801	1823	50	
环境治理	802	31532	769	626
公共设施管理业	81	22493	1297	2786
市政公共设施管理	811	4552	565	215
城市绿化管理	812	4850	312	182
游览景区管理	813	13091	420	2389
居民服务和其他服务业	**O**	**25878**	**1928**	**1380**
居民服务业	82	10484	974	685
家庭服务	821	868	461	32
托儿所	822	167		
洗染服务	823	281	12	4
理发及美容保健服务	824	2031	92	26
洗浴服务	825	1072	279	145
婚姻服务	826	153	7	12
殡葬服务	827	1239		10
摄影扩印服务	828	1484	56	65
其他居民服务	829	3189	67	391
其他服务业	83	15394	954	695
修理与维护	831	7114	291	554
清洁服务	832	4557	478	79
其他未列明的服务	839	3723	185	62
教育	**P**	**591688**	**3611**	**10185**
教育	84	591688	3611	10185
学前教育	841	29633	358	509
初等教育	842	269344	1081	845
中等教育	843	229220	1467	1643
高等教育	844	40258	261	6692
其他教育	849	23233	444	496
卫生、社会保障和社会福利业	**Q**	**211752**	**4485**	**762**
卫生	85	198969	4394	687
医院	851	111332	4027	555
卫生院及社区医疗活动	852	49969	223	52
门诊部医疗活动	853	4710	139	48
计划生育技术服务活动	854	9938		9
妇幼保健活动	855	11346		
专科疾病防治活动	856	1447		
疾病预防控制及防疫活动	857	6966		
其他卫生活动	859	3261	5	23
社会保障业	86	6333	30	
社会保障业	860	6333	30	
社会福利业	87	6450	61	75
提供住宿的社会福利	871	4889	52	73
不提供住宿的社会福利	872	1561	9	2
文化、体育和娱乐业	**R**	**43497**	**1061**	**541**
新闻出版业	88	5962	114	66

雁山区	阳朔县	临桂县	灵川县	全州县	兴安县	永福县
	8	19	8	5	28	55
9	373	578	205	286	248	62
		365				58
9	373	213	205	286	248	4
18	1040	140	157	42	314	128
	3	32	5	10	34	4
18	21	3		22	12	5
	1016	105	152	10	268	119
5	**15**	**451**	**158**	**67**	**86**	**77**
5			143	28	29	26
						19
			120			
					6	
			23	27	15	
5				1	8	7
	15	451	15	39	57	51
		3	15	3	7	3
		440		36	25	
	15	8			25	48
2030	**2898**	**5206**	**3727**	**6358**	**3477**	**2323**
2030	2898	5206	3727	6358	3477	2323
	110	281	359	66	177	76
545	1230	2244	1747	2884	1788	1173
405	1284	2382	1475	3326	1403	987
1059			46		5	
21	274	299	100	82	104	87
96	**1111**	**1127**	**1516**	**1968**	**1954**	**931**
95	1047	1063	1437	1791	1838	856
68	472	514	752	936	284	526
27	274	465	396	388	1270	252
		28	3	15		
	75	26	95		117	32
	192		110	309	115	
	20	22	41	91	52	46
	14	8	40	52		
1	59	52	42	150	63	55
1	59	52	42	150	63	55
	5	12	37	27	53	20
	5	9	36	27	50	20
		3	1		3	
298	**973**	**135**	**205**	**98**	**1437**	**108**
4	11	7		6	5	

1-09 续表43

行业分组	代 码	就业人数（人）		
			象山区	七星区
新闻业	881	229		
出版业	882	5733	114	66
广播、电视、电影和音像业	89	11015	286	2
广播	891	2966	16	2
电视	892	4546	163	
电影	893	3313	98	
音像制作	894	190	9	
文化艺术业	90	13130	295	145
文艺创作与表演	901	4417	35	57
艺术表演场馆	902	1330		3
图书馆与档案馆	903	2308	141	
文物及文化保护	904	473		24
博物馆	905	852	20	41
烈士陵园、纪念馆	906	285	4	
群众文化活动	907	2248	31	8
文化艺术经纪代理	908	367	34	
其他文化艺术	909	850	30	12
体育	91	3233		100
体育组织	911	2305		100
体育场馆	912	570		
其他体育	919	358		
娱乐业	92	10157	366	228
室内娱乐活动	921	5915	317	50
游乐园	922	1189		22
休闲健身娱乐活动	923	1739	43	156
其他娱乐活动	929	1314	6	
公共管理和社会组织	**S**	**570884**	**6238**	**4679**
中国共产党机关	93	22466	163	
中国共产党机关	930	22466	163	
国家机构	94	372979	5104	4154
国家权力机构	941	5451	44	12
国家行政机构	942	343961	4738	2654
人民法院和人民检察院	943	17925	278	339
其他国家机构	949	5642	44	1149
人民政协和民主党派	95	3181	7	
人民政协	951	2591	7	
民主党派	952	590		
群众团体、社会团体和宗教组织	96	66824	661	184
群众团体	961	6796	196	12
社会团体	962	58446	444	159
宗教组织	963	1582	21	13
基层群众自治组织	97	105434	303	341
社区自治组织	971	16656	264	251
村民自治组织	972	88778	39	90

雁山区	阳朔县	临桂县	灵川县	全州县	兴安县	永福县
				6		
4	11	7			5	
1	31	20	87	33	117	18
1	26		42		31	4
			20		61	
	5	20	25	33	25	14
263	895	95	61	59	64	71
	28	1	25	38	27	23
	820		5			
	18	31	7	1	6	7
	3	1	5	19		
			1		17	
					14	
	12	51	18			16
263	14	11		1		25
	4	9	13		10	12
	4		13			6
		9			10	6
30	32	4	44		1241	7
	32		36		12	4
					983	
29		4			246	3
1			8			
1252	**3122**	**4981**	**3834**	**6148**	**4201**	**3455**
81	153	148	100	255	60	192
81	153	148	100	255	60	192
837	2057	3163	3028	4463	2550	2112
16	17		23	368	61	76
768	1931	2993	2899	3908	2370	1929
53	109	102	106	168	119	99
		68		19		8
10	18		18	24		16
10	18		18	24		16
191	369	341	166	239	960	721
182	28	25	37	39	58	55
9	322	316	120	191	902	630
	19		9	9		36
133	525	1329	522	1167	631	414
5	60	32	43	52	39	29
128	465	1297	479	1115	592	385

1-09 续表44

行业分组	代 码	就业人数（人）	灌阳县	龙胜各族自治县
总 计		**4885707**	**13838**	**13733**
农、林、牧、渔业	**A**	**38508**	**839**	
农业	01	21114	228	
谷物及其他作物的种植	011	16377	33	
蔬菜、园艺作物的种植	012	119	6	
水果、坚果、饮料和香料作物的种植	013	4600	171	
中药材的种植	014	18	18	
林业	02	13004	82	
林木的培育和种植	021	12780	82	
木材和竹材的采运	022	224		
林产品的采集	023			
畜牧业	03	3144	88	
牲畜的饲养	031	235		
猪的饲养	032	507	88	
家禽的饲养	033	2326		
狩猎和捕捉动物	034			
其他畜牧业	039	76		
渔业	04	247	5	
海洋渔业	041	51		
内陆渔业	042	196	5	
农、林、牧、渔服务业	05	999	436	
农业服务业	051	453	16	
林业服务业	052			
畜牧服务业	053	420	420	
渔业服务业	054	126		
采矿业	**B**	**97288**	**172**	**1972**
煤炭开采和洗选业	06	17120		
烟煤和无烟煤的开采洗选	061	10600		
褐煤的开采洗选	062	6363		
其他煤炭采选	069	157		
石油和天然气开采业	07	30		
天然原油和天然气开采	071	7		
与石油和天然气开采有关的服务活动	079	23		
黑色金属矿采选业	08	19228		
铁矿采选	081	4428		
其他黑色金属矿采选	089	14800		
有色金属矿采选业	09	29861	90	108
常用有色金属矿采选	091	25864		35
贵金属矿采选	092	2703		73
稀有稀土金属矿采选	093	1294	90	
非金属矿采选业	10	30538	82	1864
土砂石开采	101	19457	50	27
化学矿采选	102	1687		
采盐	103	1416		
石棉及其他非金属矿采选	109	7978	32	1837
其他采矿业	11	511		

资源县	平乐县	荔浦县	恭城县	梧州市	万秀区	蝶山区
11420	**20517**	**35533**	**20414**	**265186**	**34370**	**43029**
	1104		**53**	**47**		
	1066					
	1066					
	14		53	47		
	14		53	47		
	24					
	19					
	5					
866	**1081**	**179**	**1089**	**8485**	**170**	**35**
	784		208	360	90	
			140	174		
	784		68	186	90	
210		123	867	5252		
		123	867	5241		
				6		
210				5		
656	297	56	14	2873	80	35
76	297	56	14	2719	40	35
				10		
580				144	40	

1-09 续表45

行业分组	代码	就业人数（人）	灌阳县	龙胜各族自治县
其他采矿业	110	511		
制造业	**C**	**1377307**	**2480**	**1834**
农副食品加工业	13	139046	390	57
谷物磨制	131	4612	10	
饲料加工	132	14717		
植物油加工	133	3632	152	
制糖	134	79341		
屠宰及肉类加工	135	9355	97	27
水产品加工	136	7236		
蔬菜、水果和坚果加工	137	3907	10	28
其他农副食品加工	139	16246	121	2
食品制造业	14	37056	104	
焙烤食品制造	141	7223		
糖果、巧克力及蜜饯制造	142	1865		
方便食品制造	143	4955	96	
液体乳及乳制品制造	144	2991		
罐头制造	145	7981		
调味品、发酵制品制造	146	2626		
其他食品制造	149	9415	8	
饮料制造业	15	36286	64	85
酒精制造	151	3936		
酒的制造	152	12755	16	
软饮料制造	153	14148	48	5
精制茶加工	154	5447		80
烟草制品业	16	4315		
烟叶复烤	161	515		
卷烟制造	162	3800		
其他烟草制品加工	169			
纺织业	17	69393		
棉、化纤纺织及印染精加工	171	18434		
毛纺织和染整精加工	172	4512		
麻纺织	173	1312		
丝绢纺织及精加工	174	19769		
纺织制成品制造	175	5096		
针织品、编织品及其制品制造	176	20270		
纺织服装、鞋、帽制造业	18	21831		
纺织服装制造	181	21326		
纺织面料鞋的制造	182	357		
制帽	183	148		
皮革、毛皮、羽毛(绒)及其制品业	19	30570		
皮革鞣制加工	191	4591		
皮革制品制造	192	22289		
毛皮鞣制及制品加工	193	236		
羽毛(绒)加工及制品制造	194	3454		
木材加工及木、竹、藤、棕、草制品业	20	102422	344	688
锯材、木片加工	201	20868	34	115
人造板制造	202	35685	310	537

资源县	平乐县	荔浦县	恭城县	梧州市	万秀区	蝶山区
1656	**4700**	**21443**	**3209**	**81854**	**15111**	**11805**
43	785	447	100	3049	1366	42
				54		11
				367		
			12	80	11	
				285		
43	89	30		1620	1333	19
	546		80	99		3
	150	417	8	544	22	9
17	23	714	170	1509	444	407
	5	103	44	353	32	199
				111	59	23
	12	94		33	15	7
17		231		670	126	158
		49	6	54		12
	6	237	120	288	212	8
49	52	2772	95	1367	840	376
	9	19		309	27	246
29	40	2753	95	844	731	30
20	3			214	82	100
	217	285		6076	827	597
		8		635	8	
				667	547	
	60	169		906		166
	137	8		684	272	412
	20	100		3184		19
	2			2439	1700	90
	2			2436	1700	87
				3		3
	28		220	1044	280	52
	28			444		
			220	600	280	52
504	252	9383	249	6242	838	586
48	23	150	25	1392	341	
137	172	117	129	2859	254	573

1-09 续表46

行业分组	代码	就业人数（人）	
		灌阳县	龙胜各族自治县
木制品制造	203	23965		35
竹、藤、棕、草制品制造	204	21904		1
家具制造业	21	11154		
木质家具制造	211	7944		
竹、藤家具制造	212	1607		
金属家具制造	213	182		
塑料家具制造	214	426		
其他家具制造	219	995		
造纸及纸制品业	22	46989		32
纸浆制造	221	6323		
造纸	222	25536		8
纸制品制造	223	15130		24
印刷业和记录媒介的复制	23	20703	5	3
印刷	231	18279	5	3
装订及其他印刷服务活动	232	1197		
记录媒介的复制	233	1227		
文教体育用品制造业	24	7672		33
文化用品制造	241	853		33
体育用品制造	242	541		
乐器制造	243	25		
玩具制造	244	6090		
游艺器材及娱乐用品制造	245	163		
石油加工、炼焦及核燃料加工业	25	2975		
精炼石油产品的制造	251	2843		
炼焦	252	132		
核燃料加工	253			
化学原料及化学制品制造业	26	106808	76	34
基础化学原料制造	261	16506		
肥料制造	262	24164		
农药制造	263	6507		
涂料、油墨、颜料及类似产品制造	264	6725		
合成材料制造	265	2687		
专用化学产品制造	266	39883	76	9
日用化学产品制造	267	10336		25
医药制造业	27	35814		
化学药品原药制造	271	1573		
化学药品制剂制造	272	6957		
中药饮片加工	273	2133		
中成药制造	274	18808		
兽用药品制造	275	3419		
生物、生化制品的制造	276	2163		
卫生材料及医药用品制造	277	761		
化学纤维制造业	28	577		
纤维素纤维原料及纤维制造	281	16		
合成纤维制造	282	561		
橡胶制品业	29	8323		
轮胎制造	291	2537		

资源县	平乐县	荔浦县	恭城县	梧州市	万秀区	蝶山区
70	47	9088	68	1275	193	13
249	10	28	27	716	50	
	22	502	8	635	67	269
	20	502	8	360	67	9
				260		260
	2			15		
1	388	1097	198	1366	401	68
1	168	700	86	752	61	
	220	397	112	614	340	68
16	48	178	6	678	191	328
	48	178		551	145	247
16			6	127	46	81
				1862	30	1600
				222	30	
				1632		1600
				8		
				53	38	15
				53	38	15
248	789	384	138	12769	1603	727
	8		53	879	13	338
		10	35	266	71	4
	310	18				
	62	93		2471		235
1				97		
247	390	263	10	7181	281	89
	19		40	1875	1238	61
17	96	310		2337	456	348
				407	329	72
17		20		174	59	24
	96	253		1686	68	252
		20		70		
		17				
				60		
				60		
		12		153	8	114

1-09 续表47

行业分组	代码	就业人数（人）	
		灌阳县	龙胜各族自治县
橡胶板、管、带的制造	292	1435	
橡胶零件制造	293	526	
再生橡胶制造	294	325	
日用及医用橡胶制品制造	295	1756	
橡胶靴鞋制造	296	209	
其他橡胶制品制造	299	1535	
塑料制品业	30	29374	2	
塑料薄膜制造	301	2770		
塑料板、管、型材的制造	302	3688		
塑料丝、绳及编织品的制造	303	12078		
泡沫塑料制造	304	650		
塑料人造革、合成革制造	305	96		
塑料包装箱及容器制造	306	3067		
塑料零件制造	307	558		
日用塑料制造	308	2903		
其他塑料制品制造	309	3564	2	
非金属矿物制品业	31	206772	831	564
水泥、石灰和石膏的制造	311	55704	332	41
水泥及石膏制品制造	312	13049	11	4
砖瓦、石材及其他建筑材料制造	313	76113	488	77
玻璃及玻璃制品制造	314	9124		
陶瓷制品制造	315	44212		
耐火材料制品制造	316	1524		
石墨及其他非金属矿物制品制造	319	7046		442
黑色金属冶炼及压延加工业	32	58957	488	228
炼铁	321	3019		
炼钢	322	3419		
钢压延加工	323	25975		
铁合金冶炼	324	26544	488	228
有色金属冶炼及压延加工业	33	63865	115	14
常用有色金属冶炼	331	53566	83	14
贵金属冶炼	332	679		
稀有稀土金属冶炼	333	1868		
有色金属合金制造	334	353		
有色金属压延加工	335	7399	32	
金属制品业	34	24817		
结构性金属制品制造	341	8354		
金属工具制造	342	2335		
集装箱及金属包装容器制造	343	1264		
金属丝绳及其制品的制造	344	692		
建筑、安全用金属制品制造	345	1382		
金属表面处理及热处理加工	346	995		
搪瓷制品制造	347	193		
不锈钢及类似日用金属制品制造	348	6928		
其他金属制品制造	349	2674		
通用设备制造业	35	46883	18	
锅炉及原动机制造	351	7814		

资源县	平乐县	荔浦县	恭城县	梧州市	万秀区	蝶山区
				28		
				3		
				101		101
		12		21	8	13
	64	308	92	1567	699	113
			92	159	86	6
		10		477	435	
				119	21	8
		113		10		10
				7		
	53			139	85	
				188		8
	11	80		243	34	36
		105		225	38	45
309	1114	908	498	10255	540	778
88	165	69	171	1300	36	
	5	13	50	561		103
101	901	826	249	7270	367	271
				700	137	404
				198		
				10		
120	43		28	216		
426	284	76	264	4066	40	138
				338		
	284		38	3353		138
426		76	226	375	40	
	17		686	1399	106	139
			548	459		42
			138			
				13		
	17			927	106	97
	42	3462	56	2330	476	636
	42		26	247	6	89
		160	30	473	304	39
		29		324		304
		4		195		176
				75	4	18
				6		
		3213		257	57	
		56		753	105	10
26	193			3978	1694	1375
				579	71	292

1-09 续表48

行业分组	代码	就业人数（人）	灌阳县	龙胜各族自治县
金属加工机械制造	352	11183		
起重运输设备制造	353	3131		
泵、阀门、压缩机及类似机械的制造	354	3248	18	
轴承、齿轮、传动和驱动部件的制造	355	2569		
烘炉、熔炉及电炉制造	356	138		
风机、衡器、包装设备等通用设备制造	357	3179		
通用零部件制造及机械修理	358	6352		
金属铸、锻加工	359	9269		
专用设备制造业	36	42616	43	56
矿山、冶金、建筑专用设备制造	361	17485	43	
化工、木材、非金属加工专用设备制造	362	5749		2
食品、饮料、烟草及饲料生产专用设备制造	363	3145		
印刷、制药、日化生产专用设备制造	364	1706		
纺织、服装和皮革工业专用设备制造	365	82		
电子和电工机械专用设备制造	366	791		
农、林、牧、渔专用机械制造	367	8879		54
医疗仪器设备及器械制造	368	2303		
环保、社会公共安全及其他专用设备制造	369	2476		
交通运输设备制造业	37	101744		
铁路运输设备制造	371	6267		
汽车制造	372	86855		
摩托车制造	373	210		
自行车制造	374	585		
船舶及浮动装置制造	375	6647		
航空航天器制造	376	917		
交通器材及其他交通运输设备制造	379	263		
电气机械及器材制造业	39	33441		10
电机制造	391	2925		
输配电及控制设备制造	392	14763		
电线、电缆、光缆及电工器材制造	393	6285		
电池制造	394	4102		
家用电力器具制造	395	2232		
非电力家用器具制造	396	461		
照明器具制造	397	1610		
其他电气机械及器材制造	399	1063		10
通信设备、计算机及其他电子设备制造业	40	35067		
通信设备制造	401	6739		
雷达及配套设备制造	402	946		
广播电视设备制造	403	517		
电子计算机制造	404	4733		
电子器件制造	405	1058		
电子元件制造	406	15026		
家用视听设备制造	407	4289		
其他电子设备制造	409	1759		
仪器仪表及文化、办公用机械制造业	41	6151		
通用仪器仪表制造	411	2846		
专用仪器仪表制造	412	547		

资源县	平乐县	荔浦县	恭城县	梧州市	万秀区	蝶山区
				524	50	474
				1131	864	267
	3			142		22
				113	36	77
	4			110	28	57
26	186			1379	645	186
	31	151	194	859	65	234
				219	40	111
	31	45		308		84
				70		30
				4		
				31	10	9
		106	194	185	15	
				42		
	6	115	12	2568	1251	260
	6	115	12	331		159
				2237	1251	101
				4517	108	1820
				206	13	193
				909		70
				147	30	7
				1828	65	1513
				1114		
				229		18
				84		19
	25	9	150	4059	322	57
				62	62	
	25		150	3797	110	22
		9				
				200	150	35
				508	66	212
				26		26
				45	45	

1-09 续表49

行业分组	代码	就业人数（人）	
		灌阳县	龙胜各族自治县
钟表与计时仪器制造	413	968	
光学仪器及眼镜制造	414	1548	
文化、办公用机械制造	415	139	
其他仪器仪表的制造及修理	419	103	
工艺品及其他制造业	42	43408	30
工艺美术品制造	421	38075	30
日用杂品制造	422	3794	
煤制品制造	423	145	
核辐射加工	424	32	
其他未列明的制造业	429	1362	
废弃资源和废旧材料回收加工业	43	2278	
金属废料和碎屑的加工处理	431	1589	
非金属废料和碎屑的加工处理	432	689	
电力、燃气及水的生产和供应业	**D**	**165716**	**1557**	**1717**
电力、热力的生产和供应业	44	146330	1507	1690
电力生产	441	46403	1200	1456
电力供应	442	98664	307	234
热力生产和供应	443	1263		
燃气生产和供应业	45	1476		
燃气生产和供应业	450	1476		
水的生产和供应业	46	17910	50	27
自来水的生产和供应	461	17435	50	27
污水处理及其再生利用	462	440		
其他水的处理、利用与分配	469	35		
建筑业	**E**	**544190**	**281**	**589**
房屋和土木工程建筑业	47	440787	281	573
房屋工程建筑	471	349235	281	420
土木工程建筑	472	91552		153
建筑安装业	48	36567		
建筑安装业	480	36567		
建筑装饰业	49	10801		16
建筑装饰业	490	10801		16
其他建筑业	50	56035		
工程准备	501	3173		
提供施工设备服务	502	49379		
其他未列明的建筑活动	509	3483		
交通运输、仓储和邮政业	**F**	**195608**	**364**	**162**
铁路运输业	51	1214		
铁路旅客运输	511	31		
铁路货物运输	512	244		
铁路运输辅助活动	513	939		
道路运输业	52	97709	311	104
公路旅客运输	521	36607	311	
道路货物运输	522	38580		18
道路运输辅助活动	523	22522		86
城市公共交通业	53	24776	53	40

资源县	平乐县	荔浦县	恭城县	梧州市	万秀区	蝶山区
				15		
				416	15	186
				6	6	
	222	306	73	3202	655	402
	222	298	73	1696	214	358
				1486	441	38
		8		14		6
				6		
		24		907		22
				897		22
		24		10		
1479	**669**	**742**	**903**	**9009**	**29**	**1763**
1426	600	607	831	7640		1707
1201	334	214	495	3211		4
225	266	393	336	4416		1703
				13		
	8			85	24	43
	8			85	24	43
53	61	135	72	1284	5	13
53	61	135	72	1284	5	13
268	**665**	**1126**	**1212**	**23043**	**199**	**7613**
266	665	1025	1197	22488	181	7310
266	558	1025	1197	19240	181	5862
	107			3248		1448
2				180	3	116
2				180	3	116
		99	15	319	15	187
		99	15	319	15	187
		2		56		
				30		
		2		21		
				5		
222	**802**	**106**	**143**	**8459**	**1963**	**1359**
195	648	96	74	3127	642	256
195	498	10	35	1603	211	
		29		601	255	254
	150	57	39	923	176	2
27		10	69	1436	224	917

1-09 续表50

行业分组	代码	就业人数（人）	
		灌阳县	龙胜各族自治县
公共电汽车客运	531	19057		
轨道交通	532			
出租车客运	533	5071	53	
城市轮渡	534			
其他城市公共交通	539	648		40
水上运输业	54	18628		
水上旅客运输	541	2669		
水上货物运输	542	12353		
水上运输辅助活动	543	3606		
航空运输业	55	2712		
航空客货运输	551	1626		
通用航空服务	552	319		
航空运输辅助活动	553	767		
管道运输业	56			
管道运输业	560			
装卸搬运和其他运输服务业	57	24199		
装卸搬运	571	16504		
运输代理服务	572	7695		
仓储业	58	9105		18
谷物、棉花等农产品仓储	581	3903		18
其他仓储	589	5202		
邮政业	59	17265		
国家邮政	591	15966		
其他寄递服务	599	1299		
信息传输、计算机服务和软件业	**G**	**68070**	**150**	**54**
电信和其他信息传输服务业	60	43237	52	21
电信	601	28898		
互联网信息服务	602	8687		21
广播电视传输服务	603	5597	52	
卫星传输服务	604	55		
计算机服务业	61	21548	98	33
计算机系统服务	611	2226		
数据处理	612	369		
计算机维修	613	313		
其他计算机服务	619	18640	98	33
软件业	62	3285		
公共软件服务	621	2469		
其他软件服务	629	816		
批发和零售业	**H**	**308143**	**347**	**602**
批发业	63	163985	309	227
农畜产品批发	631	9905	129	1
食品、饮料及烟草制品批发	632	22426	24	5
纺织、服装及日用品批发	633	7233		
文化、体育用品及器材批发	634	4204	15	
医药及医疗器材批发	635	9963	25	3
矿产品、建材及化工产品批发	636	62226	93	201

资源县	平乐县	荔浦县	恭城县	梧州市	万秀区	蝶山区
				1100		917
27		10	69	336	224	
	149			2054	683	67
	94			330		
	55			914	136	50
				810	547	17
				98		
				98		
	1			637	374	113
	1			217	10	113
				420	364	
	4			71	30	
	4			22		
				49	30	
				1036	10	6
				1004		
				32	10	6
134	**135**	**150**	**84**	**3281**	**526**	**250**
94	135	94		2225	387	4
				1895	363	
74	115	76		137	20	4
20	20	18		178	4	
				15		
40		56	84	1017	139	224
				52	10	19
				25		7
40		56	84	940	129	198
				39		22
				29		12
				10		10
697	**400**	**753**	**541**	**14236**	**2712**	**2209**
367	198	251	297	8310	1789	1387
32	3	4	70	615	143	20
6	68	10	26	1451	282	165
5		1	62	395	61	31
11	18	28		334	58	146
46	2	54	36	626	145	153
267	69	124	103	2502	410	240

1-09 续表51

行业分组	代 码	就业人数（人）		
			灌阳县	龙胜各族自治县
机械设备、五金交电及电子产品批发	637	30361	17	17
贸易经纪与代理	638	7503		
其他批发	639	10164	6	
零售业	65	144158	38	375
综合零售	651	44824		182
食品、饮料及烟草制品专门零售	652	13090		65
纺织、服装及日用品专门零售	653	8610		
文化、体育用品及器材专门零售	654	6495		21
医药及医疗器材专门零售	655	11407		52
汽车、摩托车、燃料及零配件专门零售	656	21263	15	18
家用电器及电子产品专门零售	657	20368		15
五金、家具及室内装修材料专门零售	658	8121		
无店铺及其他零售	659	9980	23	22
住宿和餐饮业	**I**	**98329**	**52**	**468**
住宿业	66	62050	52	412
旅游饭店	661	44956	52	380
一般旅馆	662	15844		32
其他住宿服务	669	1250		
餐饮业	67	36279		56
正餐服务	671	29407		56
快餐服务	672	4318		
饮料及冷饮服务	673	446		
其他餐饮服务	679	2108		
金融业	**J**	**112287**	**140**	**130**
银行业	68	65646	140	128
中央银行	681	2828		
商业银行	682	61073	140	128
其他银行	689	1745		
证券业	69	899		
证券市场管理	691	34		
证券经纪与交易	692	846		
证券投资	693	4		
证券分析与咨询	694	15		
保险业	70	42293		2
人寿保险	701	31890		
非人寿保险	702	10018		2
保险辅助服务	703	385		
其他金融活动	71	3449		
金融信托与管理	711	231		
金融租赁	712	18		
财务公司	713	54		
邮政储蓄	714	1895		
典当	715	362		
其他未列明的金融活动	719	889		
房地产业	**K**	**118213**	**70**	**51**
房地产业	72	118213	70	51

资源县	平乐县	荔浦县	恭城县	梧州市	万秀区	蝶山区
		17		1128	449	295
	28			352	56	6
	10	13		907	185	331
330	202	502	244	5926	923	822
317	26	65	193	1884	287	8
7		72	12	278	62	16
	4	8		160	125	21
		8	27	373	46	49
	106	7		698		345
6	47	104	8	1324	162	65
	15	83		549	97	245
		77		302	43	62
	4	78	4	358	101	11
15	**71**	**406**	**178**	**4432**	**1294**	**598**
15	71	336	111	2287	617	281
5	56	284	34	1213	471	67
10	15	52	77	987	80	193
				87	66	21
		70	67	2145	677	317
		70	67	1836	410	295
				20		20
				2		2
				287	267	
127	**199**	**222**	**192**	**7734**	**365**	**2770**
127	199	222	192	3671	178	2374
				229		229
127	199	222	192	3442	178	2145
				3726	187	394
				3170	148	121
				556	39	273
				337		2
				9		
				258		
				9		
				61		2
107	**265**	**337**	**127**	**6001**	**805**	**1873**
107	265	337	127	6001	805	1873

1-09 续表52

行业分组	代码	就业人数（人）	灌阳县	龙胜各族自治县
房地产开发经营	721	59730	70	34
物业管理	722	40344		
房地产中介服务	723	7740		2
其他房地产活动	729	10399		15
租赁和商务服务业	**L**	**142800**	**274**	**103**
租赁业	73	2865		
机械设备租赁	731	2711		
文化及日用品出租	732	154		
商务服务业	74	139935	274	103
企业管理服务	741	52613	60	25
法律服务	742	4379		4
咨询与调查	743	11128		2
广告业	744	10561		
知识产权服务	745	275		
职业中介服务	746	6346	6	8
市场管理	747	17703	53	28
旅行社	748	9793	155	31
其他商务服务	749	27137		5
科学研究、技术服务和地质勘查业	**M**	**105742**	**147**	**440**
研究与试验发展	75	13710		3
自然科学研究与试验发展	751	1045		1
工程和技术研究与试验发展	752	1680		
农业科学研究与试验发展	753	7078		
医学研究与试验发展	754	1935		
社会人文科学研究与试验发展	755	1972		2
专业技术服务业	76	54982	28	193
气象服务	761	2525	6	11
地震服务	762	497		45
海洋服务	763	30		
测绘服务	764	3571		4
技术检测	765	8179	7	50
环境监测	766	1903		4
工程技术与规划管理	767	30947	15	75
其他专业技术服务	769	7330		4
科技交流和推广服务业	77	31507	119	244
技术推广服务	771	28466	119	210
科技中介服务	772	1361		34
其他科技服务	779	1680		
地质勘查业	78	5543		
矿产地质勘查	781	1866		
基础地质勘查	782	1922		
地质勘查技术服务	783	1755		
水利、环境和公共设施管理业	**N**	**69807**	**94**	**319**
水利管理业	79	13959	24	7
防洪管理	791	717		5
水资源管理	792	10035	24	2

资源县	平乐县	荔浦县	恭城县	梧州市	万秀区	蝶山区
86	242	325	102	2807	359	823
21	14	12	25	2428	404	577
	9			175	42	27
				591		446
246	**298**	**372**		**4224**	**1120**	**714**
				67	21	15
				46		15
				21	21	
246	298	372		4157	1099	699
37	193	159		1464	407	75
6	9	10		215	43	48
	6	15		236	91	64
4	6	8		347	51	161
				41	38	3
	9	17		289	9	194
34	67			737	113	
150	8	151		213	155	36
15		12		615	192	118
323	**237**	**120**	**38**	**4578**	**441**	**1480**
	17	28		460	12	192
				88		55
				111	12	30
	17	28		172		44
				38		38
				51		25
109	107	24	26	2745	388	1146
9	11	7	8	130		102
				13		
	5			114		24
	52		10	492	31	76
			8	196		72
7	36	17		1684	292	864
93	3			116	65	8
214	113	68	12	1364	41	142
144	104	45		1215	11	114
	2			66	2	28
70	7	23	12	83	28	
				9		
				9		
161	**284**	**751**	**187**	**3878**	**148**	**1680**
	173	5	68	971		83
				99		61
	173	5	68	777		12

1–09 续表53

行业分组	代码	就业人数（人）	灌阳县	龙胜各族自治县
其他水利管理	799	3207		
环境管理业	80	33355	70	74
自然保护	801	1823		
环境治理	802	31532	70	74
公共设施管理业	81	22493		238
市政公共设施管理	811	4552		6
城市绿化管理	812	4850		
游览景区管理	813	13091		232
居民服务和其他服务业	**O**	**25878**		**78**
居民服务业	82	10484		22
家庭服务	821	868		
托儿所	822	167		22
洗染服务	823	281		
理发及美容保健服务	824	2031		
洗浴服务	825	1072		
婚姻服务	826	153		
殡葬服务	827	1239		
摄影扩印服务	828	1484		
其他居民服务	829	3189		
其他服务业	83	15394		56
修理与维护	831	7114		15
清洁服务	832	4557		39
其他未列明的服务	839	3723		2
教育	**P**	**591688**	**2657**	**1704**
教育	84	591688	2657	1704
学前教育	841	29633	47	95
初等教育	842	269344	1418	882
中等教育	843	229220	1135	686
高等教育	844	40258		
其他教育	849	23233	57	41
卫生、社会保障和社会福利业	**Q**	**211752**	**783**	**732**
卫生	85	198969	734	690
医院	851	111332	359	341
卫生院及社区医疗活动	852	49969	308	187
门诊部医疗活动	853	4710		
计划生育技术服务活动	854	9938		59
妇幼保健活动	855	11346	24	64
专科疾病防治活动	856	1447		
疾病预防控制及防疫活动	857	6966	43	39
其他卫生活动	859	3261		
社会保障业	86	6333	49	36
社会保障业	860	6333	49	36
社会福利业	87	6450		6
提供住宿的社会福利	871	4889		
不提供住宿的社会福利	872	1561		6
文化、体育和娱乐业	**R**	**43497**	**64**	**91**
新闻出版业	88	5962		

资源县	平乐县	荔浦县	恭城县	梧州市	万秀区	蝶山区
				95		10
138	94	342	119	1949	32	1299
		48		28		
138	94	294	119	1921	32	1299
23	17	404		958	116	298
	10			100		45
	7	26		258		133
23		378		600	116	120
6	**141**	**34**	**42**	**1150**	**568**	**302**
2	88			555	266	154
				38	20	18
				7		
2				96	26	13
	65			56		
				3		
	23			93		89
				43	20	16
				219	200	18
4	53	34	42	595	302	148
4	16	18	10	409	256	57
	37	16		161	27	91
			32	25	19	
1663	**3691**	**3357**	**2905**	**36261**	**2261**	**3674**
1663	3691	3357	2905	36261	2261	3674
61	113	69	35	2223	268	516
838	1808	1891	1984	17955	966	819
731	1725	1340	718	14227	862	1352
			61	903		892
33	45	57	107	953	165	95
584	**1486**	**1398**	**1075**	**11865**	**2791**	**1962**
584	1414	1315	901	11081	2776	1703
239	705	720	461	6991	2646	1637
228	445	353	335	2729	58	44
	10	21		98	47	
25		90		344	9	7
42	98	88	49	327		
				96		
24	97	43	39	324		
26	59		17	172	16	15
	21	47	41	333		
	21	47	41	333		
	51	36	133	451	15	259
	45	25	133	374	15	238
	6	11		77		21
38	**99**	**157**	**25**	**1837**	**413**	**415**
			7	162	10	

1-09 续表54

行业分组	代码	就业人数（人）	灌阳县	龙胜各族自治县
新闻业	881	229		
出版业	882	5733		
广播、电视、电影和音像业	89	11015	13	3
广播	891	2966		
电视	892	4546		
电影	893	3313	13	3
音像制作	894	190		
文化艺术业	90	13130	51	58
文艺创作与表演	901	4417	20	26
艺术表演场馆	902	1330		
图书馆与档案馆	903	2308	6	23
文物及文化保护	904	473	7	3
博物馆	905	852		
烈士陵园、纪念馆	906	285		
群众文化活动	907	2248	13	6
文化艺术经纪代理	908	367		
其他文化艺术	909	850	5	
体育	91	3233		2
体育组织	911	2305		
体育场馆	912	570		
其他体育	919	358		2
娱乐业	92	10157		28
室内娱乐活动	921	5915		12
游乐园	922	1189		
休闲健身娱乐活动	923	1739		
其他娱乐活动	929	1314		16
公共管理和社会组织	**S**	**570884**	**3367**	**2687**
中国共产党机关	93	22466	155	127
中国共产党机关	930	22466	155	127
国家机构	94	372979	2101	1927
国家权力机构	941	5451	26	16
国家行政机构	942	343961	1987	1817
人民法院和人民检察院	943	17925	88	94
其他国家机构	949	5642		
人民政协和民主党派	95	3181	27	16
人民政协	951	2591	27	16
民主党派	952	590		
群众团体、社会团体和宗教组织	96	66824	110	94
群众团体	961	6796	38	29
社会团体	962	58446	48	43
宗教组织	963	1582	24	22
基层群众自治组织	97	105434	974	523
社区自治组织	971	16656	12	24
村民自治组织	972	88778	962	499

资源县	平乐县	荔浦县	恭城县	梧州市	万秀区	蝶山区
				5		
			7	157	10	
31	20	62	18	522	39	85
10	14	4		141		30
14	1	24		212		
7	5	34	18	146	39	55
				23		
5	75	52		646	207	83
	27	19		165	73	46
				21		
	18	17		102	32	3
	7	16		21	7	
				29	17	5
5	23			224	22	21
				42	42	
				42	14	8
2	4	5		116	34	63
		5		45	33	6
				57		57
2	4			14	1	
		38		391	123	184
		28		273	44	167
				11		11
		10		31	9	
				76	70	6
2828	**4190**	**3880**	**8411**	**34812**	**3454**	**2527**
161	159	177	177	1213	4	68
161	159	177	177	1213	4	68
2103	2876	2745	2549	20846	2784	1566
68	21	101	4	245		12
1951	2727	2541	2446	19253	2423	1511
84	119	103	99	1060	236	43
	9			288	125	
14	14	19		163		45
14	14	19		123		11
				40		34
36	471	310	5130	6002	437	575
15	27	37	17	280	9	22
21	436	260	5113	5657	363	553
	8	13		65	65	
514	670	629	555	6588	229	273
6	36	97	27	812	147	169
508	634	532	528	5776	82	104

1-09 续表55

行业分组	代码	就业人数（人）		
			长洲区	苍梧县
总 计		**4885707**	**45264**	**32936**
农、林、牧、渔业	**A**	**38508**		**47**
农业	01	21114		
谷物及其他作物的种植	011	16377		
蔬菜、园艺作物的种植	012	119		
水果、坚果、饮料和香料作物的种植	013	4600		
中药材的种植	014	18		
林业	02	13004		47
林木的培育和种植	021	12780		47
木材和竹材的采运	022	224		
林产品的采集	023			
畜牧业	03	3144		
牲畜的饲养	031	235		
猪的饲养	032	507		
家禽的饲养	033	2326		
狩猎和捕捉动物	034			
其他畜牧业	039	76		
渔业	04	247		
海洋渔业	041	51		
内陆渔业	042	196		
农、林、牧、渔服务业	05	999		
农业服务业	051	453		
林业服务业	052			
畜牧服务业	053	420		
渔业服务业	054	126		
采矿业	**B**	**97288**	**96**	**2538**
煤炭开采和洗选业	06	17120		
烟煤和无烟煤的开采洗选	061	10600		
褐煤的开采洗选	062	6363		
其他煤炭采选	069	157		
石油和天然气开采业	07	30		
天然原油和天然气开采	071	7		
与石油和天然气开采有关的服务活动	079	23		
黑色金属矿采选业	08	19228		174
铁矿采选	081	4428		174
其他黑色金属矿采选	089	14800		
有色金属矿采选业	09	29861		2063
常用有色金属矿采选	091	25864		2063
贵金属矿采选	092	2703		
稀有稀土金属矿采选	093	1294		
非金属矿采选业	10	30538	96	301
土砂石开采	101	19457	96	291
化学矿采选	102	1687		10
采盐	103	1416		
石棉及其他非金属矿采选	109	7978		
其他采矿业	11	511		

藤县	蒙山县	岑溪市	北海市	海城区	银海区	铁山港区
43125	**13186**	**53276**	**190572**	**93033**	**18164**	**14406**
			1942	**4**	**12**	
			164		12	
			19		12	
			17			
			128			
			982			
			971			
			11			
			717			
			146			
			323			
			188			
			60			
			79	4		
			51			
			28	4		
2827	**1300**	**1519**	**2286**		**219**	**485**
96			69			
			68			
96			1			
1297	1290	602				
1286	1290	602				
6						
5						
1434	10	917	2194		219	472
1340		917	1275		197	34
			714			268
94	10		205		22	170
			23			13

1–09 续表56

行业分组	代　码	就业人数（人）	长洲区	苍梧县
其他采矿业	110	511		
制造业	**C**	**1377307**	**10770**	**8371**
农副食品加工业	13	139046	58	155
谷物磨制	131	4612		
饲料加工	132	14717	16	26
植物油加工	133	3632		
制糖	134	79341		
屠宰及肉类加工	135	9355	42	32
水产品加工	136	7236		
蔬菜、水果和坚果加工	137	3907		
其他农副食品加工	139	16246		97
食品制造业	14	37056	410	58
焙烤食品制造	141	7223	29	53
糖果、巧克力及蜜饯制造	142	1865	6	
方便食品制造	143	4955		5
液体乳及乳制品制造	144	2991		
罐头制造	145	7981	375	
调味品、发酵制品制造	146	2626		
其他食品制造	149	9415		
饮料制造业	15	36286	59	57
酒精制造	151	3936		
酒的制造	152	12755	15	15
软饮料制造	153	14148	26	42
精制茶加工	154	5447	18	
烟草制品业	16	4315		
烟叶复烤	161	515		
卷烟制造	162	3800		
其他烟草制品加工	169			
纺织业	17	69393	616	
棉、化纤纺织及印染精加工	171	18434	417	
毛纺织和染整精加工	172	4512		
麻纺织	173	1312		
丝绢纺织及精加工	174	19769		
纺织制成品制造	175	5096		
针织品、编织品及其制品制造	176	20270	199	
纺织服装、鞋、帽制造业	18	21831	78	75
纺织服装制造	181	21326	78	75
纺织面料鞋的制造	182	357		
制帽	183	148		
皮革、毛皮、羽毛(绒)及其制品业	19	30570	181	238
皮革鞣制加工	191	4591		225
皮革制品制造	192	22289	181	13
毛皮鞣制及制品加工	193	236		
羽毛(绒)加工及制品制造	194	3454		
木材加工及木、竹、藤、棕、草制品业	20	102422	123	529
锯材、木片加工	201	20868	98	131
人造板制造	202	35685		

藤县	蒙山县	岑溪市	北海市	海城区	银海区	铁山港区
			23			13
11009	**4197**	**20591**	**62925**	**24607**	**7368**	**8822**
270	699	459	11616	3891	2422	944
15	18	10	31			
25		300	1454	336		8
46	8	15	164			
	285		3130		691	854
	194		667	116	155	
			5585	3399	1565	56
72	24		230			
112	170	134	355	40	11	26
134	37	19	2004	591	888	92
20	20		148	19	17	62
23			54	3		
	6		157	72	4	30
			54	48	6	
		11	233	1	12	
31	3	8	205	191		
60	8		1153	257	849	
24	11		1808	60	185	58
			891			58
	6		263	5		
10	5		654	55	185	
14						
			10	10		
			10	10		
329	1334	2373	3323	922	1111	40
		210	485	324	5	
120			40			40
			271			
	740		685			
			903	101	714	
209	594	2163	939	497	392	
171		325	86	79		
171		325	86	79		
74		219	2647	785		16
		219	1153			
74			1381	785		16
			90			
			23			
1725	602	1839	6685	83	250	5154
427	136	259	564		35	32
1036	347	649	847	2	170	

1-09 续表57

行业分组	代 码	就业人数（人）	长洲区	苍梧县
木制品制造	203	23965	25	205
竹、藤、棕、草制品制造	204	21904		193
家具制造业	21	11154	2	
木质家具制造	211	7944	2	
竹、藤家具制造	212	1607		
金属家具制造	213	182		
塑料家具制造	214	426		
其他家具制造	219	995		
造纸及纸制品业	22	46989	27	177
纸浆制造	221	6323		
造纸	222	25536		120
纸制品制造	223	15130	27	57
印刷业和记录媒介的复制	23	20703	82	22
印刷	231	18279	82	22
装订及其他印刷服务活动	232	1197		
记录媒介的复制	233	1227		
文教体育用品制造业	24	7672	54	46
文化用品制造	241	853	46	46
体育用品制造	242	541		
乐器制造	243	25		
玩具制造	244	6090		
游艺器材及娱乐用品制造	245	163	8	
石油加工、炼焦及核燃料加工业	25	2975		
精炼石油产品的制造	251	2843		
炼焦	252	132		
核燃料加工	253			
化学原料及化学制品制造业	26	106808	1037	1109
基础化学原料制造	261	16506		115
肥料制造	262	24164		18
农药制造	263	6507		
涂料、油墨、颜料及类似产品制造	264	6725		507
合成材料制造	265	2687		
专用化学产品制造	266	39883	541	462
日用化学产品制造	267	10336	496	7
医药制造业	27	35814	1032	114
化学药品原药制造	271	1573		
化学药品制剂制造	272	6957		
中药饮片加工	273	2133		12
中成药制造	274	18808	1032	102
兽用药品制造	275	3419		
生物、生化制品的制造	276	2163		
卫生材料及医药用品制造	277	761		
化学纤维制造业	28	577	60	
纤维素纤维原料及纤维制造	281	16		
合成纤维制造	282	561	60	
橡胶制品业	29	8323	28	3
轮胎制造	291	2537		

藤县	蒙山县	岑溪市	北海市	海城区	银海区	铁山港区
208	21	610	5248	81	45	5122
54	98	321	26			
5		292	251	146	53	
5		277	230	146	53	
		15	21			
51	166	476	594	136		
			26			
51	166	354	377	94		
		122	191	42		
26	21	8	996	544	46	25
26	21	8	953	541	6	25
			43	3	40	
32		100	479	380	59	30
		100	29		19	
			170	130	40	
32			280	250		30
			528	497		
			528	497		
2705	67	5521	7314	1654	690	340
412		1	126	29		35
		173	1128	789	197	
			682	533	69	
1549		180	163	145	13	
97			47	47		
578	67	5163	5016	60	411	223
69		4	152	51		82
6	302	79	1633	1281	81	26
6			148	36	41	
		79	69	41		
	232		360	306	4	
	70		178	82		
			878	816	36	26
			173			
			15			

1-09 续表58

行业分组	代　码	就业人数（人）	长洲区	苍梧县
橡胶板、管、带的制造	292	1435	28	
橡胶零件制造	293	526		3
再生橡胶制造	294	325		
日用及医用橡胶制品制造	295	1756		
橡胶靴鞋制造	296	209		
其他橡胶制品制造	299	1535		
塑料制品业	30	29374	144	269
塑料薄膜制造	301	2770		67
塑料板、管、型材的制造	302	3688		4
塑料丝、绳及编织品的制造	303	12078		
泡沫塑料制造	304	650		
塑料人造革、合成革制造	305	96		
塑料包装箱及容器制造	306	3067		27
塑料零件制造	307	558		
日用塑料制造	308	2903	101	72
其他塑料制品制造	309	3564	43	99
非金属矿物制品业	31	206772	414	1092
水泥、石灰和石膏的制造	311	55704		445
水泥及石膏制品制造	312	13049	235	168
砖瓦、石材及其他建筑材料制造	313	76113	174	272
玻璃及玻璃制品制造	314	9124		157
陶瓷制品制造	315	44212		40
耐火材料制品制造	316	1524		10
石墨及其他非金属矿物制品制造	319	7046	5	
黑色金属冶炼及压延加工业	32	58957	2502	333
炼铁	321	3019		
炼钢	322	3419		243
钢压延加工	323	25975	2502	90
铁合金冶炼	324	26544		
有色金属冶炼及压延加工业	33	63865	58	87
常用有色金属冶炼	331	53566	45	72
贵金属冶炼	332	679		
稀有稀土金属冶炼	333	1868		
有色金属合金制造	334	353	13	
有色金属压延加工	335	7399		15
金属制品业	34	24817	593	260
结构性金属制品制造	341	8354	33	29
金属工具制造	342	2335		
集装箱及金属包装容器制造	343	1264	20	
金属丝绳及其制品的制造	344	692		19
建筑、安全用金属制品制造	345	1382		6
金属表面处理及热处理加工	346	995		6
搪瓷制品制造	347	193		
不锈钢及类似日用金属制品制造	348	6928		200
其他金属制品制造	349	2674	540	
通用设备制造业	35	46883	74	817
锅炉及原动机制造	351	7814	47	151

藤县	蒙山县	岑溪市	北海市	海城区	银海区	铁山港区
			158			
		342	463	70	55	
			37	36	1	
		38				
		90	99			
			45			
		7				
		27	70	10	10	
		180				
			40			
			172	24	44	
2253	692	4486	6866	540	1187	2042
109	365	345	998	2		
30		25	609	324	54	
1753	327	4106	2560	16	1038	226
		2	143	128	15	
158			2477	36	35	1816
203		8	79	34	45	
98	80	875	343	343		
95						
3		620	250	250		
	80	255	93	93		
774		235	120	44	55	
65		235	42	42		
			55		55	
709			23	2		
142		223	187	71	62	
		90	41	15	20	
5		125	48	5	38	
			7	1		
39		8	35	15		
			34	34		
			15			
98			7	1	4	
18			335	247	35	
18			32			

1-09 续表59

行业分组	代码	就业人数（人）	长洲区	苍梧县
金属加工机械制造	352	11183		
起重运输设备制造	353	3131		
泵、阀门、压缩机及类似机械的制造	354	3248		120
轴承、齿轮、传动和驱动部件的制造	355	2569		
烘炉、熔炉及电炉制造	356	138		
风机、衡器、包装设备等通用设备制造	357	3179		
通用零部件制造及机械修理	358	6352	25	
金属铸、锻加工	359	9269	2	546
专用设备制造业	36	42616	100	389
矿山、冶金、建筑专用设备制造	361	17485	47	
化工、木材、非金属加工专用设备制造	362	5749	3	193
食品、饮料、烟草及饲料生产专用设备制造	363	3145	40	
印刷、制药、日化生产专用设备制造	364	1706		
纺织、服装和皮革工业专用设备制造	365	82		
电子和电工机械专用设备制造	366	791		
农、林、牧、渔专用机械制造	367	8879		164
医疗仪器设备及器械制造	368	2303		
环保、社会公共安全及其他专用设备制造	369	2476	10	32
交通运输设备制造业	37	101744	149	4
铁路运输设备制造	371	6267		
汽车制造	372	86855	96	4
摩托车制造	373	210		
自行车制造	374	585		
船舶及浮动装置制造	375	6647	53	
航空航天器制造	376	917		
交通器材及其他交通运输设备制造	379	263		
电气机械及器材制造业	39	33441	368	681
电机制造	391	2925		
输配电及控制设备制造	392	14763		655
电线、电缆、光缆及电工器材制造	393	6285	24	12
电池制造	394	4102		
家用电力器具制造	395	2232	344	14
非电力家用器具制造	396	461		
照明器具制造	397	1610		
其他电气机械及器材制造	399	1063		
通信设备、计算机及其他电子设备制造业	40	35067	2208	587
通信设备制造	401	6739		
雷达及配套设备制造	402	946		
广播电视设备制造	403	517		
电子计算机制造	404	4733		
电子器件制造	405	1058		
电子元件制造	406	15026	2193	587
家用视听设备制造	407	4289		
其他电子设备制造	409	1759	15	
仪器仪表及文化、办公用机械制造业	41	6151	215	15
通用仪器仪表制造	411	2846		
专用仪器仪表制造	412	547		

藤县	蒙山县	岑溪市	北海市	海城区	银海区	铁山港区
			20	20		
			5	5		
			224	203	21	
			17	17		
			37	2	14	
	27	44	1121	159	32	
	21		51	33		
		28	40	36		
			251			
		4	45	13	32	
		12	5	1		
	6		673	20		
			56	56		
846	58		1552	910	32	55
14	58		630	253		
832			919	654	32	55
			3	3		
720		820	4537	4489	37	
85		99	4450	4439		
		74	67	30	37	
		250				
424		332	12	12		
			1	1		
211			2	2		
		65	5	5		
229		656	6593	6446	67	
			4506	4426		
			1192	1192		
			2	2		
229		656	67		67	
			823	823		
			3	3		
			70	70		

1-09 续表60

行业分组	代码	就业人数（人）	长洲区	苍梧县
钟表与计时仪器制造	413	968		15
光学仪器及眼镜制造	414	1548	215	
文化、办公用机械制造	415	139		
其他仪器仪表的制造及修理	419	103		
工艺品及其他制造业	42	43408	98	515
工艺美术品制造	421	38075	98	507
日用杂品制造	422	3794		
煤制品制造	423	145		8
核辐射加工	424	32		
其他未列明的制造业	429	1362		
废弃资源和废旧材料回收加工业	43	2278		739
金属废料和碎屑的加工处理	431	1589		729
非金属废料和碎屑的加工处理	432	689		10
电力、燃气及水的生产和供应业	**D**	**165716**	**487**	**1484**
电力、热力的生产和供应业	44	146330	48	1352
电力生产	441	46403		671
电力供应	442	98664	48	668
热力生产和供应	443	1263		13
燃气生产和供应业	45	1476		
燃气生产和供应业	450	1476		
水的生产和供应业	46	17910	439	132
自来水的生产和供应	461	17435	439	132
污水处理及其再生利用	462	440		
其他水的处理、利用与分配	469	35		
建筑业	**E**	**544190**	**9474**	**1478**
房屋和土木工程建筑业	47	440787	9274	1468
房屋工程建筑	471	349235	7492	1453
土木工程建筑	472	91552	1782	15
建筑安装业	48	36567	55	6
建筑安装业	480	36567	55	6
建筑装饰业	49	10801	99	4
建筑装饰业	490	10801	99	4
其他建筑业	50	56035	46	
工程准备	501	3173	20	
提供施工设备服务	502	49379	21	
其他未列明的建筑活动	509	3483	5	
交通运输、仓储和邮政业	**F**	**195608**	**3047**	**361**
铁路运输业	51	1214		
铁路旅客运输	511	31		
铁路货物运输	512	244		
铁路运输辅助活动	513	939		
道路运输业	52	97709	1589	271
公路旅客运输	521	36607	1326	23
道路货物运输	522	38580	51	8
道路运输辅助活动	523	22522	212	240
城市公共交通业	53	24776	7	

藤县	蒙山县	岑溪市	北海市	海城区	银海区	铁山港区
			70	70		
276	101	1155	538	136	20	
270	101	148	532	131	20	
		1007				
6			6	5		
101		45	53	23	1	
101		45	36	23		
			17		1	
1827	**518**	**2901**	**2438**	**1268**	**41**	**374**
1508	479	2546	1453	650		342
754	229	1553	365	23		342
754	250	993	1088	627		
		18	91	91		
		18	91	91		
319	39	337	894	527	41	32
319	39	337	832	465	41	32
			62	62		
1385	**246**	**2648**	**13178**	**8952**	**162**	**120**
1365	242	2648	10522	6572	159	120
1362	242	2648	9716	6226	159	120
3			806	346		
			1811	1596		
			1811	1596		
10	4		626	623	3	
10	4		626	623	3	
10			219	161		
10			58			
			18	18		
			143	143		
1268	**47**	**414**	**7528**	**4986**	**906**	**263**
166	47	156	3470	2191	143	88
37	6		1255	1053	6	35
18	5	10	766	704	38	
111	36	146	1449	434	99	53
33		255	1260	1105	105	

1-09 续表61

行业分组	代 码	就业人数（人）	长洲区	苍梧县
公共电汽车客运	531	19057		
轨道交通	532			
出租车客运	533	5071	7	
城市轮渡	534			
其他城市公共交通	539	648		
水上运输业	54	18628	258	33
水上旅客运输	541	2669	17	4
水上货物运输	542	12353	23	17
水上运输辅助活动	543	3606	218	12
航空运输业	55	2712	98	
航空客货运输	551	1626		
通用航空服务	552	319		
航空运输辅助活动	553	767	98	
管道运输业	56			
管道运输业	560			
装卸搬运和其他运输服务业	57	24199	56	35
装卸搬运	571	16504		35
运输代理服务	572	7695	56	
仓储业	58	9105	19	22
谷物、棉花等农产品仓储	581	3903		22
其他仓储	589	5202	19	
邮政业	59	17265	1020	
国家邮政	591	15966	1004	
其他寄递服务	599	1299	16	
信息传输、计算机服务和软件业	**G**	**68070**	**1783**	**185**
电信和其他信息传输服务业	60	43237	1630	12
电信	601	28898	1501	
互联网信息服务	602	8687	110	3
广播电视传输服务	603	5597	4	9
卫星传输服务	604	55	15	
计算机服务业	61	21548	148	173
计算机系统服务	611	2226	13	10
数据处理	612	369		
计算机维修	613	313	15	3
其他计算机服务	619	18640	120	160
软件业	62	3285	5	
公共软件服务	621	2469	5	
其他软件服务	629	816		
批发和零售业	**H**	**308143**	**3231**	**1754**
批发业	63	163985	1928	1031
农畜产品批发	631	9905	36	113
食品、饮料及烟草制品批发	632	22426	568	44
纺织、服装及日用品批发	633	7233	290	6
文化、体育用品及器材批发	634	4204	48	43
医药及医疗器材批发	635	9963	240	
矿产品、建材及化工产品批发	636	62226	346	432

藤县	蒙山县	岑溪市	北海市	海城区	银海区	铁山港区
33		150	333	299		
		105	900	789	105	
			27	17		
1010		3	1041	262	631	4
309			66	54	12	
685		3	220	139		4
16			755	69	619	
			15	15		
			15	15		
59			853	702	16	102
59			203	101		102
			650	601	16	
			297	119	11	69
			163	54	11	
			134	65		69
			592	592		
			592	592		
172	**108**	**257**	**3316**	**2824**	**82**	**72**
49	56	87	2351	2338		3
	31		2030	2030		
			277	274		3
49	25	87	44	34		
111	52	170	908	429	82	69
			49	36	13	
			6	6		
111	52	170	853	387	69	69
12			57	57		
12			27	27		
			30	30		
1949	**348**	**2033**	**12737**	**8118**	**640**	**162**
888	173	1114	6090	3690	388	38
236	24	43	251	106	93	
166	2	224	1073	600	28	3
5	2		142	115		
	20	19	387	299		
	35	53	302	302		
312	89	673	2437	1217	134	31

1-09 续表62

行业分组	代码	就业人数（人）	长洲区	苍梧县
机械设备、五金交电及电子产品批发	637	30361	302	49
贸易经纪与代理	638	7503	22	169
其他批发	639	10164	76	175
零售业	65	144158	1303	723
综合零售	651	44824	58	355
食品、饮料及烟草制品专门零售	652	13090	52	33
纺织、服装及日用品专门零售	653	8610		
文化、体育用品及器材专门零售	654	6495	170	19
医药及医疗器材专门零售	655	11407	141	20
汽车、摩托车、燃料及零配件专门零售	656	21263	625	147
家用电器及电子产品专门零售	657	20368	94	25
五金、家具及室内装修材料专门零售	658	8121	76	60
无店铺及其他零售	659	9980	87	64
住宿和餐饮业	**I**	**98329**	**1569**	**223**
住宿业	66	62050	671	180
旅游饭店	661	44956	351	
一般旅馆	662	15844	320	180
其他住宿服务	669	1250		
餐饮业	67	36279	898	43
正餐服务	671	29407	878	43
快餐服务	672	4318		
饮料及冷饮服务	673	446		
其他餐饮服务	679	2108	20	
金融业	**J**	**112287**	**3797**	**163**
银行业	68	65646	317	163
中央银行	681	2828		
商业银行	682	61073	317	163
其他银行	689	1745		
证券业	69	899		
证券市场管理	691	34		
证券经纪与交易	692	846		
证券投资	693	4		
证券分析与咨询	694	15		
保险业	70	42293	3145	
人寿保险	701	31890	2901	
非人寿保险	702	10018	244	
保险辅助服务	703	385		
其他金融活动	71	3449	335	
金融信托与管理	711	231	9	
金融租赁	712	18		
财务公司	713	54		
邮政储蓄	714	1895	258	
典当	715	362	9	
其他未列明的金融活动	719	889	59	
房地产业	**K**	**118213**	**1691**	**419**
房地产业	72	118213	1691	419

藤县	蒙山县	岑溪市	北海市	海城区	银海区	铁山港区
23	1	9	376	322		
19		80	549	322	27	
127		13	573	407	106	4
1061	175	919	6647	4428	252	124
544	60	572	1796	1079	24	23
74	32	9	511	283	51	40
8	6		239	154		
49		40	410	357	39	
115	26	51	484	259	43	13
109	30	186	785	521	60	32
76	12		1098	809		3
52	9		482	343	4	
34		61	842	623	31	13
129	**92**	**527**	**5901**	**3656**	**1616**	**19**
65	72	401	4993	3132	1485	5
	72	252	4067	2434	1373	
65		149	837	617	112	5
			89	81		
64	20	126	908	524	131	14
64	20	126	583	288	131	14
			25	25		
			160	160		
			140	51		
289	**109**	**241**	**4596**	**4038**	**87**	**79**
289	109	241	3398	2840	87	79
			181	181		
289	109	241	3177	2619	87	79
			40	40		
			1164	1164		
			1164	1164		
			34	34		
			6	6		
			25	25		
			3	3		
329	**333**	**551**	**8121**	**6353**	**818**	
329	333	551	8121	6353	818	

1-09 续表63

行业分组	代 码	就业人数（人）	长洲区	苍梧县
房地产开发经营	721	59730	599	254
物业管理	722	40344	1025	158
房地产中介服务	723	7740	61	7
其他房地产活动	729	10399	6	
租赁和商务服务业	**L**	**142800**	**512**	**677**
租赁业	73	2865	5	8
机械设备租赁	731	2711	5	8
文化及日用品出租	732	154		
商务服务业	74	139935	507	669
企业管理服务	741	52613	165	447
法律服务	742	4379	42	12
咨询与调查	743	11128	73	8
广告业	744	10561	67	26
知识产权服务	745	275		
职业中介服务	746	6346	49	24
市场管理	747	17703	102	53
旅行社	748	9793	5	
其他商务服务	749	27137	4	99
科学研究、技术服务和地质勘查业	**M**	**105742**	**674**	**845**
研究与试验发展	75	13710	184	44
自然科学研究与试验发展	751	1045	9	
工程和技术研究与试验发展	752	1680	65	
农业科学研究与试验发展	753	7078	110	18
医学研究与试验发展	754	1935		
社会人文科学研究与试验发展	755	1972		26
专业技术服务业	76	54982	405	392
气象服务	761	2525		8
地震服务	762	497	8	
海洋服务	763	30		
测绘服务	764	3571	65	11
技术检测	765	8179	74	232
环境监测	766	1903	96	11
工程技术与规划管理	767	30947	131	130
其他专业技术服务	769	7330	31	
科技交流和推广服务业	77	31507	85	409
技术推广服务	771	28466	70	402
科技中介服务	772	1361	15	7
其他科技服务	779	1680		
地质勘查业	78	5543		
矿产地质勘查	781	1866		
基础地质勘查	782	1922		
地质勘查技术服务	783	1755		
水利、环境和公共设施管理业	**N**	**69807**	**745**	**222**
水利管理业	79	13959	560	62
防洪管理	791	717		16
水资源管理	792	10035	560	22

藤县	蒙山县	岑溪市	北海市	海城区	银海区	铁山港区
230	168	374	5686	4164	718	
97	28	139	1766	1634	93	
2	2	34	661	547	7	
	135	4	8	8		
245	**151**	**805**	**4781**	**3498**	**159**	**134**
	18		36	32	4	
	18		31	27	4	
			5	5		
245	133	805	4745	3466	155	134
44	14	312	477	338	53	17
34	18	18	194	139		9
			350	331		6
17	10	15	421	359	8	
	13		106	64	12	6
113	64	292	625	208	8	13
	2	15	1430	1398	28	
37	12	153	1142	629	46	83
347	**298**	**493**	**3795**	**2248**	**227**	**239**
4		24	362	276	54	8
		24	115	115		
4			115	100	10	
			107	44	44	
			20	12		8
			5	5		
162	114	138	2165	1682	36	47
7		13	132	119		
5			23	18		
			4			4
12	2		209	104	7	25
44	17	18	301	188	17	4
17			169	112		
77	89	101	1233	1047	12	14
	6	6	94	94		
181	175	331	1265	287	137	184
177	124	317	1233	275	137	184
	14		32	12		
4	37	14				
	9		3	3		
	9					
			3	3		
569	**63**	**451**	**3888**	**2048**	**505**	**48**
105	50	111	964	52	4	10
22			7			7
61	50	72	957	52	4	3

1-09 续表64

行业分组	代 码	就业人数（人）	长洲区	苍梧县
其他水利管理	799	3207		24
环境管理业	80	33355	126	130
自然保护	801	1823	27	
环境治理	802	31532	99	130
公共设施管理业	81	22493	59	30
市政公共设施管理	811	4552	38	
城市绿化管理	812	4850	21	
游览景区管理	813	13091		30
居民服务和其他服务业	**O**	**25878**	**173**	**10**
居民服务业	82	10484	100	10
家庭服务	821	868		
托儿所	822	167		
洗染服务	823	281		
理发及美容保健服务	824	2031	37	10
洗浴服务	825	1072	56	
婚姻服务	826	153		
殡葬服务	827	1239		
摄影扩印服务	828	1484	7	
其他居民服务	829	3189		
其他服务业	83	15394	73	
修理与维护	831	7114	50	
清洁服务	832	4557	23	
其他未列明的服务	839	3723		
教育	**P**	**591688**	**2058**	**6466**
教育	84	591688	2058	6466
学前教育	841	29633	270	115
初等教育	842	269344	723	3282
中等教育	843	229220	855	2971
高等教育	844	40258		
其他教育	849	23233	210	98
卫生、社会保障和社会福利业	**Q**	**211752**	**559**	**1642**
卫生	85	198969	431	1495
医院	851	111332	41	619
卫生院及社区医疗活动	852	49969	158	597
门诊部医疗活动	853	4710	8	
计划生育技术服务活动	854	9938	25	40
妇幼保健活动	855	11346		143
专科疾病防治活动	856	1447		28
疾病预防控制及防疫活动	857	6966	115	68
其他卫生活动	859	3261	84	
社会保障业	86	6333	100	77
社会保障业	860	6333	100	77
社会福利业	87	6450	28	70
提供住宿的社会福利	871	4889	27	33
不提供住宿的社会福利	872	1561	1	37
文化、体育和娱乐业	**R**	**43497**	**500**	**249**
新闻出版业	88	5962	152	

藤县	蒙山县	岑溪市	北海市	海城区	银海区	铁山港区
22		39				
128		234	1685	1323	88	38
1			150	119		
127		234	1535	1204	88	38
336	13	106	1239	673	413	
		17	241	212		
41	9	54	129	26		
295	4	35	869	435	413	
42	**35**	**20**	**932**	**700**	**23**	**4**
16	7	2	348	268	23	4
			17	17		
	7		15	15		
			23	23		
10			88	85		
			68	68		
3			7	2		
2		2	49	10	23	
			25	25		
1			56	23		4
26	28	18	584	432		
24	4	18	223	179		
2	18		303	215		
	6		58	38		
10275	**2196**	**9331**	**20825**	**5888**	**2214**	**1966**
10275	2196	9331	20825	5888	2214	1966
269	100	685	2309	966	63	161
6370	1054	4741	8652	1517	854	1053
3448	987	3752	8367	2414	972	742
11			644	380	264	
177	55	153	853	611	61	10
1788	**590**	**2533**	**8522**	**4109**	**331**	**364**
1696	540	2440	7579	3924	308	353
534	352	1162	4401	2591		186
931	112	829	1683	421	277	66
13		30	121	121		
	32	231	254	28	31	38
158	26		547	338		63
		68	63			
39	18	84	390	305		
21		36	120	120		
60	39	57	159	56	19	11
60	39	57	159	56	19	11
32	11	36	784	129	4	
19	6	36	415	126	4	
13	5		369	3		
105	**74**	**81**	**1768**	**1133**	**300**	**69**
			151	151		

1-09 续表65

行业分组	代码	就业人数（人）	长洲区	苍梧县
新闻业	881	229	5	
出版业	882	5733	147	
广播、电视、电影和音像业	89	11015	240	113
广播	891	2966	93	18
电视	892	4546	124	69
电影	893	3313		26
音像制作	894	190	23	
文化艺术业	90	13130	52	103
文艺创作与表演	901	4417		
艺术表演场馆	902	1330	21	
图书馆与档案馆	903	2308		25
文物及文化保护	904	473		7
博物馆	905	852		
烈士陵园、纪念馆	906	285		
群众文化活动	907	2248	22	64
文化艺术经纪代理	908	367		
其他文化艺术	909	850	9	7
体育	91	3233		11
体育组织	911	2305		6
体育场馆	912	570		
其他体育	919	358		5
娱乐业	92	10157	56	22
室内娱乐活动	921	5915	56	
游乐园	922	1189		
休闲健身娱乐活动	923	1739		22
其他娱乐活动	929	1314		
公共管理和社会组织	**S**	**570884**	**4098**	**5802**
中国共产党机关	93	22466	344	86
中国共产党机关	930	22466	344	86
国家机构	94	372979	2911	2680
国家权力机构	941	5451	67	40
国家行政机构	942	343961	2628	2467
人民法院和人民检察院	943	17925	216	159
其他国家机构	949	5642		14
人民政协和民主党派	95	3181	42	20
人民政协	951	2591	42	17
民主党派	952	590		3
群众团体、社会团体和宗教组织	96	66824	537	1234
群众团体	961	6796	69	83
社会团体	962	58446	468	1151
宗教组织	963	1582		
基层群众自治组织	97	105434	264	1782
社区自治组织	971	16656	69	93
村民自治组织	972	88778	195	1689

藤县	蒙山县	岑溪市	北海市	海城区	银海区	铁山港区
			4	4		
			147	147		
34	6	5	521	346	34	31
			177	83	18	11
17	2		242	206	16	20
17	4	5	102	57		
64	61	76	550	364	6	38
	20	26	232	172		38
			15			
11	13	18	113	83	3	
	7		5	5		
7			15			
46	17	32	147	89	3	
			3	3		
	4		20	12		
7	1		78	21	53	
			51	6	41	
			27	15	12	
7	1					
	6		468	251	207	
	6		205	195	10	
			45		45	
			16	8	8	
			202	48	144	
8570	**2481**	**7880**	**21093**	**8603**	**2454**	**1186**
210	127	374	695	215	44	119
210	127	374	695	215	44	119
4954	1852	4099	14302	6798	1881	827
23	82	21	483	408	26	15
4627	1681	3916	13143	6071	1758	749
155	89	162	664	311	97	59
149			12	8		4
19	11	26	197	91	7	10
19	11	23	107	62	7	10
		3	90	29		
1721	195	1303	2926	1185	222	25
50	13	34	435	119	10	9
1671	182	1269	2357	1008	212	16
			134	58		
1666	296	2078	2973	314	300	205
106	18	210	568	209	47	28
1560	278	1868	2405	105	253	177

1-09 续表66

行业分组	代码	就业人数（人）		
			合浦县	防城港市
总　计		**4885707**	**64969**	**101940**
农、林、牧、渔业	**A**	**38508**	**1926**	**950**
农业	01	21114	152	620
谷物及其他作物的种植	011	16377	7	620
蔬菜、园艺作物的种植	012	119	17	
水果、坚果、饮料和香料作物的种植	013	4600	128	
中药材的种植	014	18		
林业	02	13004	982	330
林木的培育和种植	021	12780	971	330
木材和竹材的采运	022	224	11	
林产品的采集	023			
畜牧业	03	3144	717	
牲畜的饲养	031	235	146	
猪的饲养	032	507	323	
家禽的饲养	033	2326	188	
狩猎和捕捉动物	034			
其他畜牧业	039	76	60	
渔业	04	247	75	
海洋渔业	041	51	51	
内陆渔业	042	196	24	
农、林、牧、渔服务业	05	999		
农业服务业	051	453		
林业服务业	052			
畜牧服务业	053	420		
渔业服务业	054	126		
采矿业	**B**	**97288**	**1582**	**1812**
煤炭开采和洗选业	06	17120		17
烟煤和无烟煤的开采洗选	061	10600		
褐煤的开采洗选	062	6363		17
其他煤炭采选	069	157		
石油和天然气开采业	07	30		
天然原油和天然气开采	071	7		
与石油和天然气开采有关的服务活动	079	23		
黑色金属矿采选业	08	19228	69	189
铁矿采选	081	4428	68	34
其他黑色金属矿采选	089	14800	1	155
有色金属矿采选业	09	29861		525
常用有色金属矿采选	091	25864		525
贵金属矿采选	092	2703		
稀有稀土金属矿采选	093	1294		
非金属矿采选业	10	30538	1503	1043
土砂石开采	101	19457	1044	384
化学矿采选	102	1687		
采盐	103	1416	446	407
石棉及其他非金属矿采选	109	7978	13	252
其他采矿业	11	511	10	38

港口区	防城区	上思县	东兴市	钦州市	钦南区	钦北区
35761	**34172**	**15298**	**16709**	**223893**	**93998**	**26923**
	620	**330**		**188**		**188**
	620					
	620					
		330		188		188
		330		188		188
813	**887**	**74**	**38**	**4509**	**1068**	**2196**
		17		1311		1311
				1311		1311
		17				
49	140			1325	174	565
34				377	25	
15	140			948	149	565
327	198			1013	418	258
327	198			895	300	258
				118	118	
437	511	57	38	860	476	62
	289	57	38	447	181	22
407				295	295	
30	222			118		40
	38					

1-09 续表67

行业分组	代　码	就业人数（人）		
			合浦县	防城港市
其他采矿业	110	511	10	38
制造业	**C**	**1377307**	**22128**	**19579**
农副食品加工业	13	139046	4359	5439
谷物磨制	131	4612	31	
饲料加工	132	14717	1110	313
植物油加工	133	3632	164	1119
制糖	134	79341	1585	2833
屠宰及肉类加工	135	9355	396	69
水产品加工	136	7236	565	905
蔬菜、水果和坚果加工	137	3907	230	14
其他农副食品加工	139	16246	278	186
食品制造业	14	37056	433	291
焙烤食品制造	141	7223	50	106
糖果、巧克力及蜜饯制造	142	1865	51	
方便食品制造	143	4955	51	22
液体乳及乳制品制造	144	2991		25
罐头制造	145	7981	220	
调味品、发酵制品制造	146	2626	14	26
其他食品制造	149	9415	47	112
饮料制造业	15	36286	1505	851
酒精制造	151	3936	833	206
酒的制造	152	12755	258	233
软饮料制造	153	14148	414	379
精制茶加工	154	5447		33
烟草制品业	16	4315		
烟叶复烤	161	515		
卷烟制造	162	3800		
其他烟草制品加工	169			
纺织业	17	69393	1250	
棉、化纤纺织及印染精加工	171	18434	156	
毛纺织和染整精加工	172	4512		
麻纺织	173	1312	271	
丝绢纺织及精加工	174	19769	685	
纺织制成品制造	175	5096	88	
针织品、编织品及其制品制造	176	20270	50	
纺织服装、鞋、帽制造业	18	21831	7	88
纺织服装制造	181	21326	7	88
纺织面料鞋的制造	182	357		
制帽	183	148		
皮革、毛皮、羽毛(绒)及其制品业	19	30570	1846	170
皮革鞣制加工	191	4591	1153	160
皮革制品制造	192	22289	580	10
毛皮鞣制及制品加工	193	236	90	
羽毛(绒)加工及制品制造	194	3454	23	
木材加工及木、竹、藤、棕、草制品业	20	102422	1198	2580
锯材、木片加工	201	20868	497	843
人造板制造	202	35685	675	1105

港口区	防城区	上思县	东兴市	钦州市	钦南区	钦北区
	38					
5227	**5742**	**5781**	**2829**	**60881**	**15457**	**5796**
1724	835	2560	320	6224	2692	823
				119		3
300	3	10		631	431	
1073	4		42	306	295	5
	463	2370		3836	1219	815
43	8		18	343	226	
244	240	180	241	99	99	
	14			387	104	
64	103		19	503	318	
12	174		105	1222	501	25
	73		33	202	52	25
				95	40	
			22	180	145	
			25	183		
				310	120	
	26			104	62	
12	75		25	148	82	
187	388	66	210	1445	536	82
146		60		552	321	82
30	38	1	164	144	93	
11	328	5	35	476	122	
	22		11	273		
				3622	28	160
				292	8	
				50		
				335		
				1579		160
				1366	20	
	12		76	508	20	68
	12		76	508	20	68
			170	1120	322	176
			160	405	125	
			10	529	197	20
				186		156
8	783	1519	270	8421	120	171
2	190	449	202	770	81	19
	57	1048		881	38	110

1-09 续表68

行业分组	代 码	就业人数（人）	合浦县	防城港市
木制品制造	203	23965		298
竹、藤、棕、草制品制造	204	21904	26	334
家具制造业	21	11154	52	133
木质家具制造	211	7944	31	133
竹、藤家具制造	212	1607		
金属家具制造	213	182		
塑料家具制造	214	426		
其他家具制造	219	995	21	
造纸及纸制品业	22	46989	458	582
纸浆制造	221	6323	26	359
造纸	222	25536	283	195
纸制品制造	223	15130	149	28
印刷业和记录媒介的复制	23	20703	381	199
印刷	231	18279	381	149
装订及其他印刷服务活动	232	1197		50
记录媒介的复制	233	1227		
文教体育用品制造业	24	7672	10	
文化用品制造	241	853	10	
体育用品制造	242	541		
乐器制造	243	25		
玩具制造	244	6090		
游艺器材及娱乐用品制造	245	163		
石油加工、炼焦及核燃料加工业	25	2975	31	
精炼石油产品的制造	251	2843	31	
炼焦	252	132		
核燃料加工	253			
化学原料及化学制品制造业	26	106808	4630	1906
基础化学原料制造	261	16506	62	458
肥料制造	262	24164	142	129
农药制造	263	6507	80	5
涂料、油墨、颜料及类似产品制造	264	6725	5	60
合成材料制造	265	2687		
专用化学产品制造	266	39883	4322	666
日用化学产品制造	267	10336	19	588
医药制造业	27	35814	245	559
化学药品原药制造	271	1573	71	
化学药品制剂制造	272	6957		
中药饮片加工	273	2133	28	
中成药制造	274	18808	50	559
兽用药品制造	275	3419	96	
生物、生化制品的制造	276	2163		
卫生材料及医药用品制造	277	761		
化学纤维制造业	28	577		
纤维素纤维原料及纤维制造	281	16		
合成纤维制造	282	561		
橡胶制品业	29	8323	173	234
轮胎制造	291	2537	15	6

港口区	防城区	上思县	东兴市	钦州市	钦南区	钦北区
6	250	22	20	298	1	42
	286		48	6472		
			133	500	8	100
			133	206	8	85
				279		
				15		15
	530		52	1895	684	118
	359			564	564	
	143		52	354	8	
	28			977	112	118
39	115	12	33	711	181	4
28	115	6		607	169	4
11		6	33	104	12	
				193	68	55
				193	68	55
				823	823	
				776	776	
				47	47	
587	848	280	191	9754	976	920
420	18	20		1240	721	519
4	18	62	45	658	76	35
		5		102	70	
		60		524	28	27
72	339	123	132	7105	51	339
91	473	10	14	125	30	
	318	241		2306	476	294
				126		
				835	25	
	318	241		1315	451	294
				30		
6	207		21	9	2	7
6				1	1	

1-09 续表69

行业分组	代　码	就业人数（人）	合浦县	防城港市
橡胶板、管、带的制造	292	1435	158	
橡胶零件制造	293	526		
再生橡胶制造	294	325		151
日用及医用橡胶制品制造	295	1756		
橡胶靴鞋制造	296	209		
其他橡胶制品制造	299	1535		77
塑料制品业	30	29374	338	391
塑料薄膜制造	301	2770		8
塑料板、管、型材的制造	302	3688		9
塑料丝、绳及编织品的制造	303	12078	99	
泡沫塑料制造	304	650	45	10
塑料人造革、合成革制造	305	96		
塑料包装箱及容器制造	306	3067	50	323
塑料零件制造	307	558		
日用塑料制造	308	2903	40	
其他塑料制品制造	309	3564	104	41
非金属矿物制品业	31	206772	3097	2195
水泥、石灰和石膏的制造	311	55704	996	731
水泥及石膏制品制造	312	13049	231	197
砖瓦、石材及其他建筑材料制造	313	76113	1280	1237
玻璃及玻璃制品制造	314	9124		5
陶瓷制品制造	315	44212	590	25
耐火材料制品制造	316	1524		
石墨及其他非金属矿物制品制造	319	7046		
黑色金属冶炼及压延加工业	32	58957		2349
炼铁	321	3019		18
炼钢	322	3419		1750
钢压延加工	323	25975		259
铁合金冶炼	324	26544		322
有色金属冶炼及压延加工业	33	63865	21	12
常用有色金属冶炼	331	53566		
贵金属冶炼	332	679		12
稀有稀土金属冶炼	333	1868		
有色金属合金制造	334	353		
有色金属压延加工	335	7399	21	
金属制品业	34	24817	54	49
结构性金属制品制造	341	8354	6	5
金属工具制造	342	2335	5	44
集装箱及金属包装容器制造	343	1264	6	
金属丝绳及其制品的制造	344	692		
建筑、安全用金属制品制造	345	1382	20	
金属表面处理及热处理加工	346	995		
搪瓷制品制造	347	193		
不锈钢及类似日用金属制品制造	348	6928	15	
其他金属制品制造	349	2674	2	
通用设备制造业	35	46883	53	61
锅炉及原动机制造	351	7814	32	

港口区	防城区	上思县	东兴市	钦州市	钦南区	钦北区
	151					
	56		21	8	1	7
285	27		79	2287	362	82
	8			30	4	18
9				1066	25	
				428	264	50
	10			78	18	
276	9		38	130	30	
				5	1	4
			41	550	20	10
347	798	997	53	8885	2285	1734
	137	594		2219	481	183
185	12			879	493	203
157	649	403	28	3958	870	1345
5				85	15	
			25	1633	420	
				105		3
				6	6	
1769	489	91		3325	2335	493
	17	1		825	569	256
1750						
19	240			447	196	37
	232	90		2053	1570	200
12				143	22	1
				23	22	1
12						
				120		
5	35		9	755	465	164
5				400	384	
	35		9	111	28	83
				52	11	41
				58	18	40
				7	7	
				127	17	
	61			148	58	41

1–09 续表70

行业分组	代　码	就业人数（人）	合浦县	防城港市
金属加工机械制造	352	11183		8
起重运输设备制造	353	3131		
泵、阀门、压缩机及类似机械的制造	354	3248		17
轴承、齿轮、传动和驱动部件的制造	355	2569		
烘炉、熔炉及电炉制造	356	138		
风机、衡器、包装设备等通用设备制造	357	3179		36
通用零部件制造及机械修理	358	6352		
金属铸、锻加工	359	9269	21	
专用设备制造业	36	42616	930	235
矿山、冶金、建筑专用设备制造	361	17485	18	
化工、木材、非金属加工专用设备制造	362	5749	4	
食品、饮料、烟草及饲料生产专用设备制造	363	3145	251	
印刷、制药、日化生产专用设备制造	364	1706		
纺织、服装和皮革工业专用设备制造	365	82		
电子和电工机械专用设备制造	366	791	4	
农、林、牧、渔专用机械制造	367	8879	653	
医疗仪器设备及器械制造	368	2303		235
环保、社会公共安全及其他专用设备制造	369	2476		
交通运输设备制造业	37	101744	555	102
铁路运输设备制造	371	6267		
汽车制造	372	86855	377	82
摩托车制造	373	210		
自行车制造	374	585		
船舶及浮动装置制造	375	6647	178	20
航空航天器制造	376	917		
交通器材及其他交通运输设备制造	379	263		
电气机械及器材制造业	39	33441	11	190
电机制造	391	2925		
输配电及控制设备制造	392	14763	11	
电线、电缆、光缆及电工器材制造	393	6285		
电池制造	394	4102		
家用电力器具制造	395	2232		190
非电力家用器具制造	396	461		
照明器具制造	397	1610		
其他电气机械及器材制造	399	1063		
通信设备、计算机及其他电子设备制造业	40	35067	80	30
通信设备制造	401	6739	80	
雷达及配套设备制造	402	946		
广播电视设备制造	403	517		
电子计算机制造	404	4733		
电子器件制造	405	1058		30
电子元件制造	406	15026		
家用视听设备制造	407	4289		
其他电子设备制造	409	1759		
仪器仪表及文化、办公用机械制造业	41	6151		160
通用仪器仪表制造	411	2846		
专用仪器仪表制造	412	547		

港口区	防城区	上思县	东兴市	钦州市	钦南区	钦北区
	8					
	17					
				21		
	36			2	2	
				36	8	
				89	48	41
			235	899	715	124
				21	13	8
				250	131	91
				628	571	25
			235			
20	82			789	574	23
	82			700	485	23
20				89	89	
			190	256	246	
				229	229	
				22	12	
			190			
				5	5	
			30	1462	590	
				482	482	
			30	30		
				950	108	
			160	69	69	
				69	69	

1-09 续表71

行业分组	代　码	就业人数（人）	合浦县	防城港市
钟表与计时仪器制造	413	968		
光学仪器及眼镜制造	414	1548		160
文化、办公用机械制造	415	139		
其他仪器仪表的制造及修理	419	103		
工艺品及其他制造业	42	43408	382	287
工艺美术品制造	421	38075	381	284
日用杂品制造	422	3794		3
煤制品制造	423	145		
核辐射加工	424	32		
其他未列明的制造业	429	1362	1	
废弃资源和废旧材料回收加工业	43	2278	29	486
金属废料和碎屑的加工处理	431	1589	13	163
非金属废料和碎屑的加工处理	432	689	16	323
电力、燃气及水的生产和供应业	**D**	**165716**	**755**	**3006**
电力、热力的生产和供应业	44	146330	461	2059
电力生产	441	46403		850
电力供应	442	98664	461	1209
热力生产和供应	443	1263		
燃气生产和供应业	45	1476		144
燃气生产和供应业	450	1476		144
水的生产和供应业	46	17910	294	803
自来水的生产和供应	461	17435	294	784
污水处理及其再生利用	462	440		19
其他水的处理、利用与分配	469	35		
建筑业	**E**	**544190**	**3944**	**13503**
房屋和土木工程建筑业	47	440787	3671	13244
房屋工程建筑	471	349235	3211	12615
土木工程建筑	472	91552	460	629
建筑安装业	48	36567	215	24
建筑安装业	480	36567	215	24
建筑装饰业	49	10801		147
建筑装饰业	490	10801		147
其他建筑业	50	56035	58	88
工程准备	501	3173	58	
提供施工设备服务	502	49379		
其他未列明的建筑活动	509	3483		88
交通运输、仓储和邮政业	**F**	**195608**	**1373**	**11627**
铁路运输业	51	1214		5
铁路旅客运输	511	31		
铁路货物运输	512	244		5
铁路运输辅助活动	513	939		
道路运输业	52	97709	1048	2476
公路旅客运输	521	36607	161	683
道路货物运输	522	38580	24	1301
道路运输辅助活动	523	22522	863	492
城市公共交通业	53	24776	50	304

港口区	防城区	上思县	东兴市	钦州市	钦南区	钦北区
			160			
209	3	5	70	3045	287	78
209		5	70	3022	264	78
	3					
				20	20	
				3	3	
17	37	10	422	65	12	53
8			155	40		40
9	37	10	267	25	12	13
1037	**869**	**725**	**375**	**4258**	**1635**	**364**
814	490	555	200	3171	1160	300
311	274	222	43	1247	248	232
503	216	333	157	1924	912	68
92	52			51	51	
92	52			51	51	
131	327	170	175	1036	424	64
112	327	170	175	1023	424	64
19				13		
3306	**7893**	**165**	**2139**	**28193**	**18740**	**4401**
3134	7861	165	2084	27301	17920	4401
2929	7796	137	1753	24593	15213	4401
205	65	28	331	2708	2707	
24				269	205	
24				269	205	
60	32		55	197	189	
60	32		55	197	189	
88				426	426	
				124	124	
				97	97	
88				205	205	
9130	**1730**	**126**	**641**	**9861**	**8010**	**303**
5				97	97	
5				97	97	
1089	985	95	307	5508	3991	290
	624	8	51	2578	2464	66
1016	37	12	236	1184	582	169
73	324	75	20	1746	945	55
4	35		265	242	78	

1-09 续表72

行业分组	代码	就业人数（人）	合浦县	防城港市
公共电汽车客运	531	19057	34	182
轨道交通	532			
出租车客运	533	5071	6	87
城市轮渡	534			
其他城市公共交通	539	648	10	35
水上运输业	54	18628	144	929
水上旅客运输	541	2669		225
水上货物运输	542	12353	77	569
水上运输辅助活动	543	3606	67	135
航空运输业	55	2712		
航空客货运输	551	1626		
通用航空服务	552	319		
航空运输辅助活动	553	767		
管道运输业	56			
管道运输业	560			
装卸搬运和其他运输服务业	57	24199	33	7178
装卸搬运	571	16504		6537
运输代理服务	572	7695	33	641
仓储业	58	9105	98	318
谷物、棉花等农产品仓储	581	3903	98	170
其他仓储	589	5202		148
邮政业	59	17265		417
国家邮政	591	15966		417
其他寄递服务	599	1299		
信息传输、计算机服务和软件业	**G**	**68070**	**338**	**750**
电信和其他信息传输服务业	60	43237	10	367
电信	601	28898		260
互联网信息服务	602	8687		87
广播电视传输服务	603	5597	10	20
卫星传输服务	604	55		
计算机服务业	61	21548	328	372
计算机系统服务	611	2226		
数据处理	612	369		
计算机维修	613	313		
其他计算机服务	619	18640	328	372
软件业	62	3285		11
公共软件服务	621	2469		3
其他软件服务	629	816		8
批发和零售业	**H**	**308143**	**3817**	**7271**
批发业	63	163985	1974	4515
农畜产品批发	631	9905	52	181
食品、饮料及烟草制品批发	632	22426	442	483
纺织、服装及日用品批发	633	7233	27	103
文化、体育用品及器材批发	634	4204	88	41
医药及医疗器材批发	635	9963		98
矿产品、建材及化工产品批发	636	62226	1055	2317

港口区	防城区	上思县	东兴市	钦州市	钦南区	钦北区
			182	183	64	
4			83	59	14	
	35					
682	225	5	17	371	365	
	225					
555			14	264	258	
127		5	3	107	107	
7073	68		37	1650	1618	5
6483	44		10	875	875	
590	24		27	775	743	5
277		26	15	1091	959	8
144		26		369	237	8
133			15	722	722	
	417			902	902	
	417			902	902	
411	**106**	**38**	**195**	**2075**	**1606**	**167**
314	20	8	25	1533	1446	
247			13	1356	1356	
67	20			28	28	
		8	12	149	62	
92	86	30	164	536	154	167
				9	7	
92	86	30	164	527	147	167
5			6	6	6	
3				6	6	
2			6			
2338	**2864**	**584**	**1485**	**11107**	**5731**	**797**
1779	1534	204	998	4826	2838	305
66	72		43	731	288	64
199	171	1	112	893	549	
31	8	5	59	123	67	
	41			173	99	7
25		30	43	265	226	
1038	763	110	406	1616	949	213

1-09 续表73

行业分组	代码	就业人数（人）	合浦县	防城港市
机械设备、五金交电及电子产品批发	637	30361	54	580
贸易经纪与代理	638	7503	200	147
其他批发	639	10164	56	565
零售业	65	144158	1843	2756
综合零售	651	44824	670	729
食品、饮料及烟草制品专门零售	652	13090	137	195
纺织、服装及日用品专门零售	653	8610	85	303
文化、体育用品及器材专门零售	654	6495	14	102
医药及医疗器材专门零售	655	11407	169	149
汽车、摩托车、燃料及零配件专门零售	656	21263	172	264
家用电器及电子产品专门零售	657	20368	286	356
五金、家具及室内装修材料专门零售	658	8121	135	154
无店铺及其他零售	659	9980	175	504
住宿和餐饮业	**I**	**98329**	**610**	**2293**
住宿业	66	62050	371	1518
旅游饭店	661	44956	260	872
一般旅馆	662	15844	103	646
其他住宿服务	669	1250	8	
餐饮业	67	36279	239	775
正餐服务	671	29407	150	757
快餐服务	672	4318		
饮料及冷饮服务	673	446		14
其他餐饮服务	679	2108	89	4
金融业	**J**	**112287**	**392**	**2285**
银行业	68	65646	392	1794
中央银行	681	2828		198
商业银行	682	61073	392	1361
其他银行	689	1745		235
证券业	69	899		9
证券市场管理	691	34		
证券经纪与交易	692	846		
证券投资	693	4		
证券分析与咨询	694	15		9
保险业	70	42293		434
人寿保险	701	31890		321
非人寿保险	702	10018		113
保险辅助服务	703	385		
其他金融活动	71	3449		48
金融信托与管理	711	231		
金融租赁	712	18		
财务公司	713	54		8
邮政储蓄	714	1895		
典当	715	362		19
其他未列明的金融活动	719	889		21
房地产业	**K**	**118213**	**950**	**3622**
房地产业	72	118213	950	3622

港口区	防城区	上思县	东兴市	钦州市	钦南区	钦北区
148	226	14	192	595	464	17
91			56	219	98	
181	253	44	87	211	98	4
559	1330	380	487	6281	2893	492
61	331	171	166	3297	1349	288
63	46	31	55	227	112	28
3	249	42	9	400	328	72
20		23	59	138	56	9
7	118		24	402	155	14
45	125	64	30	881	333	65
164	118	22	52	463	365	3
26	95		33	319	189	7
170	248	27	59	154	6	6
862	**851**	**67**	**513**	**3227**	**2593**	**143**
383	555	67	513	2009	1723	47
159	295	64	354	1577	1534	43
224	260	3	159	428	185	4
				4	4	
479	296			1218	870	96
479	278			1037	730	55
				35		35
	14			22	22	
	4			124	118	6
1673	**340**	**157**	**115**	**4057**	**3171**	
1202	340	157	95	2862	1987	
182		16		169	169	
1020	117	129	95	2625	1750	
	223	12		68	68	
9						
9						
434				1124	1124	
321				872	872	
113				252	252	
28			20	71	60	
				22	22	
			8			
7			12	16	5	
21				33	33	
1125	**1083**	**78**	**1336**	**3896**	**3108**	**80**
1125	1083	78	1336	3896	3108	80

1-09 续表74

行业分组	代 码	就业人数（人）	合浦县	防城港市
房地产开发经营	721	59730	804	2829
物业管理	722	40344	39	416
房地产中介服务	723	7740	107	133
其他房地产活动	729	10399		244
租赁和商务服务业	**L**	**142800**	**990**	**2584**
租赁业	73	2865		119
机械设备租赁	731	2711		111
文化及日用品出租	732	154		8
商务服务业	74	139935	990	2465
企业管理服务	741	52613	69	759
法律服务	742	4379	46	72
咨询与调查	743	11128	13	118
广告业	744	10561	54	241
知识产权服务	745	275		
职业中介服务	746	6346	24	136
市场管理	747	17703	396	702
旅行社	748	9793	4	74
其他商务服务	749	27137	384	363
科学研究、技术服务和地质勘查业	**M**	**105742**	**1081**	**1738**
研究与试验发展	75	13710	24	1
自然科学研究与试验发展	751	1045		
工程和技术研究与试验发展	752	1680	5	
农业科学研究与试验发展	753	7078	19	1
医学研究与试验发展	754	1935		
社会人文科学研究与试验发展	755	1972		
专业技术服务业	76	54982	400	1157
气象服务	761	2525	13	85
地震服务	762	497	5	7
海洋服务	763	30		3
测绘服务	764	3571	73	75
技术检测	765	8179	92	144
环境监测	766	1903	57	44
工程技术与规划管理	767	30947	160	631
其他专业技术服务	769	7330		168
科技交流和推广服务业	77	31507	657	574
技术推广服务	771	28466	637	504
科技中介服务	772	1361	20	21
其他科技服务	779	1680		49
地质勘查业	78	5543		6
矿产地质勘查	781	1866		6
基础地质勘查	782	1922		
地质勘查技术服务	783	1755		
水利、环境和公共设施管理业	**N**	**69807**	**1287**	**1701**
水利管理业	79	13959	898	208
防洪管理	791	717		26
水资源管理	792	10035	898	77

港口区	防城区	上思县	东兴市	钦州市	钦南区	钦北区
882	848	51	1048	2850	2242	60
127	116		173	782	694	18
64	38	6	25	166	114	
52	81	21	90	98	58	2
708	**372**	**770**	**734**	**3317**	**2273**	**72**
	108	3	8	7	5	2
	108	3		7	5	2
			8			
708	264	767	726	3310	2268	70
108	78	554	19	890	535	41
41	8	5	18	53	30	11
82	10	1	25	161	138	11
50	74	7	110	174	133	
				6	6	
82	43		11	211	187	7
164		184	354	878	325	
3			71	60	54	
178	51	16	118	877	860	
774	**402**	**180**	**382**	**3853**	**2474**	**280**
1				277	210	
				45	45	
				20	20	
1				68	1	
				5	5	
				139	139	
582	169	85	321	1430	976	122
21	19	24	21	117	78	
5		2		23	10	3
			3			
60	10	5		100	80	
81	49		14	246	132	52
44				69	64	
277	58	32	264	792	529	67
94	33	22	19	83	83	
191	227	95	61	1782	924	158
157	198	95	54	1763	907	156
	20		1	7	5	2
34	9		6	12	12	
	6			364	364	
	6			5	5	
				359	359	
813	**221**	**165**	**502**	**2471**	**1694**	**41**
32	112	42	22	702	271	6
3	8	3	12	30	16	
12	30	28	7	423	125	6

1-09 续表75

行业分组	代 码	就业人数（人）	合浦县	防城港市
其他水利管理	799	3207		105
环境管理业	80	33355	236	1132
自然保护	801	1823	31	42
环境治理	802	31532	205	1090
公共设施管理业	81	22493	153	361
市政公共设施管理	811	4552	29	34
城市绿化管理	812	4850	103	186
游览景区管理	813	13091	21	141
居民服务和其他服务业	**O**	**25878**	**205**	**310**
居民服务业	82	10484	53	91
家庭服务	821	868		
托儿所	822	167		8
洗染服务	823	281		
理发及美容保健服务	824	2031	3	8
洗浴服务	825	1072		16
婚姻服务	826	153	5	
殡葬服务	827	1239	16	16
摄影扩印服务	828	1484		8
其他居民服务	829	3189	29	35
其他服务业	83	15394	152	219
修理与维护	831	7114	44	115
清洁服务	832	4557	88	81
其他未列明的服务	839	3723	20	23
教育	**P**	**591688**	**10757**	**9271**
教育	84	591688	10757	9271
学前教育	841	29633	1119	754
初等教育	842	269344	5228	5508
中等教育	843	229220	4239	2819
高等教育	844	40258		16
其他教育	849	23233	171	174
卫生、社会保障和社会福利业	**Q**	**211752**	**3718**	**3957**
卫生	85	198969	2994	3687
医院	851	111332	1624	2237
卫生院及社区医疗活动	852	49969	919	651
门诊部医疗活动	853	4710		24
计划生育技术服务活动	854	9938	157	247
妇幼保健活动	855	11346	146	239
专科疾病防治活动	856	1447	63	30
疾病预防控制及防疫活动	857	6966	85	185
其他卫生活动	859	3261		74
社会保障业	86	6333	73	170
社会保障业	860	6333	73	170
社会福利业	87	6450	651	100
提供住宿的社会福利	871	4889	285	43
不提供住宿的社会福利	872	1561	366	57
文化、体育和娱乐业	**R**	**43497**	**266**	**631**
新闻出版业	88	5962		59

港口区	防城区	上思县	东兴市	钦州市	钦南区	钦北区
17	74	11	3	249	130	
569	26	116	421	953	737	
16	26			7	7	
553		116	421	946	730	
212	83	7	59	816	686	35
6			28	360	347	
148	4	5	29	235	215	
58	79	2	2	221	124	35
127	**98**	**14**	**71**	**950**	**457**	**124**
41	38		12	282	246	
				9		
			8			
8				150	142	
	16			15	15	
				17	2	
	16			44	40	
	6		2	20	20	
33			2	27	27	
86	60	14	59	668	211	124
21	46	5	43	99	78	21
65	7	9		88	88	
	7		16	481	45	103
1590	**3735**	**2428**	**1518**	**35650**	**9126**	**6043**
1590	3735	2428	1518	35650	9126	6043
242	229	29	254	795	434	27
824	2336	1752	596	21229	4165	4096
429	1145	585	660	12179	3252	1877
16				1079	1079	
79	25	62	8	368	196	43
710	**1875**	**729**	**643**	**10699**	**3960**	**1319**
567	1839	663	618	10226	3782	1227
330	1107	376	424	5569	2570	293
105	367	156	23	3018	542	869
			24	78	51	
57	131	45	14	372	27	21
25	87	54	73	763	443	
	30			21	10	
20	79	32	54	353	87	44
30	38		6	52	52	
93	10	48	19	288	55	85
93	10	48	19	288	55	85
50	26	18	6	185	123	7
19	20		4	139	104	
31	6	18	2	46	19	7
129	**205**	**47**	**250**	**1181**	**746**	**10**
55	4			148	140	

1-09 续表76

行业分组	代 码	就业人数（人）	合浦县	防城港市
新闻业	881	229		4
出版业	882	5733		55
广播、电视、电影和音像业	89	11015	110	263
广播	891	2966	65	74
电视	892	4546		45
电影	893	3313	45	127
音像制作	894	190		17
文化艺术业	90	13130	142	110
文艺创作与表演	901	4417	22	43
艺术表演场馆	902	1330	15	
图书馆与档案馆	903	2308	27	29
文物及文化保护	904	473		
博物馆	905	852	15	2
烈士陵园、纪念馆	906	285		2
群众文化活动	907	2248	55	24
文化艺术经纪代理	908	367		
其他文化艺术	909	850	8	10
体育	91	3233	4	11
体育组织	911	2305	4	10
体育场馆	912	570		
其他体育	919	358		1
娱乐业	92	10157	10	188
室内娱乐活动	921	5915		171
游乐园	922	1189		3
休闲健身娱乐活动	923	1739		11
其他娱乐活动	929	1314	10	3
公共管理和社会组织	**S**	**570884**	**8850**	**15050**
中国共产党机关	93	22466	317	512
中国共产党机关	930	22466	317	512
国家机构	94	372979	4796	11443
国家权力机构	941	5451	34	181
国家行政机构	942	343961	4565	10747
人民法院和人民检察院	943	17925	197	458
其他国家机构	949	5642		57
人民政协和民主党派	95	3181	89	140
人民政协	951	2591	28	98
民主党派	952	590	61	42
群众团体、社会团体和宗教组织	96	66824	1494	1464
群众团体	961	6796	297	160
社会团体	962	58446	1121	1289
宗教组织	963	1582	76	15
基层群众自治组织	97	105434	2154	1491
社区自治组织	971	16656	284	183
村民自治组织	972	88778	1870	1308

港口区	防城区	上思县	东兴市	钦州市	钦南区	钦北区
	4			8		
55				140	140	
38	143	6	76	551	309	4
23	41	2	8	138	121	4
	45			168	67	
15	57	4	51	243	119	
			17	2	2	
24	48	28	10	323	155	6
3	28	12		155	93	
				12	4	
7	8	6	8	39		2
	2			26	11	
	2					
14		10		79	44	4
	8		2	12	3	
1		10		17	8	
		10		11	8	
1				6		
11	10	3	164	142	134	
	7		164	120	115	
		3				
11						
	3			22	19	
4988	**4279**	**2840**	**2943**	**33520**	**12149**	**4599**
216	60	168	68	1139	508	112
216	60	168	68	1139	508	112
4059	3196	2011	2177	19974	9451	2998
81	61	25	14	137	62	19
3781	2983	1896	2087	19037	9062	2855
190	107	85	76	800	327	124
7	45	5				
120		20		120	61	15
80		18		108	49	15
40		2		12	12	
408	340	193	523	6880	887	208
73	28	28	31	228	123	16
335	312	158	484	6607	746	180
		7	8	45	18	12
185	683	448	175	5407	1242	1266
49	68	20	46	410	186	85
136	615	428	129	4997	1056	1181

1–09 续表77

行业分组	代 码	就业人数（人）	灵山县	浦北县
总 计		**4885707**	**50621**	**52351**
农、林、牧、渔业	**A**	**38508**		
农业	01	21114		
谷物及其他作物的种植	011	16377		
蔬菜、园艺作物的种植	012	119		
水果、坚果、饮料和香料作物的种植	013	4600		
中药材的种植	014	18		
林业	02	13004		
林木的培育和种植	021	12780		
木材和竹材的采运	022	224		
林产品的采集	023			
畜牧业	03	3144		
牲畜的饲养	031	235		
猪的饲养	032	507		
家禽的饲养	033	2326		
狩猎和捕捉动物	034			
其他畜牧业	039	76		
渔业	04	247		
海洋渔业	041	51		
内陆渔业	042	196		
农、林、牧、渔服务业	05	999		
农业服务业	051	453		
林业服务业	052			
畜牧服务业	053	420		
渔业服务业	054	126		
采矿业	**B**	**97288**	**576**	**669**
煤炭开采和洗选业	06	17120		
烟煤和无烟煤的开采洗选	061	10600		
褐煤的开采洗选	062	6363		
其他煤炭采选	069	157		
石油和天然气开采业	07	30		
天然原油和天然气开采	071	7		
与石油和天然气开采有关的服务活动	079	23		
黑色金属矿采选业	08	19228	388	198
铁矿采选	081	4428	217	135
其他黑色金属矿采选	089	14800	171	63
有色金属矿采选业	09	29861		337
常用有色金属矿采选	091	25864		337
贵金属矿采选	092	2703		
稀有稀土金属矿采选	093	1294		
非金属矿采选业	10	30538	188	134
土砂石开采	101	19457	182	62
化学矿采选	102	1687		
采盐	103	1416		
石棉及其他非金属矿采选	109	7978	6	72
其他采矿业	11	511		

贵港市	港北区	港南区	覃塘区	平南县	桂平市	玉林市
275062	**76024**	**32870**	**19210**	**69775**	**77183**	**547148**
2600	**2600**					**3736**
2600	2600					316
2600	2600					50
						266
						1736
						1736
						1425
						48
						1377
						259
						259
6774	**659**	**5**	**356**	**2092**	**3662**	**4968**
						13
						13
2198	221	5	1	14	1957	916
161	155	5	1			628
2037	66			14	1957	288
2043	410		46	220	1367	584
1684	51		46	220	1367	439
359	359					103
						42
2521	16		309	1858	338	3296
2411	16		309	1858	228	3035
110					110	261
12	12					159

1–09 续表78

行业分组	代码	就业人数（人）	
		灵山县	浦北县
其他采矿业	110	511	
制造业	**C**	**1377307**	**14729**	**24899**
农副食品加工业	13	139046	1776	933
谷物磨制	131	4612	21	95
饲料加工	132	14717	200	
植物油加工	133	3632	6	
制糖	134	79341	964	838
屠宰及肉类加工	135	9355	117	
水产品加工	136	7236		
蔬菜、水果和坚果加工	137	3907	283	
其他农副食品加工	139	16246	185	
食品制造业	14	37056	523	173
焙烤食品制造	141	7223		125
糖果、巧克力及蜜饯制造	142	1865	7	48
方便食品制造	143	4955	35	
液体乳及乳制品制造	144	2991	183	
罐头制造	145	7981	190	
调味品、发酵制品制造	146	2626	42	
其他食品制造	149	9415	66	
饮料制造业	15	36286	357	470
酒精制造	151	3936	27	122
酒的制造	152	12755	6	45
软饮料制造	153	14148	51	303
精制茶加工	154	5447	273	
烟草制品业	16	4315		
烟叶复烤	161	515		
卷烟制造	162	3800		
其他烟草制品加工	169			
纺织业	17	69393	1654	1780
棉、化纤纺织及印染精加工	171	18434	284	
毛纺织和染整精加工	172	4512	50	
麻纺织	173	1312		335
丝绢纺织及精加工	174	19769	620	799
纺织制成品制造	175	5096		
针织品、编织品及其制品制造	176	20270	700	646
纺织服装、鞋、帽制造业	18	21831	153	267
纺织服装制造	181	21326	153	267
纺织面料鞋的制造	182	357		
制帽	183	148		
皮革、毛皮、羽毛(绒)及其制品业	19	30570	266	356
皮革鞣制加工	191	4591	166	114
皮革制品制造	192	22289	70	242
毛皮鞣制及制品加工	193	236		
羽毛(绒)加工及制品制造	194	3454	30	
木材加工及木、竹、藤、棕、草制品业	20	102422	745	7385
锯材、木片加工	201	20868	304	366
人造板制造	202	35685	97	636

贵港市	港北区	港南区	覃塘区	平南县	桂平市	玉林市
12	12					159
83840	**15329**	**15497**	**6941**	**24742**	**21331**	**232403**
10442	5465	713	1003	1368	1893	6281
921	98	252	10	325	236	281
1617	1128	427		30	32	2992
73				48	25	120
5274	3939		940		395	1599
984	262	34		323	365	595
						1
370				370		236
1203	38		53	272	840	457
1963	414	533		191	825	6447
219	17			33	169	1958
98	30			20	48	151
664		120		21	523	1079
102	102					79
68				62	6	2555
71				54	17	418
741	265	413		1	62	207
1078	76	98	45	180	679	2553
343					343	15
253				127	126	1563
225	73	98			54	821
257	3		45	53	156	154
4641	540	16	31	1258	2796	16750
244				36	208	3149
232				72	160	3135
340					340	
401	171	8		222		310
105	21			29	55	587
3319	348	8	31	899	2033	9569
4726	215	15	40	1370	3086	5224
4713	215	15	40	1370	3073	5144
13					13	
						80
5915	188	4622		867	238	14817
						1291
3029	158	1800		833	238	13368
34				34		
2852	30	2822				158
8029	568	788	1317	5005	351	9920
436	113	26	104	153	40	2923
2916	417	762	1082	415	240	5465

1–09 续表79

行业分组	代 码	就业人数（人）	灵山县	浦北县
木制品制造	203	23965	28	227
竹、藤、棕、草制品制造	204	21904	316	6156
家具制造业	21	11154	341	51
木质家具制造	211	7944	62	51
竹、藤家具制造	212	1607	279	
金属家具制造	213	182		
塑料家具制造	214	426		
其他家具制造	219	995		
造纸及纸制品业	22	46989	281	812
纸浆制造	221	6323		
造纸	222	25536	33	313
纸制品制造	223	15130	248	499
印刷业和记录媒介的复制	23	20703	68	458
印刷	231	18279	41	393
装订及其他印刷服务活动	232	1197	27	65
记录媒介的复制	233	1227		
文教体育用品制造业	24	7672		70
文化用品制造	241	853		
体育用品制造	242	541		
乐器制造	243	25		
玩具制造	244	6090		70
游艺器材及娱乐用品制造	245	163		
石油加工、炼焦及核燃料加工业	25	2975		
精炼石油产品的制造	251	2843		
炼焦	252	132		
核燃料加工	253			
化学原料及化学制品制造业	26	106808	3194	4664
基础化学原料制造	261	16506		
肥料制造	262	24164	443	104
农药制造	263	6507	32	
涂料、油墨、颜料及类似产品制造	264	6725		469
合成材料制造	265	2687		
专用化学产品制造	266	39883	2689	4026
日用化学产品制造	267	10336	30	65
医药制造业	27	35814	204	1332
化学药品原药制造	271	1573		126
化学药品制剂制造	272	6957		810
中药饮片加工	273	2133		
中成药制造	274	18808	174	396
兽用药品制造	275	3419	30	
生物、生化制品的制造	276	2163		
卫生材料及医药用品制造	277	761		
化学纤维制造业	28	577		
纤维素纤维原料及纤维制造	281	16		
合成纤维制造	282	561		
橡胶制品业	29	8323		
轮胎制造	291	2537		

贵港市	港北区	港南区	覃塘区	平南县	桂平市	玉林市
229	38		116	75		534
4448			15	4362	71	998
292	31	12	33	156	60	2740
201		12	33	156		2409
30					30	30
30					30	
						13
31	31					288
3795	1536	443	108	386	1322	6450
70				22	48	77
2753	1383	182	108	44	1036	2952
972	153	261		320	238	3421
651	256	76		64	255	3201
624	250	76		63	235	3200
27	6			1	20	1
1029	40	580	111	260	38	2418
						42
51			1	50		26
						25
978	40	580	110	210	38	2325
59				59		53
59				59		18
						35
5404	1365	1614	760	1438	227	10215
147	14	131			2	71
3391	1258	1186	576	361	10	1819
593	23		96	474		583
23				16	7	513
15		8		7		33
1071		289	58	580	144	6844
164	70		30		64	352
1306	386	56		93	771	3409
33					33	37
166	70	46			50	212
777	285			6	486	1029
254	31			60	163	2006
49		10			39	
27				27		125
1			1			
1			1			
1053	25	53	40	935		395
56	13	2	40	1		30

1-09 续表80

行业分组	代 码	就业人数（人）	灵山县	浦北县
橡胶板、管、带的制造	292	1435		
橡胶零件制造	293	526		
再生橡胶制造	294	325		
日用及医用橡胶制品制造	295	1756		
橡胶靴鞋制造	296	209		
其他橡胶制品制造	299	1535		
塑料制品业	30	29374	68	1775
塑料薄膜制造	301	2770	8	
塑料板、管、型材的制造	302	3688		1041
塑料丝、绳及编织品的制造	303	12078		114
泡沫塑料制造	304	650	60	
塑料人造革、合成革制造	305	96		
塑料包装箱及容器制造	306	3067		100
塑料零件制造	307	558		
日用塑料制造	308	2903		
其他塑料制品制造	309	3564		520
非金属矿物制品业	31	206772	1437	3429
水泥、石灰和石膏的制造	311	55704	324	1231
水泥及石膏制品制造	312	13049	73	110
砖瓦、石材及其他建筑材料制造	313	76113	916	827
玻璃及玻璃制品制造	314	9124		70
陶瓷制品制造	315	44212	22	1191
耐火材料制品制造	316	1524	102	
石墨及其他非金属矿物制品制造	319	7046		
黑色金属冶炼及压延加工业	32	58957	497	
炼铁	321	3019		
炼钢	322	3419		
钢压延加工	323	25975	214	
铁合金冶炼	324	26544	283	
有色金属冶炼及压延加工业	33	63865	120	
常用有色金属冶炼	331	53566		
贵金属冶炼	332	679		
稀有稀土金属冶炼	333	1868		
有色金属合金制造	334	353	120	
有色金属压延加工	335	7399		
金属制品业	34	24817	16	110
结构性金属制品制造	341	8354	16	
金属工具制造	342	2335		
集装箱及金属包装容器制造	343	1264		
金属丝绳及其制品的制造	344	692		
建筑、安全用金属制品制造	345	1382		
金属表面处理及热处理加工	346	995		
搪瓷制品制造	347	193		
不锈钢及类似日用金属制品制造	348	6928		
其他金属制品制造	349	2674		110
通用设备制造业	35	46883	49	
锅炉及原动机制造	351	7814		

贵港市	港北区	港南区	覃塘区	平南县	桂平市	玉林市
						59
324	12	51		261		
						33
105				105		3
53				53		5
515				515		265
1595	367	732	1	216	279	5692
230		173			57	269
96		15		53	28	262
838	296	542				2216
18	18					134
						45
150					150	535
9					9	96
168	38			105	25	1313
86	15	2	1	58	10	822
15137	1395	1839	3022	6968	1913	62540
8801	830	54	2600	4668	649	10546
332	118	36	151	27		1427
5603	393	1749	261	2144	1056	12321
227	41			23	163	1005
106				106		35854
						937
68	13		10		45	450
2277	1234	235	118	86	604	1123
						330
1234	1234					
655		235			420	793
388			118	86	184	
947	252	247	50	31	367	1731
849	252	247	50	31	269	1579
						80
98					98	72
381		28	101	148	104	3802
70		8			62	292
58			20	38		296
						290
22				22		80
36				2	34	30
						211
						120
51		20		31		2370
144			81	55	8	113
3287	329	271		201	2486	7239
535	258	251		26		1710

1-09 续表81

行业分组	代 码	就业人数（人）	灵山县	浦北县
金属加工机械制造	352	11183		
起重运输设备制造	353	3131		
泵、阀门、压缩机及类似机械的制造	354	3248		
轴承、齿轮、传动和驱动部件的制造	355	2569	21	
烘炉、熔炉及电炉制造	356	138		
风机、衡器、包装设备等通用设备制造	357	3179		
通用零部件制造及机械修理	358	6352	28	
金属铸、锻加工	359	9269		
专用设备制造业	36	42616	28	32
矿山、冶金、建筑专用设备制造	361	17485		
化工、木材、非金属加工专用设备制造	362	5749		
食品、饮料、烟草及饲料生产专用设备制造	363	3145	28	
印刷、制药、日化生产专用设备制造	364	1706		
纺织、服装和皮革工业专用设备制造	365	82		
电子和电工机械专用设备制造	366	791		
农、林、牧、渔专用机械制造	367	8879		32
医疗仪器设备及器械制造	368	2303		
环保、社会公共安全及其他专用设备制造	369	2476		
交通运输设备制造业	37	101744		192
铁路运输设备制造	371	6267		
汽车制造	372	86855		192
摩托车制造	373	210		
自行车制造	374	585		
船舶及浮动装置制造	375	6647		
航空航天器制造	376	917		
交通器材及其他交通运输设备制造	379	263		
电气机械及器材制造业	39	33441	10	
电机制造	391	2925		
输配电及控制设备制造	392	14763		
电线、电缆、光缆及电工器材制造	393	6285	10	
电池制造	394	4102		
家用电力器具制造	395	2232		
非电力家用器具制造	396	461		
照明器具制造	397	1610		
其他电气机械及器材制造	399	1063		
通信设备、计算机及其他电子设备制造业	40	35067	450	422
通信设备制造	401	6739		
雷达及配套设备制造	402	946		
广播电视设备制造	403	517		
电子计算机制造	404	4733		
电子器件制造	405	1058	30	
电子元件制造	406	15026	420	422
家用视听设备制造	407	4289		
其他电子设备制造	409	1759		
仪器仪表及文化、办公用机械制造业	41	6151		
通用仪器仪表制造	411	2846		
专用仪器仪表制造	412	547		

贵港市	港北区	港南区	覃塘区	平南县	桂平市	玉林市
1557				2	1555	353
6		6				242
220					220	675
25	25					228
297	40	6		173	78	1080
647	6	8			633	2951
713	294	33	100	230	56	5124
132	19	13	100			1662
28	12	16				180
27					27	977
24					24	283
4		4				
230				230		
268	263				5	1854
						75
						93
2453	217	340		694	1202	19287
691	207	5		362	117	18746
25		25				
						411
1737	10	310		332	1085	
						130
2733	136	925		413	1259	2920
60				50	10	714
637	10	627				529
96	96					561
1472	30	298			1144	222
25				10	15	48
43				38	5	157
303				260	43	689
97				55	42	
1571		1195		1	375	7696
1290		1195			95	54
201				1	200	
						6737
						27
80					80	878
236				215	21	94
11					11	4

1-09 续表82

行业分组	代 码	就业人数（人）	灵山县	浦北县
钟表与计时仪器制造	413	968		
光学仪器及眼镜制造	414	1548		
文化、办公用机械制造	415	139		
其他仪器仪表的制造及修理	419	103		
工艺品及其他制造业	42	43408	2492	188
工艺美术品制造	421	38075	2492	188
日用杂品制造	422	3794		
煤制品制造	423	145		
核辐射加工	424	32		
其他未列明的制造业	429	1362		
废弃资源和废旧材料回收加工业	43	2278		
金属废料和碎屑的加工处理	431	1589		
非金属废料和碎屑的加工处理	432	689		
电力、燃气及水的生产和供应业	**D**	**165716**	**608**	**1651**
电力、热力的生产和供应业	44	146330	387	1324
电力生产	441	46403	32	735
电力供应	442	98664	355	589
热力生产和供应	443	1263		
燃气生产和供应业	45	1476		
燃气生产和供应业	450	1476		
水的生产和供应业	46	17910	221	327
自来水的生产和供应	461	17435	208	327
污水处理及其再生利用	462	440	13	
其他水的处理、利用与分配	469	35		
建筑业	**E**	**544190**	**2528**	**2524**
房屋和土木工程建筑业	47	440787	2520	2460
房屋工程建筑	471	349235	2519	2460
土木工程建筑	472	91552	1	
建筑安装业	48	36567		64
建筑安装业	480	36567		64
建筑装饰业	49	10801	8	
建筑装饰业	490	10801	8	
其他建筑业	50	56035		
工程准备	501	3173		
提供施工设备服务	502	49379		
其他未列明的建筑活动	509	3483		
交通运输、仓储和邮政业	**F**	**195608**	**663**	**885**
铁路运输业	51	1214		
铁路旅客运输	511	31		
铁路货物运输	512	244		
铁路运输辅助活动	513	939		
道路运输业	52	97709	431	796
公路旅客运输	521	36607	14	34
道路货物运输	522	38580	27	406
道路运输辅助活动	523	22522	390	356
城市公共交通业	53	24776	119	45

贵港市	港北区	港南区	覃塘区	平南县	桂平市	玉林市
225				215	10	90
2118		25	60	1909	124	24154
2076		25	60	1884	107	24070
25				25		77
						7
17					17	
8		8				128
						33
8		8				95
5148	**2063**	**352**	**34**	**1448**	**1251**	**8923**
4133	1772	266		1127	968	6976
1742	874	266		275	327	2523
2391	898			852	641	4453
13				13		121
13				13		121
1002	291	86	34	308	283	1826
1002	291	86	34	308	283	1780
						40
						6
15961	**7915**	**1553**	**488**	**3158**	**2847**	**46908**
15028	7462	1244	488	3154	2680	45942
11002	5045	1244	488	2838	1387	41143
4026	2417			316	1293	4799
233	106	127				647
233	106	127				647
135	111			4	20	307
135	111			4	20	307
565	236	182			147	12
199	98	101				12
135	135					0
231	3	81			147	
16385	**5836**	**1000**	**677**	**3858**	**5014**	**26098**
4022	2032	218	48	604	1120	18619
2016	1462	78	9	224	243	4042
1652	558	35	8	231	820	11773
354	12	105	31	149	57	2804
986	717				269	990

1–09 续表83

行业分组	代码	就业人数（人）	灵山县	浦北县
公共电汽车客运	531	19057	119	
轨道交通	532			
出租车客运	533	5071		45
城市轮渡	534			
其他城市公共交通	539	648		
水上运输业	54	18628	6	
水上旅客运输	541	2669		
水上货物运输	542	12353	6	
水上运输辅助活动	543	3606		
航空运输业	55	2712		
航空客货运输	551	1626		
通用航空服务	552	319		
航空运输辅助活动	553	767		
管道运输业	56			
管道运输业	560			
装卸搬运和其他运输服务业	57	24199		27
装卸搬运	571	16504		
运输代理服务	572	7695		27
仓储业	58	9105	107	17
谷物、棉花等农产品仓储	581	3903	107	17
其他仓储	589	5202		
邮政业	59	17265		
国家邮政	591	15966		
其他寄递服务	599	1299		
信息传输、计算机服务和软件业	**G**	**68070**	**231**	**71**
电信和其他信息传输服务业	60	43237	65	22
电信	601	28898		
互联网信息服务	602	8687		
广播电视传输服务	603	5597	65	22
卫星传输服务	604	55		
计算机服务业	61	21548	166	49
计算机系统服务	611	2226		2
数据处理	612	369		
计算机维修	613	313		
其他计算机服务	619	18640	166	47
软件业	62	3285		
公共软件服务	621	2469		
其他软件服务	629	816		
批发和零售业	**H**	**308143**	**2373**	**2206**
批发业	63	163985	1077	606
农畜产品批发	631	9905	358	21
食品、饮料及烟草制品批发	632	22426	79	265
纺织、服装及日用品批发	633	7233	46	10
文化、体育用品及器材批发	634	4204		67
医药及医疗器材批发	635	9963	33	6
矿产品、建材及化工产品批发	636	62226	339	115

贵港市	港北区	港南区	覃塘区	平南县	桂平市	玉林市
515	515					698
450	202				248	274
21					21	18
7293	647		141	3029	3476	1179
29					29	
6602	273		141	2748	3440	934
662	374			281	7	245
1866	695	703	318	109	41	2792
1705	660	703	195	109	38	2313
161	35		123		3	479
1050	577	79	170	116	108	858
423	112	54	52	97	108	420
627	465	25	118	19		438
1168	1168					1660
1168	1168					1642
						18
2081	**761**	**268**	**12**	**439**	**601**	**3606**
1037	447		12		578	1921
530	439				91	1583
493	8		4		481	145
14			8		6	192
						1
1025	295	268		439	23	1622
10	7				3	43
1015	288	268		439	20	1579
19	19					63
9	9					21
10	10					42
13869	**6577**	**877**	**395**	**3192**	**2828**	**28079**
8320	3211	446	276	2389	1998	14783
284	77	72		48	87	1590
832	630	41		84	77	1525
46	37	8			1	297
97	60	11		15	11	162
397	96		7	202	92	1024
4844	1799	197	241	1639	968	4233

1-09 续表84

行业分组	代 码	就业人数（人）	灵山县	浦北县
机械设备、五金交电及电子产品批发	637	30361	93	21
贸易经纪与代理	638	7503	118	3
其他批发	639	10164	11	98
零售业	65	144158	1296	1600
综合零售	651	44824	700	960
食品、饮料及烟草制品专门零售	652	13090	41	46
纺织、服装及日用品专门零售	653	8610		
文化、体育用品及器材专门零售	654	6495	73	
医药及医疗器材专门零售	655	11407	127	106
汽车、摩托车、燃料及零配件专门零售	656	21263	201	282
家用电器及电子产品专门零售	657	20368	56	39
五金、家具及室内装修材料专门零售	658	8121	17	106
无店铺及其他零售	659	9980	81	61
住宿和餐饮业	**I**	**98329**	**332**	**159**
住宿业	66	62050	239	
旅游饭店	661	44956		
一般旅馆	662	15844	239	
其他住宿服务	669	1250		
餐饮业	67	36279	93	159
正餐服务	671	29407	93	159
快餐服务	672	4318		
饮料及冷饮服务	673	446		
其他餐饮服务	679	2108		
金融业	**J**	**112287**	**548**	**338**
银行业	68	65646	537	338
中央银行	681	2828		
商业银行	682	61073	537	338
其他银行	689	1745		
证券业	69	899		
证券市场管理	691	34		
证券经纪与交易	692	846		
证券投资	693	4		
证券分析与咨询	694	15		
保险业	70	42293		
人寿保险	701	31890		
非人寿保险	702	10018		
保险辅助服务	703	385		
其他金融活动	71	3449	11	
金融信托与管理	711	231		
金融租赁	712	18		
财务公司	713	54		
邮政储蓄	714	1895		
典当	715	362	11	
其他未列明的金融活动	719	889		
房地产业	**K**	**118213**	**481**	**227**
房地产业	72	118213	481	227

贵港市	港北区	港南区	覃塘区	平南县	桂平市	玉林市
657	334	9	10	194	110	1356
630	50				580	3764
533	128	108	18	207	72	832
5549	3366	431	119	803	830	13296
2531	1702	325	62	95	347	5092
334	146	20		99	69	1047
321	72		2	232	15	720
338	124		13	74	127	364
143	64	5		35	39	913
832	600	60	32	72	68	2442
616	454			80	82	1496
135	90			37	8	730
299	114	21	10	79	75	492
3424	**1444**	**44**		**946**	**990**	**6301**
1461	571			356	534	4257
807	367			172	268	2902
557	182			109	266	1236
97	22			75		119
1963	873	44		590	456	2044
1912	873	20		590	429	1822
27		24			3	85
24					24	137
4265	**2913**	**7**		**699**	**646**	**9092**
3328	2052			699	577	5507
						161
3285	2009			699	577	5346
43	43					
522	522					3131
						2620
522	522					468
						43
415	339	7			69	454
						2
						8
347	278				69	353
17	17					18
51	44	7				73
4615	**2876**	**305**	**13**	**553**	**868**	**6826**
4615	2876	305	13	553	868	6826

1-09 续表85

行业分组	代码	就业人数（人）	灵山县	浦北县
房地产开发经营	721	59730	344	204
物业管理	722	40344	70	
房地产中介服务	723	7740	52	
其他房地产活动	729	10399	15	23
租赁和商务服务业	**L**	**142800**	**588**	**384**
租赁业	73	2865		
机械设备租赁	731	2711		
文化及日用品出租	732	154		
商务服务业	74	139935	588	384
企业管理服务	741	52613	250	64
法律服务	742	4379	9	3
咨询与调查	743	11128	8	4
广告业	744	10561	25	16
知识产权服务	745	275		
职业中介服务	746	6346		17
市场管理	747	17703	276	277
旅行社	748	9793	6	
其他商务服务	749	27137	14	3
科学研究、技术服务和地质勘查业	**M**	**105742**	**494**	**605**
研究与试验发展	75	13710	9	58
自然科学研究与试验发展	751	1045		
工程和技术研究与试验发展	752	1680		
农业科学研究与试验发展	753	7078	9	58
医学研究与试验发展	754	1935		
社会人文科学研究与试验发展	755	1972		
专业技术服务业	76	54982	134	198
气象服务	761	2525	16	23
地震服务	762	497	6	4
海洋服务	763	30		
测绘服务	764	3571	7	13
技术检测	765	8179	43	19
环境监测	766	1903		5
工程技术与规划管理	767	30947	62	134
其他专业技术服务	769	7330		
科技交流和推广服务业	77	31507	351	349
技术推广服务	771	28466	351	349
科技中介服务	772	1361		
其他科技服务	779	1680		
地质勘查业	78	5543		
矿产地质勘查	781	1866		
基础地质勘查	782	1922		
地质勘查技术服务	783	1755		
水利、环境和公共设施管理业	**N**	**69807**	**406**	**330**
水利管理业	79	13959	256	169
防洪管理	791	717	14	
水资源管理	792	10035	169	123

贵港市	港北区	港南区	覃塘区	平南县	桂平市	玉林市
3108	1785	281	13	493	536	4096
974	863	24		20	67	2172
186	34			40	112	194
347	194				153	364
5447	**1867**	**295**	**386**	**1512**	**1387**	**9504**
506	60	91	70		285	34
506	60	91	70		285	27
						7
4941	1807	204	316	1512	1102	9470
798	81	60	24	172	461	4102
135	83	5			47	212
276	168	4	99	5		363
397	334	3		12	48	778
						9
636	86		2	548		184
2057	762	41	92	664	498	2137
125	70			12	43	510
517	223	91	99	99	5	1175
3776	**1390**	**402**	**219**	**1028**	**737**	**7963**
159	99		19	28	13	751
25	6		19			29
						35
101	65			23	13	216
8	3			5		
25	25					471
1787	869	132	26	269	491	3507
78	47			5	26	188
14				5	9	78
78	58			20		196
281	198	14		17	52	779
65	9	6			50	121
831	496	45	26	219	45	2103
440	61	67		3	309	42
1666	328	223	174	721	220	3610
1597	314	220	128	717	218	3408
14	5	3		4	2	44
55	9		46			158
164	94	47		10	13	95
94	94					95
47		47				
23				10	13	
3207	**486**	**38**	**298**	**922**	**1463**	**5437**
1642	82		245	477	838	1866
42	29		2	4	7	35
1355	47		242	457	609	1605

1-09 续表86

行业分组	代码	就业人数（人）	灵山县	浦北县
其他水利管理	799	3207	73	46
环境管理业	80	33355	78	138
自然保护	801	1823		
环境治理	802	31532	78	138
公共设施管理业	81	22493	72	23
市政公共设施管理	811	4552	10	3
城市绿化管理	812	4850		20
游览景区管理	813	13091	62	
居民服务和其他服务业	**O**	**25878**	**36**	**333**
居民服务业	82	10484	36	
家庭服务	821	868	9	
托儿所	822	167		
洗染服务	823	281		
理发及美容保健服务	824	2031	8	
洗浴服务	825	1072		
婚姻服务	826	153	15	
殡葬服务	827	1239	4	
摄影扩印服务	828	1484		
其他居民服务	829	3189		
其他服务业	83	15394		333
修理与维护	831	7114		
清洁服务	832	4557		
其他未列明的服务	839	3723		333
教育	**P**	**591688**	**12384**	**8097**
教育	84	591688	12384	8097
学前教育	841	29633	176	158
初等教育	842	269344	8022	4946
中等教育	843	229220	4084	2966
高等教育	844	40258		
其他教育	849	23233	102	27
卫生、社会保障和社会福利业	**Q**	**211752**	**3245**	**2175**
卫生	85	198969	3128	2089
医院	851	111332	1615	1091
卫生院及社区医疗活动	852	49969	1033	574
门诊部医疗活动	853	4710	27	
计划生育技术服务活动	854	9938	69	255
妇幼保健活动	855	11346	230	90
专科疾病防治活动	856	1447	11	
疾病预防控制及防疫活动	857	6966	143	79
其他卫生活动	859	3261		
社会保障业	86	6333	69	79
社会保障业	860	6333	69	79
社会福利业	87	6450	48	7
提供住宿的社会福利	871	4889	35	
不提供住宿的社会福利	872	1561	13	7
文化、体育和娱乐业	**R**	**43497**	**173**	**252**
新闻出版业	88	5962	8	

贵港市	港北区	港南区	覃塘区	平南县	桂平市	玉林市
245	6		1	16	222	226
811	151	5	8	366	281	2221
2			2			6
809	151	5	6	366	281	2215
754	253	33	45	79	344	1350
166	113	33		14	6	209
248	138		45	65		586
340	2				338	555
1138	**636**	**110**		**237**	**155**	**1342**
644	465	51		119	9	483
11	11					2
66	51			15		139
						31
6				6		8
85		51		26	8	135
25	24				1	30
451	379			72		138
494	171	59		118	146	859
325	96	59		118	52	678
101	53				48	69
68	22				46	112
52133	**7423**	**7159**	**5417**	**14530**	**17604**	**70355**
52133	7423	7159	5417	14530	17604	70355
1690	65	567	4	285	769	2621
26239	3409	2911	2715	7773	9431	34128
22817	3466	3502	2685	5993	7171	29111
69	62				7	1268
1318	421	179	13	479	226	3227
13544	**3147**	**1108**	**1106**	**3631**	**4552**	**20913**
12982	2911	1105	1052	3521	4393	19745
5297	1913	243	352	1328	1461	9805
4034	260	706	516	793	1759	6138
1065				785	280	293
1033	121	62	161	297	392	1468
864	413	10		106	335	942
28					28	306
454	157		23	136	138	625
207	47	84		76		168
315	121	1	34	64	95	644
315	121	1	34	64	95	644
247	115	2	20	46	64	524
234	115	2	20	46	51	431
13					13	93
1059	**384**	**55**	**43**	**308**	**269**	**3267**
117	117					257

1-09 续表87

行业分组	代 码	就业人数（人）	灵山县	浦北县
新闻业	881	229	8	
出版业	882	5733		
广播、电视、电影和音像业	89	11015	69	169
广播	891	2966	13	
电视	892	4546		101
电影	893	3313	56	68
音像制作	894	190		
文化艺术业	90	13130	86	76
文艺创作与表演	901	4417	34	28
艺术表演场馆	902	1330		8
图书馆与档案馆	903	2308	18	19
文物及文化保护	904	473		
博物馆	905	852	6	9
烈士陵园、纪念馆	906	285		
群众文化活动	907	2248	19	12
文化艺术经纪代理	908	367		
其他文化艺术	909	850	9	
体育	91	3233	6	3
体育组织	911	2305		3
体育场馆	912	570		
其他体育	919	358	6	
娱乐业	92	10157	4	4
室内娱乐活动	921	5915	2	3
游乐园	922	1189		
休闲健身娱乐活动	923	1739		
其他娱乐活动	929	1314	2	1
公共管理和社会组织	**S**	**570884**	**10226**	**6546**
中国共产党机关	93	22466	315	204
中国共产党机关	930	22466	315	204
国家机构	94	372979	4370	3155
国家权力机构	941	5451	31	25
国家行政机构	942	343961	4144	2976
人民法院和人民检察院	943	17925	195	154
其他国家机构	949	5642		
人民政协和民主党派	95	3181	25	19
人民政协	951	2591	25	19
民主党派	952	590		
群众团体、社会团体和宗教组织	96	66824	3731	2054
群众团体	961	6796	49	40
社会团体	962	58446	3667	2014
宗教组织	963	1582	15	
基层群众自治组织	97	105434	1785	1114
社区自治组织	971	16656	81	58
村民自治组织	972	88778	1704	1056

贵港市	港北区	港南区	覃塘区	平南县	桂平市	玉林市
						4
117	117					253
496	143	41	25	139	148	1073
236	143	8		66	19	267
84		2	22		60	381
173		31	3	73	66	424
3					3	1
214	86		3	43	82	1086
67	25			18	24	578
19	19					
59	25		3	12	19	135
13					13	10
29	8			7	14	47
						8
20	9				11	271
1					1	
6				6		37
14				5	9	110
						29
14				5	9	47
						34
218	38	14	15	121	30	741
152	33	4		98	17	568
43		10		23	10	10
23	5		15		3	50
						113
35796	**11718**	**3795**	**2825**	**6480**	**10978**	**51427**
1287	400	103	119	386	279	1862
1287	400	103	119	386	279	1862
22234	7919	1636	1183	4135	7361	27054
404	70	103	14	25	192	223
20715	7549	1298	1056	3876	6936	25066
1092	286	235	112	234	225	1438
23	14		1		8	327
117	53	16	10	15	23	211
106	42	16	10	15	23	183
11	11					28
3270	125	819	841	406	1079	9269
177	85	11	13	24	44	338
3040	40	784	828	378	1010	8800
53		24		4	25	131
8888	3221	1221	672	1538	2236	13031
2691	2495	43	38	52	63	1182
6197	726	1178	634	1486	2173	11849

1-09 续表88

行业分组	代 码	就业人数（人）	玉州区	容县
总 计		**4885707**	**167904**	**56792**
农、林、牧、渔业	**A**	**38508**	**844**	**284**
农业	01	21114		
谷物及其他作物的种植	011	16377		
蔬菜、园艺作物的种植	012	119		
水果、坚果、饮料和香料作物的种植	013	4600		
中药材的种植	014	18		
林业	02	13004		
林木的培育和种植	021	12780		
木材和竹材的采运	022	224		
林产品的采集	023			
畜牧业	03	3144	827	256
牲畜的饲养	031	235	48	
猪的饲养	032	507		
家禽的饲养	033	2326	779	256
狩猎和捕捉动物	034			
其他畜牧业	039	76		
渔业	04	247		
海洋渔业	041	51		
内陆渔业	042	196		
农、林、牧、渔服务业	05	999	17	28
农业服务业	051	453	17	28
林业服务业	052			
畜牧服务业	053	420		
渔业服务业	054	126		
采矿业	**B**	**97288**	**438**	**485**
煤炭开采和洗选业	06	17120		
烟煤和无烟煤的开采洗选	061	10600		
褐煤的开采洗选	062	6363		
其他煤炭采选	069	157		
石油和天然气开采业	07	30		
天然原油和天然气开采	071	7		
与石油和天然气开采有关的服务活动	079	23		
黑色金属矿采选业	08	19228		54
铁矿采选	081	4428		
其他黑色金属矿采选	089	14800		54
有色金属矿采选业	09	29861		30
常用有色金属矿采选	091	25864		30
贵金属矿采选	092	2703		
稀有稀土金属矿采选	093	1294		
非金属矿采选业	10	30538	355	391
土砂石开采	101	19457	355	268
化学矿采选	102	1687		
采盐	103	1416		
石棉及其他非金属矿采选	109	7978		123
其他采矿业	11	511	83	10

陆川县	博白县	兴业县	北流市	百色市	右江区	田阳县
53494	**92455**	**30780**	**145723**	**270613**	**76659**	**20160**
214	**557**		**1837**	**2295**	**1064**	
			316	1153	752	
			50	752	752	
			266	401		
	557		1179	1124	302	
	557		1179	1124	302	
			342	10	10	
			342	10	10	
214				8		
214				8		
936	**748**	**550**	**1811**	**12338**	**1872**	**1023**
		13		7469	1748	716
		13		1999	1748	251
				5470		465
699		124	39	2198	103	
589			39	58		
110		124		2140	103	
53	501			1830	8	56
53	356			841		56
	103			989	8	
	42					
184	183	411	1772	841	13	251
149	148	408	1707	684	10	226
				115		
35	35	3	65	42	3	25
	64	2				

1-09 续表89

行业分组	代码	就业人数（人）	玉州区	容县
其他采矿业	110	511	83	10
制造业	**C**	**1377307**	**55796**	**27994**
农副食品加工业	13	139046	974	741
谷物磨制	131	4612	30	79
饲料加工	132	14717	521	393
植物油加工	133	3632	21	35
制糖	134	79341		
屠宰及肉类加工	135	9355	175	229
水产品加工	136	7236	1	
蔬菜、水果和坚果加工	137	3907	186	
其他农副食品加工	139	16246	40	5
食品制造业	14	37056	2622	1049
焙烤食品制造	141	7223	1358	8
糖果、巧克力及蜜饯制造	142	1865	151	
方便食品制造	143	4955	230	802
液体乳及乳制品制造	144	2991	78	
罐头制造	145	7981	505	120
调味品、发酵制品制造	146	2626	268	37
其他食品制造	149	9415	32	82
饮料制造业	15	36286	1542	150
酒精制造	151	3936	15	
酒的制造	152	12755	1190	115
软饮料制造	153	14148	337	14
精制茶加工	154	5447		21
烟草制品业	16	4315		
烟叶复烤	161	515		
卷烟制造	162	3800		
其他烟草制品加工	169			
纺织业	17	69393	5219	2372
棉、化纤纺织及印染精加工	171	18434	3149	
毛纺织和染整精加工	172	4512	99	
麻纺织	173	1312		
丝绢纺织及精加工	174	19769		
纺织制成品制造	175	5096	477	
针织品、编织品及其制品制造	176	20270	1494	2372
纺织服装、鞋、帽制造业	18	21831	1444	241
纺织服装制造	181	21326	1444	241
纺织面料鞋的制造	182	357		
制帽	183	148		
皮革、毛皮、羽毛(绒)及其制品业	19	30570	1726	1625
皮革鞣制加工	191	4591	1171	
皮革制品制造	192	22289	497	1625
毛皮鞣制及制品加工	193	236		
羽毛(绒)加工及制品制造	194	3454	58	
木材加工及木、竹、藤、棕、草制品业	20	102422	1774	3304
锯材、木片加工	201	20868	700	174
人造板制造	202	35685	355	3009

陆川县	博白县	兴业县	北流市	百色市	右江区	田阳县
	64	2				
19845	**45275**	**10355**	**73138**	**69469**	**15286**	**6458**
344	2161	1265	796	8305	2134	1307
21	13	45	93	26		12
320	803	534	421	58	58	
	45		19	778	183	38
	1094	505		6148	1821	1009
3	37	100	51	243	23	
	29		21	191		
	140	81	191	861	49	248
208	1806	188	574	241	67	102
182	93	110	207	88	36	
				70	3	67
5	32	10		68	28	35
			1			
	1541	68	321			
21	92			5		
	48		45	10		
132	163	214	352	2020	319	58
				361		
	102	58	98	600	230	51
132	48	72	218	442	89	7
	13	84	36	617		
1212	173	1099	6675	1192	455	130
				155		130
			3036			
310				553		
110				447	434	
792	173	1099	3639	37	21	
300	283	272	2684	1022	153	60
300	283	272	2604	1022	153	60
			80			
46	675	55	10690	45	37	
	120					
46	555	55	10590	45	37	
			100			
470	2581	214	1577	2253	541	213
210	1031	42	766	1277	29	94
230	1444	172	255	935	490	119

1-09 续表90

行业分组	代 码	就业人数（人）	玉州区	容县
木制品制造	203	23965	426	38
竹、藤、棕、草制品制造	204	21904	293	83
家具制造业	21	11154	454	455
木质家具制造	211	7944	348	391
竹、藤家具制造	212	1607		30
金属家具制造	213	182		
塑料家具制造	214	426	13	
其他家具制造	219	995	93	34
造纸及纸制品业	22	46989	2258	1119
纸浆制造	221	6323		
造纸	222	25536	977	791
纸制品制造	223	15130	1281	328
印刷业和记录媒介的复制	23	20703	1447	439
印刷	231	18279	1446	439
装订及其他印刷服务活动	232	1197	1	
记录媒介的复制	233	1227		
文教体育用品制造业	24	7672		442
文化用品制造	241	853		42
体育用品制造	242	541		
乐器制造	243	25		
玩具制造	244	6090		400
游艺器材及娱乐用品制造	245	163		
石油加工、炼焦及核燃料加工业	25	2975		
精炼石油产品的制造	251	2843		
炼焦	252	132		
核燃料加工	253			
化学原料及化学制品制造业	26	106808	2789	1093
基础化学原料制造	261	16506	61	
肥料制造	262	24164	300	47
农药制造	263	6507	117	30
涂料、油墨、颜料及类似产品制造	264	6725	125	86
合成材料制造	265	2687	33	
专用化学产品制造	266	39883	2006	765
日用化学产品制造	267	10336	147	165
医药制造业	27	35814	1121	243
化学药品原药制造	271	1573		
化学药品制剂制造	272	6957	36	
中药饮片加工	273	2133	100	69
中成药制造	274	18808	781	61
兽用药品制造	275	3419	90	113
生物、生化制品的制造	276	2163		
卫生材料及医药用品制造	277	761	114	
化学纤维制造业	28	577		
纤维素纤维原料及纤维制造	281	16		
合成纤维制造	282	561		
橡胶制品业	29	8323	47	248
轮胎制造	291	2537		

陆川县	博白县	兴业县	北流市	百色市	右江区	田阳县
	70			41	22	
30	36		556			
289	192	40	1310	249		
167	192	40	1271	249		
122			39			
166	951	399	1557	3606	831	1396
27	50			15		
68	483	383	250	3488	819	1375
71	418	16	1307	103	12	21
38	330	10	937	382	251	9
38	330	10	937	328	211	9
				54	40	
	203	51	1722	352		352
		26				
		25				
	203		1722	352		352
			53	946		17
			18	896		17
			35	50		
1391	2555	678	1709	4696	3760	85
		10		1231	650	
192	269	85	926	497	424	15
97	330	9				
216	77		9	817	767	
886	1879	572	736	2086	1907	70
		2	38	65	12	
147	53	2	1843	549	293	
				63		
		1				
	25		18	20		
136		1	50	425	270	
	28		1775	23	23	
11				18		
64			36			
30						

1-09 续表91

行业分组	代码	就业人数（人）	玉州区	容县
橡胶板、管、带的制造	292	1435	30	
橡胶零件制造	293	526		
再生橡胶制造	294	325		
日用及医用橡胶制品制造	295	1756		
橡胶靴鞋制造	296	209		
其他橡胶制品制造	299	1535	17	248
塑料制品业	30	29374	1717	730
塑料薄膜制造	301	2770	7	11
塑料板、管、型材的制造	302	3688	94	31
塑料丝、绳及编织品的制造	303	12078	833	455
泡沫塑料制造	304	650	134	
塑料人造革、合成革制造	305	96		45
塑料包装箱及容器制造	306	3067	153	23
塑料零件制造	307	558		90
日用塑料制造	308	2903	428	31
其他塑料制品制造	309	3564	68	44
非金属矿物制品业	31	206772	5718	5529
水泥、石灰和石膏的制造	311	55704	1022	376
水泥及石膏制品制造	312	13049	724	167
砖瓦、石材及其他建筑材料制造	313	76113	3090	1154
玻璃及玻璃制品制造	314	9124	383	
陶瓷制品制造	315	44212	420	3832
耐火材料制品制造	316	1524	23	
石墨及其他非金属矿物制品制造	319	7046	56	
黑色金属冶炼及压延加工业	32	58957	251	
炼铁	321	3019		
炼钢	322	3419		
钢压延加工	323	25975	251	
铁合金冶炼	324	26544		
有色金属冶炼及压延加工业	33	63865	72	
常用有色金属冶炼	331	53566		
贵金属冶炼	332	679		
稀有稀土金属冶炼	333	1868		
有色金属合金制造	334	353		
有色金属压延加工	335	7399	72	
金属制品业	34	24817	718	471
结构性金属制品制造	341	8354	137	40
金属工具制造	342	2335	64	81
集装箱及金属包装容器制造	343	1264	98	
金属丝绳及其制品的制造	344	692	80	
建筑、安全用金属制品制造	345	1382		
金属表面处理及热处理加工	346	995	171	
搪瓷制品制造	347	193		
不锈钢及类似日用金属制品制造	348	6928	168	340
其他金属制品制造	349	2674		10
通用设备制造业	35	46883	4972	918
锅炉及原动机制造	351	7814	1200	510

陆川县	博白县	兴业县	北流市	百色市	右江区	田阳县
29						
			33			
			3			
5						
655	351	140	2099	934	155	146
29	207	15				
43	42		52			
98	20	95	715	445	78	130
103	70		186	366		
		6		30		
382	12	13	447	77	77	
		11	699	16		16
6589	7537	4192	32975	10863	1723	2064
2370	203	2077	4498	4648	240	1025
30	202	75	229	226	63	38
1717	2764	1648	1948	4088	749	960
339	12	27	244			
2133	4356		25113			
			914	53		25
		365	29	1848	671	16
555		25	292	6961	702	293
305		25		391		
250			292	48		
				6522	702	293
80	1540		39	21337	1837	16
	1540		39	17903	1691	16
				46	3	
80				571		
				81		
				2736	143	
1905	166	110	432	881	531	60
11	32		72	340	29	53
72	21	16	42	36		4
160		32				
			30	20	20	
	40					
120						
1542	73	62	185	485	482	3
			103			
215	491	45	598	542	410	6
				20		

1-09 续表92

行业分组	代码	就业人数（人）	玉州区	容县
金属加工机械制造	352	11183	132	63
起重运输设备制造	353	3131		
泵、阀门、压缩机及类似机械的制造	354	3248	209	33
轴承、齿轮、传动和驱动部件的制造	355	2569	675	
烘炉、熔炉及电炉制造	356	138		
风机、衡器、包装设备等通用设备制造	357	3179	163	
通用零部件制造及机械修理	358	6352	642	217
金属铸、锻加工	359	9269	1951	95
专用设备制造业	36	42616	722	597
矿山、冶金、建筑专用设备制造	361	17485	102	30
化工、木材、非金属加工专用设备制造	362	5749	82	51
食品、饮料、烟草及饲料生产专用设备制造	363	3145	113	
印刷、制药、日化生产专用设备制造	364	1706	23	7
纺织、服装和皮革工业专用设备制造	365	82		
电子和电工机械专用设备制造	366	791		
农、林、牧、渔专用机械制造	367	8879	311	509
医疗仪器设备及器械制造	368	2303	68	
环保、社会公共安全及其他专用设备制造	369	2476	23	
交通运输设备制造业	37	101744	15739	417
铁路运输设备制造	371	6267		
汽车制造	372	86855	15378	297
摩托车制造	373	210		
自行车制造	374	585	361	
船舶及浮动装置制造	375	6647		
航空航天器制造	376	917		120
交通器材及其他交通运输设备制造	379	263		
电气机械及器材制造业	39	33441	619	244
电机制造	391	2925	67	87
输配电及控制设备制造	392	14763	304	40
电线、电缆、光缆及电工器材制造	393	6285	110	96
电池制造	394	4102	50	
家用电力器具制造	395	2232	38	
非电力家用器具制造	396	461	12	21
照明器具制造	397	1610	38	
其他电气机械及器材制造	399	1063		
通信设备、计算机及其他电子设备制造业	40	35067	841	4658
通信设备制造	401	6739		
雷达及配套设备制造	402	946		
广播电视设备制造	403	517		
电子计算机制造	404	4733	20	
电子器件制造	405	1058		
电子元件制造	406	15026		4658
家用视听设备制造	407	4289		
其他电子设备制造	409	1759	821	
仪器仪表及文化、办公用机械制造业	41	6151		32
通用仪器仪表制造	411	2846		
专用仪器仪表制造	412	547		

陆川县	博白县	兴业县	北流市	百色市	右江区	田阳县
	38		120			
				32	32	
				6		6
	65			18		
163		20	38	232	227	
52	388	25	440	234	151	
1669	352	277	1507	818	743	
1482	12		36	470	470	
	20	7	20	63	45	
17	65	15	767	57		
	100		153			
170	140	255	469			
			7			
	15		55	228	228	
2123	402	250	356	499	288	62
2123	342	250	356	488	288	62
	50					
	10			11		
1037	96	584	340	368	16	56
460		100		8	8	
85			100	8	8	
325	16		14	207		
137		35		85		
			10			
			124	56		56
30	80	449	92	4		
200		195	1802	310		20
				70		
		34				
185		161	1733	240		20
			27			
15			42			
4			58	2		
4						

1-09 续表93

行业分组	代码	就业人数（人）	玉州区	容县
钟表与计时仪器制造	413	968		32
光学仪器及眼镜制造	414	1548		
文化、办公用机械制造	415	139		
其他仪器仪表的制造及修理	419	103		
工艺品及其他制造业	42	43408	908	877
工艺美术品制造	421	38075	868	871
日用杂品制造	422	3794	33	6
煤制品制造	423	145	7	
核辐射加工	424	32		
其他未列明的制造业	429	1362		
废弃资源和废旧材料回收加工业	43	2278	102	
金属废料和碎屑的加工处理	431	1589	27	
非金属废料和碎屑的加工处理	432	689	75	
电力、燃气及水的生产和供应业	**D**	**165716**	**2447**	**2001**
电力、热力的生产和供应业	44	146330	1850	1759
电力生产	441	46403	453	811
电力供应	442	98664	1397	948
热力生产和供应	443	1263		
燃气生产和供应业	45	1476	63	
燃气生产和供应业	450	1476	63	
水的生产和供应业	46	17910	534	242
自来水的生产和供应	461	17435	534	240
污水处理及其再生利用	462	440		
其他水的处理、利用与分配	469	35		2
建筑业	**E**	**544190**	**9530**	**2342**
房屋和土木工程建筑业	47	440787	8951	2339
房屋工程建筑	471	349235	6232	1755
土木工程建筑	472	91552	2719	584
建筑安装业	48	36567	391	
建筑安装业	480	36567	391	
建筑装饰业	49	10801	176	3
建筑装饰业	490	10801	176	3
其他建筑业	50	56035	12	
工程准备	501	3173	12	
提供施工设备服务	502	49379	0	
其他未列明的建筑活动	509	3483		
交通运输、仓储和邮政业	**F**	**195608**	**14844**	**1520**
铁路运输业	51	1214		
铁路旅客运输	511	31		
铁路货物运输	512	244		
铁路运输辅助活动	513	939		
道路运输业	52	97709	9642	677
公路旅客运输	521	36607	3205	70
道路货物运输	522	38580	5605	508
道路运输辅助活动	523	22522	832	99
城市公共交通业	53	24776	649	113

陆川县	博白县	兴业县	北流市	百色市	右江区	田阳县
			58			
				2		
	22194	50	125	86	30	6
	22194	50	87	75	19	6
			38	10	10	
				1	1	
6	20			10	10	
6				10	10	
	20					
1294	**1412**	**30**	**1739**	**11144**	**2865**	**711**
1058	1072		1237	9829	2548	611
316	116		827	6256	1041	342
742	956		410	3573	1507	269
16			42	30	30	
16			42	30	30	
220	340	30	460	1285	287	100
210	340	30	426	1285	287	100
10			30			
			4			
5763	**2608**	**607**	**26058**	**15928**	**9682**	**460**
5553	2598	607	25894	15325	9452	460
5553	2586	597	24420	10469	6133	440
	12	10	1474	4856	3319	20
210	10		36	363	15	
210	10		36	363	15	
			128	180	161	
			128	180	161	
				60	54	
				35	35	
				25	19	
3631	**1786**	**969**	**3348**	**10345**	**5758**	**402**
				30	30	
				30	30	
3438	1483	759	2620	5609	3093	186
33	124	244	366	3066	2169	
2880	156	430	2194	509	204	105
525	1203	85	60	2034	720	81
	128		100	1775	714	84

1-09 续表94

行业分组	代 码	就业人数（人）	玉州区	容县
公共电汽车客运	531	19057	605	65
轨道交通	532			
出租车客运	533	5071	26	48
城市轮渡	534			
其他城市公共交通	539	648	18	
水上运输业	54	18628	27	730
水上旅客运输	541	2669		
水上货物运输	542	12353		724
水上运输辅助活动	543	3606	27	6
航空运输业	55	2712		
航空客货运输	551	1626		
通用航空服务	552	319		
航空运输辅助活动	553	767		
管道运输业	56			
管道运输业	560			
装卸搬运和其他运输服务业	57	24199	2256	
装卸搬运	571	16504	1777	
运输代理服务	572	7695	479	
仓储业	58	9105	610	
谷物、棉花等农产品仓储	581	3903	172	
其他仓储	589	5202	438	
邮政业	59	17265	1660	
国家邮政	591	15966	1642	
其他寄递服务	599	1299	18	
信息传输、计算机服务和软件业	**G**	**68070**	**2388**	**106**
电信和其他信息传输服务业	60	43237	1718	13
电信	601	28898	1564	8
互联网信息服务	602	8687	5	2
广播电视传输服务	603	5597	148	3
卫星传输服务	604	55	1	
计算机服务业	61	21548	607	93
计算机系统服务	611	2226	43	
数据处理	612	369		
计算机维修	613	313		
其他计算机服务	619	18640	564	93
软件业	62	3285	63	
公共软件服务	621	2469	21	
其他软件服务	629	816	42	
批发和零售业	**H**	**308143**	**14498**	**2562**
批发业	63	163985	5687	1655
农畜产品批发	631	9905	454	474
食品、饮料及烟草制品批发	632	22426	1237	34
纺织、服装及日用品批发	633	7233	221	8
文化、体育用品及器材批发	634	4204	60	
医药及医疗器材批发	635	9963	867	43
矿产品、建材及化工产品批发	636	62226	1212	851

陆川县	博白县	兴业县	北流市	百色市	右江区	田阳县
	28			867	480	77
	100		100	866	234	7
				42		
	9		413	558	11	46
			210	518	3	43
	9		203	40	8	3
				28		28
				28		28
85	130	106	215	659	590	
85	130	106	215	480	437	
				179	153	
108	36	104		395	200	54
108	36	104		197	52	10
				198	148	44
				1291	1120	4
				1283	1116	
				8	4	4
248	**282**	**360**	**222**	**4451**	**3607**	
34	18	138		3835	3435	
5	6			3430	3207	
		138		198	174	
29	12			183	54	
				24		
214	264	222	222	590	146	
				35	35	
				4	4	
				6		
214	264	222	222	545	107	
				26	26	
				26	26	
1623	**5788**	**1040**	**2568**	**15129**	**6469**	**1036**
1101	4582	486	1272	6755	3644	414
12	616	3	31	480	74	32
	187		67	1506	1361	32
61	7			107	39	34
67	13		22	47	9	
46		34	34	218	139	11
770	92	385	923	3437	1619	286

1-09 续表95

行业分组	代 码	就业人数（人）	玉州区	容县
机械设备、五金交电及电子产品批发	637	30361	1140	46
贸易经纪与代理	638	7503	166	
其他批发	639	10164	330	199
零售业	65	144158	8811	907
综合零售	651	44824	3654	92
食品、饮料及烟草制品专门零售	652	13090	471	222
纺织、服装及日用品专门零售	653	8610	470	35
文化、体育用品及器材专门零售	654	6495	226	41
医药及医疗器材专门零售	655	11407	740	23
汽车、摩托车、燃料及零配件专门零售	656	21263	1480	257
家用电器及电子产品专门零售	657	20368	1036	152
五金、家具及室内装修材料专门零售	658	8121	472	24
无店铺及其他零售	659	9980	262	61
住宿和餐饮业	**I**	**98329**	**4291**	**576**
住宿业	66	62050	3304	126
旅游饭店	661	44956	2506	
一般旅馆	662	15844	743	118
其他住宿服务	669	1250	55	8
餐饮业	67	36279	987	450
正餐服务	671	29407	826	450
快餐服务	672	4318	43	
饮料及冷饮服务	673	446		
其他餐饮服务	679	2108	118	
金融业	**J**	**112287**	**6629**	**418**
银行业	68	65646	3058	418
中央银行	681	2828	161	
商业银行	682	61073	2897	418
其他银行	689	1745		
证券业	69	899		
证券市场管理	691	34		
证券经纪与交易	692	846		
证券投资	693	4		
证券分析与咨询	694	15		
保险业	70	42293	3131	
人寿保险	701	31890	2620	
非人寿保险	702	10018	468	
保险辅助服务	703	385	43	
其他金融活动	71	3449	440	
金融信托与管理	711	231		
金融租赁	712	18		
财务公司	713	54	8	
邮政储蓄	714	1895	353	
典当	715	362	8	
其他未列明的金融活动	719	889	71	
房地产业	**K**	**118213**	**4215**	**277**
房地产业	72	118213	4215	277

陆川县	博白县	兴业县	北流市	百色市	右江区	田阳县
89	29		52	531	351	15
	3593		5	29	21	
56	45	64	138	400	31	4
522	1206	554	1296	8374	2825	622
136	515	442	253	4377	1154	329
73	122		159	602	155	79
	31	70	114	362	188	10
	46		51	262	96	27
6	89		55	628	147	56
154	207	31	313	471	154	72
92	41		175	992	668	
33	89	3	109	370	175	49
28	66	8	67	310	88	
416	**344**	**49**	**625**	**5816**	**2904**	**325**
279	214		334	3574	2073	251
119	99		178	2653	1716	216
160	70		145	890	353	35
	45		11	31	4	
137	130	49	291	2242	831	74
110	130	49	257	2101	717	74
22			20			
				20	20	
5			14	121	94	
388	**607**	**509**	**541**	**5076**	**3468**	**186**
386	607	507	531	3779	2193	186
				450	450	
386	607	507	531	2985	1602	186
				344	141	
				12	12	
				12	12	
				1007	990	
				551	551	
				456	439	
2		2	10	278	273	
				40	35	
2						
				212	212	
			10	20	20	
		2		6	6	
303	**755**	**218**	**1058**	**3590**	**1591**	**301**
303	755	218	1058	3590	1591	301

1-09 续表96

行业分组	代 码	就业人数（人）	玉州区	容县
房地产开发经营	721	59730	2169	215
物业管理	722	40344	1673	42
房地产中介服务	723	7740	106	10
其他房地产活动	729	10399	267	10
租赁和商务服务业	**L**	**142800**	**3278**	**638**
租赁业	73	2865	26	
机械设备租赁	731	2711	19	
文化及日用品出租	732	154	7	
商务服务业	74	139935	3252	638
企业管理服务	741	52613	463	88
法律服务	742	4379	116	14
咨询与调查	743	11128	274	8
广告业	744	10561	545	25
知识产权服务	745	275	6	
职业中介服务	746	6346	72	11
市场管理	747	17703	630	323
旅行社	748	9793	412	26
其他商务服务	749	27137	734	143
科学研究、技术服务和地质勘查业	**M**	**105742**	**3037**	**845**
研究与试验发展	75	13710	438	97
自然科学研究与试验发展	751	1045	22	
工程和技术研究与试验发展	752	1680	35	
农业科学研究与试验发展	753	7078	127	38
医学研究与试验发展	754	1935		
社会人文科学研究与试验发展	755	1972	254	59
专业技术服务业	76	54982	1825	105
气象服务	761	2525	115	26
地震服务	762	497	67	
海洋服务	763	30		
测绘服务	764	3571	88	21
技术检测	765	8179	281	15
环境监测	766	1903	73	
工程技术与规划管理	767	30947	1195	43
其他专业技术服务	769	7330	6	
科技交流和推广服务业	77	31507	774	549
技术推广服务	771	28466	731	440
科技中介服务	772	1361	30	
其他科技服务	779	1680	13	109
地质勘查业	78	5543		94
矿产地质勘查	781	1866		94
基础地质勘查	782	1922		
地质勘查技术服务	783	1755		
水利、环境和公共设施管理业	**N**	**69807**	**1947**	**655**
水利管理业	79	13959	313	253
防洪管理	791	717	27	
水资源管理	792	10035	215	144

陆川县	博白县	兴业县	北流市	百色市	右江区	田阳县
212	669	177	654	2134	686	191
28	40	18	371	822	625	
18	38		22	131	84	2
45	8	23	11	503	196	108
1101	**900**	**2776**	**811**	**2985**	**1238**	**359**
		8		53	38	
		8		53	38	
1101	900	2768	811	2932	1200	359
644	208	2573	126	498	117	187
25	5	25	27	147	83	15
19	2	1	59	152	134	10
67	39	30	72	335	193	13
			3	8	8	
32	57	2	10	156	62	8
239	507	114	324	695	139	
7	9		56	82	54	
68	73	23	134	859	410	126
997	**947**	**449**	**1688**	**4547**	**2121**	**546**
33	112	10	61	301	74	208
			7			
				58	58	
26	15	10		181		162
				8	8	
7	97		54	54	8	46
324	475	165	613	1990	1167	80
13	27		7	292	192	8
4	3		4	26	5	3
	60	1	26	67	24	8
71	136	30	246	637	304	41
18		8	22	149	147	2
207	237	119	302	781	473	18
11	12	7	6	38	22	
640	360	274	1013	2249	876	258
609	355	272	1001	2135	816	225
	5	2	7	34	17	
31			5	80	43	33
			1	7	4	
			1	7	4	
522	**815**	**318**	**1180**	**3480**	**910**	**500**
152	458	275	415	681	121	216
	5	1	2	7		
135	444	266	401	444	30	192

1-09 续表97

行业分组	代 码	就业人数（人）	玉州区	容县
其他水利管理	799	3207	71	109
环境管理业	80	33355	1036	278
自然保护	801	1823	3	
环境治理	802	31532	1033	278
公共设施管理业	81	22493	598	124
市政公共设施管理	811	4552	164	2
城市绿化管理	812	4850	292	48
游览景区管理	813	13091	142	74
居民服务和其他服务业	**O**	**25878**	**837**	**30**
居民服务业	82	10484	361	10
家庭服务	821	868	2	
托儿所	822	167		
洗染服务	823	281		
理发及美容保健服务	824	2031	67	7
洗浴服务	825	1072	31	
婚姻服务	826	153	8	
殡葬服务	827	1239	122	
摄影扩印服务	828	1484	19	3
其他居民服务	829	3189	112	
其他服务业	83	15394	476	20
修理与维护	831	7114	420	
清洁服务	832	4557	38	20
其他未列明的服务	839	3723	18	
教育	**P**	**591688**	**15766**	**7827**
教育	84	591688	15766	7827
学前教育	841	29633	995	332
初等教育	842	269344	4610	3679
中等教育	843	229220	7078	3419
高等教育	844	40258	1266	2
其他教育	849	23233	1817	395
卫生、社会保障和社会福利业	**Q**	**211752**	**7565**	**2548**
卫生	85	198969	7035	2502
医院	851	111332	5079	1137
卫生院及社区医疗活动	852	49969	730	862
门诊部医疗活动	853	4710	86	3
计划生育技术服务活动	854	9938	275	248
妇幼保健活动	855	11346	505	115
专科疾病防治活动	856	1447	63	45
疾病预防控制及防疫活动	857	6966	192	92
其他卫生活动	859	3261	105	
社会保障业	86	6333	183	4
社会保障业	860	6333	183	4
社会福利业	87	6450	347	42
提供住宿的社会福利	871	4889	274	40
不提供住宿的社会福利	872	1561	73	2
文化、体育和娱乐业	**R**	**43497**	**1923**	**262**
新闻出版业	88	5962	257	

陆川县	博白县	兴业县	北流市	百色市	右江区	田阳县
17	9	8	12	230	91	24
229	280		398	2085	535	234
			3	94	4	
229	280		395	1991	531	234
141	77	43	367	714	254	50
10		3	30	83	5	47
84	74	15	73	176	62	
47	3	25	264	455	187	3
17	**71**	**19**	**368**	**699**	**415**	**31**
	16	7	89	204	141	4
			65	35	35	
				31	31	
				3	3	
	8	1	4	23	23	
		3	5	39	39	
	8	3	15	73	10	4
17	55	12	279	495	274	27
17	50	4	187	252	143	
			11	220	116	27
	5	8	81	23	15	
9075	**17087**	**5756**	**14844**	**40276**	**6760**	**3005**
9075	17087	5756	14844	40276	6760	3005
211	437	70	576	1768	246	120
4894	9922	3099	7924	21626	2233	1460
3681	6525	2480	5928	14024	2284	1367
				1687	1524	
289	203	107	416	1171	473	58
2133	**3451**	**1599**	**3617**	**14315**	**3460**	**1052**
1986	3233	1506	3483	13779	3323	983
898	1290		1401	6330	2456	303
685	1362	1211	1288	3741	283	386
	2		202	716	98	
203	373	164	205	908	43	99
62	105	55	100	901	243	86
37	101		60	144		
73		76	192	671	143	57
28			35	368	57	52
115	172	82	88	297	76	13
115	172	82	88	297	76	13
32	46	11	46	239	61	56
29	45	3	40	107	28	9
3	1	8	6	132	33	47
175	**404**	**67**	**436**	**1707**	**556**	**186**
				84	81	

1–09 续表98

行业分组	代码	就业人数（人）	玉州区	容县
新闻业	881	229	4	
出版业	882	5733	253	
广播、电视、电影和音像业	89	11015	411	101
广播	891	2966	57	55
电视	892	4546	232	28
电影	893	3313	122	18
音像制作	894	190		
文化艺术业	90	13130	613	83
文艺创作与表演	901	4417	384	28
艺术表演场馆	902	1330		
图书馆与档案馆	903	2308	53	21
文物及文化保护	904	473		2
博物馆	905	852	16	11
烈士陵园、纪念馆	906	285		8
群众文化活动	907	2248	144	7
文化艺术经纪代理	908	367		
其他文化艺术	909	850	16	6
体育	91	3233	85	6
体育组织	911	2305	24	
体育场馆	912	570	47	
其他体育	919	358	14	6
娱乐业	92	10157	557	72
室内娱乐活动	921	5915	438	22
游乐园	922	1189	10	
休闲健身娱乐活动	923	1739	31	15
其他娱乐活动	929	1314	78	35
公共管理和社会组织	**S**	**570884**	**17631**	**5422**
中国共产党机关	93	22466	494	240
中国共产党机关	930	22466	494	240
国家机构	94	372979	8180	3362
国家权力机构	941	5451	94	22
国家行政机构	942	343961	7515	3090
人民法院和人民检察院	943	17925	570	159
其他国家机构	949	5642	1	91
人民政协和民主党派	95	3181	82	29
人民政协	951	2591	68	16
民主党派	952	590	14	13
群众团体、社会团体和宗教组织	96	66824	5995	323
群众团体	961	6796	133	59
社会团体	962	58446	5770	264
宗教组织	963	1582	92	
基层群众自治组织	97	105434	2880	1468
社区自治组织	971	16656	916	32
村民自治组织	972	88778	1964	1436

陆川县	博白县	兴业县	北流市	百色市	右江区	田阳县
				3		
				81	81	
103	169	61	228	538	130	24
68	16	21	50	185	11	12
	22	11	88	145	94	9
35	130	29	90	208	25	3
	1					
72	216	6	96	866	214	138
23	104		39	309	94	45
				3	3	
9	29	5	18	176	29	17
5	2	1		19	13	
	9		11	50	14	5
				50	24	3
35	64		21	171	37	21
				17		
	8		7	71		47
	19			102	67	4
	5			23		
				2	2	
	14			77	65	4
			112	117	64	20
			108	105	55	20
			4	9	9	
				3		
4813	**8618**	**5109**	**9834**	**47023**	**6633**	**3579**
254	344	198	332	2332	382	176
254	344	198	332	2332	382	176
3467	4538	3108	4399	30592	5340	2335
22	30	30	25	599	80	24
3248	4275	2960	3978	28423	4861	2197
197	215	116	181	1549	397	114
	18	2	215	21	2	
14	26	15	45	267	72	18
14	26	15	44	260	65	18
			1	7	7	
72	1196	562	1121	3169	250	314
33	52	18	43	569	109	16
39	1144	544	1039	2563	123	296
			39	37	18	2
1006	2514	1226	3937	10663	589	736
37	61	19	117	470	86	22
969	2453	1207	3820	10193	503	714

1-09 续表99

行业分组	代码	就业人数（人）	田东县	平果县
总　计		**4885707**	**28647**	**32523**
农、林、牧、渔业	**A**	**38508**		
农业	01	21114		
谷物及其他作物的种植	011	16377		
蔬菜、园艺作物的种植	012	119		
水果、坚果、饮料和香料作物的种植	013	4600		
中药材的种植	014	18		
林业	02	13004		
林木的培育和种植	021	12780		
木材和竹材的采运	022	224		
林产品的采集	023			
畜牧业	03	3144		
牲畜的饲养	031	235		
猪的饲养	032	507		
家禽的饲养	033	2326		
狩猎和捕捉动物	034			
其他畜牧业	039	76		
渔业	04	247		
海洋渔业	041	51		
内陆渔业	042	196		
农、林、牧、渔服务业	05	999		
农业服务业	051	453		
林业服务业	052			
畜牧服务业	053	420		
渔业服务业	054	126		
采矿业	**B**	**97288**	**5335**	**124**
煤炭开采和洗选业	06	17120	5005	
烟煤和无烟煤的开采洗选	061	10600		
褐煤的开采洗选	062	6363	5005	
其他煤炭采选	069	157		
石油和天然气开采业	07	30		
天然原油和天然气开采	071	7		
与石油和天然气开采有关的服务活动	079	23		
黑色金属矿采选业	08	19228	163	15
铁矿采选	081	4428	19	3
其他黑色金属矿采选	089	14800	144	12
有色金属矿采选业	09	29861	99	20
常用有色金属矿采选	091	25864	12	20
贵金属矿采选	092	2703	87	
稀有稀土金属矿采选	093	1294		
非金属矿采选业	10	30538	68	89
土砂石开采	101	19457	65	81
化学矿采选	102	1687		
采盐	103	1416		
石棉及其他非金属矿采选	109	7978	3	8
其他采矿业	11	511		

德保县	靖西县	那坡县	凌云县	乐业县	田林县	西林县
18712	**30104**	**9704**	**9087**	**8266**	**12770**	**7721**
		407		**749**	**75**	
		374		27		
		374		27		
		33		714	75	
		33		714	75	
				8		
				8		
690	**2009**	**30**	**238**	**220**	**414**	**92**
22	1870					
12	24					
10	1846					
616		30	23	208	412	92
616		5				15
		25	23	208	412	77
52	139		215	12	2	
52	21		215	12	2	
	115					
	3					

1-09 续表100

行业分组	代码	就业人数（人）	田东县	平果县
其他采矿业	110	511		
制造业	**C**	**1377307**	**6408**	**16939**
农副食品加工业	13	139046	1615	869
谷物磨制	131	4612		3
饲料加工	132	14717		
植物油加工	133	3632	36	
制糖	134	79341	1516	790
屠宰及肉类加工	135	9355	63	
水产品加工	136	7236		
蔬菜、水果和坚果加工	137	3907		
其他农副食品加工	139	16246		76
食品制造业	14	37056	25	
焙烤食品制造	141	7223	20	
糖果、巧克力及蜜饯制造	142	1865		
方便食品制造	143	4955	5	
液体乳及乳制品制造	144	2991		
罐头制造	145	7981		
调味品、发酵制品制造	146	2626		
其他食品制造	149	9415		
饮料制造业	15	36286	140	144
酒精制造	151	3936	140	136
酒的制造	152	12755		
软饮料制造	153	14148		
精制茶加工	154	5447		8
烟草制品业	16	4315		
烟叶复烤	161	515		
卷烟制造	162	3800		
其他烟草制品加工	169			
纺织业	17	69393	6	118
棉、化纤纺织及印染精加工	171	18434		
毛纺织和染整精加工	172	4512		
麻纺织	173	1312		
丝绢纺织及精加工	174	19769		118
纺织制成品制造	175	5096		
针织品、编织品及其制品制造	176	20270	6	
纺织服装、鞋、帽制造业	18	21831		801
纺织服装制造	181	21326		801
纺织面料鞋的制造	182	357		
制帽	183	148		
皮革、毛皮、羽毛(绒)及其制品业	19	30570	8	
皮革鞣制加工	191	4591		
皮革制品制造	192	22289	8	
毛皮鞣制及制品加工	193	236		
羽毛(绒)加工及制品制造	194	3454		
木材加工及木、竹、藤、棕、草制品业	20	102422		122
锯材、木片加工	201	20868		47
人造板制造	202	35685		60

德保县	靖西县	那坡县	凌云县	乐业县	田林县	西林县
6573	**8063**	**1110**	**1622**	**555**	**2188**	**1375**
545	569	169	27	112	639	228
	6					5
				112	283	86
520	372				120	
25		29	27			40
	191					
		140			236	97
	21				16	10
	16				16	
	5					
						10
392	53	74	428	78	12	77
85						
295		9				15
	53		9	13	12	26
12		65	419	65		36
	175	169	126			
	25					
	140	169	126			
	10					
		8				
		8				
		86	30	160	458	634
		86	30	160	192	634
					266	

1-09 续表101

行业分组	代 码	就业人数（人）	田东县	平果县
木制品制造	203	23965		15
竹、藤、棕、草制品制造	204	21904		
家具制造业	21	11154	8	
木质家具制造	211	7944	8	
竹、藤家具制造	212	1607		
金属家具制造	213	182		
塑料家具制造	214	426		
其他家具制造	219	995		
造纸及纸制品业	22	46989	785	30
纸浆制造	221	6323	15	
造纸	222	25536	750	
纸制品制造	223	15130	20	30
印刷业和记录媒介的复制	23	20703	42	24
印刷	231	18279	42	24
装订及其他印刷服务活动	232	1197		
记录媒介的复制	233	1227		
文教体育用品制造业	24	7672		
文化用品制造	241	853		
体育用品制造	242	541		
乐器制造	243	25		
玩具制造	244	6090		
游艺器材及娱乐用品制造	245	163		
石油加工、炼焦及核燃料加工业	25	2975	879	
精炼石油产品的制造	251	2843	879	
炼焦	252	132		
核燃料加工	253			
化学原料及化学制品制造业	26	106808	166	559
基础化学原料制造	261	16506	131	380
肥料制造	262	24164	30	20
农药制造	263	6507		
涂料、油墨、颜料及类似产品制造	264	6725		50
合成材料制造	265	2687		
专用化学产品制造	266	39883	5	77
日用化学产品制造	267	10336		32
医药制造业	27	35814	53	15
化学药品原药制造	271	1573	48	15
化学药品制剂制造	272	6957		
中药饮片加工	273	2133		
中成药制造	274	18808	5	
兽用药品制造	275	3419		
生物、生化制品的制造	276	2163		
卫生材料及医药用品制造	277	761		
化学纤维制造业	28	577		
纤维素纤维原料及纤维制造	281	16		
合成纤维制造	282	561		
橡胶制品业	29	8323		
轮胎制造	291	2537		

德保县	靖西县	那坡县	凌云县	乐业县	田林县	西林县
			226		15	
			226		15	
	12				532	
	12				532	
2	10	2		5	6	8
2	10	2		5		
					6	8
35	20	21		35	5	
15	20			35		
8						
12					5	
		21				
18		41	43		86	
		20				
		21	43		86	
18						

1-09 续表102

行业分组	代码	就业人数（人）	田东县	平果县
橡胶板、管、带的制造	292	1435		
橡胶零件制造	293	526		
再生橡胶制造	294	325		
日用及医用橡胶制品制造	295	1756		
橡胶靴鞋制造	296	209		
其他橡胶制品制造	299	1535		
塑料制品业	30	29374	161	202
塑料薄膜制造	301	2770		
塑料板、管、型材的制造	302	3688		
塑料丝、绳及编织品的制造	303	12078	35	202
泡沫塑料制造	304	650		
塑料人造革、合成革制造	305	96		
塑料包装箱及容器制造	306	3067	126	
塑料零件制造	307	558		
日用塑料制造	308	2903		
其他塑料制品制造	309	3564		
非金属矿物制品业	31	206772	2146	2274
水泥、石灰和石膏的制造	311	55704	1120	635
水泥及石膏制品制造	312	13049	110	
砖瓦、石材及其他建筑材料制造	313	76113	881	502
玻璃及玻璃制品制造	314	9124		
陶瓷制品制造	315	44212		
耐火材料制品制造	316	1524		28
石墨及其他非金属矿物制品制造	319	7046	35	1109
黑色金属冶炼及压延加工业	32	58957	30	838
炼铁	321	3019		278
炼钢	322	3419		
钢压延加工	323	25975		
铁合金冶炼	324	26544	30	560
有色金属冶炼及压延加工业	33	63865	63	10206
常用有色金属冶炼	331	53566	63	7532
贵金属冶炼	332	679		
稀有稀土金属冶炼	333	1868		
有色金属合金制造	334	353		81
有色金属压延加工	335	7399		2593
金属制品业	34	24817	38	230
结构性金属制品制造	341	8354	16	226
金属工具制造	342	2335	22	4
集装箱及金属包装容器制造	343	1264		
金属丝绳及其制品的制造	344	692		
建筑、安全用金属制品制造	345	1382		
金属表面处理及热处理加工	346	995		
搪瓷制品制造	347	193		
不锈钢及类似日用金属制品制造	348	6928		
其他金属制品制造	349	2674		
通用设备制造业	35	46883	20	68
锅炉及原动机制造	351	7814		

德保县	靖西县	那坡县	凌云县	乐业县	田林县	西林县
240						
240						
602	382	242	387	122	293	343
410	130	193	387	105	52	101
192	252	49			241	242
				17		
621	3356	298	337			75
	113					
48						
573	3243	298	337			75
4072	3321		18	43	126	
4072	3304		18		23	
	17			26		
				17	103	
	16					
	16					

1-09 续表103

行业分组	代 码	就业人数（人）	田东县	平果县
金属加工机械制造	352	11183		
起重运输设备制造	353	3131		
泵、阀门、压缩机及类似机械的制造	354	3248		
轴承、齿轮、传动和驱动部件的制造	355	2569		
烘炉、熔炉及电炉制造	356	138		
风机、衡器、包装设备等通用设备制造	357	3179		
通用零部件制造及机械修理	358	6352		5
金属铸、锻加工	359	9269	20	63
专用设备制造业	36	42616		2
矿山、冶金、建筑专用设备制造	361	17485		
化工、木材、非金属加工专用设备制造	362	5749		2
食品、饮料、烟草及饲料生产专用设备制造	363	3145		
印刷、制药、日化生产专用设备制造	364	1706		
纺织、服装和皮革工业专用设备制造	365	82		
电子和电工机械专用设备制造	366	791		
农、林、牧、渔专用机械制造	367	8879		
医疗仪器设备及器械制造	368	2303		
环保、社会公共安全及其他专用设备制造	369	2476		
交通运输设备制造业	37	101744	64	
铁路运输设备制造	371	6267		
汽车制造	372	86855	64	
摩托车制造	373	210		
自行车制造	374	585		
船舶及浮动装置制造	375	6647		
航空航天器制造	376	917		
交通器材及其他交通运输设备制造	379	263		
电气机械及器材制造业	39	33441	89	207
电机制造	391	2925		
输配电及控制设备制造	392	14763		
电线、电缆、光缆及电工器材制造	393	6285		207
电池制造	394	4102	85	
家用电力器具制造	395	2232		
非电力家用器具制造	396	461		
照明器具制造	397	1610	4	
其他电气机械及器材制造	399	1063		
通信设备、计算机及其他电子设备制造业	40	35067	70	220
通信设备制造	401	6739	70	
雷达及配套设备制造	402	946		
广播电视设备制造	403	517		
电子计算机制造	404	4733		
电子器件制造	405	1058		
电子元件制造	406	15026		220
家用视听设备制造	407	4289		
其他电子设备制造	409	1759		
仪器仪表及文化、办公用机械制造业	41	6151		
通用仪器仪表制造	411	2846		
专用仪器仪表制造	412	547		

德保县	靖西县	那坡县	凌云县	乐业县	田林县	西林县
	73					
	16					
	57					
46	15					
46	15					

1-09 续表104

行业分组	代　码	就业人数（人）	田东县	平果县
钟表与计时仪器制造	413	968		
光学仪器及眼镜制造	414	1548		
文化、办公用机械制造	415	139		
其他仪器仪表的制造及修理	419	103		
工艺品及其他制造业	42	43408		10
工艺美术品制造	421	38075		10
日用杂品制造	422	3794		
煤制品制造	423	145		
核辐射加工	424	32		
其他未列明的制造业	429	1362		
废弃资源和废旧材料回收加工业	43	2278		
金属废料和碎屑的加工处理	431	1589		
非金属废料和碎屑的加工处理	432	689		
电力、燃气及水的生产和供应业	**D**	**165716**	**1458**	**744**
电力、热力的生产和供应业	44	146330	1324	606
电力生产	441	46403	1324	226
电力供应	442	98664		380
热力生产和供应	443	1263		
燃气生产和供应业	45	1476		
燃气生产和供应业	450	1476		
水的生产和供应业	46	17910	134	138
自来水的生产和供应	461	17435	134	138
污水处理及其再生利用	462	440		
其他水的处理、利用与分配	469	35		
建筑业	**E**	**544190**	**1237**	**342**
房屋和土木工程建筑业	47	440787	1191	327
房屋工程建筑	471	349235	869	327
土木工程建筑	472	91552	322	
建筑安装业	48	36567	46	
建筑安装业	480	36567	46	
建筑装饰业	49	10801		15
建筑装饰业	490	10801		15
其他建筑业	50	56035		
工程准备	501	3173		
提供施工设备服务	502	49379		
其他未列明的建筑活动	509	3483		
交通运输、仓储和邮政业	**F**	**195608**	**758**	**1076**
铁路运输业	51	1214		
铁路旅客运输	511	31		
铁路货物运输	512	244		
铁路运输辅助活动	513	939		
道路运输业	52	97709	393	410
公路旅客运输	521	36607	102	220
道路货物运输	522	38580	169	15
道路运输辅助活动	523	22522	122	175
城市公共交通业	53	24776	100	324

德保县	靖西县	那坡县	凌云县	乐业县	田林县	西林县
	40					
	40					
1174	**962**	**576**	**344**	**274**	**693**	**556**
1028	837	494	302	219	627	520
331	837	489	302	35	315	331
697		5		184	312	189
146	125	82	42	55	66	36
146	125	82	42	55	66	36
672	**1305**	**422**	**350**	**100**	**296**	**246**
672	1305	422	340	100		246
480	1067	422	288	100		246
192	238		52			
			6		296	
			6		296	
			4			
			4			
141	**980**	**303**	**153**	**99**	**63**	**97**
84	650	221	94	28	33	90
	486					
6	10					
78	154	221	94	28	33	90
53	216	40		67	11	

1-09 续表105

行业分组	代 码	就业人数（人）	田东县	平果县
公共电汽车客运	531	19057	8	
轨道交通	532			
出租车客运	533	5071	92	324
城市轮渡	534			
其他城市公共交通	539	648		
水上运输业	54	18628	180	298
水上旅客运输	541	2669		
水上货物运输	542	12353	174	298
水上运输辅助活动	543	3606	6	
航空运输业	55	2712		
航空客货运输	551	1626		
通用航空服务	552	319		
航空运输辅助活动	553	767		
管道运输业	56			
管道运输业	560			
装卸搬运和其他运输服务业	57	24199	47	
装卸搬运	571	16504	43	
运输代理服务	572	7695	4	
仓储业	58	9105	38	44
谷物、棉花等农产品仓储	581	3903	38	44
其他仓储	589	5202		
邮政业	59	17265		
国家邮政	591	15966		
其他寄递服务	599	1299		
信息传输、计算机服务和软件业	**G**	**68070**	**129**	**49**
电信和其他信息传输服务业	60	43237	53	22
电信	601	28898		3
互联网信息服务	602	8687		
广播电视传输服务	603	5597	53	19
卫星传输服务	604	55		
计算机服务业	61	21548	76	27
计算机系统服务	611	2226		
数据处理	612	369		
计算机维修	613	313		6
其他计算机服务	619	18640	76	21
软件业	62	3285		
公共软件服务	621	2469		
其他软件服务	629	816		
批发和零售业	**H**	**308143**	**1429**	**1139**
批发业	63	163985	841	388
农畜产品批发	631	9905	81	93
食品、饮料及烟草制品批发	632	22426	8	80
纺织、服装及日用品批发	633	7233	11	
文化、体育用品及器材批发	634	4204		
医药及医疗器材批发	635	9963	10	
矿产品、建材及化工产品批发	636	62226	614	82

德保县	靖西县	那坡县	凌云县	乐业县	田林县	西林县
	216	40		27	11	
53				40		
						1
						1
4	4			4	10	
4	4			4	10	
	2	42			9	6
	2	42			9	
						6
	108		59			
	108		59			
129	**114**	**24**	**244**	**55**	**46**	**52**
22	8	24	244	8		17
			220			
			24			
22	8			8		17
		24				
107	106			47	46	35
107	106			47	46	35
559	**1827**	**307**	**204**	**628**	**507**	**245**
119	549	61	37	60	259	27
	145			10	40	
	18				2	5
	20			3		
20						
					53	
99	266	38		9	146	13

1-09 续表106

行业分组	代 码	就业人数（人） 田东县	平果县
机械设备、五金交电及电子产品批发	637	30361	54	44
贸易经纪与代理	638	7503	3	
其他批发	639	10164	60	89
零售业	65	144158	588	751
综合零售	651	44824	225	422
食品、饮料及烟草制品专门零售	652	13090	2	68
纺织、服装及日用品专门零售	653	8610	2	
文化、体育用品及器材专门零售	654	6495	26	24
医药及医疗器材专门零售	655	11407	47	113
汽车、摩托车、燃料及零配件专门零售	656	21263	94	7
家用电器及电子产品专门零售	657	20368	156	33
五金、家具及室内装修材料专门零售	658	8121	6	57
无店铺及其他零售	659	9980	30	27
住宿和餐饮业	**I**	**98329**	**395**	**421**
住宿业	66	62050	54	159
旅游饭店	661	44956		
一般旅馆	662	15844	54	148
其他住宿服务	669	1250		11
餐饮业	67	36279	341	262
正餐服务	671	29407	341	262
快餐服务	672	4318		
饮料及冷饮服务	673	446		
其他餐饮服务	679	2108		
金融业	**J**	**112287**	**167**	**294**
银行业	68	65646	160	289
中央银行	681	2828		
商业银行	682	61073	160	86
其他银行	689	1745		203
证券业	69	899		
证券市场管理	691	34		
证券经纪与交易	692	846		
证券投资	693	4		
证券分析与咨询	694	15		
保险业	70	42293	7	
人寿保险	701	31890		
非人寿保险	702	10018	7	
保险辅助服务	703	385		
其他金融活动	71	3449		5
金融信托与管理	711	231		5
金融租赁	712	18		
财务公司	713	54		
邮政储蓄	714	1895		
典当	715	362		
其他未列明的金融活动	719	889		
房地产业	**K**	**118213**	**226**	**534**
房地产业	72	118213	226	534

德保县	靖西县	那坡县	凌云县	乐业县	田林县	西林县
	5	11		14	6	
		5				
	95	7	37	24	12	9
440	1278	246	167	568	248	218
196	757	120	117	355	217	141
107	55	31	37	28	1	11
	18			144		
	23	13	13	13	11	12
44	150	46		10		
26	61	24		10		
28	75					28
	78					
39	61	12		8	19	26
219	**736**	**102**	**105**	**172**	**65**	**143**
74	508	4	85	85		116
23	406		85	85		
51	86	4				116
	16					
145	228	98	20	87	65	27
145	228	98	20	87	65	
						27
149	**194**	**91**	**76**	**91**	**124**	**83**
149	194	91	66	91	124	83
149	194	91	66	91	124	83
			10			
			10			
232	**238**	**17**	**72**	**95**	**187**	
232	238	17	72	95	187	

1-09 续表107

行业分组	代 码	就业人数（人）	田东县	平果县
房地产开发经营	721	59730	144	436
物业管理	722	40344	42	98
房地产中介服务	723	7740	22	
其他房地产活动	729	10399	18	
租赁和商务服务业	**L**	**142800**	**270**	**185**
租赁业	73	2865		
机械设备租赁	731	2711		
文化及日用品出租	732	154		
商务服务业	74	139935	270	185
企业管理服务	741	52613	18	37
法律服务	742	4379	27	
咨询与调查	743	11128		
广告业	744	10561		14
知识产权服务	745	275		
职业中介服务	746	6346	3	43
市场管理	747	17703	183	
旅行社	748	9793		
其他商务服务	749	27137	39	91
科学研究、技术服务和地质勘查业	**M**	**105742**	**282**	**214**
研究与试验发展	75	13710		
自然科学研究与试验发展	751	1045		
工程和技术研究与试验发展	752	1680		
农业科学研究与试验发展	753	7078		
医学研究与试验发展	754	1935		
社会人文科学研究与试验发展	755	1972		
专业技术服务业	76	54982	220	206
气象服务	761	2525	8	14
地震服务	762	497	3	3
海洋服务	763	30		
测绘服务	764	3571	20	10
技术检测	765	8179	107	27
环境监测	766	1903		
工程技术与规划管理	767	30947	82	142
其他专业技术服务	769	7330		10
科技交流和推广服务业	77	31507	59	8
技术推广服务	771	28466	59	8
科技中介服务	772	1361		
其他科技服务	779	1680		
地质勘查业	78	5543	3	
矿产地质勘查	781	1866	3	
基础地质勘查	782	1922		
地质勘查技术服务	783	1755		
水利、环境和公共设施管理业	**N**	**69807**	**328**	**355**
水利管理业	79	13959	48	8
防洪管理	791	717		
水资源管理	792	10035	48	8

德保县	靖西县	那坡县	凌云县	乐业县	田林县	西林县
232	195	17	64	62	43	
	43			14		
				9	8	
			8	10	136	
114	**266**	**104**		**82**	**167**	**27**
7		5			3	
7		5			3	
107	266	99		82	164	27
5	19	15		36	37	
	5	3		2	6	1
	2	6				
12	72	18			10	3
6	2	7		7	8	
84	99	36		27	63	23
	11			10		
	56	14			40	
313	**476**	**229**	**15**	**132**	**29**	**115**
		11		8		
		11		8		
25	115	33	15	29	23	40
	12	12		14	9	8
1	3	2		2	4	
		5				
21	88	2	12	3	6	19
3	12	12	3	10	4	13
288	361	185		95	6	75
273	361	185		92	6	75
11				3		
4						
211	**485**	**239**	**30**	**166**	**24**	**80**
35	72	131	21	26	3	
2		3		2		
7	39	113		4	3	

1-09 续表108

行业分组	代码	就业人数（人）	田东县	平果县
其他水利管理	799	3207		
环境管理业	80	33355	280	299
自然保护	801	1823		
环境治理	802	31532	280	299
公共设施管理业	81	22493		48
市政公共设施管理	811	4552		10
城市绿化管理	812	4850		38
游览景区管理	813	13091		
居民服务和其他服务业	**O**	**25878**	**48**	**58**
居民服务业	82	10484	5	5
家庭服务	821	868		
托儿所	822	167		
洗染服务	823	281		
理发及美容保健服务	824	2031		
洗浴服务	825	1072		
婚姻服务	826	153		
殡葬服务	827	1239		
摄影扩印服务	828	1484		
其他居民服务	829	3189	5	5
其他服务业	83	15394	43	53
修理与维护	831	7114		53
清洁服务	832	4557	43	
其他未列明的服务	839	3723		
教育	**P**	**591688**	**3934**	**4313**
教育	84	591688	3934	4313
学前教育	841	29633	177	183
初等教育	842	269344	2120	1978
中等教育	843	229220	1460	1882
高等教育	844	40258	12	120
其他教育	849	23233	165	150
卫生、社会保障和社会福利业	**Q**	**211752**	**1134**	**1474**
卫生	85	198969	1112	1414
医院	851	111332	523	525
卫生院及社区医疗活动	852	49969	422	589
门诊部医疗活动	853	4710	32	9
计划生育技术服务活动	854	9938		22
妇幼保健活动	855	11346	47	146
专科疾病防治活动	856	1447		38
疾病预防控制及防疫活动	857	6966	72	47
其他卫生活动	859	3261	16	38
社会保障业	86	6333	13	16
社会保障业	860	6333	13	16
社会福利业	87	6450	9	44
提供住宿的社会福利	871	4889	9	44
不提供住宿的社会福利	872	1561		
文化、体育和娱乐业	**R**	**43497**	**128**	**93**
新闻出版业	88	5962		

德保县	靖西县	那坡县	凌云县	乐业县	田林县	西林县
26	33	15	21	20		
159	231	88		64		60
50	11	29				
109	220	59		64		60
17	182	20	9	76	21	20
				4		14
17				18	21	6
	182	20	9	54		
34	**60**		**31**			**2**
8			27			2
8			27			2
26	60		4			
12	40		4			
14	20					
3072	**5226**	**2060**	**2196**	**1990**	**2529**	**1560**
3072	5226	2060	2196	1990	2529	1560
70	303	106	104	32	145	156
2213	2883	1252	1320	1255	1602	1010
740	1996	672	746	638	755	359
1	3					27
48	41	30	26	65	27	8
1033	**1956**	**882**	**526**	**552**	**770**	**524**
1021	1879	843	497	502	758	512
397	639	98	245	160	290	305
305	432	273	173	174	345	79
	244	243	18	12	18	
128	197	107		108	34	64
105	89	52	24	20	38	19
23	70				4	9
26	61	70	37	28	29	22
37	147					14
5	44	19	29	46	12	12
5	44	19	29	46	12	12
7	33	20		4		
	15			2		
7	18	20		2		
37	**190**	**114**	**19**	**101**	**66**	**57**
	3					

1-09　续表109

行业分组	代　码	就业人数（人）	田东县	平果县
新闻业	881	229		
出版业	882	5733		
广播、电视、电影和音像业	89	11015	42	85
广播	891	2966		48
电视	892	4546	20	
电影	893	3313	22	37
音像制作	894	190		
文化艺术业	90	13130	86	8
文艺创作与表演	901	4417	17	
艺术表演场馆	902	1330		
图书馆与档案馆	903	2308	21	
文物及文化保护	904	473		
博物馆	905	852	4	
烈士陵园、纪念馆	906	285	15	3
群众文化活动	907	2248	29	
文化艺术经纪代理	908	367		
其他文化艺术	909	850		5
体育	91	3233		
体育组织	911	2305		
体育场馆	912	570		
其他体育	919	358		
娱乐业	92	10157		
室内娱乐活动	921	5915		
游乐园	922	1189		
休闲健身娱乐活动	923	1739		
其他娱乐活动	929	1314		
公共管理和社会组织	**S**	**570884**	**4981**	**4169**
中国共产党机关	93	22466	180	189
中国共产党机关	930	22466	180	189
国家机构	94	372979	2575	3041
国家权力机构	941	5451	33	27
国家行政机构	942	343961	2413	2889
人民法院和人民检察院	943	17925	129	125
其他国家机构	949	5642		
人民政协和民主党派	95	3181	30	21
人民政协	951	2591	30	21
民主党派	952	590		
群众团体、社会团体和宗教组织	96	66824	1142	56
群众团体	961	6796	43	33
社会团体	962	58446	1093	23
宗教组织	963	1582	6	
基层群众自治组织	97	105434	1054	862
社区自治组织	971	16656	43	82
村民自治组织	972	88778	1011	780

德保县	靖西县	那坡县	凌云县	乐业县	田林县	西林县
	3					
	108	34		40	12	5
	47	9		23		
				10		
	61	25		7	12	5
37	71	80	19	56	31	49
	21	22		28	25	30
13	12	8	19	15	6	8
				3		
	8	8		4		7
	5					
7	16	36		6		
17						
	9	6				4
	8				23	
					23	
	8					
				5		3
				5		
						3
3360	**5017**	**2687**	**2862**	**2205**	**4527**	**2467**
185	276	157	157	136	149	128
185	276	157	157	136	149	128
2025	2554	1544	1970	1464	2806	1772
19	25	22	291	13	18	28
1905	2370	1444	1585	1369	2685	1664
101	147	78	87	82	103	80
	12		7			
14	18	15	18	15	12	17
14	18	15	18	15	12	17
66	468	46	81	79	392	55
50	31	44	26	22	78	30
15	431	2	55	57	314	25
1	6					
1070	1701	925	636	511	1168	495
31	63	27	30	30	10	14
1039	1638	898	606	481	1158	481

1-09 续表110

行业分组	代 码	就业人数（人）		
			隆林各族自治县	贺州市
总 计		**4885707**	**16260**	**116579**
农、林、牧、渔业	**A**	**38508**		
农业	01	21114		
谷物及其他作物的种植	011	16377		
蔬菜、园艺作物的种植	012	119		
水果、坚果、饮料和香料作物的种植	013	4600		
中药材的种植	014	18		
林业	02	13004		
林木的培育和种植	021	12780		
木材和竹材的采运	022	224		
林产品的采集	023			
畜牧业	03	3144		
牲畜的饲养	031	235		
猪的饲养	032	507		
家禽的饲养	033	2326		
狩猎和捕捉动物	034			
其他畜牧业	039	76		
渔业	04	247		
海洋渔业	041	51		
内陆渔业	042	196		
农、林、牧、渔服务业	05	999		
农业服务业	051	453		
林业服务业	052			
畜牧服务业	053	420		
渔业服务业	054	126		
采矿业	**B**	**97288**	**291**	**2265**
煤炭开采和洗选业	06	17120		
烟煤和无烟煤的开采洗选	061	10600		
褐煤的开采洗选	062	6363		
其他煤炭采选	069	157		
石油和天然气开采业	07	30		
天然原油和天然气开采	071	7		
与石油和天然气开采有关的服务活动	079	23		
黑色金属矿采选业	08	19228	25	791
铁矿采选	081	4428		618
其他黑色金属矿采选	089	14800	25	173
有色金属矿采选业	09	29861	266	549
常用有色金属矿采选	091	25864	117	212
贵金属矿采选	092	2703	149	264
稀有稀土金属矿采选	093	1294		73
非金属矿采选业	10	30538		812
土砂石开采	101	19457		646
化学矿采选	102	1687		
采盐	103	1416		
石棉及其他非金属矿采选	109	7978		166
其他采矿业	11	511		113

平桂管理区	八步区	昭平县	钟山县	富川瑶族自治县	河池市	金城江区
18323	**48069**	**19554**	**17067**	**13566**	**248567**	**63851**
					1003	
					1003	
					1003	
1279	**526**	**77**	**245**	**138**	**13349**	**1328**
					2543	65
					2543	65
523	81		79	108	1368	141
380	81		49	108	618	30
143			30		750	111
141	408				8277	922
141	71				7782	896
	264				409	26
	73				86	
505	37	77	163	30	1161	200
397	2	66	151	30	495	180
					100	
108	35	11	12		566	20
110			3			

Ì-09 续表111

行业分组	代 码	就业人数（人）		
			隆林各族自治县	贺州市
其他采矿业	110	511		113
制造业	**C**	**1377307**	**2892**	**26800**
农副食品加工业	13	139046	91	1188
谷物磨制	131	4612		194
饲料加工	132	14717		11
植物油加工	133	3632	40	6
制糖	134	79341		
屠宰及肉类加工	135	9355	36	108
水产品加工	136	7236		
蔬菜、水果和坚果加工	137	3907		607
其他农副食品加工	139	16246	15	262
食品制造业	14	37056		331
焙烤食品制造	141	7223		38
糖果、巧克力及蜜饯制造	142	1865		
方便食品制造	143	4955		63
液体乳及乳制品制造	144	2991		
罐头制造	145	7981		208
调味品、发酵制品制造	146	2626		11
其他食品制造	149	9415		11
饮料制造业	15	36286	245	993
酒精制造	151	3936		38
酒的制造	152	12755		11
软饮料制造	153	14148	233	140
精制茶加工	154	5447	12	804
烟草制品业	16	4315		
烟叶复烤	161	515		
卷烟制造	162	3800		
其他烟草制品加工	169			
纺织业	17	69393	13	458
棉、化纤纺织及印染精加工	171	18434		249
毛纺织和染整精加工	172	4512		8
麻纺织	173	1312		
丝绢纺织及精加工	174	19769		160
纺织制成品制造	175	5096	13	15
针织品、编织品及其制品制造	176	20270		26
纺织服装、鞋、帽制造业	18	21831		713
纺织服装制造	181	21326		713
纺织面料鞋的制造	182	357		
制帽	183	148		
皮革、毛皮、羽毛(绒)及其制品业	19	30570		270
皮革鞣制加工	191	4591		
皮革制品制造	192	22289		270
毛皮鞣制及制品加工	193	236		
羽毛(绒)加工及制品制造	194	3454		
木材加工及木、竹、藤、棕、草制品业	20	102422	9	3003
锯材、木片加工	201	20868	5	419
人造板制造	202	35685		1968

平桂管理区	八步区	昭平县	钟山县	富川瑶族自治县	河池市	金城江区
110			3			
7133	**9358**	**5146**	**3357**	**1806**	**54709**	**14369**
516	363	50	216	43	4954	309
	172		21	1		
	11					
6					255	
					3529	136
	36	36	36		723	116
510	55			42	21	8
	89	14	159		426	49
211	90		11	19	462	309
	19			19	236	188
55	8				127	121
153	55				53	
3	8				30	
			11		16	
11	58	859	4	61	1503	61
				38	90	
11					1084	15
	50	63	4	23	312	46
	8	796			17	
80	23	74	251	30	5748	953
			243	6	811	455
	8				45	
80		72	8		4499	498
	15				6	
		2		24	387	
580		130	3		48	36
580		130	3		48	36
				270	231	
				270	231	
74	709	1910	310		4900	283
53	110	116	140		2314	260
21	509	1268	170		1990	

1-09 续表112

行业分组	代　码	就业人数（人）	隆林各族自治县	贺州市
木制品制造	203	23965	4	408
竹、藤、棕、草制品制造	204	21904		208
家具制造业	21	11154		171
木质家具制造	211	7944		135
竹、藤家具制造	212	1607		
金属家具制造	213	182		
塑料家具制造	214	426		36
其他家具制造	219	995		
造纸及纸制品业	22	46989	20	2905
纸浆制造	221	6323		1971
造纸	222	25536		338
纸制品制造	223	15130	20	596
印刷业和记录媒介的复制	23	20703	23	638
印刷	231	18279	23	638
装订及其他印刷服务活动	232	1197		
记录媒介的复制	233	1227		
文教体育用品制造业	24	7672		45
文化用品制造	241	853		
体育用品制造	242	541		
乐器制造	243	25		
玩具制造	244	6090		45
游艺器材及娱乐用品制造	245	163		
石油加工、炼焦及核燃料加工业	25	2975	50	
精炼石油产品的制造	251	2843		
炼焦	252	132	50	
核燃料加工	253			
化学原料及化学制品制造业	26	106808	10	2136
基础化学原料制造	261	16506		548
肥料制造	262	24164		326
农药制造	263	6507		165
涂料、油墨、颜料及类似产品制造	264	6725		5
合成材料制造	265	2687		5
专用化学产品制造	266	39883	10	1076
日用化学产品制造	267	10336		11
医药制造业	27	35814		600
化学药品原药制造	271	1573		
化学药品制剂制造	272	6957		
中药饮片加工	273	2133		
中成药制造	274	18808		600
兽用药品制造	275	3419		
生物、生化制品的制造	276	2163		
卫生材料及医药用品制造	277	761		
化学纤维制造业	28	577		67
纤维素纤维原料及纤维制造	281	16		
合成纤维制造	282	561		67
橡胶制品业	29	8323		45
轮胎制造	291	2537		

平桂管理区	八步区	昭平县	钟山县	富川瑶族自治县	河池市	金城江区
	20	388			561	23
	70	138			35	
107	8	56			120	25
71	8	56			120	25
36						
214	1064	1199	428		675	2
14	855	1102			47	
200		97	41		85	
	209		387		543	2
25	85	43	76	409	330	150
25	85	43	76	409	301	150
					29	
40			5			
40			5			
293	1013	330	215	285	6354	2404
21	482	45			286	71
150	159	15	2		3171	2201
72			93			
	5					
	4		1		2342	2
50	363	259	119	285	552	130
		11			3	
113	412			75	574	172
					62	62
					110	
					50	
113	412			75	352	110
				67	350	
				67	350	
			45			

1-09 续表113

行业分组	代 码	就业人数（人）	隆林各族自治县	贺州市
橡胶板、管、带的制造	292	1435		
橡胶零件制造	293	526		
再生橡胶制造	294	325		45
日用及医用橡胶制品制造	295	1756		
橡胶靴鞋制造	296	209		
其他橡胶制品制造	299	1535		
塑料制品业	30	29374	30	620
塑料薄膜制造	301	2770		160
塑料板、管、型材的制造	302	3688		42
塑料丝、绳及编织品的制造	303	12078		255
泡沫塑料制造	304	650		
塑料人造革、合成革制造	305	96		
塑料包装箱及容器制造	306	3067		
塑料零件制造	307	558	30	
日用塑料制造	308	2903		145
其他塑料制品制造	309	3564		18
非金属矿物制品业	31	206772	285	5308
水泥、石灰和石膏的制造	311	55704	250	1010
水泥及石膏制品制造	312	13049	15	127
砖瓦、石材及其他建筑材料制造	313	76113	20	1528
玻璃及玻璃制品制造	314	9124		
陶瓷制品制造	315	44212		1758
耐火材料制品制造	316	1524		
石墨及其他非金属矿物制品制造	319	7046		885
黑色金属冶炼及压延加工业	32	58957	411	1844
炼铁	321	3019		113
炼钢	322	3419		10
钢压延加工	323	25975		1665
铁合金冶炼	324	26544	411	56
有色金属冶炼及压延加工业	33	63865	1635	2149
常用有色金属冶炼	331	53566	1184	1932
贵金属冶炼	332	679		66
稀有稀土金属冶炼	333	1868	451	11
有色金属合金制造	334	353		
有色金属压延加工	335	7399		140
金属制品业	34	24817	6	197
结构性金属制品制造	341	8354		151
金属工具制造	342	2335	6	13
集装箱及金属包装容器制造	343	1264		
金属丝绳及其制品的制造	344	692		
建筑、安全用金属制品制造	345	1382		
金属表面处理及热处理加工	346	995		
搪瓷制品制造	347	193		
不锈钢及类似日用金属制品制造	348	6928		8
其他金属制品制造	349	2674		25
通用设备制造业	35	46883	38	277
锅炉及原动机制造	351	7814	20	15

平桂管理区	八步区	昭平县	钟山县	富川瑶族自治县	河池市	金城江区
			45			
293	327				739	578
	160					
20	22				35	
255					698	578
					6	
	145					
18						
2526	884	424	1256	218	9978	2251
499	0	100	237	174	4476	1406
98				29	344	238
1056	80	203	174	15	4238	607
					312	
120	745	67	826		75	
753	59	54	19		533	
98	1746				1270	10
80	33				561	
10						
	1665				192	10
8	48				517	
1429	150	66	492	12	11138	5717
1358	120		442	12	10399	5697
		66			31	20
11					680	
60	30		50		28	
29	140	3	25		158	31
29	107		15		112	31
		3	10		12	
					4	
					15	
	8				15	
	25					
141	135	1			1173	68
	15				190	

1-09 续表114

行业分组	代码	就业人数（人）	隆林各族自治县	贺州市
金属加工机械制造	352	11183		141
起重运输设备制造	353	3131		
泵、阀门、压缩机及类似机械的制造	354	3248		97
轴承、齿轮、传动和驱动部件的制造	355	2569		
烘炉、熔炉及电炉制造	356	138		
风机、衡器、包装设备等通用设备制造	357	3179	18	
通用零部件制造及机械修理	358	6352		
金属铸、锻加工	359	9269		24
专用设备制造业	36	42616		144
矿山、冶金、建筑专用设备制造	361	17485		18
化工、木材、非金属加工专用设备制造	362	5749		17
食品、饮料、烟草及饲料生产专用设备制造	363	3145		44
印刷、制药、日化生产专用设备制造	364	1706		40
纺织、服装和皮革工业专用设备制造	365	82		
电子和电工机械专用设备制造	366	791		
农、林、牧、渔专用机械制造	367	8879		25
医疗仪器设备及器械制造	368	2303		
环保、社会公共安全及其他专用设备制造	369	2476		
交通运输设备制造业	37	101744	24	293
铁路运输设备制造	371	6267		
汽车制造	372	86855	13	293
摩托车制造	373	210		
自行车制造	374	585		
船舶及浮动装置制造	375	6647		
航空航天器制造	376	917	11	
交通器材及其他交通运输设备制造	379	263		
电气机械及器材制造业	39	33441		1337
电机制造	391	2925		145
输配电及控制设备制造	392	14763		749
电线、电缆、光缆及电工器材制造	393	6285		100
电池制造	394	4102		343
家用电力器具制造	395	2232		
非电力家用器具制造	396	461		
照明器具制造	397	1610		
其他电气机械及器材制造	399	1063		
通信设备、计算机及其他电子设备制造业	40	35067		
通信设备制造	401	6739		
雷达及配套设备制造	402	946		
广播电视设备制造	403	517		
电子计算机制造	404	4733		
电子器件制造	405	1058		
电子元件制造	406	15026		
家用视听设备制造	407	4289		
其他电子设备制造	409	1759		
仪器仪表及文化、办公用机械制造业	41	6151	2	
通用仪器仪表制造	411	2846		
专用仪器仪表制造	412	547		

平桂管理区	八步区	昭平县	钟山县	富川瑶族自治县	河池市	金城江区
141					35	15
	97					
					632	
					18	
					150	
	23	1			148	53
18	89		20	17	1536	856
18					198	186
				17	42	
	44					
	40					
					17	
	5		20		1271	662
					8	8
	273			20	282	133
					53	
	273			20	229	133
335	1002				79	15
	145					
	749				54	
	100				10	
335	8				15	15
					70	
					70	

1-09 续表115

行业分组	代码	就业人数（人）	隆林各族自治县	贺州市
钟表与计时仪器制造	413	968		
光学仪器及眼镜制造	414	1548		
文化、办公用机械制造	415	139		
其他仪器仪表的制造及修理	419	103	2	
工艺品及其他制造业	42	43408		1068
工艺美术品制造	421	38075		
日用杂品制造	422	3794		1068
煤制品制造	423	145		
核辐射加工	424	32		
其他未列明的制造业	429	1362		
废弃资源和废旧材料回收加工业	43	2278		
金属废料和碎屑的加工处理	431	1589		
非金属废料和碎屑的加工处理	432	689		
电力、燃气及水的生产和供应业	**D**	**165716**	**787**	**6885**
电力、热力的生产和供应业	44	146330	713	6151
电力生产	441	46403	683	3499
电力供应	442	98664	30	2652
热力生产和供应	443	1263		
燃气生产和供应业	45	1476		12
燃气生产和供应业	450	1476		12
水的生产和供应业	46	17910	74	722
自来水的生产和供应	461	17435	74	712
污水处理及其再生利用	462	440		
其他水的处理、利用与分配	469	35		10
建筑业	**E**	**544190**	**816**	**4426**
房屋和土木工程建筑业	47	440787	810	4134
房屋工程建筑	471	349235	97	3817
土木工程建筑	472	91552	713	317
建筑安装业	48	36567		145
建筑安装业	480	36567		145
建筑装饰业	49	10801		119
建筑装饰业	490	10801		119
其他建筑业	50	56035	6	28
工程准备	501	3173		2
提供施工设备服务	502	49379		
其他未列明的建筑活动	509	3483	6	26
交通运输、仓储和邮政业	**F**	**195608**	**515**	**4961**
铁路运输业	51	1214		
铁路旅客运输	511	31		
铁路货物运输	512	244		
铁路运输辅助活动	513	939		
道路运输业	52	97709	327	3155
公路旅客运输	521	36607	89	2556
道路货物运输	522	38580		62
道路运输辅助活动	523	22522	238	537
城市公共交通业	53	24776	166	890

平桂管理区	八步区	昭平县	钟山县	富川瑶族自治县	河池市	金城江区
	787	1		280	2023	2
					2013	
	787	1		280		
					2	2
					8	
					14	4
					14	4
712	**3174**	**1254**	**1177**	**568**	**9676**	**2152**
646	2869	1117	1052	467	8216	1744
646	1207	737	677	232	5095	349
	1662	380	375	235	3121	1395
12					16	
12					16	
54	305	137	125	101	1444	408
54	305	137	115	101	1396	365
					43	43
			10		5	
146	**2545**	**935**	**254**	**546**	**15798**	**5834**
146	2282	906	254	546	15505	5715
146	2082	906	175	508	13672	4469
	200		79	38	1833	1246
	145				132	56
	145				132	56
	90	29			159	63
	90	29			159	63
	28				2	
	2					
	26				2	
37	**3113**	**814**	**649**	**348**	**6976**	**4878**
10	2308	239	322	276	3879	2935
	2122	196	78	160	313	97
	45	8	9		204	190
10	141	35	235	116	3362	2648
	507	4	307	72	749	523

1-09 续表116

行业分组	代码	就业人数（人）	隆林各族自治县	贺州市
公共电汽车客运	531	19057	8	395
轨道交通	532			
出租车客运	533	5071	116	494
城市轮渡	534			
其他城市公共交通	539	648	42	1
水上运输业	54	18628	22	568
水上旅客运输	541	2669		165
水上货物运输	542	12353		399
水上运输辅助活动	543	3606	22	4
航空运输业	55	2712		
航空客货运输	551	1626		
通用航空服务	552	319		
航空运输辅助活动	553	767		
管道运输业	56			
管道运输业	560			
装卸搬运和其他运输服务业	57	24199		45
装卸搬运	571	16504		15
运输代理服务	572	7695		30
仓储业	58	9105		63
谷物、棉花等农产品仓储	581	3903		41
其他仓储	589	5202		22
邮政业	59	17265		240
国家邮政	591	15966		240
其他寄递服务	599	1299		
信息传输、计算机服务和软件业	**G**	**68070**	**2**	**1481**
电信和其他信息传输服务业	60	43237	2	624
电信	601	28898		562
互联网信息服务	602	8687		7
广播电视传输服务	603	5597	2	55
卫星传输服务	604	55		
计算机服务业	61	21548		851
计算机系统服务	611	2226		23
数据处理	612	369		
计算机维修	613	313		6
其他计算机服务	619	18640		822
软件业	62	3285		6
公共软件服务	621	2469		6
其他软件服务	629	816		
批发和零售业	**H**	**308143**	**779**	**5214**
批发业	63	163985	356	3377
农畜产品批发	631	9905	5	322
食品、饮料及烟草制品批发	632	22426		784
纺织、服装及日用品批发	633	7233		6
文化、体育用品及器材批发	634	4204	18	175
医药及医疗器材批发	635	9963	5	310
矿产品、建材及化工产品批发	636	62226	265	1148

平桂管理区	八步区	昭平县	钟山县	富川瑶族自治县	河池市	金城江区
	136		231	28	501	472
	370	4	76	44	162	51
	1				86	
4	8	556			42	2
	8	157			37	
		399				
4					5	2
23		15	7		734	48
8			7		324	
15		15			410	48
	50		13		276	74
	28		13		154	64
	22				122	10
	240				1296	1296
	240				1218	1218
					78	78
119	**1068**	**64**	**204**	**26**	**4375**	**3199**
	614	7		3	3289	3108
	562				2962	2936
		7			106	97
	52			3	221	75
119	448	57	204	23	1057	62
	23				19	19
					5	5
	6				7	7
119	419	57	204	23	1026	31
	6				29	29
	6				4	4
					25	25
264	**3395**	**440**	**592**	**523**	**13110**	**5455**
78	2346	366	243	344	8235	3976
	284	10	13	15	989	73
1	650	23	10	100	1275	914
		4	2		240	31
	82	31	39	23	23	4
	197	85		28	369	257
63	576	190	144	175	4090	1926

1-09 续表117

行业分组	代 码	就业人数（人） 隆林各族自治县	贺州市
机械设备、五金交电及电子产品批发	637	30361	31	304
贸易经纪与代理	638	7503		57
其他批发	639	10164	32	271
零售业	65	144158	423	1837
综合零售	651	44824	344	365
食品、饮料及烟草制品专门零售	652	13090	28	109
纺织、服装及日用品专门零售	653	8610		135
文化、体育用品及器材专门零售	654	6495	4	36
医药及医疗器材专门零售	655	11407	15	227
汽车、摩托车、燃料及零配件专门零售	656	21263	23	302
家用电器及电子产品专门零售	657	20368	4	361
五金、家具及室内装修材料专门零售	658	8121	5	68
无店铺及其他零售	659	9980		234
住宿和餐饮业	**I**	**98329**	**229**	**977**
住宿业	66	62050	165	912
旅游饭店	661	44956	122	709
一般旅馆	662	15844	43	201
其他住宿服务	669	1250		2
餐饮业	67	36279	64	65
正餐服务	671	29407	64	65
快餐服务	672	4318		
饮料及冷饮服务	673	446		
其他餐饮服务	679	2108		
金融业	**J**	**112287**	**153**	**1587**
银行业	68	65646	153	1405
中央银行	681	2828		118
商业银行	682	61073	153	1266
其他银行	689	1745		21
证券业	69	899		
证券市场管理	691	34		
证券经纪与交易	692	846		
证券投资	693	4		
证券分析与咨询	694	15		
保险业	70	42293		136
人寿保险	701	31890		52
非人寿保险	702	10018		84
保险辅助服务	703	385		
其他金融活动	71	3449		46
金融信托与管理	711	231		
金融租赁	712	18		
财务公司	713	54		
邮政储蓄	714	1895		
典当	715	362		34
其他未列明的金融活动	719	889		12
房地产业	**K**	**118213**	**97**	**1605**
房地产业	72	118213	97	1605

平桂管理区	八步区	昭平县	钟山县	富川瑶族自治县	河池市	金城江区
3	288	12		1	686	577
	57				88	12
11	212	11	35	2	475	182
186	1049	74	349	179	4875	1479
7	158	10	96	94	1607	365
	2	28	38	41	330	36
	96		39		81	21
6	30				380	122
	211		16		384	110
119	124		31	28	723	143
	324	23	5	9	907	589
36	22		10		205	52
18	82	13	114	7	258	41
25	**570**	**71**	**197**	**114**	**3481**	**1521**
25	570	40	190	87	2931	1377
20	423		179	87	1623	855
5	145	40	11		1304	522
	2				4	
		31	7	27	550	144
		31	7	27	485	144
					37	
					28	
12	**1173**	**164**	**124**	**114**	**5451**	**4336**
	1003	164	124	114	3699	2584
	118				375	375
	864	164	124	114	3219	2104
	21				105	105
	136				1247	1247
	52				726	726
	84				516	516
					5	5
12	34				505	505
					490	490
	34				15	15
12						
75	**991**	**93**	**337**	**109**	**3605**	**1252**
75	991	93	337	109	3605	1252

1-09 续表118

行业分组	代 码	就业人数（人）	隆林各族自治县	贺州市
房地产开发经营	721	59730	64	1141
物业管理	722	40344		344
房地产中介服务	723	7740	6	114
其他房地产活动	729	10399	27	6
租赁和商务服务业	**L**	**142800**	**173**	**2273**
租赁业	73	2865		50
机械设备租赁	731	2711		50
文化及日用品出租	732	154		
商务服务业	74	139935	173	2223
企业管理服务	741	52613	27	778
法律服务	742	4379	5	79
咨询与调查	743	11128		248
广告业	744	10561		142
知识产权服务	745	275		
职业中介服务	746	6346	10	110
市场管理	747	17703	41	191
旅行社	748	9793	7	242
其他商务服务	749	27137	83	433
科学研究、技术服务和地质勘查业	**M**	**105742**	**75**	**3664**
研究与试验发展	75	13710		154
自然科学研究与试验发展	751	1045		3
工程和技术研究与试验发展	752	1680		
农业科学研究与试验发展	753	7078		115
医学研究与试验发展	754	1935		
社会人文科学研究与试验发展	755	1972		36
专业技术服务业	76	54982	37	1108
气象服务	761	2525	15	88
地震服务	762	497		1
海洋服务	763	30		
测绘服务	764	3571		37
技术检测	765	8179	7	275
环境监测	766	1903		27
工程技术与规划管理	767	30947	9	559
其他专业技术服务	769	7330	6	121
科技交流和推广服务业	77	31507	38	2157
技术推广服务	771	28466	35	2074
科技中介服务	772	1361	3	15
其他科技服务	779	1680		68
地质勘查业	78	5543		245
矿产地质勘查	781	1866		56
基础地质勘查	782	1922		
地质勘查技术服务	783	1755		189
水利、环境和公共设施管理业	**N**	**69807**	**152**	**1912**
水利管理业	79	13959		530
防洪管理	791	717		8
水资源管理	792	10035		286

平桂管理区	八步区	昭平县	钟山县	富川瑶族自治县	河池市	金城江区
75	564	78	315	109	1430	424
	338		6		660	336
	89	15	10		129	54
			6		1386	438
400	**782**	**503**	**363**	**225**	**4888**	**1459**
	24	26			20	3
	24	26			20	3
400	758	477	363	225	4868	1456
106	70	186	197	219	1298	329
3	62	2	9	3	192	91
3	232		13		148	69
	132	10			290	236
					7	7
	85	24	1		562	71
6	5	97	83		829	149
4	105	130		3	133	56
278	67	28	60		1409	448
173	**1606**	**1060**	**366**	**459**	**5453**	**1549**
	130	1	21	2	282	47
	3					
					3	3
	91	1	21	2	185	39
	36				94	5
58	744	158	87	61	2030	1010
	50	15	10	13	248	103
			1		13	7
	37				55	23
	187	58	19	11	517	151
	12	3	8	4	191	161
58	364	68	39	30	973	558
	94	14	10	3	33	7
115	543	851	252	396	3044	443
115	508	845	215	391	2904	376
	13		2		53	30
	22	6	35	5	87	37
	189	50	6		97	49
		50	6		97	49
	189					
193	**759**	**227**	**442**	**291**	**2622**	**572**
32	93	54	221	130	628	178
	4	4			49	8
22	43	50	101	70	320	114

1-09 续表119

行业分组	代码	就业人数（人）		
			隆林各族自治县	贺州市
其他水利管理	799	3207		236
环境管理业	80	33355	135	1020
自然保护	801	1823		54
环境治理	802	31532	135	966
公共设施管理业	81	22493	17	362
市政公共设施管理	811	4552	3	27
城市绿化管理	812	4850	14	152
游览景区管理	813	13091		183
居民服务和其他服务业	**O**	**25878**	**20**	**176**
居民服务业	82	10484	12	70
家庭服务	821	868		
托儿所	822	167		
洗染服务	823	281		
理发及美容保健服务	824	2031		
洗浴服务	825	1072		
婚姻服务	826	153		
殡葬服务	827	1239		38
摄影扩印服务	828	1484		
其他居民服务	829	3189	12	32
其他服务业	83	15394	8	106
修理与维护	831	7114		41
清洁服务	832	4557		52
其他未列明的服务	839	3723	8	13
教育	**P**	**591688**	**3631**	**23622**
教育	84	591688	3631	23622
学前教育	841	29633	126	1212
初等教育	842	269344	2300	11757
中等教育	843	229220	1125	9302
高等教育	844	40258		864
其他教育	849	23233	80	487
卫生、社会保障和社会福利业	**Q**	**211752**	**952**	**7013**
卫生	85	198969	935	6503
医院	851	111332	389	3188
卫生院及社区医疗活动	852	49969	280	2614
门诊部医疗活动	853	4710	42	3
计划生育技术服务活动	854	9938	106	91
妇幼保健活动	855	11346	32	110
专科疾病防治活动	856	1447		97
疾病预防控制及防疫活动	857	6966	79	254
其他卫生活动	859	3261	7	146
社会保障业	86	6333	12	417
社会保障业	860	6333	12	417
社会福利业	87	6450	5	93
提供住宿的社会福利	871	4889		78
不提供住宿的社会福利	872	1561	5	15
文化、体育和娱乐业	**R**	**43497**	**160**	**1292**
新闻出版业	88	5962		74

平桂管理区	八步区	昭平县	钟山县	富川瑶族自治县	河池市	金城江区
10	46		120	60	259	56
7	539	133	217	124	1561	258
	36		14	4	111	
7	503	133	203	120	1450	258
154	127	40	4	37	433	136
	27				61	11
	99	28		25	185	108
154	1	12	4	12	187	17
26	**75**	**47**	**2**	**26**	**1009**	**599**
9	42	17	2		128	54
					6	6
					17	
					2	
					20	12
	36		2		50	26
					5	5
9	6	17			28	5
17	33	30		26	881	545
12	20	9			327	205
	5	21		26	242	74
5	8				312	266
4012	**7872**	**4078**	**4225**	**3435**	**43031**	**5192**
4012	7872	4078	4225	3435	43031	5192
160	645	139	141	127	1887	381
2154	3221	2199	2362	1821	22869	1881
1688	2880	1660	1642	1432	16226	2281
	864				1011	276
10	262	80	80	55	1038	373
901	**2744**	**1026**	**1163**	**1179**	**14444**	**3157**
800	2579	929	1105	1090	13652	2926
408	1471	455	374	480	6140	2140
363	820	391	512	528	3875	227
	3				131	47
29	29		14	19	1485	157
			110		966	169
	70			27	98	8
	118	61	39	36	568	117
	68	22	56		389	61
58	127	97	52	83	528	153
58	127	97	52	83	528	153
43	38		6	6	264	78
43	35				225	71
	3		6	6	39	7
208	**539**	**195**	**204**	**146**	**2161**	**622**
	73		1		132	126

1-09 续表120

行业分组	代码	就业人数（人）	隆林各族自治县	贺州市
新闻业	881	229		1
出版业	882	5733		73
广播、电视、电影和音像业	89	11015	58	419
广播	891	2966	35	109
电视	892	4546	12	194
电影	893	3313	11	116
音像制作	894	190		
文化艺术业	90	13130	77	468
文艺创作与表演	901	4417	27	146
艺术表演场馆	902	1330		61
图书馆与档案馆	903	2308	28	87
文物及文化保护	904	473	3	32
博物馆	905	852		18
烈士陵园、纪念馆	906	285		
群众文化活动	907	2248	19	92
文化艺术经纪代理	908	367		4
其他文化艺术	909	850		28
体育	91	3233		101
体育组织	911	2305		77
体育场馆	912	570		3
其他体育	919	358		21
娱乐业	92	10157	25	230
室内娱乐活动	921	5915	25	9
游乐园	922	1189		
休闲健身娱乐活动	923	1739		8
其他娱乐活动	929	1314		213
公共管理和社会组织	**S**	**570884**	**4536**	**20426**
中国共产党机关	93	22466	217	1092
中国共产党机关	930	22466	217	1092
国家机构	94	372979	3166	14651
国家权力机构	941	5451	19	251
国家行政机构	942	343961	3041	13598
人民法院和人民检察院	943	17925	106	764
其他国家机构	949	5642		38
人民政协和民主党派	95	3181	17	118
人民政协	951	2591	17	107
民主党派	952	590		11
群众团体、社会团体和宗教组织	96	66824	220	994
群众团体	961	6796	87	225
社会团体	962	58446	129	769
宗教组织	963	1582	4	
基层群众自治组织	97	105434	916	3571
社区自治组织	971	16656	32	194
村民自治组织	972	88778	884	3377

平桂管理区	八步区	昭平县	钟山县	富川瑶族自治县	河池市	金城江区
			1		2	
	73				130	126
	166	82	100	71	852	266
	24	50		35	190	39
	71	25	75	23	433	143
	71	7	25	13	222	84
					7	
7	201	86	103	71	838	170
	108			38	301	77
		26	35		29	6
7	39	24	9	8	183	36
		21	8	3	58	6
	18				3	
					17	5
	29	6	47	10	190	33
	1			3		
	6	9	4	9	57	7
	79	18		4	294	35
	59	18			241	
	3				7	7
	17			4	46	28
201	20	9			45	25
		9			18	5
					23	20
	8				4	
201	12					
2608	**7779**	**3360**	**3166**	**3513**	**43426**	**6377**
192	386	189	120	205	2410	388
192	386	189	120	205	2410	388
1722	6177	2395	2148	2209	29307	4910
77	73	29	54	18	306	71
1645	5727	2223	1932	2071	27464	4472
	377	137	130	120	1529	367
		6	32		8	
6	54	21	25	12	224	74
6	49	21	19	12	218	72
	5		6		6	2
34	330	143	273	214	2698	501
28	101	31	37	28	480	110
6	229	112	236	186	2115	374
					103	17
654	832	612	600	873	8787	504
10	61	27	9	87	945	151
644	771	585	591	786	7842	353

1-09 续表121

行业分组	代 码	就业人数（人）	南丹县	天峨县
总 计		**4885707**	**23504**	**9578**
农、林、牧、渔业	**A**	**38508**		**493**
农业	01	21114		
谷物及其他作物的种植	011	16377		
蔬菜、园艺作物的种植	012	119		
水果、坚果、饮料和香料作物的种植	013	4600		
中药材的种植	014	18		
林业	02	13004		493
林木的培育和种植	021	12780		493
木材和竹材的采运	022	224		
林产品的采集	023			
畜牧业	03	3144		
牲畜的饲养	031	235		
猪的饲养	032	507		
家禽的饲养	033	2326		
狩猎和捕捉动物	034			
其他畜牧业	039	76		
渔业	04	247		
海洋渔业	041	51		
内陆渔业	042	196		
农、林、牧、渔服务业	05	999		
农业服务业	051	453		
林业服务业	052			
畜牧服务业	053	420		
渔业服务业	054	126		
采矿业	**B**	**97288**	**4382**	**66**
煤炭开采和洗选业	06	17120		
烟煤和无烟煤的开采洗选	061	10600		
褐煤的开采洗选	062	6363		
其他煤炭采选	069	157		
石油和天然气开采业	07	30		
天然原油和天然气开采	071	7		
与石油和天然气开采有关的服务活动	079	23		
黑色金属矿采选业	08	19228	3	66
铁矿采选	081	4428		66
其他黑色金属矿采选	089	14800	3	
有色金属矿采选业	09	29861	4218	
常用有色金属矿采选	091	25864	4218	
贵金属矿采选	092	2703		
稀有稀土金属矿采选	093	1294		
非金属矿采选业	10	30538	161	
土砂石开采	101	19457	49	
化学矿采选	102	1687	100	
采盐	103	1416		
石棉及其他非金属矿采选	109	7978	12	
其他采矿业	11	511		

凤山县	东兰县	罗城仫佬族自治县	环江毛南族自治县	巴马瑶族自治县	都安瑶族自治县	大化瑶族自治县
9132	**9953**	**18527**	**18654**	**12975**	**23539**	**16629**
	179		**154**			
	179		154			
	179		154			
622	**63**	**2655**	**2494**	**694**	**176**	**10**
		1189	1071		126	
		1189	1071		126	
110	31	377	16			10
110	31	355	16			10
		22				
329		1058	1215	535		
		972	1215	481		
329				54		
		86				
183	32	31	192	159	50	
	32		28	12	50	
183		31	164	147		

1-09 续表122

行业分组	代 码	就业人数（人）	南丹县	天峨县
其他采矿业	110	511		
制造业	**C**	**1377307**	**5062**	**927**
农副食品加工业	13	139046	25	144
谷物磨制	131	4612		
饲料加工	132	14717		
植物油加工	133	3632	18	92
制糖	134	79341		
屠宰及肉类加工	135	9355	6	52
水产品加工	136	7236		
蔬菜、水果和坚果加工	137	3907		
其他农副食品加工	139	16246	1	
食品制造业	14	37056	30	
焙烤食品制造	141	7223	30	
糖果、巧克力及蜜饯制造	142	1865		
方便食品制造	143	4955		
液体乳及乳制品制造	144	2991		
罐头制造	145	7981		
调味品、发酵制品制造	146	2626		
其他食品制造	149	9415		
饮料制造业	15	36286	590	33
酒精制造	151	3936		
酒的制造	152	12755	540	10
软饮料制造	153	14148	33	23
精制茶加工	154	5447	17	
烟草制品业	16	4315		
烟叶复烤	161	515		
卷烟制造	162	3800		
其他烟草制品加工	169			
纺织业	17	69393		
棉、化纤纺织及印染精加工	171	18434		
毛纺织和染整精加工	172	4512		
麻纺织	173	1312		
丝绢纺织及精加工	174	19769		
纺织制成品制造	175	5096		
针织品、编织品及其制品制造	176	20270		
纺织服装、鞋、帽制造业	18	21831		
纺织服装制造	181	21326		
纺织面料鞋的制造	182	357		
制帽	183	148		
皮革、毛皮、羽毛(绒)及其制品业	19	30570		
皮革鞣制加工	191	4591		
皮革制品制造	192	22289		
毛皮鞣制及制品加工	193	236		
羽毛(绒)加工及制品制造	194	3454		
木材加工及木、竹、藤、棕、草制品业	20	102422	203	509
锯材、木片加工	201	20868	29	182
人造板制造	202	35685	31	176

风山县	东兰县	罗城仫佬族自治县	环江毛南族自治县	巴马瑶族自治县	都安瑶族自治县	大化瑶族自治县
1075	**1065**	**3947**	**3879**	**2270**	**4141**	**2245**
	120	728	656	546	437	130
	35	9		67		
		623	440	348	377	30
		51	150	82	10	79
	85	45	66	49	50	21
				18	18	16
				18		
					18	
						16
	60	98	33	270	64	94
				56		34
	60	68	5	153	64	
		30	28	61		60
180	325	354	566	8	225	25
					45	
180	325	120	566	8	180	
		234				25
		4				
		4				
731	175	666	521	239	19	499
493		644	83	219	19	51
238	175		201			448

1-09 续表123

行业分组	代 码	就业人数（人）		
			南丹县	天峨县
木制品制造	203	23965	143	151
竹、藤、棕、草制品制造	204	21904		
家具制造业	21	11154	8	
木质家具制造	211	7944	8	
竹、藤家具制造	212	1607		
金属家具制造	213	182		
塑料家具制造	214	426		
其他家具制造	219	995		
造纸及纸制品业	22	46989	22	
纸浆制造	221	6323		
造纸	222	25536	22	
纸制品制造	223	15130		
印刷业和记录媒介的复制	23	20703	5	11
印刷	231	18279	5	11
装订及其他印刷服务活动	232	1197		
记录媒介的复制	233	1227		
文教体育用品制造业	24	7672		
文化用品制造	241	853		
体育用品制造	242	541		
乐器制造	243	25		
玩具制造	244	6090		
游艺器材及娱乐用品制造	245	163		
石油加工、炼焦及核燃料加工业	25	2975		
精炼石油产品的制造	251	2843		
炼焦	252	132		
核燃料加工	253			
化学原料及化学制品制造业	26	106808	19	62
基础化学原料制造	261	16506	19	
肥料制造	262	24164		
农药制造	263	6507		
涂料、油墨、颜料及类似产品制造	264	6725		
合成材料制造	265	2687		
专用化学产品制造	266	39883		62
日用化学产品制造	267	10336		
医药制造业	27	35814		
化学药品原药制造	271	1573		
化学药品制剂制造	272	6957		
中药饮片加工	273	2133		
中成药制造	274	18808		
兽用药品制造	275	3419		
生物、生化制品的制造	276	2163		
卫生材料及医药用品制造	277	761		
化学纤维制造业	28	577		
纤维素纤维原料及纤维制造	281	16		
合成纤维制造	282	561		
橡胶制品业	29	8323		
轮胎制造	291	2537		

凤山县	东兰县	罗城仫佬族自治县	环江毛南族自治县	巴马瑶族自治县	都安瑶族自治县	大化瑶族自治县
		7	237			
		15		20		
	6		50	4		
	6		50	4		
					193	
					63	
					130	
26	10	11		43	25	23
26	10			43	25	18
		11				5
		177	58	6	38	
			25		23	
		177	22		12	
			11			
				6		
					3	
105	110					69
	110					
105						69

1-09 续表124

行业分组	代 码	就业人数（人）	南丹县	天峨县
橡胶板、管、带的制造	292	1435		
橡胶零件制造	293	526		
再生橡胶制造	294	325		
日用及医用橡胶制品制造	295	1756		
橡胶靴鞋制造	296	209		
其他橡胶制品制造	299	1535		
塑料制品业	30	29374	2	
塑料薄膜制造	301	2770		
塑料板、管、型材的制造	302	3688		
塑料丝、绳及编织品的制造	303	12078	2	
泡沫塑料制造	304	650		
塑料人造革、合成革制造	305	96		
塑料包装箱及容器制造	306	3067		
塑料零件制造	307	558		
日用塑料制造	308	2903		
其他塑料制品制造	309	3564		
非金属矿物制品业	31	206772	627	124
水泥、石灰和石膏的制造	311	55704	223	120
水泥及石膏制品制造	312	13049	15	4
砖瓦、石材及其他建筑材料制造	313	76113	389	
玻璃及玻璃制品制造	314	9124		
陶瓷制品制造	315	44212		
耐火材料制品制造	316	1524		
石墨及其他非金属矿物制品制造	319	7046		
黑色金属冶炼及压延加工业	32	58957	231	
炼铁	321	3019	231	
炼钢	322	3419		
钢压延加工	323	25975		
铁合金冶炼	324	26544		
有色金属冶炼及压延加工业	33	63865	3206	
常用有色金属冶炼	331	53566	2794	
贵金属冶炼	332	679		
稀有稀土金属冶炼	333	1868	390	
有色金属合金制造	334	353		
有色金属压延加工	335	7399	22	
金属制品业	34	24817	4	2
结构性金属制品制造	341	8354		
金属工具制造	342	2335	4	2
集装箱及金属包装容器制造	343	1264		
金属丝绳及其制品的制造	344	692		
建筑、安全用金属制品制造	345	1382		
金属表面处理及热处理加工	346	995		
搪瓷制品制造	347	193		
不锈钢及类似日用金属制品制造	348	6928		
其他金属制品制造	349	2674		
通用设备制造业	35	46883	51	
锅炉及原动机制造	351	7814		

凤山县	东兰县	罗城仫佬族自治县	环江毛南族自治县	巴马瑶族自治县	都安瑶族自治县	大化瑶族自治县
	6	75		20		35
						35
		75		20		
	6					
	245	1406	1136	700	501	1025
	135	541	250	354	397	399
				16	20	38
	80	846	873	280	78	98
		19		50	6	
	30		13			490
		30	482			208
		30	300			
			182			
						208
11		309	333	322		6
		309	333	32		
11						
				290		
						6
			4	15	2	75
						60
			4		2	
						15
				15		
		44			3	

1-09 续表125

行业分组	代 码	就业人数（人）	南丹县	天峨县
金属加工机械制造	352	11183		
起重运输设备制造	353	3131		
泵、阀门、压缩机及类似机械的制造	354	3248		
轴承、齿轮、传动和驱动部件的制造	355	2569		
烘炉、熔炉及电炉制造	356	138		
风机、衡器、包装设备等通用设备制造	357	3179		
通用零部件制造及机械修理	358	6352		
金属铸、锻加工	359	9269	51	
专用设备制造业	36	42616		42
矿山、冶金、建筑专用设备制造	361	17485		
化工、木材、非金属加工专用设备制造	362	5749		42
食品、饮料、烟草及饲料生产专用设备制造	363	3145		
印刷、制药、日化生产专用设备制造	364	1706		
纺织、服装和皮革工业专用设备制造	365	82		
电子和电工机械专用设备制造	366	791		
农、林、牧、渔专用机械制造	367	8879		
医疗仪器设备及器械制造	368	2303		
环保、社会公共安全及其他专用设备制造	369	2476		
交通运输设备制造业	37	101744	34	
铁路运输设备制造	371	6267	21	
汽车制造	372	86855	13	
摩托车制造	373	210		
自行车制造	374	585		
船舶及浮动装置制造	375	6647		
航空航天器制造	376	917		
交通器材及其他交通运输设备制造	379	263		
电气机械及器材制造业	39	33441		
电机制造	391	2925		
输配电及控制设备制造	392	14763		
电线、电缆、光缆及电工器材制造	393	6285		
电池制造	394	4102		
家用电力器具制造	395	2232		
非电力家用器具制造	396	461		
照明器具制造	397	1610		
其他电气机械及器材制造	399	1063		
通信设备、计算机及其他电子设备制造业	40	35067		
通信设备制造	401	6739		
雷达及配套设备制造	402	946		
广播电视设备制造	403	517		
电子计算机制造	404	4733		
电子器件制造	405	1058		
电子元件制造	406	15026		
家用视听设备制造	407	4289		
其他电子设备制造	409	1759		
仪器仪表及文化、办公用机械制造业	41	6151		
通用仪器仪表制造	411	2846		
专用仪器仪表制造	412	547		

凤山县	东兰县	罗城仫佬族自治县	环江毛南族自治县	巴马瑶族自治县	都安瑶族自治县	大化瑶族自治县
					3	
		44				
	8	27	8	4	591	
	8			4		
					17	
		27	8		574	
22			32		15	
			32			
22					15	
		10				40
						40
		10				
				70		
				70		

1-09 续表126

行业分组	代 码	就业人数（人）	南丹县	天峨县
钟表与计时仪器制造	413	968		
光学仪器及眼镜制造	414	1548		
文化、办公用机械制造	415	139		
其他仪器仪表的制造及修理	419	103		
工艺品及其他制造业	42	43408		
工艺美术品制造	421	38075		
日用杂品制造	422	3794		
煤制品制造	423	145		
核辐射加工	424	32		
其他未列明的制造业	429	1362		
废弃资源和废旧材料回收加工业	43	2278	5	
金属废料和碎屑的加工处理	431	1589	5	
非金属废料和碎屑的加工处理	432	689		
电力、燃气及水的生产和供应业	**D**	**165716**	**909**	**618**
电力、热力的生产和供应业	44	146330	755	535
电力生产	441	46403	755	535
电力供应	442	98664		
热力生产和供应	443	1263		
燃气生产和供应业	45	1476		
燃气生产和供应业	450	1476		
水的生产和供应业	46	17910	154	83
自来水的生产和供应	461	17435	154	83
污水处理及其再生利用	462	440		
其他水的处理、利用与分配	469	35		
建筑业	**E**	**544190**	**737**	**613**
房屋和土木工程建筑业	47	440787	737	610
房屋工程建筑	471	349235	737	610
土木工程建筑	472	91552		
建筑安装业	48	36567		
建筑安装业	480	36567		
建筑装饰业	49	10801		3
建筑装饰业	490	10801		3
其他建筑业	50	56035		
工程准备	501	3173		
提供施工设备服务	502	49379		
其他未列明的建筑活动	509	3483		
交通运输、仓储和邮政业	**F**	**195608**	**261**	**193**
铁路运输业	51	1214		
铁路旅客运输	511	31		
铁路货物运输	512	244		
铁路运输辅助活动	513	939		
道路运输业	52	97709	135	93
公路旅客运输	521	36607	13	
道路货物运输	522	38580		2
道路运输辅助活动	523	22522	122	91
城市公共交通业	53	24776	86	

凤山县	东兰县	罗城仫佬族自治县	环江毛南族自治县	巴马瑶族自治县	都安瑶族自治县	大化瑶族自治县
		8			2010	
					2010	
		8				
				5		
				5		
436	**327**	**534**	**445**	**665**	**758**	**1678**
349	301	448	386	515	605	1579
154	60	245	143	515	368	1188
195	241	203	243		237	391
					16	
					16	
87	26	86	59	150	137	99
87	26	86	59	145	137	99
				5		
335	**522**	**133**	**1152**	**782**	**2706**	**1543**
335	522	121	1152	782	2706	1463
335	513	121	1152	782	2705	965
	9				1	498
		12				80
		12				80
	73	**235**		**89**	**211**	**91**
	66	99		60	180	83
		87		16		
					12	
	66	12		44	168	83
				29	4	

1-09 续表127

行业分组	代 码	就业人数（人）	南丹县	天峨县
公共电汽车客运	531	19057		
轨道交通	532			
出租车客运	533	5071		
城市轮渡	534			
其他城市公共交通	539	648	86	
水上运输业	54	18628		5
水上旅客运输	541	2669		5
水上货物运输	542	12353		
水上运输辅助活动	543	3606		
航空运输业	55	2712		
航空客货运输	551	1626		
通用航空服务	552	319		
航空运输辅助活动	553	767		
管道运输业	56			
管道运输业	560			
装卸搬运和其他运输服务业	57	24199	29	
装卸搬运	571	16504	20	
运输代理服务	572	7695	9	
仓储业	58	9105	11	95
谷物、棉花等农产品仓储	581	3903	11	
其他仓储	589	5202		95
邮政业	59	17265		
国家邮政	591	15966		
其他寄递服务	599	1299		
信息传输、计算机服务和软件业	**G**	**68070**	**184**	**47**
电信和其他信息传输服务业	60	43237	57	
电信	601	28898		
互联网信息服务	602	8687	3	
广播电视传输服务	603	5597	54	
卫星传输服务	604	55		
计算机服务业	61	21548	127	47
计算机系统服务	611	2226		
数据处理	612	369		
计算机维修	613	313		
其他计算机服务	619	18640	127	47
软件业	62	3285		
公共软件服务	621	2469		
其他软件服务	629	816		
批发和零售业	**H**	**308143**	**1167**	**215**
批发业	63	163985	693	56
农畜产品批发	631	9905	4	
食品、饮料及烟草制品批发	632	22426	153	
纺织、服装及日用品批发	633	7233		
文化、体育用品及器材批发	634	4204	1	
医药及医疗器材批发	635	9963		
矿产品、建材及化工产品批发	636	62226	468	25

凤山县	东兰县	罗城仫佬族自治县	环江毛南族自治县	巴马瑶族自治县	都安瑶族自治县	大化瑶族自治县
				29	4	
	3					
	3					
	4	120				
		120				
	4					
		16			27	8
		16			27	8
34	**61**	**93**	**57**	**58**	**129**	**105**
	26	8	3	12		3
		5				3
		3	3			
	26			12		
34	35	85	54	46	129	102
34	35	85	54	46	129	102
219	**224**	**904**	**532**	**645**	**840**	**428**
77	101	504	294	257	476	128
	21	32	178	9	35	21
15	5	13	9	63	68	9
	14				58	
				18		
				2	90	
23	61	430	83	67	145	98

1–09 续表128

行业分组	代码	就业人数（人）	南丹县	天峨县
机械设备、五金交电及电子产品批发	637	30361	54	6
贸易经纪与代理	638	7503	3	
其他批发	639	10164	10	25
零售业	65	144158	474	159
综合零售	651	44824	98	34
食品、饮料及烟草制品专门零售	652	13090		3
纺织、服装及日用品专门零售	653	8610	43	2
文化、体育用品及器材专门零售	654	6495	89	14
医药及医疗器材专门零售	655	11407	23	40
汽车、摩托车、燃料及零配件专门零售	656	21263	167	8
家用电器及电子产品专门零售	657	20368	29	
五金、家具及室内装修材料专门零售	658	8121	8	18
无店铺及其他零售	659	9980	17	40
住宿和餐饮业	**I**	**98329**	**225**	**340**
住宿业	66	62050	221	235
旅游饭店	661	44956	50	210
一般旅馆	662	15844	167	25
其他住宿服务	669	1250	4	
餐饮业	67	36279	4	105
正餐服务	671	29407		105
快餐服务	672	4318		
饮料及冷饮服务	673	446		
其他餐饮服务	679	2108	4	
金融业	**J**	**112287**	**122**	**52**
银行业	68	65646	122	52
中央银行	681	2828		
商业银行	682	61073	122	52
其他银行	689	1745		
证券业	69	899		
证券市场管理	691	34		
证券经纪与交易	692	846		
证券投资	693	4		
证券分析与咨询	694	15		
保险业	70	42293		
人寿保险	701	31890		
非人寿保险	702	10018		
保险辅助服务	703	385		
其他金融活动	71	3449		
金融信托与管理	711	231		
金融租赁	712	18		
财务公司	713	54		
邮政储蓄	714	1895		
典当	715	362		
其他未列明的金融活动	719	889		
房地产业	**K**	**118213**	**293**	**159**
房地产业	72	118213	293	159

凤山县	东兰县	罗城仫佬族自治县	环江毛南族自治县	巴马瑶族自治县	都安瑶族自治县	大化瑶族自治县
13		4		6		
		23		17	33	
26		2	24	75	47	
142	123	400	238	388	364	300
46	22	194	78	209	116	127
42		112	30	34	8	13
					15	
14	23	15	22	2	29	26
40	48	25	28	26	16	
	5	11	52	42	103	37
	25	3	28	31	41	67
		40		34	36	2
				10		28
249	**70**	**136**	**84**	**342**	**29**	**72**
249	46	124	79	265	29	72
			75	204		
249	46	124	4	61	29	72
	24	12	5	77		
		12	5	40		
				37		
	24					
75	**116**	**110**	**112**	**80**	**146**	**112**
75	116	110	112	80	146	112
75	116	110	112	80	146	112
59	**289**	**84**	**165**	**14**	**172**	**348**
59	289	84	165	14	172	348

1-09 续表129

行业分组	代码	就业人数（人）	南丹县	天峨县
房地产开发经营	721	59730	73	
物业管理	722	40344	30	146
房地产中介服务	723	7740		3
其他房地产活动	729	10399	190	10
租赁和商务服务业	**L**	**142800**	**457**	**416**
租赁业	73	2865		
机械设备租赁	731	2711		
文化及日用品出租	732	154		
商务服务业	74	139935	457	416
企业管理服务	741	52613	295	154
法律服务	742	4379	18	3
咨询与调查	743	11128		
广告业	744	10561	17	20
知识产权服务	745	275		
职业中介服务	746	6346	4	173
市场管理	747	17703	95	66
旅行社	748	9793	10	
其他商务服务	749	27137	18	
科学研究、技术服务和地质勘查业	**M**	**105742**	**522**	**419**
研究与试验发展	75	13710	9	49
自然科学研究与试验发展	751	1045		
工程和技术研究与试验发展	752	1680		
农业科学研究与试验发展	753	7078	9	7
医学研究与试验发展	754	1935		
社会人文科学研究与试验发展	755	1972		42
专业技术服务业	76	54982	146	95
气象服务	761	2525	10	18
地震服务	762	497	1	2
海洋服务	763	30		
测绘服务	764	3571		
技术检测	765	8179	66	32
环境监测	766	1903	1	4
工程技术与规划管理	767	30947	68	39
其他专业技术服务	769	7330		
科技交流和推广服务业	77	31507	331	275
技术推广服务	771	28466	319	274
科技中介服务	772	1361	9	
其他科技服务	779	1680	3	1
地质勘查业	78	5543	36	
矿产地质勘查	781	1866	36	
基础地质勘查	782	1922		
地质勘查技术服务	783	1755		
水利、环境和公共设施管理业	**N**	**69807**	**393**	**144**
水利管理业	79	13959	63	20
防洪管理	791	717	12	4
水资源管理	792	10035	17	16

凤山县	东兰县	罗城仫佬族自治县	环江毛南族自治县	巴马瑶族自治县	都安瑶族自治县	大化瑶族自治县
59	34	84	165		107	47
					50	42
					15	8
	255			14		251
162	**307**	**396**	**283**	**90**	**301**	**130**
						14
						14
162	307	396	283	90	301	116
96	25	81	177	20	9	10
2	2	14	3	3	2	4
	10	15		3	6	
		6		7		
11	225	9	14	6	26	8
53	25	43	64	39	63	66
			5			28
	20	228	20	12	195	
384	**370**	**379**	**226**	**407**	**78**	**214**
4	50	11	4	29		
4	17	6	4	20		
	33	5		9		
102	101	76	13	88	58	36
21	20	22	10	11	15	
				2	10	
60	25	17		53	33	7
4	2	11				
14	54	26	3	21		15
3				1		14
278	219	280	209	290	20	178
272	219	270	206	274	20	157
6			3			5
		10		16		16
		12				
		12				
31	**114**	**201**	**220**	**217**	**31**	**26**
30	44	41	70	51	14	3
2	6	3		4		
8	11	35	2	20	14	

1-09 续表130

行业分组	代 码	就业人数（人）	南丹县	天峨县
其他水利管理	799	3207	34	
环境管理业	80	33355	233	111
自然保护	801	1823	37	26
环境治理	802	31532	196	85
公共设施管理业	81	22493	97	13
市政公共设施管理	811	4552	9	4
城市绿化管理	812	4850	38	4
游览景区管理	813	13091	50	5
居民服务和其他服务业	**O**	**25878**	**62**	**11**
居民服务业	82	10484		
家庭服务	821	868		
托儿所	822	167		
洗染服务	823	281		
理发及美容保健服务	824	2031		
洗浴服务	825	1072		
婚姻服务	826	153		
殡葬服务	827	1239		
摄影扩印服务	828	1484		
其他居民服务	829	3189		
其他服务业	83	15394	62	11
修理与维护	831	7114	23	11
清洁服务	832	4557		
其他未列明的服务	839	3723	39	
教育	**P**	**591688**	**3610**	**1731**
教育	84	591688	3610	1731
学前教育	841	29633	133	48
初等教育	842	269344	2018	1156
中等教育	843	229220	1384	499
高等教育	844	40258	5	
其他教育	849	23233	70	28
卫生、社会保障和社会福利业	**Q**	**211752**	**1079**	**768**
卫生	85	198969	1048	753
医院	851	111332	434	273
卫生院及社区医疗活动	852	49969	292	269
门诊部医疗活动	853	4710		4
计划生育技术服务活动	854	9938	152	107
妇幼保健活动	855	11346	84	49
专科疾病防治活动	856	1447		
疾病预防控制及防疫活动	857	6966	54	43
其他卫生活动	859	3261	32	8
社会保障业	86	6333	27	15
社会保障业	860	6333	27	15
社会福利业	87	6450	4	
提供住宿的社会福利	871	4889	3	
不提供住宿的社会福利	872	1561	1	
文化、体育和娱乐业	**R**	**43497**	**144**	**127**
新闻出版业	88	5962	4	2

凤山县	东兰县	罗城仫佬族自治县	环江毛南族自治县	巴马瑶族自治县	都安瑶族自治县	大化瑶族自治县
20	27	3	68	27		3
1	53	144	150	140		
		12	36			
1	53	132	114	140		
	17	16		26	17	23
		5				6
	5	11		10		9
	12			16	17	8
13	**1**	**27**	**41**	**1**	**58**	**48**
	1	12				19
	1					
		5				3
		7				16
13		15	41	1	58	29
7		15	16	1		
6			25		58	22
						7
2080	**2632**	**3286**	**3835**	**2919**	**6342**	**4293**
2080	2632	3286	3835	2919	6342	4293
36	39	72	93	89	135	42
1211	1628	1903	2289	1718	3759	2565
755	926	1237	1373	1043	2448	1591
		32				25
78	39	42	80	69		70
624	**728**	**993**	**1015**	**935**	**1473**	**971**
573	679	951	971	903	1406	935
287	264	385	249	355	419	304
202	307	227	356	176	501	266
		16			28	
17	17	171	130	180	187	205
40	34	98	100	87	144	74
	12		47		13	
27	45	20	4	47	81	45
		34	85	58	33	41
34	44	32	31	23	55	22
34	44	32	31	23	55	22
17	5	10	13	9	12	14
2	4	10	2	6	12	14
15	1		11	3		
90	**99**	**147**	**127**	**124**	**368**	**147**

1-09 续表131

行业分组	代 码	就业人数（人）	南丹县	天峨县
新闻业	881	229		2
出版业	882	5733	4	
广播、电视、电影和音像业	89	11015	63	71
广播	891	2966	44	51
电视	892	4546		
电影	893	3313	19	19
音像制作	894	190		1
文化艺术业	90	13130	67	54
文艺创作与表演	901	4417	33	22
艺术表演场馆	902	1330		
图书馆与档案馆	903	2308	11	12
文物及文化保护	904	473	19	2
博物馆	905	852	3	
烈士陵园、纪念馆	906	285		
群众文化活动	907	2248	1	12
文化艺术经纪代理	908	367		
其他文化艺术	909	850		6
体育	91	3233	4	
体育组织	911	2305	4	
体育场馆	912	570		
其他体育	919	358		
娱乐业	92	10157	6	
室内娱乐活动	921	5915	3	
游乐园	922	1189	3	
休闲健身娱乐活动	923	1739		
其他娱乐活动	929	1314		
公共管理和社会组织	**S**	**570884**	**3895**	**2239**
中国共产党机关	93	22466	195	187
中国共产党机关	930	22466	195	187
国家机构	94	372979	2480	1619
国家权力机构	941	5451	38	21
国家行政机构	942	343961	2313	1508
人民法院和人民检察院	943	17925	129	90
其他国家机构	949	5642		
人民政协和民主党派	95	3181	17	21
人民政协	951	2591	17	21
民主党派	952	590		
群众团体、社会团体和宗教组织	96	66824	264	63
群众团体	961	6796	110	18
社会团体	962	58446	154	45
宗教组织	963	1582		
基层群众自治组织	97	105434	939	349
社区自治组织	971	16656	143	15
村民自治组织	972	88778	796	334

凤山县	东兰县	罗城仫佬族自治县	环江毛南族自治县	巴马瑶族自治县	都安瑶族自治县	大化瑶族自治县
45	36	77	70	58	47	53
26	2	5				2
	11	58	64	40	47	37
13	23	14	6	18		14
6						
45	62	55	57	64	96	94
22		22	27	25	28	21
	23					
13	15	16	13	18	23	9
		3	9	5	7	5
	10			2		
10	11	14		7	22	56
	3		8	7	16	3
	1	3		2	225	
		3			225	
	1			2		
		12				
		10				
		2				
2644	**2713**	**4267**	**3833**	**2643**	**5580**	**4168**
159	218	216	212	161	174	240
159	218	216	212	161	174	240
1742	1869	3403	2385	1774	3464	2782
21	18	32	19	24	20	23
1631	1740	3265	2247	1656	3299	2646
90	111	106	115	90	145	113
			4	4		
15	14		14	14	11	18
15	14		14	14	11	18
71	69	70	337	94	509	124
23	34	3	20	27	38	50
48	35	45	304	67	453	50
		22	13		18	24
657	543	578	885	600	1422	1004
13	14	77	137	23	108	27
644	529	501	748	577	1314	977

1-09 续表132

行业分组	代 码	就业人数（人）	宜州市	来宾市
总 计		**4885707**	**42225**	**161609**
农、林、牧、渔业	**A**	**38508**	**177**	**1694**
农业	01	21114		1144
谷物及其他作物的种植	011	16377		1144
蔬菜、园艺作物的种植	012	119		
水果、坚果、饮料和香料作物的种植	013	4600		
中药材的种植	014	18		
林业	02	13004	177	462
林木的培育和种植	021	12780	177	462
木材和竹材的采运	022	224		
林产品的采集	023			
畜牧业	03	3144		
牲畜的饲养	031	235		
猪的饲养	032	507		
家禽的饲养	033	2326		
狩猎和捕捉动物	034			
其他畜牧业	039	76		
渔业	04	247		
海洋渔业	041	51		
内陆渔业	042	196		
农、林、牧、渔服务业	05	999		88
农业服务业	051	453		88
林业服务业	052			
畜牧服务业	053	420		
渔业服务业	054	126		
采矿业	**B**	**97288**	**859**	**11389**
煤炭开采和洗选业	06	17120	92	4194
烟煤和无烟煤的开采洗选	061	10600	92	4127
褐煤的开采洗选	062	6363		
其他煤炭采选	069	157		67
石油和天然气开采业	07	30		
天然原油和天然气开采	071	7		
与石油和天然气开采有关的服务活动	079	23		
黑色金属矿采选业	08	19228	614	915
铁矿采选	081	4428		16
其他黑色金属矿采选	089	14800	614	899
有色金属矿采选业	09	29861		2703
常用有色金属矿采选	091	25864		2700
贵金属矿采选	092	2703		3
稀有稀土金属矿采选	093	1294		
非金属矿采选业	10	30538	153	3560
土砂石开采	101	19457	144	2507
化学矿采选	102	1687		644
采盐	103	1416		
石棉及其他非金属矿采选	109	7978	9	409
其他采矿业	11	511		17

兴宾区	忻城县	象州县	武宣县	金秀瑶族自治县	合山市	崇左市
72831	**15384**	**21957**	**24914**	**10691**	**15832**	**170481**
1676	**11**			**7**		**6213**
1144						3583
1144						3583
462						2512
462						2512
						50
						50
70	11			7		68
70	11			7		68
1196	**579**	**994**	**3191**	**715**	**4714**	**7447**
93					4101	1248
26					4101	372
						876
67						
369	301	77	168			5302
16						313
353	301	77	168			4989
		15	2238	450		249
		15	2238	447		151
				3		72
						26
734	275	890	785	263	613	622
734	198	108	695	159	613	520
		561		83		
	77	221	90	21		102
	3	12		2		26

1-09 续表133

行业分组	代 码	就业人数（人）	宜州市	来宾市
其他采矿业	110	511		17
制造业	**C**	**1377307**	**15729**	**39735**
农副食品加工业	13	139046	1859	11966
谷物磨制	131	4612		506
饲料加工	132	14717		55
植物油加工	133	3632	34	11
制糖	134	79341	1575	10682
屠宰及肉类加工	135	9355	177	172
水产品加工	136	7236		
蔬菜、水果和坚果加工	137	3907	13	55
其他农副食品加工	139	16246	60	485
食品制造业	14	37056	71	229
焙烤食品制造	141	7223		117
糖果、巧克力及蜜饯制造	142	1865		
方便食品制造	143	4955	6	30
液体乳及乳制品制造	144	2991		14
罐头制造	145	7981	53	
调味品、发酵制品制造	146	2626	12	38
其他食品制造	149	9415		30
饮料制造业	15	36286	200	522
酒精制造	151	3936		231
酒的制造	152	12755	169	28
软饮料制造	153	14148	31	82
精制茶加工	154	5447		181
烟草制品业	16	4315		
烟叶复烤	161	515		
卷烟制造	162	3800		
其他烟草制品加工	169			
纺织业	17	69393	3112	2189
棉、化纤纺织及印染精加工	171	18434	356	174
毛纺织和染整精加工	172	4512		
麻纺织	173	1312		
丝绢纺织及精加工	174	19769	2622	1714
纺织制成品制造	175	5096	6	84
针织品、编织品及其制品制造	176	20270	128	217
纺织服装、鞋、帽制造业	18	21831	8	455
纺织服装制造	181	21326	8	455
纺织面料鞋的制造	182	357		
制帽	183	148		
皮革、毛皮、羽毛(绒)及其制品业	19	30570	231	21
皮革鞣制加工	191	4591		
皮革制品制造	192	22289	231	21
毛皮鞣制及制品加工	193	236		
羽毛(绒)加工及制品制造	194	3454		
木材加工及木、竹、藤、棕、草制品业	20	102422	1055	2823
锯材、木片加工	201	20868	334	1879
人造板制造	202	35685	721	804

兴宾区	忻城县	象州县	武宣县	金秀瑶族自治县	合山市	崇左市
	3	12		2		26
18603	**3493**	**7522**	**5786**	**2015**	**2316**	**39753**
6068	979	1857	2161	502	399	16989
	6	424	16	60		11
25		30				18
		11				9
5918	936	1241	1815	381	391	15619
73	36	5	29	21	8	445
			15	40		97
52	1	146	286			790
35		86	108			576
		61	56			8
						58
15			15			
			14			
						55
20		5	13			411
		20	10			44
70	64	33	211	144		1815
	45		186			593
	13	15				88
70		12				381
	6	6	25	144		753
17	599	1395	174		4	1180
			174			
						173
	598	1116				17
	1	79			4	963
17		200				27
237	29	41	88		60	44
237	29	41	88		60	44
		21				124
		21				96
						28
1289	84	793	151	330	176	2626
974	73	353	151	152	176	586
315	11	300		178		1705

1-09 续表134

行业分组	代 码	就业人数（人）	宜州市	来宾市
木制品制造	203	23965		140
竹、藤、棕、草制品制造	204	21904		
家具制造业	21	11154	27	219
木质家具制造	211	7944	27	219
竹、藤家具制造	212	1607		
金属家具制造	213	182		
塑料家具制造	214	426		
其他家具制造	219	995		
造纸及纸制品业	22	46989	458	1681
纸浆制造	221	6323	47	297
造纸	222	25536		1114
纸制品制造	223	15130	411	270
印刷业和记录媒介的复制	23	20703	26	156
印刷	231	18279	13	118
装订及其他印刷服务活动	232	1197	13	38
记录媒介的复制	233	1227		
文教体育用品制造业	24	7672		70
文化用品制造	241	853		70
体育用品制造	242	541		
乐器制造	243	25		
玩具制造	244	6090		
游艺器材及娱乐用品制造	245	163		
石油加工、炼焦及核燃料加工业	25	2975		23
精炼石油产品的制造	251	2843		23
炼焦	252	132		
核燃料加工	253			
化学原料及化学制品制造业	26	106808	3590	1582
基础化学原料制造	261	16506	148	606
肥料制造	262	24164	759	492
农药制造	263	6507		
涂料、油墨、颜料及类似产品制造	264	6725		17
合成材料制造	265	2687	2329	
专用化学产品制造	266	39883	354	431
日用化学产品制造	267	10336		36
医药制造业	27	35814	118	415
化学药品原药制造	271	1573		80
化学药品制剂制造	272	6957		
中药饮片加工	273	2133	50	56
中成药制造	274	18808	68	279
兽用药品制造	275	3419		
生物、生化制品的制造	276	2163		
卫生材料及医药用品制造	277	761		
化学纤维制造业	28	577	350	
纤维素纤维原料及纤维制造	281	16		
合成纤维制造	282	561	350	
橡胶制品业	29	8323		283
轮胎制造	291	2537		

兴宾区	忻城县	象州县	武宣县	金秀瑶族自治县	合山市	崇左市
		140				268
						67
19			194	1	5	132
19			194	1	5	114
						18
888		554	135	10	94	804
		81	122		94	553
888		203	13	10		146
		270				105
82	11	23	27	8	5	51
49	11	23	27	8		29
33					5	22
70						
70						
		23				
		23				
384	75	636	265	154	68	3131
58		508			40	514
312	17	25	138			1058
						400
			17			576
14	58	103	100	128	28	583
			10	26		
96	215			104		564
30				50		48
56						81
10	215			54		411
						20
						4
		283				

1-09 续表135

行业分组	代 码	就业人数（人）	宜州市	来宾市
橡胶板、管、带的制造	292	1435		
橡胶零件制造	293	526		
再生橡胶制造	294	325		
日用及医用橡胶制品制造	295	1756		
橡胶靴鞋制造	296	209		
其他橡胶制品制造	299	1535		283
塑料制品业	30	29374	23	238
塑料薄膜制造	301	2770		20
塑料板、管、型材的制造	302	3688		
塑料丝、绳及编织品的制造	303	12078	23	218
泡沫塑料制造	304	650		
塑料人造革、合成革制造	305	96		
塑料包装箱及容器制造	306	3067		
塑料零件制造	307	558		
日用塑料制造	308	2903		
其他塑料制品制造	309	3564		
非金属矿物制品业	31	206772	1963	7948
水泥、石灰和石膏的制造	311	55704	651	1697
水泥及石膏制品制造	312	13049	13	408
砖瓦、石材及其他建筑材料制造	313	76113	987	5606
玻璃及玻璃制品制造	314	9124	312	18
陶瓷制品制造	315	44212		
耐火材料制品制造	316	1524		
石墨及其他非金属矿物制品制造	319	7046		219
黑色金属冶炼及压延加工业	32	58957	309	6012
炼铁	321	3019		
炼钢	322	3419		22
钢压延加工	323	25975		
铁合金冶炼	324	26544	309	5990
有色金属冶炼及压延加工业	33	63865	1234	2001
常用有色金属冶炼	331	53566	1234	1946
贵金属冶炼	332	679		45
稀有稀土金属冶炼	333	1868		
有色金属合金制造	334	353		
有色金属压延加工	335	7399		10
金属制品业	34	24817	25	145
结构性金属制品制造	341	8354	21	28
金属工具制造	342	2335		61
集装箱及金属包装容器制造	343	1264		12
金属丝绳及其制品的制造	344	692	4	
建筑、安全用金属制品制造	345	1382		
金属表面处理及热处理加工	346	995		
搪瓷制品制造	347	193		
不锈钢及类似日用金属制品制造	348	6928		16
其他金属制品制造	349	2674		28
通用设备制造业	35	46883	1007	215
锅炉及原动机制造	351	7814	190	

兴宾区	忻城县	象州县	武宣县	金秀瑶族自治县	合山市	崇左市
		283				
			238			872
			20			134
						54
			218			613
						44
						15
						12
2568	1169	1394	1335	629	853	4702
569	123	38	335	153	479	2460
160		182	51	15		172
1839	1031	1164	737	461	374	1980
			18			
	15	10	194			90
5261	217	189		10	335	5078
						39
22						9
						6
5239	217	189		10	335	5024
1150		135	642	64	10	64
1150		90	642	64		35
		45				
						29
					10	
47	32	23	12	16	15	227
5		23				71
42	19					66
			12			10
				16		
	13				15	80
215						105

1–09 续表136

行业分组	代 码	就业人数（人）	宜州市	来宾市
金属加工机械制造	352	11183	20	73
起重运输设备制造	353	3131		
泵、阀门、压缩机及类似机械的制造	354	3248		
轴承、齿轮、传动和驱动部件的制造	355	2569	632	
烘炉、熔炉及电炉制造	356	138	18	
风机、衡器、包装设备等通用设备制造	357	3179		
通用零部件制造及机械修理	358	6352	147	
金属铸、锻加工	359	9269		142
专用设备制造业	36	42616		293
矿山、冶金、建筑专用设备制造	361	17485		258
化工、木材、非金属加工专用设备制造	362	5749		
食品、饮料、烟草及饲料生产专用设备制造	363	3145		
印刷、制药、日化生产专用设备制造	364	1706		
纺织、服装和皮革工业专用设备制造	365	82		
电子和电工机械专用设备制造	366	791		7
农、林、牧、渔专用机械制造	367	8879		28
医疗仪器设备及器械制造	368	2303		
环保、社会公共安全及其他专用设备制造	369	2476		
交通运输设备制造业	37	101744	46	187
铁路运输设备制造	371	6267		
汽车制造	372	86855	46	165
摩托车制造	373	210		
自行车制造	374	585		
船舶及浮动装置制造	375	6647		22
航空航天器制造	376	917		
交通器材及其他交通运输设备制造	379	263		
电气机械及器材制造业	39	33441	14	15
电机制造	391	2925		
输配电及控制设备制造	392	14763	14	
电线、电缆、光缆及电工器材制造	393	6285		
电池制造	394	4102		
家用电力器具制造	395	2232		
非电力家用器具制造	396	461		15
照明器具制造	397	1610		
其他电气机械及器材制造	399	1063		
通信设备、计算机及其他电子设备制造业	40	35067		
通信设备制造	401	6739		
雷达及配套设备制造	402	946		
广播电视设备制造	403	517		
电子计算机制造	404	4733		
电子器件制造	405	1058		
电子元件制造	406	15026		
家用视听设备制造	407	4289		
其他电子设备制造	409	1759		
仪器仪表及文化、办公用机械制造业	41	6151		10
通用仪器仪表制造	411	2846		
专用仪器仪表制造	412	547		

兴宾区	忻城县	象州县	武宣县	金秀瑶族自治县	合山市	崇左市
73						
						78
						15
142						12
27	11			8	247	181
	11				247	137
7						
20				8		34
						10
63	8	8	45	18	45	181
57	8	8	29	18	45	181
6			16			
		15				
		15				
						123
						91
						32
10						29

1–09 续表137

行业分组	代码	就业人数（人）	宜州市	来宾市
钟表与计时仪器制造	413	968		10
光学仪器及眼镜制造	414	1548		
文化、办公用机械制造	415	139		
其他仪器仪表的制造及修理	419	103		
工艺品及其他制造业	42	43408	3	37
工艺美术品制造	421	38075	3	7
日用杂品制造	422	3794		17
煤制品制造	423	145		13
核辐射加工	424	32		
其他未列明的制造业	429	1362		
废弃资源和废旧材料回收加工业	43	2278		
金属废料和碎屑的加工处理	431	1589		
非金属废料和碎屑的加工处理	432	689		
电力、燃气及水的生产和供应业	**D**	**165716**	**1154**	**7148**
电力、热力的生产和供应业	44	146330	999	6281
电力生产	441	46403	783	3938
电力供应	442	98664	216	2343
热力生产和供应	443	1263		
燃气生产和供应业	45	1476		19
燃气生产和供应业	450	1476		19
水的生产和供应业	46	17910	155	848
自来水的生产和供应	461	17435	155	824
污水处理及其再生利用	462	440		24
其他水的处理、利用与分配	469	35		
建筑业	**E**	**544190**	**1441**	**7729**
房屋和土木工程建筑业	47	440787	1362	7270
房屋工程建筑	471	349235	1283	6667
土木工程建筑	472	91552	79	603
建筑安装业	48	36567	76	274
建筑安装业	480	36567	76	274
建筑装饰业	49	10801	1	19
建筑装饰业	490	10801	1	19
其他建筑业	50	56035	2	166
工程准备	501	3173		
提供施工设备服务	502	49379		
其他未列明的建筑活动	509	3483	2	166
交通运输、仓储和邮政业	**F**	**195608**	**945**	**2757**
铁路运输业	51	1214		
铁路旅客运输	511	31		
铁路货物运输	512	244		
铁路运输辅助活动	513	939		
道路运输业	52	97709	228	1243
公路旅客运输	521	36607	100	709
道路货物运输	522	38580		160
道路运输辅助活动	523	22522	128	374
城市公共交通业	53	24776	107	586

兴宾区	忻城县	象州县	武宣县	金秀瑶族自治县	合山市	崇左市
10						
						29
7		13		17		153
7						105
				17		
		13				3
						45
						2
						2
3163	**592**	**638**	**512**	**620**	**1623**	**6299**
2832	437	454	434	563	1561	5129
1592	233	119		563	1431	1739
1240	204	335	434		130	3390
19						
19						
312	155	184	78	57	62	1170
288	155	184	78	57	62	1170
24						
4595	**610**	**825**	**790**	**495**	**414**	**5797**
4262	610	816	790	439	353	5556
3756	589	740	790	439	353	4049
506	21	76				1507
174		4		56	40	139
174		4		56	40	139
14		5				20
14		5				20
145					21	82
						4
						5
145					21	73
1351	**243**	**338**	**466**	**70**	**289**	**4445**
660	207	105	146	70	55	2413
555	38	99	10		7	369
72			55	4	29	885
33	169	6	81	66	19	1159
340		35	20		191	278

1-09 续表138

行业分组	代 码	就业人数（人）	宜州市	来宾市
公共电汽车客运	531	19057	29	306
轨道交通	532			
出租车客运	533	5071	78	280
城市轮渡	534			
其他城市公共交通	539	648		
水上运输业	54	18628	32	503
水上旅客运输	541	2669	32	
水上货物运输	542	12353		442
水上运输辅助活动	543	3606		61
航空运输业	55	2712		
航空客货运输	551	1626		
通用航空服务	552	319		
航空运输辅助活动	553	767		
管道运输业	56			
管道运输业	560			
装卸搬运和其他运输服务业	57	24199	533	72
装卸搬运	571	16504	184	50
运输代理服务	572	7695	349	22
仓储业	58	9105	45	70
谷物、棉花等农产品仓储	581	3903	28	54
其他仓储	589	5202	17	16
邮政业	59	17265		283
国家邮政	591	15966		277
其他寄递服务	599	1299		6
信息传输、计算机服务和软件业	**G**	**68070**	**408**	**1974**
电信和其他信息传输服务业	60	43237	72	796
电信	601	28898	18	688
互联网信息服务	602	8687		12
广播电视传输服务	603	5597	54	96
卫星传输服务	604	55		
计算机服务业	61	21548	336	1178
计算机系统服务	611	2226		
数据处理	612	369		1
计算机维修	613	313		
其他计算机服务	619	18640	336	1177
软件业	62	3285		
公共软件服务	621	2469		
其他软件服务	629	816		
批发和零售业	**H**	**308143**	**2481**	**7270**
批发业	63	163985	1673	4361
农畜产品批发	631	9905	616	862
食品、饮料及烟草制品批发	632	22426	26	1016
纺织、服装及日用品批发	633	7233	137	94
文化、体育用品及器材批发	634	4204		26
医药及医疗器材批发	635	9963	20	147
矿产品、建材及化工产品批发	636	62226	764	1705

兴宾区	忻城县	象州县	武宣县	金秀瑶族自治县	合山市	崇左市
230		35			41	114
110			20		150	72
						92
18	30	149	263		43	74
						24
2	28	119	253		40	6
16	2	30	10		3	44
42		6	24			513
38			12			268
4		6	12			245
14	6	37	13			181
3	6	37	8			145
11			5			36
277		6				986
277						986
		6				
1503	**101**	**142**	**120**	**77**	**31**	**1513**
749		38		6	3	433
688						138
		6		6		40
61		32			3	255
754	101	104	120	71	28	1064
						5
1						5
						9
753	101	104	120	71	28	1045
						16
						16
3825	**695**	**783**	**883**	**306**	**778**	**6930**
2525	334	370	564	215	353	3758
642	93	51	61		15	350
789	15	9	198	5		491
47		21		26		127
2		13		11		68
67	15	18		35	12	125
570	190	229	270	122	324	1387

1-09 续表139

行业分组	代码	就业人数（人）	宜州市	来宾市
机械设备、五金交电及电子产品批发	637	30361	26	82
贸易经纪与代理	638	7503		7
其他批发	639	10164	84	422
零售业	65	144158	808	2909
综合零售	651	44824	318	1455
食品、饮料及烟草制品专门零售	652	13090	52	112
纺织、服装及日用品专门零售	653	8610		168
文化、体育用品及器材专门零售	654	6495	24	189
医药及医疗器材专门零售	655	11407	28	194
汽车、摩托车、燃料及零配件专门零售	656	21263	155	205
家用电器及电子产品专门零售	657	20368	94	116
五金、家具及室内装修材料专门零售	658	8121	15	297
无店铺及其他零售	659	9980	122	173
住宿和餐饮业	**I**	**98329**	**413**	**1985**
住宿业	66	62050	234	828
旅游饭店	661	44956	229	295
一般旅馆	662	15844	5	510
其他住宿服务	669	1250		23
餐饮业	67	36279	179	1157
正餐服务	671	29407	179	1103
快餐服务	672	4318		
饮料及冷饮服务	673	446		54
其他餐饮服务	679	2108		
金融业	**J**	**112287**	**190**	**2834**
银行业	68	65646	190	2050
中央银行	681	2828		89
商业银行	682	61073	190	1953
其他银行	689	1745		8
证券业	69	899		
证券市场管理	691	34		
证券经纪与交易	692	846		
证券投资	693	4		
证券分析与咨询	694	15		
保险业	70	42293		774
人寿保险	701	31890		731
非人寿保险	702	10018		43
保险辅助服务	703	385		
其他金融活动	71	3449		10
金融信托与管理	711	231		
金融租赁	712	18		
财务公司	713	54		
邮政储蓄	714	1895		
典当	715	362		
其他未列明的金融活动	719	889		10
房地产业	**K**	**118213**	**770**	**2153**
房地产业	72	118213	770	2153

兴宾区	忻城县	象州县	武宜县	金秀瑶族自治县	合山市	崇左市
54	16		12			548
			7			428
354	5	29	16	16	2	234
1300	361	413	319	91	425	3172
678	174	253	44	15	291	1607
15	36	16		3	42	301
39		48	50	31		13
99	35	13	18		24	149
67	32	19	50	10	16	221
96	8	9	53	24	15	283
89		27				204
124	59	8	101		5	184
93	17	20	3	8	32	210
1051	**167**	**144**	**275**	**80**	**268**	**1644**
262	141	144	16	50	215	844
56		74			165	592
206	141	70	16	50	27	252
					23	
789	26		259	30	53	800
735	26		259	30	53	781
54						
						19
2198	**127**	**173**	**156**	**118**	**62**	**2523**
1416	127	171	156	118	62	1451
89						95
1327	127	171	156	110	62	1356
				8		
772		2				995
731						837
41		2				158
10						77
						70
						7
10						
1217	**65**	**340**	**197**	**113**	**221**	**2372**
1217	65	340	197	113	221	2372

1-09 续表140

行业分组	代 码	就业人数（人）		
			宜州市	来宾市
房地产开发经营	721	59730	437	1515
物业管理	722	40344	56	476
房地产中介服务	723	7740	49	29
其他房地产活动	729	10399	228	133
租赁和商务服务业	**L**	**142800**	**887**	**4413**
租赁业	73	2865	3	63
机械设备租赁	731	2711	3	63
文化及日用品出租	732	154		
商务服务业	74	139935	884	4350
企业管理服务	741	52613	102	2462
法律服务	742	4379	50	67
咨询与调查	743	11128	45	56
广告业	744	10561	4	72
知识产权服务	745	275		
职业中介服务	746	6346	15	391
市场管理	747	17703	166	472
旅行社	748	9793	34	138
其他商务服务	749	27137	468	692
科学研究、技术服务和地质勘查业	**M**	**105742**	**905**	**4069**
研究与试验发展	75	13710	79	90
自然科学研究与试验发展	751	1045		30
工程和技术研究与试验发展	752	1680		
农业科学研究与试验发展	753	7078	79	14
医学研究与试验发展	754	1935		
社会人文科学研究与试验发展	755	1972		46
专业技术服务业	76	54982	305	1484
气象服务	761	2525	18	116
地震服务	762	497	3	8
海洋服务	763	30		
测绘服务	764	3571	20	32
技术检测	765	8179	73	291
环境监测	766	1903	8	85
工程技术与规划管理	767	30947	175	890
其他专业技术服务	769	7330	8	62
科技交流和推广服务业	77	31507	521	2442
技术推广服务	771	28466	517	2198
科技中介服务	772	1361		110
其他科技服务	779	1680	4	134
地质勘查业	78	5543		53
矿产地质勘查	781	1866		
基础地质勘查	782	1922		7
地质勘查技术服务	783	1755		46
水利、环境和公共设施管理业	**N**	**69807**	**673**	**1942**
水利管理业	79	13959	114	759
防洪管理	791	717	10	38
水资源管理	792	10035	83	501

兴宾区	忻城县	象州县	武宜县	金秀瑶族自治县	合山市	崇左市
790	56	212	177	111	169	1511
396		10	18		52	216
23	2	2		2		54
8	7	116	2			591
1280	**358**	**115**	**1929**	**164**	**567**	**14511**
45	18					25
45	18					25
1235	340	115	1929	164	567	14486
218	223	37	1828	47	109	11488
29	10	5	13	3	7	61
31		8	6	3	8	53
61		4			7	220
						4
50	13	15	3	16	294	111
240	81	2	44	28	77	1295
53	5	11	7	61	1	573
553	8	33	28	6	64	681
2169	**260**	**632**	**665**	**233**	**110**	**5016**
66	14			10		2749
26				4		13
						4
	14					2493
40				6		239
1015	32	113	153	78	93	1041
73	8		16	14	5	92
6					2	31
		14	8		10	62
126	8	62	42	53		471
76					9	19
683	11	37	86	11	62	300
51	5		1		5	66
1042	214	519	505	145	17	1210
837	211	512	505	121	12	1159
94	3	7		4	2	39
111				20	3	12
46			7			16
			7			16
46						
769	**240**	**273**	**417**	**179**	**64**	**2838**
125	79	268	240	12	35	596
			32	3	3	16
103	32	168	195	1	2	308

1-09 续表141

行业分组	代码	就业人数（人）	宜州市	来宾市
其他水利管理	799	3207	21	220
环境管理业	80	33355	471	1056
自然保护	801	1823		107
环境治理	802	31532	471	949
公共设施管理业	81	22493	88	127
市政公共设施管理	811	4552	26	13
城市绿化管理	812	4850		82
游览景区管理	813	13091	62	32
居民服务和其他服务业	**O**	**25878**	**148**	**616**
居民服务业	82	10484	42	231
家庭服务	821	868		17
托儿所	822	167	16	75
洗染服务	823	281	2	
理发及美容保健服务	824	2031		
洗浴服务	825	1072		
婚姻服务	826	153		3
殡葬服务	827	1239	24	45
摄影扩印服务	828	1484		
其他居民服务	829	3189		91
其他服务业	83	15394	106	385
修理与维护	831	7114	49	86
清洁服务	832	4557	57	61
其他未列明的服务	839	3723		238
教育	**P**	**591688**	**7111**	**26031**
教育	84	591688	7111	26031
学前教育	841	29633	819	1359
初等教育	842	269344	2741	13542
中等教育	843	229220	2689	10197
高等教育	844	40258	673	25
其他教育	849	23233	189	908
卫生、社会保障和社会福利业	**Q**	**211752**	**2701**	**8735**
卫生	85	198969	2507	8245
医院	851	111332	1030	3761
卫生院及社区医疗活动	852	49969	1052	3186
门诊部医疗活动	853	4710	36	119
计划生育技术服务活动	854	9938	162	477
妇幼保健活动	855	11346	87	104
专科疾病防治活动	856	1447	18	57
疾病预防控制及防疫活动	857	6966	85	393
其他卫生活动	859	3261	37	148
社会保障业	86	6333	92	368
社会保障业	860	6333	92	368
社会福利业	87	6450	102	122
提供住宿的社会福利	871	4889	101	84
不提供住宿的社会福利	872	1561	1	38
文化、体育和娱乐业	**R**	**43497**	**166**	**908**
新闻出版业	88	5962		78

兴宾区	忻城县	象州县	武宣县	金秀瑶族自治县	合山市	崇左市
22	47	100	13	8	30	272
630	132		150	126	18	1818
				107		104
630	132		150	19	18	1714
14	29	5	27	41	11	424
7			3		3	44
4	21		24	33		202
3	8	5		8	8	178
197	**25**	**64**	**72**	**9**	**249**	**417**
121		7	72	3	28	78
10		7				
			72	3		
						5
3						
45						15
						57
63					28	1
76	25	57		6	221	339
44		36		6		54
2	20	21			18	201
30	5				203	84
11366	**3783**	**3536**	**4204**	**1645**	**1497**	**25396**
11366	3783	3536	4204	1645	1497	25396
846	97	225	70	33	88	1143
5694	1974	1755	2140	1082	897	13121
4286	1610	1419	1927	506	449	8993
19		3	3			1596
521	102	134	64	24	63	543
3674	**1190**	**922**	**1512**	**640**	**797**	**8231**
3428	1109	904	1429	609	766	7753
1485	446	404	629	302	495	3746
1508	430	355	544	173	176	2223
105		14				52
66	164	25	134	64	24	512
		68		36		567
27	30					82
186	37	38	78	23	31	403
51	2		44	11	40	168
192	75		63	17	21	390
192	75		63	17	21	390
54	6	18	20	14	10	88
27	5	10	20	12	10	67
27	1	8		2		21
426	**125**	**109**	**74**	**73**	**101**	**1038**
78						69

1-09 续表142

行业分组	代 码	就业人数（人）	宜州市	来宾市
新闻业	881	229		
出版业	882	5733		78
广播、电视、电影和音像业	89	11015	66	311
广播	891	2966	21	44
电视	892	4546	33	171
电影	893	3313	12	96
音像制作	894	190		
文化艺术业	90	13130	74	365
文艺创作与表演	901	4417	24	182
艺术表演场馆	902	1330		
图书馆与档案馆	903	2308	17	74
文物及文化保护	904	473	2	27
博物馆	905	852		31
烈士陵园、纪念馆	906	285		
群众文化活动	907	2248	24	37
文化艺术经纪代理	908	367		
其他文化艺术	909	850	7	14
体育	91	3233	24	21
体育组织	911	2305	9	8
体育场馆	912	570		6
其他体育	919	358	15	7
娱乐业	92	10157	2	133
室内娱乐活动	921	5915		105
游乐园	922	1189		
休闲健身娱乐活动	923	1739	2	9
其他娱乐活动	929	1314		19
公共管理和社会组织	**S**	**570884**	**5067**	**28227**
中国共产党机关	93	22466	260	1292
中国共产党机关	930	22466	260	1292
国家机构	94	372979	2879	17247
国家权力机构	941	5451	19	191
国家行政机构	942	343961	2687	16143
人民法院和人民检察院	943	17925	173	895
其他国家机构	949	5642		18
人民政协和民主党派	95	3181	26	145
人民政协	951	2591	22	145
民主党派	952	590	4	
群众团体、社会团体和宗教组织	96	66824	596	2567
群众团体	961	6796	47	496
社会团体	962	58446	540	1916
宗教组织	963	1582	9	155
基层群众自治组织	97	105434	1306	6976
社区自治组织	971	16656	237	502
村民自治组织	972	88778	1069	6474

兴宾区	忻城县	象州县	武宣县	金秀瑶族自治县	合山市	崇左市
						8
78						61
140	71	30	40	8	22	304
3	31			2	8	139
87	34		36		14	114
50	6	30	4	6		51
136	46	54	15	65	49	531
96	2	20	1	48	15	186
36	5	13	6	6	8	84
4		16	5		2	48
	24		2	5		7
						40
	15	5	1	6	10	118
						1
					14	47
	8	6			7	45
	8					
		6				
					7	45
72		19	19		23	89
66		19			20	
						15
6					3	7
			19			67
12572	**2720**	**4407**	**3665**	**3132**	**1731**	**28098**
399	189	204	289	124	87	1430
399	189	204	289	124	87	1430
6611	1746	3062	2290	2113	1425	18371
69	38	24	28	18	14	295
6145	1565	2932	2139	2015	1347	16995
380	143	106	123	80	63	991
17					1	90
65	12	12	29	14	13	178
65	12	12	29	14	13	167
						11
923	51	517	387	607	82	2550
157	19	74	85	142	19	432
761	22	407	202	461	63	2071
5	10	36	100	4		47
4574	722	612	670	274	124	5569
291	115	46	24	10	16	535
4283	607	566	646	264	108	5034

1-09 续表143

行业分组	代 码	就业人数（人）	江州区	扶绥县
总 计		**4885707**	**34825**	**30571**
农、林、牧、渔业	**A**	**38508**	**27**	**2928**
农业	01	21114		1026
谷物及其他作物的种植	011	16377		1026
蔬菜、园艺作物的种植	012	119		
水果、坚果、饮料和香料作物的种植	013	4600		
中药材的种植	014	18		
林业	02	13004		1820
林木的培育和种植	021	12780		1820
木材和竹材的采运	022	224		
林产品的采集	023			
畜牧业	03	3144		50
牲畜的饲养	031	235		
猪的饲养	032	507		50
家禽的饲养	033	2326		
狩猎和捕捉动物	034			
其他畜牧业	039	76		
渔业	04	247		
海洋渔业	041	51		
内陆渔业	042	196		
农、林、牧、渔服务业	05	999	27	32
农业服务业	051	453	27	32
林业服务业	052			
畜牧服务业	053	420		
渔业服务业	054	126		
采矿业	**B**	**97288**	**318**	**1215**
煤炭开采和洗选业	06	17120		932
烟煤和无烟煤的开采洗选	061	10600		372
褐煤的开采洗选	062	6363		560
其他煤炭采选	069	157		
石油和天然气开采业	07	30		
天然原油和天然气开采	071	7		
与石油和天然气开采有关的服务活动	079	23		
黑色金属矿采选业	08	19228	244	92
铁矿采选	081	4428	163	63
其他黑色金属矿采选	089	14800	81	29
有色金属矿采选业	09	29861	43	100
常用有色金属矿采选	091	25864		100
贵金属矿采选	092	2703	17	
稀有稀土金属矿采选	093	1294	26	
非金属矿采选业	10	30538	31	65
土砂石开采	101	19457	23	65
化学矿采选	102	1687		
采盐	103	1416		
石棉及其他非金属矿采选	109	7978	8	
其他采矿业	11	511		26

宁明县	龙州县	大新县	天等县	凭祥市
23831	**25010**	**25381**	**16348**	**14515**
3189		**69**		
2488		69		
2488		69		
692				
692				
9				
9				
565	**142**	**4154**	**900**	**153**
316				
316				
	24	3983	896	63
	24			63
		3983	896	
	2	49		55
	2	49		
				55
249	116	122	4	35
249	116	28	4	35
		94		

1–09 续表144

行业分组	代　码	就业人数（人）		
			江州区	扶绥县
其他采矿业	110	511		26
制造业	**C**	**1377307**	**7172**	**9267**
农副食品加工业	13	139046	4245	4482
谷物磨制	131	4612		
饲料加工	132	14717		18
植物油加工	133	3632		
制糖	134	79341	3840	4312
屠宰及肉类加工	135	9355	2	4
水产品加工	136	7236		
蔬菜、水果和坚果加工	137	3907		20
其他农副食品加工	139	16246	403	128
食品制造业	14	37056	347	21
焙烤食品制造	141	7223		
糖果、巧克力及蜜饯制造	142	1865	5	
方便食品制造	143	4955		
液体乳及乳制品制造	144	2991		
罐头制造	145	7981	5	
调味品、发酵制品制造	146	2626	337	11
其他食品制造	149	9415		10
饮料制造业	15	36286	147	99
酒精制造	151	3936	81	66
酒的制造	152	12755	35	33
软饮料制造	153	14148	29	
精制茶加工	154	5447	2	
烟草制品业	16	4315		
烟叶复烤	161	515		
卷烟制造	162	3800		
其他烟草制品加工	169			
纺织业	17	69393	199	829
棉、化纤纺织及印染精加工	171	18434		
毛纺织和染整精加工	172	4512		
麻纺织	173	1312	173	
丝绢纺织及精加工	174	19769		
纺织制成品制造	175	5096	26	804
针织品、编织品及其制品制造	176	20270		25
纺织服装、鞋、帽制造业	18	21831	16	3
纺织服装制造	181	21326	16	3
纺织面料鞋的制造	182	357		
制帽	183	148		
皮革、毛皮、羽毛(绒)及其制品业	19	30570	96	
皮革鞣制加工	191	4591		
皮革制品制造	192	22289	96	
毛皮鞣制及制品加工	193	236		
羽毛(绒)加工及制品制造	194	3454		
木材加工及木、竹、藤、棕、草制品业	20	102422	222	530
锯材、木片加工	201	20868	28	90
人造板制造	202	35685	175	440

宁明县	龙州县	大新县	天等县	凭祥市
5027	**4979**	**7371**	**3550**	**2387**
2411	2409	2271	596	575
11				
				9
2113	2219	2100	520	515
228	94	66		51
7		70		
52	96	35	76	
60	42	53	53	
	8			
		53		
50				
10			53	
	34			
112	544	321	325	267
50	129			267
14	3	3		
48		258	46	
	412	60	279	
17	80	53	2	
17				
	80	53		
			2	
				25
				25
		28		
		28		
793	131	156	65	729
234	16	38		180
429	30	84	65	482

1-09 续表145

行业分组	代 码	就业人数（人）		
			江州区	扶绥县
木制品制造	203	23965	19	
竹、藤、棕、草制品制造	204	21904		
家具制造业	21	11154	5	
木质家具制造	211	7944	5	
竹、藤家具制造	212	1607		
金属家具制造	213	182		
塑料家具制造	214	426		
其他家具制造	219	995		
造纸及纸制品业	22	46989	532	194
纸浆制造	221	6323	520	13
造纸	222	25536	5	111
纸制品制造	223	15130	7	70
印刷业和记录媒介的复制	23	20703	8	17
印刷	231	18279	8	17
装订及其他印刷服务活动	232	1197		
记录媒介的复制	233	1227		
文教体育用品制造业	24	7672		
文化用品制造	241	853		
体育用品制造	242	541		
乐器制造	243	25		
玩具制造	244	6090		
游艺器材及娱乐用品制造	245	163		
石油加工、炼焦及核燃料加工业	25	2975		
精炼石油产品的制造	251	2843		
炼焦	252	132		
核燃料加工	253			
化学原料及化学制品制造业	26	106808	258	1034
基础化学原料制造	261	16506	18	34
肥料制造	262	24164	187	711
农药制造	263	6507		210
涂料、油墨、颜料及类似产品制造	264	6725		20
合成材料制造	265	2687		
专用化学产品制造	266	39883	53	59
日用化学产品制造	267	10336		
医药制造业	27	35814	30	84
化学药品原药制造	271	1573		48
化学药品制剂制造	272	6957		
中药饮片加工	273	2133		16
中成药制造	274	18808	26	
兽用药品制造	275	3419		
生物、生化制品的制造	276	2163		20
卫生材料及医药用品制造	277	761	4	
化学纤维制造业	28	577		
纤维素纤维原料及纤维制造	281	16		
合成纤维制造	282	561		
橡胶制品业	29	8323		
轮胎制造	291	2537		

宁明县	龙州县	大新县	天等县	凭祥市
130	85	34		
				67
		5	6	116
		5	6	98
				18
	25	53		
	20			
	5	25		
		28		
11	15			
4				
7	15			
473	15	992	122	237
		405	57	
44	15	16	35	50
		69		121
26		500	30	
403		2		66
	154	48	183	65
				65
	154	48	183	

1-09 续表146

行业分组	代码	就业人数（人）	江州区	扶绥县
橡胶板、管、带的制造	292	1435		
橡胶零件制造	293	526		
再生橡胶制造	294	325		
日用及医用橡胶制品制造	295	1756		
橡胶靴鞋制造	296	209		
其他橡胶制品制造	299	1535		
塑料制品业	30	29374	26	154
塑料薄膜制造	301	2770	24	110
塑料板、管、型材的制造	302	3688		
塑料丝、绳及编织品的制造	303	12078	2	
泡沫塑料制造	304	650		
塑料人造革、合成革制造	305	96		
塑料包装箱及容器制造	306	3067		44
塑料零件制造	307	558		
日用塑料制造	308	2903		
其他塑料制品制造	309	3564		
非金属矿物制品业	31	206772	711	1452
水泥、石灰和石膏的制造	311	55704	510	978
水泥及石膏制品制造	312	13049	16	32
砖瓦、石材及其他建筑材料制造	313	76113	183	442
玻璃及玻璃制品制造	314	9124		
陶瓷制品制造	315	44212		
耐火材料制品制造	316	1524		
石墨及其他非金属矿物制品制造	319	7046	2	
黑色金属冶炼及压延加工业	32	58957	282	170
炼铁	321	3019	30	9
炼钢	322	3419	9	
钢压延加工	323	25975	6	
铁合金冶炼	324	26544	237	161
有色金属冶炼及压延加工业	33	63865		
常用有色金属冶炼	331	53566		
贵金属冶炼	332	679		
稀有稀土金属冶炼	333	1868		
有色金属合金制造	334	353		
有色金属压延加工	335	7399		
金属制品业	34	24817	1	79
结构性金属制品制造	341	8354		33
金属工具制造	342	2335	1	
集装箱及金属包装容器制造	343	1264		
金属丝绳及其制品的制造	344	692		
建筑、安全用金属制品制造	345	1382		
金属表面处理及热处理加工	346	995		
搪瓷制品制造	347	193		
不锈钢及类似日用金属制品制造	348	6928		
其他金属制品制造	349	2674		46
通用设备制造业	35	46883		78
锅炉及原动机制造	351	7814		

宁明县	龙州县	大新县	天等县	凭祥市
	611	69	12	
		54		
	611			
		15		
			12	
928	538	350	391	332
306	190	196	160	120
36	30			58
586	292	108	215	154
	26	46	16	
	237	2735	1654	
	237	2735	1654	
		64		
		35		
		29		
10	27	110		
		38		
	27	38		
10				
		34		
11			4	12

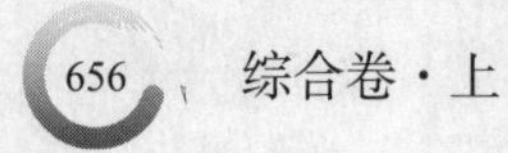

1-09 续表147

行业分组	代码	就业人数（人）	江州区	扶绥县
金属加工机械制造	352	11183		
起重运输设备制造	353	3131		
泵、阀门、压缩机及类似机械的制造	354	3248		
轴承、齿轮、传动和驱动部件的制造	355	2569		
烘炉、熔炉及电炉制造	356	138		
风机、衡器、包装设备等通用设备制造	357	3179		78
通用零部件制造及机械修理	358	6352		
金属铸、锻加工	359	9269		
专用设备制造业	36	42616		
矿山、冶金、建筑专用设备制造	361	17485		
化工、木材、非金属加工专用设备制造	362	5749		
食品、饮料、烟草及饲料生产专用设备制造	363	3145		
印刷、制药、日化生产专用设备制造	364	1706		
纺织、服装和皮革工业专用设备制造	365	82		
电子和电工机械专用设备制造	366	791		
农、林、牧、渔专用机械制造	367	8879		
医疗仪器设备及器械制造	368	2303		
环保、社会公共安全及其他专用设备制造	369	2476		
交通运输设备制造业	37	101744	45	
铁路运输设备制造	371	6267		
汽车制造	372	86855	45	
摩托车制造	373	210		
自行车制造	374	585		
船舶及浮动装置制造	375	6647		
航空航天器制造	376	917		
交通器材及其他交通运输设备制造	379	263		
电气机械及器材制造业	39	33441		
电机制造	391	2925		
输配电及控制设备制造	392	14763		
电线、电缆、光缆及电工器材制造	393	6285		
电池制造	394	4102		
家用电力器具制造	395	2232		
非电力家用器具制造	396	461		
照明器具制造	397	1610		
其他电气机械及器材制造	399	1063		
通信设备、计算机及其他电子设备制造业	40	35067		41
通信设备制造	401	6739		
雷达及配套设备制造	402	946		
广播电视设备制造	403	517		
电子计算机制造	404	4733		
电子器件制造	405	1058		
电子元件制造	406	15026		41
家用视听设备制造	407	4289		
其他电子设备制造	409	1759		
仪器仪表及文化、办公用机械制造业	41	6151		
通用仪器仪表制造	411	2846		
专用仪器仪表制造	412	547		

宁明县	龙州县	大新县	天等县	凭祥市
11			4	
				12
44			137	
			137	
34				
10				
22	96	18		
22	96	18		
32	50			
	50			
32				
				29

1–09 续表148

行业分组	代 码	就业人数（人）	江州区	扶绥县
钟表与计时仪器制造	413	968		
光学仪器及眼镜制造	414	1548		
文化、办公用机械制造	415	139		
其他仪器仪表的制造及修理	419	103		
工艺品及其他制造业	42	43408		
工艺美术品制造	421	38075		
日用杂品制造	422	3794		
煤制品制造	423	145		
核辐射加工	424	32		
其他未列明的制造业	429	1362		
废弃资源和废旧材料回收加工业	43	2278	2	
金属废料和碎屑的加工处理	431	1589	2	
非金属废料和碎屑的加工处理	432	689		
电力、燃气及水的生产和供应业	**D**	**165716**	**1380**	**606**
电力、热力的生产和供应业	44	146330	1206	355
电力生产	441	46403	393	57
电力供应	442	98664	813	298
热力生产和供应	443	1263		
燃气生产和供应业	45	1476		
燃气生产和供应业	450	1476		
水的生产和供应业	46	17910	174	251
自来水的生产和供应	461	17435	174	251
污水处理及其再生利用	462	440		
其他水的处理、利用与分配	469	35		
建筑业	**E**	**544190**	**1210**	**644**
房屋和土木工程建筑业	47	440787	1119	639
房屋工程建筑	471	349235	474	489
土木工程建筑	472	91552	645	150
建筑安装业	48	36567		
建筑安装业	480	36567		
建筑装饰业	49	10801	18	
建筑装饰业	490	10801	18	
其他建筑业	50	56035	73	5
工程准备	501	3173	4	
提供施工设备服务	502	49379		5
其他未列明的建筑活动	509	3483	69	
交通运输、仓储和邮政业	**F**	**195608**	**2240**	**864**
铁路运输业	51	1214		
铁路旅客运输	511	31		
铁路货物运输	512	244		
铁路运输辅助活动	513	939		
道路运输业	52	97709	1104	485
公路旅客运输	521	36607	307	53
道路货物运输	522	38580	669	115
道路运输辅助活动	523	22522	128	317
城市公共交通业	53	24776	50	54

宁明县	龙州县	大新县	天等县	凭祥市
				29
103	5	45		
100	5			
3				
		45		
798	**865**	**1538**	**801**	**311**
529	755	1440	663	181
14	356	750	153	16
515	399	690	510	165
269	110	98	138	130
269	110	98	138	130
470	**1612**	**557**	**598**	**706**
400	1612	557	525	704
394	1197	493	298	704
6	415	64	227	
70			69	
70			69	
				2
				2
			4	
			4	
301	**279**	**192**	**184**	**385**
254	213	186	145	26
	4	5		
54	33	3		11
200	176	178	145	15
47	24		34	69

1-09 续表149

行业分组	代 码	就业人数（人）	江州区	扶绥县
公共电汽车客运	531	19057		48
轨道交通	532			
出租车客运	533	5071		6
城市轮渡	534			
其他城市公共交通	539	648	50	
水上运输业	54	18628	59	9
水上旅客运输	541	2669	24	
水上货物运输	542	12353		
水上运输辅助活动	543	3606	35	9
航空运输业	55	2712		
航空客货运输	551	1626		
通用航空服务	552	319		
航空运输辅助活动	553	767		
管道运输业	56			
管道运输业	560			
装卸搬运和其他运输服务业	57	24199		268
装卸搬运	571	16504		268
运输代理服务	572	7695		
仓储业	58	9105	41	48
谷物、棉花等农产品仓储	581	3903	41	48
其他仓储	589	5202		
邮政业	59	17265	986	
国家邮政	591	15966	986	
其他寄递服务	599	1299		
信息传输、计算机服务和软件业	**G**	**68070**	**557**	**202**
电信和其他信息传输服务业	60	43237	300	44
电信	601	28898	138	
互联网信息服务	602	8687	17	2
广播电视传输服务	603	5597	145	42
卫星传输服务	604	55		
计算机服务业	61	21548	241	158
计算机系统服务	611	2226	5	
数据处理	612	369	5	
计算机维修	613	313	9	
其他计算机服务	619	18640	222	158
软件业	62	3285	16	
公共软件服务	621	2469	16	
其他软件服务	629	816		
批发和零售业	**H**	**308143**	**1715**	**861**
批发业	63	163985	991	374
农畜产品批发	631	9905	17	14
食品、饮料及烟草制品批发	632	22426	371	5
纺织、服装及日用品批发	633	7233		21
文化、体育用品及器材批发	634	4204		
医药及医疗器材批发	635	9963	101	
矿产品、建材及化工产品批发	636	62226	297	206

宁明县	龙州县	大新县	天等县	凭祥市
				66
5	24		34	3
42				
	6			
	6			
			5	240
			5	240
	36	6		50
		6		50
	36			
158	**144**	**245**	**118**	**89**
9	27	5	27	21
				21
9	27	5	27	
149	117	240	91	68
149	117	240	91	68
681	**845**	**937**	**565**	**1326**
436	314	350	239	1054
23	25	164	33	74
13	9	19		74
8				98
31	37			
13	5			6
268	137	117	175	187

1-09 续表150

行业分组	代码	就业人数（人）	江州区	扶绥县
机械设备、五金交电及电子产品批发	637	30361	100	
贸易经纪与代理	638	7503		122
其他批发	639	10164	105	6
零售业	65	144158	724	487
综合零售	651	44824	327	230
食品、饮料及烟草制品专门零售	652	13090	117	21
纺织、服装及日用品专门零售	653	8610	4	1
文化、体育用品及器材专门零售	654	6495	37	30
医药及医疗器材专门零售	655	11407	8	29
汽车、摩托车、燃料及零配件专门零售	656	21263	34	51
家用电器及电子产品专门零售	657	20368	114	30
五金、家具及室内装修材料专门零售	658	8121	5	76
无店铺及其他零售	659	9980	78	19
住宿和餐饮业	**I**	**98329**	**372**	**187**
住宿业	66	62050	198	28
旅游饭店	661	44956	188	23
一般旅馆	662	15844	10	5
其他住宿服务	669	1250		
餐饮业	67	36279	174	159
正餐服务	671	29407	174	159
快餐服务	672	4318		
饮料及冷饮服务	673	446		
其他餐饮服务	679	2108		
金融业	**J**	**112287**	**1695**	**206**
银行业	68	65646	630	206
中央银行	681	2828	84	
商业银行	682	61073	546	206
其他银行	689	1745		
证券业	69	899		
证券市场管理	691	34		
证券经纪与交易	692	846		
证券投资	693	4		
证券分析与咨询	694	15		
保险业	70	42293	995	
人寿保险	701	31890	837	
非人寿保险	702	10018	158	
保险辅助服务	703	385		
其他金融活动	71	3449	70	
金融信托与管理	711	231		
金融租赁	712	18		
财务公司	713	54		
邮政储蓄	714	1895	70	
典当	715	362		
其他未列明的金融活动	719	889		
房地产业	**K**	**118213**	**520**	**315**
房地产业	72	118213	520	315

宁明县	龙州县	大新县	天等县	凭祥市
16		26	29	377
49	87	10	2	158
15	14	14		80
245	531	587	326	272
129	140	382	188	211
	144	8		11
	3	5		
	16	19	28	19
	93	36	41	14
39	47	50	45	17
	20	28	12	
8	55	28	12	
69	13	31		
124	**248**	**373**	**93**	**247**
121	53	221	16	207
104		107		170
17	53	114	16	37
3	195	152	77	40
	195	136	77	40
3		16		
120	**130**	**187**	**114**	**71**
120	130	187	114	64
	11			
120	119	187	114	64
				7
				7
267	**298**	**240**	**187**	**545**
267	298	240	187	545

1-09 续表151

行业分组	代 码	就业人数（人）	江州区	扶绥县
房地产开发经营	721	59730	319	244
物业管理	722	40344		19
房地产中介服务	723	7740	15	9
其他房地产活动	729	10399	186	43
租赁和商务服务业	**L**	**142800**	**4644**	**491**
租赁业	73	2865	7	11
机械设备租赁	731	2711	7	11
文化及日用品出租	732	154		
商务服务业	74	139935	4637	480
企业管理服务	741	52613	3678	244
法律服务	742	4379	7	14
咨询与调查	743	11128	21	5
广告业	744	10561	89	13
知识产权服务	745	275		
职业中介服务	746	6346	20	11
市场管理	747	17703	281	179
旅行社	748	9793	16	3
其他商务服务	749	27137	525	11
科学研究、技术服务和地质勘查业	**M**	**105742**	**580**	**611**
研究与试验发展	75	13710	106	73
自然科学研究与试验发展	751	1045	8	
工程和技术研究与试验发展	752	1680		
农业科学研究与试验发展	753	7078	37	18
医学研究与试验发展	754	1935		
社会人文科学研究与试验发展	755	1972	61	55
专业技术服务业	76	54982	266	145
气象服务	761	2525	8	21
地震服务	762	497	6	2
海洋服务	763	30		
测绘服务	764	3571		4
技术检测	765	8179	112	80
环境监测	766	1903		7
工程技术与规划管理	767	30947	118	27
其他专业技术服务	769	7330	22	4
科技交流和推广服务业	77	31507	192	393
技术推广服务	771	28466	179	386
科技中介服务	772	1361	5	7
其他科技服务	779	1680	8	
地质勘查业	78	5543	16	
矿产地质勘查	781	1866		
基础地质勘查	782	1922	16	
地质勘查技术服务	783	1755		
水利、环境和公共设施管理业	**N**	**69807**	**654**	**571**
水利管理业	79	13959	77	242
防洪管理	791	717	2	9
水资源管理	792	10035	51	73

宁明县	龙州县	大新县	天等县	凭祥市
114	194	94	156	390
	32	48		117
20		8	2	
133	72	90	29	38
1664	**5737**	**636**	**180**	**1159**
		3		4
		3		4
1664	5737	633	180	1155
1387	5418	13	49	699
21	1	5	4	9
7				20
19	8	52	3	36
	4			
25	22	16	10	7
197	212	84	85	257
5	33	450		66
3	39	13	29	61
327	**971**	**260**	**267**	**2000**
21	705	43	41	1760
	5			
2				2
19	656	5		1758
	44	38	41	
109	121	94	108	198
7	25	10	9	12
	6	4	5	8
18	34		5	1
71	15	50	45	98
		4		8
13	41	15	44	42
		11		29
197	145	123	118	42
183	145	123	104	39
14			10	3
			4	
330	**333**	**304**	**249**	**397**
35	29	93	68	52
3			2	
32	19	51	42	40

1-09 续表152

行业分组	代码	就业人数（人）	江州区	扶绥县
其他水利管理	799	3207	24	160
环境管理业	80	33355	437	288
自然保护	801	1823	20	10
环境治理	802	31532	417	278
公共设施管理业	81	22493	140	41
市政公共设施管理	811	4552	10	
城市绿化管理	812	4850	122	36
游览景区管理	813	13091	8	5
居民服务和其他服务业	**O**	**25878**	**39**	**79**
居民服务业	82	10484	15	
家庭服务	821	868		
托儿所	822	167		
洗染服务	823	281		
理发及美容保健服务	824	2031		
洗浴服务	825	1072		
婚姻服务	826	153		
殡葬服务	827	1239	15	
摄影扩印服务	828	1484		
其他居民服务	829	3189		
其他服务业	83	15394	24	79
修理与维护	831	7114	13	8
清洁服务	832	4557	2	18
其他未列明的服务	839	3723	9	53
教育	**P**	**591688**	**4006**	**5219**
教育	84	591688	4006	5219
学前教育	841	29633	279	112
初等教育	842	269344	2092	2271
中等教育	843	229220	1251	1958
高等教育	844	40258	224	821
其他教育	849	23233	160	57
卫生、社会保障和社会福利业	**Q**	**211752**	**1634**	**1399**
卫生	85	198969	1513	1344
医院	851	111332	752	668
卫生院及社区医疗活动	852	49969	375	433
门诊部医疗活动	853	4710		7
计划生育技术服务活动	854	9938	202	29
妇幼保健活动	855	11346		123
专科疾病防治活动	856	1447	27	17
疾病预防控制及防疫活动	857	6966	99	45
其他卫生活动	859	3261	58	22
社会保障业	86	6333	106	48
社会保障业	860	6333	106	48
社会福利业	87	6450	15	7
提供住宿的社会福利	871	4889	15	4
不提供住宿的社会福利	872	1561		3
文化、体育和娱乐业	**R**	**43497**	**277**	**153**
新闻出版业	88	5962	66	

宁明县	龙州县	大新县	天等县	凭祥市
	10	42	24	12
237	257	150	177	272
	70	3		1
237	187	147	177	271
58	47	61	4	73
				34
6	5		4	29
52	42	61		10
183	**26**	**54**	**14**	**22**
5	4	54		
5				
	4	53		
		1		
178	22		14	22
15	4		14	
163	18			
				22
4308	**3240**	**3419**	**3759**	**1445**
4308	3240	3419	3759	1445
55	296	83	170	148
2479	1335	2066	2127	751
1713	900	1235	1420	516
	551			
61	158	35	42	30
1060	**1040**	**1164**	**1319**	**615**
960	1022	1099	1267	548
461	547	491	566	261
321	258	366	404	66
	24		1	20
23	76		145	37
89	80	96	89	90
		24	14	
66	37	60	48	48
		62		26
95	1	53	47	40
95	1	53	47	40
5	17	12	5	27
	14	11	3	20
5	3	1	2	7
96	**128**	**185**	**72**	**127**
		3		

1-09 续表153

行业分组	代　码	就业人数（人）	江州区	扶绥县
新闻业	881	229	5	
出版业	882	5733	61	
广播、电视、电影和音像业	89	11015	90	36
广播	891	2966	28	12
电视	892	4546	51	14
电影	893	3313	11	10
音像制作	894	190		
文化艺术业	90	13130	101	86
文艺创作与表演	901	4417	23	39
艺术表演场馆	902	1330		
图书馆与档案馆	903	2308	24	16
文物及文化保护	904	473	4	5
博物馆	905	852		
烈士陵园、纪念馆	906	285		
群众文化活动	907	2248	35	20
文化艺术经纪代理	908	367	1	
其他文化艺术	909	850	14	6
体育	91	3233	14	11
体育组织	911	2305		
体育场馆	912	570		
其他体育	919	358	14	11
娱乐业	92	10157	6	20
室内娱乐活动	921	5915		
游乐园	922	1189		15
休闲健身娱乐活动	923	1739		
其他娱乐活动	929	1314	6	5
公共管理和社会组织	**S**	**570884**	**5785**	**4753**
中国共产党机关	93	22466	250	196
中国共产党机关	930	22466	250	196
国家机构	94	372979	4502	2813
国家权力机构	941	5451	69	40
国家行政机构	942	343961	4097	2635
人民法院和人民检察院	943	17925	286	138
其他国家机构	949	5642	50	
人民政协和民主党派	95	3181	76	20
人民政协	951	2591	65	20
民主党派	952	590	11	
群众团体、社会团体和宗教组织	96	66824	286	1083
群众团体	961	6796	100	113
社会团体	962	58446	186	970
宗教组织	963	1582		
基层群众自治组织	97	105434	671	641
社区自治组织	971	16656	94	62
村民自治组织	972	88778	577	579

宁明县	龙州县	大新县	天等县	凭祥市
		3		
16	23	67	19	53
16	9	44	16	14
	14			35
		23	3	4
73	101	60	52	58
31	33	24	18	18
9	12	8	10	5
27			3	9
		7		
5	35			
1	12	14	15	21
	9	7	6	5
7	4	6		3
7	4	6		3
		49	1	13
				7
		49	1	6
4163	**3993**	**3496**	**3378**	**2530**
231	183	231	226	113
231	183	231	226	113
2883	2263	2035	1842	2033
103	24	9	27	23
2633	2130	1904	1682	1914
134	109	122	109	93
13			24	3
20	23	6	19	14
20	23	6	19	14
95	540	253	230	63
55	31	58	45	30
40	462	195	185	33
	47			
934	984	971	1061	307
100	55	127	53	44
834	929	844	1008	263

1-10 按行业（门类、大类、中类）、

行业分组	代码	法人单位数（个）					
			1950–1977年	1978–1991年	1992–1995年	1996年	1997年
总　计		**154748**	**20906**	**23820**	**12056**	**4529**	**3244**
农、林、牧、渔业	**A**	**210**	**65**	**16**	**9**	**5**	
农业	01	66	21	3		1	
谷物及其他作物的种植	011	18	10	2			
蔬菜、园艺作物的种植	012	12					
水果、坚果、饮料和香料作物的种植	013	33	11	1		1	
中药材的种植	014	3					
林业	02	56	35	9	2		
林木的培育和种植	021	53	33	9	2		
木材和竹材的采运	022	3	2				
林产品的采集	023						
畜牧业	03	51	1	2	5	3	
牲畜的饲养	031	7	1				
猪的饲养	032	21			3	1	
家禽的饲养	033	19		2	2	2	
狩猎和捕捉动物	034						
其他畜牧业	039	4					
渔业	04	17		1	1	1	
海洋渔业	041	7					
内陆渔业	042	10		1	1	1	
农、林、牧、渔服务业	05	20	8	1	1		
农业服务业	051	16	8	1	1		
林业服务业	052						
畜牧服务业	053	3					
渔业服务业	054	1					
采矿业	**B**	**2258**	**45**	**80**	**95**	**43**	**31**
煤炭开采和洗选业	06	49	8	3	3	5	2
烟煤和无烟煤的开采洗选	061	28	5	3	2		1
褐煤的开采洗选	062	17	3		1	5	1
其他煤炭采选	069	4					
石油和天然气开采业	07	2					
天然原油和天然气开采	071	1					
与石油和天然气开采有关的服务活动	079	1					
黑色金属矿采选业	08	517	11	15	6	9	6
铁矿采选	081	145	2	2	1		
其他黑色金属矿采选	089	372	9	13	5	9	6
有色金属矿采选业	09	552	15	19	24	7	7
常用有色金属矿采选	091	479	12	13	22	6	6
贵金属矿采选	092	55	1	4	2	1	
稀有稀土金属矿采选	093	18	2	2			1
非金属矿采选业	10	1114	9	42	62	22	16

开业（成立）时间分组的法人单位数

1998年	1999年	2000年	2001年	2002年	2003年	2004年	2005年	2006年	2007年	2008年	时间不详
3252	**3126**	**4377**	**5193**	**8881**	**8789**	**7895**	**10401**	**10854**	**12007**	**11841**	**3577**
13	**9**	**18**	**9**	**8**	**6**	**5**	**9**	**12**	**9**	**17**	
6	3	6	2	3		1	3	6	6	5	
1		1		1				1	1	1	
2	1	2				1	1	3	2		
3	2	3	2	2			2	1	2	3	
								1	1	1	
		2	2		1		2	1	1	1	
		2	2				2	1	1	1	
					1						
5	4	8	3	2	2	4	2	2		8	
1	1	1				2				1	
1	2	2	3		1	1	1	1		5	
2	1	5		2	1		1			1	
1						1		1		1	
1	2	2	2	1	2		1	2	1		
1	1	1	2	1			1				
	1	1			2			2	1		
1				2	1		1	1	1	3	
1				2	1			1		1	
									1	2	
							1				
67	**49**	**77**	**118**	**103**	**166**	**178**	**252**	**298**	**345**	**292**	**19**
1			6		5		4	7	2	3	
1			2		5		1	6	1	1	
			3				3		1		
			1					1		2	
							1			1	
										1	
							1				
8	8	11	20	5	28	60	64	61	87	103	15
1		1	2	1	11	16	22	15	27	38	6
7	8	10	18	4	17	44	42	46	60	65	9
15	12	22	19	17	32	49	52	95	98	66	3
13	10	22	17	16	27	44	46	80	84	59	2
2	1		2		4	4	2	13	13	6	
	1			1	1	1	4	2	1	1	1
43	29	43	71	80	99	69	128	134	153	113	1

1–10 续表 1

行业分组	代码	法人单位数（个）					
			1950–1977年	1978–1991年	1992–1995年	1996年	1997年
土砂石开采	101	849	2	24	55	16	14
化学矿采选	102	38		3		1	
采盐	103	4	4				
石棉及其他非金属矿采选	109	223	3	15	7	5	2
其他采矿业	11	24	2	1			
其他采矿业	110	24	2	1			
制造业	**C**	**19683**	**686**	**1248**	**1638**	**517**	**439**
农副食品加工业	13	1486	100	113	88	27	44
谷物磨制	131	227	5	7	8	3	2
饲料加工	132	250	2	8	16	9	13
植物油加工	133	126	2	7	9	2	
制糖	134	107	17	10	11		2
屠宰及肉类加工	135	297	63	45	26	6	18
水产品加工	136	101	3	7	4	2	4
蔬菜、水果和坚果加工	137	109	1	3	2	2	1
其他农副食品加工	139	269	7	26	12	3	4
食品制造业	14	876	28	55	59	22	30
焙烤食品制造	141	263	10	28	15	6	13
糖果、巧克力及蜜饯制造	142	84	1	2	3	2	3
方便食品制造	143	149	8	8	7	2	2
液体乳及乳制品制造	144	17		2			
罐头制造	145	86	2	2	11	1	4
调味品、发酵制品制造	146	111	4	11	12	7	2
其他食品制造	149	166	3	2	11	4	6
饮料制造业	15	796	24	56	96	37	17
酒精制造	151	43	2	1	6	1	
酒的制造	152	183	10	18	10	5	2
软饮料制造	153	293	4	16	21	8	2
精制茶加工	154	277	8	21	59	23	13
烟草制品业	16	5	1	1	1		
烟叶复烤	161	1					
卷烟制造	162	4	1	1	1		
其他烟草制品加工	169						
纺织业	17	661	21	21	25	5	6
棉、化纤纺织及印染精加工	171	93	9	6	5	1	2
毛纺织和染整精加工	172	88		1	4		
麻纺织	173	11	2		1		
丝绢纺织及精加工	174	102	1		2	2	
纺织制成品制造	175	83	5	5	6	1	1
针织品、编织品及其制品制造	176	284	4	9	7	1	3
纺织服装、鞋、帽制造业	18	338	15	17	14	4	6
纺织服装制造	181	324	15	13	14	4	6

1998年	1999年	2000年	2001年	2002年	2003年	2004年	2005年	2006年	2007年	2008年	时间不详
31	23	35	59	66	79	52	98	104	114	76	1
2	2	2	3		5		3	7	7	3	
10	4	6	9	14	15	17	27	23	32	34	
		1	2	1	2		3	1	5	6	
		1	2	1	2		3	1	5	6	
666	**581**	**894**	**1078**	**1264**	**1539**	**1529**	**1776**	**1854**	**2029**	**1890**	**55**
58	35	82	95	104	106	99	131	118	124	156	6
10	4	16	16	15	16	20	23	21	15	46	
12	8	21	11	25	16	14	32	28	15	17	3
6	5	8	11	4	9	11	13	12	13	14	
1	1	4	16	7	12	10	3	2	7	4	
15	6	16	12	12	11	8	11	14	22	10	2
3	5	5	11	7	8	8	12	7	6	9	
1	5	4	6	11	11	8	8	10	16	19	1
10	1	8	12	23	23	20	29	24	30	37	
37	29	40	50	51	63	62	70	83	95	99	3
9	6	18	16	6	21	17	17	20	28	33	
3	6	2	4	5	3	6	7	15	14	7	1
7	8	9	9	9	11	10	11	12	16	20	
1	2		3	1	3		1	2	2		
4	2	4	3	9	7	7	11	7	6	6	
6	3	3	6	7	2	8	8	13	9	9	1
7	2	4	9	14	16	14	15	14	20	24	1
41	29	42	42	51	58	52	67	58	71	50	5
2	2		2	3	6	4	7	4	1		2
3	9	12	9	10	12	9	14	16	28	14	2
8	7	20	23	29	27	26	28	26	26	22	
28	11	10	8	9	13	13	18	12	16	14	1
					2						
					1						
					1						
14	16	27	29	44	69	88	91	71	80	54	
1	4	3	6	5	11	6	12	7	7	8	
	1	2	1	4	4	7	16	14	21	13	
	1				1	2	1	1	2		
1	1	5	8	6	14	18	7	17	12	8	
3	3	4	3	11	7	11	5	4	6	8	
9	6	13	11	18	32	44	50	28	32	17	
5	3	21	27	23	33	34	32	27	35	40	2
5	3	20	26	22	33	32	32	26	34	37	2

1-10 续表2

行业分组	代码	法人单位数（个）					
			1950–1977年	1978–1991年	1992–1995年	1996年	1997年
纺织面料鞋的制造	182	11		3			
制帽	183	3		1			
皮革、毛皮、羽毛（绒）及其制品业	19	281	12	13	17	2	2
皮革鞣制加工	191	41	3	6	9	2	
皮革制品制造	192	193	8	4	6		1
毛皮鞣制及制品加工	193	5			1		1
羽毛（绒）加工及制品制造	194	42	1	3	1		
木材加工及木、竹、藤、棕、草制品业	20	1880	17	50	83	39	20
锯材、木片加工	201	765	6	19	23	14	5
人造板制造	202	508	4	10	14	8	4
木制品制造	203	288	5	8	13	4	5
竹、藤、棕、草制品制造	204	319	2	13	33	13	6
家具制造业	21	337	10	16	17	4	10
木质家具制造	211	270	10	16	14	2	9
竹、藤家具制造	212	18					
金属家具制造	213	13				1	
塑料家具制造	214	5			2		
其他家具制造	219	31			1	1	1
造纸及纸制品业	22	783	25	62	70	34	33
纸浆制造	221	43	1	3	1	3	
造纸	222	380	10	26	32	25	25
纸制品制造	223	360	14	33	37	6	8
印刷业和记录媒介的复制	23	779	44	124	91	31	25
印刷	231	701	37	114	84	25	22
装订及其他印刷服务活动	232	75	7	10	7	6	3
记录媒介的复制	233	3					
文教体育用品制造业	24	92	3	4	5	3	1
文化用品制造	241	24	3	4	4	1	1
体育用品制造	242	14			1	2	
乐器制造	243	1					
玩具制造	244	50					
游艺器材及娱乐用品制造	245	3					
石油加工、炼焦及核燃料加工业	25	42		3	3	1	
精炼石油产品的制造	251	38		3	3	1	
炼焦	252	4					
核燃料加工	253						
化学原料及化学制品制造业	26	1494	34	119	116	26	38
基础化学原料制造	261	196	4	9	12	6	3
肥料制造	262	298	8	13	21	9	9
农药制造	263	77	3	2	8	2	2
涂料、油墨、颜料及类似产品制造	264	142	5	7	11	1	4
合成材料制造	265	21	1				

1998年	1999年	2000年	2001年	2002年	2003年	2004年	2005年	2006年	2007年	2008年	时间不详
		1	1	1		1		1	1	2	
						1				1	
5	5	11	18	13	19	29	26	26	40	43	
1		2	3	1	2	2	3	3	1	3	
4	4	8	12	9	14	23	21	17	26	36	
						1		1	1		
	1	1	3	3	3	3	2	5	12	4	
52	41	57	76	114	160	190	200	234	292	251	4
18	11	18	24	39	57	78	82	101	150	119	1
6	5	13	23	32	47	50	46	74	94	77	1
10	8	12	12	18	29	36	38	23	34	31	2
18	17	14	17	25	27	26	34	36	14	24	
20	8	11	32	21	17	30	30	48	35	28	
15	6	11	22	13	14	24	25	38	28	23	
3			5	1	3		3	1	1	1	
	1		1	3		2		1	3	1	
			1					1		1	
2	1		3	4		4	2	7	3	2	
30	24	42	46	47	59	45	57	73	57	76	3
2	2	2	1	3	3	3	4	5	6	4	
18	10	17	24	20	23	18	22	33	30	44	3
10	12	23	21	24	33	24	31	35	21	28	
26	19	29	43	35	61	51	62	44	57	36	1
25	17	29	38	31	56	47	58	40	47	30	1
1	2		4	4	4	4	4	3	10	6	
			1		1			1			
2		3	5	1	9	8	4	12	17	15	
1		1	1	1	1	1	1	2		2	
1		1	2		2	1		1	2	1	
									1		
		1	2		6	5	2	8	14	12	
						1	1	1			
		1	3	3	1	4	4	4	9	4	2
		1	3	3	1	4	2	4	8	3	2
							2		1	1	
55	55	86	119	106	110	104	109	134	155	123	5
8	8	5	10	11	12	12	19	26	25	26	
17	14	14	14	22	24	21	21	23	35	32	1
5	6	9	9	3	7	10	1	4	4	2	
5	4	10	9	14	13	11	8	9	17	13	1
2	2	3	3		1	1	2	1	2	3	

1-10　续表3

行业分组	代码	法人单位数（个）	1950-1977年	1978-1991年	1992-1995年	1996年	1997年
专用化学产品制造	266	613	11	79	47	3	15
日用化学产品制造	267	147	2	9	17	5	5
医药制造业	27	353	17	17	39	12	4
化学药品原药制造	271	32	1	4	3	2	2
化学药品制剂制造	272	39	1		6	3	1
中药饮片加工	273	53			5	1	1
中成药制造	274	118	12	8	12	5	
兽用药品制造	275	58	2	5	9		
生物、生化制品的制造	276	34	1		4		
卫生材料及医药用品制造	277	19				1	
化学纤维制造业	28	9	1		1		
纤维素纤维原料及纤维制造	281	1					
合成纤维制造	282	8	1		1		
橡胶制品业	29	139	7	6	16	2	8
轮胎制造	291	26	1	2	3		1
橡胶板、管、带的制造	292	30	2	1	1	1	2
橡胶零件制造	293	17		1	3	1	
再生橡胶制造	294	9			1		
日用及医用橡胶制品制造	295	12	1	1	1		1
橡胶靴鞋制造	296	6	1				
其他橡胶制品制造	299	39	2	1	7		4
塑料制品业	30	736	18	51	57	10	15
塑料薄膜制造	301	96	4	14	14	2	4
塑料板、管、型材的制造	302	109	1	5	4	2	3
塑料丝、绳及编织品的制造	303	145	3	10	12	3	2
泡沫塑料制造	304	35		6	1	2	
塑料人造革、合成革制造	305	4	1		1		
塑料包装箱及容器制造	306	85		5	5		1
塑料零件制造	307	22		4	5		1
日用塑料制造	308	108	7	6	6		3
其他塑料制品制造	309	132	2	1	9	1	1
非金属矿物制品业	31	3197	78	260	478	129	66
水泥、石灰和石膏的制造	311	482	29	34	58	9	8
水泥及石膏制品制造	312	312	10	9	16	2	2
砖瓦、石材及其他建筑材料制造	313	1946	23	193	364	105	44
玻璃及玻璃制品制造	314	81	4	3	8	6	4
陶瓷制品制造	315	156	8	12	11	2	2
耐火材料制品制造	316	35	1	1	5	1	
石墨及其他非金属矿物制品制造	319	185	3	8	16	4	6
黑色金属冶炼及压延加工业	32	425	9	14	15	9	1
炼铁	321	67	1	3	2		
炼钢	322	12					

1998年	1999年	2000年	2001年	2002年	2003年	2004年	2005年	2006年	2007年	2008年	时间不详
13	20	37	62	47	41	37	44	58	63	33	3
5	1	8	12	9	12	12	14	13	9	14	
17	16	22	16	25	28	36	35	21	25	20	3
1	2	3	1	2	2	1	3	3	1		1
2	2	4	2		2	2	6	2	2	3	1
2	3	1	2	4	3	6	8	6	7	4	
6	2	6	7	10	14	17	7	5	3	4	
5	4	4	1	4	2	5	5	5	5	2	
	2	2	1	4	4	1	3		6	5	1
1	1	2	2	1	1	4	3		1	2	
				2	1	1	2		1		
				1							
				1	1	1	2		1		
6	1	4	15	9	14	6	12	10	11	12	
1		2	3	2	1			4	3	3	
		1	4	2	1	1	6		3	5	
		1	6	1	1			2	1		
					3	1	1	2	1		
2	1		1		1	1		1		1	
1			1		2				1		
2				4	5	3	5	1	2	3	
24	38	27	48	56	56	51	78	78	67	60	2
3	4	4	7	2	8	5	4	12	6	3	
2	7	1	9	11	8	7	17	8	10	14	
5	10	5	8	10	15	8	22	14	12	6	
1	1	2	5	1	1	1	3	5	5	1	
1	1										
2	4	4	4	7	10	6	8	10	9	9	1
			1	2		3		1	2	3	
4	5	5	6	16	6	9	9	9	8	8	1
6	6	6	8	7	8	12	15	19	15	16	
96	97	132	118	169	224	192	258	305	303	287	5
12	20	22	23	23	35	40	46	57	32	33	1
4	6	16	14	19	29	27	28	43	42	45	
64	54	77	61	87	124	98	134	161	185	169	3
1	2		4	7	6	2	8	12	10	4	
6	7	5	5	16	14	13	16	11	12	15	1
4	2		1	3	2	1	7	1	4	2	
5	6	12	10	14	14	11	19	20	18	19	
8	8	10	14	37	61	76	41	30	52	38	2
		1	5	8	7	9	8	4	8	10	1
		1		4	4	2	1				

1-10 续表4

行业分组	代码	法人单位数（个）					
			1950–1977年	1978–1991年	1992–1995年	1996年	1997年
钢压延加工	323	118	4	6	8	3	1
铁合金冶炼	324	228	4	5	5	6	
有色金属冶炼及压延加工业	33	326	6	6	19	9	8
常用有色金属冶炼	331	216	2	2	9	7	4
贵金属冶炼	332	11		1			2
稀有稀土金属冶炼	333	16			1		
有色金属合金制造	334	13			1		
有色金属压延加工	335	70	4	3	8	2	2
金属制品业	34	703	42	45	58	12	16
结构性金属制品制造	341	254	7	10	13	2	4
金属工具制造	342	105	18	8	9	4	3
集装箱及金属包装容器制造	343	35	1	4	5	1	
金属丝绳及其制品的制造	344	21	1	1	4	1	1
建筑、安全用金属制品制造	345	62	1	4	4	2	3
金属表面处理及热处理加工	346	38	1	3	5		1
搪瓷制品制造	347	4	1				
不锈钢及类似日用金属制品制造	348	100	7	10	10	2	3
其他金属制品制造	349	84	5	5	8		1
通用设备制造业	35	914	35	51	74	31	26
锅炉及原动机制造	351	58	7	4	3	3	
金属加工机械制造	352	104	5	5	9	2	2
起重运输设备制造	353	29	3	1	1	1	1
泵、阀门、压缩机及类似机械的制造	354	62	3	7	6	1	
轴承、齿轮、传动和驱动部件的制造	355	40			2		
烘炉、熔炉及电炉制造	356	5				1	1
风机、衡器、包装设备等通用设备制造	357	83	7	8	4	3	2
通用零部件制造及机械修理	358	246	6	10	15	6	7
金属铸、锻加工	359	287	4	16	34	14	13
专用设备制造业	36	676	46	40	47	16	15
矿山、冶金、建筑专用设备制造	361	140	7	11	17	2	2
化工、木材、非金属加工专用设备制造	362	120	3	6	5	3	3
食品、饮料、烟草及饲料生产专用设备制造	363	61	10	3	5	2	1
印刷、制药、日化生产专用设备制造	364	41	4	3	2		1
纺织、服装和皮革工业专用设备制造	365	7	1			1	
电子和电工机械专用设备制造	366	21		2		1	
农、林、牧、渔专用机械制造	367	181	16	9	9	5	6
医疗仪器设备及器械制造	368	47	1	4	2	2	1
环保、社会公共安全及其他专用设备制造	369	58	4	2	7		1
交通运输设备制造业	37	1013	48	58	88	25	28
铁路运输设备制造	371	21	4	6	1		
汽车制造	372	855	28	37	73	24	27
摩托车制造	373	4					

1998年	1999年	2000年	2001年	2002年	2003年	2004年	2005年	2006年	2007年	2008年	时间不详
4	3	5	1	8	13	16	13	11	13	9	
4	5	3	8	17	37	49	19	15	31	19	1
7	6	15	14	20	29	30	36	41	50	30	
5	4	10	8	10	24	19	25	31	33	23	
		1	2			1			3	1	
	1			4		1	4	2	1	2	
			1		1	1	2	3	3	1	
2	1	4	3	6	4	8	5	5	10	3	
21	22	32	35	47	61	56	58	51	68	76	3
9	9	7	16	18	28	25	25	19	26	35	1
4		6	7	4	6	7	6	6	10	6	1
1	1	3	2	2	4	3	2	1	3	2	
1	1			4	1	1	1	1	2	1	
1	3	1	2	3	3	4	5	5	12	9	
1	2	2	2	5	3		5	2	3	3	
				1		1	1				
4	3	10	1	1	7	5	8	10	8	10	1
	3	3	5	9	9	10	5	7	4	10	
32	29	45	52	75	64	67	84	79	71	95	4
2	1	1	5	6	4	4	5	6	2	3	2
		7	9	9	12	6	10	8	10	10	
1	2	1	3	1		4	1	4	3	2	
1	4	1	2	5	6	6	1	4	6	8	1
	1	5	4	2	3	6	4	5	3	5	
			1			1	1				
4	3	2	8	3	7	3	9	6	5	9	
8	13	7	11	18	19	16	25	29	21	35	
16	5	21	9	31	13	21	28	17	21	23	1
27	24	32	29	48	41	50	60	63	71	66	1
7	5	8	4	7	4	9	16	10	17	14	
4	3	3	4	12	8	9	14	17	14	12	
2	3	3	5	4	4	4	3	4	3	5	
	1	2		7	2	1	5	3	5	5	
			2					1	1	1	
1	1	1			4	2	3		3	3	
10	7	8	9	13	13	14	14	15	17	15	1
1	1	5	4	3	1	5	4	5	4	4	
2	3	2	1	2	5	6	1	8	7	7	
43	32	43	57	67	82	68	98	101	79	94	2
1				1	1		1	1	1	4	
37	30	40	52	59	73	52	90	86	68	77	2
				1	1			1		1	

1-10 续表5

行业分组	代码	法人单位数（个）					
			1950–1977年	1978–1991年	1992–1995年	1996年	1997年
自行车制造	374	21	4	2	1		
船舶及浮动装置制造	375	99	12	11	10	1	1
航空航天器制造	376	5		1			
交通器材及其他交通运输设备制造	379	8		1	3		
电气机械及器材制造业	39	454	20	21	24	14	5
电机制造	391	58	1	3	3	4	1
输配电及控制设备制造	392	169	9	8	8	1	3
电线、电缆、光缆及电工器材制造	393	80	2	3	6	5	
电池制造	394	22	1	2	1	1	
家用电力器具制造	395	42	2	3	1	1	
非电力家用器具制造	396	23	2		1	1	
照明器具制造	397	32	2	2	2	1	
其他电气机械及器材制造	399	28	1		2		1
通信设备、计算机及其他电子设备制造业	40	225	4	3	6	3	5
通信设备制造	401	43	1	2	3		2
雷达及配套设备制造	402	2	1				
广播电视设备制造	403	10		1			
电子计算机制造	404	18					
电子器件制造	405	20	1		1		1
电子元件制造	406	93	1		1	3	
家用视听设备制造	407	14					1
其他电子设备制造	409	25			1		1
仪器仪表及文化、办公用机械制造业	41	94	7	4	4	2	1
通用仪器仪表制造	411	37	1	2	1	1	1
专用仪器仪表制造	412	16	3	2	1	1	
钟表与计时仪器制造	413	10	1				
光学仪器及眼镜制造	414	17	1		2		
文化、办公用机械制造	415	6	1				
其他仪器仪表的制造及修理	419	8					
工艺品及其他制造业	42	495	14	15	25	8	9
工艺美术品制造	421	397	11	11	18	4	6
日用杂品制造	422	49	2	2	3	3	1
煤制品制造	423	17	1	2	2		1
核辐射加工	424	1					
其他未列明的制造业	429	31			2	1	1
废弃资源和废旧材料回收加工业	43	74		3	2		
金属废料和碎屑的加工处理	431	42		1	1		
非金属废料和碎屑的加工处理	432	32		2	1		
电力、燃气及水的生产和供应业	**D**	**2271**	**211**	**254**	**123**	**45**	**48**
电力、热力的生产和供应业	44	1694	149	160	50	22	23
电力生产	441	1561	116	140	47	22	23
电力供应	442	127	32	20	3		

1998年	1999年	2000年	2001年	2002年	2003年	2004年	2005年	2006年	2007年	2008年	时间不详
2				1		4	1	3	1	2	
2	1	3	4	5	7	10	6	8	9	9	
	1		1					1		1	
1						2		1			
15	13	18	28	25	39	38	37	47	60	49	1
2		3	5	2	5	6	8	9	4	2	
5	5	8	5	14	18	8	15	19	18	25	
3	3	4	6	4	6	9	3	8	13	5	
2			1	1	2	2	3	2		3	1
1	2	2	4	1	1	4	3	4	9	4	
2	2	1	1		1	2	1	2	4	3	
			2	1	3	4	2	2	9	2	1
	1		4	2	3	3	2	1	3	5	
6	9	12	16	15	15	13	25	28	29	35	1
2	1	6	2	4	6	4	2	3	3	2	
					1						
			1	1		1	3	2			1
		1			2		1	2	8	4	
		2	3	1	1	2	1	3	3	1	
2	7	3	7	5	4	6	11	11	10	22	
			1	1			7	2	1	1	
2	1		2	3	1			5	4	5	
4	6	4	5	10	9	7	9	9	7	6	
1	3	4	2	5	5	1	6	2	1	1	
	1			3	1	1		1	1	1	
			1		1	2	1	1	2	1	
2	1		2	2	1	3	1	1		1	
								2	2	1	
1	1				1		1	2	1	1	
15	14	44	42	39	42	39	52	51	54	32	
12	12	31	32	37	38	32	45	43	45	20	
1		8	6	1	4	4	2	1	4	7	
		1	2					3	2	3	
						1					
2	2	4	2	1		2	5	4	3	2	
	2	2	4	7	6	3	8	8	14	15	
	2	1	1	5	2	3	4	5	8	9	
		1	3	2	4		4	3	6	6	
66	**55**	**62**	**103**	**132**	**232**	**226**	**236**	**190**	**176**	**94**	**18**
40	30	43	85	100	199	197	198	167	147	69	15
38	26	41	80	96	175	188	195	162	139	64	9
2	4	2	5	4	24	9	2	5	6	3	6

1-10 续表6

行业分组	代码	法人单位数（个）					
			1950–1977年	1978–1991年	1992–1995年	1996年	1997年
热力生产和供应	443	6	1				
燃气生产和供应业	45	38		1	2	1	1
燃气生产和供应业	450	38		1	2	1	1
水的生产和供应业	46	539	62	93	71	22	24
自来水的生产和供应	461	518	62	92	70	22	24
污水处理及其再生利用	462	16		1	1		
其他水的处理、利用与分配	469	5					
建筑业	**E**	**2329**	**196**	**181**	**259**	**42**	**51**
房屋和土木工程建筑业	47	1087	183	155	188	26	24
房屋工程建筑	471	746	154	115	154	20	13
土木工程建筑	472	341	29	40	34	6	11
建筑安装业	48	315	9	15	28	1	15
建筑安装业	480	315	9	15	28	1	15
建筑装饰业	49	680	2	6	31	11	9
建筑装饰业	490	680	2	6	31	11	9
其他建筑业	50	247	2	5	12	4	3
工程准备	501	81		2	8	1	1
提供施工设备服务	502	64	1		1		
其他未列明的建筑活动	509	102	1	3	3	3	2
交通运输、仓储和邮政业	**F**	**3178**	**231**	**347**	**206**	**41**	**83**
铁路运输业	51	17		2	1		
铁路旅客运输	511	2					
铁路货物运输	512	6		1			
铁路运输辅助活动	513	9		1	1		
道路运输业	52	1629	78	193	107	27	56
公路旅客运输	521	231	10	20	17	2	15
道路货物运输	522	910	16	34	28	11	8
道路运输辅助活动	523	488	52	139	62	14	33
城市公共交通业	53	197	10	10	13	3	7
公共电汽车客运	531	70	10	4	4	1	3
轨道交通	532						
出租车客运	533	108		2	9	2	1
城市轮渡	534						
其他城市公共交通	539	19		4			3
水上运输业	54	351	50	48	29	5	8
水上旅客运输	541	46	6	2	3	1	
水上货物运输	542	220	39	27	16	2	3
水上运输辅助活动	543	85	5	19	10	2	5
航空运输业	55	37			5	1	
航空客货运输	551	13			2		
通用航空服务	552	6			2		
航空运输辅助活动	553	18			1	1	

1998年	1999年	2000年	2001年	2002年	2003年	2004年	2005年	2006年	2007年	2008年	时间不详
							1		2	2	
	2	3	1		5	4	5	4	5	4	
	2	3	1		5	4	5	4	5	4	
26	23	16	17	32	28	25	33	19	24	21	3
26	22	16	16	32	26	22	31	17	19	18	3
					2	3		1	5	3	
	1		1				2	1			
76	**75**	**67**	**90**	**123**	**124**	**145**	**163**	**212**	**263**	**245**	**17**
33	29	25	32	52	45	47	55	62	76	45	10
21	9	12	24	32	22	29	38	36	39	22	6
12	20	13	8	20	23	18	17	26	37	23	4
18	22	12	25	21	17	25	22	25	30	29	1
18	22	12	25	21	17	25	22	25	30	29	1
23	19	22	26	37	37	40	60	90	120	146	1
23	19	22	26	37	37	40	60	90	120	146	1
2	5	8	7	13	25	33	26	35	37	25	5
	3	4	4	9	11	3	6	8	12	7	2
		1	2	1	10	17	7	14	5	4	1
2	2	3	1	3	4	13	13	13	20	14	2
158	**105**	**118**	**128**	**166**	**162**	**169**	**245**	**279**	**346**	**386**	**8**
		2		1	1	1	7			2	
							2				
		1			1		2			1	
		1		1		1	3			1	
49	47	60	73	101	90	88	133	145	175	203	4
10	9	11	25	17	20	12	18	15	15	15	
26	26	32	35	58	60	60	89	111	142	171	3
13	12	17	13	26	10	16	26	19	18	17	1
9	9	15	11	15	14	14	15	10	21	21	
6	2	4	4	3	6	2	2	1	4	14	
3	5	10	6	12	8	12	12	8	13	5	
	2	1	1				1	1	4	2	
9	6	9	19	17	16	20	22	34	36	23	
2		3	7	6	2	4	2	2	4	2	
6	5	5	9	8	11	13	15	24	25	12	
1	1	1	3	3	3	3	5	8	7	9	
4	4	3	1	3	1	3	2	3	3	4	
2	2	2			1		1	2		1	
				2		2					
2	2	1	1	1		1	1	1	3	3	

1-10 续表7

行业分组	代码	法人单位数（个）					
			1950–1977年	1978–1991年	1992–1995年	1996年	1997年
管道运输业	56						
管道运输业	560						
装卸搬运和其他运输服务业	57	466	20	32	23	2	
装卸搬运	571	156	16	19	10	1	
运输代理服务	572	310	4	13	13	1	
仓储业	58	419	72	62	28	3	12
谷物、棉花等农产品仓储	581	242	65	44	16	3	3
其他仓储	589	177	7	18	12		9
邮政业	59	62	1				
国家邮政	591	23	1				
其他寄递服务	599	39					
信息传输、计算机服务和软件业	**G**	**5040**	**42**	**115**	**37**	**15**	**13**
电信和其他信息传输服务业	60	919	42	97	26	5	
电信	601	179		2	3	1	
互联网信息服务	602	469		6	3		
广播电视传输服务	603	263	42	85	19	4	
卫星传输服务	604	8		4	1		
计算机服务业	61	3785		14	9	9	11
计算机系统服务	611	224		2	4	1	1
数据处理	612	27		6	3	1	1
计算机维修	613	39					
其他计算机服务	619	3495		6	2	7	9
软件业	62	336		4	2	1	2
公共软件服务	621	247		3	1		2
其他软件服务	629	89		1	1	1	
批发和零售业	**H**	**21560**	**1307**	**879**	**825**	**254**	**295**
批发业	63	12548	651	501	497	130	167
农畜产品批发	631	694	118	55	32	13	9
食品、饮料及烟草制品批发	632	1073	62	69	43	11	13
纺织、服装及日用品批发	633	669	17	26	20	8	6
文化、体育用品及器材批发	634	350	25	13	20	1	3
医药及医疗器材批发	635	479	19	16	16	2	3
矿产品、建材及化工产品批发	636	4719	335	210	223	51	65
机械设备、五金交电及电子产品批发	637	2859	38	46	93	30	56
贸易经纪与代理	638	750	6	13	14	4	3
其他批发	639	955	31	53	36	10	9
零售业	65	9012	656	378	328	124	128
综合零售	651	1171	395	134	53	16	12
食品、饮料及烟草制品专门零售	652	919	86	64	33	9	15
纺织、服装及日用品专门零售	653	670	28	27	18	4	6
文化、体育用品及器材专门零售	654	505	57	21	22	6	10
医药及医疗器材专门零售	655	623	25	18	13	7	8

1998年	1999年	2000年	2001年	2002年	2003年	2004年	2005年	2006年	2007年	2008年	时间不详
11	16	15	13	14	18	23	41	60	79	99	
5	4	8	1	2	4	4	9	15	17	41	
6	12	7	12	12	14	19	32	45	62	58	
66	14	13	10	13	17	16	18	24	25	22	4
58	9	7	7	4	6	4	4	1	3	6	2
8	5	6	3	9	11	12	14	23	22	16	2
10	9	1	1	2	5	4	7	3	7	12	
9	8						1			4	
1	1	1	1	2	5	4	6	3	7	8	
25	**46**	**132**	**260**	**382**	**446**	**511**	**609**	**859**	**893**	**655**	
8	17	22	45	93	72	89	82	113	130	78	
2	9	10	19	14	27	16	9	18	27	22	
4	5	9	22	18	37	56	66	93	96	54	
2	3	3	4	61	8	17	6	2	6	1	
							1		1	1	
14	22	102	201	269	345	389	484	691	710	515	
2	1	7	9	11	12	18	26	36	47	47	
		7		1	2		1	3	1	1	
	1	1	1	4	4	4	5	7	6	6	
12	20	87	191	253	327	367	452	645	656	461	
3	7	8	14	20	29	33	43	55	53	62	
2	7	6	12	15	22	24	32	31	41	49	
1		2	2	5	7	9	11	24	12	13	
621	**572**	**887**	**967**	**1247**	**1386**	**1515**	**1986**	**2525**	**2941**	**3331**	**22**
339	332	528	551	686	815	906	1099	1445	1766	2120	15
42	14	24	20	34	33	34	49	47	82	88	
32	31	49	51	55	65	72	82	109	155	172	2
10	19	33	31	32	42	57	59	105	90	114	
7	10	21	20	23	24	16	30	48	39	49	1
13	4	14	10	27	47	76	58	66	56	52	
118	132	198	197	249	295	345	418	572	697	607	7
86	89	144	159	184	223	201	285	353	424	447	1
7	11	14	14	26	18	26	39	39	60	452	4
24	22	31	49	56	68	79	79	106	163	139	
282	240	359	416	561	571	609	887	1080	1175	1211	7
22	21	32	35	38	53	36	74	85	80	85	
81	25	34	35	38	38	52	74	87	133	114	1
19	16	26	34	42	33	48	76	79	109	104	1
18	11	24	21	31	31	26	47	60	51	68	1
5	14	20	37	39	48	54	63	67	65	140	

1-10 续表8

行业分组	代码	法人单位数（个）					
			1950–1977年	1978–1991年	1992–1995年	1996年	1997年
汽车、摩托车、燃料及零配件专门零售	656	1496	3	37	79	25	23
家用电器及电子产品专门零售	657	1683	10	24	39	26	22
五金、家具及室内装修材料专门零售	658	1042	24	29	33	13	16
无店铺及其他零售	659	903	28	24	38	18	16
住宿和餐饮业	**I**	**2152**	**77**	**193**	**134**	**33**	**59**
住宿业	66	1310	47	150	108	25	39
旅游饭店	661	521	17	49	45	10	17
一般旅馆	662	715	25	94	54	15	19
其他住宿服务	669	74	5	7	9		3
餐饮业	67	842	30	43	26	8	20
正餐服务	671	674	23	33	21	7	17
快餐服务	672	59	6	3		1	1
饮料及冷饮服务	673	22			1		1
其他餐饮服务	679	87	1	7	4		1
金融业	**J**	**636**	**35**	**104**	**30**	**14**	**34**
银行业	68	279	35	97	18	4	20
中央银行	681	21	6		2		
商业银行	682	238	29	95	13	4	10
其他银行	689	20		2	3		10
证券业	69	12		1			
证券市场管理	691	1					
证券经纪与交易	692	8		1			
证券投资	693	1					
证券分析与咨询	694	2					
保险业	70	178		3	7	9	12
人寿保险	701	50			1	5	6
非人寿保险	702	104		3	6	4	6
保险辅助服务	703	24					
其他金融活动	71	167		3	5	1	2
金融信托与管理	711	16					
金融租赁	712	2					
财务公司	713	9					
邮政储蓄	714	9					
典当	715	52		1	5	1	1
其他未列明的金融活动	719	79		2			1
房地产业	**K**	**5628**	**216**	**208**	**454**	**70**	**79**
房地产业	72	5628	216	208	454	70	79
房地产开发经营	721	3134		74	372	40	47
物业管理	722	1020	1	3	23	10	11
房地产中介服务	723	729	1	3	6	4	3
其他房地产活动	729	745	214	128	53	16	18
租赁和商务服务业	**L**	**10535**	**1027**	**1626**	**1088**	**240**	**150**
租赁业	73	263	10	9	11	8	2

1998年	1999年	2000年	2001年	2002年	2003年	2004年	2005年	2006年	2007年	2008年	时间不详
44	45	62	75	129	115	100	171	231	199	157	1
40	63	81	74	120	121	143	197	226	243	254	
29	25	40	57	59	74	83	109	134	150	165	2
24	20	40	48	65	58	67	76	111	145	124	1
74	**79**	**106**	**95**	**118**	**144**	**146**	**202**	**231**	**241**	**215**	**5**
46	46	61	50	74	86	90	104	136	128	116	4
25	19	24	25	30	37	44	37	52	50	38	2
16	25	31	23	40	48	45	56	78	67	77	2
5	2	6	2	4	1	1	11	6	11	1	
28	33	45	45	44	58	56	98	95	113	99	1
25	27	38	39	36	46	45	78	77	87	74	1
2	2	4	2	5	4	2	7	4	8	8	
			2		5	2	2	4	3	2	
1	4	3	2	3	3	7	11	10	15	15	
11	**8**	**17**	**10**	**21**	**38**	**27**	**43**	**50**	**101**	**89**	**4**
2	3	3	2	1	5	5	5	4	40	32	3
		1			2	4	1	3			2
2	3	2	2	1	2	1	4	1	37	31	1
					1				3	1	
	1	1	2	1	1			2	2	1	
	1										
			1	1				2	2	1	
		1									
			1		1						
2	2	2	2	13	12	9	27	26	25	26	1
2		2		7	3	3	2	3	8	8	
	2		1	5	4	2	22	20	13	15	1
			1	1	5	4	3	3	4	3	
7	2	11	4	6	20	13	11	18	34	30	
	2	2			3	2	2	4		1	
									2		
			1		1	2	3	1		1	
									1	8	
2		4	1	3	8	2	5	4	13	2	
5		5	2	3	8	7	1	9	18	18	
86	**101**	**173**	**229**	**299**	**478**	**510**	**568**	**667**	**847**	**622**	**21**
86	101	173	229	299	478	510	568	667	847	622	21
45	61	90	118	192	289	297	344	372	476	314	3
18	26	56	63	60	92	114	115	149	154	115	10
8	7	21	32	32	52	54	79	117	159	147	4
15	7	6	16	15	45	45	30	29	58	46	4
244	**241**	**308**	**343**	**482**	**802**	**495**	**633**	**774**	**984**	**1090**	**8**
4	5	3	5	12	8	20	35	34	45	51	1

1-10 续表9

行业分组	代码	法人单位数（个）	1950–1977年	1978–1991年	1992–1995年	1996年	1997年
机械设备租赁	731	250	10	8	10	8	2
文化及日用品出租	732	13		1	1		
商务服务业	74	10272	1017	1617	1077	232	148
企业管理服务	741	4932	971	1341	798	143	51
法律服务	742	503	1	69	58	20	18
咨询与调查	743	1089	2	22	36	7	13
广告业	744	1371	1	8	38	19	18
知识产权服务	745	36		1	1		
职业中介服务	746	405	1	63	24	10	10
市场管理	747	461	20	23	24	15	15
旅行社	748	504	1	42	45	6	10
其他商务服务	749	971	20	48	53	12	13
科学研究、技术服务和地质勘查业	**M**	**7141**	**863**	**1836**	**463**	**118**	**198**
研究与试验发展	75	451	113	96	26	3	10
自然科学研究与试验发展	751	62	6	13	1		4
工程和技术研究与试验发展	752	86	11	14	7	1	1
农业科学研究与试验发展	753	182	74	35	11		2
医学研究与试验发展	754	42	4	8	3		1
社会人文科学研究与试验发展	755	79	18	26	4	2	2
专业技术服务业	76	2899	229	580	237	62	90
气象服务	761	172	68	15	8	3	8
地震服务	762	68	7	9	3		2
海洋服务	763	3					
测绘服务	764	139	9	11	11	3	4
技术检测	765	569	58	116	33	12	18
环境监测	766	112	15	34	15	4	3
工程技术与规划管理	767	1442	55	351	138	35	50
其他专业技术服务	769	394	17	44	29	5	5
科技交流和推广服务业	77	3696	500	1149	194	52	95
技术推广服务	771	3350	477	1075	170	46	84
科技中介服务	772	167	8	55	13	5	6
其他科技服务	779	179	15	19	11	1	5
地质勘查业	78	95	21	11	6	1	3
矿产地质勘查	781	50	8	5			2
基础地质勘查	782	15	7	2	3		
地质勘查技术服务	783	30	6	4	3	1	1
水利、环境和公共设施管理业	**N**	**2081**	**437**	**574**	**125**	**43**	**47**
水利管理业	79	1130	378	383	49	14	19
防洪管理	791	84	17	26	6	4	1
水资源管理	792	562	278	130	16	6	7
其他水利管理	799	484	83	227	27	4	11
环境管理业	80	380	34	100	30	15	7
自然保护	801	83	13	25	9	4	2

1998年	1999年	2000年	2001年	2002年	2003年	2004年	2005年	2006年	2007年	2008年	时间不详
4	5	3	3	11	8	19	34	32	43	49	1
			2	1		1	1	2	2	2	
240	236	305	338	470	794	475	598	740	939	1039	7
116	38	78	76	180	387	89	109	139	194	219	3
18	36	25	56	35	45	34	22	23	24	19	
12	33	36	35	49	83	72	117	148	188	236	
24	28	62	64	61	100	113	146	206	248	234	1
		1	2	3	5	3	8	7	4	1	
9	16	17	9	23	47	26	29	29	34	58	
26	38	18	21	29	35	39	35	30	52	41	
20	21	30	31	40	35	31	43	49	52	46	2
15	26	38	44	50	57	68	89	109	143	185	1
125	**152**	**182**	**257**	**885**	**305**	**245**	**318**	**357**	**428**	**396**	**13**
6	12	14	17	22	11	13	25	20	36	23	4
	4	3	5	5	4	2	6	3	1	4	1
1	2	3	6	4	3	6	4	6	10	7	
3	1	2	3	8	1	2	10	5	14	9	2
	1	1	1	2	1	2	4	5	6	3	
2	4	5	2	3	2	1	1	1	5		1
76	101	104	121	205	140	147	169	214	200	219	5
	10	8	6	3	8	8	9	1	10	3	4
	3		2	2	9	14	3	7	5	2	
					1		1	1			
6	1	8	8	18	12	8	15	12	5	8	
6	20	22	19	30	24	21	27	68	52	43	
4	3	3	3	8	2	2	2	2	8	4	
46	50	52	63	108	65	74	90	89	79	96	1
14	14	11	20	36	19	20	22	34	41	63	
42	38	59	117	657	147	81	121	118	180	143	3
38	25	52	109	628	122	69	98	98	140	116	3
	6	3	4	8	11	2	9	8	18	11	
4	7	4	4	21	14	10	14	12	22	16	
1	1	5	2	1	7	4	3	5	12	11	1
		4	1		4	3	2	4	11	6	
					1		1				1
1	1	1	1	1	2	1		1	1	5	
46	**33**	**43**	**49**	**113**	**89**	**73**	**128**	**79**	**111**	**84**	**7**
13	10	12	16	56	30	15	51	31	33	17	3
2	2	3	6	7	3	2	3	1		1	
4	4	6	4	10	13	4	40	19	17	3	1
7	4	3	6	39	14	9	8	11	16	13	2
16	7	11	11	23	18	16	26	10	31	25	
5	2	3	6	5	1	1	1		4	2	

1-10 续表10

行业分组	代码	法人单位数（个）					
			1950–1977年	1978–1991年	1992–1995年	1996年	1997年
环境治理	802	297	21	75	21	11	5
公共设施管理业	81	571	25	91	46	14	21
市政公共设施管理	811	132	4	24	14	5	5
城市绿化管理	812	191	13	36	10	3	11
游览景区管理	813	248	8	31	22	6	5
居民服务和其他服务业	**O**	**1607**	**36**	**73**	**67**	**34**	**31**
居民服务业	82	677	19	41	25	10	16
家庭服务	821	44		1	3		
托儿所	822	19	1	1			
洗染服务	823	20	1	1			
理发及美容保健服务	824	164	7	3	2	3	5
洗浴服务	825	44			2		1
婚姻服务	826	37		2			
殡葬服务	827	61	8	18	8		
摄影扩印服务	828	84		6	6	3	2
其他居民服务	829	204	2	9	4	4	8
其他服务业	83	930	17	32	42	24	15
修理与维护	831	554	12	20	24	14	9
清洁服务	832	187	3	5	6	5	2
其他未列明的服务	839	189	2	7	12	5	4
教育	**P**	**16435**	**6593**	**2113**	**571**	**214**	**441**
教育	84	16435	6593	2113	571	214	441
学前教育	841	2412	154	142	92	48	68
初等教育	842	9726	5165	1004	171	76	224
中等教育	843	2844	1076	766	218	66	80
高等教育	844	131	31	38	6	2	
其他教育	849	1322	167	163	84	22	69
卫生、社会保障和社会福利业	**Q**	**6207**	**1454**	**1398**	**422**	**107**	**116**
卫生	85	4332	1415	1198	253	64	73
医院	851	462	148	110	20	5	6
卫生院及社区医疗活动	852	1490	928	246	54	15	22
门诊部医疗活动	853	1049	198	252	105	20	16
计划生育技术服务活动	854	829	16	512	45	18	21
妇幼保健活动	855	113	63	32	5	1	2
专科疾病防治活动	856	70	30	11	6	1	2
疾病预防控制及防疫活动	857	154	27	17	2		2
其他卫生活动	859	165	5	18	16	4	2
社会保障业	86	1227	3	102	97	17	15
社会保障业	860	1227	3	102	97	17	15
社会福利业	87	648	36	98	72	26	28
提供住宿的社会福利	871	440	32	62	42	17	13
不提供住宿的社会福利	872	208	4	36	30	9	15
文化、体育和娱乐业	**R**	**2600**	**430**	**735**	**140**	**47**	**53**
新闻出版业	88	158	19	55	15	3	1

1998年	1999年	2000年	2001年	2002年	2003年	2004年	2005年	2006年	2007年	2008年	时间不详
11	5	8	5	18	17	15	25	10	27	23	
17	16	20	22	34	41	42	51	38	47	42	4
9	3	4	3	11	13	7	10	3	9	8	
5	4	10	8	9	9	15	17	10	14	17	
3	9	6	11	14	19	20	24	25	24	17	4
50	**50**	**85**	**67**	**80**	**109**	**111**	**167**	**178**	**218**	**251**	
19	21	32	25	36	56	50	67	70	88	102	
	1		2	2	3	4	4	6	10	8	
	2	1	3	1		3	1	2	4		
		1		1	2	2	3	1	4	4	
3	2	10	2	3	12	20	19	18	25	30	
1	4	2	2	3	9		3	5	4	8	
		1	1	3	4	6	5	8	4	3	
2	2	3	3	4	1	2	2	3	1	4	
4	3	5	4	5	7	6	5	9	10	9	
9	7	9	8	14	18	7	25	18	26	36	
31	29	53	42	44	53	61	100	108	130	149	
21	16	30	26	24	32	46	55	73	73	79	
6	4	14	11	9	8	4	26	18	29	37	
4	9	9	5	11	13	11	19	17	28	33	
210	**220**	**302**	**278**	**351**	**599**	**335**	**510**	**406**	**411**	**351**	**2530**
210	220	302	278	351	599	335	510	406	411	351	2530
98	113	162	147	134	182	193	213	230	221	200	15
40	40	50	47	94	287	40	129	22	39	15	2283
29	30	37	35	48	57	32	56	45	27	23	219
4	4	1	5	6	4	8	4	4	2	4	8
39	33	52	44	69	69	62	108	105	122	109	5
109	**95**	**123**	**199**	**230**	**467**	**334**	**328**	**281**	**326**	**147**	**71**
82	59	67	105	130	114	120	188	149	165	82	68
6	3	3	3	5	8	16	26	18	21	12	52
16	6	13	19	15	17	21	30	23	26	24	15
42	33	40	47	38	45	59	56	47	25	25	1
7	13	5	28	64	22	6	27	20	21	4	
2		1	1	1	1	1	1			2	
1			3	1	2	2	6	3	2		
2	3		1	3	14	10	29	16	19	9	
6	1	5	3	3	5	5	13	22	51	6	
9	12	33	68	50	295	182	78	96	134	36	
9	12	33	68	50	295	182	78	96	134	36	
18	24	23	26	50	58	32	62	36	27	29	3
8	14	18	21	35	44	25	44	21	18	24	2
10	10	5	5	15	14	7	18	15	9	5	1
30	**23**	**68**	**81**	**275**	**101**	**114**	**158**	**88**	**123**	**121**	**13**
2	1	11	3	5	5	14	10	3	4	5	2

1-10 续表11

行业分组	代码	法人单位数（个）					
			1950–1977年	1978–1991年	1992–1995年	1996年	1997年
新闻业	881	25	2	4	2		1
出版业	882	133	17	51	13	3	
广播、电视、电影和音像业	89	871	152	268	64	15	14
广播	891	488	79	150	36	11	7
电视	892	210	18	67	18	2	5
电影	893	145	54	51	9	2	
音像制作	894	28	1		1		2
文化艺术业	90	960	238	349	37	22	28
文艺创作与表演	901	174	77	28	8	4	3
艺术表演场馆	902	23	6	7	2	2	
图书馆与档案馆	903	195	58	81	7	3	5
文物及文化保护	904	74	10	44	1	2	1
博物馆	905	47	6	29	2	2	2
烈士陵园、纪念馆	906	22	7	6	1	2	1
群众文化活动	907	295	68	106	14	5	13
文化艺术经纪代理	908	37		5		2	
其他文化艺术	909	93	6	43	2		3
体育	91	189	21	49	11	4	6
体育组织	911	105	5	26	5	2	3
体育场馆	912	39	5	7	4	2	3
其他体育	919	45	11	16	2		
娱乐业	92	422		14	13	3	4
室内娱乐活动	921	275		8	4	1	3
游乐园	922	13		1			
休闲健身娱乐活动	923	83		4	7	1	1
其他娱乐活动	929	51		1	2	1	
公共管理和社会组织	**S**	**43197**	**6955**	**11840**	**5370**	**2647**	**1076**
中国共产党机关	93	2275	643	903	157	68	73
中国共产党机关	930	2275	643	903	157	68	73
国家机构	94	16342	2257	5633	1492	509	536
国家权力机构	941	268	54	113	16	14	8
国家行政机构	942	15610	2065	5358	1450	472	517
人民法院和人民检察院	943	280	105	101	14	16	8
其他国家机构	949	184	33	61	12	7	3
人民政协和民主党派	95	247	47	93	14	7	5
人民政协	951	153	20	70	7	5	4
民主党派	952	94	27	23	7	2	1
群众团体、社会团体和宗教组织	96	8302	398	973	362	127	141
群众团体	961	949	267	241	65	29	41
社会团体	962	7143	115	672	268	87	88
宗教组织	963	210	16	60	29	11	12
基层群众自治组织	97	16031	3610	4238	3345	1936	321
社区自治组织	971	1621	105	150	99	45	23
村民自治组织	972	14410	3505	4088	3246	1891	298

1998年	1999年	2000年	2001年	2002年	2003年	2004年	2005年	2006年	2007年	2008年	时间不详
1		1		1	1	5	4		1	1	1
1	1	10	3	4	4	9	6	3	3	4	1
7	7	8	35	176	36	28	28	10	15	7	1
2	2	3	29	122	16	10	19	2			
2	3	2	2	53	16	11	4	4	3		
3	1		2	1	2	5	1	2	9	2	1
	1	3	2		2	2	4	2	3	5	
10	8	15	13	47	21	18	56	17	36	37	8
4	2	2	2	9	5	1	7	4	8	8	2
		1	1			2		1	1		
2		1	1	8	2	2	13	1	2	3	6
1	1	1	1	2	1	2	4	1	1	1	
		2			2	1			1		
1						1	1	1	1		
1	4	5	6	25	9	4	22	5	6	2	
			1	1	1	3	4	3	8	9	
1	1	3	1	2	1	2	5	1	8	14	
1	1	3	5	14	14	9	17	9	11	13	1
1		2	4	4	7	8	13	6	8	10	1
	1	1		4	4	1	2	2	2	1	
			1	6	3		2	1	1	2	
10	6	31	25	33	25	45	47	49	57	59	1
5	4	20	19	21	19	31	32	29	42	36	1
	1				2	3	2		1	3	
2	1	7	4	3	2	9	8	11	7	16	
3		4	2	9	2	2	5	9	7	4	
575	**632**	**715**	**832**	**2602**	**1596**	**1227**	**2070**	**1514**	**1215**	**1565**	**766**
29	16	13	33	83	48	8	56	5	13	6	121
29	16	13	33	83	48	8	56	5	13	6	121
275	232	267	407	1398	700	534	644	309	494	320	335
4	1	1	3	7	5	2	21	2	3	1	13
261	228	259	397	1378	683	525	613	302	483	309	310
1	1	4	1	3	5		6	3	3	1	8
9	2	3	6	10	7	7	4	2	5	9	4
7	8	4	6	10	5	5	18	4	1		13
3	3	3		9	4		14		1		10
4	5	1	6	1	1	5	4	4			3
150	158	389	201	358	467	580	951	1177	676	1160	34
22	14	22	17	42	35	16	59	25	28	9	17
118	139	354	180	309	426	552	887	1148	643	1150	7
10	5	13	4	7	6	12	5	4	5	1	10
114	218	42	185	753	376	100	401	19	31	79	263
17	26	27	150	591	135	70	74	12	16	63	18
97	192	15	35	162	241	30	327	7	15	16	245

1-11 按市县、开业（成立）

地 区	法人单位数（个）	1950–1977年	1978–1991年	1992–1995年	1996年	1997年	1998年
总 计	**154748**	**20906**	**23820**	**12056**	**4529**	**3244**	**3252**
南宁市	**31130**	**2538**	**3658**	**2096**	**650**	**386**	**561**
兴宁区	2906	138	160	175	44	35	56
青秀区	9468	325	621	449	153	130	195
江南区	2154	140	128	136	27	32	48
西乡塘区	5317	187	215	215	72	62	92
良庆区	927	68	27	54	18	9	20
邕宁区	616	113	46	25	8	1	11
武鸣县	1663	228	289	173	25	12	18
隆安县	889	199	165	64	12	17	12
马山县	879	183	161	68	58	15	6
上林县	876	189	232	53	25	5	22
宾阳县	2159	399	443	120	57	45	41
横 县	3276	369	1171	564	151	23	40
柳州市	**14062**	**1118**	**1768**	**854**	**600**	**294**	**321**
城中区	1398	47	168	68	34	36	39
鱼峰区	1706	60	121	86	25	50	44
柳南区	2244	59	143	121	31	54	70
柳北区	2391	109	228	136	47	51	52
柳江县	1723	107	190	167	37	46	44
柳城县	927	93	173	102	50	17	21
鹿寨县	1193	189	161	50	87	7	20
融安县	816	124	155	30	101	12	10
融水苗族自治县	940	247	246	61	28	7	12
三江侗族自治县	724	83	183	33	160	14	9
桂林市	**20653**	**2072**	**2889**	**1614**	**689**	**373**	**547**
秀峰区	1921	96	196	139	48	46	79
叠彩区	1620	71	150	98	23	30	81
象山区	2488	75	215	141	36	60	84
七星区	1678	61	124	115	30	34	56
雁山区	314	22	39	17	85	15	7
阳朔县	997	235	161	82	5	6	13
临桂县	1259	113	242	164	31	29	22
灵川县	1184	163	161	111	68	11	21
全州县	1525	213	377	185	81	18	38
兴安县	1247	155	172	95	94	17	28
永福县	1202	132	197	47	42	16	23
灌阳县	637	91	236	42	12	12	9
龙胜各族自治县	793	151	178	52	13	13	17
资源县	501	89	84	22	23	6	14
平乐县	920	160	152	83	66	31	20

时间分组的法人单位数

1999年	2000年	2001年	2002年	2003年	2004年	2005年	2006年	2007年	2008年	时间不详
3126	**4377**	**5193**	**8881**	**8789**	**7895**	**10401**	**10854**	**12007**	**11841**	**3577**
632	**1182**	**1219**	**1502**	**1805**	**1897**	**3083**	**2640**	**3243**	**3475**	**563**
58	195	138	167	209	204	294	299	310	398	26
211	494	453	458	569	710	986	977	1279	1407	51
53	76	117	118	133	158	210	252	258	240	28
148	193	257	266	357	404	656	613	748	803	29
15	35	21	61	61	63	211	81	110	64	9
16	12	14	17	20	16	208	31	38	32	8
20	43	47	82	66	89	98	92	169	152	60
15	13	10	41	40	36	37	41	39	48	100
9	7	8	31	71	21	110	33	37	32	29
14	16	18	42	39	35	34	29	48	44	31
33	55	84	115	161	58	129	100	123	147	49
40	43	52	104	79	103	110	92	84	108	143
366	**405**	**539**	**981**	**823**	**840**	**1051**	**1185**	**1307**	**1438**	**172**
43	30	66	91	85	90	114	134	156	170	27
55	60	86	150	125	114	143	177	177	214	19
67	76	111	207	143	151	212	188	235	363	13
77	110	108	166	149	166	196	202	262	308	24
41	57	71	132	135	126	155	160	134	103	18
31	17	16	38	54	37	66	49	69	77	17
17	21	21	60	62	69	71	143	111	82	22
15	13	26	50	30	33	37	65	56	47	12
15	9	20	57	19	33	33	35	66	43	9
5	12	14	30	21	21	24	32	41	31	11
484	**699**	**806**	**1322**	**1219**	**1120**	**1343**	**1532**	**1652**	**1940**	**352**
88	112	138	139	146	121	137	165	144	107	20
43	73	100	96	135	111	138	200	171	92	8
88	143	135	194	163	171	228	250	277	215	13
65	88	79	162	108	113	153	179	166	134	11
4	9	2	10	12	8	12	10	11	15	36
17	28	42	64	45	44	44	49	56	82	24
17	24	43	84	61	61	85	101	90	68	24
20	25	30	79	77	47	106	108	89	52	16
22	35	44	105	85	64	58	67	65	48	20
31	54	45	103	73	77	72	70	97	54	10
23	26	28	47	104	79	100	129	110	87	12
13	8	6	27	17	32	30	24	30	35	13
10	11	24	52	35	40	38	35	68	44	12
11	4	18	40	27	37	36	29	33	19	9
10	18	16	37	52	40	44	42	61	36	52

1-11 续表1

地 区	法人单位数（个）						
		1950–1977年	1978–1991年	1992–1995年	1996年	1997年	1998年
荔浦县	1057	164	143	87	20	26	28
恭城县	1310	81	62	134	12	3	7
梧州市	**8588**	**1596**	**1193**	**640**	**184**	**125**	**194**
万秀区	819	73	83	48	17	22	24
蝶山区	1151	86	151	108	17	30	52
长洲区	975	49	99	81	21	17	28
苍梧县	1421	301	217	100	20	13	27
藤 县	1855	464	246	137	48	21	25
蒙山县	724	128	172	49	9	6	10
岑溪市	1643	495	225	117	52	16	28
北海市	**6843**	**808**	**762**	**700**	**147**	**123**	**182**
海城区	3422	120	301	322	48	69	84
银海区	621	72	67	74	20	14	15
铁山港区	401	49	35	86	28	8	10
合浦县	2399	567	359	218	51	32	73
防城港市	**3976**	**272**	**373**	**645**	**129**	**86**	**83**
港口区	1403	34	52	282	38	24	39
防城区	1088	92	140	214	37	7	11
上思县	631	119	133	84	10	17	8
东兴市	854	27	48	65	44	38	25
钦州市	**6422**	**1208**	**747**	**947**	**147**	**119**	**119**
钦南区	2416	230	341	289	61	58	49
钦北区	808	57	49	333	11	11	17
灵山县	2125	481	196	296	65	39	39
浦北县	1073	440	161	29	10	11	14
贵港市	**8858**	**1581**	**1260**	**548**	**562**	**156**	**193**
港北区	1748	122	159	44	278	55	34
港南区	1093	115	165	56	123	24	20
覃塘区	829	18	7	6	8	5	4
平南县	2416	598	468	246	30	37	82
桂平市	2772	728	461	196	123	35	53
玉林市	**14790**	**2181**	**1870**	**1219**	**384**	**1139**	**399**
玉州区	4157	268	345	243	130	507	132
容 县	2017	520	322	124	28	35	56
陆川县	1455	400	225	129	35	24	39
博白县	2864	475	428	392	62	32	51
兴业县	1338	130	84	99	23	500	35
北流市	2959	388	466	232	106	41	86
百色市	**9440**	**1743**	**2469**	**571**	**170**	**100**	**164**
右江区	1883	200	230	98	30	28	31
田阳县	863	169	225	74	11	13	16
田东县	791	128	165	48	34	11	31

1999年	2000年	2001年	2002年	2003年	2004年	2005年	2006年	2007年	2008年	时间不详
20	39	45	66	59	58	37	60	80	59	66
2	2	11	17	20	17	25	14	104	793	6
153	**230**	**228**	**536**	**444**	**384**	**558**	**727**	**606**	**492**	**298**
16	50	30	74	43	33	75	60	70	64	37
22	50	48	83	69	92	81	89	72	78	23
19	29	38	58	113	65	68	73	116	79	22
17	30	30	102	66	34	73	67	107	118	99
24	26	38	115	57	64	129	269	107	54	31
11	14	7	47	26	40	39	35	58	45	28
44	31	37	57	70	56	93	134	76	54	58
237	**297**	**334**	**398**	**407**	**372**	**475**	**499**	**551**	**416**	**135**
127	155	183	208	250	225	302	321	401	291	15
12	34	40	52	32	32	48	32	38	33	6
8	6	15	29	17	13	19	12	16	17	33
90	102	96	109	108	102	106	134	96	75	81
88	**80**	**145**	**248**	**214**	**217**	**265**	**344**	**400**	**357**	**30**
39	39	63	66	73	96	98	120	178	160	2
14	15	36	75	52	38	74	102	94	75	12
7	8	22	56	28	23	28	35	22	21	10
28	18	24	51	61	60	65	87	106	101	6
118	**175**	**186**	**281**	**227**	**286**	**359**	**497**	**427**	**346**	**233**
57	95	90	110	119	133	152	184	212	215	21
7	18	21	33	26	33	41	38	59	32	22
41	27	48	82	53	78	122	214	106	62	176
13	35	27	56	29	42	44	61	50	37	14
173	**193**	**263**	**393**	**856**	**402**	**535**	**485**	**465**	**486**	**307**
28	32	45	107	77	129	128	127	161	184	38
26	14	30	41	39	39	65	71	75	94	96
5	6	10	15	508	19	116	19	41	41	1
64	69	89	92	129	95	100	131	69	47	70
50	72	89	138	103	120	126	137	119	120	102
336	**497**	**606**	**688**	**724**	**675**	**882**	**834**	**910**	**1058**	**388**
132	203	142	231	238	261	323	301	332	297	72
61	55	72	89	99	89	101	124	115	57	70
24	32	82	52	79	42	69	33	58	56	76
30	67	114	112	120	69	126	120	146	455	65
22	44	42	64	43	38	46	45	51	35	37
67	96	154	140	145	176	217	211	208	158	68
172	**142**	**211**	**605**	**366**	**361**	**533**	**535**	**572**	**397**	**329**
38	45	59	282	101	99	149	160	170	141	22
11	14	12	50	20	37	30	53	41	54	33
26	20	20	45	24	34	52	34	43	56	20

1-11 续表2

地 区	法人单位数（个）						
		1950–1977年	1978–1991年	1992–1995年	1996年	1997年	1998年
平果县	698	159	156	40	3	7	17
德保县	615	104	153	93	27	6	7
靖西县	1567	254	406	72	23	9	9
那坡县	545	82	267	15	1	4	19
凌云县	350	65	130	19	19	5	5
乐业县	490	115	194	14	1	8	7
田林县	547	162	188	18	7	5	5
西林县	407	97	165	18	6	4	6
隆林各族自治县	684	208	190	62	8	5	11
贺州市	**5511**	**1086**	**1153**	**396**	**178**	**58**	**55**
平桂管理区	748	138	145	34	5	8	7
八步区	1936	384	313	114	22	22	21
昭平县	1026	196	261	95	25	10	5
钟山县	928	198	261	72	25	10	10
富川瑶族自治县	873	170	173	81	101	8	12
河池市	**9849**	**1610**	**2798**	**712**	**188**	**120**	**174**
金城江区	1744	250	304	139	35	19	28
南丹县	1173	242	271	90	26	31	24
天峨县	506	110	187	31	30	5	4
凤山县	489	109	173	52	4	1	5
东兰县	691	110	228	64	5	7	40
罗城仫佬族自治县	841	73	323	59	9	12	14
环江毛南族自治县	663	89	247	24	12	9	3
巴马瑶族自治县	672	151	207	49	3	7	13
都安瑶族自治县	759	267	203	38	6	4	8
大化瑶族自治县	738	51	366	34	10	11	9
宜州市	1573	158	289	132	48	14	26
来宾市	**6523**	**1025**	**1192**	**259**	**437**	**97**	**95**
兴宾区	2472	429	270	66	127	27	25
忻城县	679	117	216	51	42	14	10
象州县	1039	151	180	44	66	19	15
武宣县	1125	196	174	39	129	19	13
金秀瑶族自治县	674	102	161	31	60	8	14
合山市	534	30	191	28	13	10	18
崇左市	**8103**	**2068**	**1688**	**855**	**64**	**68**	**165**
江州区	1939	655	201	128	10	6	12
扶绥县	1101	225	232	98	15	17	18
宁明县	1495	423	396	274	8	10	5
龙州县	917	230	209	74	5	16	9
大新县	976	220	227	116	10	5	6
天等县	799	217	240	38	5	4	8
凭祥市	876	98	183	127	11	10	107

1999年	2000年	2001年	2002年	2003年	2004年	2005年	2006年	2007年	2008年	时间不详
23	10	20	48	17	26	30	43	43	37	19
3	4	3	14	59	22	34	36	29	13	8
18	15	45	53	66	57	124	98	98	22	198
4	4	6	16	12	14	33	20	22	13	13
3	4	8	13	12	10	15	12	13	12	5
3	5	6	28	10	22	15	19	34	9	
18	4	6	16	18	14	16	16	31	19	9
8	7	11	10	14	10	12	12	17	8	2
17	10	15	30	13	16	23	32	31	13	
79	**115**	**113**	**434**	**241**	**232**	**238**	**251**	**369**	**322**	**191**
14	16	19	33	29	19	29	36	102	88	26
22	52	57	180	102	117	105	123	139	98	65
18	10	16	79	41	37	45	34	60	44	50
12	15	11	54	34	29	32	29	37	68	31
13	22	10	88	35	30	27	29	31	24	19
132	**154**	**265**	**631**	**390**	**389**	**392**	**567**	**650**	**496**	**181**
29	35	69	151	111	77	95	122	130	137	13
21	22	39	53	33	50	48	58	59	47	59
5	3	7	10	4	27	10	15	42	15	1
15	1	12	22	15	13	16	10	16	16	9
6	7	6	89	14	28	11	14	36	12	14
11	21	25	52	26	22	29	51	73	32	9
5	11	14	54	38	26	27	37	27	30	10
5	7	15	34	30	24	23	31	49	15	9
9	3	16	15	30	28	25	33	34	30	10
1	13	15	47	16	14	29	29	31	34	28
25	31	47	104	73	80	79	167	153	128	19
88	**136**	**156**	**548**	**398**	**363**	**398**	**458**	**426**	**320**	**127**
23	50	41	292	201	141	209	237	185	110	39
5	8	12	46	21	34	16	19	25	29	14
26	24	30	61	55	63	62	73	88	67	15
14	36	26	81	68	59	53	73	44	47	54
8	6	16	44	26	36	45	30	40	44	3
12	12	31	24	27	30	13	26	44	23	2
68	**72**	**122**	**314**	**675**	**357**	**289**	**300**	**429**	**298**	**271**
5	8	12	53	436	90	72	58	94	71	28
9	5	23	52	33	99	45	58	65	61	46
9	11	19	40	97	29	28	26	49	34	37
11	12	23	36	34	61	32	30	52	33	50
11	15	25	63	17	29	32	50	54	29	67
7	4	12	27	25	27	41	27	51	26	40
16	17	8	43	33	22	39	51	64	44	3

1-12 按市县、学历分组的法人单位就业人数

地　区	法人单位数（个）	就业人员数（人）	具有研究生及以上学历人员	具有大学本科学历人员	具有大专学历人员	具有高中学历人员	具有初中及以下学历人员
总　计	**154748**	**4885707**	**63970**	**622096**	**1097648**	**1568832**	**1533161**
南宁市	**31130**	**1128936**	**28503**	**183804**	**255689**	**335119**	**325821**
兴宁区	2906	128224	1835	16208	24746	37805	47630
青秀区	9468	399662	12975	92875	109721	102586	81505
江南区	2154	121672	4984	13258	21643	45859	35928
西乡塘区	5317	216222	7649	30963	40394	65849	71367
良庆区	927	32601	187	4583	9121	9786	8924
邕宁区	616	17222	81	2673	3840	4987	5641
武鸣县	1663	47493	236	5561	11037	17353	13306
隆安县	889	20770	112	2112	4816	6975	6755
马山县	879	16376	122	1847	4471	5895	4041
上林县	876	19154	45	2668	4612	6266	5563
宾阳县	2159	54420	144	6009	11445	14647	22175
横　县	3276	55120	133	5047	9843	17111	22986
柳州市	**14062**	**574437**	**9893**	**75434**	**120196**	**174749**	**194165**
城中区	1398	92238	5616	12992	15512	18188	39930
鱼峰区	1706	73040	992	10658	14335	23486	23569
柳南区	2244	115503	1396	15551	21219	43332	34005
柳北区	2391	120346	1169	17419	28741	37933	35084
柳江县	1723	56166	338	6577	11199	16406	21646
柳城县	927	23544	88	2695	5759	6339	8663
鹿寨县	1193	42154	158	4070	8947	14569	14410
融安县	816	17605	40	2057	4628	4962	5918
融水苗族自治县	940	21597	40	2034	6084	6061	7378
三江侗族自治县	724	12244	56	1381	3772	3473	3562
桂林市	**20653**	**610684**	**9369**	**82035**	**133107**	**205236**	**180937**
秀峰区	1921	63279	1561	10807	15899	18825	16187
叠彩区	1620	45727	549	6043	10527	15027	13581
象山区	2488	111434	1303	14486	23155	36903	35587
七星区	1678	82313	4257	16308	18172	29506	14070
雁山区	314	9050	431	1547	1820	3029	2223
阳朔县	997	23113	109	2957	3652	7008	9387
临桂县	1259	40728	213	4280	8215	14112	13908
灵川县	1184	27755	154	4047	6941	9620	6993
全州县	1525	33111	202	5038	9201	10763	7907
兴安县	1247	31549	99	3211	6144	11657	10438
永福县	1202	27170	168	2534	4586	8094	11788
灌阳县	637	13838	64	1818	3587	4929	3440
龙胜各族自治县	793	13733	38	1222	3807	5387	3279
资源县	501	11420	62	1054	3053	3439	3812
平乐县	920	20517	40	2170	4637	7118	6552
荔浦县	1057	35533	81	2428	6053	13488	13483
恭城县	1310	20414	38	2085	3658	6331	8302

1-12 续表1

地区	法人单位数（个）	就业人员数（人）	具有研究生及以上学历人员	具有大学本科学历人员	具有大专学历人员	具有高中学历人员	具有初中及以下学历人员
梧州市	**8588**	**265186**	**1421**	**29188**	**54531**	**85579**	**94467**
万秀区	819	34370	246	4958	7825	11459	9882
蝶山区	1151	43029	507	5710	8203	12638	15971
长洲区	975	45264	291	4905	9663	12020	18385
苍梧县	1421	32936	102	3102	7765	10708	11259
藤　县	1855	43125	66	4766	9582	16456	12255
蒙山县	724	13186	107	1696	2989	4057	4337
岑溪市	1643	53276	102	4051	8504	18241	22378
北海市	**6843**	**190572**	**2358**	**27659**	**45544**	**65847**	**49164**
海城区	3422	93033	1746	17422	25020	29553	19292
银海区	621	18164	414	2803	4053	6246	4648
铁山港区	401	14406	50	1223	2417	5504	5212
合浦县	2399	64969	148	6211	14054	24544	20012
防城港市	**3976**	**101940**	**917**	**12820**	**25104**	**33934**	**29165**
港口区	1403	35761	425	6210	9407	10967	8752
防城区	1088	34172	268	2853	7915	13158	9978
上思县	631	15298	73	1564	3787	4749	5125
东兴市	854	16709	151	2193	3995	5060	5310
钦州市	**6422**	**223893**	**1244**	**22473**	**54503**	**79439**	**66234**
钦南区	2416	93998	1079	13781	26480	33615	19043
钦北区	808	26923	61	2154	5931	10726	8051
灵山县	2125	50621	78	3759	12522	17269	16993
浦北县	1073	52351	26	2779	9570	17829	22147
贵港市	**8858**	**275062**	**1533**	**26834**	**59739**	**98090**	**88866**
港北区	1748	76024	759	9746	17172	27767	20580
港南区	1093	32870	119	2832	6091	9965	13863
覃塘区	829	19210	36	1924	4822	6744	5684
平南县	2416	69775	145	5459	13554	25824	24793
桂平市	2772	77183	474	6873	18100	27790	23946
玉林市	**14790**	**547148**	**2451**	**46989**	**99443**	**192039**	**206226**
玉州区	4157	167904	1481	19659	33365	60150	53249
容　县	2017	56792	66	3758	9592	20028	23348
陆川县	1455	53494	155	5128	10680	19264	18267
博白县	2864	92455	254	6513	18170	34590	32928
兴业县	1338	30780	63	3242	6443	10092	10940
北流市	2959	145723	432	8689	21193	47915	67494
百色市	**9440**	**270613**	**2159**	**31219**	**70608**	**86643**	**79984**
右江区	1883	76659	771	10318	19284	24139	22147
田阳县	863	20160	151	1721	4700	6864	6724
田东县	791	28647	186	3162	6787	8680	9832
平果县	698	32523	515	4818	7537	10169	9484

1–12 续表2

地 区	法人单位数（个）	就业人员数（人）	具有研究生及以上学历人员	具有大学本科学历人员	具有大专学历人员	具有高中学历人员	具有初中及以下学历人员
德保县	615	18712	69	2138	4786	7178	4541
靖西县	1567	30104	90	2375	7226	10681	9732
那坡县	545	9704	32	661	2930	3235	2846
凌云县	350	9087	26	882	2848	2731	2600
乐业县	490	8266	33	1183	3417	1943	1690
田林县	547	12770	45	1225	3937	4196	3367
西林县	407	7721	76	895	2443	1944	2363
隆林各族自治县	684	16260	165	1841	4713	4883	4658
贺州市	**5511**	**116579**	**812**	**15428**	**32088**	**38405**	**29846**
平桂管理区	748	18323	101	1761	4564	5473	6424
八步区	1936	48069	473	7335	13013	16396	10852
昭平县	1026	19554	38	2213	5105	6894	5304
钟山县	928	17067	143	2070	5161	5376	4317
富川瑶族自治县	873	13566	57	2049	4245	4266	2949
河池市	**9849**	**248567**	**1315**	**33322**	**70860**	**68253**	**74817**
金城江区	1744	63851	374	9391	16403	18845	18838
南丹县	1173	23504	122	2579	6439	5634	8730
天峨县	506	9578	39	1194	3242	2614	2489
凤山县	489	9132	48	950	3561	2328	2245
东兰县	691	9953	82	1380	3953	2591	1947
罗城仫佬族自治县	841	18527	58	2463	5356	4955	5695
环江毛南族自治县	663	18654	51	1941	5294	5021	6347
巴马瑶族自治县	672	12975	76	1334	4208	4050	3307
都安瑶族自治县	759	23539	58	3850	7238	6162	6231
大化瑶族自治县	738	16629	54	3032	5485	4497	3561
宜州市	1573	42225	353	5208	9681	11556	15427
来宾市	**6523**	**161609**	**979**	**18437**	**41330**	**49877**	**50986**
兴宾区	2472	72831	424	9375	19998	23804	19230
忻城县	679	15384	30	1646	4301	4844	4563
象州县	1039	21957	271	2430	4854	7383	7019
武宣县	1125	24914	126	2400	5772	6999	9617
金秀瑶族自治县	674	10691	64	1166	2777	3051	3633
合山市	534	15832	64	1420	3628	3796	6924
崇左市	**8103**	**170481**	**1016**	**16454**	**34906**	**55622**	**62483**
江州区	1939	34825	361	4582	7654	11306	10922
扶绥县	1101	30571	246	3259	5924	8452	12690
宁明县	1495	23831	63	1715	4846	8613	8594
龙州县	917	25010	135	1790	4868	9354	8863
大新县	976	25381	48	1696	4349	9043	10245
天等县	799	16348	71	1874	3970	4921	5512
凭祥市	876	14515	92	1538	3295	3933	5657

1-13　按行业（门类、大类、中类）、学历分组的法人单位就业人数

行业分组	代码	法人单位数（个）	就业人数（人）	具有研究生及以上学历人员	具有大学本科学历人员	具有大专学历人员	具有高中学历人员	具有初中及以下学历人员
总　计		**154748**	**4885707**	**63970**	**622096**	**1097648**	**1568832**	**1533161**
农、林、牧、渔业	**A**	**210**	**38508**	**67**	**1186**	**4314**	**14675**	**18266**
农业	01	66	21114	29	407	1295	9285	10098
谷物及其他作物的种植	011	18	16377	22	310	989	6698	8358
蔬菜、园艺作物的种植	012	12	119		5	45	50	19
水果、坚果、饮料和香料作物的种植	013	33	4600	7	92	259	2532	1710
中药材的种植	014	3	18			2	5	11
林业	02	56	13004	24	647	2077	3526	6730
林木的培育和种植	021	53	12780	24	645	2043	3475	6593
木材和竹材的采运	022	3	224		2	34	51	137
林产品的采集	023							
畜牧业	03	51	3144	8	71	751	1390	924
牲畜的饲养	031	7	235		13	61	94	67
猪的饲养	032	21	507		3	60	207	237
家禽的饲养	033	19	2326	8	54	612	1036	616
狩猎和捕捉动物	034							
其他畜牧业	039	4	76		1	18	53	4
渔业	04	17	247		14	63	86	84
海洋渔业	041	7	51			21	25	5
内陆渔业	042	10	196		14	42	61	79
农、林、牧、渔服务业	05	20	999	6	47	128	388	430
农业服务业	051	16	453	6	15	55	129	248
林业服务业	052							
畜牧服务业	053	3	420			32	206	182
渔业服务业	054	1	126		32	41	53	
采矿业	**B**	**2258**	**97288**	**144**	**2220**	**7081**	**27387**	**60456**
煤炭开采和洗选业	06	49	17120	40	594	1546	3586	11354
烟煤和无烟煤的开采洗选	061	28	10600	20	354	1055	1717	7454
褐煤的开采洗选	062	17	6363	20	234	479	1813	3817
其他煤炭采选	069	4	157	0	6	12	56	83
石油和天然气开采业	07	2	30		4	15	11	
天然原油和天然气开采	071	1	7		2	5		
与石油和天然气开采有关的服务活动	079	1	23		2	10	11	
黑色金属矿采选业	08	517	19228	19	451	1550	5479	11729
铁矿采选	081	145	4428	1	130	474	1468	2355
其他黑色金属矿采选	089	372	14800	18	321	1076	4011	9374
有色金属矿采选业	09	552	29861	54	792	2230	9490	17295
常用有色金属矿采选	091	479	25864	26	632	1857	7787	15562
贵金属矿采选	092	55	2703	25	107	250	1192	1129
稀有稀土金属矿采选	093	18	1294	3	53	123	511	604
非金属矿采选业	10	1114	30538	28	362	1698	8596	19854

1-13 续表1

行业分组	代码	法人单位数（个）	就业人数（人）	具有研究生及以上学历人员	具有大学本科学历人员	具有大专学历人员	具有高中学历人员	具有初中及以下学历人员
土砂石开采	101	849	19457	13	175	914	5633	12722
化学矿采选	102	38	1687	3	40	110	458	1076
采盐	103	4	1416	0	2	32	161	1221
石棉及其他非金属矿采选	109	223	7978	12	145	642	2344	4835
其他采矿业	11	24	511	3	17	42	225	224
其他采矿业	110	24	511	3	17	42	225	224
制造业	**C**	**19683**	**1377307**	**8422**	**62528**	**139514**	**492165**	**674678**
农副食品加工业	13	1486	139046	437	5373	14301	51944	66991
谷物磨制	131	227	4612	12	122	348	1702	2428
饲料加工	132	250	14717	101	1077	2511	4874	6154
植物油加工	133	126	3632	3	262	620	1436	1311
制糖	134	107	79341	122	2472	7309	28979	40459
屠宰及肉类加工	135	297	9355	61	293	949	4360	3692
水产品加工	136	101	7236	43	492	891	2732	3078
蔬菜、水果和坚果加工	137	109	3907	13	137	347	1139	2271
其他农副食品加工	139	269	16246	82	518	1326	6722	7598
食品制造业	14	876	37056	88	2856	5297	11669	17146
焙烤食品制造	141	263	7223	4	151	686	2874	3508
糖果、巧克力及蜜饯制造	142	84	1865	4	59	217	608	977
方便食品制造	143	149	4955	6	140	628	1502	2679
液体乳及乳制品制造	144	17	2991	10	149	595	1310	927
罐头制造	145	86	7981	21	316	579	1895	5170
调味品、发酵制品制造	146	111	2626	12	144	316	931	1223
其他食品制造	149	166	9415	31	1897	2276	2549	2662
饮料制造业	15	796	36286	67	1600	4464	15007	15148
酒精制造	151	43	3936	4	217	799	1595	1321
酒的制造	152	183	12755	21	644	1486	5107	5497
软饮料制造	153	293	14148	36	618	1851	6237	5406
精制茶加工	154	277	5447	6	121	328	2068	2924
烟草制品业	16	5	4315	51	781	1083	1182	1218
烟叶复烤	161	1	515	0	21	80	100	314
卷烟制造	162	4	3800	51	760	1003	1082	904
其他烟草制品加工	169							
纺织业	17	661	69393	32	999	3405	20698	44259
棉、化纤纺织及印染精加工	171	93	18434	13	273	856	5526	11766
毛纺织和染整精加工	172	88	4512	2	7	204	1434	2865
麻纺织	173	11	1312	0	9	51	419	833
丝绢纺织及精加工	174	102	19769	6	181	711	5500	13371
纺织制成品制造	175	83	5096	2	78	567	2099	2350
针织品、编织品及其制品制造	176	284	20270	9	451	1016	5720	13074
纺织服装、鞋、帽制造业	18	338	21831	38	322	1622	6757	13092
纺织服装制造	181	324	21326	19	294	1562	6610	12841
纺织面料鞋的制造	182	11	357	19	28	57	107	146

1-13 续表2

行业分组	代码	法人单位数（个）	就业人数（人）	具有研究生及以上学历人员	具有大学本科学历人员	具有大专学历人员	具有高中学历人员	具有初中及以下学历人员
制帽	183	3	148			3	40	105
皮革、毛皮、羽毛(绒)及其制品业	19	281	30570	11	262	1349	8919	20029
皮革鞣制加工	191	41	4591	2	69	442	1592	2486
皮革制品制造	192	193	22289	9	185	822	6573	14700
毛皮鞣制及制品加工	193	5	236		2	3	111	120
羽毛(绒)加工及制品制造	194	42	3454	0	6	82	643	2723
木材加工及木、竹、藤、棕、草制品业	20	1880	102422	170	1381	5006	33014	62851
锯材、木片加工	201	765	20868	7	190	1023	6040	13608
人造板制造	202	508	35685	154	889	2133	11425	21084
木制品制造	203	288	23965	7	233	1074	10175	12476
竹、藤、棕、草制品制造	204	319	21904	2	69	776	5374	15683
家具制造业	21	337	11154	36	196	775	3436	6711
木质家具制造	211	270	7944	15	155	606	2623	4545
竹、藤家具制造	212	18	1607	0	7	43	290	1267
金属家具制造	213	13	182	20	11	33	63	55
塑料家具制造	214	5	426	0	12	20	112	282
其他家具制造	219	31	995	1	11	73	348	562
造纸及纸制品业	22	783	46989	82	2128	4674	18667	21438
纸浆制造	221	43	6323	14	688	944	3449	1228
造纸	222	380	25536	44	930	2344	9347	12871
纸制品制造	223	360	15130	24	510	1386	5871	7339
印刷业和记录媒介的复制	23	779	20703	58	1086	3336	9121	7102
印刷	231	701	18279	46	923	2992	7789	6529
装订及其他印刷服务活动	232	75	1197	7	40	193	489	468
记录媒介的复制	233	3	1227	5	123	151	843	105
文教体育用品制造业	24	92	7672	6	138	471	2149	4908
文化用品制造	241	24	853	0	3	62	376	412
体育用品制造	242	14	541	2	49	57	270	163
乐器制造	243	1	25				1	24
玩具制造	244	50	6090	0	52	292	1458	4288
游艺器材及娱乐用品制造	245	3	163	4	34	60	44	21
石油加工、炼焦及核燃料加工业	25	42	2975	70	418	813	1228	446
精炼石油产品的制造	251	38	2843	69	408	796	1182	388
炼焦	252	4	132	1	10	17	46	58
核燃料加工	253							
化学原料及化学制品制造业	26	1494	106808	365	4682	10311	39316	52134
基础化学原料制造	261	196	16506	92	870	1775	6543	7226
肥料制造	262	298	24164	53	1086	2847	10006	10172
农药制造	263	77	6507	102	746	1161	2763	1735
涂料、油墨、颜料及类似产品制造	264	142	6725	17	272	661	2856	2919
合成材料制造	265	21	2687	8	116	351	1396	816
专用化学产品制造	266	613	39883	53	780	2142	11227	25681
日用化学产品制造	267	147	10336	40	812	1374	4525	3585

1-13 续表3

行业分组	代码	法人单位数（个）	就业人数（人）	具有研究生及以上学历人员	具有大学本科学历人员	具有大专学历人员	具有高中学历人员	具有初中及以下学历人员
医药制造业	27	353	35814	363	3727	5794	14133	11797
化学药品原药制造	271	32	1573	14	144	237	644	534
化学药品制剂制造	272	39	6957	48	704	1156	3411	1638
中药饮片加工	273	53	2133	18	221	341	1033	520
中成药制造	274	118	18808	91	1721	2911	7161	6924
兽用药品制造	275	58	3419	29	237	498	1053	1602
生物、生化制品的制造	276	34	2163	161	649	552	441	360
卫生材料及医药用品制造	277	19	761	2	51	99	390	219
化学纤维制造业	28	9	577	0	28	157	301	91
纤维素纤维原料及纤维制造	281	1	16	0	2	4	5	5
合成纤维制造	282	8	561	0	26	153	296	86
橡胶制品业	29	139	8323	54	386	755	2719	4409
轮胎制造	291	26	2537	5	151	243	638	1500
橡胶板、管、带的制造	292	30	1435	41	88	177	557	572
橡胶零件制造	293	17	526	1	7	31	172	315
再生橡胶制造	294	9	325	0	6	30	104	185
日用及医用橡胶制品制造	295	12	1756	4	100	148	516	988
橡胶靴鞋制造	296	6	209	0	1	16	76	116
其他橡胶制品制造	299	39	1535	3	33	110	656	733
塑料制品业	30	736	29374	56	674	2215	10361	16068
塑料薄膜制造	301	96	2770	4	83	249	1181	1253
塑料板、管、型材的制造	302	109	3688	5	160	326	1370	1827
塑料丝、绳及编织品的制造	303	145	12078	19	211	814	4224	6810
泡沫塑料制造	304	35	650	5	12	61	204	368
塑料人造革、合成革制造	305	4	96		1	4	47	44
塑料包装箱及容器制造	306	85	3067	2	71	230	938	1826
塑料零件制造	307	22	558	0	13	54	199	292
日用塑料制造	308	108	2903	0	26	153	1003	1721
其他塑料制品制造	309	132	3564	21	97	324	1195	1927
非金属矿物制品业	31	3197	206772	752	4095	13382	64795	123748
水泥、石灰和石膏的制造	311	482	55704	389	1961	5021	21394	26939
水泥及石膏制品制造	312	312	13049	38	492	1461	4607	6451
砖瓦、石材及其他建筑材料制造	313	1946	76113	79	527	2668	19152	53687
玻璃及玻璃制品制造	314	81	9124	20	328	904	2873	4999
陶瓷制品制造	315	156	44212	143	438	2617	13742	27272
耐火材料制品制造	316	35	1524	0	20	66	481	957
石墨及其他非金属矿物制品制造	319	185	7046	83	329	645	2546	3443
黑色金属冶炼及压延加工业	32	425	58957	316	3512	9204	21392	24533
炼铁	321	67	3019	6	49	229	912	1823
炼钢	322	12	3419	3	84	458	1373	1501
钢压延加工	323	118	25975	164	2306	6427	9993	7085
铁合金冶炼	324	228	26544	143	1073	2090	9114	14124
有色金属冶炼及压延加工业	33	326	63865	3772	3965	8212	19082	28834

1-13 续表4

行业分组	代码	法人单位数（个）	就业人数（人）	具有研究生及以上学历人员	具有大学本科学历人员	具有大专学历人员	具有高中学历人员	具有初中及以下学历人员
常用有色金属冶炼	331	216	53566	3725	3342	7085	15546	23868
贵金属冶炼	332	11	679	3	46	73	147	410
稀有稀土金属冶炼	333	16	1868	12	58	109	566	1123
有色金属合金制造	334	13	353	3	19	62	115	154
有色金属压延加工	335	70	7399	29	500	883	2708	3279
金属制品业	34	703	24817	94	1233	2791	8859	11840
结构性金属制品制造	341	254	8354	49	798	1070	2700	3737
金属工具制造	342	105	2335	16	87	251	902	1079
集装箱及金属包装容器制造	343	35	1264	2	26	171	445	620
金属丝绳及其制品的制造	344	21	692	3	10	39	214	426
建筑、安全用金属制品制造	345	62	1382	0	48	190	614	530
金属表面处理及热处理加工	346	38	995	0	43	112	365	475
搪瓷制品制造	347	4	193	2	2	2	27	160
不锈钢及类似日用金属制品制造	348	100	6928	10	175	710	2615	3418
其他金属制品制造	349	84	2674	12	44	246	977	1395
通用设备制造业	35	914	46883	130	2716	5834	19522	18681
锅炉及原动机制造	351	58	7814	36	661	1059	3546	2512
金属加工机械制造	352	104	11183	21	632	1485	5256	3789
起重运输设备制造	353	29	3131	9	268	439	800	1615
泵、阀门、压缩机及类似机械的制造	354	62	3248	9	244	506	1361	1128
轴承、齿轮、传动和驱动部件的制造	355	40	2569	6	76	393	1092	1002
烘炉、熔炉及电炉制造	356	5	138	0	7	25	57	49
风机、衡器、包装设备等通用设备制造	357	83	3179	16	327	531	1358	947
通用零部件制造及机械修理	358	246	6352	13	263	721	2654	2701
金属铸、锻加工	359	287	9269	20	238	675	3398	4938
专用设备制造业	36	676	42616	330	4428	6882	17225	13751
矿山、冶金、建筑专用设备制造	361	140	17485	144	2196	2634	7151	5360
化工、木材、非金属加工专用设备制造	362	120	5749	43	823	1020	1967	1896
食品、饮料、烟草及饲料生产专用设备制造	363	61	3145	11	160	321	1633	1020
印刷、制药、日化生产专用设备制造	364	41	1706	8	177	333	694	494
纺织、服装和皮革工业专用设备制造	365	7	82	2	10	23	37	10
电子和电工机械专用设备制造	366	21	791	11	101	138	356	185
农、林、牧、渔专用机械制造	367	181	8879	8	298	1300	3618	3655
医疗仪器设备及器械制造	368	47	2303	62	373	628	663	577
环保、社会公共安全及其他专用设备制造	369	58	2476	41	290	485	1106	554
交通运输设备制造业	37	1013	101744	457	9616	14178	45386	32107
铁路运输设备制造	371	21	6267	3	299	604	3370	1991
汽车制造	372	855	86855	442	8659	12540	38972	26242
摩托车制造	373	4	210	2	20	36	76	76
自行车制造	374	21	585	1	23	55	166	340
船舶及浮动装置制造	375	99	6647	4	357	726	2318	3242
航空航天器制造	376	5	917	3	248	182	359	125
交通器材及其他交通运输设备制造	379	8	263	2	10	35	125	91

1-13 续表5

行业分组	代码	法人单位数（个）	就业人数（人）	具有研究生及以上学历人员	具有大学本科学历人员	具有大专学历人员	具有高中学历人员	具有初中及以下学历人员
电气机械及器材制造业	39	454	33441	274	2758	5706	14065	10638
电机制造	391	58	2925	10	180	614	1130	991
输配电及控制设备制造	392	169	14763	134	1703	2974	6640	3312
电线、电缆、光缆及电工器材制造	393	80	6285	97	510	1226	3383	1069
电池制造	394	22	4102	7	134	272	955	2734
家用电力器具制造	395	42	2232	16	80	208	828	1100
非电力家用器具制造	396	23	461	1	33	94	146	187
照明器具制造	397	32	1610	8	44	141	495	922
其他电气机械及器材制造	399	28	1063	1	74	177	488	323
通信设备、计算机及其他电子设备制造业	40	225	35067	198	2012	4222	11913	16722
通信设备制造	401	43	6739	85	710	990	732	4222
雷达及配套设备制造	402	2	946	18	192	204	370	162
广播电视设备制造	403	10	517	7	61	150	169	130
电子计算机制造	404	18	4733	31	171	570	2698	1263
电子器件制造	405	20	1058	15	84	171	609	179
电子元件制造	406	93	15026	25	470	1587	5235	7709
家用视听设备制造	407	14	4289	6	198	416	1503	2166
其他电子设备制造	409	25	1759	11	126	134	597	891
仪器仪表及文化、办公用机械制造业	41	94	6151	27	517	1084	2975	1548
通用仪器仪表制造	411	37	2846	15	299	598	1364	570
专用仪器仪表制造	412	16	547	7	80	122	247	91
钟表与计时仪器制造	413	10	968	0	12	108	463	385
光学仪器及眼镜制造	414	17	1548	4	76	211	823	434
文化、办公用机械制造	415	6	139	1	48	28	22	40
其他仪器仪表的制造及修理	419	8	103		2	17	56	28
工艺品及其他制造业	42	495	43408	85	585	1916	15556	25266
工艺美术品制造	421	397	38075	51	293	1383	14158	22190
日用杂品制造	422	49	3794	12	191	296	830	2465
煤制品制造	423	17	145	2	1	18	45	79
核辐射加工	424	1	32	0	9	23	0	0
其他未列明的制造业	429	31	1362	20	91	196	523	532
废弃资源和废旧材料回收加工业	43	74	2278	3	54	275	774	1172
金属废料和碎屑的加工处理	431	42	1589	2	34	187	526	840
非金属废料和碎屑的加工处理	432	32	689	1	20	88	248	332
电力、燃气及水的生产和供应业	**D**	**2271**	**165716**	**1411**	**20176**	**42440**	**61091**	**40598**
电力、热力的生产和供应业	44	1694	146330	1357	18735	38294	52597	35347
电力生产	441	1561	46403	162	3434	9956	18861	13990
电力供应	442	127	98664	1172	14998	28088	33211	21195
热力生产和供应	443	6	1263	23	303	250	525	162
燃气生产和供应业	45	38	1476	11	229	421	516	299
燃气生产和供应业	450	38	1476	11	229	421	516	299
水的生产和供应业	46	539	17910	43	1212	3725	7978	4952
自来水的生产和供应	461	518	17435	41	1161	3613	7826	4794

1-13　续表6

行业分组	代码	法人单位数（个）	就业人数（人）	具有研究生及以上学历人员	具有大学本科学历人员	具有大专学历人员	具有高中学历人员	具有初中及以下学历人员
污水处理及其再生利用	462	16	440	2	48	101	138	151
其他水的处理、利用与分配	469	5	35	0	3	11	14	7
建筑业	**E**	**2329**	**544190**	**5453**	**28299**	**61995**	**150956**	**297487**
房屋和土木工程建筑业	47	1087	440787	5174	22642	51316	121985	239670
房屋工程建筑	471	746	349235	4802	14552	38282	89983	201616
土木工程建筑	472	341	91552	372	8090	13034	32002	38054
建筑安装业	48	315	36567	141	3137	5334	7658	20297
建筑安装业	480	315	36567	141	3137	5334	7658	20297
建筑装饰业	49	680	10801	49	1414	3111	3157	3070
建筑装饰业	490	680	10801	49	1414	3111	3157	3070
其他建筑业	50	247	56035	89	1106	2234	18156	34450
工程准备	501	81	3173	45	493	604	829	1202
提供施工设备服务	502	64	49379	7	265	1034	16333	31740
其他未列明的建筑活动	509	102	3483	37	348	596	994	1508
交通运输、仓储和邮政业	**F**	**3178**	**195608**	**1181**	**11359**	**34970**	**86348**	**61750**
铁路运输业	51	17	1214	1	75	213	628	297
铁路旅客运输	511	2	31		5	11	15	
铁路货物运输	512	6	244	0	8	43	130	63
铁路运输辅助活动	513	9	939	1	62	159	483	234
道路运输业	52	1629	97709	883	5743	19050	45167	26866
公路旅客运输	521	231	36607	108	1729	6660	19569	8541
道路货物运输	522	910	38580	613	1914	6868	17204	11981
道路运输辅助活动	523	488	22522	162	2100	5522	8394	6344
城市公共交通业	53	197	24776	15	606	2359	13754	8042
公共电汽车客运	531	70	19057	10	442	1790	10809	6006
轨道交通	532							
出租车客运	533	108	5071	5	129	463	2610	1864
城市轮渡	534							
其他城市公共交通	539	19	648	0	35	106	335	172
水上运输业	54	351	18628	33	754	2154	6177	9510
水上旅客运输	541	46	2669	2	72	173	998	1424
水上货物运输	542	220	12353	8	416	1324	3963	6642
水上运输辅助活动	543	85	3606	23	266	657	1216	1444
航空运输业	55	37	2712	15	531	797	845	524
航空客货运输	551	13	1626	6	216	467	599	338
通用航空服务	552	6	319	4	92	117	51	55
航空运输辅助活动	553	18	767	5	223	213	195	131
管道运输业	56							
管道运输业	560							
装卸搬运和其他运输服务业	57	466	24199	98	1378	3311	7976	11436
装卸搬运	571	156	16504	9	397	1299	5264	9535
运输代理服务	572	310	7695	89	981	2012	2712	1901
仓储业	58	419	9105	81	967	2379	3941	1737

1-13 续表7

行业分组	代码	法人单位数（个）	就业人数（人）	具有研究生及以上学历人员	具有大学本科学历人员	具有大专学历人员	具有高中学历人员	具有初中及以下学历人员
谷物、棉花等农产品仓储	581	242	3903	11	392	1011	1844	645
其他仓储	589	177	5202	70	575	1368	2097	1092
邮政业	59	62	17265	55	1305	4707	7860	3338
国家邮政	591	23	15966	52	1195	4323	7237	3159
其他寄递服务	599	39	1299	3	110	384	623	179
信息传输、计算机服务和软件业	**G**	**5040**	**68070**	**1211**	**13146**	**22782**	**23736**	**7195**
电信和其他信息传输服务业	60	919	43237	943	10045	17166	13080	2003
电信	601	179	28898	573	6922	11594	8630	1179
互联网信息服务	602	469	8687	323	1891	3259	2575	639
广播电视传输服务	603	263	5597	44	1219	2290	1863	181
卫星传输服务	604	8	55	3	13	23	12	4
计算机服务业	61	3785	21548	89	1721	4276	10314	5148
计算机系统服务	611	224	2226	34	728	893	474	97
数据处理	612	27	369	16	196	105	41	11
计算机维修	613	39	313	2	87	154	65	5
其他计算机服务	619	3495	18640	37	710	3124	9734	5035
软件业	62	336	3285	179	1380	1340	342	44
公共软件服务	621	247	2469	125	1082	998	235	29
其他软件服务	629	89	816	54	298	342	107	15
批发和零售业	**H**	**21560**	**308143**	**1705**	**27183**	**78533**	**136276**	**64446**
批发业	63	12548	163985	1188	16810	44030	67231	34726
农畜产品批发	631	694	9905	36	525	1755	4406	3183
食品、饮料及烟草制品批发	632	1073	22426	210	2439	6414	9021	4342
纺织、服装及日用品批发	633	669	7233	24	652	2284	3054	1219
文化、体育用品及器材批发	634	350	4204	45	632	1391	1645	491
医药及医疗器材批发	635	479	9963	60	1315	3136	4216	1236
矿产品、建材及化工产品批发	636	4719	62226	391	5397	14969	26401	15068
机械设备、五金交电及电子产品批发	637	2859	30361	294	4455	10534	11416	3662
贸易经纪与代理	638	750	7503	60	476	1301	2857	2809
其他批发	639	955	10164	68	919	2246	4215	2716
零售业	65	9012	144158	517	10373	34503	69045	29720
综合零售	651	1171	44824	69	1746	6975	22840	13194
食品、饮料及烟草制品专门零售	652	919	13090	42	631	2202	8017	2198
纺织、服装及日用品专门零售	653	670	8610	43	625	1985	4416	1541
文化、体育用品及器材专门零售	654	505	6495	33	612	2114	2833	903
医药及医疗器材专门零售	655	623	11407	46	878	3276	6219	988
汽车、摩托车、燃料及零配件专门零售	656	1496	21263	80	1997	6286	8906	3994
家用电器及电子产品专门零售	657	1683	20368	143	2516	7033	8072	2604
五金、家具及室内装修材料专门零售	658	1042	8121	31	673	2144	3591	1682
无店铺及其他零售	659	903	9980	30	695	2488	4151	2616
住宿和餐饮业	**I**	**2152**	**98329**	**207**	**3541**	**14146**	**42544**	**37891**
住宿业	66	1310	62050	163	2654	9518	26677	23038
旅游饭店	661	521	44956	68	1911	6783	19456	16738

1-13 续表8

行业分组	代码	法人单位数（个）	就业人数（人）	具有研究生及以上学历人员	具有大学本科学历人员	具有大专学历人员	具有高中学历人员	具有初中及以下学历人员
一般旅馆	662	715	15844	94	691	2519	6654	5886
其他住宿服务	669	74	1250	1	52	216	567	414
餐饮业	67	842	36279	44	887	4628	15867	14853
正餐服务	671	674	29407	44	661	3216	12511	12975
快餐服务	672	59	4318	0	155	1121	2171	871
饮料及冷饮服务	673	22	446		18	81	269	78
其他餐饮服务	679	87	2108	0	53	210	916	929
金融业	**J**	**636**	**112287**	**1137**	**27197**	**43243**	**30942**	**9768**
银行业	68	279	65646	809	18745	26468	17043	2581
中央银行	681	21	2828	46	1509	749	388	136
商业银行	682	238	61073	758	16863	25021	16115	2316
其他银行	689	20	1745	5	373	698	540	129
证券业	69	12	899	66	361	274	139	59
证券市场管理	691	1	34	11	15	4	3	1
证券经纪与交易	692	8	846	53	341	258	136	58
证券投资	693	1	4			4		
证券分析与咨询	694	2	15	2	5	8	0	0
保险业	70	178	42293	236	7366	15050	12783	6858
人寿保险	701	50	31890	151	5111	10749	9955	5924
非人寿保险	702	104	10018	74	2119	4145	2748	932
保险辅助服务	703	24	385	11	136	156	80	2
其他金融活动	71	167	3449	26	725	1451	977	270
金融信托与管理	711	16	231	7	99	89	33	3
金融租赁	712	2	18		5	9	4	
财务公司	713	9	54		26	18	10	
邮政储蓄	714	9	1895	5	305	812	601	172
典当	715	52	362	8	64	148	123	19
其他未列明的金融活动	719	79	889	6	226	375	206	76
房地产业	**K**	**5628**	**118213**	**1471**	**18954**	**35860**	**39853**	**22075**
房地产业	72	5628	118213	1471	18954	35860	39853	22075
房地产开发经营	721	3134	59730	1092	13302	21782	17447	6107
物业管理	722	1020	40344	183	2929	7951	15979	13302
房地产中介服务	723	729	7740	139	1823	3575	1912	291
其他房地产活动	729	745	10399	57	900	2552	4515	2375
租赁和商务服务业	**L**	**10535**	**142800**	**2409**	**22753**	**38288**	**42535**	**36815**
租赁业	73	263	2865	115	232	733	1021	764
机械设备租赁	731	250	2711	115	217	698	941	740
文化及日用品出租	732	13	154		15	35	80	24
商务服务业	74	10272	139935	2294	22521	37555	41514	36051
企业管理服务	741	4932	52613	930	7106	11290	14000	19287
法律服务	742	503	4379	392	2522	1217	208	40
咨询与调查	743	1089	11128	344	3733	4875	1804	372
广告业	744	1371	10561	193	2225	4278	2958	907

1-13 续表9

行业分组	代码	法人单位数（个）	就业人数（人）	具有研究生及以上学历人员	具有大学本科学历人员	具有大专学历人员	具有高中学历人员	具有初中及以下学历人员
知识产权服务	745	36	275	4	97	113	50	11
职业中介服务	746	405	6346	44	1087	1649	1888	1678
市场管理	747	461	17703	94	1444	5000	7522	3643
旅行社	748	504	9793	93	1344	3936	3140	1280
其他商务服务	749	971	27137	200	2963	5197	9944	8833
科学研究、技术服务和地质勘查业	**M**	**7141**	**105742**	**3280**	**26838**	**36708**	**25891**	**13025**
研究与试验发展	75	451	13710	810	3520	3058	2898	3424
自然科学研究与试验发展	751	62	1045	141	345	254	218	87
工程和技术研究与试验发展	752	86	1680	105	784	485	210	96
农业科学研究与试验发展	753	182	7078	284	991	1125	1605	3073
医学研究与试验发展	754	42	1935	128	587	595	490	135
社会人文科学研究与试验发展	755	79	1972	152	813	599	375	33
专业技术服务业	76	2899	54982	1828	17352	18854	12157	4791
气象服务	761	172	2525	84	940	815	599	87
地震服务	762	68	497	21	188	169	108	11
海洋服务	763	3	30		24	4	2	
测绘服务	764	139	3571	80	756	1333	1160	242
技术检测	765	569	8179	176	1793	2812	2533	865
环境监测	766	112	1903	117	647	597	427	115
工程技术与规划管理	767	1442	30947	1209	11460	10930	5108	2240
其他专业技术服务	769	394	7330	141	1544	2194	2220	1231
科技交流和推广服务业	77	3696	31507	493	4629	13405	9242	3738
技术推广服务	771	3350	28466	395	3963	12334	8456	3318
科技中介服务	772	167	1361	23	331	449	348	210
其他科技服务	779	179	1680	75	335	622	438	210
地质勘查业	78	95	5543	149	1337	1391	1594	1072
矿产地质勘查	781	50	1866	28	389	457	516	476
基础地质勘查	782	15	1922	51	444	411	684	332
地质勘查技术服务	783	30	1755	70	504	523	394	264
水利、环境和公共设施管理业	**N**	**2081**	**69807**	**290**	**4487**	**10199**	**24295**	**30536**
水利管理业	79	1130	13959	64	1028	3172	5251	4444
防洪管理	791	84	717	8	124	219	232	134
水资源管理	792	562	10035	31	552	1994	3838	3620
其他水利管理	799	484	3207	25	352	959	1181	690
环境管理业	80	380	33355	60	1185	2809	9943	19358
自然保护	801	83	1823	15	241	488	679	400
环境治理	802	297	31532	45	944	2321	9264	18958
公共设施管理业	81	571	22493	166	2274	4218	9101	6734
市政公共设施管理	811	132	4552	61	817	1190	1476	1008
城市绿化管理	812	191	4850	23	565	972	1755	1535
游览景区管理	813	248	13091	82	892	2056	5870	4191
居民服务和其他服务业	**O**	**1607**	**25878**	**118**	**2087**	**5515**	**10256**	**7902**
居民服务业	82	677	10484	50	923	2523	3916	3072

1-13 续表10

行业分组	代码	法人单位数（个）	就业人数（人）	具有研究生及以上学历人员	具有大学本科学历人员	具有大专学历人员	具有高中学历人员	具有初中及以下学历人员
家庭服务	821	44	868	3	57	177	243	388
托儿所	822	19	167		9	66	78	14
洗染服务	823	20	281		2	21	92	166
理发及美容保健服务	824	164	2031	14	99	465	953	500
洗浴服务	825	44	1072	1	38	142	416	475
婚姻服务	826	37	153	2	20	72	44	15
殡葬服务	827	61	1239	6	126	324	422	361
摄影扩印服务	828	84	1484	2	94	450	754	184
其他居民服务	829	204	3189	22	478	806	914	969
其他服务业	83	930	15394	68	1164	2992	6340	4830
修理与维护	831	554	7114	31	611	1679	3386	1407
清洁服务	832	187	4557	16	190	559	1492	2300
其他未列明的服务	839	189	3723	21	363	754	1462	1123
教育	**P**	**16435**	**591688**	**18318**	**163736**	**249332**	**132888**	**27414**
教育	84	16435	591688	18318	163736	249332	132888	27414
学前教育	841	2412	29633	123	2033	10922	13099	3456
初等教育	842	9726	269344	664	26671	145285	90534	6190
中等教育	843	2844	229220	3857	110797	81062	20497	13007
高等教育	844	131	40258	12811	17346	4540	2893	2668
其他教育	849	1322	23233	863	6889	7523	5865	2093
卫生、社会保障和社会福利业	**Q**	**6207**	**211752**	**3566**	**35027**	**78794**	**75193**	**19172**
卫生	85	4332	198969	3481	33146	74062	71524	16756
医院	851	462	111332	2885	23972	38224	36112	10139
卫生院及社区医疗活动	852	1490	49969	106	3683	19858	22713	3609
门诊部医疗活动	853	1049	4710	37	471	1238	2275	689
计划生育技术服务活动	854	829	9938	46	1034	5206	3271	381
妇幼保健活动	855	113	11346	145	2130	4747	3492	832
专科疾病防治活动	856	70	1447	8	177	558	574	130
疾病预防控制及防疫活动	857	154	6966	224	1197	2947	2017	581
其他卫生活动	859	165	3261	30	482	1284	1070	395
社会保障业	86	1227	6333	51	1303	3341	1449	189
社会保障业	860	1227	6333	51	1303	3341	1449	189
社会福利业	87	648	6450	34	578	1391	2220	2227
提供住宿的社会福利	871	440	4889	12	303	937	1839	1798
不提供住宿的社会福利	872	208	1561	22	275	454	381	429
文化、体育和娱乐业	**R**	**2600**	**43497**	**938**	**9178**	**12947**	**13323**	**7111**
新闻出版业	88	158	5962	427	2877	1619	829	210
新闻业	881	25	229	17	106	77	25	4
出版业	882	133	5733	410	2771	1542	804	206
广播、电视、电影和音像业	89	871	11015	180	2538	3712	3311	1274

1–13 续表11

行业分组	代码	法人单位数（个）	就业人数（人）	具有研究生及以上学历人员	具有大学本科学历人员	具有大专学历人员	具有高中学历人员	具有初中及以下学历人员
广播	891	488	2966	49	671	1289	812	145
电视	892	210	4546	112	1624	1780	715	315
电影	893	145	3313	17	200	565	1736	795
音像制作	894	28	190	2	43	78	48	19
文化艺术业	90	960	13130	203	2468	4442	4044	1973
文艺创作与表演	901	174	4417	22	658	1223	1884	630
艺术表演场馆	902	23	1330	9	76	181	366	698
图书馆与档案馆	903	195	2308	52	660	1071	450	75
文物及文化保护	904	74	473	11	96	194	138	34
博物馆	905	47	852	55	243	317	144	93
烈士陵园、纪念馆	906	22	285	4	56	104	79	42
群众文化活动	907	295	2248	24	375	924	704	221
文化艺术经纪代理	908	37	367	4	83	139	120	21
其他文化艺术	909	93	850	22	221	289	159	159
体育	91	189	3233	63	534	810	786	1040
体育组织	911	105	2305	48	374	497	504	882
体育场馆	912	39	570	6	79	156	203	126
其他体育	919	45	358	9	81	157	79	32
娱乐业	92	422	10157	65	761	2364	4353	2614
室内娱乐活动	921	275	5915	12	453	1496	2543	1411
游乐园	922	13	1189	1	69	169	683	267
休闲健身娱乐活动	923	83	1739	47	134	450	790	318
其他娱乐活动	929	51	1314	5	105	249	337	618
公共管理和社会组织	**S**	**43197**	**570884**	**12642**	**142201**	**180987**	**138478**	**96576**
中国共产党机关	93	2275	22466	1574	11175	7864	1633	220
中国共产党机关	930	2275	22466	1574	11175	7864	1633	220
国家机构	94	16342	372979	9672	119998	152720	65829	24760
国家权力机构	941	268	5451	290	2065	2186	725	185
国家行政机构	942	15610	343961	8081	105260	143714	63173	23733
人民法院和人民检察院	943	280	17925	1213	10759	4473	1134	346
其他国家机构	949	184	5642	88	1914	2347	797	496
人民政协和民主党派	95	247	3181	243	1225	1199	377	137
人民政协	951	153	2591	180	924	1029	324	134
民主党派	952	94	590	63	301	170	53	3
群众团体、社会团体和宗教组织	96	8302	66824	1112	8683	11509	20374	25146
群众团体	961	949	6796	273	2230	2347	1227	719
社会团体	962	7143	58446	829	6336	8953	18675	23653
宗教组织	963	210	1582	10	117	209	472	774
基层群众自治组织	97	16031	105434	41	1120	7695	50265	46313
社区自治组织	971	1621	16656	25	801	3736	7663	4431
村民自治组织	972	14410	88778	16	319	3959	42602	41882

1-14 按登记注册类型、学历分组的法人单位就业人数

登记注册类型分组	代码	法人单位数（个）	就业人数（人）	具有研究生及以上学历人员	具有大学本科学历人员	具有大专学历人员	具有高中学历人员	具有初中及以下学历人员
总　计		**154748**	**4885707**	**63970**	**622096**	**1097648**	**1568832**	**1533161**
内资企业	**100**	**153281**	**4620705**	**62457**	**600964**	**1057121**	**1472547**	**1427616**
国有企业	110	53272	1834168	39022	397258	615701	496061	286126
集体企业	120	6225	224982	655	8197	26982	79550	109598
股份合作企业	130	1203	51603	422	4674	12908	19963	13636
联营企业	140	288	7943	35	491	1439	3191	2787
国有联营企业	141	41	1916	12	142	425	703	634
集体联营企业	142	135	2008	11	138	280	885	694
国有与集体联营企业	143	22	1049	8	49	201	563	228
其他联营企业	149	90	2970	4	162	533	1040	1231
有限责任公司	150	7422	640398	4451	56978	112723	220464	245782
国有独资公司	151	260	165681	1404	18489	29414	40180	76194
其他有限责任公司	159	7162	474717	3047	38489	83309	180284	169588
股份有限公司	160	2644	284291	5118	34269	58076	97084	89744
私营企业	170	50519	1321219	10453	77750	191845	456576	584595
私营独资企业	171	19686	375223	1108	10276	34860	132309	196670
私营合伙企业	172	5265	117411	722	5943	14137	38210	58399
私营有限责任公司	173	23578	765777	8241	56971	131947	263517	305101
私营股份有限公司	174	1990	62808	382	4560	10901	22540	24425
其他企业	190	31708	256101	2301	21347	37447	99658	95348
港、澳、台商投资企业	**200**	**753**	**121554**	**308**	**5641**	**13822**	**39714**	**62069**
合资经营企业(港或澳、台资)	210	273	49554	128	2627	6535	16770	23494
合作经营企业(港或澳、台资)	220	55	7336	65	564	1058	2596	3053
港、澳、台商独资经营企业	230	398	62021	102	2324	5626	19565	34404
港、澳、台商投资股份有限公司	240	27	2643	13	126	603	783	1118
外商投资企业	**300**	**714**	**143448**	**1205**	**15491**	**26705**	**56571**	**43476**
中外合资经营企业	310	317	74210	548	8262	11710	31280	22410
中外合作经营企业	320	63	7132	31	501	1214	2589	2797
外资企业	330	289	49119	466	4876	10633	17133	16011
外商投资股份有限公司	340	45	12987	160	1852	3148	5569	2258

1-15 按市县、专业技术职称分组的法人单位就业人数

地区	法人单位数(个)	就业人数(人)	#具有高级技术职称人员	#具有中级技术职称人员	#具有初级技术职称人员
总计	**154748**	**4885707**	**90435**	**477044**	**641001**
南宁市	**31130**	**1128936**	**30752**	**106191**	**138034**
兴宁区	2906	128224	3013	10107	12169
青秀区	9468	399662	15618	41927	49614
江南区	2154	121672	2055	8748	11966
西乡塘区	5317	216222	7273	19992	23500
良庆区	927	32601	354	1999	3140
邕宁区	616	17222	224	2017	3107
武鸣县	1663	47493	551	4856	7197
隆安县	889	20770	293	1897	3910
马山县	879	16376	209	2289	4183
上林县	876	19154	169	2250	3291
宾阳县	2159	54420	502	4584	7733
横县	3276	55120	491	5525	8224
柳州市	**14062**	**574437**	**9643**	**51384**	**69332**
城中区	1398	92238	1918	7594	9741
鱼峰区	1706	73040	1947	7232	8597
柳南区	2244	115503	1816	8512	12146
柳北区	2391	120346	2187	10004	12921
柳江县	1723	56166	526	4704	5813
柳城县	927	23544	196	2993	3722
鹿寨县	1193	42154	397	3320	6264
融安县	816	17605	233	2469	3610
融水苗族自治县	940	21597	294	2655	3676
三江侗族自治县	724	12244	129	1901	2842
桂林市	**20653**	**610684**	**12695**	**61138**	**70514**
秀峰区	1921	63279	1469	5406	6083
叠彩区	1620	45727	664	3593	4854
象山区	2488	111434	2096	8889	10877
七星区	1678	82313	4002	9347	9172
雁山区	314	9050	357	1144	1325
阳朔县	997	23113	224	1908	1875
临桂县	1259	40728	532	4128	4469
灵川县	1184	27755	661	3522	3430
全州县	1525	33111	599	5375	5490
兴安县	1247	31549	682	3291	3906
永福县	1202	27170	295	2177	3033
灌阳县	637	13838	210	2216	2473
龙胜各族自治县	793	13733	182	1687	2104
资源县	501	11420	91	1192	1832

1–15 续表1

地 区	法人单位数(个)	就业人数(人)	#具有高级技术职称人员	#具有中级技术职称人员	#具有初级技术职称人员
平乐县	920	20517	173	2452	3870
荔浦县	1057	35533	289	2814	3169
恭城县	1310	20414	169	1997	2552
梧州市	**8588**	**265186**	**4381**	**22961**	**38567**
万秀区	819	34370	604	2808	3548
蝶山区	1151	43029	1435	5158	5884
长洲区	975	45264	1002	3570	3745
苍梧县	1421	32936	394	3259	6932
藤 县	1855	43125	312	2896	7266
蒙山县	724	13186	156	1321	2171
岑溪市	1643	53276	478	3949	9021
北海市	**6843**	**190572**	**4305**	**18812**	**23153**
海城区	3422	93033	3016	10640	10321
银海区	621	18164	345	1509	2078
铁山港区	401	14406	117	939	1590
合浦县	2399	64969	827	5724	9164
防城港市	**3976**	**101940**	**1331**	**8874**	**12073**
港口区	1403	35761	492	3030	3807
防城区	1088	34172	433	3032	4220
上思县	631	15298	173	1529	2327
东兴市	854	16709	233	1283	1719
钦州市	**6422**	**223893**	**3233**	**23462**	**32435**
钦南区	2416	93998	1746	9702	12381
钦北区	808	26923	271	3182	4649
灵山县	2125	50621	639	6508	8891
浦北县	1073	52351	577	4070	6514
贵港市	**8858**	**275062**	**4454**	**30494**	**43331**
港北区	1748	76024	1159	7374	11335
港南区	1093	32870	478	2855	4549
覃塘区	829	19210	190	2249	3968
平南县	2416	69775	860	7954	10365
桂平市	2772	77183	1767	10062	13114
玉林市	**14790**	**547148**	**5987**	**42724**	**62537**
玉州区	4157	167904	2699	12618	17163
容 县	2017	56792	399	5131	6824
陆川县	1455	53494	736	5552	6785
博白县	2864	92455	906	8305	11265
兴业县	1338	30780	185	2802	4493
北流市	2959	145723	1062	8316	16007
百色市	**9440**	**270613**	**3904**	**28632**	**41996**
右江区	1883	76659	1346	7066	10528
田阳县	863	20160	128	2585	2626
田东县	791	28647	354	3180	4683

1-15 续表2

地 区	法人单位数(个)	就业人数(人)	#具有高级技术职称人员	#具有中级技术职称人员	#具有初级技术职称人员
平果县	698	32523	1149	4567	5649
德保县	615	18712	153	1696	3057
靖西县	1567	30104	189	3102	4056
那坡县	545	9704	43	1020	1714
凌云县	350	9087	97	1008	2129
乐业县	490	8266	72	733	1223
田林县	547	12770	152	1490	2087
西林县	407	7721	98	602	1206
隆林各族自治县	684	16260	123	1583	3038
贺州市	**5511**	**116579**	**1587**	**15634**	**22265**
平桂管理区	748	18323	178	2403	2732
八步区	1936	48069	826	6219	8711
昭平县	1026	19554	179	2351	3983
钟山县	928	17067	161	2193	3685
富川瑶族自治县	873	13566	243	2468	3154
河池市	**9849**	**248567**	**4279**	**30935**	**38839**
金城江区	1744	63851	846	7185	9166
南丹县	1173	23504	249	2301	3191
天峨县	506	9578	179	1110	1344
凤山县	489	9132	230	1568	1457
东兰县	691	9953	159	1618	2363
罗城仫佬族自治县	841	18527	194	2313	3072
环江毛南族自治县	663	18654	344	2513	3155
巴马瑶族自治县	672	12975	194	1541	2764
都安瑶族自治县	759	23539	637	2707	3469
大化瑶族自治县	738	16629	571	2582	3753
宜州市	1573	42225	676	5497	5105
来宾市	**6523**	**161609**	**2071**	**18239**	**28395**
兴宾区	2472	72831	1115	7798	12489
忻城县	679	15384	143	2035	3396
象州县	1039	21957	281	2763	3974
武宣县	1125	24914	218	2481	3830
金秀瑶族自治县	674	10691	109	1363	1712
合山市	534	15832	205	1799	2994
崇左市	**8103**	**170481**	**1813**	**17564**	**19530**
江州区	1939	34825	424	3691	3599
扶绥县	1101	30571	350	3246	3498
宁明县	1495	23831	233	2607	2871
龙州县	917	25010	230	1877	2694
大新县	976	25381	261	2798	2723
天等县	799	16348	193	2239	2538
凭祥市	876	14515	122	1106	1607

1-16 按行业（门类、大类、中类）、专业技术职称分组的法人单位就业人数

行业分组	代码	法人单位数（个）	就业人数（人）	#具有高级技术职称人员	#具有中级技术职称人员	#具有初级技术职称人员
总　计		**154748**	**4885707**	**90435**	**477044**	**641001**
农、林、牧、渔业	**A**	**210**	**38508**	**137**	**1226**	**2409**
农业	01	66	21114	40	361	611
谷物及其他作物的种植	011	18	16377	33	303	485
蔬菜、园艺作物的种植	012	12	119		3	9
水果、坚果、饮料和香料作物的种植	013	33	4600	7	55	117
中药材的种植	014	3	18			
林业	02	56	13004	75	677	1575
林木的培育和种植	021	53	12780	75	673	1547
木材和竹材的采运	022	3	224		4	28
林产品的采集	023					
畜牧业	03	51	3144	17	142	173
牲畜的饲养	031	7	235	2	23	12
猪的饲养	032	21	507	1	6	10
家禽的饲养	033	19	2326	14	113	151
狩猎和捕捉动物	034					
其他畜牧业	039	4	76		0	0
渔业	04	17	247	1	10	23
海洋渔业	041	7	51			
内陆渔业	042	10	196	1	10	23
农、林、牧、渔服务业	05	20	999	4	36	27
农业服务业	051	16	453	4	36	26
林业服务业	052					
畜牧服务业	053	3	420			
渔业服务业	054	1	126			1
采矿业	**B**	**2258**	**97288**	**541**	**2602**	**5219**
煤炭开采和洗选业	06	49	17120	72	813	1601
烟煤和无烟煤的开采洗选	061	28	10600	50	373	898
褐煤的开采洗选	062	17	6363	22	440	703
其他煤炭采选	069	4	157	0	0	0
石油和天然气开采业	07	2	30	3		
天然原油和天然气开采	071	1	7	3		
与石油和天然气开采有关的服务活动	079	1	23			
黑色金属矿采选业	08	517	19228	194	478	765
铁矿采选	081	145	4428	44	119	207
其他黑色金属矿采选	089	372	14800	150	359	558
有色金属矿采选业	09	552	29861	202	911	1979
常用有色金属矿采选	091	479	25864	166	761	1722
贵金属矿采选	092	55	2703	33	108	151
稀有稀土金属矿采选	093	18	1294	3	42	106

1-16 续表1

行业分组	代码	法人单位数(个)	就业人数(人)	#具有高级技术职称人员	#具有中级技术职称人员	#具有初级技术职称人员
非金属矿采选业	10	1114	30538	67	386	868
土砂石开采	101	849	19457	21	140	373
化学矿采选	102	38	1687	12	24	67
采盐	103	4	1416	0	28	20
石棉及其他非金属矿采选	109	223	7978	34	194	408
其他采矿业	11	24	511	3	14	6
其他采矿业	110	24	511	3	14	6
制造业	**C**	**19683**	**1377307**	**10864**	**38964**	**72246**
农副食品加工业	13	1486	139046	625	3142	7783
谷物磨制	131	227	4612	31	88	181
饲料加工	132	250	14717	128	438	776
植物油加工	133	126	3632	23	98	152
制糖	134	107	79341	251	1710	5063
屠宰及肉类加工	135	297	9355	41	185	452
水产品加工	136	101	7236	59	202	406
蔬菜、水果和坚果加工	137	109	3907	25	106	132
其他农副食品加工	139	269	16246	67	315	621
食品制造业	14	876	37056	209	832	1627
焙烤食品制造	141	263	7223	14	81	159
糖果、巧克力及蜜饯制造	142	84	1865	12	22	51
方便食品制造	143	149	4955	11	61	134
液体乳及乳制品制造	144	17	2991	42	76	375
罐头制造	145	86	7981	60	246	382
调味品、发酵制品制造	146	111	2626	16	74	103
其他食品制造	149	166	9415	54	272	423
饮料制造业	15	796	36286	238	857	1744
酒精制造	151	43	3936	33	155	398
酒的制造	152	183	12755	47	265	551
软饮料制造	153	293	14148	134	346	632
精制茶加工	154	277	5447	24	91	163
烟草制品业	16	5	4315	8	195	1091
烟叶复烤	161	1	515	0	14	37
卷烟制造	162	4	3800	8	181	1054
其他烟草制品加工	169					
纺织业	17	661	69393	182	933	2143
棉、化纤纺织及印染精加工	171	93	18434	52	306	448
毛纺织和染整精加工	172	88	4512	30	94	158
麻纺织	173	11	1312	1	8	55
丝绢纺织及精加工	174	102	19769	55	247	548
纺织制成品制造	175	83	5096	17	103	203
针织品、编织品及其制品制造	176	284	20270	27	175	731
纺织服装、鞋、帽制造业	18	338	21831	32	225	774
纺织服装制造	181	324	21326	28	222	754

1-16 续表2

行业分组	代码	法人单位数(个)	就业人数(人)	#具有高级技术职称人员	#具有中级技术职称人员	#具有初级技术职称人员
纺织面料鞋的制造	182	11	357	4	3	16
制帽	183	3	148			4
皮革、毛皮、羽毛(绒)及其制品业	19	281	30570	120	205	532
皮革鞣制加工	191	41	4591	16	43	70
皮革制品制造	192	193	22289	104	135	420
毛皮鞣制及制品加工	193	5	236			2
羽毛(绒)加工及制品制造	194	42	3454	0	27	40
木材加工及木、竹、藤、棕、草制品业	20	1880	102422	313	1111	2491
锯材、木片加工	201	765	20868	60	177	461
人造板制造	202	508	35685	129	627	1301
木制品制造	203	288	23965	21	197	348
竹、藤、棕、草制品制造	204	319	21904	103	110	381
家具制造业	21	337	11154	14	126	197
木质家具制造	211	270	7944	11	107	162
竹、藤家具制造	212	18	1607	0	2	9
金属家具制造	213	13	182	0	7	5
塑料家具制造	214	5	426	0	1	1
其他家具制造	219	31	995	3	9	20
造纸及纸制品业	22	783	46989	299	1164	2144
纸浆制造	221	43	6323	26	321	504
造纸	222	380	25536	163	632	1171
纸制品制造	223	360	15130	110	211	469
印刷业和记录媒介的复制	23	779	20703	172	762	1255
印刷	231	701	18279	125	623	1034
装订及其他印刷服务活动	232	75	1197	14	29	62
记录媒介的复制	233	3	1227	33	110	159
文教体育用品制造业	24	92	7672	3	32	54
文化用品制造	241	24	853	0	9	22
体育用品制造	242	14	541	3	9	8
乐器制造	243	1	25			
玩具制造	244	50	6090	0	2	15
游艺器材及娱乐用品制造	245	3	163	0	12	9
石油加工、炼焦及核燃料加工业	25	42	2975	124	246	380
精炼石油产品的制造	251	38	2843	124	246	380
炼焦	252	4	132	0	0	0
核燃料加工	253					
化学原料及化学制品制造业	26	1494	106808	772	3811	6429
基础化学原料制造	261	196	16506	215	846	1112
肥料制造	262	298	24164	152	1072	2159
农药制造	263	77	6507	94	441	769
涂料、油墨、颜料及类似产品制造	264	142	6725	48	244	419
合成材料制造	265	21	2687	9	108	189
专用化学产品制造	266	613	39883	196	699	1170

1-16 续表3

行业分组	代码	法人单位数(个)	就业人数(人)	#具有高级技术职称人员	#具有中级技术职称人员	#具有初级技术职称人员
日用化学产品制造	267	147	10336	58	401	611
医药制造业	27	353	35814	397	1960	2895
化学药品原药制造	271	32	1573	16	87	125
化学药品制剂制造	272	39	6957	92	557	584
中药饮片加工	273	53	2133	26	112	141
中成药制造	274	118	18808	195	927	1686
兽用药品制造	275	58	3419	33	148	194
生物、生化制品的制造	276	34	2163	24	92	132
卫生材料及医药用品制造	277	19	761	11	37	33
化学纤维制造业	28	9	577	0	12	16
纤维素纤维原料及纤维制造	281	1	16			
合成纤维制造	282	8	561	0	12	16
橡胶制品业	29	139	8323	83	315	462
轮胎制造	291	26	2537	33	148	200
橡胶板、管、带的制造	292	30	1435	25	69	84
橡胶零件制造	293	17	526	5	10	17
再生橡胶制造	294	9	325	1	10	6
日用及医用橡胶制品制造	295	12	1756	7	49	136
橡胶靴鞋制造	296	6	209	0	3	3
其他橡胶制品制造	299	39	1535	12	26	16
塑料制品业	30	736	29374	116	541	1105
塑料薄膜制造	301	96	2770	14	68	78
塑料板、管、型材的制造	302	109	3688	20	81	185
塑料丝、绳及编织品的制造	303	145	12078	29	161	339
泡沫塑料制造	304	35	650	3	5	32
塑料人造革、合成革制造	305	4	96		2	5
塑料包装箱及容器制造	306	85	3067	16	88	143
塑料零件制造	307	22	558	3	21	27
日用塑料制造	308	108	2903	15	62	129
其他塑料制品制造	309	132	3564	16	53	167
非金属矿物制品业	31	3197	206772	1035	3624	7460
水泥、石灰和石膏的制造	311	482	55704	480	1925	3574
水泥及石膏制品制造	312	312	13049	84	364	623
砖瓦、石材及其他建筑材料制造	313	1946	76113	150	577	1331
玻璃及玻璃制品制造	314	81	9124	27	253	405
陶瓷制品制造	315	156	44212	105	259	1069
耐火材料制品制造	316	35	1524	5	25	47
石墨及其他非金属矿物制品制造	319	185	7046	184	221	411
黑色金属冶炼及压延加工业	32	425	58957	558	2635	4136
炼铁	321	67	3019	20	87	123
炼钢	322	12	3419	30	143	266
钢压延加工	323	118	25975	318	1494	2427
铁合金冶炼	324	228	26544	190	911	1320

1-16 续表4

行业分组	代码	法人单位数(个)	就业人数(人)	#具有高级技术职称人员	#具有中级技术职称人员	#具有初级技术职称人员
有色金属冶炼及压延加工业	33	326	63865	1342	3067	3802
常用有色金属冶炼	331	216	53566	1260	2828	3357
贵金属冶炼	332	11	679	7	17	30
稀有稀土金属冶炼	333	16	1868	20	60	98
有色金属合金制造	334	13	353	3	10	21
有色金属压延加工	335	70	7399	52	152	296
金属制品业	34	703	24817	176	673	1062
结构性金属制品制造	341	254	8354	107	372	515
金属工具制造	342	105	2335	14	34	70
集装箱及金属包装容器制造	343	35	1264	14	43	81
金属丝绳及其制品的制造	344	21	692	2	16	33
建筑、安全用金属制品制造	345	62	1382	6	31	96
金属表面处理及热处理加工	346	38	995	9	38	129
搪瓷制品制造	347	4	193	1	1	4
不锈钢及类似日用金属制品制造	348	100	6928	9	107	59
其他金属制品制造	349	84	2674	14	31	75
通用设备制造业	35	914	46883	687	2174	3307
锅炉及原动机制造	351	58	7814	171	457	751
金属加工机械制造	352	104	11183	150	395	672
起重运输设备制造	353	29	3131	42	283	359
泵、阀门、压缩机及类似机械的制造	354	62	3248	63	213	347
轴承、齿轮、传动和驱动部件的制造	355	40	2569	25	104	171
烘炉、熔炉及电炉制造	356	5	138	20	2	1
风机、衡器、包装设备等通用设备制造	357	83	3179	77	238	314
通用零部件制造及机械修理	358	246	6352	57	231	270
金属铸、锻加工	359	287	9269	82	251	422
专用设备制造业	36	676	42616	585	2373	4128
矿山、冶金、建筑专用设备制造	361	140	17485	158	1066	1480
化工、木材、非金属加工专用设备制造	362	120	5749	171	429	710
食品、饮料、烟草及饲料生产专用设备制造	363	61	3145	53	109	238
印刷、制药、日化生产专用设备制造	364	41	1706	33	73	236
纺织、服装和皮革工业专用设备制造	365	7	82	5	9	10
电子和电工机械专用设备制造	366	21	791	19	135	84
农、林、牧、渔专用机械制造	367	181	8879	73	341	948
医疗仪器设备及器械制造	368	47	2303	20	68	194
环保、社会公共安全及其他专用设备制造	369	58	2476	53	143	228
交通运输设备制造业	37	1013	101744	972	4740	9493
铁路运输设备制造	371	21	6267	41	334	571
汽车制造	372	855	86855	759	3837	7919
摩托车制造	373	4	210	2	4	5
自行车制造	374	21	585	3	28	29
船舶及浮动装置制造	375	99	6647	139	402	701
航空航天器制造	376	5	917	26	132	246

1–16 续表5

行业分组	代码	法人单位数(个)	就业人数(人)	#具有高级技术职称人员	#具有中级技术职称人员	#具有初级技术职称人员
交通器材及其他交通运输设备制造	379	8	263	2	3	22
电气机械及器材制造业	39	454	33441	1380	1337	2009
电机制造	391	58	2925	40	148	232
输配电及控制设备制造	392	169	14763	878	697	1061
电线、电缆、光缆及电工器材制造	393	80	6285	133	215	272
电池制造	394	22	4102	49	131	165
家用电力器具制造	395	42	2232	242	39	117
非电力家用器具制造	396	23	461	7	26	30
照明器具制造	397	32	1610	15	22	50
其他电气机械及器材制造	399	28	1063	16	59	82
通信设备、计算机及其他电子设备制造业	40	225	35067	257	1088	1904
通信设备制造	401	43	6739	113	530	941
雷达及配套设备制造	402	2	946	29	115	218
广播电视设备制造	403	10	517	11	34	14
电子计算机制造	404	18	4733	4	47	45
电子器件制造	405	20	1058	15	79	175
电子元件制造	406	93	15026	65	206	365
家用视听设备制造	407	14	4289	8	20	33
其他电子设备制造	409	25	1759	12	57	113
仪器仪表及文化、办公用机械制造业	41	94	6151	110	359	692
通用仪器仪表制造	411	37	2846	70	199	400
专用仪器仪表制造	412	16	547	15	43	67
钟表与计时仪器制造	413	10	968	0	21	62
光学仪器及眼镜制造	414	17	1548	19	83	147
文化、办公用机械制造	415	6	139	1	8	9
其他仪器仪表的制造及修理	419	8	103	5	5	7
工艺品及其他制造业	42	495	43408	47	379	1054
工艺美术品制造	421	397	38075	18	246	834
日用杂品制造	422	49	3794	10	61	131
煤制品制造	423	17	145		2	
核辐射加工	424	1	32	0	0	0
其他未列明的制造业	429	31	1362	19	70	89
废弃资源和废旧材料回收加工业	43	74	2278	8	46	77
金属废料和碎屑的加工处理	431	42	1589	7	39	59
非金属废料和碎屑的加工处理	432	32	689	1	7	18
电力、燃气及水的生产和供应业	**D**	**2271**	**165716**	**3131**	**13128**	**31211**
电力、热力的生产和供应业	44	1694	146330	2916	12029	29048
电力生产	441	1561	46403	760	3417	7803
电力供应	442	127	98664	2123	8425	20981
热力生产和供应	443	6	1263	33	187	264
燃气生产和供应业	45	38	1476	36	103	133
燃气生产和供应业	450	38	1476	36	103	133
水的生产和供应业	46	539	17910	179	996	2030

1-16　续表6

行业分组	代码	法人单位数(个)	就业人数(人)	#具有高级技术职称人员	#具有中级技术职称人员	#具有初级技术职称人员
自来水的生产和供应	461	518	17435	172	950	1976
污水处理及其再生利用	462	16	440	3	39	52
其他水的处理、利用与分配	469	5	35	4	7	2
建筑业	**E**	**2329**	**544190**	**6205**	**33660**	**54437**
房屋和土木工程建筑业	47	1087	440787	5022	29077	47601
房屋工程建筑	471	746	349235	3291	21199	36281
土木工程建筑	472	341	91552	1731	7878	11320
建筑安装业	48	315	36567	627	2474	3743
建筑安装业	480	315	36567	627	2474	3743
建筑装饰业	49	680	10801	217	930	1204
建筑装饰业	490	680	10801	217	930	1204
其他建筑业	50	247	56035	339	1179	1889
工程准备	501	81	3173	155	331	360
提供施工设备服务	502	64	49379	48	537	1160
其他未列明的建筑活动	509	102	3483	136	311	369
交通运输、仓储和邮政业	**F**	**3178**	**195608**	**1180**	**6127**	**12558**
铁路运输业	51	17	1214	2	27	63
铁路旅客运输	511	2	31			
铁路货物运输	512	6	244	0	1	7
铁路运输辅助活动	513	9	939	2	26	56
道路运输业	52	1629	97709	500	3118	6708
公路旅客运输	521	231	36607	69	1184	3424
道路货物运输	522	910	38580	219	680	844
道路运输辅助活动	523	488	22522	212	1254	2440
城市公共交通业	53	197	24776	156	393	719
公共电汽车客运	531	70	19057	148	327	593
轨道交通	532					
出租车客运	533	108	5071	8	58	123
城市轮渡	534					
其他城市公共交通	539	19	648		8	3
水上运输业	54	351	18628	233	742	1649
水上旅客运输	541	46	2669	2	26	99
水上货物运输	542	220	12353	197	524	1289
水上运输辅助活动	543	85	3606	34	192	261
航空运输业	55	37	2712	12	287	418
航空客货运输	551	13	1626	6	97	202
通用航空服务	552	6	319	3	35	55
航空运输辅助活动	553	18	767	3	155	161
管道运输业	56					
管道运输业	560					
装卸搬运和其他运输服务业	57	466	24199	56	584	1203
装卸搬运	571	156	16504	23	192	748
运输代理服务	572	310	7695	33	392	455

1-16 续表7

行业分组	代码	法人单位数(个)	就业人数(人)	#具有高级技术职称人员	#具有中级技术职称人员	#具有初级技术职称人员
仓储业	58	419	9105	58	524	975
谷物、棉花等农产品仓储	581	242	3903	24	366	655
其他仓储	589	177	5202	34	158	320
邮政业	59	62	17265	163	452	823
国家邮政	591	23	15966	100	267	742
其他寄递服务	599	39	1299	63	185	81
信息传输、计算机服务和软件业	**G**	**5040**	**68070**	**726**	**3647**	**6892**
电信和其他信息传输服务业	60	919	43237	439	2860	5932
电信	601	179	28898	213	1977	3584
互联网信息服务	602	469	8687	68	167	263
广播电视传输服务	603	263	5597	154	709	2082
卫星传输服务	604	8	55	4	7	3
计算机服务业	61	3785	21548	187	524	695
计算机系统服务	611	224	2226	52	137	210
数据处理	612	27	369	40	78	69
计算机维修	613	39	313	16	53	40
其他计算机服务	619	3495	18640	79	256	376
软件业	62	336	3285	100	263	265
公共软件服务	621	247	2469	71	212	237
其他软件服务	629	89	816	29	51	28
批发和零售业	**H**	**21560**	**308143**	**2562**	**11752**	**22207**
批发业	63	12548	163985	1590	7225	13233
农畜产品批发	631	694	9905	82	422	957
食品、饮料及烟草制品批发	632	1073	22426	114	776	1854
纺织、服装及日用品批发	633	669	7233	27	260	459
文化、体育用品及器材批发	634	350	4204	130	389	467
医药及医疗器材批发	635	479	9963	127	551	1114
矿产品、建材及化工产品批发	636	4719	62226	585	2771	5356
机械设备、五金交电及电子产品批发	637	2859	30361	398	1429	2024
贸易经纪与代理	638	750	7503	40	212	264
其他批发	639	955	10164	87	415	738
零售业	65	9012	144158	972	4527	8974
综合零售	651	1171	44824	96	806	2110
食品、饮料及烟草制品专门零售	652	919	13090	50	288	880
纺织、服装及日用品专门零售	653	670	8610	88	271	365
文化、体育用品及器材专门零售	654	505	6495	202	320	625
医药及医疗器材专门零售	655	623	11407	94	628	1351
汽车、摩托车、燃料及零配件专门零售	656	1496	21263	188	897	1565
家用电器及电子产品专门零售	657	1683	20368	140	754	1022
五金、家具及室内装修材料专门零售	658	1042	8121	52	209	419
无店铺及其他零售	659	903	9980	62	354	637
住宿和餐饮业	**I**	**2152**	**98329**	**465**	**1812**	**4208**
住宿业	66	1310	62050	311	1375	3207

1-16 续表8

行业分组	代码	法人单位数(个)	就业人数(人)	#具有高级技术职称人员	#具有中级技术职称人员	#具有初级技术职称人员
旅游饭店	661	521	44956	253	1009	2434
一般旅馆	662	715	15844	52	352	731
其他住宿服务	669	74	1250	6	14	42
餐饮业	67	842	36279	154	437	1001
正餐服务	671	674	29407	141	412	963
快餐服务	672	59	4318	7	0	18
饮料及冷饮服务	673	22	446	1	9	3
其他餐饮服务	679	87	2108	5	16	17
金融业	**J**	**636**	**112287**	**995**	**13121**	**26074**
银行业	68	279	65646	612	11313	23896
中央银行	681	21	2828	40	1396	913
商业银行	682	238	61073	569	9573	22278
其他银行	689	20	1745	3	344	705
证券业	69	12	899	11	84	52
证券市场管理	691	1	34	1	13	4
证券经纪与交易	692	8	846	10	71	48
证券投资	693	1	4			
证券分析与咨询	694	2	15			
保险业	70	178	42293	314	1488	1640
人寿保险	701	50	31890	202	728	583
非人寿保险	702	104	10018	96	725	1054
保险辅助服务	703	24	385	16	35	3
其他金融活动	71	167	3449	58	236	486
金融信托与管理	711	16	231	13	74	29
金融租赁	712	2	18		5	
财务公司	713	9	54	1	4	2
邮政储蓄	714	9	1895	5	44	261
典当	715	52	362	5	25	51
其他未列明的金融活动	719	79	889	34	84	143
房地产业	**K**	**5628**	**118213**	**2886**	**12483**	**12846**
房地产业	72	5628	118213	2886	12483	12846
房地产开发经营	721	3134	59730	2129	9300	8735
物业管理	722	1020	40344	476	1894	2299
房地产中介服务	723	729	7740	171	617	625
其他房地产活动	729	745	10399	110	672	1187
租赁和商务服务业	**L**	**10535**	**142800**	**3118**	**9111**	**10902**
租赁业	73	263	2865	151	161	261
机械设备租赁	731	250	2711	151	161	254
文化及日用品出租	732	13	154			7
商务服务业	74	10272	139935	2967	8950	10641
企业管理服务	741	4932	52613	1422	3953	4322
法律服务	742	503	4379	147	470	555
咨询与调查	743	1089	11128	659	1964	1341

1-16 续表9

行业分组	代码	法人单位数(个)	就业人数(人)	#具有高级技术职称人员	#具有中级技术职称人员	#具有初级技术职称人员
广告业	744	1371	10561	102	425	577
知识产权服务	745	36	275	9	33	29
职业中介服务	746	405	6346	60	364	527
市场管理	747	461	17703	263	628	1089
旅行社	748	504	9793	78	439	1186
其他商务服务	749	971	27137	227	674	1015
科学研究、技术服务和地质勘查业	**M**	**7141**	**105742**	**7567**	**21447**	**24201**
研究与试验发展	75	451	13710	1337	2676	2152
自然科学研究与试验发展	751	62	1045	176	248	206
工程和技术研究与试验发展	752	86	1680	291	375	334
农业科学研究与试验发展	753	182	7078	340	871	899
医学研究与试验发展	754	42	1935	193	395	530
社会人文科学研究与试验发展	755	79	1972	337	787	183
专业技术服务业	76	2899	54982	4801	11638	12632
气象服务	761	172	2525	183	817	953
地震服务	762	68	497	25	100	77
海洋服务	763	3	30			
测绘服务	764	139	3571	142	585	944
技术检测	765	569	8179	420	1458	1901
环境监测	766	112	1903	174	433	498
工程技术与规划管理	767	1442	30947	3632	7381	7016
其他专业技术服务	769	394	7330	225	864	1243
科技交流和推广服务业	77	3696	31507	871	5918	8335
技术推广服务	771	3350	28466	773	5429	7884
科技中介服务	772	167	1361	47	218	201
其他科技服务	779	179	1680	51	271	250
地质勘查业	78	95	5543	558	1215	1082
矿产地质勘查	781	50	1866	167	326	321
基础地质勘查	782	15	1922	165	519	476
地质勘查技术服务	783	30	1755	226	370	285
水利、环境和公共设施管理业	**N**	**2081**	**69807**	**531**	**3144**	**4757**
水利管理业	79	1130	13959	227	1488	2099
防洪管理	791	84	717	11	106	141
水资源管理	792	562	10035	124	871	1325
其他水利管理	799	484	3207	92	511	633
环境管理业	80	380	33355	113	605	921
自然保护	801	83	1823	20	127	193
环境治理	802	297	31532	93	478	728
公共设施管理业	81	571	22493	191	1051	1737
市政公共设施管理	811	132	4552	72	399	509
城市绿化管理	812	191	4850	55	332	559
游览景区管理	813	248	13091	64	320	669
居民服务和其他服务业	**O**	**1607**	**25878**	**411**	**1244**	**1687**

1-16 续表10

行业分组	代码	法人单位数(个)	就业人数(人)	#具有高级技术职称人员	#具有中级技术职称人员	#具有初级技术职称人员
居民服务业	82	677	10484	93	471	625
家庭服务	821	44	868	1	125	67
托儿所	822	19	167		14	7
洗染服务	823	20	281	1	6	16
理发及美容保健服务	824	164	2031	36	149	154
洗浴服务	825	44	1072	0	7	26
婚姻服务	826	37	153		3	9
殡葬服务	827	61	1239	32	46	82
摄影扩印服务	828	84	1484	2	24	46
其他居民服务	829	204	3189	21	97	218
其他服务业	83	930	15394	318	773	1062
修理与维护	831	554	7114	226	481	725
清洁服务	832	187	4557	11	62	110
其他未列明的服务	839	189	3723	81	230	227
教育	**P**	**16435**	**591688**	**32099**	**207789**	**217423**
教育	84	16435	591688	32099	207789	217423
学前教育	841	2412	29633	421	3963	4758
初等教育	842	9726	269344	6493	106340	116501
中等教育	843	2844	229220	15281	79385	84330
高等教育	844	131	40258	8372	13260	8408
其他教育	849	1322	23233	1532	4841	3426
卫生、社会保障和社会福利业	**Q**	**6207**	**211752**	**7654**	**49088**	**73877**
卫生	85	4332	198969	7510	47861	71542
医院	851	462	111332	6210	32637	38223
卫生院及社区医疗活动	852	1490	49969	426	7279	22809
门诊部医疗活动	853	1049	4710	117	547	821
计划生育技术服务活动	854	829	9938	99	966	1379
妇幼保健活动	855	113	11346	261	3121	4563
专科疾病防治活动	856	70	1447	39	363	485
疾病预防控制及防疫活动	857	154	6966	300	2261	2359
其他卫生活动	859	165	3261	58	687	903
社会保障业	86	1227	6333	99	853	1653
社会保障业	860	1227	6333	99	853	1653
社会福利业	87	648	6450	45	374	682
提供住宿的社会福利	871	440	4889	21	236	459
不提供住宿的社会福利	872	208	1561	24	138	223
文化、体育和娱乐业	**R**	**2600**	**43497**	**1767**	**5687**	**7921**
新闻出版业	88	158	5962	416	1382	1329
新闻业	881	25	229	16	40	40
出版业	882	133	5733	400	1342	1289
广播、电视、电影和音像业	89	871	11015	392	1571	2860
广播	891	488	2966	119	445	799
电视	892	210	4546	231	828	1536

1-16 续表11

行业分组	代码	法人单位数(个)	就业人数(人)	#具有高级技术职称人员	#具有中级技术职称人员	#具有初级技术职称人员
电影	893	145	3313	39	289	521
音像制作	894	28	190	3	9	4
文化艺术业	90	960	13130	803	2324	3229
文艺创作与表演	901	174	4417	490	890	1227
艺术表演场馆	902	23	1330	18	104	188
图书馆与档案馆	903	195	2308	121	569	731
文物及文化保护	904	74	473	13	92	172
博物馆	905	47	852	57	158	238
烈士陵园、纪念馆	906	22	285	4	20	30
群众文化活动	907	295	2248	79	383	561
文化艺术经纪代理	908	37	367	9	24	33
其他文化艺术	909	93	850	12	84	49
体育	91	189	3233	119	281	321
体育组织	911	105	2305	97	188	169
体育场馆	912	39	570	10	25	38
其他体育	919	45	358	12	68	114
娱乐业	92	422	10157	37	129	182
室内娱乐活动	921	275	5915	13	58	109
游乐园	922	13	1189		7	8
休闲健身娱乐活动	923	83	1739	6	30	18
其他娱乐活动	929	51	1314	18	34	47
公共管理和社会组织	**S**	**43197**	**570884**	**7596**	**41012**	**49926**
中国共产党机关	93	2275	22466	273	1109	815
中国共产党机关	930	2275	22466	273	1109	815
国家机构	94	16342	372979	5762	35656	45149
国家权力机构	941	268	5451	197	560	331
国家行政机构	942	15610	343961	5494	34370	43730
人民法院和人民检察院	943	280	17925	40	303	278
其他国家机构	949	184	5642	31	423	810
人民政协和民主党派	95	247	3181	199	419	184
人民政协	951	153	2591	163	290	130
民主党派	952	94	590	36	129	54
群众团体、社会团体和宗教组织	96	8302	66824	1280	3298	2440
群众团体	961	949	6796	148	587	426
社会团体	962	7143	58446	1117	2688	2004
宗教组织	963	210	1582	15	23	10
基层群众自治组织	97	16031	105434	82	530	1338
社区自治组织	971	1621	16656	28	183	346
村民自治组织	972	14410	88778	54	347	992

1-17 按登记注册类型、专业技术职称分组的法人单位就业人数

分　组	代码	法人单位数（个）	就业人数（人）	#具有高级技术职称人员	#具有中级技术职称人员	#具有初级技术职称人员
总　计		**154748**	**4885707**	**90435**	**477044**	**641001**
内资企业	**100**	**153281**	**4620705**	**88595**	**469469**	**625982**
国有企业	110	53272	1834168	58372	345547	420268
集体企业	120	6225	224982	1827	11045	23469
股份合作企业	130	1203	51603	505	2568	9148
联营企业	140	288	7943	85	352	588
国有联营企业	141	41	1916	21	105	163
集体联营企业	142	135	2008	35	90	111
国有与集体联营企业	143	22	1049	5	37	96
其他联营企业	149	90	2970	24	120	218
有限责任公司	150	7422	640398	8582	36138	62581
国有独资公司	151	260	165681	2838	10937	19496
其他有限责任公司	159	7162	474717	5744	25201	43085
股份有限公司	160	2644	284291	3360	17817	27935
私营企业	170	50519	1321219	12669	46128	69670
私营独资企业	171	19686	375223	2029	6180	11789
私营合伙企业	172	5265	117411	790	2646	5122
私营有限责任公司	173	23578	765777	9059	34332	49172
私营股份有限公司	174	1990	62808	791	2970	3587
其他企业	190	31708	256101	3195	9874	12323
港、澳、台商投资企业	**200**	**753**	**121554**	**961**	**3033**	**6316**
合资经营企业(港或澳、台资)	210	273	49554	398	1559	2946
合作经营企业(港或澳、台资)	220	55	7336	45	221	452
港、澳、台商独资经营企业	230	398	62021	504	1169	2824
港、澳、台商投资股份有限公司	240	27	2643	14	84	94
外商投资企业	**300**	**714**	**143448**	**879**	**4542**	**8703**
中外合资经营企业	310	317	74210	473	2300	4924
中外合作经营企业	320	63	7132	54	180	403
外资企业	330	289	49119	264	1382	1769
外商投资股份有限公司	340	45	12987	88	680	1607

1-18 按市县、技术等级分组的法人单位就业人数

地　区	法人单位数（个）	就业人数（人）	#高级技师	#技师	#高级工	#中级工
总　计	**154748**	**4885707**	**15692**	**41336**	**141415**	**245909**
南宁市	**31130**	**1128936**	**4398**	**11768**	**37417**	**55958**
兴宁区	2906	128224	536	1350	4269	8994
青秀区	9468	399662	1452	4845	16001	17080
江南区	2154	121672	467	1517	4266	7068
西乡塘区	5317	216222	1216	2702	7010	12229
良庆区	927	32601	76	227	682	1199
邕宁区	616	17222	96	115	627	674
武鸣县	1663	47493	221	174	864	1572
隆安县	889	20770	41	241	572	1094
马山县	879	16376	29	86	368	646
上林县	876	19154	50	113	402	768
宾阳县	2159	54420	83	230	993	1997
横　县	3276	55120	131	168	1363	2637
柳州市	**14062**	**574437**	**1518**	**5853**	**25596**	**30665**
城中区	1398	92238	212	662	1947	3004
鱼峰区	1706	73040	252	860	3475	5116
柳南区	2244	115503	321	1318	7050	8001
柳北区	2391	120346	380	1918	8421	6679
柳江县	1723	56166	149	485	1131	2151
柳城县	927	23544	37	106	869	1489
鹿寨县	1193	42154	74	225	1243	2037
融安县	816	17605	57	80	564	716
融水苗族自治县	940	21597	20	116	575	1019
三江侗族自治县	724	12244	16	83	321	453
桂林市	**20653**	**610684**	**1821**	**4017**	**15677**	**24314**
秀峰区	1921	63279	115	499	1441	2696
叠彩区	1620	45727	83	148	1084	1522
象山区	2488	111434	585	938	3352	5397
七星区	1678	82313	271	718	2748	3537
雁山区	314	9050	14	60	246	363
阳朔县	997	23113	15	26	355	559
临桂县	1259	40728	83	96	515	981
灵川县	1184	27755	218	357	1320	1334
全州县	1525	33111	36	82	624	1226
兴安县	1247	31549	112	334	987	1750
永福县	1202	27170	163	234	469	845
灌阳县	637	13838	6	64	471	448
龙胜各族自治县	793	13733	14	81	456	887
资源县	501	11420	37	35	316	481
平乐县	920	20517	17	79	533	1025

1-18 续表1

地区	法人单位数（个）	就业人数（人）	#高级技师	#技师	#高级工	#中级工
荔浦县	1057	35533	50	136	453	672
恭城县	1310	20414	2	130	307	591
梧州市	**8588**	**265186**	**622**	**1915**	**3982**	**9693**
万秀区	819	34370	33	145	491	832
蝶山区	1151	43029	147	759	643	2865
长洲区	975	45264	149	200	880	1686
苍梧县	1421	32936	160	225	668	1402
藤　县	1855	43125	31	162	129	721
蒙山县	724	13186	30	50	281	415
岑溪市	1643	53276	72	374	890	1772
北海市	**6843**	**190572**	**730**	**1375**	**3537**	**6993**
海城区	3422	93033	356	1000	1840	3554
银海区	621	18164	143	131	278	400
铁山港区	401	14406	43	19	73	215
合浦县	2399	64969	188	225	1346	2824
防城港市	**3976**	**101940**	**335**	**591**	**1628**	**4108**
港口区	1403	35761	120	284	478	1123
防城区	1088	34172	186	241	592	1618
上思县	631	15298	16	41	320	732
东兴市	854	16709	13	25	238	635
钦州市	**6422**	**223893**	**748**	**2720**	**4011**	**8800**
钦南区	2416	93998	491	1946	2106	4007
钦北区	808	26923	74	73	341	1207
灵山县	2125	50621	87	496	467	1674
浦北县	1073	52351	96	205	1097	1912
贵港市	**8858**	**275062**	**800**	**1878**	**6519**	**12450**
港北区	1748	76024	248	515	2203	3898
港南区	1093	32870	107	291	703	1298
覃塘区	829	19210	68	73	360	645
平南县	2416	69775	86	275	1223	2730
桂平市	2772	77183	291	724	2030	3879
玉林市	**14790**	**547148**	**1810**	**4999**	**13143**	**39121**
玉州区	4157	167904	645	2092	5004	6730
容县	2017	56792	118	341	876	1577
陆川县	1455	53494	138	225	1215	3318
博白县	2864	92455	28	179	1232	2025
兴业县	1338	30780	82	122	480	733
北流市	2959	145723	799	2040	4336	24738
百色市	**9440**	**270613**	**938**	**2444**	**8633**	**16181**
右江区	1883	76659	273	562	2260	4676
田阳县	863	20160	18	33	651	1040
田东县	791	28647	66	255	1055	1443

1-18 续表2

地　区	法人单位数（个）	就业人数（人）	#高级技师	#技师	#高级工	#中级工
平果县	698	32523	354	1030	1814	3165
德保县	615	18712	32	36	311	978
靖西县	1567	30104	55	218	932	1453
那坡县	545	9704	12	44	270	766
凌云县	350	9087	4	69	305	537
乐业县	490	8266	3	7	144	337
田林县	547	12770	60	108	357	647
西林县	407	7721	13	27	184	324
隆林各族自治县	684	16260	48	55	350	815
贺州市	**5511**	**116579**	**476**	**1038**	**3277**	**4613**
平桂管理区	748	18323	101	131	124	189
八步区	1936	48069	247	678	1460	1779
昭平县	1026	19554	45	42	680	1056
钟山县	928	17067	58	140	496	775
富川瑶族自治县	873	13566	25	47	517	814
河池市	**9849**	**248567**	**928**	**1464**	**7915**	**15476**
金城江区	1744	63851	138	476	2500	4831
南丹县	1173	23504	103	204	521	1120
天峨县	506	9578	16	19	397	431
凤山县	489	9132	24	53	354	553
东兰县	691	9953	16	47	314	552
罗城仫佬族自治县	841	18527	29	31	394	1106
环江毛南族自治县	663	18654	265	44	345	813
巴马瑶族自治县	672	12975	10	56	404	799
都安瑶族自治县	759	23539	29	33	375	1201
大化瑶族自治县	738	16629	63	225	1002	1092
宜州市	1573	42225	235	276	1309	2978
来宾市	**6523**	**161609**	**255**	**771**	**3516**	**7480**
兴宾区	2472	72831	99	393	1391	2781
忻城县	679	15384	21	71	466	886
象州县	1039	21957	91	35	469	982
武宣县	1125	24914	4	33	641	1472
金秀瑶族自治县	674	10691	16	68	327	632
合山市	534	15832	24	171	222	727
崇左市	**8103**	**170481**	**313**	**503**	**6564**	**10057**
江州区	1939	34825	132	140	1153	1935
扶绥县	1101	30571	36	69	1469	2414
宁明县	1495	23831	37	86	1080	1259
龙州县	917	25010	28	54	915	1319
大新县	976	25381	11	78	892	1706
天等县	799	16348	57	27	589	780
凭祥市	876	14515	12	49	466	644

1-19 按行业（门类、大类、中类）、技术等级分组的法人单位就业人数

行业分组	代码	法人单位数（个）	就业人数（人）	#高级技师	#技师	#高级工	#中级工
总　计		**154748**	**4885707**	**15692**	**41336**	**141415**	**245909**
农、林、牧、渔业	**A**	**210**	**38508**	**38**	**43**	**1734**	**2362**
农业	01	66	21114	27	24	87	139
谷物及其他作物的种植	011	18	16377	24	19	55	26
蔬菜、园艺作物的种植	012	12	119				
水果、坚果、饮料和香料作物的种植	013	33	4600	3	5	32	113
中药材的种植	014	3	18				
林业	02	56	13004	6	12	1612	2142
林木的培育和种植	021	53	12780	6	12	1610	2136
木材和竹材的采运	022	3	224			2	6
林产品的采集	023						
畜牧业	03	51	3144	3	3	2	5
牲畜的饲养	031	7	235	2			2
猪的饲养	032	21	507	1	3	2	3
家禽的饲养	033	19	2326				
狩猎和捕捉动物	034						
其他畜牧业	039	4	76				
渔业	04	17	247			8	7
海洋渔业	041	7	51				
内陆渔业	042	10	196			8	7
农、林、牧、渔服务业	05	20	999	2	4	25	69
农业服务业	051	16	453	2	4	25	68
林业服务业	052						
畜牧服务业	053	3	420				
渔业服务业	054	1	126				1
采矿业	**B**	**2258**	**97288**	**274**	**635**	**1122**	**3131**
煤炭开采和洗选业	06	49	17120	14	25	79	389
烟煤和无烟煤的开采洗选	061	28	10600	0	10	29	171
褐煤的开采洗选	062	17	6363	14	15	50	218
其他煤炭采选	069	4	157	0	0	0	0
石油和天然气开采业	07	2	30		2		2
天然原油和天然气开采	071	1	7		2		
与石油和天然气开采有关的服务活动	079	1	23				2
黑色金属矿采选业	08	517	19228	132	189	306	450
铁矿采选	081	145	4428	52	56	106	89
其他黑色金属矿采选	089	372	14800	80	133	200	361
有色金属矿采选业	09	552	29861	76	298	509	1531
常用有色金属矿采选	091	479	25864	64	229	402	1306
贵金属矿采选	092	55	2703	12	36	107	206
稀有稀土金属矿采选	093	18	1294	0	33	0	19
非金属矿采选业	10	1114	30538	52	121	227	759

1-19 续表1

行业分组	代码	法人单位数（个）	就业人数（人）	#高级技师	#技师	#高级工	#中级工
土砂石开采	101	849	19457	29	61	116	332
化学矿采选	102	38	1687	13	9	3	34
采盐	103	4	1416	0	0	0	0
石棉及其他非金属矿采选	109	223	7978	10	51	108	393
其他采矿业	11	24	511	0	0	1	0
其他采矿业	110	24	511	0	0	1	0
制造业	**C**	**19683**	**1377307**	**4450**	**14049**	**37538**	**83843**
农副食品加工业	13	1486	139046	313	715	2818	7272
谷物磨制	131	227	4612	2	15	20	65
饲料加工	132	250	14717	48	113	132	399
植物油加工	133	126	3632	7	16	44	104
制糖	134	107	79341	143	360	2252	5614
屠宰及肉类加工	135	297	9355	7	15	60	201
水产品加工	136	101	7236	51	84	114	213
蔬菜、水果和坚果加工	137	109	3907	15	46	40	56
其他农副食品加工	139	269	16246	40	66	156	620
食品制造业	14	876	37056	143	318	380	885
焙烤食品制造	141	263	7223	33	73	83	162
糖果、巧克力及蜜饯制造	142	84	1865	0	0	0	12
方便食品制造	143	149	4955	2	18	13	99
液体乳及乳制品制造	144	17	2991	51	79	25	61
罐头制造	145	86	7981	41	100	184	329
调味品、发酵制品制造	146	111	2626	5	5	12	37
其他食品制造	149	166	9415	11	43	63	185
饮料制造业	15	796	36286	109	297	515	1133
酒精制造	151	43	3936	11	55	72	182
酒的制造	152	183	12755	30	114	309	631
软饮料制造	153	293	14148	58	103	97	217
精制茶加工	154	277	5447	10	25	37	103
烟草制品业	16	5	4315	0	114	683	1011
烟叶复烤	161	1	515	0	1	26	37
卷烟制造	162	4	3800	0	113	657	974
其他烟草制品加工	169						
纺织业	17	661	69393	70	321	783	1967
棉、化纤纺织及印染精加工	171	93	18434	14	72	104	541
毛纺织和染整精加工	172	88	4512	2	10	78	153
麻纺织	173	11	1312	0	3	14	51
丝绢纺织及精加工	174	102	19769	18	101	194	598
纺织制成品制造	175	83	5096	15	25	10	124
针织品、编织品及其制品制造	176	284	20270	21	110	383	500
纺织服装、鞋、帽制造业	18	338	21831	41	252	454	1214
纺织服装制造	181	324	21326	40	252	454	1209

1-19 续表2

行业分组	代码	法人单位数（个）	就业人数（人）	#高级技师	#技师	#高级工	#中级工
纺织面料鞋的制造	182	11	357	1	0	0	5
制帽	183	3	148				
皮革、毛皮、羽毛(绒)及其制品业	19	281	30570	39	119	194	2270
皮革鞣制加工	191	41	4591	22	34	12	23
皮革制品制造	192	193	22289	15	83	179	2128
毛皮鞣制及制品加工	193	5	236				
羽毛(绒)加工及制品制造	194	42	3454	2	2	3	119
木材加工及木、竹、藤、棕、草制品业	20	1880	102422	131	391	870	1810
锯材、木片加工	201	765	20868	23	80	195	270
人造板制造	202	508	35685	52	180	446	896
木制品制造	203	288	23965	43	79	88	263
竹、藤、棕、草制品制造	204	319	21904	13	52	141	381
家具制造业	21	337	11154	11	31	74	156
木质家具制造	211	270	7944	11	22	70	120
竹、藤家具制造	212	18	1607	0	0	0	0
金属家具制造	213	13	182	0	5	0	12
塑料家具制造	214	5	426	0	1	0	0
其他家具制造	219	31	995	0	3	4	24
造纸及纸制品业	22	783	46989	138	330	853	1818
纸浆制造	221	43	6323	8	49	305	416
造纸	222	380	25536	95	177	451	996
纸制品制造	223	360	15130	35	104	97	406
印刷业和记录媒介的复制	23	779	20703	80	248	635	1702
印刷	231	701	18279	73	233	612	1622
装订及其他印刷服务活动	232	75	1197	6	9	21	47
记录媒介的复制	233	3	1227	1	6	2	33
文教体育用品制造业	24	92	7672	1	15	15	77
文化用品制造	241	24	853	0	2	2	4
体育用品制造	242	14	541	0	5	7	3
乐器制造	243	1	25		1		
玩具制造	244	50	6090	0	7	6	69
游艺器材及娱乐用品制造	245	3	163	1	0	0	1
石油加工、炼焦及核燃料加工业	25	42	2975	6	61	525	441
精炼石油产品的制造	251	38	2843	6	61	525	441
炼焦	252	4	132	0	0	0	0
核燃料加工	253						
化学原料及化学制品制造业	26	1494	106808	262	1237	2978	7302
基础化学原料制造	261	196	16506	40	116	346	2119
肥料制造	262	298	24164	73	593	1620	2380
农药制造	263	77	6507	36	153	194	209
涂料、油墨、颜料及类似产品制造	264	142	6725	10	28	16	90
合成材料制造	265	21	2687	0	34	220	1182

1-19 续表3

行业分组	代码	法人单位数（个）	就业人数（人）	#高级技师	#技师	#高级工	#中级工
专用化学产品制造	266	613	39883	80	244	350	876
日用化学产品制造	267	147	10336	23	69	232	446
医药制造业	27	353	35814	441	690	753	1794
化学药品原药制造	271	32	1573	1	7	11	40
化学药品制剂制造	272	39	6957	291	426	234	232
中药饮片加工	273	53	2133	3	28	35	47
中成药制造	274	118	18808	100	154	380	740
兽用药品制造	275	58	3419	33	37	50	699
生物、生化制品的制造	276	34	2163	8	4	4	15
卫生材料及医药用品制造	277	19	761	5	34	39	21
化学纤维制造业	28	9	577	2	0	3	9
纤维素纤维原料及纤维制造	281	1	16				
合成纤维制造	282	8	561	2	0	3	9
橡胶制品业	29	139	8323	17	100	489	943
轮胎制造	291	26	2537	4	54	326	619
橡胶板、管、带的制造	292	30	1435	5	13	96	137
橡胶零件制造	293	17	526	1	3	12	24
再生橡胶制造	294	9	325	0	5	2	11
日用及医用橡胶制品制造	295	12	1756	0	17	46	135
橡胶靴鞋制造	296	6	209	0	0	0	1
其他橡胶制品制造	299	39	1535	7	8	7	16
塑料制品业	30	736	29374	115	362	399	824
塑料薄膜制造	301	96	2770	0	19	28	54
塑料板、管、型材的制造	302	109	3688	8	19	21	89
塑料丝、绳及编织品的制造	303	145	12078	71	156	162	303
泡沫塑料制造	304	35	650	0	4	2	35
塑料人造革、合成革制造	305	4	96				
塑料包装箱及容器制造	306	85	3067	7	30	92	69
塑料零件制造	307	22	558	1	11	4	30
日用塑料制造	308	108	2903	14	55	22	109
其他塑料制品制造	309	132	3564	14	68	68	135
非金属矿物制品业	31	3197	206772	346	1154	3248	16305
水泥、石灰和石膏的制造	311	482	55704	93	541	1070	3525
水泥及石膏制品制造	312	312	13049	38	66	176	446
砖瓦、石材及其他建筑材料制造	313	1946	76113	123	233	298	937
玻璃及玻璃制品制造	314	81	9124	19	59	270	494
陶瓷制品制造	315	156	44212	63	206	1255	10243
耐火材料制品制造	316	35	1524	0	4	4	207
石墨及其他非金属矿物制品制造	319	185	7046	10	45	175	453
黑色金属冶炼及压延加工业	32	425	58957	306	1402	5966	3857
炼铁	321	67	3019	4	35	29	76
炼钢	322	12	3419	22	85	9	28

1-19 续表4

行业分组	代码	法人单位数（个）	就业人数（人）	#高级技师	#技师	#高级工	#中级工
钢压延加工	323	118	25975	160	1000	5099	2647
铁合金冶炼	324	228	26544	120	282	829	1106
有色金属冶炼及压延加工业	33	326	63865	389	1251	2284	4672
常用有色金属冶炼	331	216	53566	354	1163	1824	3987
贵金属冶炼	332	11	679	0	1	0	0
稀有稀土金属冶炼	333	16	1868	15	18	38	41
有色金属合金制造	334	13	353	2	1	3	9
有色金属压延加工	335	70	7399	18	68	419	635
金属制品业	34	703	24817	101	192	320	1090
结构性金属制品制造	341	254	8354	55	102	164	561
金属工具制造	342	105	2335	4	12	31	90
集装箱及金属包装容器制造	343	35	1264	18	33	56	83
金属丝绳及其制品的制造	344	21	692	1	3	2	33
建筑、安全用金属制品制造	345	62	1382	2	4	14	25
金属表面处理及热处理加工	346	38	995	2	10	20	55
搪瓷制品制造	347	4	193	1	1	1	3
不锈钢及类似日用金属制品制造	348	100	6928	4	12	6	71
其他金属制品制造	349	84	2674	14	15	26	169
通用设备制造业	35	914	46883	256	787	2025	4809
锅炉及原动机制造	351	58	7814	83	229	567	1063
金属加工机械制造	352	104	11183	28	217	602	1399
起重运输设备制造	353	29	3131	12	37	153	501
泵、阀门、压缩机及类似机械的制造	354	62	3248	22	67	135	370
轴承、齿轮、传动和驱动部件的制造	355	40	2569	16	12	56	172
烘炉、熔炉及电炉制造	356	5	138	1	3	0	0
风机、衡器、包装设备等通用设备制造	357	83	3179	24	48	221	466
通用零部件制造及机械修理	358	246	6352	38	116	166	475
金属铸、锻加工	359	287	9269	32	58	125	363
专用设备制造业	36	676	42616	209	696	2209	4992
矿山、冶金、建筑专用设备制造	361	140	17485	54	310	1171	2920
化工、木材、非金属加工专用设备制造	362	120	5749	45	132	465	424
食品、饮料、烟草及饲料生产专用设备制造	363	61	3145	29	54	120	326
印刷、制药、日化生产专用设备制造	364	41	1706	4	7	33	109
纺织、服装和皮革工业专用设备制造	365	7	82	1	2	1	4
电子和电工机械专用设备制造	366	21	791	1	2	8	12
农、林、牧、渔专用机械制造	367	181	8879	55	126	310	981
医疗仪器设备及器械制造	368	47	2303	8	35	18	29
环保、社会公共安全及其他专用设备制造	369	58	2476	12	28	83	187
交通运输设备制造业	37	1013	101744	573	2058	6452	10880
铁路运输设备制造	371	21	6267	13	49	451	325
汽车制造	372	855	86855	517	1869	5643	9567
摩托车制造	373	4	210	2	2	4	8

1-19 续表5

行业分组	代码	法人单位数（个）	就业人数（人）	#高级技师	#技师	#高级工	#中级工
自行车制造	374	21	585	4	11	13	18
船舶及浮动装置制造	375	99	6647	37	120	234	816
航空航天器制造	376	5	917	0	7	106	129
交通器材及其他交通运输设备制造	379	8	263	0	0	1	17
电气机械及器材制造业	39	454	33441	221	526	1038	1835
电机制造	391	58	2925	15	45	80	309
输配电及控制设备制造	392	169	14763	169	316	689	972
电线、电缆、光缆及电工器材制造	393	80	6285	11	66	209	278
电池制造	394	22	4102	11	39	3	153
家用电力器具制造	395	42	2232	6	13	11	42
非电力家用器具制造	396	23	461	3	8	4	3
照明器具制造	397	32	1610	4	19	2	4
其他电气机械及器材制造	399	28	1063	2	20	40	74
通信设备、计算机及其他电子设备制造业	40	225	35067	58	183	355	1738
通信设备制造	401	43	6739	27	53	89	150
雷达及配套设备制造	402	2	946	0	30	133	99
广播电视设备制造	403	10	517	4	7	8	22
电子计算机制造	404	18	4733	2	10	5	19
电子器件制造	405	20	1058	5	8	10	14
电子元件制造	406	93	15026	9	67	105	1307
家用视听设备制造	407	14	4289	1	0	0	120
其他电子设备制造	409	25	1759	10	8	5	7
仪器仪表及文化、办公用机械制造业	41	94	6151	42	97	86	568
通用仪器仪表制造	411	37	2846	23	71	33	65
专用仪器仪表制造	412	16	547	5	10	22	23
钟表与计时仪器制造	413	10	968	2	5	4	340
光学仪器及眼镜制造	414	17	1548	10	11	11	123
文化、办公用机械制造	415	6	139	0	0	0	2
其他仪器仪表的制造及修理	419	8	103	2		16	15
工艺品及其他制造业	42	495	43408	27	96	119	432
工艺美术品制造	421	397	38075	7	25	46	359
日用杂品制造	422	49	3794	4	36	32	52
煤制品制造	423	17	145				
核辐射加工	424	1	32	0	0	0	0
其他未列明的制造业	429	31	1362	16	35	41	21
废弃资源和废旧材料回收加工业	43	74	2278	3	6	15	37
金属废料和碎屑的加工处理	431	42	1589	2	5	11	34
非金属废料和碎屑的加工处理	432	32	689	1	1	4	3
电力、燃气及水的生产和供应业	**D**	**2271**	**165716**	**536**	**5304**	**21400**	**23265**
电力、热力的生产和供应业	44	1694	146330	494	5038	19748	20703
电力生产	441	1561	46403	229	1337	4492	5465
电力供应	442	127	98664	259	3632	15099	15091

1-19 续表6

行业分组	代码	法人单位数（个）	就业人数（人）	#高级技师	#技师	#高级工	#中级工
热力生产和供应	443	6	1263	6	69	157	147
燃气生产和供应业	45	38	1476	7	5	12	48
燃气生产和供应业	450	38	1476	7	5	12	48
水的生产和供应业	46	539	17910	35	261	1640	2514
自来水的生产和供应	461	518	17435	33	255	1617	2475
污水处理及其再生利用	462	16	440	2		19	38
其他水的处理、利用与分配	469	5	35	0	6	4	1
建筑业	**E**	**2329**	**544190**	**2697**	**8599**	**17236**	**47534**
房屋和土木工程建筑业	47	1087	440787	2349	7548	14601	42324
房屋工程建筑	471	746	349235	1797	5846	9055	31114
土木工程建筑	472	341	91552	552	1702	5546	11210
建筑安装业	48	315	36567	185	619	1764	2919
建筑安装业	480	315	36567	185	619	1764	2919
建筑装饰业	49	680	10801	85	180	184	438
建筑装饰业	490	680	10801	85	180	184	438
其他建筑业	50	247	56035	78	252	687	1853
工程准备	501	81	3173	26	68	98	107
提供施工设备服务	502	64	49379	39	130	354	1498
其他未列明的建筑活动	509	102	3483	13	54	235	248
交通运输、仓储和邮政业	**F**	**3178**	**195608**	**347**	**1273**	**6773**	**10872**
铁路运输业	51	17	1214	0	23	156	342
铁路旅客运输	511	2	31				
铁路货物运输	512	6	244	0	10	0	5
铁路运输辅助活动	513	9	939		13	156	337
道路运输业	52	1629	97709	239	728	3169	5301
公路旅客运输	521	231	36607	140	418	1290	1228
道路货物运输	522	910	38580	31	180	252	522
道路运输辅助活动	523	488	22522	68	130	1627	3551
城市公共交通业	53	197	24776	16	188	1764	1856
公共电汽车客运	531	70	19057	15	170	1749	1466
轨道交通	532						
出租车客运	533	108	5071	1	16	3	367
城市轮渡	534						
其他城市公共交通	539	19	648		2	12	23
水上运输业	54	351	18628	56	149	246	729
水上旅客运输	541	46	2669		1	34	226
水上货物运输	542	220	12353	46	112	92	354
水上运输辅助活动	543	85	3606	10	36	120	149
航空运输业	55	37	2712	2	11	185	66
航空客货运输	551	13	1626			105	21
通用航空服务	552	6	319		1	40	29
航空运输辅助活动	553	18	767	2	10	40	16

1–19 续表7

行业分组	代码	法人单位数（个）	就业人数（人）	#高级技师	#技师	#高级工	#中级工
管道运输业	56						
管道运输业	560						
装卸搬运和其他运输服务业	57	466	24199	6	116	110	455
装卸搬运	571	156	16504	6	74	36	320
运输代理服务	572	310	7695	0	42	74	135
仓储业	58	419	9105	28	33	331	445
谷物、棉花等农产品仓储	581	242	3903	23	12	210	285
其他仓储	589	177	5202	5	21	121	160
邮政业	59	62	17265	0	25	812	1678
国家邮政	591	23	15966	0	25	812	1678
其他寄递服务	599	39	1299				
信息传输、计算机服务和软件业	**G**	**5040**	**68070**	**289**	**695**	**2689**	**2164**
电信和其他信息传输服务业	60	919	43237	190	542	2569	1839
电信	601	179	28898	130	285	1368	1262
互联网信息服务	602	469	8687	9	20	14	61
广播电视传输服务	603	263	5597	51	237	1182	514
卫星传输服务	604	8	55			5	2
计算机服务业	61	3785	21548	74	114	95	296
计算机系统服务	611	224	2226	41	30	25	32
数据处理	612	27	369			3	6
计算机维修	613	39	313	3	3	13	52
其他计算机服务	619	3495	18640	30	81	54	206
软件业	62	336	3285	25	39	25	29
公共软件服务	621	247	2469	18	22	20	17
其他软件服务	629	89	816	7	17	5	12
批发和零售业	**H**	**21560**	**308143**	**795**	**2010**	**3649**	**10020**
批发业	63	12548	163985	462	905	1680	5360
农畜产品批发	631	694	9905	9	8	123	431
食品、饮料及烟草制品批发	632	1073	22426	30	51	353	1230
纺织、服装及日用品批发	633	669	7233	23	25	16	70
文化、体育用品及器材批发	634	350	4204	14	14	204	232
医药及医疗器材批发	635	479	9963	17	96	69	359
矿产品、建材及化工产品批发	636	4719	62226	163	273	516	2230
机械设备、五金交电及电子产品批发	637	2859	30361	171	354	297	582
贸易经纪与代理	638	750	7503	12	47	21	31
其他批发	639	955	10164	23	37	81	195
零售业	65	9012	144158	333	1105	1969	4660
综合零售	651	1171	44824	49	145	440	1596
食品、饮料及烟草制品专门零售	652	919	13090	20	21	93	221
纺织、服装及日用品专门零售	653	670	8610	23	38	51	169
文化、体育用品及器材专门零售	654	505	6495	8	11	479	495
医药及医疗器材专门零售	655	623	11407	5	43	74	282

1-19 续表8

行业分组	代码	法人单位数（个）	就业人数（人）	#高级技师	#技师	#高级工	#中级工
汽车、摩托车、燃料及零配件专门零售	656	1496	21263	111	573	373	1102
家用电器及电子产品专门零售	657	1683	20368	68	170	179	443
五金、家具及室内装修材料专门零售	658	1042	8121	28	53	76	133
无店铺及其他零售	659	903	9980	21	51	204	219
住宿和餐饮业	**I**	**2152**	**98329**	**269**	**759**	**1292**	**2859**
住宿业	66	1310	62050	191	513	1064	2321
旅游饭店	661	521	44956	170	398	908	1895
一般旅馆	662	715	15844	21	114	153	400
其他住宿服务	669	74	1250	0	1	3	26
餐饮业	67	842	36279	78	246	228	538
正餐服务	671	674	29407	76	227	220	516
快餐服务	672	59	4318	1	14	0	1
饮料及冷饮服务	673	22	446				10
其他餐饮服务	679	87	2108	1	5	8	11
金融业	**J**	**636**	**112287**	**63**	**190**	**320**	**527**
银行业	68	279	65646	55	18	165	198
中央银行	681	21	2828	39	1	26	13
商业银行	682	238	61073	14	16	129	179
其他银行	689	20	1745	2	1	10	6
证券业	69	12	899	1	1	1	6
证券市场管理	691	1	34	1			
证券经纪与交易	692	8	846		1	1	6
证券投资	693	1	4				
证券分析与咨询	694	2	15				
保险业	70	178	42293	5	170	5	17
人寿保险	701	50	31890	3	164	2	11
非人寿保险	702	104	10018	2	6	2	6
保险辅助服务	703	24	385			1	
其他金融活动	71	167	3449	2	1	149	306
金融信托与管理	711	16	231				3
金融租赁	712	2	18				
财务公司	713	9	54				
邮政储蓄	714	9	1895		1	149	299
典当	715	52	362	2			3
其他未列明的金融活动	719	79	889				1
房地产业	**K**	**5628**	**118213**	**489**	**1111**	**1344**	**2335**
房地产业	72	5628	118213	489	1111	1344	2335
房地产开发经营	721	3134	59730	355	724	677	1283
物业管理	722	1020	40344	114	280	354	588
房地产中介服务	723	729	7740	12	10	51	58
其他房地产活动	729	745	10399	8	97	262	406
租赁和商务服务业	**L**	**10535**	**142800**	**477**	**731**	**3325**	**4582**

1-19 续表9

行业分组	代码	法人单位数（个）	就业人数（人）	#高级技师	#技师	#高级工	#中级工
租赁业	73	263	2865	113	11	20	62
机械设备租赁	731	250	2711	113	11	20	62
文化及日用品出租	732	13	154				
商务服务业	74	10272	139935	364	720	3305	4520
企业管理服务	741	4932	52613	211	400	1842	1832
法律服务	742	503	4379	6	5	10	5
咨询与调查	743	1089	11128	47	101	130	241
广告业	744	1371	10561	40	76	89	208
知识产权服务	745	36	275	4	1	4	7
职业中介服务	746	405	6346	8	13	149	177
市场管理	747	461	17703	15	23	913	1758
旅行社	748	504	9793	21	14	21	77
其他商务服务	749	971	27137	12	87	147	215
科学研究、技术服务和地质勘查业	**M**	**7141**	**105742**	**549**	**709**	**5557**	**5828**
研究与试验发展	75	451	13710	35	58	1142	720
自然科学研究与试验发展	751	62	1045	3	5	41	19
工程和技术研究与试验发展	752	86	1680	0	8	22	42
农业科学研究与试验发展	753	182	7078	19	29	865	569
医学研究与试验发展	754	42	1935	13	10	157	58
社会人文科学研究与试验发展	755	79	1972		6	57	32
专业技术服务业	76	2899	54982	314	420	1681	1891
气象服务	761	172	2525	7	16	25	46
地震服务	762	68	497	0	1	9	11
海洋服务	763	3	30				
测绘服务	764	139	3571	1	67	279	155
技术检测	765	569	8179	28	42	354	445
环境监测	766	112	1903	0	9	95	85
工程技术与规划管理	767	1442	30947	258	223	582	769
其他专业技术服务	769	394	7330	20	62	337	380
科技交流和推广服务业	77	3696	31507	191	202	1750	2811
技术推广服务	771	3350	28466	172	151	1625	2647
科技中介服务	772	167	1361	4	21	50	37
其他科技服务	779	179	1680	15	30	75	127
地质勘查业	78	95	5543	9	29	984	406
矿产地质勘查	781	50	1866	3	6	364	140
基础地质勘查	782	15	1922	5	11	322	189
地质勘查技术服务	783	30	1755	1	12	298	77
水利、环境和公共设施管理业	**N**	**2081**	**69807**	**67**	**242**	**6429**	**6949**
水利管理业	79	1130	13959	28	139	2249	3283
防洪管理	791	84	717	3	2	114	148
水资源管理	792	562	10035	12	97	1727	2506
其他水利管理	799	484	3207	13	40	408	629
环境管理业	80	380	33355	14	36	1670	2045
自然保护	801	83	1823	4	2	185	141

1-19 续表10

行业分组	代码	法人单位数（个）	就业人数（人）				
				#高级技师	#技师	#高级工	#中级工
环境治理	802	297	31532	10	34	1485	1904
公共设施管理业	81	571	22493	25	67	2510	1621
市政公共设施管理	811	132	4552	1	3	539	331
城市绿化管理	812	191	4850	14	27	732	663
游览景区管理	813	248	13091	10	37	1239	627
居民服务和其他服务业	**O**	**1607**	**25878**	**215**	**465**	**801**	**1296**
居民服务业	82	677	10484	62	160	326	369
家庭服务	821	44	868		4	120	80
托儿所	822	19	167			2	
洗染服务	823	20	281	1	2		1
理发及美容保健服务	824	164	2031	56	100	55	96
洗浴服务	825	44	1072	0	18	0	0
婚姻服务	826	37	153		4	5	4
殡葬服务	827	61	1239	2	10	119	86
摄影扩印服务	828	84	1484	1	13	0	4
其他居民服务	829	204	3189	2	9	25	98
其他服务业	83	930	15394	153	305	475	927
修理与维护	831	554	7114	132	272	363	711
清洁服务	832	187	4557	5	20	43	76
其他未列明的服务	839	189	3723	16	13	69	140
教育	**P**	**16435**	**591688**	**2363**	**2405**	**10126**	**10095**
教育	84	16435	591688	2363	2405	10126	10095
学前教育	841	2412	29633	64	34	711	757
初等教育	842	9726	269344	1063	488	1485	2264
中等教育	843	2844	229220	868	1197	5164	5399
高等教育	844	131	40258	118	188	1816	756
其他教育	849	1322	23233	250	498	950	919
卫生、社会保障和社会福利业	**Q**	**6207**	**211752**	**1011**	**1031**	**6447**	**8003**
卫生	85	4332	198969	984	996	5853	7259
医院	851	462	111332	752	644	3606	3013
卫生院及社区医疗活动	852	1490	49969	98	202	1197	2224
门诊部医疗活动	853	1049	4710	21	29	33	54
计划生育技术服务活动	854	829	9938	29	32	342	1011
妇幼保健活动	855	113	11346	21	7	246	367
专科疾病防治活动	856	70	1447	28	3	74	92
疾病预防控制及防疫活动	857	154	6966	12	66	280	374
其他卫生活动	859	165	3261	23	13	75	124
社会保障业	86	1227	6333	12	20	245	441
社会保障业	860	1227	6333	12	20	245	441
社会福利业	87	648	6450	15	15	349	303
提供住宿的社会福利	871	440	4889	1	5	269	261
不提供住宿的社会福利	872	208	1561	14	10	80	42
文化、体育和娱乐业	**R**	**2600**	**43497**	**115**	**275**	**1512**	**1704**
新闻出版业	88	158	5962	22	105	216	107

1-19 续表11

行业分组	代码	法人单位数（个）	就业人数（人）	#高级技师	#技师	#高级工	#中级工
新闻业	881	25	229		1	6	5
出版业	882	133	5733	22	104	210	102
广播、电视、电影和音像业	89	871	11015	25	88	621	794
广播	891	488	2966	15	3	247	297
电视	892	210	4546	3	3	170	227
电影	893	145	3313	7	80	203	269
音像制作	894	28	190		2	1	1
文化艺术业	90	960	13130	53	34	514	620
文艺创作与表演	901	174	4417	30	14	132	215
艺术表演场馆	902	23	1330		5	61	40
图书馆与档案馆	903	195	2308	1	4	90	120
文物及文化保护	904	74	473	9	0	29	25
博物馆	905	47	852	4	0	25	27
烈士陵园、纪念馆	906	22	285		1	21	43
群众文化活动	907	295	2248	3	8	138	138
文化艺术经纪代理	908	37	367	2		1	3
其他文化艺术	909	93	850	4	2	17	9
体育	91	189	3233	8	2	149	96
体育组织	911	105	2305	6	2	59	58
体育场馆	912	39	570			75	23
其他体育	919	45	358	2	0	15	15
娱乐业	92	422	10157	7	46	12	87
室内娱乐活动	921	275	5915	3	45	2	63
游乐园	922	13	1189			1	3
休闲健身娱乐活动	923	83	1739	2		8	8
其他娱乐活动	929	51	1314	2	1	1	13
公共管理和社会组织	**S**	**43197**	**570884**	**648**	**810**	**12121**	**18540**
中国共产党机关	93	2275	22466	10	15	397	410
中国共产党机关	930	2275	22466	10	15	397	410
国家机构	94	16342	372979	510	642	11254	17593
国家权力机构	941	268	5451	3	6	153	217
国家行政机构	942	15610	343961	498	634	10828	16895
人民法院和人民检察院	943	280	17925	5	1	91	133
其他国家机构	949	184	5642	4	1	182	348
人民政协和民主党派	95	247	3181	5	2	112	91
人民政协	951	153	2591	1	2	91	84
民主党派	952	94	590	4		21	7
群众团体、社会团体和宗教组织	96	8302	66824	110	122	320	347
群众团体	961	949	6796	0	2	146	109
社会团体	962	7143	58446	108	114	169	235
宗教组织	963	210	1582	2	6	5	3
基层群众自治组织	97	16031	105434	13	29	38	99
社区自治组织	971	1621	16656	3	12	15	19
村民自治组织	972	14410	88778	10	17	23	80

1-20 按登记注册类型分组、技术等级分组的法人单位就业人数

地 区	代码	法人单位数（个）	就业人数（人）	#高级技师	#技师	#高级工	#中级工
总 计		**154748**	**4885707**	**15692**	**41336**	**141415**	**245909**
内资企业	**100**	**153281**	**4620705**	**15068**	**38300**	**133998**	**226647**
国有企业	110	53272	1834168	5332	11630	79555	103127
集体企业	120	6225	224982	717	1764	3623	13501
股份合作企业	130	1203	51603	130	308	472	1778
联营企业	140	288	7943	9	30	150	398
国有联营企业	141	41	1916	0	6	16	218
集体联营企业	142	135	2008	3	14	19	28
国有与集体联营企业	143	22	1049	1	4	91	104
其他联营企业	149	90	2970	5	6	24	48
有限责任公司	150	7422	640398	2279	9036	23953	45665
国有独资公司	151	260	165681	214	2503	9882	14545
其他有限责任公司	159	7162	474717	2065	6533	14071	31120
股份有限公司	160	2644	284291	1059	3313	8890	16015
私营企业	170	50519	1321219	5101	11498	16446	44587
私营独资企业	171	19686	375223	833	2138	2376	8321
私营合伙企业	172	5265	117411	258	675	804	2736
私营有限责任公司	173	23578	765777	3714	8053	12498	31514
私营股份有限公司	174	1990	62808	296	632	768	2016
其他企业	190	31708	256101	441	721	909	1576
港、澳、台商投资企业	**200**	**753**	**121554**	**146**	**657**	**2456**	**7162**
合资经营企业(港或澳、台资)	210	273	49554	69	258	1783	4872
合作经营企业(港或澳、台资)	220	55	7336	5	69	95	313
港、澳、台商独资经营企业	230	398	62021	71	329	563	1933
港、澳、台商投资股份有限公司	240	27	2643	1	1	15	44
外商投资企业	**300**	**714**	**143448**	**478**	**2379**	**4961**	**12100**
中外合资经营企业	310	317	74210	239	1576	2705	7918
中外合作经营企业	320	63	7132	39	27	29	154
外资企业	330	289	49119	108	218	706	1870
外商投资股份有限公司	340	45	12987	92	558	1521	2158

1-21 按行业（门类、大类、中类）、经营性质分组的产业活动单位数及就业人数

行业分组	代码	产业活动单位数（个）	经营性单位	非经营性单位	就业人数（人）	经营性单位	非经营性单位
总　计		**219143**	**71002**	**148141**	**5163976**	**2719103**	**2444873**
农、林、牧、渔业	**A**	**753**	**17**	**736**	**10365**	**237**	**10128**
农业	01	58		58	1153		1153
谷物及其他作物的种植	011	7		7	167		167
蔬菜、园艺作物的种植	012	17		17	147		147
水果、坚果、饮料和香料作物的种植	013	31		31	821		821
中药材的种植	014	3		3	18		18
林业	02	183		183	4305		4305
林木的培育和种植	021	178		178	4268		4268
木材和竹材的采运	022	4		4	34		34
林产品的采集	023	1		1	3		3
畜牧业	03	75	11	64	2408	227	2181
牲畜的饲养	031	13	3	10	520	95	425
猪的饲养	032	36	6	30	1169	57	1112
家禽的饲养	033	20	1	19	616	63	553
狩猎和捕捉动物	034						
其他畜牧业	039	6	1	5	103	12	91
渔业	04	20		20	142		142
海洋渔业	041	8		8	57		57
内陆渔业	042	12		12	85		85
农、林、牧、渔服务业	05	417	6	411	2357	10	2347
农业服务业	051	132	6	126	483	10	473
林业服务业	052	97		97	673		673
畜牧服务业	053	179		179	1165		1165
渔业服务业	054	9		9	36		36
采矿业	**B**	**2665**	**2147**	**518**	**118266**	**95211**	**23055**
煤炭开采和洗选业	06	149	125	24	22245	15174	7071
烟煤和无烟煤的开采洗选	061	117	105	12	15077	13196	1881
褐煤的开采洗选	062	26	16	10	6779	1821	4958
其他煤炭采选	069	6	4	2	389	157	232
石油和天然气开采业	07	9	3	6	1545	281	1264
天然原油和天然气开采	071	5	2	3	975	258	717
与石油和天然气开采有关的服务活动	079	4	1	3	570	23	547
黑色金属矿采选业	08	685	498	187	22103	18875	3228
铁矿采选	081	153	138	15	4654	4219	435
其他黑色金属矿采选	089	532	360	172	17449	14656	2793
有色金属矿采选业	09	605	518	87	40601	32776	7825
常用有色金属矿采选	091	531	449	82	36632	29156	7476
贵金属矿采选	092	57	52	5	2791	2442	349
稀有稀土金属矿采选	093	17	17	0	1178	1178	

1-21 续表1

行业分组	代码	产业活动单位数（个）	经营性单位	非经营性单位	就业人数（人）	经营性单位	非经营性单位
非金属矿采选业	10	1193	980	213	31261	27619	3642
土砂石开采	101	912	748	164	20115	17542	2573
化学矿采选	102	39	32	7	1687	1503	184
采盐	103	4	3	1	1413	1148	265
石棉及其他非金属矿采选	109	238	197	41	8046	7426	620
其他采矿业	11	24	23	1	511	486	25
其他采矿业	110	24	23	1	511	486	25
制造业	**C**	**21153**	**18586**	**2567**	**1414436**	**1291706**	**122730**
农副食品加工业	13	2071	1487	584	138621	124272	14349
谷物磨制	131	246	199	47	4842	4278	564
饲料加工	132	277	249	28	15756	13334	2422
植物油加工	133	137	118	19	3728	3534	194
制糖	134	126	119	7	75914	70625	5289
屠宰及肉类加工	135	755	323	432	9766	5764	4002
水产品加工	136	108	104	4	7204	7003	201
蔬菜、水果和坚果加工	137	109	93	16	3905	3468	437
其他农副食品加工	139	313	282	31	17506	16266	1240
食品制造业	14	914	772	142	38813	34810	4003
焙烤食品制造	141	284	218	66	7081	5800	1281
糖果、巧克力及蜜饯制造	142	84	72	12	1863	1687	176
方便食品制造	143	155	137	18	5749	5516	233
液体乳及乳制品制造	144	17	15	2	2958	1398	1560
罐头制造	145	87	81	6	8112	7781	331
调味品、发酵制品制造	146	115	94	21	2424	2130	294
其他食品制造	149	172	155	17	10626	10498	128
饮料制造业	15	841	734	107	36173	25557	10616
酒精制造	151	44	41	3	4148	3944	204
酒的制造	152	188	164	24	12749	7045	5704
软饮料制造	153	305	268	37	13554	9611	3943
精制茶加工	154	304	261	43	5722	4957	765
烟草制品业	16	5	4	1	4315	4305	10
烟叶复烤	161	1	1	0	515	515	
卷烟制造	162	4	3	1	3800	3790	10
其他烟草制品加工	169						
纺织业	17	806	734	72	76360	71178	5182
棉、化纤纺织及印染精加工	171	97	80	17	24317	22356	1961
毛纺织和染整精加工	172	89	85	4	4873	4743	130
麻纺织	173	11	11	0	1312	1312	
丝绢纺织及精加工	174	219	211	8	19849	18832	1017
纺织制成品制造	175	89	81	8	5548	5455	93
针织品、编织品及其制品制造	176	301	266	35	20461	18480	1981
纺织服装、鞋、帽制造业	18	348	314	34	22176	20366	1810
纺织服装制造	181	334	304	30	21638	20021	1617

1–21 续表2

行业分组	代码	产业活动单位数（个）	经营性单位	非经营性单位	就业人数（人）	经营性单位	非经营性单位
纺织面料鞋的制造	182	11	7	4	390	197	193
制帽	183	3	3	0	148	148	
皮革、毛皮、羽毛(绒)及其制品业	19	287	263	24	30829	30122	707
皮革鞣制加工	191	41	39	2	4591	4538	53
皮革制品制造	192	198	178	20	22516	21879	637
毛皮鞣制及制品加工	193	5	5	0	236	236	
羽毛(绒)加工及制品制造	194	43	41	2	3486	3469	17
木材加工及木、竹、藤、棕、草制品业	20	1957	1702	255	103568	89756	13812
锯材、木片加工	201	809	683	126	21536	18369	3167
人造板制造	202	529	469	60	35885	33168	2717
木制品制造	203	298	274	24	24232	18272	5960
竹、藤、棕、草制品制造	204	321	276	45	21915	19947	1968
家具制造业	21	342	307	35	11051	9987	1064
木质家具制造	211	273	245	28	7844	6960	884
竹、藤家具制造	212	18	18	0	1607	1607	
金属家具制造	213	13	12	1	182	152	30
塑料家具制造	214	5	5	0	426	426	
其他家具制造	219	33	27	6	992	842	150
造纸及纸制品业	22	797	717	80	50395	49347	1048
纸浆制造	221	46	41	5	7924	7736	188
造纸	222	387	327	60	27411	26774	637
纸制品制造	223	364	349	15	15060	14837	223
印刷业和记录媒介的复制	23	810	727	83	21261	18729	2532
印刷	231	727	655	72	18824	16429	2395
装订及其他印刷服务活动	232	80	69	11	1210	1073	137
记录媒介的复制	233	3	3	0	1227	1227	
文教体育用品制造业	24	95	83	12	7774	7402	372
文化用品制造	241	27	23	4	955	829	126
体育用品制造	242	14	11	3	541	471	70
乐器制造	243	1	1	0	25	25	
玩具制造	244	50	45	5	6090	5914	176
游艺器材及娱乐用品制造	245	3	3	0	163	163	
石油加工、炼焦及核燃料加工业	25	48	39	9	2873	2047	826
精炼石油产品的制造	251	41	34	7	2594	1900	694
炼焦	252	6	5	1	227	147	80
核燃料加工	253	1		1	52		52
化学原料及化学制品制造业	26	1564	1450	114	110229	103385	6844
基础化学原料制造	261	205	197	8	17544	16992	552
肥料制造	262	319	291	28	25299	24777	522
农药制造	263	79	71	8	6762	4850	1912
涂料、油墨、颜料及类似产品制造	264	146	133	13	7218	7004	214
合成材料制造	265	21	21	0	2371	2371	
专用化学产品制造	266	646	598	48	40698	37166	3532

1-21 续表3

行业分组	代码	产业活动单位数（个）	经营性单位	非经营性单位	就业人数（人）	经营性单位	非经营性单位
日用化学产品制造	267	148	139	9	10337	10225	112
医药制造业	27	362	342	20	35759	34613	1146
化学药品原药制造	271	34	32	2	1591	1338	253
化学药品制剂制造	272	39	39	0	6957	6957	
中药饮片加工	273	55	53	2	2163	2116	47
中成药制造	274	122	111	11	18693	18036	657
兽用药品制造	275	59	58	1	3431	3419	12
生物、生化制品的制造	276	34	31	3	2163	2021	142
卫生材料及医药用品制造	277	19	18	1	761	726	35
化学纤维制造业	28	9	9	0	577	577	
纤维素纤维原料及纤维制造	281	1	1	0	16	16	
合成纤维制造	282	8	8	0	561	561	
橡胶制品业	29	141	132	9	11054	8115	2939
轮胎制造	291	26	24	2	5235	2453	2782
橡胶板、管、带的制造	292	30	28	2	1435	1379	56
橡胶零件制造	293	18	16	2	544	475	69
再生橡胶制造	294	9	8	1	325	312	13
日用及医用橡胶制品制造	295	12	12	0	1756	1756	
橡胶靴鞋制造	296	6	6	0	209	209	
其他橡胶制品制造	299	40	38	2	1550	1531	19
塑料制品业	30	754	688	66	29621	27912	1709
塑料薄膜制造	301	101	94	7	2777	2692	85
塑料板、管、型材的制造	302	110	103	7	3706	3327	379
塑料丝、绳及编织品的制造	303	149	136	13	12125	11905	220
泡沫塑料制造	304	39	34	5	786	645	141
塑料人造革、合成革制造	305	4	4	0	96	96	
塑料包装箱及容器制造	306	86	85	1	3102	3027	75
塑料零件制造	307	22	20	2	558	363	195
日用塑料制造	308	110	96	14	2905	2780	125
其他塑料制品制造	309	133	116	17	3566	3077	489
非金属矿物制品业	31	3307	2935	372	209779	191862	17917
水泥、石灰和石膏的制造	311	498	464	34	56462	53477	2985
水泥及石膏制品制造	312	332	289	43	13748	12514	1234
砖瓦、石材及其他建筑材料制造	313	1994	1729	265	77217	68012	9205
玻璃及玻璃制品制造	314	81	76	5	9118	7980	1138
陶瓷制品制造	315	167	154	13	43939	40770	3169
耐火材料制品制造	316	35	33	2	1524	1460	64
石墨及其他非金属矿物制品制造	319	200	190	10	7771	7649	122
黑色金属冶炼及压延加工业	32	444	427	17	55613	52749	2864
炼铁	321	68	63	5	3147	2718	429
炼钢	322	13	12	1	3415	1670	1745
钢压延加工	323	127	123	4	22947	22751	196
铁合金冶炼	324	236	229	7	26104	25610	494

1-21 续表4

行业分组	代码	产业活动单位数（个）	经营性单位	非经营性单位	就业人数（人）	经营性单位	非经营性单位
有色金属冶炼及压延加工业	33	349	329	20	66720	53543	13177
常用有色金属冶炼	331	233	220	13	57001	44904	12097
贵金属冶炼	332	12	12	0	679	679	
稀有稀土金属冶炼	333	17	16	1	1869	1579	290
有色金属合金制造	334	14	14	0	432	432	
有色金属压延加工	335	73	67	6	6739	5949	790
金属制品业	34	739	654	85	25924	23717	2207
结构性金属制品制造	341	270	242	28	9054	8299	755
金属工具制造	342	112	93	19	2433	2182	251
集装箱及金属包装容器制造	343	38	35	3	1649	1318	331
金属丝绳及其制品的制造	344	20	19	1	516	508	8
建筑、安全用金属制品制造	345	67	58	9	1438	1347	91
金属表面处理及热处理加工	346	40	37	3	1002	965	37
搪瓷制品制造	347	4	4	0	193	193	
不锈钢及类似日用金属制品制造	348	102	91	11	6934	6344	590
其他金属制品制造	349	86	75	11	2705	2561	144
通用设备制造业	35	947	848	99	48022	44358	3664
锅炉及原动机制造	351	57	56	1	7750	7743	7
金属加工机械制造	352	107	99	8	11023	10363	660
起重运输设备制造	353	32	28	4	2637	2553	84
泵、阀门、压缩机及类似机械的制造	354	63	56	7	3331	2547	784
轴承、齿轮、传动和驱动部件的制造	355	42	38	4	2710	2684	26
烘炉、熔炉及电炉制造	356	5	5	0	138	138	
风机、衡器、包装设备等通用设备制造	357	89	82	7	3529	3162	367
通用零部件制造及机械修理	358	258	235	23	7165	6667	498
金属铸、锻加工	359	294	249	45	9739	8501	1238
专用设备制造业	36	704	623	81	43220	40842	2378
矿山、冶金、建筑专用设备制造	361	148	134	14	17649	17136	513
化工、木材、非金属加工专用设备制造	362	125	114	11	5917	5288	629
食品、饮料、烟草及饲料生产专用设备制造	363	62	56	6	3235	2671	564
印刷、制药、日化生产专用设备制造	364	43	39	4	1711	1688	23
纺织、服装和皮革工业专用设备制造	365	7	7	0	82	82	
电子和电工机械专用设备制造	366	22	19	3	743	608	135
农、林、牧、渔专用机械制造	367	189	149	40	8965	8516	449
医疗仪器设备及器械制造	368	48	47	1	2310	2303	7
环保、社会公共安全及其他专用设备制造	369	60	58	2	2608	2550	58
交通运输设备制造业	37	1100	966	134	108726	102597	6129
铁路运输设备制造	371	24	22	2	9225	6307	2918
汽车制造	372	927	821	106	90146	87499	2647
摩托车制造	373	4	2	2	210	185	25
自行车制造	374	21	19	2	583	576	7
船舶及浮动装置制造	375	110	89	21	7365	6850	515
航空航天器制造	376	5	5	0	917	917	

1-21 续表5

行业分组	代码	产业活动单位数（个）	经营性单位	非经营性单位	就业人数（人）	经营性单位	非经营性单位
交通器材及其他交通运输设备制造	379	9	8	1	280	263	17
电气机械及器材制造业	39	475	436	39	35880	31746	4134
电机制造	391	60	56	4	4067	3392	675
输配电及控制设备制造	392	174	163	11	14924	13409	1515
电线、电缆、光缆及电工器材制造	393	87	77	10	7111	5575	1536
电池制造	394	22	22	0	4099	4099	
家用电力器具制造	395	43	38	5	2298	1986	312
非电力家用器具制造	396	24	21	3	462	451	11
照明器具制造	397	37	35	2	1856	1824	32
其他电气机械及器材制造	399	28	24	4	1063	1010	53
通信设备、计算机及其他电子设备制造业	40	235	225	10	35499	35068	431
通信设备制造	401	46	44	2	6658	6444	214
雷达及配套设备制造	402	2	2	0	807	807	
广播电视设备制造	403	10	10	0	517	517	
电子计算机制造	404	19	19	0	4813	4813	
电子器件制造	405	20	20	0	1058	1058	
电子元件制造	406	96	94	2	15515	15441	74
家用视听设备制造	407	14	14	0	4289	4289	
其他电子设备制造	409	28	22	6	1842	1699	143
仪器仪表及文化、办公用机械制造业	41	102	96	6	6865	6789	76
通用仪器仪表制造	411	41	39	2	3005	2970	35
专用仪器仪表制造	412	16	16	0	547	547	
钟表与计时仪器制造	413	11	9	2	970	968	2
光学仪器及眼镜制造	414	19	18	1	2029	2019	10
文化、办公用机械制造	415	7	7	0	211	211	
其他仪器仪表的制造及修理	419	8	7	1	103	74	29
工艺品及其他制造业	42	518	473	45	44423	43781	642
工艺美术品制造	421	409	384	25	38894	38516	378
日用杂品制造	422	49	42	7	3792	3723	69
煤制品制造	423	23	14	9	254	157	97
核辐射加工	424	2	1	1	96	32	64
其他未列明的制造业	429	35	32	3	1387	1353	34
废弃资源和废旧材料回收加工业	43	82	70	12	2316	2174	142
金属废料和碎屑的加工处理	431	45	42	3	1613	1589	24
非金属废料和碎屑的加工处理	432	37	28	9	703	585	118
电力、燃气及水的生产和供应业	**D**	**4347**	**3162**	**1185**	**123661**	**100734**	**22927**
电力、热力的生产和供应业	44	3214	2640	574	101632	84084	17548
电力生产	441	1931	1610	321	47422	41598	5824
电力供应	442	1272	1022	250	52306	40757	11549
热力生产和供应	443	11	8	3	1904	1729	175
燃气生产和供应业	45	46	37	9	2037	1313	724
燃气生产和供应业	450	46	37	9	2037	1313	724
水的生产和供应业	46	1087	485	602	19992	15337	4655

1–21 续表6

行业分组	代码	产业活动单位数（个）	经营性单位	非经营性单位	就业人数（人）	经营性单位	非经营性单位
自来水的生产和供应	461	1065	465	600	19515	14885	4630
污水处理及其再生利用	462	16	15	1	440	417	23
其他水的处理、利用与分配	469	6	5	1	37	35	2
建筑业	**E**	**2812**	**2390**	**422**	**577803**	**484553**	**93250**
房屋和土木工程建筑业	47	1414	1178	236	464193	403771	60422
房屋工程建筑	471	995	839	156	371256	332836	38420
土木工程建筑	472	419	339	80	92937	70935	22002
建筑安装业	48	377	299	78	41245	27963	13282
建筑安装业	480	377	299	78	41245	27963	13282
建筑装饰业	49	743	671	72	15663	14699	964
建筑装饰业	490	743	671	72	15663	14699	964
其他建筑业	50	278	242	36	56702	38120	18582
工程准备	501	91	78	13	3586	2865	721
提供施工设备服务	502	69	64	5	49410	32139	17271
其他未列明的建筑活动	509	118	100	18	3706	3116	590
交通运输、仓储和邮政业	**F**	**6519**	**2376**	**4143**	**245555**	**98920**	**146635**
铁路运输业	51	49	15	34	17939	1649	16290
铁路旅客运输	511	8	1	7	7961	30	7931
铁路货物运输	512	17	6	11	4387	698	3689
铁路运输辅助活动	513	24	8	16	5591	921	4670
道路运输业	52	3064	1128	1936	117672	45523	72149
公路旅客运输	521	397	171	226	37853	10224	27629
道路货物运输	522	1073	812	261	42302	29764	12538
道路运输辅助活动	523	1594	145	1449	37517	5535	31982
城市公共交通业	53	237	170	67	26652	10760	15892
公共电汽车客运	531	95	55	40	19990	5327	14663
轨道交通	532						
出租车客运	533	121	101	20	5926	4842	1084
城市轮渡	534						
其他城市公共交通	539	21	14	7	736	591	145
水上运输业	54	442	274	168	19212	15301	3911
水上旅客运输	541	65	41	24	2982	2595	387
水上货物运输	542	244	194	50	12544	11012	1532
水上运输辅助活动	543	133	39	94	3686	1694	1992
航空运输业	55	52	25	27	3245	1163	2082
航空客货运输	551	20	9	11	2041	579	1462
通用航空服务	552	7	5	2	356	311	45
航空运输辅助活动	553	25	11	14	848	273	575
管道运输业	56	1		1	13		13
管道运输业	560	1		1	13		13
装卸搬运和其他运输服务业	57	579	410	169	26117	17312	8805
装卸搬运	571	181	141	40	17696	12564	5132
运输代理服务	572	398	269	129	8421	4748	3673

1-21 续表7

行业分组	代码	产业活动单位数（个）	经营性单位	非经营性单位	就业人数（人）	经营性单位	非经营性单位
仓储业	58	599	317	282	9981	6522	3459
谷物、棉花等农产品仓储	581	377	175	202	4069	2514	1555
其他仓储	589	222	142	80	5912	4008	1904
邮政业	59	1496	37	1459	24724	690	24034
国家邮政	591	1432	6	1426	22915	246	22669
其他寄递服务	599	64	31	33	1809	444	1365
信息传输、计算机服务和软件业	**G**	**9025**	**3400**	**5625**	**87133**	**29294**	**57839**
电信和其他信息传输服务业	60	4838	424	4414	61450	10701	50749
电信	601	3861	101	3760	45567	2881	42686
互联网信息服务	602	512	296	216	8762	7310	1452
广播电视传输服务	603	456	24	432	7051	485	6566
卫星传输服务	604	9	3	6	70	25	45
计算机服务业	61	3819	2662	1157	22064	15537	6527
计算机系统服务	611	234	210	24	2241	2020	221
数据处理	612	27	4	23	369	58	311
计算机维修	613	42	38	4	334	305	29
其他计算机服务	619	3516	2410	1106	19120	13154	5966
软件业	62	368	314	54	3619	3056	563
公共软件服务	621	265	235	30	2648	2320	328
其他软件服务	629	103	79	24	971	736	235
批发和零售业	**H**	**37290**	**21109**	**16181**	**336903**	**243128**	**93775**
批发业	63	20552	12097	8455	177631	126627	51004
农畜产品批发	631	1339	630	709	12437	5697	6740
食品、饮料及烟草制品批发	632	1483	1074	409	24408	18430	5978
纺织、服装及日用品批发	633	774	590	184	7610	6085	1525
文化、体育用品及器材批发	634	415	318	97	4218	3441	777
医药及医疗器材批发	635	607	414	193	9487	7364	2123
矿产品、建材及化工产品批发	636	10322	4881	5441	64759	44417	20342
机械设备、五金交电及电子产品批发	637	3287	2646	641	35626	26959	8667
贸易经纪与代理	638	768	669	99	7444	6172	1272
其他批发	639	1557	875	682	11642	8062	3580
零售业	65	16738	9012	7726	159272	116501	42771
综合零售	651	3023	1009	2014	45424	33962	11462
食品、饮料及烟草制品专门零售	652	1795	945	850	15482	11362	4120
纺织、服装及日用品专门零售	653	1387	592	795	10707	6351	4356
文化、体育用品及器材专门零售	654	903	493	410	8444	5954	2490
医药及医疗器材专门零售	655	2312	998	1314	14772	8788	5984
汽车、摩托车、燃料及零配件专门零售	656	2177	1548	629	23551	19537	4014
家用电器及电子产品专门零售	657	2106	1548	558	20594	16320	4274
五金、家具及室内装修材料专门零售	658	1422	914	508	9436	6588	2848
无店铺及其他零售	659	1613	965	648	10862	7639	3223
住宿和餐饮业	**I**	**2861**	**1942**	**919**	**108003**	**90191**	**17812**
住宿业	66	1671	1178	493	67962	58411	9551

1-21 续表8

行业分组	代码	产业活动单位数（个）	经营性单位	非经营性单位	就业人数（人）	经营性单位	非经营性单位
旅游饭店	661	572	500	72	47028	42933	4095
一般旅馆	662	999	618	381	19305	14380	4925
其他住宿服务	669	100	60	40	1629	1098	531
餐饮业	67	1190	764	426	40041	31780	8261
正餐服务	671	822	581	241	31042	25321	5721
快餐服务	672	177	89	88	5427	4362	1065
饮料及冷饮服务	673	40	21	19	574	268	306
其他餐饮服务	679	151	73	78	2998	1829	1169
金融业	**J**	**6562**	**29**	**6533**	**144022**	**556**	**143466**
银行业	68	4492	2	4490	79777	45	79732
中央银行	681	99		99	3701		3701
商业银行	682	4268		4268	73686		73686
其他银行	689	125	2	123	2390	45	2345
证券业	69	63		63	1890		1890
证券市场管理	691	3		3	38		38
证券经纪与交易	692	50		50	1739		1739
证券投资	693	5		5	80		80
证券分析与咨询	694	5		5	33		33
保险业	70	1406	27	1379	56666	511	56155
人寿保险	701	571	2	569	39896	140	39756
非人寿保险	702	788	25	763	16163	371	15792
保险辅助服务	703	47		47	607		607
其他金融活动	71	601		601	5689		5689
金融信托与管理	711	23		23	367		367
金融租赁	712	3		3	19		19
财务公司	713	11		11	66		66
邮政储蓄	714	423		423	4049		4049
典当	715	54		54	368		368
其他未列明的金融活动	719	87		87	820		820
房地产业	**K**	**6249**	**5825**	**424**	**124586**	**118053**	**6533**
房地产业	72	6249	5825	424	124586	118053	6533
房地产开发经营	721	3177	3129	48	60411	59693	718
物业管理	722	1345	1239	106	44895	41951	2944
房地产中介服务	723	870	754	116	8714	7509	1205
其他房地产活动	729	857	703	154	10566	8900	1666
租赁和商务服务业	**L**	**12995**	**5391**	**7604**	**211981**	**80541**	**131440**
租赁业	73	284	238	46	3382	2605	777
机械设备租赁	731	269	230	39	3224	2498	726
文化及日用品出租	732	15	8	7	158	107	51
商务服务业	74	12711	5153	7558	208599	77936	130663
企业管理服务	741	5800	1108	4692	114036	21600	92436
法律服务	742	657	197	460	4685	2581	2104
咨询与调查	743	1196	928	268	12164	9053	3111

1-21 续表9

行业分组	代码	产业活动单位数（个）	经营性单位	非经营性单位	就业人数（人）	经营性单位	非经营性单位
广告业	744	1462	1204	258	11261	9498	1763
知识产权服务	745	38	34	4	287	267	20
职业中介服务	746	437	188	249	6481	2929	3552
市场管理	747	1214	274	940	20074	5929	14145
旅行社	748	753	413	340	10775	6775	4000
其他商务服务	749	1154	807	347	28836	19304	9532
科学研究、技术服务和地质勘查业	**M**	**8466**	**1689**	**6777**	**113547**	**30937**	**82610**
研究与试验发展	75	475	124	351	12460	1604	10856
自然科学研究与试验发展	751	62	22	40	1043	272	771
工程和技术研究与试验发展	752	92	53	39	1657	862	795
农业科学研究与试验发展	753	197	28	169	6568	285	6283
医学研究与试验发展	754	40	21	19	1171	185	986
社会人文科学研究与试验发展	755	84		84	2021		2021
专业技术服务业	76	3445	1148	2297	60582	24039	36543
气象服务	761	203	30	173	2774	292	2482
地震服务	762	70	1	69	501	45	456
海洋服务	763	4	2	2	34	7	27
测绘服务	764	154	80	74	3661	1094	2567
技术检测	765	653	193	460	8649	2916	5733
环境监测	766	152	21	131	2027	168	1859
工程技术与规划管理	767	1727	571	1156	33016	15160	17856
其他专业技术服务	769	482	250	232	9920	4357	5563
科技交流和推广服务业	77	4429	368	4061	34581	3751	30830
技术推广服务	771	4008	234	3774	31210	2419	28791
科技中介服务	772	193	61	132	1433	620	813
其他科技服务	779	228	73	155	1938	712	1226
地质勘查业	78	117	49	68	5924	1543	4381
矿产地质勘查	781	54	30	24	1612	376	1236
基础地质勘查	782	24	4	20	2080	546	1534
地质勘查技术服务	783	39	15	24	2232	621	1611
水利、环境和公共设施管理业	**N**	**2604**	**388**	**2216**	**70720**	**10081**	**60639**
水利管理业	79	1480	39	1441	14169	650	13519
防洪管理	791	98	5	93	748	17	731
水资源管理	792	715	21	694	9536	356	9180
其他水利管理	799	667	13	654	3885	277	3608
环境管理业	80	484	86	398	34670	2948	31722
自然保护	801	112	5	107	2670	529	2141
环境治理	802	372	81	291	32000	2419	29581
公共设施管理业	81	640	263	377	21881	6483	15398
市政公共设施管理	811	152	34	118	4691	703	3988
城市绿化管理	812	197	90	107	4919	1582	3337
游览景区管理	813	291	139	152	12271	4198	8073

1-21 续表10

行业分组	代码	产业活动单位数（个）	经营性单位	非经营性单位	就业人数（人）	经营性单位	非经营性单位
居民服务和其他服务业	**O**	**2088**	**1246**	**842**	**32323**	**19528**	**12795**
居民服务业	82	891	474	417	11947	6719	5228
家庭服务	821	49	40	9	913	829	84
托儿所	822	27	5	22	302	34	268
洗染服务	823	27	14	13	308	239	69
理发及美容保健服务	824	216	127	89	2516	1408	1108
洗浴服务	825	49	36	13	1113	898	215
婚姻服务	826	41	25	16	168	119	49
殡葬服务	827	68	18	50	1344	364	980
摄影扩印服务	828	147	67	80	1673	668	1005
其他居民服务	829	267	142	125	3610	2160	1450
其他服务业	83	1197	772	425	20376	12809	7567
修理与维护	831	711	478	233	9964	6392	3572
清洁服务	832	201	154	47	4867	3384	1483
其他未列明的服务	839	285	140	145	5545	3033	2512
教育	**P**	**22818**	**357**	**22461**	**599499**	**5733**	**593766**
教育	84	22818	357	22461	599499	5733	593766
学前教育	841	2697	97	2600	31804	1030	30774
初等教育	842	15579	13	15566	273007	630	272377
中等教育	843	2895	15	2880	228881	294	228587
高等教育	844	151	1	150	40094	3	40091
其他教育	849	1496	231	1265	25713	3776	21937
卫生、社会保障和社会福利业	**Q**	**14519**	**318**	**14201**	**231128**	**5931**	**225197**
卫生	85	11504	298	11206	216253	5610	210643
医院	851	548	46	502	110804	2700	108104
卫生院及社区医疗活动	852	3069	30	3039	53952	768	53184
门诊部医疗活动	853	6268	175	6093	16980	1094	15886
计划生育技术服务活动	854	903	1	902	10816	9	10807
妇幼保健活动	855	126	2	124	11223	11	11212
专科疾病防治活动	856	78	4	74	1426	63	1363
疾病预防控制及防疫活动	857	185		185	6908		6908
其他卫生活动	859	327	40	287	4144	965	3179
社会保障业	86	1588	1	1587	6954	3	6951
社会保障业	860	1588	1	1587	6954	3	6951
社会福利业	87	1427	19	1408	7921	318	7603
提供住宿的社会福利	871	1170	11	1159	6361	141	6220
不提供住宿的社会福利	872	257	8	249	1560	177	1383
文化、体育和娱乐业	**R**	**3030**	**568**	**2462**	**45360**	**13129**	**32231**
新闻出版业	88	191	42	149	5908	1612	4296
新闻业	881	38	2	36	313	15	298
出版业	882	153	40	113	5595	1597	3998
广播、电视、电影和音像业	89	1057	109	948	11656	1749	9907

1-21 续表11

行业分组	代码	产业活动单位数（个）	经营性单位	非经营性单位	就业人数（人）	经营性单位	非经营性单位
广播	891	556	2	554	3203	31	3172
电视	892	259	10	249	4873	143	4730
电影	893	211	81	130	3367	1471	1896
音像制作	894	31	16	15	213	104	109
文化艺术业	90	1079	89	990	13914	1645	12269
文艺创作与表演	901	185	24	161	4815	193	4622
艺术表演场馆	902	27	4	23	1423	931	492
图书馆与档案馆	903	221	2	219	2390	35	2355
文物及文化保护	904	86	1	85	520	23	497
博物馆	905	55	1	54	883	18	865
烈士陵园、纪念馆	906	27		27	296		296
群众文化活动	907	345	6	339	2422	80	2342
文化艺术经纪代理	908	39	28	11	305	192	113
其他文化艺术	909	94	23	71	860	173	687
体育	91	241	22	219	3300	195	3105
体育组织	911	147	9	138	2333	64	2269
体育场馆	912	43	12	31	578	121	457
其他体育	919	51	1	50	389	10	379
娱乐业	92	462	306	156	10582	7928	2654
室内娱乐活动	921	301	209	92	6022	4640	1382
游乐园	922	16	12	4	1256	1178	78
休闲健身娱乐活动	923	92	52	40	1933	1317	616
其他娱乐活动	929	53	33	20	1371	793	578
公共管理和社会组织	**S**	**52387**	**62**	**52325**	**568685**	**640**	**568045**
中国共产党机关	93	2321		2321	22402		22402
中国共产党机关	930	2321		2321	22402		22402
国家机构	94	24727		24727	377481		377481
国家权力机构	941	285		285	6422		6422
国家行政机构	942	23683		23683	347178		347178
人民法院和人民检察院	943	556		556	18382		18382
其他国家机构	949	203		203	5499		5499
人民政协和民主党派	95	257		257	3190		3190
人民政协	951	163		163	2600		2600
民主党派	952	94		94	590		590
群众团体、社会团体和宗教组织	96	9007	61	8946	73886	635	73251
群众团体	961	1038	11	1027	8950	180	8770
社会团体	962	7739	50	7689	63180	455	62725
宗教组织	963	230		230	1756		1756
基层群众自治组织	97	16075	1	16074	91726	5	91721
社区自治组织	971	1611		1611	15887		15887
村民自治组织	972	14464	1	14463	75839	5	75834

1–22 按市县、经营性质分组

地区	产业活动单位数（个）	经营性单位	非经营性单位	产业活动单位就业人数（人）	经营性单位	非经营性单位	多产业法人所属产业活动单位数（个）	经营性单位	非经营性单位
总 计	**217813**	**70944**	**146869**	**5112165**	**2715900**	**2396265**	**77129**	**6742**	**70387**
南宁市	**41329**	**19407**	**21922**	**1176572**	**603178**	**573394**	**12401**	**2219**	**10182**
兴宁区	3741	2313	1428	134796	77651	57145	1011	207	804
青秀区	13574	7466	6108	431580	186052	245528	4710	777	3933
江南区	2622	1612	1010	124160	86414	37746	642	176	466
西乡塘区	6651	4551	2100	219668	122910	96758	1573	590	983
良庆区	1234	438	796	32899	22707	10192	349	37	312
邕宁区	1040	240	800	17333	6264	11069	553	49	504
武鸣县	2480	719	1761	49014	26295	22719	1105	102	1003
隆安县	1187	221	966	23565	10473	13092	442	27	415
马山县	1090	196	894	16862	4873	11989	232	25	207
上林县	1072	189	883	18086	6775	11311	262	19	243
宾阳县	2611	675	1936	54669	24594	30075	531	105	426
横 县	4027	787	3240	53940	28170	25770	991	105	886
柳州市	**18785**	**8730**	**10055**	**653283**	**423587**	**229696**	**5584**	**1089**	**4495**
城中区	2153	1079	1074	135503	90220	45283	892	213	679
鱼峰区	2230	1372	858	79593	53404	26189	656	140	516
柳南区	2836	1967	869	129437	92631	36806	737	303	434
柳北区	3352	1840	1512	129916	88073	41843	1114	223	891
柳江县	2005	959	1046	56788	36266	20522	324	19	305
柳城县	1258	264	994	24304	11658	12646	392	55	337
鹿寨县	1477	535	942	44465	30150	14315	353	49	304
融安县	1122	277	845	18357	8111	10246	347	24	323
融水苗族自治县	1457	264	1193	22628	9004	13624	569	29	540
三江侗族自治县	895	173	722	12292	4070	8222	200	34	166
桂林市	**27607**	**10952**	**16655**	**645209**	**381589**	**263620**	**8468**	**776**	**7692**
秀峰区	2242	1412	830	67428	45347	22081	409	105	304
叠彩区	2339	1215	1124	51039	28311	22728	839	110	729
象山区	3110	2022	1088	122442	75517	46925	771	180	591
七星区	2142	1407	735	93473	61687	31786	539	135	404
雁山区	393	97	296	8110	3423	4687	117		117
阳朔县	1165	302	863	23045	13657	9388	212	7	205
临桂县	1966	611	1355	41132	26890	14242	913	19	894
灵川县	1430	524	906	28264	17358	10906	303	17	286
全州县	2173	628	1545	33329	16205	17124	750	63	687
兴安县	1463	555	908	31687	19735	11952	253	6	247
永福县	1690	408	1282	27817	13762	14055	575	17	558
灌阳县	1043	213	830	13875	5250	8625	469		469
龙胜各族自治县	1209	294	915	15494	8334	7160	570	54	516
资源县	935	260	675	11861	5182	6679	577	24	553
平乐县	1314	327	987	19904	8373	11531	447	13	434

的产业活动单位数及就业人数

多产业法人所属产业活动单位就业人数（人）			单产业法人单位					
	经营性单位	非经营性单位	单位数（个）	经营性单位	非经营性单位	就业人数（人）	经营性单位	非经营性单位
1648466	**458432**	**1190034**	**140684**	**64202**	**76482**	**3463699**	**2257468**	**1206231**
462750	**107651**	**355099**	**28928**	**17188**	**11740**	**713822**	**495527**	**218295**
67001	24336	42665	2730	2106	624	67795	53315	14480
228874	39091	189783	8864	6689	2175	202706	146961	55745
36308	12053	24255	1980	1436	544	87852	74361	13491
75092	14044	61048	5078	3961	1117	144576	108866	35710
3284	456	2828	885	401	484	29615	22251	7364
6421	846	5575	487	191	296	10912	5418	5494
10001	874	9127	1375	617	758	39013	25421	13592
8059	3689	4370	745	194	551	15506	6784	8722
2190	542	1648	858	171	687	14672	4331	10341
3312	1252	2060	810	170	640	14774	5523	9251
9538	4230	5308	2080	570	1510	45131	20364	24767
12670	6238	6432	3036	682	2354	41270	21932	19338
280888	**149825**	**131063**	**13201**	**7641**	**5560**	**372395**	**273762**	**98633**
102887	66773	36114	1261	866	395	32616	23447	9169
26715	9186	17529	1574	1232	342	52878	44218	8660
49220	25325	23895	2099	1664	435	80217	67306	12911
63954	36956	26998	2238	1617	621	65962	51117	14845
7592	527	7065	1681	940	741	49196	35739	13457
6748	2226	4522	866	209	657	17556	9432	8124
10772	6925	3847	1124	486	638	33693	23225	10468
4513	558	3955	775	253	522	13844	7553	6291
6481	913	5568	888	235	653	16147	8091	8056
2006	436	1570	695	139	556	10286	3634	6652
189451	**68572**	**120879**	**19139**	**10176**	**8963**	**455758**	**313017**	**142741**
19593	10604	8989	1833	1307	526	47835	34743	13092
16804	1399	15405	1500	1105	395	34235	26912	7323
62079	30653	31426	2339	1842	497	60363	44864	15499
31585	14454	17131	1603	1272	331	61888	47233	14655
1501		1501	276	97	179	6609	3423	3186
1980	185	1795	953	295	658	21065	13472	7593
7466	1628	5838	1053	592	461	33666	25262	8404
4358	1109	3249	1127	507	620	23906	16249	7657
8113	1740	6373	1423	565	858	25216	14465	10751
3475	281	3194	1210	549	661	28212	19454	8758
5147	782	4365	1115	391	724	22670	12980	9690
3279		3279	574	213	361	10596	5250	5346
7577	4188	3389	639	240	399	7917	4146	3771
4930	737	4193	358	236	122	6931	4445	2486
3587	106	3481	867	314	553	16317	8267	8050

1-22 续表1

地 区	产业活动单位数（个）	经营性单位	非经营性单位	产业活动单位就业人数（人）	经营性单位	非经营性单位	多产业法人所属产业活动单位数（个）	经营性单位	非经营性单位
荔浦县	1346	511	835	35779	25139	10640	336	26	310
恭城县	1647	166	1481	20530	7419	13111	388		388
梧州市	**12392**	**3542**	**8850**	**275796**	**145881**	**129915**	**4885**	**418**	**4467**
万秀区	1126	549	577	35244	21310	13934	399	70	329
蝶山区	1605	719	886	43797	23730	20067	540	36	504
长洲区	1771	664	1107	48826	28134	20692	877	137	740
苍梧县	2457	487	1970	34123	16757	17366	1408	56	1352
藤 县	2547	491	2056	43402	19934	23468	956	31	925
蒙山县	843	166	677	13346	6748	6598	166	24	142
岑溪市	2043	466	1577	57058	29268	27790	539	64	475
北海市	**8892**	**3322**	**5570**	**193935**	**102826**	**91109**	**2700**	**121**	**2579**
海城区	4139	2208	1931	95416	55370	40046	867	100	767
银海区	758	314	444	18709	11014	7695	191		191
铁山港区	468	103	365	14619	3867	10752	111		111
合浦县	3527	697	2830	65191	32575	32616	1531	21	1510
防城港市	**5358**	**1751**	**3607**	**105914**	**54058**	**51856**	**1754**	**48**	**1706**
港口区	1711	692	1019	37098	19357	17741	399	19	380
防城区	1767	456	1311	35621	19620	16001	812	29	783
上思县	941	137	804	16219	4713	11506	440		440
东兴市	939	466	473	16976	10368	6608	103		103
钦州市	**9638**	**2238**	**7400**	**230901**	**114336**	**116565**	**4068**	**57**	**4011**
钦南区	3604	1127	2477	99381	51965	47416	1519	52	1467
钦北区	1582	319	1263	28045	12249	15796	1026		1026
灵山县	2750	448	2302	50751	20001	30750	817	1	816
浦北县	1702	344	1358	52724	30121	22603	706	4	702
贵港市	**11707**	**3073**	**8634**	**279774**	**140146**	**139628**	**3362**	**219**	**3143**
港北区	2557	950	1607	77601	39220	38381	885	120	765
港南区	1478	293	1185	32927	18104	14823	581		581
覃塘区	985	149	836	19259	8542	10717	178	7	171
平南县	3023	911	2112	71746	38836	32910	646	19	627
桂平市	3664	770	2894	78241	35444	42797	1072	73	999
玉林市	**22093**	**6622**	**15471**	**564666**	**329455**	**235211**	**8715**	**419**	**8296**
玉州区	6320	2119	4201	178955	90122	88833	2547	168	2379
容 县	2884	831	2053	56898	34262	22636	1060	5	1055
陆川县	2102	506	1596	53928	27958	25970	709	24	685
博白县	3390	1324	2066	93451	57738	35713	594	122	472
兴业县	1985	287	1698	33823	13466	20357	799	2	797
北流市	5412	1555	3857	147611	105909	41702	3006	98	2908
百色市	**15346**	**3057**	**12289**	**279622**	**117744**	**161878**	**6895**	**468**	**6427**
右江区	3426	1102	2324	81059	41884	39175	1727	207	1520
田阳县	1238	242	996	20238	9775	10463	442	16	426
田东县	1392	302	1090	30698	8750	21948	703	36	667

多产业法人所属产业活动单位就业人数（人）	经营性单位	非经营性单位	单产业法人单位					
			单位数（个）	经营性单位	非经营性单位	就业人数（人）	经营性单位	非经营性单位
3938	706	3232	1010	485	525	31841	24433	7408
4039		4039	1259	166	1093	16491	7419	9072
77320	**22312**	**55008**	**7507**	**3124**	**4383**	**198476**	**123569**	**74907**
12334	5291	7043	727	479	248	22910	16019	6891
10289	470	9819	1065	683	382	33508	23260	10248
17195	3266	13929	894	527	367	31631	24868	6763
10746	3766	6980	1049	431	618	23377	12991	10386
6831	946	5885	1591	460	1131	36571	18988	17583
2814	1464	1350	677	142	535	10532	5284	5248
17111	7109	10002	1504	402	1102	39947	22159	17788
40829	**2270**	**38559**	**6192**	**3201**	**2991**	**153106**	**100556**	**52550**
18608	925	17683	3272	2108	1164	76808	54445	22363
2341		2341	567	314	253	16368	11014	5354
6837		6837	357	103	254	7782	3867	3915
13043	1345	11698	1996	676	1320	52148	31230	20918
29050	**1480**	**27570**	**3604**	**1703**	**1901**	**76864**	**52578**	**24286**
11957	1312	10645	1312	673	639	25141	18045	7096
9455	168	9287	955	427	528	26166	19452	6714
6562		6562	501	137	364	9657	4713	4944
1076		1076	836	466	370	15900	10368	5532
57478	**1911**	**55567**	**5570**	**2181**	**3389**	**173423**	**112425**	**60998**
29887	1776	28111	2085	1075	1010	69494	50189	19305
10812		10812	556	319	237	17233	12249	4984
6128	7	6121	1933	447	1486	44623	19994	24629
10651	128	10523	996	340	656	42073	29993	12080
45494	**8838**	**36656**	**8345**	**2854**	**5491**	**234280**	**131308**	**102972**
20345	5210	15135	1672	830	842	57256	34010	23246
2840		2840	897	293	604	30087	18104	11983
1384	404	980	807	142	665	17875	8138	9737
7399	504	6895	2377	892	1485	64347	38332	26015
13526	2720	10806	2592	697	1895	64715	32724	31991
125085	**19408**	**105677**	**13378**	**6203**	**7175**	**439581**	**310047**	**129534**
51100	4084	47016	3773	1951	1822	127855	86038	41817
11681	805	10876	1824	826	998	45217	33457	11760
9613	1064	8549	1393	482	911	44315	26894	17421
8796	3420	5376	2796	1202	1594	84655	54318	30337
10512	10	10502	1186	285	901	23311	13456	9855
33383	10025	23358	2406	1457	949	114228	95884	18344
114526	**23012**	**91514**	**8451**	**2589**	**5862**	**165096**	**94732**	**70364**
38902	12029	26873	1699	895	804	42157	29855	12302
4216	269	3947	796	226	570	16022	9506	6516
17005	1339	15666	689	266	423	13693	7411	6282

1-22 续表2

地 区	产业活动单位数（个）	经营性单位	非经营性单位	产业活动单位就业人数（人）	经营性单位	非经营性单位	多产业法人所属产业活动单位数（个）	经营性单位	非经营性单位
平果县	1167	255	912	33204	12960	20244	543	17	526
德保县	956	193	763	19495	9697	9798	382	55	327
靖西县	1886	331	1555	31010	16070	14940	365	65	300
那坡县	944	71	873	9363	2215	7148	562	3	559
凌云县	710	72	638	9764	2626	7138	421	21	400
乐业县	633	97	536	7671	2118	5553	166	10	156
田林县	975	146	829	12796	4150	8646	501	23	478
西林县	761	79	682	7875	1756	6119	424		424
隆林各族自治县	1258	167	1091	16449	5743	10706	659	15	644
贺州市	**6796**	**1507**	**5289**	**120431**	**50436**	**69995**	**1492**	**150**	**1342**
平桂管理区	851	210	641	19026	9520	9506	122	6	116
八步区	2734	703	2031	50748	21586	29162	902	99	803
昭平县	1140	233	907	19733	8918	10815	141	11	130
钟山县	1075	246	829	17231	6518	10713	174	24	150
富川瑶族自治县	996	115	881	13693	3894	9799	153	10	143
河池市	**16948**	**2786**	**14162**	**253540**	**106582**	**146958**	**8967**	**267**	**8700**
金城江区	3343	798	2545	67216	31391	35825	1753	105	1648
南丹县	1459	334	1125	24000	12430	11570	404	7	397
天峨县	754	95	659	9240	3115	6125	284		284
凤山县	827	62	765	9184	2111	7073	468	1	467
东兰县	1033	68	965	10120	2140	7980	420	1	419
罗城仫佬族自治县	1230	298	932	18724	8256	10468	501	56	445
环江毛南族自治县	1215	150	1065	18855	7975	10880	751	7	744
巴马瑶族自治县	1141	131	1010	13193	3641	9552	620	4	616
都安瑶族自治县	1917	175	1742	23579	8377	15202	1473		1473
大化瑶族自治县	1339	158	1181	16703	6366	10337	828	8	820
宜州市	2690	517	2173	42726	20780	21946	1465	78	1387
来宾市	**10047**	**1995**	**8052**	**169779**	**76125**	**93654**	**4311**	**241**	**4070**
兴宾区	4074	840	3234	76761	33827	42934	1877	57	1820
忻城县	1245	154	1091	15427	4885	10542	705	18	687
象州县	1466	346	1120	22608	10941	11667	530	68	462
武宣县	1447	252	1195	25740	10090	15650	448	25	423
金秀瑶族自治县	1074	174	900	11040	3776	7264	497	23	474
合山市	741	229	512	18203	12606	5597	254	50	204
崇左市	**10875**	**1962**	**8913**	**162743**	**69957**	**92786**	**3527**	**250**	**3277**
江州区	2907	415	2492	37015	13865	23150	1064	65	999
扶绥县	1339	314	1025	28233	12163	16070	301	30	271
宁明县	1697	273	1424	21151	7833	13318	241	34	207
龙州县	1324	251	1073	19932	8804	11128	564	44	520
大新县	1420	287	1133	25430	15072	10358	654	44	610
天等县	1218	148	1070	16432	5960	10472	563	22	541
凭祥市	970	274	696	14550	6260	8290	140	11	129

注：本表多产业法人所属的产业活动单位数及就业人数按法人属地原则汇总

多产业法人所属产业活动单位就业人数（人）	经营性单位	非经营性单位	单产业法人单位 单位数（个）	经营性单位	非经营性单位	就业人数（人）	经营性单位	非经营性单位
15551	1316	14235	624	238	386	17653	11644	6009
9520	5160	4360	574	138	436	9975	4537	5438
4902	1608	3294	1521	266	1255	26108	14462	11646
3696	98	3598	382	68	314	5667	2117	3550
4496	254	4242	289	51	238	5268	2372	2896
2013	208	1805	467	87	380	5658	1910	3748
4605	312	4293	474	123	351	8191	3838	4353
3526		3526	337	79	258	4349	1756	2593
6094	419	5675	599	152	447	10355	5324	5031
23270	**6161**	**17109**	**5304**	**1357**	**3947**	**97161**	**44275**	**52886**
3180	1128	2052	729	204	525	15846	8392	7454
14125	3959	10166	1832	604	1228	36623	17627	18996
2251	468	1783	999	222	777	17482	8450	9032
1947	261	1686	901	222	679	15284	6257	9027
1767	345	1422	843	105	738	11926	3549	8377
102132	**21011**	**81121**	**7981**	**2519**	**5462**	**151408**	**85571**	**65837**
32611	10482	22129	1590	693	897	34605	20909	13696
5486	1448	4038	1055	327	728	18514	10982	7532
2294		2294	470	95	375	6946	3115	3831
3682	13	3669	359	61	298	5502	2098	3404
3939	22	3917	613	67	546	6181	2118	4063
4967	1325	3642	729	242	487	13757	6931	6826
5785	149	5636	464	143	321	13070	7826	5244
5088	4	5084	521	127	394	8105	3637	4468
10304		10304	444	175	269	13275	8377	4898
6982	749	6233	511	150	361	9721	5617	4104
20994	6819	14175	1225	439	786	21732	13961	7771
56345	**15374**	**40971**	**5736**	**1754**	**3982**	**113434**	**60751**	**52683**
25310	4548	20762	2197	783	1414	51451	29279	22172
6569	1023	5546	540	136	404	8858	3862	4996
6108	2238	3870	936	278	658	16500	8703	7797
6432	1049	5383	999	227	772	19308	9041	10267
4411	691	3720	577	151	426	6629	3085	3544
7515	5825	1690	487	179	308	10688	6781	3907
43848	**10607**	**33241**	**7348**	**1712**	**5636**	**118895**	**59350**	**59545**
13115	1077	12038	1843	350	1493	23900	12788	11112
5995	1461	4534	1038	284	754	22238	10702	11536
3478	547	2931	1456	239	1217	17673	7286	10387
7627	3514	4113	760	207	553	12305	5290	7015
6208	2911	3297	766	243	523	19222	12161	7061
4170	792	3378	655	126	529	12262	5168	7094
3255	305	2950	830	263	567	11295	5955	5340

1-23 按行业分组的个体经营户经营情况

行业大类	代码	个体经营户数（户）	有营业执照	已办理税务登记	期末从业人员数（人）	有营业执照	已办理税务登记
总 计		**1783370**	**1120230**	**922498**	**4611972**	**2960203**	**2538443**
采矿业	**B**	**9546**	**4902**	**4029**	**73897**	**44055**	**37354**
煤炭开采和洗选业	06	301	12	12	2171	194	194
石油和天然气开采业	07						
黑色金属矿采选业	08	1238	621	500	11179	5822	4333
有色金属矿采选业	09	922	307	284	8527	4980	4825
非金属矿采选业	10	6963	3886	3171	50763	32268	27338
其他采矿业	11	122	76	62	1257	791	664
制造业	**C**	**199539**	**62955**	**54504**	**867974**	**429651**	**393211**
农副食品加工业	13	70756	15508	11943	186424	47029	37119
食品制造业	14	7633	4033	3350	31142	18501	15693
饮料制造业	15	9072	3301	2930	26846	11036	9659
烟草制品业	16	20	6	5	51	14	13
纺织业	17	3926	1868	1648	43426	26767	23537
纺织服装、鞋、帽制造业	18	7796	4826	4303	87691	72838	70824
皮革、毛皮、羽毛(绒)及其制品业	19	1940	1167	1025	11339	7967	7222
木材加工及木、竹、藤、棕、草制品业	20	25523	9594	8517	162804	92909	86977
家具制造业	21	5533	2708	2440	27875	17316	15389
造纸及纸制品业	22	1737	628	609	15808	7205	7089
印刷业和记录媒介的复制	23	611	491	480	2769	2362	2324
文教体育用品制造业	24	246	66	63	2333	1320	1200
石油加工、炼焦及核燃料加工业	25						
化学原料及化学制品制造业	26	3048	275	255	12364	2448	2247
医药制造业	27	52	21	23	224	113	123
化学纤维制造业	28	53	7	7	180	35	35
橡胶制品业	29	120	78	70	844	568	505
塑料制品业	30	1222	844	806	11983	9162	8891
非金属矿物制品业	31	12007	5756	5375	88782	54937	52979
黑色金属冶炼及压延加工业	32	353	217	221	2160	1521	1542
有色金属冶炼及压延加工业	33	397	213	222	1576	955	952
金属制品业	34	11649	5721	5244	41408	21953	19892
通用设备制造业	35	1203	681	691	6055	4234	4188
专用设备制造业	36	1939	1085	1061	9486	5883	5992

1–23 续表1

行业大类	代码	个体经营户数（户）	有营业执照	已办理税务登记	期末从业人员数（人）	有营业执照	已办理税务登记
交通运输设备制造业	37	1289	888	805	6533	5147	4826
电气机械及器材制造业	39	277	158	143	4214	3270	2809
通信设备、计算机及其他电子设备制造业	40						
仪器仪表及文化、办公用机械制造业	41	30	23	24	173	157	159
工艺品及其他制造业	42	30101	2165	1716	80485	11950	9266
废弃资源和废旧材料回收加工业	43	1006	627	528	2999	2054	1759
电力、燃气及水的生产和供应业	**D**	**1044**	**336**	**304**	**3463**	**1621**	**1504**
电力、热力的生产和供应业	44	169	136	121	1030	872	804
燃气生产和供应业	45	105	82	71	355	279	247
水的生产和供应业	46	770	118	112	2078	470	453
建筑业	**E**	**31669**	**5693**	**4457**	**197937**	**29249**	**21560**
房屋和土木工程建筑业	47	20644	1545	726	151798	15887	9405
建筑安装业	48	1028	391	335	4488	1430	1203
建筑装饰业	49	7189	3466	3172	24576	10970	10123
其他建筑业	50	2808	291	224	17075	962	829
交通运输、仓储和邮政业	**F**	**408008**	**307178**	**204228**	**692195**	**534541**	**349462**
铁路运输业	51						
道路运输业	52	345273	265788	172927	578036	456231	290861
城市公共交通业	53	49559	32239	27522	80827	54042	45886
水上运输业	54	5626	4422	2706	15933	12988	8673
航空运输业	55						
管道运输业	56						
装卸搬运和其他运输服务业	57	7061	4449	802	15348	9960	2739
仓储业	58	403	210	205	1742	1060	1052
邮政业	59	86	70	66	309	260	251
信息传输、计算机服务和软件业	**G**	**5440**	**3892**	**3332**	**16118**	**12476**	**11476**
电信和其他信息传输服务业	60	3229	2271	1803	8612	6452	5759
计算机服务业	61	1961	1476	1364	6718	5511	5166
软件业	62	250	145	165	788	513	551
批发和零售业	**H**	**847069**	**560945**	**497404**	**1895170**	**1311791**	**1174396**
批发业	63	84783	59161	54776	232328	166781	154707
零售业	65	762286	501784	442628	1662842	1145010	1019689
住宿和餐饮业	**I**	**92702**	**63924**	**58954**	**370839**	**280344**	**266437**
住宿业	66	10408	8727	8470	44280	38377	37455
餐饮业	67	82294	55197	50484	326559	241967	228982

1-23 续表2

行业大类	代码	个体经营户数（户）	有营业执照	已办理税务登记	期末从业人员数（人）	有营业执照	已办理税务登记
金融业	**J**	**276**	**231**	**192**	**698**	**581**	**502**
银行业	68						
证券业	69						
保险业	70						
其他金融活动	71	276	231	192	698	581	502
房地产业	**K**	**4605**	**2741**	**4035**	**13620**	**7315**	**11663**
房地产业	72	4605	2741	4035	13620	7315	11663
租赁和商务服务业	**L**	**16499**	**7179**	**6120**	**39000**	**19393**	**17270**
租赁业	73	9625	2883	2252	19655	6712	5361
商务服务业	74	6874	4296	3868	19345	12681	11909
科学研究、技术服务和地质勘查业	**M**	**315**	**175**	**150**	**703**	**453**	**399**
研究与试验发展	75						
专业技术服务业	76	185	102	89	386	248	224
科技交流和推广服务业	77	130	73	61	317	205	175
地质勘查业	78						
水利、环境和公共设施管理业	**N**	**55**	**21**	**16**	**202**	**118**	**70**
水利管理业	79	3	3	1	9	9	3
环境管理业	80	38	11	10	108	53	47
公共设施管理业	81	14	7	5	85	56	20
居民服务和其他服务业	**O**	**123276**	**69438**	**62484**	**316789**	**199226**	**182986**
居民服务业	82	62655	33867	31243	172578	107040	100778
其他服务业	83	60621	35571	31241	144211	92186	82208
教育	**P**	**4979**	**2803**	**2239**	**26324**	**16303**	**13048**
教育	84	4979	2803	2239	26324	16303	13048
卫生、社会保障和社会福利业	**Q**	**27909**	**22542**	**15337**	**62540**	**51176**	**36415**
卫生	85	27871	22517	15317	62292	50993	36255
社会保障业	86						
社会福利业	87	38	25	20	248	183	160
文化、体育和娱乐业	**R**	**10439**	**5275**	**4713**	**34503**	**21910**	**20690**
新闻出版业	88	16	11	9	30	19	16
广播、电视、电影和音像业	89	44	32	30	127	100	96
文化艺术业	90	139	77	72	651	296	279
体育	91	59	42	40	186	140	150
娱乐业	92	10181	5113	4562	33509	21355	20149

1-24 按市分组的个体经营户经营情况

地　区	个体经营户数（户）	有营业执照	已办理税务登记	期末从业人员数（人）	有营业执照	已办理税务登记
总　计	**1783370**	**1120230**	**922498**	**4611972**	**2960203**	**2538443**
南宁市	312499	145040	203875	788919	392470	517075
柳州市	200106	108903	72280	588072	333144	238468
桂林市	203115	131141	102644	515541	336618	278779
梧州市	94568	59004	47130	278206	178528	150352
北海市	53781	33944	26827	133809	87662	71845
防城港市	40496	28072	22522	102203	70740	59162
钦州市	94001	71868	45446	207650	156157	99277
贵港市	115339	82592	64893	335643	246224	205936
玉林市	168979	116597	80409	564965	395235	307329
百色市	120491	90002	65046	241334	184945	143909
贺州市	75569	39835	34576	182533	108258	97286
河池市	130123	96560	76167	265149	198483	164640
来宾市	83203	50549	36000	183929	110616	87112
崇左市	91100	66123	44683	224019	161123	117273